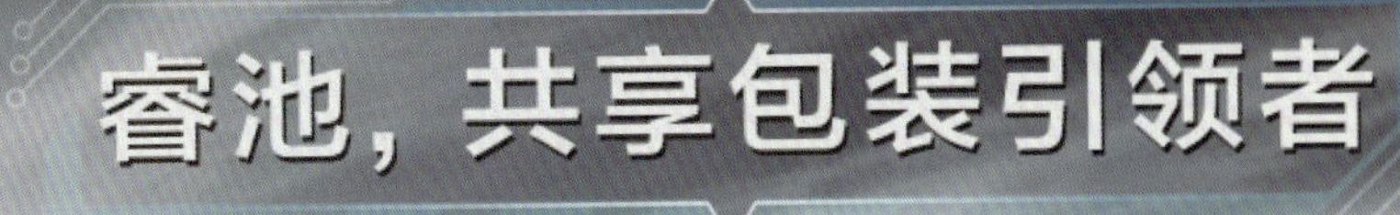
睿池，共享包装引领者

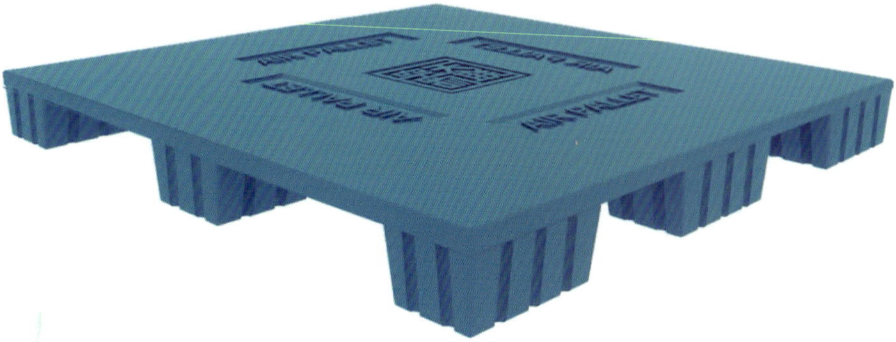

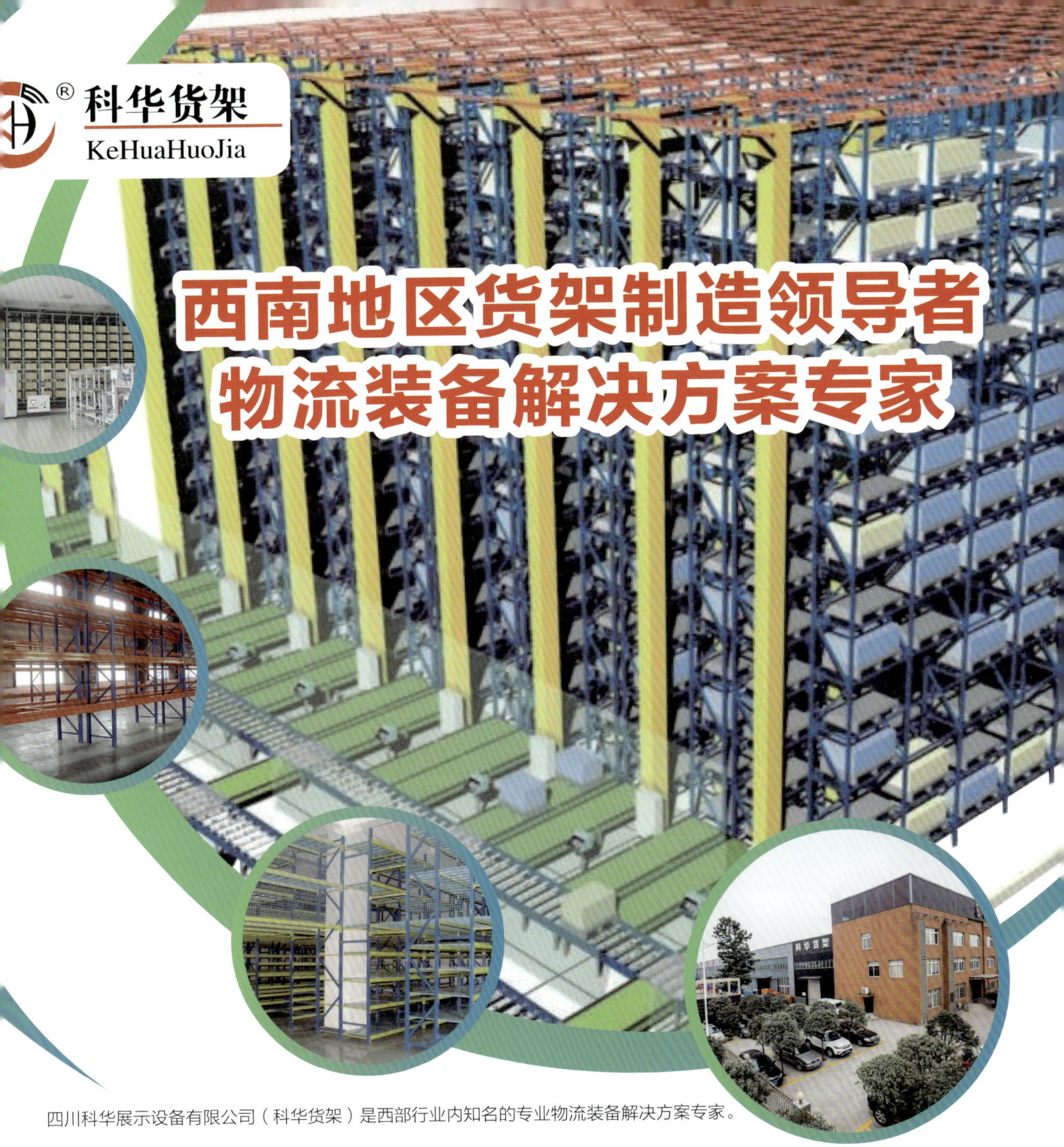

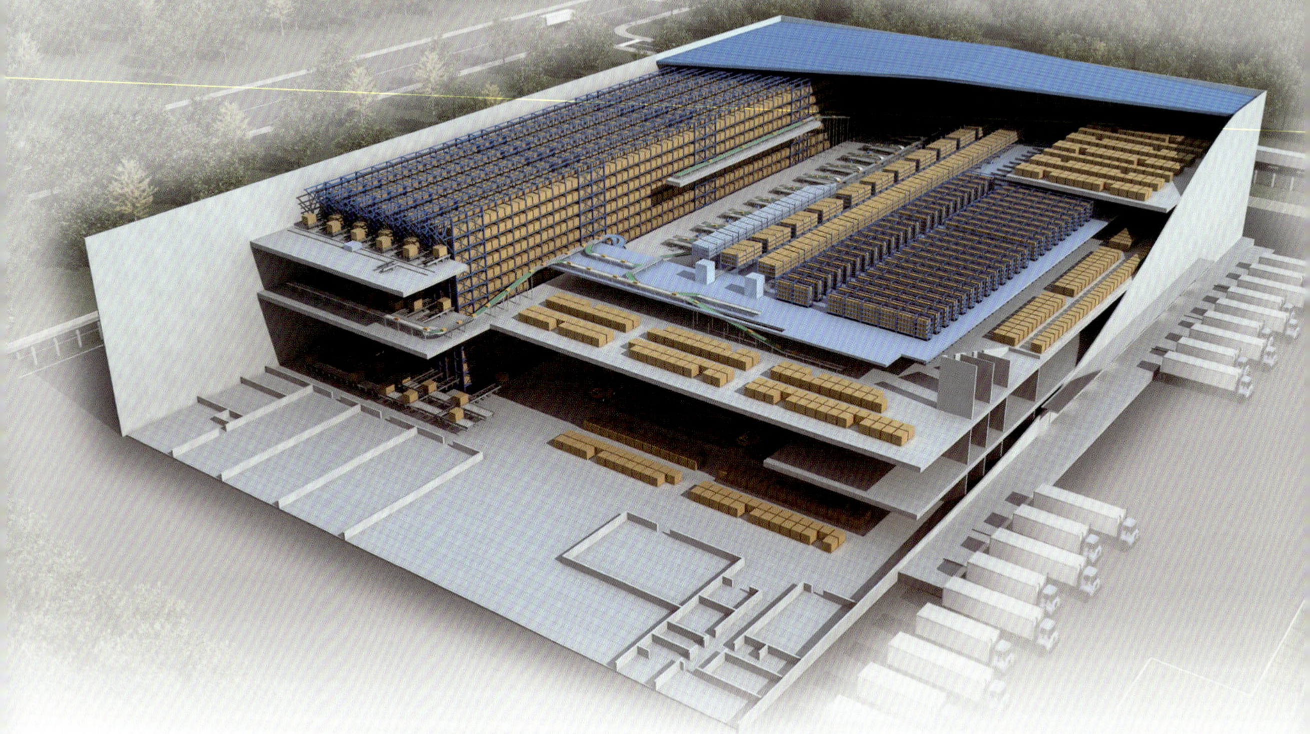

企业简介

上海力卡塑料托盘制造有限公司成立于1999年，年产托盘200万块以上，是中国专业生产塑料托盘的龙头企业，是中国十大明星托盘企业。“力卡托盘”连续多年被评为上海市著名商标和上海名牌。公司总经理连续两届当选为中国物流与采购联合会托盘专业委员会副主任，被国家标准化委员会聘为全国物流标准化技术委员会托盘分技术委员会委员。公司以“知艰辛、凝人心、争朝夕、创新业”和“爱岗敬业树力卡、发展创造铸品牌”为企业精神，以“追求完美品质、持续满意顾客”为质量方针。力卡产品以质量可靠、价格合理获得国内外客户的好评。公司拥有一批经验丰富的技术研发人员，秉承“物流效率高、物流成本低”的理念，善于根据客户的要求量身定制专用的托盘产品，提供物流解决方案，满足各行各业的需求。

公司占地面积75000平方米，目前拥有两个大型塑料托盘生产基地，共有特大型注塑机25台、大型注塑机7台、中小型注塑机7台、热熔焊接机15台和防滑条焊接机5台。主要生产近300种规格的塑料托盘系列,包括塑料卡板箱、塑料物流箱、塑料垃圾桶、塑料防潮板、塑料盖板等大型塑料制品。公司具有自主进出口权，产品已远销五大洲四十多个国家和地区。公司建有原材料和产品测试中心，产品研发和模具加工中心，配备了国际先进的检测设备和模具加工设备。公司自行研制开发塑料托盘置钢管技术、发泡技术、防滑条技术和光板焊接技术，填补了国内空白，并获得几十项国家级发明专利、实用新型专利和外观设计专利。产品以塑代木、循环再生符合环保要求,技术指标达到和超过GB/T 15234—1994国家标准。公司通过了ISO 9001：2008国际质量体系认证。

公司生产的产品被广泛使用于汽车、食品、烟草、医药、造纸、印刷、电子、电器、化工、纺织、服装、仓储物流、环卫等行业。上海力卡是可口可乐、招商路凯、统一企业、中国烟草、福特汽车、耐克、联合化工、华北制药和美的电器等众多知名公司的供应商。

三个中心

检测中心

展示中心

研发中心

联系方式

地址：上海市金山区漕泾镇共建路128号
　　　上海市金山区漕泾镇天华路389号
电话：4008765558　021-57251616　57255232
传真：021-67251710
网址：www.lika.com.cn
邮箱：market@lika.com.cn　likamarket@lika.com.cn

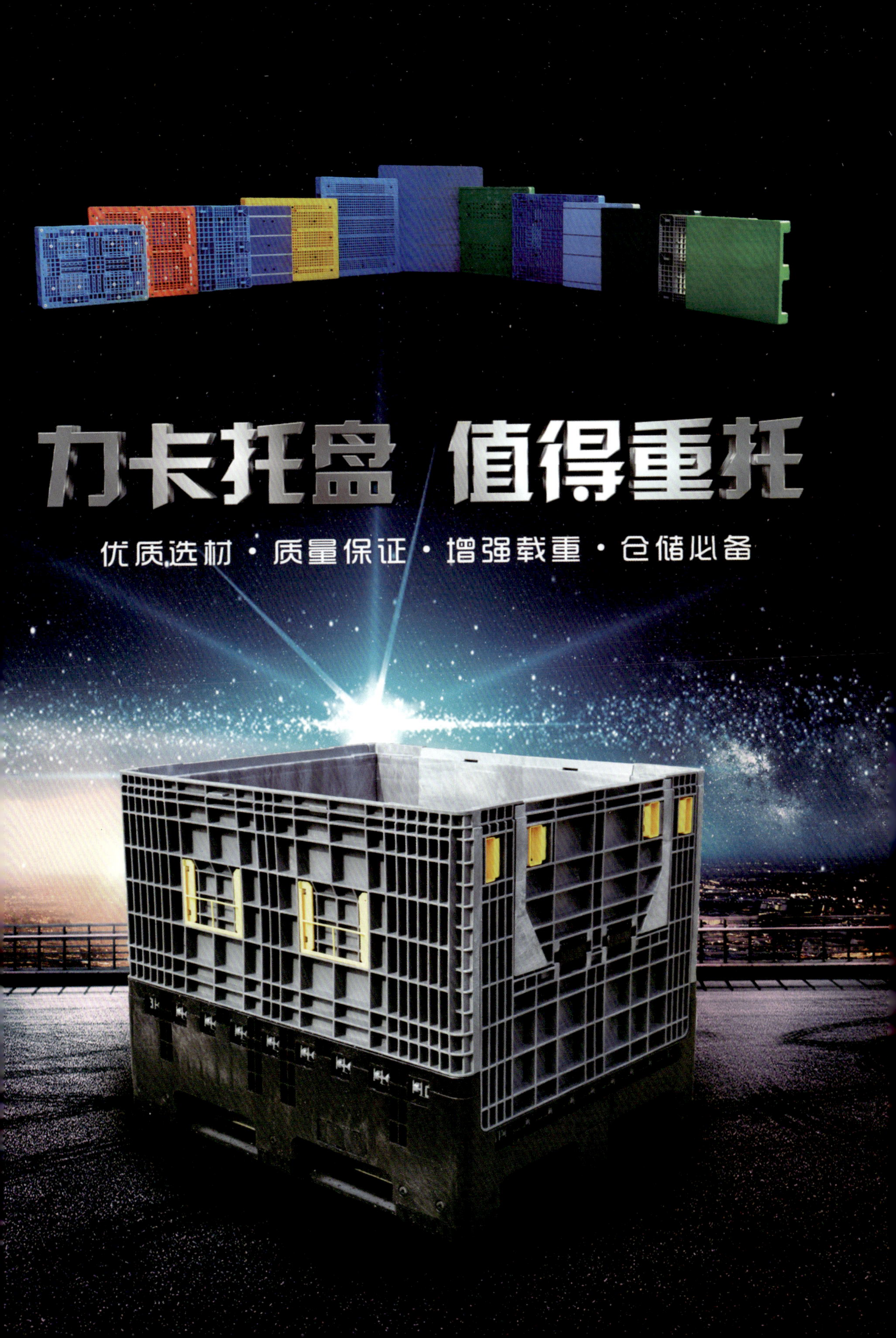
力卡托盘 值得重托
优质选材 · 质量保证 · 增强载重 · 仓储必备

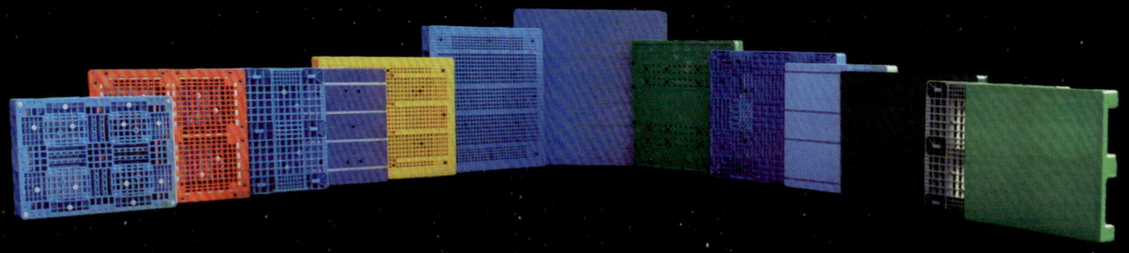

青島啤酒
Shanghai Xinpeng Plastic Products Co.,Ltd

山东贝福特新材料有限公司

绿色发展
托举未来

GREEN DEVELOPMENT LIFE THE FUTURE

山东贝福特新材料有限公司是一家集开发、生产、销售及服务于一体的高新技术企业。公司自成立伊始就致力于研发环保新材料和智能物流装备及其解决方案。

贝福特黄金托盘由公司自主研发，追求达到食品饮料、医药化工、烟草、加工制造业、物流仓储及冷链配送等各行业的使用要求，抗老化可达 50 年以上，便于维修可实现永久性使用，并可根据用户需求实现定制化。公司致力于托盘标准化和托盘循环共用系统的建立，降低供应链成本，提供物流效率，实现绿色发展。

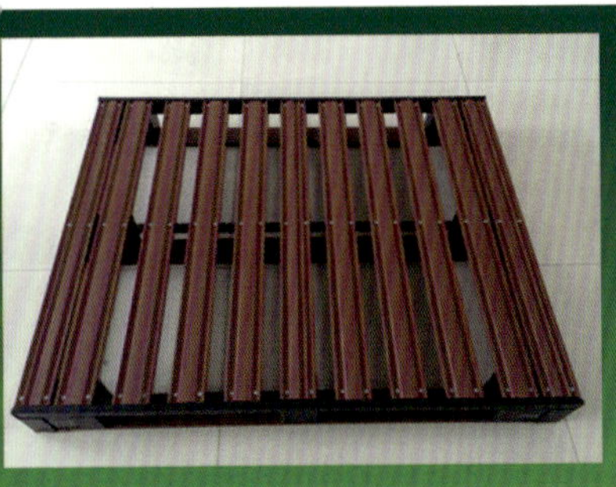

贝福特防漏牛皮纸袋，采用科技新材料在牛皮纸上覆膜，既可防水、防油、耐温，又可以完全生物降解，可广泛应用于工用或民用易渗透物品的包装。

公司始终坚持以环保为己任的宗旨，不断开发以科技新材料为主的环保产品，节约有限资源，拒绝环境污染。给子孙留下一片蓝天 、碧水 、绿地，是每个贝福特人的责任和梦想。

中国单元化物流全书

靳　伟　编著

中国财富出版社

图书在版编目（CIP）数据

中国单元化物流全书／靳伟编著．—北京：中国财富出版社，2017.11
ISBN 978－7－5047－4278－0

Ⅰ.①中…　Ⅱ.①靳…　Ⅲ.①物流管理—研究—中国　Ⅳ.①F259.221

中国版本图书馆CIP数据核字（2017）第289088号

策划编辑　惠　婳　　**责任编辑**　惠　婳
责任印制　何崇杭　石　雷　　**责任校对**　杨小静　　**责任发行**　敬　东

出版发行	中国财富出版社		
社　　址	北京市丰台区南四环西路188号5区20楼	**邮政编码**	100070
电　　话	010－52227588转2048/2028（发行部）		010－52227588转307（总编室）
	010－68589540（读者服务部）		010－52227588转305（质检部）
网　　址	http://www.cfpress.com.cn		
经　　销	新华书店		
印　　刷	北京九州迅驰传媒文化有限公司		
书　　号	ISBN 978－7－5047－4278－0/F·2836		
开　　本	787mm×1092mm　1/16	**版　　次**	2017年12月第1版
印　　张	35　　**彩　插**　8	**印　　次**	2017年12月第1次印刷
字　　数	746千字	**定　　价**	280.00元

《中国单元化物流全书》
顾　问
（按姓氏笔画排序）

丁俊发　王之泰　王宗喜　王选庆
王德荣　吴清一　徐炳伦　戴定一

《中国单元化物流全书》编委会

发展多元化物流

解决物流最后一公里

王德荣

二〇一七年八月卅日

序

物流是一项系统工程，包括物流基础设施、物流技术与装备、物流运作主体、物流行政与行业管理等，在每个子系统中又可以加以分割，比如货物单元，为了实现物流作业机械化、自动化以提高物流系统的作业效率，首先必须把货物归整成统一规格的作业单元。这种便于储放、搬运和运输的货物单元称为集装单元。在供应链的各个环节中以集装单元为对象而组织的装卸、搬运、储存和运输等物流活动一体化运作所形成的物流形态称为单元化物流。在供应链运作中，物流服务商必须将物品由发货地整合为规格化、标准化的货物单元并且保持货物单元的状态，最终送达受货点。单元化物流占有的比例越高，供应链优化的素质越好，各种提高物流系统效率和降低物流成本的措施就能够收到预想的效果。货物单元的形成依赖于集装单元器具，较为常见的集装器具包括集装箱、托盘、周转箱等。物流离开了这些单元器具就难以运作，物流成本会明显上升。物流与供应链都是实战型的，在物流综合系统中，哪个环节哪怕是小的环节出了问题，都会影响全局。

吴清一教授、靳伟教授都是物流界的老前辈，是知名物流专家，在推动单元化物流、推动托盘共用系统发展方面做出了巨大的贡献。靳伟教授每次碰到我都讲单元化物流的重要性，并持之以恒对其进行精心研究，大力宣传，推广应用，与企业建立了深厚的关系，他的这种精神值得学习。

由靳伟教授编著的《中国单元化物流全书》终于要和大家见面了，这是他研究成果的结晶，此书从理论和实践两个方面做了较完整、系统的论述，集知识性、理论性、实践性、可借鉴性于一体，深入浅出、图文并茂，是一部值得阅存的好书。衷心祝贺此书在国内外出版发行！希望他在今后的单元化物流理论研究中，老当益壮、不畏艰险、勇往直前，为中国物流业的发展再立新功！

丁俊发

2017 年 8 月 18 日于北京

前　言

我 1968 年大学毕业，在部队锻炼两年后分配到北京工作，“荏苒冬春谢，寒暑忽流易”，转眼之间当初的一个小伙子就过了古稀之年。好心的同学、朋友见面就半开玩笑地说：“钱还没有赚够啊？别干了，去公园遛遛弯儿，跟大伙打打牌多好，何必跟自己过不去呀！”听到这类劝，觉得也不无道理，但转过来细想还是不能苟同。一是上班工作不完全是为了钱。人各有志，把事业当成人生也是一大乐趣。本人从 1979 年起因工作关系接触物流，开始潜心研究物流，写了几本物流拙著，仍感到言犹未尽，不能释怀。二是 2001 年曾蒙北京科技大学吴清一教授信任，带领托盘团队一拼就是十几年，与托盘结下了不解之缘，与业界朋友感情厚重，箭在弦上，一发不可收拾。三是 2012 年在网上看到王凯先生关于单元化物流的文章，认为单元化物流是今后的发展方向，也是托盘企业广阔的市场空间。恰在此时，中国交通运输协会（简称中国交协）聘我担任“托盘与单元化物流分会”常务副会长兼秘书长。四是虽然年过古稀，但身体还好，精力还充沛，现在生活水平提高，人的寿命延长，国家也在考虑推迟退休年限。自己还可以继续为托盘老总们干点事情，为开拓我国单元化物流事业尽一点微薄之力。

应该说，自 2012 年认识到单元化物流是解决我国物流“最后一公里”的不二选择，势在必行后，一直认为开创这项伟大而光荣的事业，在有生之年再贡献一点力量是自己的一份义务和责任。因而下定决心在这条道路上大干一番。于是先在杂志上发表了一篇题为《托盘的科学定位——单元化物流》的文章，随后找老朋友——北京伍强科技的总裁尹军琪先生，取得一致看法后，在他的建议下去找了吴清一教授，吴老亦同感，随后发表了四篇文章论述单元化物流。

为了开拓单元化物流，2013—2016 年本人利用工作之便，带领团队在北京举办了三次全国规模的单元化物流高峰论坛，并于 2016 年正式创立了“单元化物流企业国际战略联盟”，由陆大明先生任首届主席，尹军琪先生任常务副主席。遗憾的是，2016 年“联盟”遇到了阻力，本人也突遇变故，不能继续在原托盘行业协会任职，不得已改换门庭、另辟蹊径。恰在此时，在尹总的建议和中国交协领导的支持下，决定编著《中国单元化物流全书》。其本意是让物流人和托盘人了解单元化物流，为将来单元化物流事业的大发展铺路搭桥；为开展单元化物流知识普及、宣传教育做个铺垫；为研究该领域的同仁提供点学科参阅资料；以便唤起企业领导、国家公职人员、专家学者、教学及研究人员关注单元化物流、重视单元化物流，使大家团结一致、万众一心投入到单元化物流行业建设中来。

值得庆幸的是，丁俊发、王之泰、王宗喜、王选庆、王德荣、吴清一、徐炳伦、戴定一8位权威专家、学者作为本书的顾问，中国交协常务副会长王德荣为本书题词，鼎力支持我；吴清一、尹军琪、宋伟、王鑫、王银学、吴双、李宝杰、曹志杰、徐磊、漆文星、廖文明、史艳秋、覃拥等众多业内同仁为本书提供经典案例和相关文章；团队成员胡郁林、梁媛媛、李占青、胡艳玲、张子梦等不辞辛苦地协助我，在此一并致谢！本书作为众人辛勤劳动的成果，如能对读者哪怕有一点点的帮助，我也会感到知足和欣慰。

由于本书编著的时间、条件以及本人水平所限，权当“抛砖引玉”之为，如有不妥之处，敬请多加批评指正！

2017年8月29日

编纂说明

由中国交通运输协会托盘与单元化物流分会和北京由尼得物流技术研究中心主办、靳伟教授编著的《中国单元化物流全书》终于结稿了。此刻，我们的心情十分激动。一是因为单元化物流本身是新生事物，代表发展的大方向，具有强大的生命力。靳老作为单元化物流的开创者之一，带领团队一起披荆斩棘，拓荒这块处女地，我们这些后辈感到非常光荣和自豪。二是因为该书是一部破天荒之作，它的出版发行既具有现实意义又具有深远的历史意义，不仅填补了空白，也有实用价值。三是因为该书从理论和实践两个方面对单元化物流进行了全面、系统的论述。从国情分析和企业经营新趋势等大视角入手，从政治、经济、文化，生产、流通、消费，托盘、物流、供应链到单元化物流，高屋建瓴、远见卓识，层层解剖、深入浅出地阐述了单元化物流的内涵和本质。读起来感到道理深刻、条理清晰，其中还有不少鲜为人知的故事。四是因为该书是靳老把近40年对物流、约16年对托盘研究的成果送给读者分享。他从1979年开始潜心研究物流，第一个把国外物流概念引进来，被誉为“中国物流概念引进第一人”。由于靳老几十年来，先后在国务院部委、大型企业、研究机构、行业协会任领导职务。所以他撰写的东西与众不同，全方位、全局性、系统性、深刻性特点明显，而且集知识性、理论性、实践性、指导性、可读性于一体。随手翻来，每一段文字都可能触发你的灵感。当然，一部大型工具书，内容杂、范围广，真正写好并符合每个人的胃口并非易事，也难免有不妥之处。

本书共七章，前四章内容是核心。第七章中选登了吴清一教授等顶级学者和尹军琪等企业领军人物关于单元化物流的论述，目的是使读者通过本书汲取更多的营养，同时也能使读者欣赏到单元化物流百花园里鲜花盛开的美景。

本书编著过程中得到了众多有识之士的帮助，也是众人团结协作的结晶。作为第一本单元化物流巨型专著，尽管不一定完美，也值得企业总裁、专家学者、行政领导、咨询顾问一读，也可作为研究、培训、讲学的参阅资料。

因我们水平有限，书中如有不当之处，敬请见谅！

编辑部

主　任：胡郁林

副主任：梁媛媛、李占青

编　辑：胡艳玲、张子梦

2017 年 8 月 31 日

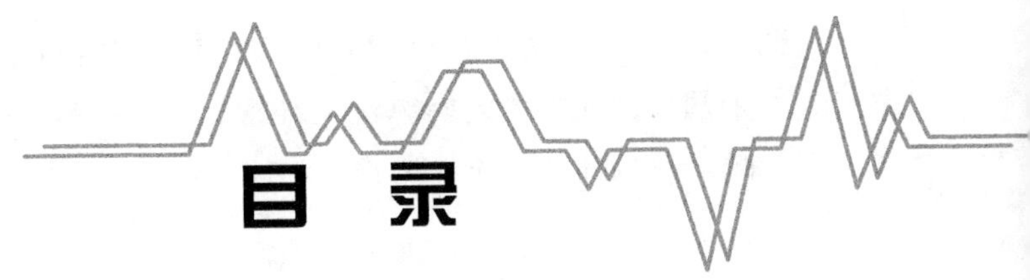

目 录

第一章　中国特色国情与经济社会进步 ………… 1

一、中国的基本国情及其特殊性 ………… 3

二、中国经济社会发展阶段 ………… 5

三、企业经营新抉择 ………… 7

第二章　中国物流发展与托盘业兴起 ………… 15

一、中国物流概念引进及其发展历程 ………… 17

二、中国物流在经济社会发展中的地位和作用 ………… 20

三、中国物流兴起的缘由 ………… 22

四、物流的实质、目标及其相关要素 ………… 33

第三章　中国托盘理论及框架体系 ………… 41

一、托盘的理论依据 ………… 43

二、托盘理论学说 ………… 43

三、托盘框架体系 ………… 49

四、中国托盘成长历程 ………… 50

第四章　单元化物流 ………… 63

一、单元化物流概念、定义 ………… 65

二、单元化物流的理论基础 ………… 72

三、单元化物流框架体系 ………… 83

四、单元化物流的作用和地位 ………… 109

五、单元化物流沿革、现状及未来 ………… 116

第五章　单元化物流企业荣耀榜及优秀企业推介 …… 149
中国单元化物流创始单位荣耀榜 …… 151
单元化物流优秀企业推介 …… 152

第六章　单元化物流经典案例 …… 197
招商路凯单元化物流载具循环共用 …… 199
单元化物流在图书物流中的应用 …… 204
基于单元化物流的医药物流拆零技术 …… 210
单元化物流在制造业车间中的应用 …… 225
京东带板运输单元化实践案例 …… 232
中国汽车行业的物流智能单元化应用 …… 238
铁路系统检修车间单元化物流存储及输送应用 …… 250
物美集团打造单元化物流快速配送系统 …… 258

第七章　单元化物流文章精选 …… 265
单元化物流在供应链管理中的应用研究 …… 267
托盘的科学定位——单元化物流 …… 301
2001—2020 年中国物流发展战略研究 …… 305
发展单元化物流，优化供应链体系 …… 345
标准化是单元化物流的基础 …… 350
集装单元器具的回收与循环使用 …… 355
单元化物流与物联网共生共荣 …… 360
军事物流乘风破浪奋力前行 …… 364
单元化物流的内涵与外延 …… 368
从木桶原理到托盘共享 …… 374
从货币共享到托盘共享的那些事 …… 378
单元化物流在中国的未来 …… 390
商务部在物流界下了一盘很大的棋 …… 397
中国集装箱行业的崛起与未来发展方向及对集装箱托盘应用的探讨 …… 402
中欧班列为“一带一路”建设铺平道路 …… 413

附录一　单元化物流法律、法规及政策 …… 419
国务院关于印发《物流业调整和振兴规划》的通知 …… 421

中华人民共和国循环经济促进法 …… 433
商务部办公厅 国家标准委办公室关于印发《商贸物流标准化专项行动计划》的通知 …… 440
商务部办公厅关于请推荐商贸物流标准化专项行动重点推进企业（协会）和智慧物流配送示范单位的函 …… 445
国家标准委、商务部关于加快推进商贸物流标准化工作的意见 …… 449
国家发展改革委关于印发《"互联网+"高效物流实施意见》的通知 …… 453
十部门关于加强物流短板建设 促进有效投资和居民消费的若干意见 …… 462
关于做好2017年降成本重点工作的通知 …… 466
商务部办公厅关于请推荐商贸物流标准化专项行动第三批重点推进企业（协会）示范单位的函 …… 472
交通运输部等十八个部门关于进一步鼓励开展多式联运工作的通知 …… 474
国务院办公厅关于加快发展冷链物流保障食品安全促进消费升级的意见 …… 479

附录二 中国物流元老级功勋人物及大事记 …… 485
中国物流元老级功勋人物 …… 487
中国物流大事记 …… 496

附录三 中国知名度较高的物流学者、专家 …… 503

附录四 中国物流行业团体、物流名著、图书及媒体一览 …… 511

附录五 物流设施设备标准目录（节选） …… 515

附录六 托盘相关国家标准情况汇总 …… 529

参考文献 …… 532

第一章

中国特色国情与经济社会进步

按系统论的观点可以把人看作一个系统，该系统由呼吸系统、消化系统、心脑血管系统、神经系统、内分泌系统等多个系统构成。各个系统之间密不可分，相辅相成。从平衡论的角度讲，各个系统要相互匹配、相互平衡。假如说一个人其他各个系统的寿命均为80年，只有心脑血管系统的寿命是50年，那么这个人的寿命就有可能只有50岁，或者稍多一些。

按此推理，我们研究单元化物流不能就单元化物流论单元化物流，而要把单元化物流放到物流系统、经济社会系统乃至整个国家系统、整个世界系统中去看、去研究，才能真正看清单元化物流的整体和全貌，才能得出准确结论。

一、中国的基本国情及其特殊性

为什么要讲基本国情？因为我们是在研究讨论中国单元化物流成长的土壤和环境，也就是中国的基本国情。假若对基本国情不了解，不顾及，甚至脱离国情看问题得结论就有可能脱离现实走弯路。苏联斯大林时期曾不顾国情和经济社会发展阶段，简单武断地把不成熟的社会主义的苏联提前过渡到共产主义，造成了巨大损失。我国也曾“要跑步进入共产主义”，不切实际地要在15年内“赶英超美”。直至1978年党的十一届三中全会后才正确分析判断中国的基本国情，明确指出“我国的社会主义制度还处于初级阶段”。

中国的基本国情，比如：960万平方公里辽阔的土地面积，上下五千年的悠久历史，13亿人口的发展中国家，56个民族的农业大国，还处于公有制为主体的社会主义初级阶段等。这些中国的基本国情，有其浓重的特殊性。探讨分析此类基本国情及其特殊性，对于我们研究单元化物流大有裨益。

由于中国还处于社会主义初级阶段，法律法规不够健全，执法不严、执法犯法时有发生，粗放管理、粗放经营现象普遍，人们在大变革、大调整、大震荡中，还不能马上认识和完全接受现实，也容易受媒体、互联网负面信息的影响，“一边吃肉，一边骂娘”，是非不辨，好坏不分。中国的特殊国情，决定了中国的治国方略。社会主义公有制必须坚持，至少现在取消不得。我们不能一下子就像欧美一样，土地、矿产、森林私有化，那样我国的秩序就不会在短短的几年内就建起来。国有企业不能马上撤出经济舞台，因为中国的民营经济成长的条件还不够完备，实力也不够强大。我们也不能推行多党制，因为国人的文化水平、接受能力还参差不齐，所以，有些事还不得不采取强制手段。作为一个大国，更要按规律和法则办事，一步一步地走。违背自然规律，揠苗助长不会有好结果。当然，我们也绝不循规蹈矩、墨守成规。中国人聪明、勤奋，华人众多，又习惯多挣少花，一旦有了好政策，什么奇迹都可能发生，什么辉煌都可能铸就。

事实上，中国改革开放40年的成功经验，本身就是经典的故事。从20世纪70年代末开启改革开放，全面融入世界发展潮流，中国走出了一条自己的发展之路。以民生为发展中心，以全面深化改革为发展核心，中国故事波澜壮阔，且方兴未艾，并仍将继续大步走向辉煌的明天（见图1－1）。

图1－1　中国改革开放发展示例

图 1－1　中国改革开放发展示例（续）

二、中国经济社会发展阶段

发展阶段论是对客观事物发展规律的尊重，是科学分析判断问题的必然法则。世间万物都具有规律性，我们看问题、处理问题都不能违背规律。所有事物的发生、发展及结果都是分阶段、有步骤、按顺序进行的。所谓高瞻远瞩、未雨绸缪，也要尊重规律、审时度势，而不能“隔着锅台上炕”“拿着鹅毛升天”。当然，即便是跨越性发展、跨越性思维也离不开事物发展的阶段性和规律性。

中国流通经济发展阶段见下表。

中国流通经济发展阶段

	生产	流通	消费	备注
第一阶段（1949—1979 年）短缺经济	生产是经济舞台的主角，技术革新、设备引进，企业扩大产量、扩张规模	流通不受重视，物流处于辅助地位	物资短缺、凭票供应、卖方市场	有钱买不到东西，生产资料计划分配、计划供应。粮票、布料、副食本式的配给制
第二阶段（1979—1998 年）供求平衡	扩大产量与提高质量并举，外商投资企业大量进入，企业竞争开始	计划与市场相辅相成，改革计划分配制度，引进物流概念，开始关注物流	消费者可以选择商品，家电普及，粮食、日用品等物资逐渐丰富起来	改革开放后，以经济建设为中心，经济高速发展，物资生活大为改观
第三阶段（1998—2016 年）供大于求	开始进入生产能力过强、产品过剩阶段，企业之间竞争激烈起来，改革创新成为主流	商流发生质的变化，电子商务、快递业兴起。物流快速成长，运输、仓储、包装、装卸搬运大大改观，供应链初见端倪，物流的重要性凸显	消费者挑选余地扩大，呈现个性化、定制化消费倾向。汽车消费、住房消费、旅游休闲消费时代开始，彻底的买方市场形成	企业过度竞争、恶性价格战明显。资本市场股票、证券、保险业形成规模。国际化倾向，中国企业走向世界热潮兴起

从表中不难看出，我们把中国的流通经济发展划分为三个阶段。简单地说，第一阶段是短缺经济阶段，第二阶段是供求平衡阶段，第三阶段是供大于求阶段。不同的发展阶段，生产、流通和消费各有差异，也是中国经济社会从 1949 年新中国成立到 2016 年长达 67 年历史阶段的真实写照。大家可以从表中看出，生产、流通、消费三者相互依存，密不可分，我们还可以悟出物流的重要性和企业的发展方向。

1. 第一阶段（1949—1979 年）

这一发展阶段，起于 1949 年新中国成立，截止于改革开放起始，整个 30 年中国处于短缺经济、卖方市场年代。毛泽东主席领导的中国共产党带领中国人民推翻了三座大山，解放了 4 亿长期受苦受难的中国人民，在欢庆胜利、欢呼解放的喜庆中，中国人民焕发出巨大的生产力能量，经过 1953 年的“三反”运动，直至 1958 年“反右”派斗争，短短的 9 年时间里，经济状况明显复苏变好，人民生活大为改善。然而，1958 年“反右”派斗争开始，随后 3 年自然灾害，1963—1966 年开展“四清”运动，紧接着“文化大革命”风暴，直至 1978 年召开党的十一届三中全会，商品一直短缺，粮食、副食品、家电、家具、日用品等几乎所有商品均供应不足，紧俏物资、工业品生产资料（钢材、木材、建材、汽车、机械等）严重短缺，普遍凭票供应。此阶段，生产企业拼命扩大生产以满足市场需要。流通环节被忽略，物流效率和成本自然无人过问。

2. 第二阶段（1979—1998 年）

在第二个发展阶段里，正是党的十一届三中全会之后，提出以经济建设为中心，改革开放，中国开始由解放生产力到发展生产力，激发中国人劳动热情和创造拼搏精神并获得了巨大成就的历史阶段。由于政策符合国情，经济建设热潮高涨，保持 GDP（国内生产总值）连续 10% 以上的高速增长，商品逐渐满足了需求，市场供求平衡，人均收入增加，生活物资供应充足，消费者有了选择的余地，流通业也开始受到重视。1978 年物流概念引进后，经过 20 世纪 80 年代的宣传普及，开始在中国生根开花。

3. 第三阶段（1998—2016 年）

中国流通经济发展的第三阶段，是供大于求，产能过剩，消费的增长低于生产的增长，受世界大环境，尤其是 2008 年开始的金融危机影响，经济下行压力逐渐加大，由高速增长向中高速增长的转换时期，由规模扩大向质量提高的转换阶段。转型升级、循环再生、节能减排、环保、创新、协调、共享成为主流。消费者个性化、多样化、高端化倾向以及汽车消费、休闲消费、旅游消费、住宅及环境消费倾向越发明显，加之，国际国内市场融为一体，国内外政治、经济、文化多样化，企业竞争激烈，消费倒逼市场，购买倒逼企业，网上购物、电商、快递业发展倒逼物流业转型升级、提效降本、加强服务成为主流。

三、企业经营新抉择

（一）企业经营面临新局面

经济全球化的浪潮使跨国公司如鱼得水，商品和资本的全球化流通使跨国公司如虎添翼。跨国公司的规模化采购、规模化生产、规模化营销和规模化物流所带来的低成本、高利润，使国际市场震荡不已；经济无国界、贸易壁垒拆除、国际交易自由化，促使区域经济、区域贸易、区域物流大发展，跨地区、跨国境、跨行业合作日益加强；信息化社会、网络通信、高科技、高附加值、自主开发创新等时代潮流迅速地改变着全球经济格局和企业游戏规则；资本、人才、资源、信息向大型企业集团聚集，中小企业在震荡和冲击中，选择加盟供应链系统；生产的跨越和科技的腾飞，使产能过剩、商品积压和市场饱和问题日趋严重，买方市场国际环境下的销售竞争激烈化成为全球经济发展的矛盾焦点；在一轮又一轮的降价抛售中，消费者不仅不买账，反而在销售方式、交货速度、定制化服务等方面提出新的更高要求；企业在销售额增加、利润减少，经营风险加大、成功率降低、交货期要求提前、产品生命周期缩短等严峻考验面前，一方面必须以质量、时间、成本为核心重新定位经营模式，另一方面还要在低耗能、无公害的前提下打造高科技含量、高附加值、高知名品牌的产品，否则就有随时被淘汰出局的危险，其压力前所未有。

中国2001年加入WTO（世界贸易组织）已有16年，“入世”意味着全面享受最惠国待遇，消除对中国的歧视和限制，可以充分利用两种资源、两个市场，迅速地把我国产品推向世界。与此同时，还必须清醒地看到，我国经济还不够发达，市场经济有待完善，经济体制改革还在继续，管理和技术水平的提升正在进行时，企业参与国际竞争的经验仍不够成熟。

“入世”以后，我国按照有关规则和承诺，调整了经济体制，关税总水平已从加入WTO前的15.3%降至10%以下，所有非关税壁垒均被取消。银行、保险、证券、电信、建筑、分销、法律、旅游、交通等100多个服务部门全部对外开放；自2005年12月11日起，允许设立外商独资国际货运代理企业，注册资本的最低要求实行国民待遇，经批准还可以从事订舱、货物监装，集装箱拼装拆箱、分拨、中转及相关的短途运输服务以及代理报关、报险、报检、保险，国际多式联运、国际快递等业务。中国改革开放、外资进入后发展示例见图1－2。

图1-2　中国改革开放、外资进入后发展示例

截至2016年年底，世界500强企业已有450多强来华投资，总项目超过5000个。世界前20名的跨国物流公司进入中国后，经过一段时间的前期铺垫，现已开始了全面网络布局，全方位战略攻势。这些国际巨头企业凭借雄厚的实力和丰富的经验，大手笔、大投入，通过并购重组和资本运作等方式，扩张势力范围，抢占制高点，来势凶猛、挺进迅速、战果累累。

目前，世界50强零售企业已全部进入中国市场，外资商业企业在大型超市和百货领域的市场份额已分别占到50%和30%以上。它们通过合资、合作、独资、购买、兼并、租赁等方式先在我国境内安营扎寨，然后迅速扩张。沃尔玛、家乐福、麦德龙等外资商业巨头已在华构筑了商业网络，发展势头持续猛烈。尽管我国流通业利用外资总额目前尚不到我国累计利用外资总额的21%，但外资企业的汹涌大潮对我国的商业零售企业的冲击绝不可掉以轻心。“山雨欲来风满楼”，我国商业零售企业依然面临着前所未有的严峻挑战。

长期以来，我国企业由于受“大而全、小而全”等传统观念的影响和计划经济固有思维方式的桎梏，习惯于以自我为中心思考和决策，而新时代、新经济发展阶段的企业经营，迫于买方市场环境和竞争的多元性等压力，已逐渐由以企业为中心转向以市场为中心，又进而转向以消费者（客户）为中心。企业生产什么、生产多少、什么时间生产以及价格确立、销售框架构筑乃至经营模式选择等从后向前推。先考虑消费者的意愿、意向，调查研究消费者的心理状态、消费需求、收入水平、购买能力、采购欲望，再确定企业的产品方向、价格、销售架构，然后再制订采购、生产和销售计划。而不是传统的那种企业大批量采购、大批量生产、大批量库存、坐等客户上门求购，或者只进行市场预测、市场调研就决定产量，安排生产。新型的企业经营理念彻底转变了旧有思维程序，由原来的企业、产品、销售、消费这种正向思维过程转向消费、销售、产品、企业这种逆向思维过程。在交货方式上也由原来的取货制改为送货制，由签约付款制改为货到付款制，在商品交到消费者手里之前，所有责任和风险一律由供货企业承担。

消费者被视为“上帝”和“衣食父母”，企业围绕消费者考虑问题、决策经营的结果，推高了消费者的要求标准，从而引发了新的欲望升级，如要求“缩短供货期”“定制化服务”“延迟付款”等。这样又进而导致企业成本的加大和利润空间的缩小，甚至造成企业不得不“零利润”“亏本”经营。

日益严峻的经营环境中，企业要想在激烈的竞争中胜出，必须从消费者（客户）为中心制订经营战略，站在消费者的角度看问题，设身处地为消费者着想，服务第一、利润第二。“服务”是新时代、新经济环境下的新理念，社会的千变万化和消费的不确定性，从根本上改变了企业赖以生存和发展的市场秩序，只有那些坚持以消费者为中心、以消费者满意作为服务目标，并与消费者建立良好关系的企业才能获得利润，企业的服务思想也因此被提到了前所未有的高度。一是由于在新型经济日渐成熟时期，利润的获得不取决于一次性的暴利交易，而取决于企业是否有持续交易的商机。只要有交易对象，企业就有钱可赚，就能维持生存和发展。一次性暴利交易不仅可能有损自己的形象和信誉，而且靠暴利经营也不可能维持长久。二是由于当今的消费者购买产品时，不单单是产品本身，而要包括相关的各项服务，如产品的定制，产品送货，产品的安装、调试、维修、保养，产品的回收处理，产品的以旧换新等。三是由于服务有时能给消费者带来附加价值。如与产品相关的技术培训、咨询、信息处理、资金支持、风险共担、系统设计、流程再造等。在“战略伙伴、合作共赢”思想主导下，服务是一种战略性选择，通过提供服务，实现双方的资源整合、优势互补，从而共同开辟经营空间，共同创造利润、共同享受成果。而不是过去那种互相攻击、互相敌对、互相拆台的做法。这种新的经营理念，对原有的那些“自成体系”“封闭运营”等“小农经济”“小作坊”的旧有观念形成强烈冲击。

（二）差别化竞争中的企业发展之路

1. 思维方式差别化

当今世界发展之快、变化之大让人目不暇接。各种新技术的大量涌现和管理模式的复杂化，使人们的思维方式逐渐拉近了距离，走在前面的企业思维由点到线、由线到面、由面到立体，由纵向到横向、由单元到多元、由一维到多维。走在后面的企业，思维方式仍局限在“点”上、纵向上，只有单元，没有多元；只有一维，没有多维。与现代企业思维方式存在巨大差距。

思维方式的转变是一个漫长的过程，而非一朝一夕。日本的物流发展，起初也只是注重提高运输、仓储、包装、装卸搬运等多个“点”上，后来才综合在一起，串成一条线，把物流作为一个系统进行管理，结果发现效率大幅度提高。但是这条“线”在新经济环境下，不足以应对日益激烈的竞争态势，还需要把物流的“线”与商流、资金流、信息流以及海关、商检、货代这些相关的“线”组合到一起，构成一个“面”，变成一个整体，否则仍不能彻底解决问题。后来，随着经济全球化、信息网络化和贸易自由化的发展，专家们进而发现，物流、商流、资金流、信息流这个单一的“面”（流通）还是有一定局限，必须把这一个“面”与生产、消费这两个“面”连在一起考量，即把流通这个单“面”变成生产、流通、消费等多面架构的立体，使思维方式由纵向变横向、由单元变多元、由一维变多维，即从物流转成供应链，并把供应链放在生产、流通乃至与政治、经济、文化相融的立体化社会中去，才堪称真正抓准了事物的本质和灵魂。

2. 企业战略观念差别化

在全球政治、经济、文化环境发生巨大变化，科技进步，尤其是信息科技迅猛发展，企业竞争日趋激烈化等因素影响下，社会产品品种增加、单品种商品数量减少，产品研发费用增加、产品生命周期缩短，商品售价降低、售前售后服务成本升高，商品供应越来越丰富、消费者个性化、多样化要求越来越复杂，能源和人工费等生产成本不断上升、环保要求和各种规制日益增多。部分觉醒早一些的企业经营者开始转变战略观念，应对汹涌而来的“时代狂澜”。

（1）纵向与横向的战略观念差别。

传统思维的局限性在我国有许多表现。封建王朝为了防御外来侵犯构筑了万里长城，故宫博物院高高的围墙，严严实实的四合院，一家一户独立的大院（山西的乔家大院、福建的土楼十分典型），无不反映出我国有史以来的自我封闭观念和习俗。“三亩地一头牛，老婆孩子热炕头”“各人自扫门前雪，不管他人瓦上霜”也是中国人陈习陋俗之历史写照。改革开放前，我国长期的闭关锁国，没锁住外国人，却锁住了自己；计划经济管理体制下的部门经济，纵向畅通无阻，横向“鸡犬之声相闻，老死不相往来”。当然，我们还应客观地看待中国的问题。比如20世纪40年代至60年代，中国企业的“纵向一体化”管理模式也曾卓有成效。90年代以后，在科技迅猛发展、竞争日益激烈和需求多变的历史阶段，这种“纵向一体化”的经营管理模式便露出诸多缺陷。在“小农经济”思想的桎梏下，企业自筹资金、自建厂房、自购设备、自养队伍，内设车队、幼儿园、医院、学校、食堂，企业办社会，应有尽有、万事不求人。决策者东奔西跑整天忙于处理“吃、喝、拉、撒、睡”。在生产方面，自成体系，产、供、销一条龙。从铸造、毛坯、零件、装配、包装、仓储、运输等全部自己配套拥有。产品研发、生产加工、市场营销三大块呈现出两头小、中间大的“腰鼓型”，无法及时应对千变万化的市场，商机丧失、风险加大，核心竞争力得不到充分发挥。当然，这也并非中国的专利，国外也曾有类似情况，但他们转得快、转得彻底。美国福特汽车公司曾自建铁路、公路、港口和橡胶园，投资煤矿、铁矿、森林，搞得劳民伤财，“赔了夫人又折兵”。后来，福特汽车公司变得聪明起来，从纵向一体化彻底地转向了横向一体化。生产Festiva车（费斯蒂瓦牌汽车），由美国人设计，在日本生产发动机，在韩国生产零配件并组装，再回到美国本土销售，避免了投资风险，赢得了低成本、高质量、抢先市场等竞争优势。

纵向管理模式与横向管理模式的差别还在于：纵向管理模式，企业主要重视内部的产品设计、原材料采购、生产、销售，很少考虑与外部供应商、分销商的战略联盟；在企业内部，部门责任制运作，激励机制以部门为对象目标，绩效考核、评估等均以部门为单位，导致企业各部门各自为政，相互脱节，甚至互相倾轧；由于企业以自我为核心，与外部信息不能全面传递，意志不能彻底沟通，销售顺利时态度傲慢，销售不顺利时转嫁接损失，合作过程中矛盾迭起，冲突不断。而横向管理模式，企业不仅重视内部，也充分考虑与供应商、分销商等相关企业的战略伙伴关系，或者加入供应链，由孤军作战变成集团抗衡，解决了单枪匹马、势单力薄的缺陷。企业可以集中人力、物力和财力专心于最擅长的核心业务，致力于新产品研制、设计和生产制造；通过对商流、物流、资金流和信息流的一体化控制，从供应商的供应商开始，到用户的用户为止，与所有相关的供应商、分销商、零售商直到最终消费者连成一个完整的网链结构，以实现物流链、信息链、资金链以及商流链的增值。横向一体化利用信息等手段改变了过去那种企业“金字塔”式的结构层次，实行“扁平化”管理，决策者可根据纵向、横向的信息，排除过多、过杂的人为误导，及时而准确地做出决断。

（2）单体与团体的战略观念差别。

中国人常讲“家和万事兴”“团结起来力量大”，强调的是集体的作用。在新经济发展时代，经济、社会、科技的千变万化，竞争的激烈化和复杂化，致使企业经营越来越困难，风险越来越大，利润空间越来越小，单个企业搞得再好也有极限，本事再大也受资金、设备、人才、技术等要素的制约，因而许多企业几经风雨磨难后，已感到自己“心有余而力不足”“单打独斗、孤立无援”，纷纷走向结盟之路。但目前仍有很多企业尚没有认识到矛盾的尖锐性和形势的严峻性，依然沉迷于“小农经济”的传统思维中不能自拔。

供应链的基本理念表现在集成。所谓集成就是把所有相关联的要素全部有机地组合起来，把单个的优势组合成团体优势。单体与团体在本质上的差别，一是单体企业的思维范围局限性大，无论如何都离不开以自我为核心。满脑子都是企业自己产品的质量、价格、竞争力、市场占有率和利润等，装不进其他企业的利益。所以，在采购时总与对方讨价还价，在销售时总与对方争来抢去，就是不把对方看成朋友和战略伙伴，双方的利益总达不成一致。但从供应链的角度出发，情况就大有不同。凡是供应链的成员企业，大家都是同一战壕中的兄弟，相互之间的关系是“唇亡齿寒”“患难与共”“相依为命”。二是单体企业能量有限。俗话说：“三个臭皮匠，顶个诸葛亮”，“单挑独斗、寡不敌众”“饿虎抵不过群狼”。单体企业毕竟视野狭窄、实力有限，抗风险能力、应对市场能力、驾驭局面能力，无法与群体相比。集团聚合，企业之间可以优势互补，大家集思广益、相得益彰。三是单体企业抗御能力弱。由于单体企业经营范围、实力等有一定限度，因而在残酷竞争的市场环境下，很难抗御外部竞争和干扰，稍有失策，后果则不堪设想。一旦失利，周围没人帮，自己没有后援，回旋余地小、后力弱，不像集团企业，人高马大、呼风唤雨，即使有一点风吹草动，受到一点挫折也能内部消化，安然无恙。因为集团内功能配套，能做到“兵来将挡、水来土掩”。

（3）增加数量与节约的战略观念差别。

在短缺经济发展阶段，增加产品数量是企业的主要发展途径，也是获取利润的主攻目标，而到了当今的市场饱和、买方市场发展阶段，则必须转向节约。特别是在当前节能、低碳、环保呼声越来越高，法律制度越来越健全的情况下，企业必须从单一地依靠扩大产量生存转向从节约中要效益。增加数量与节约的差别主要包括：①增加数量必须以销定产。传统的做法是批量生产、批量库存，后果是畅销时企业忙得不亦乐乎，滞销时库存严重积压，资金不能按期回笼，银行利益负担不断加重。所以，增加产量必须以销定产，以按订单生产为主，力争库存为“零”、浪费为“零”、次品为“零”。这样才能大幅度节约采购成本和库存成本，大量节约流动资金。②增加数量容易造成浪费。在市场瞬息万变、销售变数大、可预测要素缺失的经营环境中，企业盲目地扩大产量，很容易因预测不准或市场突变造成产品积压，生产成本不能及时收回，库存货物占压流动资金，造成人力、物力和财力的损失。③增加数量要承担经营风险。时下，企业已不是依靠扩大产品数量赢利的年代。在计划经济时期，国家曾对重要生产资料实行包产、包供、包销，生产多了由国家承担库存责任，企业不受什么影响，而现今是市场经济，企业旱涝保收已成为过去，产品生产多了卖不出去，企业自己要负责消化、承担经营风险。在市场扑朔迷离、产品生命周期缩短、竞争激烈而复杂化的今天，还一味地增加产品数量，毫无目的地生产，其风险之大可想而知。然而遗憾的是有些企业至今还缺乏风险意识，不进行风险预测、没有风险防御措施，到头来只能自己吞下失败的苦果。

世界经济发展到今天，新形势、新观念、新思维、新模式不断出现，企业经营战略也必须紧紧盯住这个变化万千的世界。单靠增加产品数量、提高市场占有率，或者单靠降价竞争来打拼市场，都很难彻底解决实际问题，新的出路和解决途径是“节约”。在整个企业经营管理过程中，从原材料采购、产品生产到销售给最终用户，要找出所有浪费之处，节约每一分钱。因为，在依赖增加数量创利已基本走到尽头的新经济发展阶段，节约才是一种明智的选择。节约就是降低成本、减少支出；节约就是省钱，省下来的钱就是纯利润。同时，节约也是企业竞争差别化中的重要组成部分。“合作共赢”示例见图1－3。

图1－3　“合作共赢”示例

第二章

中国物流发展与托盘业兴起

单元化物流是物流管理和运作的一种途径，托盘是单元化物流的主要器具之一，所以，我们要了解我国物流的发展与托盘业兴起，并把握好物流，托盘与单元化物流之间的连带关系。

一、中国物流概念引进及其发展历程

中国的物流发展历程可划分为四个阶段。

（一）计划经济体制条件下的物流

第一阶段（1949—1977 年），这一阶段的物流从新中国成立开始到中国改革开放、引进物流概念之前为止。这一历史阶段，正是中国生产资料和主要消费品实行计划生产、计划分配和计划供应时期。商业、粮食、供销社、物资、外贸等流通部门构成纵向管理体系，分别组建了本部门的供销公司、批发零售网点和仓储、运输系统组织；铁路、交通、航空等专业运输部门各自拥有运输、仓储管理机构和企业队伍。由于生产、流通、消费完全在国家计划经济体制下管理和运行，纵向组织系统十分通畅有效，横向经济结构和联系处于条块分割、地区封锁状态，运输、仓储、包装、装卸搬运等物流活动按部门隶属关系操作，部门经济造成的同城倒库、原地倒流等极端落后和严重浪费现象普遍存在，效率低下不足为奇。“重生产、轻流通”的传统思想根深蒂固，物流滞后不言而喻。

（二）有计划商品经济条件下的物流

这二阶段（1978—1992 年），这一阶段伊始，正值党的十一届三中全会胜利召开，国家确定改革开放政策，全面推进经济体制改革，流通管理体制开始发生变化。1978 年 11 月国家物资总局派出“中国物资工作考察团”赴日本考察，首次带回“物流”一词。当时，国家物资总局科教司官员王学林（精通日文）在翻译带回来的日文资料时，想将日文汉字“物流”一词直接译成汉语的“物流”，但又拿不定主意，就打电话问当时在中国物资经济学会工作的日文翻译靳伟，得出了肯定答案。于是，“物流”一词首次在“中国物资工作考察团”的考察报告中出现了。从此，中国有了物流概念，吴润涛、王之泰、靳伟等一些有志学者开始研究物流，发起物流启蒙教育和宣传活动。1979—1984 年，国家按照“计划与市场相结合”的原则，打破长期坚持的“全面、统一管理”的传统模式，商业部、粮食部和全国供销合作社合并为商业部，从此形成了商业部、物资部和对外经济贸易部三大流通系统。扩大市场调节范围，重点调整了农副产品和日用工业品的计划管理体制及“统购统销”制度，改变了国有商业一统天下的固有局面，发展了计划购销、市场购销等多种流通渠道和购销形式，初步形成了多种经济成分和多种经营形式的流通框架，全面改革了流通领域的企业管理体制、批发管理体制、价格管理体制、经营管理体制，扩大了企业经营自主权。1987—1992 年，根据国家建立和培育社会主义市场体系的要求，大力发展了多层次、多形式、多功能的商品批发交易市场。同时，物资流通企业大踏步走向市场，积极开展了木材、平板玻璃、机电产品的配送试点。物流的重要性首先在教学、科研、社团组织中受到重视，经过一个阶段的启蒙、宣传和教育活动后，物资、商业、外贸、交通、铁路、货代、航空等各相关部门和领域先后关注物流，加大了铁路、公路、港口、码头、机场、货运枢纽等物流基础设施建设的投入。

1980 年 3 月，中国物资经济学会成立后，连续向日本、美国、欧洲派出物流团组考察国外物流，仅十余年接待和派出的物流团组就有 20 多批次。该学会 1989 年 4 月在北京承办的“第八届国际物流会议”，是在中国首次召开的国际性物流专业会议，对后来中国物流的发展起到了极大的促进和推动作用。1984 年 8 月，中国物流研究会成立，《物流手册》《物流管理入门》《物流学及其应用》等首批物流专业图书出版发行，物流教学、物流讲座、物流培训在北京物资学院、北京科技大学、华中工学院、辽宁财经学院等大学相继展开。这一阶段，是中国物流用语和概念引进、启蒙和宣传普及时期。

（三）社会主义市场经济条件下的物流

第三阶段（1993—1998 年），这一阶段的物流是中国计划经济转向市场经济阶段的物流。1993 年，党的十四届三中全会通过了《关于建立社会主义市场经济公有制的若干问题的决议》，从此计划经济开始向市场经济转变，中国经济走向了一个崭新的发展阶段。国家为了加强对流通的管理，在商业部与物资部合并的基础上，组建了国内贸易部，把生产资料流通与生活资料流通统为一体，形成了内贸、外贸的大流通格局。依照建立社会主义市场经济体制的目标，进一步加大了流通领域改革开放的力度，使中国的流通体制朝着社会化、市场化、现代化和国际化方向迈进。

这个阶段里，中国掀起了改革开放后的又一个经济建设热潮，生产规模和产量的迅猛扩大，导致生产与消费严重失衡，库存商品的积压浪费创下了空前纪录。流通问题，特别是物流发展滞后的矛盾再度显露，经济的持续健康发展迫切期待物流水平的提高。

经济形势的巨大变化推动了物流业的发展。在物流学术领域，1994 年，中国机械工程学会在上海召开“现代物流技术与装备国际学术会议”，1995 年，中国物资流通协会成立，并于 1997 年举办“亚太国际物流会议”。此间，《现代综合物流管理》《现代物流学》《物流学》《军事物流概念》等新一批物流专业图书问世。这一阶段，是中国物流大发展的前奏期，物流“热”开始孕育形成。

（四）新经济社会大发展条件下的物流

第四阶段（1999 年至今），这一阶段是中国新经济社会大发展形势下，物流取得辉煌业绩的时期。世纪之交之后，经济全球化趋势进一步明显。全球化采购、全球化生产、全球化流通、全球化销售格局的形成，促进了国际贸易和国际物流的发展；中国加入 WTO，外资企业大量涌入，使中国变成了国际经济的核心舞台。国内企业之间的竞争，国内企业与外商投资企业之间的竞争异常激烈。严峻的挑战与考验，迫使中国企业转向物流这一“第三利润源泉”；中国逐渐变成世界“采购中心”“制造中心”“物流中心”，经济社会的巨变致使中国面临新的发展态势，生产、流通和消费结构发生明显变化，物流滞后的矛盾日益突出，政府有关部门开始关注物流。

1999 年 11 月，国家经贸委与世界银行在北京联合召开“现代物流国际研讨会”，国家领导人吴邦国强调政府机构要重视现代物流。2001 年 3 月，国家经贸委等六部委联合印发《关于加强我国现代物流发展的若干意见的通知》。同年 4 月，中国物流与采购联合会成立，国家标准《物流术语》发布。2002 年 8 月《中国物流年鉴》出版发行。2004 年 8 月，国家发改委等九部委联合印发《关于促进我国现代物流业发展的意见的通知》。2005 年在青岛召开“全国物流工作会议”。2006 年，全国人大四次会议通过的《国家经济和社会发展第十一个五年规划纲要》，把“大力发展现代物流业”单列一节，全国物流“热”明显形成并持续升温。

这一阶段，各种物流研讨会、物流论坛、物流峰会、物流展会、物流交流会、物流洽谈会层出不穷，高潮迭起；物流组织纷纷亮相，繁花似锦；各类物流企业、咨询、培训、研究机构大量涌现，争奇斗艳；各级政府官员、各社团组织负责人、各企业决策者、各院校教授讲师、各研究单位学者专家，逢会必讲物流，逢人必谈物流。物流成为经济社会发展中的热门话题，物流人才变成各用人单位的争聘对象。

从 2011—2015 年的“十二五”期间，中国经济进入新常态，经济增速放缓，结构调整加快，发展动能转换。在经济运行压力持续加大的情况下，中国的物流仍保持中高速增长的态势。2015 年全国社会物流总额达到 220 万亿元，社会物流总费用与 GDP 的比率降至 15%。这一期间，物流需求规模扩大，物流结构调整，物流市场主体分化，物流创新驱动模式变革，国际物流进一步开放，物流基础设施大举扩容升级，物流信息技术普及应用，绿色物流趋势形成，物流政策环境更好，物流大发展局面走向成熟。其中值得指出的是，商务部、国家标准委率先推行以托盘为切入点的商贸物流标准化初见成效；“互联网 +”、大数据、云计算等新科技助推了智慧物流、城市配送、电子商务、快递等物流领域大发展。

二、中国物流在经济社会发展中的地位和作用

（一）流通在经济社会发展中的地位和作用举足轻重

在生产不发达的奴隶社会、封建社会以及商品短缺的经济社会阶段，流通处于从属地位，当产能过剩、商品饱和、销售成为主要矛盾后，流通促进生产、引导消费、推动经济结构调整和经济增长方式转变等作用变得越发突出。企业开始根据市场预测和订单进行生产，这时，流通的作用是决定性的。因为在国民经济运行过程中，生产和消费始终需要平衡，流通在整个经济运行过程中是晴雨表、桥梁和纽带，在国民经济持续健康发展中发挥重要作用。而且社会资本和产品的供求状态、价格水平，包括股市、汇市等均属流通范畴，其市场反映是经济运行的具体写照，一旦发现库存商品不足或积压、价格暴涨、通货紧缩或膨胀，就说明经济运行失衡，国家需要立即进行宏观调控，通过政策和经济杠杆或国家储备进行供求调节，同时及时调整产业结构、产品结构、进出口数量、资金供给。当然，应尽量利用“看不见的手”、市场法则和价值规律自然调节，减少政府参与和直接运用行政手段。

人体的血液循环，一定要保持流畅。心脑血管系统健康不容忽视，血液循环要畅通无阻。血管一旦发生阻塞，血液流动就会出现异常，久而久之，不是患脑血栓，就是患冠心病、心肌梗塞，甚至还会造成猝死等严重后果。《吕氏春秋》说道：“流水不腐、户枢不蠹”。伟大的革命先行者孙中山先生强调：“人尽其才、地尽其力、物尽其用、货畅其流”。经济越发达、科技越进步、社会越发展，流通在国民经济运行中的地位越显要，作用越突出。党的十六大指出，在全面建设小康社会的总进程中，要“深化流通体制改革，发展现代流通方式”；要“打破行业垄断和地区封锁，促进商品和生产要素在全国市场自由流动”。现代流通应成为国民经济运行的先导，通过发展流通产业带动工农业发展和社会消费。国家宏观调控中采取的财政政策、货币政策、收入分配政策虽然是一种有效的手段，但并不能从根本上解决问题，流通产业政策才是最有效、最彻底的调控方式。21 世纪以后，国际竞争能力越来越取决于流通能力，现代流通才是解决一个国家经济运行速度、效益和质量的关键，我国经济运行方式将由生产

决定型向流通主导型转变，这也是中国经济社会发展的必由之路。

（二）流通是中国经济社会发展的薄弱环节

我国是一个发展中国家，正处于社会主义初级阶段，计划经济向市场经济转变，粗放型经济增长方式向集约型经济增长方式转变尚未完成，在世界多极化、经济全球化的国际环境中，我们必须走新型工业化的道路。要以经济结构和产业结构调整为主线，重点解决经济增长方式问题，克服资源、科技、人才瓶颈，解决数量扩大与质量提高的矛盾、工业化大发展与环保的矛盾、人口众多与资源有限的矛盾以及地区发展不平衡、城乡收入差距拉大等矛盾。坚持以工业化促进信息化，走科技含量高、经济效益好、资源消耗低、环境污染少的路子。而这些问题的解决，都与流通密不可分。

现代流通业具有决定生产、调制市场、平抑物价和维护社会稳定的重要作用。因为现代流通可以通过采购和销售渠道调控商品流向，左右生产数量、品种和供货周期。我国现代流通业尚处于变革阶段，仍是国民经济的“软肋”和“瓶颈”，与发达国家相比差距很大，这方面问题多多。

我国流通环节十分薄弱的主要原因可列举三个方面。一是受苏联的影响。由于我国新中国成立后的政治经济体制采用的是苏联模式，受斯大林“无流通论”思想桎梏多年。斯大林的错误理论是不承认生产资料是商品，因而不能进入市场流通，只能计划分配。斯大林强调，社会主义劳动是直接的社会劳动，不需要进行商品交换，商品货币关系会导致资本主义。受此思想束缚，我国直至 1980 年还在讨论生产资料能否进入市场自由流通问题，而且争论得还十分激烈。二是受“短缺”经济影响。由于生产不发达，社会商品匮乏，市场供不应求。在卖方市场的情况下，买方“等米下锅”、上门求购，流通可有可无，主要作用被掩盖，“重生产轻流通、重外贸轻内贸、重零售轻批发、重城市轻农村、重生活资料轻生产资料消费”现象处处可见。正因为如此，物资部、商业部、粮食部、全国供销合作总社等流通主管部门自 1949 年以来，机构变来变去、职能七改八改，始终处于被冷落、被调整、被撤并的境地。三是受内外贸易管理体制的长期分割，导致了行业垄断、地区封锁和地方割据。曾几何时，搞国际贸易不了解国内市场、不掌握国内销售渠道；搞国内贸易不能对外签约，不熟悉国际行情，与外商隔绝。其结果，资源不能整合、市场不能统一，整体外贸开放水平得不到提高，流通促进生产、引导消费的作用得不到发挥。

（三）物流是当下中国经济社会发展的“短板”

现代物流是经济、社会和技术发展到一定阶段的产物，是国民经济的重要组成部分。在国外，物流被看作经济发展的命脉，国家现代化发展程度的标志，也是 21 世纪全球经济增长的新亮点。发展现代物流有助于加快商品流通和资金周转，降低商品成本，稳定物价；有助于优化生产力布局和资源配置；有助于促进产业结构调整、产品结构升级；有助于提高运输效率、降低能源消耗、减少环境公害；有助于缩小城乡差别、满足消费者个性化、多样化需求；有助于应对突发性事件（如地震、水灾、旱灾、海啸、战争等），维护国家经济和社会安全。同时，由于物流能创造时间价值、场所价值等附加价值，因而，在全球处于买方市场，销售竞争成为主要矛盾的今天，物流更是国民经济发展的基础和新经济发展时期的支柱产业。美国经济学家彼得·杜克拉预言，物流是经济的“黑大陆”；日本早稻田大学西泽修教授说物流是“第三利润的源泉”；德国一位经济学家提出，未来世界只有三种人——生产者、物流者和消费者。中国经济学家樊刚认为，今后世界只有三个系统：生产系统、物流系统和技术系统。美国著名的咨询企业麦肯锡公司在《中国物流市场白皮书》中提到，物流“将在未来中国的经济发展中起到关键作用”。但是，我国物流管理体制和基础设施落后、地区和行业发展失衡、企业规模小、生产效率低、资源缺乏整合、标准化程度差等现象仍然存在，政出多门、权力分散、条块分割、监管滞后、人才匮乏等问题明显地制约着我国物流的快速发展和质量的全面提升，物流“瓶颈”对我国经济正常运行的影响越来越突出。为此，引起了国家对物流的高度重视，将物流列入“十一五”规划和“十大产业调整振兴规划”中，决心尽快建立快捷、高效、安全、方便并且具有国际竞争力的现代物流服务体系，大幅度提高物流的社会化、专业化和现代化水平。

三、中国物流兴起的缘由

（一）经济社会发展与物流关系密切

时代前进，科技进步，经济发达等因素促进了社会的发展。人的欲望和需求随着社会的发展、经济收入的提高而在悄然地发生变化。吃、穿、住、行、乐，一步一个脚印，步步拔高。在食不果腹、饥肠辘辘时，首先想到吃得饱一点，穿得暖一点，有钱便想买衣服；吃和穿差不多了，再想到住的问题。平房改住楼房、小房换大房；吃、穿、住几个基本生活条件满足了，又想起了“行”的问题。骑车改开车、普通车换豪华车；在吃、穿、住、行都具备一定条件后，便开始讲究“乐”。旅游、休闲、娱乐、运动、整容、美发、健身、品茶、鉴赏、收藏、交际、礼仪、怀旧、仿古。与此同时，对交通、空气、水质、噪声、食品、餐饮等与自己有关的生活质量、安全和环境问题开始关注，产生了新的要求。年轻人追求时尚、个性、能量及价值体现。从“酷”到

"炫"；中年人注重"形象""装束"、气质与风范；老年人加强身体锻炼和保养，让"夕阳"灿烂。整个社会在不知不觉中变化，人们的体质、气度、容貌、心情以及要求标准节节升高，时间观念、法律意识、价值取向同以往大不一样。中国人20世纪70年代如果每人有一件毛衣，80年代可能增加到了3件，90年代可能达到5件以上，现在可能已多达10件。但是，社会越发展，人们生活水平越提高，越需要物流来支撑。没有物流业提供有效的服务，社会发展就失去了根基，没有物流业送货上门，人们生活水平的提高就是空中楼阁，也谈不上社会进步。

（二）消费者个性化、多样化需求促使物流大发展

人们知道，当今的消费者是"上帝""衣食父母"，在科技进步日新月异、生产突飞猛进、竞争越来越残酷的情况下，"上帝"和"衣食父母"们个性化、多样化要求范围扩大、项目增多、难度提高。比如，选购汽车，过去的消费者有车就买、价格合适不考虑其他，那时因为是卖方市场，供不应求。而如今，情况来个360度"空翻"，虽然是同一件事，"质"却发生了根本性的变化。消费者不仅挑品牌、价格、质量、性能、款式、形状、大小、服务，还挑颜色。单单是汽车的颜色，就大有文章。在工厂，涂料和油漆的采购、库存、搬运、配料等工序都十分复杂，尤其是混合装配生产线的供料就更复杂，对物流的要求，无论是管理还是技术，都必须达到相当的水平。

在现代社会，消费者的要求就是企业的追求和使命，企业想方设法满足。在工业化大发展阶段，产品一般是"重、厚、长、大"，钢材、木材、水泥、矿石、煤炭等货物占主导地位，大都是"大批量、少品种、低频度"送货。现在我国正处于重化工业大发展的后期与轻工业化大发展的前期交差、混合的历史阶段，"重、厚、长、大"货物与"轻、薄、短、小"货物兼有，"大批量、少品种、低频度"送货与"小批量、多品种、高频度"送货参半，物流服务覆盖的面很宽、技术很复杂、难度很大、成本很高，从客观上促使物流业者转变经营观念、增强服务意识、改变经营战略、加强企业管理、提高技术水平、增加业务项目，重视企业战略，开拓进取、构筑品牌、创新服务。

在企业利润空间缩小、风险加大，随时有破产、倒闭，被兼并重组危险的新背景下，一方面企业要应对产品生命周期越来越短、产品要求精度越来越高、工序转换频度越来越快，柔性化生产势在必行的客观现实；另一方面企业又必须提高产品质量、降低生产成本、减少能源消耗，研发高科技含量、高附加价值产品，迅速响应市场、及时为用户送货，这样就迫使企业在成本、时间、质量、服务等主要矛盾方面狠下功夫、寻求出路。而所有矛盾和困难的解决，都与物流息息相关。因为在企业里，从原

材料采购、库存、生产，到最终销售给用户，物流无时不有、无处不在。物流的问题解决了，企业的主要矛盾会得到缓解，物流的费用自然减少了，企业的生产总成本无疑会大幅度降低。与此相应，企业在经营困难加大的同时对物流有了新的更高要求，传统模式的物流、粗放式管理的物流已不适应新的经营形势和新的竞争环境，物流工作者必须转变经营理念，学习掌握新理论、新方法、新技术，迅速改变现状，迎头赶上时代潮流。

在人们生活水平进入崭新发展阶段的今天，消费者开始追求享受，在紧张工作之余，希望彻底放松，在闲暇之际希望找到乐趣，在疲惫之时希望享受舒坦，如若此时，物流服务不仅为人们排忧解难、雪中送炭，又能提供热情周到的服务，那对社会就是一大贡献。比如当你需要啤酒、牛奶、纯净水和报纸时，有人会按时送到；当你需要搬家或因长期出差、出国，想把家具、电器、名人字画、传世古董万无一失地保管起来时，物流公司能满足你的要求；当您去打高尔夫球、滑雪或度假，不愿意自己扛行李走路时，快递公司会替你代劳，这才叫高品质的生活，高档次的人生。而所有这些都必须依赖一个强大的配送系统的支撑。在现代社会，“物流人”可在更多的服务领域成为你的帮手，在你需要的任何时间、任何地点、任何情况下，为你提供热情周到的服务。

（三）绿色物流的更高要求

伴随经济发展和社会进步，环境保护问题日益受到重视，各国政府纷纷制定法规，严格控制公害、污染、噪声、震动、雾霾；近些年疯牛病、非典、禽流感、H1N1（甲型流感病毒）等食品安全和传染性疾病接二连三地出现，蔬菜农药残留超标、多宝鱼、苏丹红致癌、沥青退鸡毛、地沟油炸油条等稀奇古怪的食品安全问题无休无止，让消费者提心吊胆。治理雾霾、防止环境污染、强调“低碳经济”成为广大民众最为关切的焦点。与这些问题相比，因交通拥堵造成的汽车尾气污染、震动、噪声，引起的市民抱怨，废旧电脑、电池、电冰箱、洗衣机、电视机、录像机，垃圾、污水的处理，鲜活鱼、虾、蟹等水产品，肉、蛋、奶、豆腐等易变味、易腐烂食品，瓜、果、梨、桃、鲜花、蔬菜等有时间限制产品的运输等，都给物流出了一道道新的作业题。同时，物流活动本身如若管理不善、技术欠佳，也会造成环境污染和社会公害。于是人们结合废旧物资回收、再生处理所伴随的物流，从生态平衡、环保和可持续发展的角度，提出了“绿色物流”的理念。

绿色物流有的国家叫“静脉物流”。一些家用电器、医疗器械、日用消耗品中，含有金属汞或有害塑料，在回收、处理过程中容易发生污染和造成人身伤害，为此，国外有的国家，政府颁布法令，规定生产制造企业负责回收处理，有的国家还专门拨款，对相关企业给予补贴，或设立专项基金解决废物综合利用和环保问题。在我国，媒体时有关于煤气、天然气、氨气泄漏，车辆超重超载发生恶性交通事故的报道。2005 年，我国共发生危险品、化学品伤亡事故 142 起，死亡 229 人。同年 3 月，在京沪高速公路淮安段发生一起重大交通事故，引发运输卡车上罐装液氯大量外泄，造成 29 人死亡，456 人因参与抢救而受伤住院，另有门诊留治 1867 人，1 万多名村民被迫疏散转移，交通中断 20 小时。同年 6 月，西安一家危险品运输公司的油罐运输卡车行驶至陇海铁路某一立交桥下时，因行车线路不当，罐体安全阀损坏，液化气体大量泄出，致使陇海铁路中断 11 小时，周边群众 12000 人被迫紧急转移。仅过一个月，上海市南汇区一辆载有 10 个液氨钢瓶的货车违章停靠，其中一个 200 千克的钢瓶爆裂，导致液氨泄漏，造成 108 人中毒。

种种事实表明，绿色物流势在必行，绿色物流向从事物流管理和物流技术的人，提出了新的更高要求。

（四）制造企业供应链把物流推向崭新的发展阶段

物流尽管可以减少库存、降低成本、促进销售，是企业的“第三利润源泉”，然而物流的作用往往是有局限的。一是因为物流管理往往仅限定在本企业范围内，以本企业为轴心运作，作用有一定限度。二是因为物流的着眼点是运输、仓储、包装、装卸搬运、流通加工、配送及信息处理。如避免空车往返、加强库存管理、包装合理化、装卸搬运机械化等，但缺乏战略性思维。三是因为物流常常强调纵向顺畅，忽视横向连动，因而威力和能量有限。与物流相比，供应链不仅弥补了物流的不足，延伸了物流范围，使物流的功能得到更有效的发挥，而且，供应链是一种横向一体化的思维方式，站得更高、看得更远，它把企业与企业的物流、商流、资金流、信息流连在一起，形成的网链结构覆盖面广、功能强、实力大、效果好。四是因为供应链的思路是把相关企业组成一个集团，每个企业只强调发挥核心竞争力，把多个企业的核心竞争力集结成一个集团的核心竞争力。供应链以战略伙伴、合作共赢为原则，把昔日的竞争对手转为今天的盟友，相互取长补短、优势融合，以共同目标、共同利益吸引业界优秀的企业加盟，通过资源整合、信息共享等策略创造高效率、高效益、高附加值和高利润。五是因为供应链的主体是物流，在供应链管理环境条件下，使物流运作更有效，作用更突出。实践证明，供应链理念是物流管理思想的升华，供应链理论的形成和供应链管理实践，把物流推向了又一个崭新的发展阶段。信息流、物流、资金流的基本流程示意见图 2－1。

供应链模型见图 2－2、图 2－3 和图 2－4。

企业经营创新跨越见图 2－5。

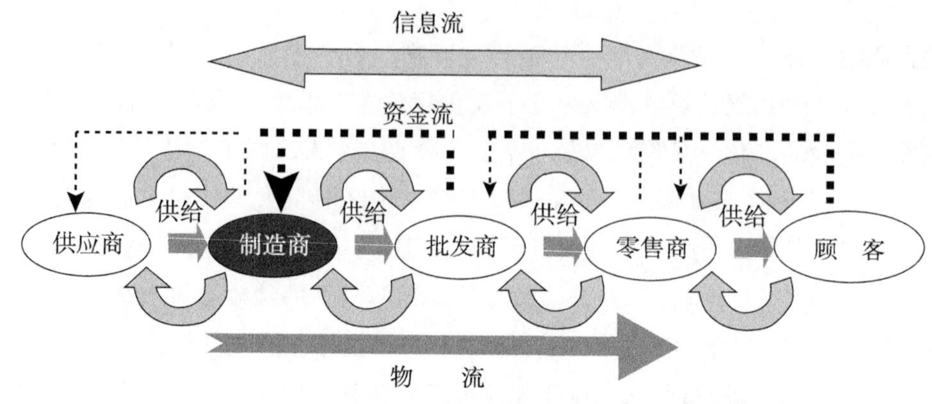

图 2-1　信息流、物流、资金流的基本流程示意

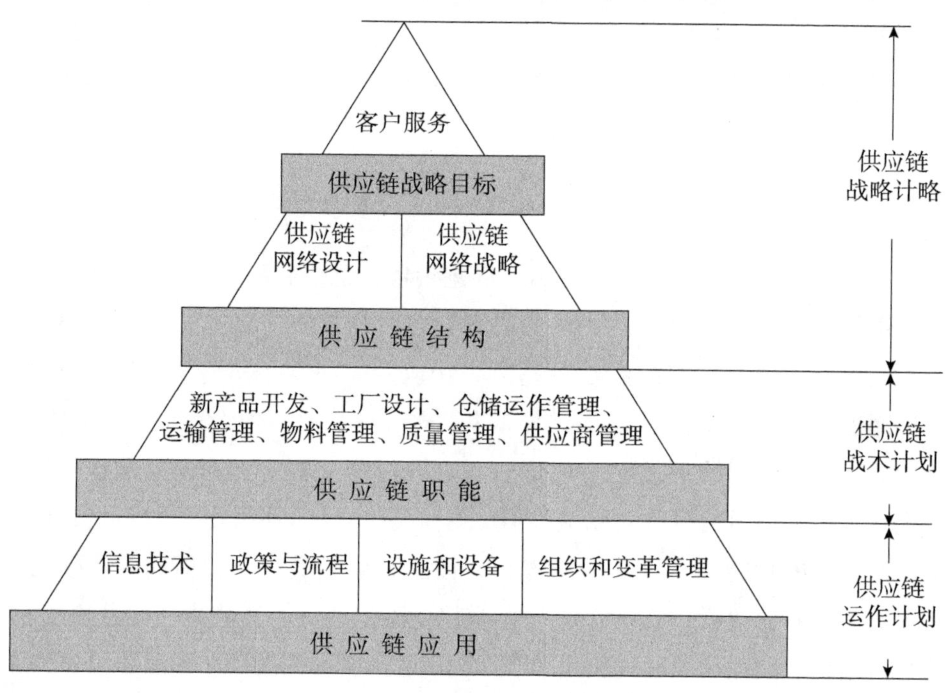

图 2-2　供应链金字塔状模型

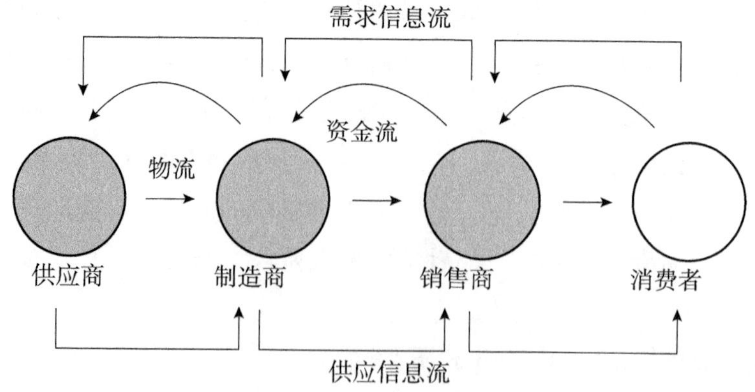

图 2-3　供应链链状模型

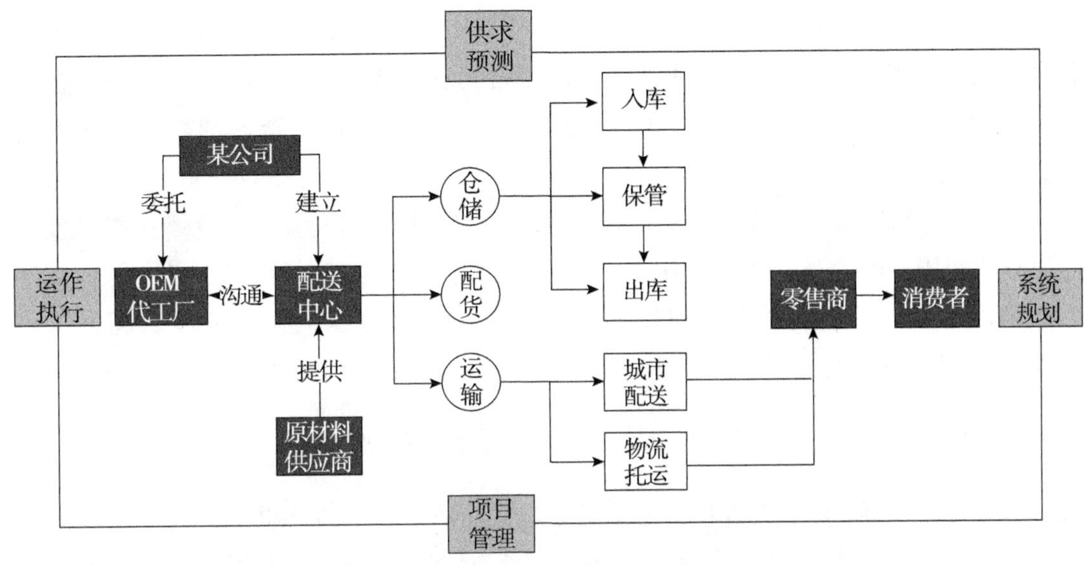

图 2－4　某公司供应链模型

图 2－5　企业经营创新跨越

（五）信息技术为物流腾飞创造了有利条件

物流在起初阶段本来只作为销售过程中的辅助环节被利用，后来由于计算机能对庞大而复杂的数据进行快速处理等原因，才从销售领域独立出来作为一门新兴学科被青睐。到了现代社会，互联网（Internet）的出现把物流技术一下子推向一个新的发展阶段。人们知道，互联网是规模最大的国际性计算机网络，使用 TCP/IP 通信协议，信息传输区域广、开放性强，可以通过电子邮箱（E－mail）、QQ、微信等收发信息，不受时间和空间限制，随时随地进行通信联络。互联网也是一种远程登录工具、浏览工具和检查工具，能进行过程登录（Telnet）、文件传输（FTP）和全球信息检索 WWW（World Wide Web）。与互联网相搭配的内联网（Intranet），作用也十分明显。一是 Intranet Web 技术作为企业内部信息发布，可以解决多种平台互联及兼容性等技术问题；二是 Intranet 是建立在开放的公共因特网标准上的内部网，因而能够使各单位快速使用内部应用程序；三是 Intranet 不仅能实现以 Web 服务器为中心的信息收集、联机的信息发布等企业内部协作，而且可为 Intranet 信息资源和企业内部的资源提供无缝接口。

互联网、物联网、大数据、云计算等网络技术的利用对物流技术水平的提高发挥了巨大的作用。由于有了这些通用数据交换平台和标准数据采集和交换形式，企业便有了取之不尽、用之不竭的物流数据源泉。企业物流数据的传输就能做到迅速而准确，实现全球信息资源共享，从而提高企业物流信息的运行效率和作业精度。

（六）电子商务的“一热一冷”使人们茅塞顿开

从狭义上理解，电子商务也称电子交易。主要是指利用 Web 提供的通信手段，在网上进行交易，包括通过国际互联网（Internet）买卖产品和提供产品（提供诸如新闻录像、安排旅游、远程教育、各类信息服务等）。从广义上理解，电子商务可扩大到企业内部的商务活动，如生产管理、财务管理以及企业之间的商务往来。按服务领域范围来讲，电子商务可划分为：①企业对消费者（B to C）；②企业对企业（B to B）；③企业对政府机构（B to A）；④消费者对政府机构（C to A）。在 20 世纪 60—90 年代，主要表现形式是基于 EDI（Electronic Data Interchange）的电子商务。由 EDI（电子数据交换）将业务文件按一个公认的标准，从一台计算机传输给另一台计算机。20 世纪 60 年代末期，美国的贸易商在使用计算机处理商务文件时发现，70% 由人工输入的数据来源于另一台计算机，由于人工作业的准确率有局限性，人们便想到了改用计算机直接在贸易伙伴之间进行文件自动传输，由此诞生了 EDI。20 世纪 90 年代以前，大部分的 EDI 都不通过国际互联网，而是利用电脑线在专用网络上传输，这种专用网络的名称是增值网（Value Addle Network，VAN），后来随着互联网安全性的不断提高，一个费用低、覆盖面广、服务性能好的系统——互联网替代了 VAN，成为了 EDI 的硬件载体。从 20 世纪 90 年代初起，电子商务开始进入互联网，90 年代中期以后，随着互联网的普及，电子商务也随之成为热门话题。近年开始利用物联网、大数据、云计算等新技术，进一步促进了物流的快速升级。

电子商务发展的基础，主要得益于：①个人电脑的高速普及应用。因个人电脑数据处理速度不断加快，能力增强、价格降低，为电子商务的普遍运用开拓了巨大空间。②信用卡的普及应用。信用卡的快捷、安全、方便等优势成为了人们消费支付的重要方式，并由此形成了完善的全球性信用卡计算机网络支付与结算系统，从而为电子商务的网上支付提供了重要手段。③网络的普及应用。在互联网成为全球通信与交易媒体的情况下，上网用户迅速增加，电子商务也如鱼得水，迅速推广开来。④SET（电子安全交易协议）出台。1997 年 5 月，由美国 VISA 和 Mastercard 国际组织联合指定的 SET，为电子商务提供了十分关键的安全环境。

电子商务具有：广告宣传、咨询洽谈、网上购物、网上支付、电子账户等功能和普遍性、方便性、整体性、安全性、协调性等特点，以及降低交易成本、减少库存积压、缩短生产周期、增加商业机会等优势。但是，电子商务毕竟是电子形式的交易手段，完成信息产品，如报刊、杂志、视听、娱乐、软件等产品的网上交割之后，还必须依赖物流完成后续作业。利用电脑键盘和信用卡虽然可以实现买卖交易和支付等活动，然而实物的使用，还必须有一个运输、配送等物流过程。否则，电子商务只是“电子谈兵”。20 世纪末期，电子商务浪潮席卷神州大地，排山倒海、气吞山河，那般“热”与“火”，在中国前所未有。然而，没过多久，电子商务却一下子由“热”变“冷”，大批网站转眼间纷纷关门，昔日风光不再，究其原因是物流缺失。人们几乎是一夜之间明白了一个道理——“电子商务的‘瓶颈’是物流”。因为人们突然发现，尽管简单地敲击电脑键盘，几秒钟即可完成一笔交易，但这只是交易的前一部分，只有将所订商品送至交易对象的手里，后一部分交易才算完结，这就是物流不可或缺的原因所在。20 世纪 90 年代末至 21 世纪初，中国电子商务的一“热”一“冷”使人们茅塞顿开、恍然大悟，于是，几乎与电子商务突然冷却的同时，又一次掀起了物流“热”。也可以说电子商务的兴起，成为中国物流“热”的前奏，从此，在我国的大江南北、长城内外奏起了物流与电子商务的交响曲。

经过一次惨痛的教训，电商开始大肆发展物流，自己大搞配送等基础物流设施建设，并迅速初具规模，由此电子商务开始跨越式腾飞。2015 年 B to B 电子商务交易规模达到 10 亿元以上，与 2014 年同比增长 28%。与此同时，跨境电商飞速增长，预计 2020 年可达到 1 万亿元。

（七）企业差别化竞争对物流的选择

目前，我国企业在经营中遇到许多新问题，有些企业甚至感到无路可走，陷入困境和迷茫之中。其实，解决问题的途径不是没有，而是没找准方向，还停留在传统思维方式上踏步。比如，只要认真仔细地观察分析一下企业各个角落、每个环节，就会发现存在许多不合理和浪费现象，物流可能就是其中的典型浪费环节之一。日本著名物流专家汤浅和夫在他的著书《物流管理入门》中谈到，当一个企业“销售额为 1000 亿日元时，物流成本占销售额 10% 的话，就是 100 亿日元，这就意味着，只要降低 10% 的物流成本，就增加 10 亿日元的利润，需要增加 500 亿日元的销售额即降低 10% 的物流成本所起的作用，相当于销售额增加 50%”。

在我国，企业之间竞争差别化的领域已十分有限。论产品质量、价格、功能、款式、颜色、大小以及售后服务，各家企业基本是彼此彼此；论促销手段，也是相差无几、大同小异。剩下来的就是产品研制、设计和物流。只有物流，对于中国企业来说，仍是一个“经济的黑暗大陆”“未开垦的处女地”“第三利润的源泉”。只有物流，企业与企业之间还存在差异，节约空间还很大，创利点还相当多。这一点，走在时代前面的海尔等企业，已经得到了充分的验证。中国人想问题应该符合中国的国情，有些最先进、最尖端的东西不见得完全适用我国企业的现实情况。比拼是需要的，但与此同时还必须考虑“千里之行，始于足下”。做任何事情都要从实际出发，都不能脱离自身条件。物流合理化，一不需要太多的投入，二不需要尖端技术，三不需要费大力气。因为物流合理化的基点是节约。就是说主要是找出物流方面的浪费和不合理、不科学之处。譬如，企业仓库布局不合理、资源不整合、设备不配套、作业不同步等。当然，有条件的企业，也要根据需要建自动化立体仓库、现代化配送中心，但这并不适用所有企业。无论怎样讲，物流都可以说是中国企业竞争差别化中的最佳抉择。

（八）军事后勤与应急物流时不我待

1. 军事后勤和应急物流的战略地位

我国的历史名著《三国演义》《水浒传》中都有类似“养兵千日用兵一时”的说法，意思是长期供养军队，为的是一时之间的作战需要。国家供养军队的目的是国家安全，国防强大，人民幸福。强大的军事力量，是国家经济实力和国际地位的象征。自古以来，没有一个国家不拥有军队，没有一个国家绝对安全。养兵是保卫国防、维护主权、保持社会稳定之必然。即便在当今“和平与发展”是国际社会主旋律的情况下，战争的危险和不可抗拒的自然灾害依然存在，局部战争此起彼伏，这个世界难以永远彻底安宁，我们必须保持清醒的头脑，绝不能抱有任何侥幸心理，更不能“刀枪入库，马放南山”。

兵法云：“兵马未动，粮草先行。”古代打仗早已总结出军事后勤工作的重要地位和作用，同时也告诉我们这样一个道理，在打仗之前先要备好粮草，即在战争准备阶段，军事后勤必须走在前面，做到万无一失，只有做好军队的后勤工作，如武器弹药、油料、粮食、食品、饮水、被装、药品、帐篷等必备用品的及时、准确、安全供给，指战员才能精力充沛、斗志昂扬，取得战场上的主动权和战斗的胜利。如果战士饿着肚子，即使有大无畏勇敢和自我牺牲的革命精神，也坚持不了太久；队伍抢占了制高点，如果弹尽粮绝，也要撤出阵地。第二次世界大战中，德国军队对列宁格勒的重重围困，如若苏联军队没有足够强大的后勤保障力量，无论如何也坚持不了一年多时间。1991 年的海湾战争，1999 年的巴尔干半岛科索沃战争，2001 年的推翻阿富汗塔利班战争，特别是 2003 年的伊拉克战争，美国采取了高效的军事后勤保障战略，显示出强大的军事后勤实力。比如，美军第三机械师 200 多辆坦克，数千辆装甲车，仅利用 4 天时间就由科威特与伊拉克边境向巴格达推进了500千米，使现代化的军事后勤在恶劣的地理和气候条件下凸显其不可替代的作用。大量实践表明，军事后勤是为军队平时生活训练和战时作业提供保障，也是军队组织实战物资供应、医疗救护、装备维修、运输配送等专业勤务保障的总称。与此相应，军事物流是指军事力量在平时和战时生活、训练、执勤及作战所需军事物资经过筹措、运输、包装、加工或生产、仓储、供应等环节，最终送达部队而被消耗使用，实现其空间转移的全过程。军事后勤保障好比军队的血液供给，在军队建设中越发具有举足轻重的地位。

我国是一个地震多发的国家，地震等不可抗拒的自然灾害的预测、救援，尤其是应急能力，至今也不能说已无太大问题。

2008年5月发生在四川汶川的8级地震近7万人遇难，直接经济损失8451亿元，尽管党和政府采取了有效措施，重大损失也在所难免。然而，我们今后怎么办？我国的应急物流要不要引起足够的重视，要不要拥有万全之策？答案无疑是肯定的。

2. 军事后勤和应急物流的特殊性要求

军事后勤和应急物流的特殊性基本上可与战争的特殊性相类似，主要包括：

（1）突发性概率大。战争和自然灾害本身是一种非正常、非常规，没有游戏规则、不讲秩序，不顾及手段和成本的行为，特别是侵略战争，突然袭击、攻其不备是主要打法。侵略者专门选择在休闲度假等毫无戒备的时候，突然闪电般地发起攻击，打对方一个措手不及，造成对方飞机来不及起飞，部队来不及集结，物资来不及运送，在朦朦胧胧、晕头转向中缴械投降。日本偷袭美国珍珠港就是一个典型例证。

（2）快速反应要求高。现代战争特点除了突发性之外，就是闪电般的快速性。闪电般袭来、闪电般攻克、闪电般撤离。“海湾战争”时，伊拉克搞突然袭击，在几天内以迅雷不及掩耳之势全线占领科威特；美国打伊拉克时，更是在顷刻之间结束战斗，堪称速战速决、出奇制胜。

（3）战场广阔，供应跨度大、变数大。伊拉克战争中，美国以本土为基地，物资供应中转跨亚洲、欧洲和非洲，海、陆、空联合作战，2万个承包商参与供货，战场忽东忽西，战役忽大忽小，供应忽多忽少，井喷式需求时有发生。

（4）立体化、合成化、多维化特点。现代战争一般都是海陆空立体化作战，合成编组，资源整合、多重保障、多维矩阵。最近，美国更加强调保护太空利益，以太空为制高点的战争可能性增大，从太空进行领空、领海和陆地战场控制，空间角度大，可视性好，机动性强，为此，军事后勤也需要考虑新型战争的适应性，需要超想象、大视野、高科技、现代管理与技术，陆、海、空、天、电多维化后勤。

（5）信息化唱“主角”。将来的战争，依赖信息化势在必行。GPS（全球定位系统）、GIS（地理信息系统）、EDI、RFID（射频识别）等信息技术手段不可缺少；数字化、网络化、无纸化信息传输将在信息化战争中占有主导地位；作战指挥、战场状态、后勤保障等信息实时化、可视化、共享化，以确保在战况严峻，战场随时转移，后勤需求复杂多变的情况下，赢得战争的胜利。

（6）保密性障碍。由于军队的保密性要求，军事物资供应商难以了解部队用户的具体需求；物资供应的突发性，多变性和预测的困难性等给军事后勤工作带来诸多不便，物流、商流、信息流、资金流的统一运作较为困难。

（7）军地结合、平战兼容。军事后勤需要军队的生产商、供应商与地方的生产商、供应商结合在一起，和平时期的后勤保障与战争时期的后勤保障一并考虑，这样才能既不失本职，又节约费用。

3. 军事后勤的重要使命

军事后勤从生产制造到包装、运输、仓储、装卸搬运，从生产商、供应商到军事后勤管理部门、各军兵种物流设施（物流基地、配送中心、仓库等）管理运营单位，从规划、设计到管理、协调和控制调配，是一个庞大的供应系统，也是一个复杂的供应链。战争的发生不可避免，也很难准确预测发生的时间、地点和规模。因而，军事后勤和应急物流既是一个战略性概念，也是一个具体的应用实践。战争和地震等自然灾害的突发性特点，速度性要求，大跨度、立体化供应，精细、准确、及时性保障，复杂而变幻莫测的战场和灾害现场等都要求现代化的军事后勤和应急物流。所谓现代化的军事后勤和应急物流，应该是一个指挥现代化、信息现代化、设施装备现代化、物流作业现代化，也应该是走在时代前面、跨越国际时空的立体、高效、可视、协调、一体的保障体系。其网链结构应该层次简单、任务明晰、上下衔接、全程贯通，反应快、效率高、柔性强。

无论是军事后勤还是应急物流，其核心是供给速度。没有快速反应、快速应急就失去了军事后勤和应急物流的本源。而速度的保证条件之一就是单元化包装、单元化装载、单元化物流管理与运作。军事后勤与应急物流示例见图 2－6。

图 2－6　军事后勤与应急物流示例

四、物流的实质、目标及其相关要素

（一）物流的实质

我们研究现代物流，首先要了解物流究竟是为了什么，其内在本质和基本作用是什么？这些带有根本性问题如果不清楚，有可能说来说去总浮在面上，忙来忙去老是忙不到“点”上，乃至于在云山雾罩的理论学说中抓不住要领，在高谈阔论和众说纷纭中人云亦云。思想上混乱，行动上就会盲目。

其实，物流只是个过程。物流环节中除了流通加工能产生附加值外，其余环节并不直接创造价值，而且物流活动最好不发生，但这不现实。因为任何“物”都有存在价值，都要经过位移后才会实现使用价值。譬如说，加工生产出来的牛奶和啤酒不会下生产线后就喝掉，组装后的汽车只有卖给消费者才能实现其使用价值，就连厨房里的酱油、食盐也要移动至炒菜锅，放进锅里才能使炒菜味美可口。那么，我们对运输、储存、包装、装卸搬运等环节实施有机结合的最终目的在哪里？怎样理解物流的实质呢？

1. 保值

保值是物流的实质之一。任何产品从生产到使用都要经过无数次的运输、保管、搬运等过程，在这些过程中，产品只有存在价值，而还没有产生使用价值。但是我们可以通过对上述过程的计划、控制与管理，使各环节实现功能整合，协调运作，以确保产品从生产者手里到消费者手里之前，不丢失、不碰撞、不破损、不腐烂、不变味、不变质、不锈蚀，保持产品的存在价值和使用价值。如果在物流过程中发生交通事故，或产品在途时间过长，保管不善，出现外形变化、品质下降、功能失灵等问题，使产品的存在价值和使用价值发生偏差，说明物流管理存在问题。

2. 节省

物流合理化可以节省人力、物力、财力和时间。比如，控制好库存量，能够避免库存积压，节省仓储费用；防止交叉、迂回运输，能够减少人力、能源浪费；水泥、粮食物流散装化，能够节省包装材料，降低物流成本；装卸搬运机械化、自动化，能够消除人工作业，削减人工费用支出；物流的效率提高了，商品的流转速度自然加快，在途的时间也就缩短了。

资源、粮食、妇女和环境是当今世界的四大主题。其中，节约资源、保护环境都与物流紧密相连。长期以来，企业一直以生产和制造作为增加社会财富的唯一途径，而今后应从节约资源和保护环境的角度考虑问题，因为，在地球只有一个而资源逐渐枯竭的压力下，迫使人类社会注重节约，通过降低原材料和能源消耗、减少浪费等途径创造社会财富，这是人类社会发展的必然趋势。我国由于物流落后，货运空载率高达50%以上，仓储数量高出发达国家5倍，经济相对发达的浙江省社会库存都要占GDP的8.2%，而发达国家不超过1%。2015年全社会物流总费用占GDP的15%，美国在10%以下。我国全社会物流费用每降低1个百分点，可节约近200亿元费用支出。

3. 缩短距离

缩短物流的时间间隔、空间间隔和人的间隔，实际上就是通过物流管理，缩短空间距离、时间距离和人与人之间距离。比如我们之所以随时吃到时令蔬菜和水果，是由于有了现代物流手段——“冷链物流”，这是对蔬菜和水果实施恒温保管、冷藏运输的结果。也是因为有了这种现代物流手法，才缩短了蔬菜和水果的时间距离、空间距离和人的距离；现在我们坐在家里能有人给你送报纸、牛奶，甚至鲜花，这也是通过物流环节之一的“配送”实现的。无论是海尔的“零库存”，还是日本丰田的准时制(JIT)，都表现于时间、空间及人与人之间距离的缩短上。所以说，缩短距离也是物流的实质之一。

缩短物流时间、空间和人与人之间的距离的例证不胜枚举。中国邮政（EMS）公布服务承诺，所承办的所有包裹保证“次日达”；美国联邦快递（FedEx）已做到隔日送达亚洲各国大中城市；日本企业的配送中全部可以做到10点前订货，当日送达，下午4点前订货，次日上午送达。现在，我国有些省份农民种的蔬菜在2天内运抵日本，4天内运抵欧洲。

4. 增强企业竞争力，提高供应链运作水平

在经济全球化的当今世界和企业之间竞争白热化的新经济环境中，企业尤其是制造企业，在全球范围进入买方市场之后，其相互竞争除了表现在产品的价格、质量、功能、款式、形状、大小、售后服务等方面外，还表现在市场反应能力和供货服务水准上。在依赖降低制造成本和扩大销售已失去差别化的情况下，唯一的发展空间是现代物流。只有依靠现代物流和供应链管理，才能快速供货，及时满足客户要求，才能有效地增强企业竞争力，解决企业的发展出路问题。

供应链是物流的发展与延伸，供应链管理中，物流管理是主流。抓好物流的计划、控制与管理，有助于供应链运作水平的提升。物流管理也是供应链管理的基本要素，物流管理不善，供应链运作不可能有高水准。

5. 加快商品流通，促进经济发展

现代物流主要是通过避免交叉迂回运输、压缩库存、减少商品积压浪费、提高作业效率等途径促使商品周转加快，确保商品流通顺畅，从而维持生产和消费良性循环，达到促进经济发展的目的。例如，现代物流中的配送中心，是利用计算机等信息手段把生产商、供应商、分销商、零售商和消费者连接起来，使生产、流通和消费有机组合。消费者在超市购物付款时，利用条码扫描方式，获取商品价格、品名等数据，并将这些销售信息传送到配送中心，同时在生产厂商那里汇总。各配送中心（有些企业还有物流基地）显示的数据是商品销售状况的真实反映，生产厂家可以通过对这些数据的整理和分析，制订生产计划、采购原材料和零部件、确定库存数量，这样一来不仅可减少积压浪费，降低成本，稳定物价，也能加快商品流通和资金周转，提高经济活动的运行质量和速度，又能促进国民经济快速、健康、持续发展。

6. 创造附加价值，提高社会效益

物流中的流通加工功能可以直接创造商品的附加值。钢卷、水泥、粮食、水果等的流通加工，能通过用料的节约、形态的改变、效果的增强和售价的提高而创造附加值。钢卷经过剪切、套裁能满足电冰箱、洗衣机、自行车等多家企业的用料需求；水泥经过搅拌加工能配送到各个工地现场；粮食经过加工能变成面包、馒头、挂面；水果加工成罐头能长期保存并售出好价钱。

实现装卸搬运机械化、自动化，工人的繁重体力劳动可得到缓解，人格受到尊重；“快递”服务能在外出滑雪、打高尔夫球时，替你减轻负担；走进超市，各种商品琳琅满目、目不暇接，还有手推车、货篮任你选用，消费者能在宽敞、明亮的环境中充分享受购物的愉悦。

7. 保护环境

提到物流能保护环境，似乎不合情理，其实不然。比如，我们使物流设施合理布局，形成网络，在人口稠密、经济发达、交通便利的大中城市外围建设物流园区、物流基地或配送中心，大型卡车可以不进入市区，只利用2吨以下小型货车完成市区配送，这便能避免城市夜间卡车震动、噪声和废气污染，减少市区拥堵和交通秩序混乱；国家发改委等相关物流管理部门重视物流，为现代物流开创良好的发展环境，给予政策倾斜，加大资金投入，从物流合理化的角度出发，改造城乡格局、完善交通体系，实现人流、车流和物流的一体化、协调化、通畅化，城市的空气质量就会好转、公害和污染就会消除，车辆阻塞现象也会缓解。（见图2－7）

（二）物流的目标

物流的目标可归纳为：距离短、时间少、质量好、效率高、费用省。使物流的七个环节（运输、仓储、装卸搬运、包装、流通加工、配送、信息处理）衔接好、匹配好、整合好、协调好。使物流无阻碍、无间隔、无干扰、无事故，从头到尾顺畅、贯

图 2－7　单元化物流示例

通、快捷、高效，并安全、准确和环保。

1. 距离短

物流是“物”的物理性移动，表现于运输、储存、包装、装卸搬运、流通加工、配送等过程中。“物”只要“移动”就产生距离，产生距离则不可避免地发生人力、资源、时间、财力等消耗，移动的距离越长，消耗越多、费用越大，浪费越严重。

以运输为例，在煤炭基地建坑口发电站；在林区建木材加工厂；实行“商物分离”，直达送货；合理布局、网络化配送；减少车辆交叉、迂回和空驶等都能使运输的距离控制在最短程度。当然，在商流优先、道路阻塞、气候等条件特殊的情况下例外。

2. 时间少

物流过程应该是把时间控制得最短。比如，货物库存时间最好为“零”；产品离开生产线最好直接出厂；从轮船上卸下来的货物最好直接装上火车运走；生产采用流水线作业方式，实现各道工序的无缝连接等。即使无法做到无缝连接，也要把各环节的转换时间控制在最小限度。目前我国海关推行“一站式服务”“无纸化报关”“电子口岸”等都是很好的例证。如果彻底解除地区封锁、部门割据，物流的时间将会大幅缩短。

3. 质量好

质量好是物流工作的主要目标。物流质量包括：管理质量、服务质量、工程质量和环境质量。

物流管理质量。一是指物流工作管理质量，如物流规划、物流设计、物流运作、物流标准规范、物流绩效评估等。在物流工作管理过程中，要求站在战略管理的高度，以新理念、新思维和新套路，大胆变革，不断创新。而不是仅仅局限在质量工作管理，只要秩序不乱、程序不变，中途没有差错、不发生事故、不出现漏洞即可。二是指物流作业管理质量，如按照用户要求的时间、地点、数量，将货物准确、安全地送达；物流作业流畅、质量监督到位、符合环保规定，达到质量标准要求，实现物流作业的高效和低成本。

物流服务质量。物流服务本身的含义比较抽象，与有形产品不同，属于无形产品，要做到物流服务质量好不是一件容易的事情，服务质量的好与不好是相对而言的，服务标准也有一般和特别之分。比如，物流成本与物流服务由于是矛盾对立统一的关系，过度的物流服务会产生过度的成本。那么，把物流服务确定在什么水平上是质量好呢？这要由提供物流服务者自己把握，须根据目的、成本、标准、利弊关系、重要程度等因素确定。物流服务质量包括服务项目是否齐全、服务态度是否热情、服务是否到位等。

物流工程质量包括物流基础设施质量，物流标准化、单元化、模块化及智能化，物流系统设计、物流整体布局、物流资源整合、物流流程合理化等。如综合运输交通体系的科学性，铁路、公路、枢纽、港口、码头等的网络化等。

物流环境质量强调的内容有：运输车辆废气及物流作业噪声的管控、物流环境标准制定、物流废弃物的回收、托盘等物流器具的回收与再利用等。

当然，我们提倡在条件允许基础上的物流服务质量最好，而不是轻视物流服务质量，因为物流服务质量与企业的声誉、知名度、竞争力和市场占有率等相关联。

4. 效率高

物流效率的高与低关系到物流服务水平和物流成本。一般来说，物流服务水平主要体现在物流质量和供货速度上。只有物流作业效率高，才能做到快速供货，只有快速供货，才能抢占商机。也可以讲，快速供货是物流服务水平的重要标志。物流的高效率意味着高管理水平和物流作业的机械化、自动化和信息化，也意味着物流协调、顺畅和浪费的减少，即物流成本的节省。

5. 费用省

也许有人认为既然要求物流距离短、时间少、质量好和效率高，就不能同时要求费用省。然而事实并非如此。因为如果物流资源整合得好、物流系统配置得合理、物流网络很健全、物流信息能共享、物流标准非常规范，或者充分利用集装化物流、托盘化物流、共同化物流，做到“零库存”“JIT 送货”，使物流的七个环节整合、匹配、协调、顺畅、贯通，就能大幅度降低人工成本和能源及原材料消耗，提高劳动生产率，从而实现“费用省”的目标。

（三）物流的相关要素

物流是一个庞大而复杂的系统工程，其相关要素有：思想要素、基础要素、管理与技术要素和协调要素。

1. 思想要素

因为物流是一门新兴学科，有人至今仍然陌生，所以如若对物流的地位、作用等重要性缺乏认识和理解，搞好物流就是一句空话，而要让大家都重视物流首先须了解物流相关知识，认识物流合理化的意义。对于一个国家来讲，开始阶段需要掀起一场大规模的启蒙、宣传、普及和教育运动，使物流被全社会认同，得到全民支持，形成一定的氛围和声势，营造一个十分有利于物流发展的环境，做到人人了解物流、人人重视物流。只有举国上下都有了认识、看法想法都统一了，物流才有了发展的土壤和根基，否则物流就是无源之水、无本之木。因此，我们有理由说，思想要素居于物流相关要素之首。

2. 基础要素

这里讲的基础要素包括：物流规划、物流政策法规、物流标准化、物流网络、物流平台、物流基础设施、物流研究、物流人才、物流术语、物流编码、物流标识等。

物流基础要素是物流发展速度、质量的根本保证，基础打得不牢，无法向高处发展；基础性工作不走在前，后面就会越搞越乱。

3. 管理与技术要素

管理与技术要素指的是：物流组织机构设置、物流人力资源开发、物流成本核算、物流需求分析、物流计划编制、物流产品设计、物流作业跟踪、物流绩效评估、物流信息收集、物流流程再造、物流技术导入、物流平台构筑、物流设施及装备利用、物流质量监督、物流服务水准确定、库存控制、需求预测等。

4. 协调要素

由于物流跨部门、跨行业、跨地区，涉及的领域广，关联的企业多，又繁杂多变，所以，物流的协调要素十分关键。首先是各政府相关部门的协调。如 2004 年国家发展和改革委员会（简称国家发展改革委）等九部委联合下发《关于促进我国现代物流业发展的意见》，并建立了由 13 个部门和两个社团组织构成的“全国现代物流工作部际联席会议”制度，以便横向协调、统筹规划全国的物流发展蓝图，为我国物流的整体发展和运行创造条件，物流的快速发展从此也有了根本保证。如果各相关政府部门的意见一致，发展物流的计划立项、土地审批、企业工商注册登记、税收、通关、交通管制、融资等问题便能一并获得支持。其次是运输、储存、包装、装卸搬运、流通加工、配送等物流各环节的协调。包括铁路运输与公路运输的协调、海洋运输与内河运输的协调、港口能力与港口后方腹地（交通网络、仓储设施、流通加工、货物集散能力等）的协调等。再次是物流与商流的协调。如物流能力与批发销售能力、商业化程度、商品销售量的协调。也包括物流与生产、消费的协调。因为生产的数量和消费的数量决定物流的流量，如果生产数量和消费数量过大，物流能力过小，势必引起商品积压、销售不畅、交通拥阻、公害严重。最后是政府、社团组织、企业之间的协调。应发挥社团组织的桥梁和纽带作用，做到政府的方针政策企业能理解和配合，企业的意见和要求政府能了解和掌握。

诸如现代物流这种庞大的系统，相关环节环环相扣，各构成要素只有衔接好、匹配好、协调好，才能运行顺畅、快速和高效。

第三章

中国托盘理论及框架体系

一、托盘的理论依据

国家标准《物流术语》中对托盘的定义是:“用于集装、堆放、搬运和运输的放置作为单元负荷的货物和制品的水平平台装置。”该《物流术语》中对物流定义的表述是:“物品从供应地向接收地的实体流动过程。根据实际需要，将运输、储存、装卸、搬运、包装、流通加工、配送、信息处理等基本功能实施有机结合。”

从以上的两个定义中我们不难理解:物流是个有机的系统;该系统是由运输、储存、装卸、搬运、包装、流通加工、配送等几个基本环节或者说几个系统所构成的;而且，物流是物品从供应地向接收地的流动过程。那么，托盘就是单元负荷形态下，物品从供应地到接收地的流动过程的平台装置。这里要明确指出的是:托盘是物流过程中的装置;托盘是一种单元化负荷状态下货物或制品完成物流过程的器具。由此说来，托盘的理论依据来自物流，或者说，托盘的理论是物流理论中的组成部分。因而不能就托盘论托盘，也不能将托盘只看作是包装物或者与包装混在一起，而且，托盘与运输、储存、装卸、搬运、包装、流通加工、配送等所有物流环节都有关系，甚至可以将托盘理解为:是连接物流各环节的纽带、桥梁、接口;是供应链各要素之间保持衔接、协调、匹配、顺畅、贯通的一种装置或器具。托盘与叉车结合作业;以托盘为承载物，形成单元化货物;产品离开生产线马上堆码在托盘上，无论经过几次储存、几次装卸搬运、几种运输工具，只要不改变以托盘为载体，就能大幅度提高物流作业效率，大幅度节省人力和人工成本。

二、托盘理论学说

在国外，托盘被看作“活动的货台”“移动的地面”。因为无论何种有形物体，一经放上托盘，便由静态转为动态，具有了活性，与叉车并用便可进行单元化包装、单元化装卸搬运、单元化仓储、单元化运输、单元化货物处理。

托盘在物流中的地位和作用表现在多个方面。

1. 托盘在包装环节中的地位和作用

包装是按一定技术方法而采用的容器、材料及辅助物等的总称，其目的是保护产品、方便储运、促进销售。从某种意义上讲，包装对物流合理化有很重要的影响。过去，曾有人把托盘看作为包装的组成部分，甚至把托盘列入包装行业领域，可见托盘在包装领域中所占的重要地位。

包装的目的之一是保护商品，防止商品在物流过程中受冲击、振动、颠簸、挤压。而将产品进行包装后再放上托盘，以单元化装载形式进入物流过程，则能增强包装效果，避免野蛮装卸造成的货物破损，确保商品完好无缺。

为了保证商品在物流过程中不发霉、变质、生锈、污染，将商品包装后放在托盘上，再在外围裹上薄膜，便可更可靠地解决上述问题。

将多个包装物堆码在托盘上，形成一个单元化包装物，可以减少货物丢失、散失、盗失；用塑料薄膜将托盘单元化货物缠绕封包，又可起到防潮、防尘、防塌垛等作用。

产品包装本身的功能有一定限度，但一与托盘结合起来，其在物流系统中的功能就有了“量”的飞跃和“质”的提升。可大幅度提高物流作业的效率和质量。

托盘与包装结合，会促进包装规格化和模块化，使包装技术向前迈进一步。

2. 托盘在装卸搬运中的地位和作用

托盘是从托架演变而来的，很早以前，工厂等场所就开始用托架搬运物料和半成品。由此，托盘与装卸搬运有了不解之缘。

（1）把托盘作为装卸搬运工具利用，与叉车一体化作业能大幅度提高装卸搬运速度，提高作业效率，缩短作业时间。

（2）利用托盘进行装卸搬运可解除繁重体力劳动，减少工伤事故，做到“以人为本”。

（3）托盘化装卸搬运，可使叉车、吊车、输送机等机械装备充分发挥功能，为装卸搬运的机械化、自动化创造有利条件。

（4）有些作业场所高度有一定局限，搬运重量大的货物时无法利用吊车，只能用叉车和托盘进行组合作业才能有效完成，这种情况下，托盘处于不可替代的地位。

3. 托盘在仓储中的地位和作用

（1）利用托盘进行货物堆码，可增大库容利用率，节约空间，促进仓库的自动化作业，加快商品周转。

（2）仓库中应用托盘，以托盘货物单元为单位，便于库存清点和管理，减少差错，提高出入库作业效率。

（3）托盘用于仓库作业，能提高劳动效率、节省人力资源、降低库存成本。

4. 托盘在运输中的地位和作用

(1) 托盘用于火车、轮船、飞机运输，能缩短货物装卸的作业时间，提高运输工具利用率。

(2) 托盘用于卡车运输，除提高作业效率之外，还可以防止货物丢失、货损、货散、失窃。

(3) 卡车、飞机运输托盘化能提高运输效率和质量，可满足特殊客户、高端需求的供货速度要求。

5. 托盘在数据处理中的作用

给托盘上加上条码或电子标签便可以单元化货物形态进行数据处理，便于对货物信息的掌握，有助于物流数据采集的自动化和对货物的全程跟踪，进而实现物流可视化管理。

6. 托盘在单元化物流中的地位和作用

托盘作为集装单元化器具，能将零散的货物集合成规格一致、具有一定体积和重量的货物单元。集装单元化物流，是用集装器具或捆扎方法，把物品集中组合成单元化形态进行装卸搬运、储存和运输的物流过程。典型的集装单元化器具是集装箱和托盘。托盘在单元化物流中的功能十分突出。

(1) 由于有了托盘，才能把几件、几十件包装物集装成单元化形态；由于形成了集装单元化形态，才能利用叉车、吊车、输送机、升降平台、货运小车等装卸搬运机械进行机械化、自动化装卸搬运、仓储、运输和配送，从而几倍、十几倍、几十倍地提高作业效率、降低物流总成本。

(2) 由托盘构成的集装单元化，为物流标准化、机械化作业创造了条件。

(3) 利用托盘的集装单元化，可促使物流作业的通畅和速度的提升。

(4) 依赖托盘实现的单元化物流，可改善劳动条件和作业环境，避免中途反复倒换，减少无效劳动，实现节能减排、减员增效的目标。

(5) 由托盘而实现的单元化物流，有利于物流全程的标准化、规范化管理与运作，商品的单元化数据传递和信息处理成为可能，同时还可避免货物计数差错。

7. 托盘在物流系统中的地位和作用

托盘是物流各环节无缝对接的基本器具。

(1) 托盘是“活动的货台”“移动的地面”，一旦将货物堆码在托盘上，托盘即可作为单元化货物的载体而通过叉车等机械装备，使该单元化货物由静态转为动态，进入活性化物流状态。

(2) 产品离开生产线后就堆码在托盘上，中途无论搬倒多少次，转换多少种运输工具，货物始终保持以托盘为单元的形态不变，从而使该单元化货物在运输、仓储、装卸搬运等所有物流环节之间实现无间隙连接、无阻碍通行。

（3）物流是项系统工程，强调各相关环节的匹配、衔接、协调、均衡、顺畅和贯通。托盘是实现这种目标的载体之一。离开托盘，货物就要由人工一个一个地装卸搬运，有了托盘就会加快物流的速度。

（4）物流各环节无缝对接、有效衔接的结果，可实现效率的大幅度提升、成本的大幅度降低、速度的大幅度加快、服务质量的大跨度改进。

托盘是物流效率化、低成本化的必然选择。物流是通过减少浪费、节省费用、降低成本，间接地获取利益，其最终目标是高效率、低成本。高效率、低成本的途径，除了加强管理，便是物流技术水平的提升和物流技术装备的现代化，托盘的应用是推行物流标准化、单元化、集成化、模块化和组合化的有力支撑。

托盘共用系统的有效利用，有利于改善物流服务质量，降低全社会物流成本；有利于节约资源，保护生态环境，实现循环经济和低碳经济；有利于中国经济与世界经济接轨。

货物只有放在托盘上形成一个集装单元，才能用叉车、吊车等机械设备以几倍乃至几十倍的效率进行作业。在新经济发展时代，企业之间的竞争往往表现在供货周期方面，只有利用托盘作业才能缩短装卸搬运时间、减少搬倒次数，充分发挥机械化作业的作用。此外，托盘标准是物流产业基础的标准之一，以托盘标准为基准进行规范，可以协调包装、叉车、卡车、集装箱、港口、码头、车站、仓库、配送中心有关标准，使所有相关的物流设施和机械装备与托盘相吻合，使它们之间能够相互匹配、相互衔接，最大限度地提高劳动生产率和降低运作成本。

只有采用托盘物流方式，即从始至终将物品放在托盘上，以单元化装载形式运作物流活动，才能消除无用的劳动和节省时间，取得最佳效果。由于托盘在运输、仓储、包装、装卸搬运、流通加工、配送等物流各环节中能起到承上启下、承前启后的载体作用，用托盘可以将物流各环节无缝对接、整齐划一、贯通始末，最终做到物流各种功能的匹配、统一、协调、顺畅和贯通。托盘一贯化运输是其中一个最典型的例证。

大量事实表明，以托盘为基准衡量验证产品包装、叉车结构、卡车厢体、集装箱规格、货架及仓库货格尺寸的标准匹配，引导企业包装、叉车和货架选用、标准仓储设施建设、推进物流标准进程十分科学合理；以托盘物流为尺度衡量运输、仓储、装卸搬运、包装、流通加工、配送等物流各环节的组合与衔接程度，可避免物流过程中的无效作业，大幅度节约成本；从托盘物流的角度审视物流系统的科学性、合理性，能明显提高物流全过程的效率和效益。

托盘在国际贸易物流中具有明显的应用价值。托盘一贯化运输是国际贸易中常见的国际运输方式，既能节省人力、物力、财力，又能保护商品、安全环保。

由于托盘与叉车、货架、车辆、集装箱、仓库、产品包装等有严格的尺寸匹配关系，托盘标准在它们中间处于核心地位。以托盘为基准推进包装模数、叉车结构、卡车厢体、集装箱规格、货架和仓库货格尺寸的标准匹配，必不可缺。因而，托盘的标准素有“物流门户”之称，是国际贸易中的重要砝码，具有可观的经济价值，牵涉贸易主权保护、贸易壁垒的设立，历来是各国竞争的重矢之的。

8. 托盘在供应链管理中的地位和作用

（1）托盘可为节约供应链成本和供应链增值创造条件。

在所有供应链成员企业中，使用统一标准规格的托盘，并从供应链的源头（始端）到供应链的结尾（终端），一直以托盘集载的形式进行运输、仓储、包装、装卸搬运、配送。产品离开生产线后就放在托盘上，形成集装单元，无论是水运还是陆运，不管中途倒换多少次，产品从头到尾，始终放在托盘上，一贯化地运输、仓储、包装、装卸搬运、配送，将大大提高物流系统运行效率，降低作业成本、管理成本和能源资源成本，反之，供应链成本的降低和增值就会留下巨大的缺口。如美国沃尔玛公司，要求56000个供应商全部使用集保公司（CHEP）的托盘，向4100多家沃尔玛商场供货，这意味着在美国的沃尔玛物流系统中，无论是生产车间、仓库、配送中心，还是在超市、商铺，全部利用统一标志、统一规格的集保托盘，使得沃尔玛公司能够以最低的物流成本运行，保持其强大的市场竞争力。

（2）托盘可为供应链管理提供重要的信息资源。

托盘在供应链中流动的情况，包括托盘在供应链成员企业生产环节、采购环节、销售环节、回收环节流转的速度，也包括仓库、配送中心中托盘的使用量、滞留时间、在各个物流活动中的流动状态等，都能从侧面反映出供应链系统的运行状况（库存、运输、配送过程中商品的数量变化和品种调整以及变动量等数据），供应链管理者便可以根据托盘反映的数据，分析判断整体物流的运转和走势，从而据此进行供应链的管理和运作。

（3）托盘可为供应链的顺畅贯通提供有力支撑。

供应链管理中充分利用托盘租赁和托盘共用系统，不仅能提高整体供应链的运行质量和水平，而且对确保供应链流程的顺畅贯通提供有力的支撑。因为，以托盘为基准统一物流技术与装备应用，有助于物流作业效率和物流管理质量的提升；有助于物流各环节的无缝衔接和合理匹配；有助于物流各种功能顺利转换；有助于各类物流设施、设备的标准化、有效化利用。从而实现有效的供应链运作和供应链系统的高速运行。

（4）托盘可在供应链成员企业之间发挥桥梁和纽带作用。

如果供应链中的供应商、供应商的供应商，生产商、生产商的生产商，用户、用户的用户都使用同一种标志的托盘；无论在生产车间还是在仓库，无论在配送中心还是在商店，处处看到同一种标识的托盘，那么这些供应链企业，上至领导、下至员工，从企业的白领到企业的蓝领，天天生活和工作在这种标识托盘的环境中，无疑会对该标识的托盘潜意识地产生亲近感，托盘犹如一座无形的桥梁，消除了供应链成员企业之间的间隔；就像一条无形的纽带，在不知不觉中，将供应链成员企业全员维系在一起。

综上所述，托盘的地位和作用不可替代、不可或缺、不可小觑。缩小与发达国家之间的差距，提高物流效率、降低物流成本、推进托盘产业发展是我国物流又好又快发展的必然选择。

托盘在世界各国的广泛应用，被认为是20世纪物流产业中两大关键性创新成果之一。认识托盘、重视托盘、运用托盘是中国物流发展的核心问题之一。目前，中国托盘事业刚刚兴起，还处于起步阶段，托盘一般只在工厂内、单位内或局部地区使用，国内托盘租赁规模小，托盘共用系统刚刚构建。近些年，世界各国越来越重视托盘的地位和作用，托盘物流的水平也在迅速提升。美国和欧盟已有80%的商品贸易由托盘装载，日本也已达到77%，但我国只有10%。据美国交通运输部的统计，美国在交通运输上每花6.23美元，需要花1美元的装卸搬运费用，而我国每花2.37美元就需要1美元的装卸搬运费用，是美国的2.6倍，其主要原因是托盘的利用率过低。所以说，扩大托盘数量和应用范围，做好托盘租赁，实现托盘共用化，让托盘循环起来，已成为发展我国物流的迫切需要和当务之急。从某种意义上讲，离开托盘的广泛应用和托盘标准化的普遍推广，我国物流的顺畅运转和物流价值的体现就会留下巨大缺口，我国物流的快速化、高效化和低成本化也难以彻底实现。为此，2009年年初我国制定的《物流业调整和振兴规划》中，多处强调了发展运用托盘的重要性和必要性，这为我国托盘业今后的发展创造了条件、奠定了基础。

各式各样的托盘见图3－1。

图3－1　各式各样的托盘

图 3－1　各式各样的托盘（续）

三、托盘框架体系

托盘框架体系分为三大类：一是按材料分类；二是按用途分类；三是按构造分类（见图 3－2）。

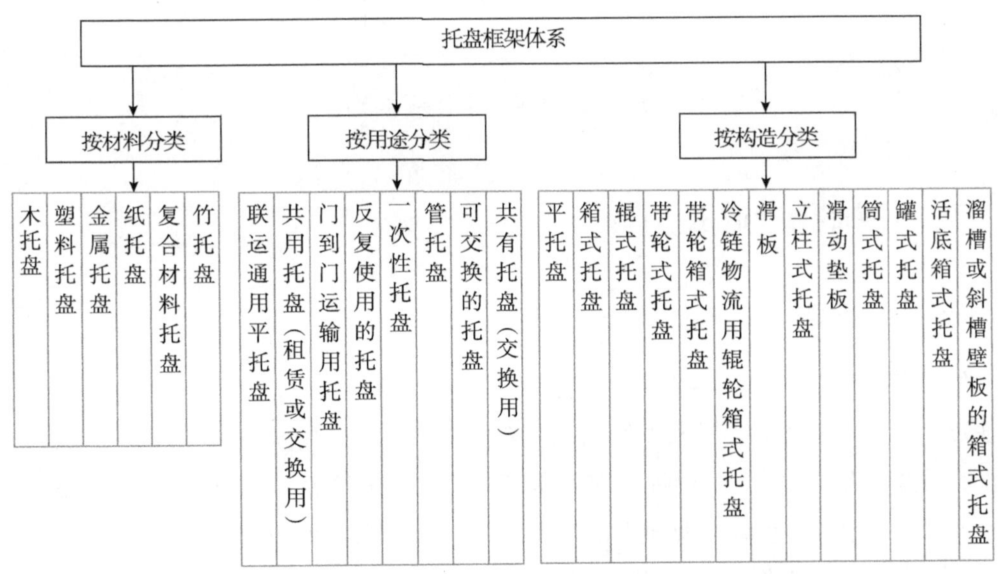

图 3－2　托盘框架体系

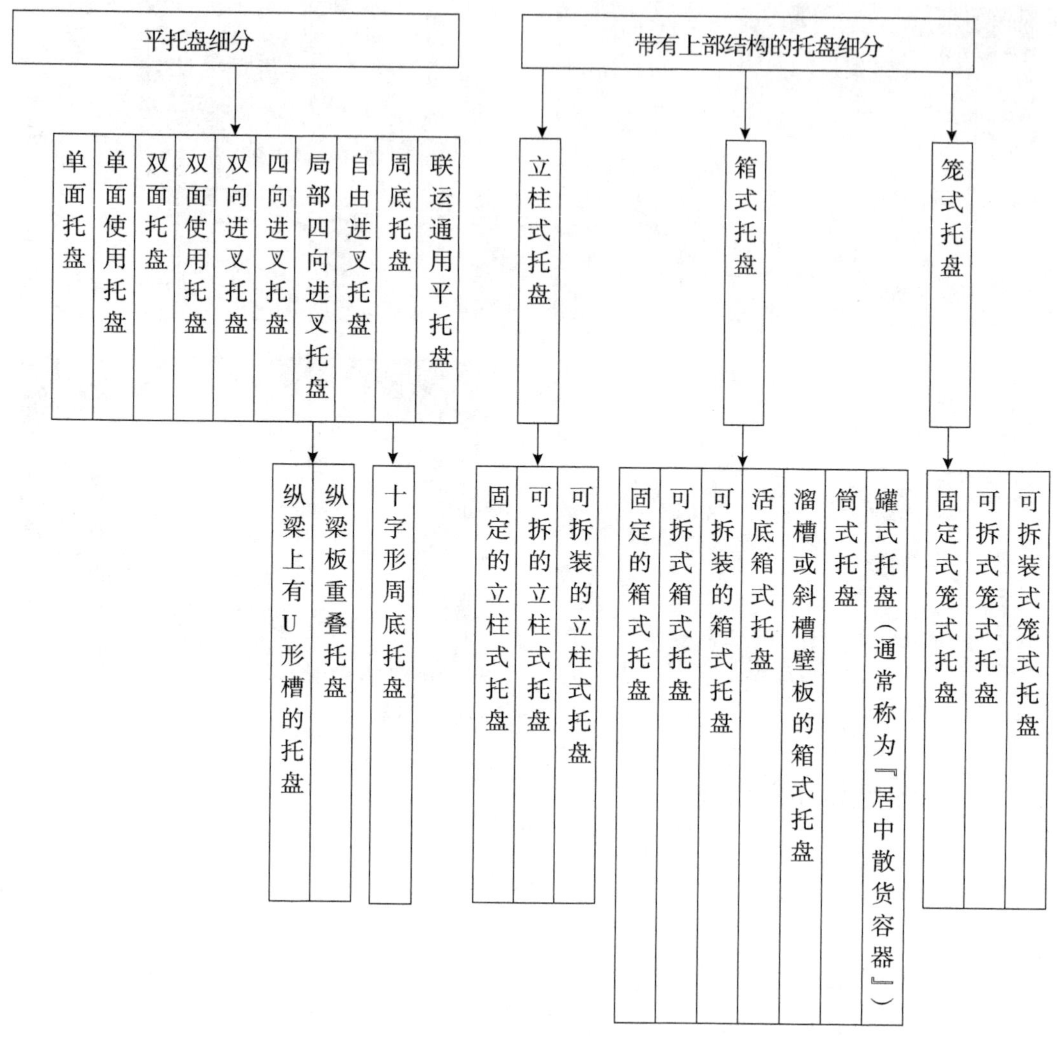

图3－2　托盘框架体系（续）

四、中国托盘成长历程

（一）托盘溯源

在物流系统中作为集装器具的托盘，是运输、储存、包装、装卸、搬运、包装、流通加工、配送等物流各环节中使用的托盘，而且一般是指通用平托盘。在我国台湾地区把托盘称为“栈板”，在香港和广东等地也有把托盘称为“卡板”的习惯。在我们的日常生活中，常见到“盘子”“茶盘”“托盘”等，即使同样叫“托盘”，其含义也有所不同，如餐馆里用以承载碗碟上菜用的盘子也称托盘，但与本书中讲的托盘

（Pallet）不是同一概念。

托盘中的“托”字，顾名思义，含有“托住”“承载”等含义；称为“盘”的器具含义为扁平的盛物器具。“托盘”这个词在物流领域具有特定的含义，我国国家标准《物流术语》中将托盘定义为：“用于集装、堆放、搬运和运输的放置作为单元负荷的货物和制品的水平平台装置。”从该定义中，我们不难理解托盘的概念，一是堆放物品；二是堆放物品形成集装单元；三是物品始终处于集装单元负荷状态存在；四是托盘是一种放置集装单元物品的水平平台装置。

一般情况下，人们对托盘的表象认识是：托盘上堆码几个、十几个、几十个包装物品，形成一个集装单元。只要有叉车、吊车、输送机等装卸搬运机械，拥有了活性，为下一步作业提供了方便；物品堆码在托盘上，叉车、吊车、输送机等装卸搬运机械便可与托盘相组合，于是机械化、自动化物流作业成为可能。

在此基础上，人们对托盘又有了深层认识，托盘能将零散单件物品集合成单元化形态，作业效率能几倍、十几倍、几十倍地提高，作业成本能几倍、十几倍、几十倍地降低；使用了托盘，叉车、吊车、输送机等装卸搬运机械，替代了人的重体力劳动，解放了劳动力，人性得到了尊重；物品堆码在托盘上，能减少重复搬倒作业，物流各环节实现了有效的衔接，整个物流过程变得通畅；托盘化作业有利于节能、减排、环境保护、生态平衡、循环经济发展。

当然，要达到理想的目标，托盘的利用需要由局部转向整体；由多种标准转向一个标准；由企业自购转为租赁；由小循环转为大循环；由自家使用转为大家共用。

托盘是从托架演变而来的，至今已经有近百年的历史。据英国人称，叉车的出现约在1914—1915年，而美国资料记载，1930年前后市场上才有叉车出售。早期的叉车起升高度小，用实心的轮胎，使用场所和用途有限。1943年安有充气轮胎、起升高度5米的叉车问世，装卸搬运等作业性能也有了显著提高，由此与叉车作业不相适应的托架逐渐由能与叉车作业相匹配的托盘所替代。实际上，托盘最初仅用于工厂、码头、火车站等场所的装卸搬运作业，因为外形各异、尺寸和性质不同的货物，一经放在托盘上就能简单、快速地利用叉车进行装卸搬运，不仅作业效率大幅度提高，还能解除重体力劳动。后来发现托盘的利用并不局限在装卸搬运方面，在仓库和运输等作业环节中也能发挥作用，特别是在20世纪40年代初的第二次世界大战期间，美国军队运用的军事后勤保障系统，即目前我们所称为的物流（Logistics）系统中尤其显示出托盘的功效，由此，托盘在产业中的地位和影响随之得以确立。以托盘为基础的集装单元作业也从那时起应运而生。

1960年美国开展了“托盘售货”活动，托盘进入超市直接用来出售商品。20世纪70年代初期，北欧各国在托盘下面装上轮子在托盘底板装上框架结构，装载货物的托盘原封不动地从工厂运到商店，当成商品展示柜台来利用，于是托盘又变成了售货工具。

由于托盘使用范围的日益扩大，托盘的生产和销售数量也随之骤增。美国的托盘保有量由1945年的3000万个增长到1958年的12500万个，1968年达到20亿个。托盘的产量也从1958年的940万个增加到1962年的6800万个，1968年达到了11500万个，参加托盘联营的国家增至19个。

据美国托盘协会资料记载，20世纪70年代初期，美国的托盘以木质为主，比例高达98%。80年代起开始研究使用钢材、塑料、纸以及其他种类材料制造托盘，其原因主要源于木材资源的限制。最早使用的托盘是平托盘，后来相继有箱式托盘、柱式托盘、框架式托盘出现。关于托盘尺寸的规范化也在逐步推进，日本1963年制定了平托盘日本工业标准（JIS），1970年又制订了直达运输平托盘试验方法及JIS包装规格系列。1970年9月，在土耳其召开的集装箱、托盘运输包装相互统一的国际流通“模数化”会议上，得出了最适合的托盘标准尺寸是800mm×1100mm。该尺寸也称为“安卡拉尺寸”。1971年10月召开的国际标准化组织/单件货物搬运用托盘技术委员会（ISO/TC51）分组会上，曾草拟出台了800mm×1100mm、800mm×1200mm、900mm×1100mm、1100mm×1100mm、1000mm×1200mm五种尺寸的标准方案，征求各国意见。随后还针对是选用1100mm×1100mm托盘还是选用800mm×1200mm的托盘展开了激烈的争论。

托盘联营最早出现在美国。美国1940年开始在耐火砖、肉罐头等行业试行托盘联营，在部分企业之间和地区内建立托盘循环、共用机制。1946年，澳大利亚政府利用美国第二次世界大战期间留下的托盘和相关装备建立了联邦搬运装备共用系统（Commonwealth Handling Equipment Pool，CHEP），开始试行以托盘租赁方式为主的全国托盘联营。起始阶段由国营企业运营，1958年后改由私营企业CHEP经营。CHEP经营的托盘联营公司在澳大利亚设置了11个管理点，除统一了130万个1160mm×1160mm（正方形）托盘外，还把一万多个集装箱也并入了联营体系，提供给民间运输企业利用。1947年瑞典、1951年瑞士也先后出现了托盘联营。此后，托盘联营之风遍及欧洲、苏联、澳大利亚、加拿大、日本。日本在1971年相继设立了日本托盘租赁公司和日本托盘联营公司。而且，大部分是以铁路运输为核心发展起来的。1961年7月，欧洲国际托盘联营组织成立，以瑞士和德国为发起国，其主要目的是增加铁路运输能力，扩充铁路运输货源，更好地发挥托盘的作用。1962年，苏联、东德、捷克、匈牙利、蒙古等国的部分火车相互之间缔结了托盘交换协定，20世纪70年代末，东德、捷克、保加利亚、匈牙利、波兰、南斯拉夫开始加入欧美托盘联营组织。

从“托架”到“托盘”，其中包括平托盘、箱式托盘、立柱式托盘，它们与叉车相结合，作为装卸搬运过程中的重要组成要素，成为减轻繁重体力劳动、提高作业效率的一大创举。

从把托盘只当成一种“水平装置”“可移动的地面”“活动的货台”，到把托盘看作是连接运输、储存、装卸、搬运、包装、流通加工、配送等物流各环节的桥梁和纽带，确保物流全过程顺畅、贯通的重要组成要素，致使托盘跃上了一个新的台阶。

从把托盘只当成“集装化器具”“单元化物流”中不可或缺的组成部分，到把托盘看作是实现国际供应链的起点和无缝对接的重要组成要素，是托盘的一次“质”的腾飞。

可以说，托盘的演变与发展以及托盘的地位和作用的显现，同物流业和经济社会的发展与进步密不可分。

（二）中国托盘发源地

中国托盘的起源地就目前掌握的情况而言，是安徽省芜湖县清水镇祠山乡金华村。据安徽省芜湖县委宣传部许孝平先生和安徽省芜湖托盘业元老祠山包装有限公司董事长夏可玉先生介绍，1973 年清水镇祠山乡金华大队村办企业金华木器社生产出第一批托盘，当时还叫“垫仓板”。金华木器社后来更名为金华木器制造厂。生产垫仓板主要是根据外贸公司的出口需要，防止货物变潮发霉，所以，清水镇在20 世纪80 年代计划经济时期托盘生产十分红火，在本地形成了一定生产规模的托盘群体。后来，托盘需求逐步扩大，除了清水镇外，易太镇、湾沚镇等相继出现了托盘生产企业。1993 年，金华一些村办木器包装企业濒临破产，村领导班子经过研究决定采取承包方式，将业务分别承包给向从富、张金华、管远洲、胡爱耕等五人，并得到了当时祠山信用社资金方面的支持。商海无涯，大浪淘沙。原先的五位承包人经历了数年的磨炼，只有管远洲、胡爱耕两人的业务越做越大，逐步成为本地区木器包装产业的带头人。在金华木器制造厂的带动下，原祠山乡部分不景气的乡办企业转行生产木质货架、垫板等包装产品，由于市场需求量大，效益可观，1998 年祠山的木器（托盘）包装企业全部改制组建了芜湖祠山包装有限公司，由夏可玉担任法人代表。

步入 21 世纪后，全国改革开放进一步深入，尤其是加入 WTO 后，外贸出口量激增，给木器包装产业的扩展带来了勃勃生机。芜湖县清水、易太等地的木器（托盘）包装企业如雨后春笋般涌现，其中祠山包装、钟山包装、宏春木业、金山包装等规模较大的企业在全国行业内拥有了一定的知名度。与此同时，一些新技术、新工艺、新机具的引进，极大地提高了生产效率，也让木器（托盘）包装产业链条越拉越长，产业附加值越来越高。据不完全统计，2000 年芜湖县木器（托盘）包装企业上缴税金

600万元，2003年已超过1000万元，并逐渐成长为全县经济发展的重点产业，数以千计的农民到木器（托盘）包装企业上班，有效解决了群众就业，增加了农民收入。然而，在市场经济的大潮中，少数包装（托盘）企业为了抢揽业务，开始恶性竞争，竞相压低价格。为了防止（托盘）木器包装产业不受伤害，经胡爱耕、向先春、夏可玉、夏则荣等人提议，在县委、县政府的关心下，由县工商联牵头，芜湖县木器包装商会于2000年正式成立，首批26家企业成为会员。2003年换届，会员企业32家。为避免会员企业之间相互压价，相互抢夺业务，商会制定了《芜湖县木器包装企业经营规则》《关于发布现阶段木器包装产品销售基本价格和营销人员管理标准的通知》等行业规则，并通过各种方式，鼓励公平竞争，加强行业自律，维护会员企业合法权益，有效地促进了木器（托盘）包装产业的健康快速发展。2003年12月，又组建了芜湖金源木业（集团）有限公司，通过合并重组，不仅使木器（托盘）包装企业的资源优势得以整合，整体效果得以充分发挥，交易成本得以有效控制，也提升了各个企业的核心竞争力，加快了企业做大做强。从此，全县木器（托盘）包装产业开始逐渐走上正规化发展之路，不仅实现了税收征管规范化，也实现了会员企业效益最大化。

作为全县重点发展产业之一，芜湖县委、县政府及相关职能部门自始至终高度关注木器包装产业的发展，并制定相关优惠政策措施，推进木器（托盘）包装产业转型升级加快发展。2005年市县行政区划调整时，县委、县政府加大对原清水镇木器包装（托盘）企业的招商引资力度，并协助解决了湾沚镇赵桥、六郎镇殷港、陶辛镇部分木器（托盘）包装企业的用地问题；县工商联会同商会多次与省、市商品检验检疫局沟通，使得全县8个符合条件的出口企业全部通过了考核验收，并建立了标准的化学熏蒸和热处理系统，确保了会员企业包装产品及时出口；县公安、交通、林业等部门也及时帮助企业解决原材料和产品在运输、检疫、出口过程中遇到的问题。2011年，芜湖市主城区向东发展，国家级的芜湖经济技术开发区开始东扩，县委、县政府审时度势，决定在花桥镇复兴村木器包装（托盘）产业园预留部分三产用地。2012年6月，花桥木器包装产业园正式开工，新芜湖经济开发区管委会确定一名副主任专门负责园区建设，并确定专人联系企业，及时帮助企业解决开工建设过程中遇到的困难和问题，开发区服务中心为所有入园企业一站式服务。截至2015年，花桥木器产业园暨新芜绿色产业包装园初具规模，水、电、路、气、通信、网络等基础设施全部齐备，正式入驻企业15家，建成投产企业8家，纳税企业9家；园区企业完成销售收入6200万元，纳税350万元，2016年年底建成投产企业增加到15家，销售收入1.5亿元，纳税800万元。

2014年由亚洲托盘系统联盟、中国物流与采购联合会托盘专业委员会共同主办的

“第九届中国托盘国际会议暨2014 全球托盘企业家年会”在芜湖县召开，来自全球的托盘企业、托盘用户、托盘设备制造商、托盘租赁公司、科研院所、咨询机构、行政管理部门的代表600 人云集芜湖县，参观考察芜湖县木托盘生产企业、托盘生产加工基地，同时还授予芜湖县“全国托盘第一县”称号，进一步推动了芜湖县绿化包装产业转型升级发展，使之成为芜湖县经济健康快速发展的助推器。

（三）中国托盘行业发展经纬

进入21 世纪后，中国各级政府进一步重视物流业，政府相继出台了物流政策法规，物流行业呈现出欣欣向荣、蓬勃大发展局面。

北京科技大学机械工程系主任吴清一教授从20 世纪80 年代中期开始重视物流教育，举办讲习班，开展视频教学。90 年代初赴日本研究物流，受恩师日本物流之父平原直影响，率先认识到托盘的重要地位和作用，2001 年萌生成立托盘行业组织，推动中国托盘行业发展的念头，并于2002 年年初协同靳伟组建了托盘委员会筹备组，以北京科技大学机械工程系的名义向中国物流与采购联合会递交了申请报告（报告原本见图3－3）。中国物流与采购联合会会长陆江、常务副会长丁俊发很快召集了常务理事讨论通过了报告，同意正式成立“中国物流与采购联合会托盘专业委员会”（以下简称托盘委）。

托盘委2002 年成立初期，由于托盘对中国人来讲还很陌生，“万事开头难”，资金、人力等资源短缺，开展工作遇到种种困难，但在吴清一主任的领导下，靳伟常务副主任带领团队坚韧不拔、努力开拓、大胆创新，使托盘委很快走出了困境，一步步成长壮大起来，其发展历程可圈可点。

1. 战略思维、目标明确

托盘委作为国家一级行业协会，成长之初就做出了长远规划，明确了中、长期目标。确立第一个10 年侧重打基础。包括：托盘知识启蒙、普及教育；托盘理论体系构建；托盘骨干队伍培育；托盘市场拓展；托盘行业资源整合；托盘经营管理规范；托盘标准制定；托盘国际地位确立；托盘影响力增强等。第二个10 年侧重发展壮大。包括：托盘生产数量增加至能适应现代物流需求；托盘质量达到符合国家经济转型期标准；托盘行业经营管理初步规范化；托盘大家庭团结、和谐、融合；托盘领军企业具有国际竞争力；中国托盘行业在国际舞台上拥有话语权等。第三个10 年走向辉煌。包括：托盘在国家经济发展中处于显著地位；托盘生产企业得到国家充分重视；托盘数量人均占有率、托盘在企业中的利用率、托盘质量认证普及率达到发达国家水平。

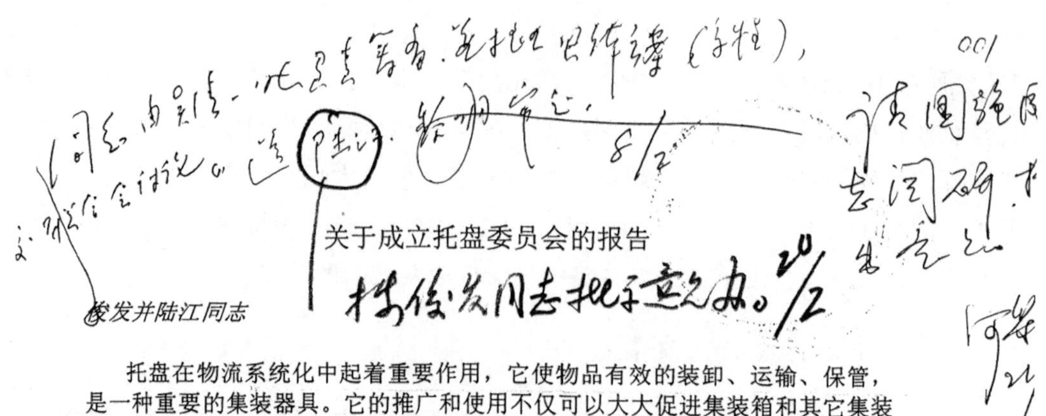

关于成立托盘委员会的报告

发并陆江同志

托盘在物流系统化中起着重要作用，它使物品有效的装卸、运输、保管，是一种重要的集装器具。它的推广和使用不仅可以大大促进集装箱和其它集装方式的发展，而且还可以成为重要的保存物品设施，有效地提高仓容利用率，从而降低物流综合成本。托盘共用系统的建设将有可能显著提高我国物流系统的效率。

托盘在我国的生产和使用起步较晚，但近几年来随着我国经济的快速发展，对外贸易的扩大，特别是物流业快速发展，我国托盘业无论从生产数量、品种，技术水平还是使用范围与规模，都有了一个很大的变化与提高。但是与我国目前的经济发展水平、物流发展的实际需要仍然不相适应；与发达国家相比差距较大。尤其在托盘的行业管理方面差距更大，至今我国尚没有一个托盘综合管理协调单位，严重影响了托盘业的顺利发展和对外交流与合作。

为了促进托盘业的快速健康发展，加强对外的交流与合作，建议在联合会下设托盘委员会。考虑到托盘业涉及到多个部门和行业，是一个跨地区、跨部门的产业，要成立委员会需要有关各方面的单位参加，这就需要与有关单位的充分协商。为此，我们的初步想法是：

积极筹备，正式成立托盘委员会。委员会主要由托盘生产、使用企业负责人和有关专家学者组成。委员会拟设主任、副主任若干人，秘书长一人。工作人员可以根据工作开展情况，聘请专人或兼职人员。根据需要也可以聘请顾问若干人。委员会的主要职责是：1.组织托盘业的调查研究，协助制定托盘业的发展规划；2.组织协调托盘业的生产和使用标准、有关规划；3.组织托盘业发展情况的调查研究、组织研讨会、举办展览会、组织专业培训班等。4.组织国际交流活动。

另外，有几个问题提出我们的意见和想法：一是，起草制定委员会的章程。在章程中进一步明确委员会的职责、委员会的权利和义务，以及有关规定；二是，委员会的委员可以是个人（主要是专家学者），也可以是单位的代表。根据章程委员每年应向委员会缴纳一定的会费，尽一定的责任；三是，为了减轻联合会的负担，托盘委员会拟挂靠在北京科技大学物流研究所，不向联合会申请经费，也不占用联合会的办公用房和人员编制。活动经费由委员会收取会费和创收解决。

目前暂由吴清一、靳伟组成筹备小组，正式起草托盘委员会章程和活动计划。胡俊明以顾问身份参与筹备工作。筹备期间必要费用由北京科技大学物流研究所承担。

以上报告，是否妥当，请审批。

2002年2月6日

图3－3 “关于成立托盘委员会的报告”原本

2. 夯实基础、创新发展

高楼大厦需要牢固的地基，坚实的架构；基本功不扎实难有长远的发展。托盘行业是新兴产业，基础差、底子薄，一切要从头做起，从零开始。托盘委成立后，吴清一主任请靳伟担任常务副主任，主持工作，聘请了徐平、胡文龙等一批行业领军人物为副主任，成立了以彭国勋教授为组长的托盘专家组，搭起了托盘组织框架；编辑出版了《中国托盘手册》；先后进行了三次全国托盘行业现状普查；开展了“中国十大明星托盘企业”“中国托盘年度人物”“中国托盘企业 30 强”“中国十大托盘质量认定企业”等评选活动；从 2006 年起连续举办了 11 届“中国托盘国际会议”、五批托盘专业培训；组织制修订托盘国家标准 16 项、出国专业调研团组六批次；召开了五次全国托盘工作会议；调研会、座谈会、评审会等小型会议多次。为中国托盘行业下一步的发展打下了坚实基础。

3. 服务第一、诚信为先

托盘委是中国物流与采购联合会中的一个单位，联合会前任会长陆江一贯强调“服务”。遵从这一宗旨，多年来托盘委团队坚持“服务第一”“诚信为先”的原则理念，努力为会员多服务、服务好、周到服务、热情服务，急会员所急、帮会员所需、解会员所难。只要会员提出要求，就有求必应，有力必出。开展活动，本着不以盈利为目的的原则，不强人所难，因为他们充分认识到，会员群体是托盘委开展工作的根基所在，行业组织与会员唇齿相依。离开会员的支持，犹如无源之水、无本之木，所以他们始终尊重会员，维护会员权益，注重加强会员服务。

4. 专家领航、典型引路

托盘委自筹备起就充分发挥专家作用，领航中国的托盘行业发展壮大。领导班子团结协作，全体人员有共同理念、共同语言，能够做到全面、系统、整体性地规划和运作；有德高望重的权威专家领航，中国的托盘行业发展更有信心、更有勇气、更有方向。

多年以来，托盘委着力培育了一些品牌托盘企业、明星企业。诸如无锡前程木业、上海力卡、宏春木业、金华捷特等托盘生产企业，经过不懈努力在行业中赢得赞誉，起到了良好的典型示范作用，徐平、胡文龙、周卫中、向先春等托盘界领军人物踊跃参与托盘行业管理和建设，出谋划策、把关助阵，这也是托盘委取得业绩，得到业内外认同的重要因素之一。

5. 规范运作、茁壮成长

中国物流与采购联合会是民政部注册、国资委主管的物流行业团体，也是国务院现代物流部际联席会议的成员之一，托盘委作为其中的一个部门，首要的一条就是遵纪守法、规范运作。按国家法律法规行事，维护国家利益。同时以身作则、身先士卒，从领导做起，严格要求自己。工作中坚持原则、以理服人，不强迫、不强求；坚持规范做事，以诚相待，做到“己所不欲，忽施于人”。大家一致认为，行业组织只有规范运作，才有发言权和号召力；只有严格要求自己，才有资格严格要求别人。托盘委在一定程度上之所以获得联合会的赞誉和广大会员单位的认同正因如此；托盘行业能够不断成长、不断壮大、不断增强影响力也正因如此。

作为中国的托盘行业团体之一，仅从2012年至2016年5年期间所开展的重点工作就可以悟出中国托盘行业的发展变化历程。

（1）重点工作之一：借助政府部门力量，促使托盘标准化工作在全国展开。

2013年9月托盘委领导借参加商务部召开“商贸物流发展规划”座谈会之机，宣传托盘以及托盘标准化的重要地位和作用，得到商务部流通司领导的认同。之后，常务副主任靳伟主动向流通司汇报全国托盘发展现状和存在的问题，并多次报送相关参阅资料。此后，商务部高度重视托盘在商贸物流发展中的重要作用，先后出台了《关于促进商贸物流发展实施意见》《托盘循环共用系统建设发展指引》《商贸物流标准化专项行动计划》等多个文件；两次召开“全国商贸物流工作现场经验交流会”，要求各省、市、自治区商务部门以托盘为切入点推行商贸物流标准化；以“托盘托起未来”“托盘标准化与托盘循环共用”为题，编制宣传片和宣传材料，在城市配送中大量利用标准化托盘；北京市商委在经验介绍材料中提到“带托配送带动了超市连锁物流设施标准化的改造和上下游企业托盘循环共用”，26家物流标准化试点企业利用226万个托盘实施托盘一贯化作业，由此，人员成本降低了50%。以托盘为基础的单元化物流，创新了超市连锁的订货模式，大幅度提高了快消品的配送效率。

实践表明，托盘委借助商务部等相关政府的力量有效地实现了行业大发展。

（2）重点工作之二：单元化物流引导企业开拓市场空间。

我国的经济社会发展现状逐渐表明，物流滞后于生产和消费；物流的效率提高、成本降低以及服务水平的改进是物流的主要矛盾所在；除了提高物流管理和技术水平外，物流装备的利用率和应用水平是解决物流效率和成本的重中之重；物流标准化、单元化、模块化和智能化是解决物流效率和成本的主要出路；单元化物流概念的兴起和引以关注是物流发展新阶段的必然现象，而单元化物流的主要基础器具是托盘和集装箱。托盘委2016年6月在北京召开的“第三届单元化物流企业家论坛”之所以受到普遍好评，得到大家的认同和参与，皆缘于上述原因。参加论坛的代表除了托盘生产企业以外，大部分是托盘用户企业，包括超市连锁、第三方物流、货架、叉车等物流装备生产商以及物流系统集成商等。大家聚到一起，针对单元化物流议题，关注度高，有共同语言、共同兴趣和共同目标，所以论坛人气旺，效果好。单元化物流是托盘生产企业的市场潜在空间，企业对此开始有了认识并越来越关注。

（3）重点工作之三："亚洲托盘系统联盟"工作务实展开。

"亚洲托盘系统联盟"成立2006年，是以中、日、韩三国为主体，有11个亚洲国家为成员的国际化托盘组织。该组织致力于亚洲各国的托盘信息交流、托盘标准制订、托盘企业合作等。托盘委主任吴清一从2014年9月任轮值主席后，坚持务实合作，坚持国家主权和利益，2016年6月在北京召开了"亚洲托盘系统联盟工作会议"，以亚洲托盘发展方向、目标及战略为主线，讨论研究亚洲托盘统一标识和互通互联问题，这是一项涉及国家战略和国家经济利益的大事，中国必须坚持原则，坚持国家主权和话语全。

（4）重点工作之四："中国托盘国际会议暨全球托盘企业家年会"在创新中铸就辉煌。

"中国托盘国际会议暨全球托盘企业家年会"共办了11届。作为纯专业性会议连续办了11届，越办越有人气，越办越受欢迎，其原因之一是会议的实效性。每次会议的主题和讨论的内容对参会者都有帮助，第10届会议的主题是"新常态下托盘企业的经营发展之路"，大家围绕这一主题，讨论"互联网＋"时代托盘企业应如何应对；"一带一路"对托盘企业有哪些机遇；当前大环境下托盘企业怎样才能继续生存和发展等内容。参加会议的美国、德国、丹麦、马来西亚、日本、韩国、中国台湾等10多个国家和地区的托盘生产企业、用户企业、托盘租赁企业、托盘机械制造企业决策者以及政府官员、专家学者聚在一起交换信息、交流经验、为全球托盘事业的发展献计献策，会议气氛高潮迭起，互动交流精彩纷呈，充分体现了托盘大家庭的团结互助、积极进取、合作共赢的精神面貌。与往届会议不同的是，会议召开前还召开了亚洲托盘系统联盟工作会议，木托盘资源供给沙龙和中欧标准托盘标识互认等会议；托盘用户企业与会议代表人数创历史之最，达到40%以上比例。

（5）重点工作之五："中欧托盘标识互认、互联互通"工程启动。

2015年10月，吴清一主任率团出访欧洲，与欧洲托盘协会经过友好协商，双方决定启动"中欧托盘标识互认、互联互通"工程。该工程的最终目的是实现中国和欧洲生产的标准托盘能做到标识互相承认、质量互相认可，做到无障碍通关，以便为扩大中欧贸易往来创造良好的条件。而目前的情况是，中国发往欧洲的带托货物，必须带有欧洲托盘协会的标识才能进入欧盟各国，很不平等，也严重影响中国商品开拓欧洲市场，此项工作对于"一带一路"中国物流标准的推进也有一定意义。

（6）重点工作之六：构筑中国托盘质量保障体系。

"中国托盘质量保障体系"包括两大块，第一块是托盘标准的制订和修订。2008

年国家标准《联运通用平托盘尺寸及公差》出台，规定了 1.2mm × 1.0mm、1.1mm × 1.1mm 两种规格的尺寸。2013 年修订了“联运通用平托盘性能要求和试验方法”，新制订了木质平托盘、木质及木质箱式托盘等多项国家标准。这些标准的制修订为托盘质量认证提供了依据；第二块是托盘质量检验和测试。这项工作需要有国家资质的检验测试机构参与，还要有完善的评价系统及操作规程等。而此项工作必须公开、公正、公平；必须得到行业公认和企业认可；必须符合国家政策导向，如低碳环保、节能减排、循环利用等。

2012 年 3 月在托盘委召开的全国托盘工作会议上，围绕托盘质量保障体系问题进行了热烈讨论，会后又广泛征求了相关行业、企业意见，并成立了托盘质量认证工作调研小组，于 2014 年 9 月展开了全国性、全行业性调查研究，2015 年继续深入开展可行性调研，上半年拿出了实施方案，包括：框架体系、总体规划、实施方法、效果分析预测等。

截至 2016 年上半年，全国五大类托盘企业，获得资格的企业 30 家，这 30 家托盘生产企业近几年在引领中国托盘标准化和提高托盘质量方面发挥了积极作用。

（7）重点工作之七：托盘标准制修订工作有了新突破。

为了推进托盘行业规范化运作，促进标准托盘广泛利用，托盘委努力创新托盘标准的制修订工作，把托盘标准的制修订工作看作为一项系统工程，全面考量、系统设计、整体创新，力求各类托盘标准匹配衔接。从单元化物流角度出发，把托盘标准放到单元化装载、物流作业、供应链管理中去，与叉车、货架、集装箱、包装、配送等相关要素统一考虑，使国外标准与国内发展现状相结合，托盘生产与托盘用户企业结合，全方位、立体式创新设计。2012—2016 年的五年期间，托盘委组织开展了 16 项托盘标准制修订工作，得到了业内外好评。

（四）中国托盘行业延伸发展的自然规律与选择

任何事物都有自然规律，我们考虑问题，谋略大计应该遵循规律，顺应趋势去做才会成功。“水到渠成”“瓜熟蒂落”，讲的就是这个道理。

我国的托盘行业经过十几年的努力，工作越做越顺，发展越来越好，队伍不断壮大，影响力逐步增强，2016 年年底时，托盘行业呈现一片欣欣向荣、如火如荼景象。其中的因由除了托盘行业自身的努力外，与商务部、国家标准委连续三年在全国推行以托盘为切入点的商贸物流标准化分不开，与我国经济发展的大环境、新态势分不开。

托盘行业大发展是情理之中的好事，但我们也要思考以下几点。首先，当我国经济进入新常态后，转型升级、降本增效是主攻方向，托盘行业也要持续创新，继续跨越，向纵深方向发展。其次，“单打独斗”“孤军奋战”不符合客观现实，必须组合、融合，“单体”走向“集体”，“物流”走向“供应链”。再次，标准化、单元化、模块化、智能化是大方向、大趋势，不能违背，不可阻挡。最后，当今的时代是信息化、智能化的时代，也是中国走向世界，企业融入全球，国际大舞台、贸易大格局、流通大变革、物流大发展的时代。物流的降本增效、改进服务，供应链理念的深入人心是大趋势，不可逆转。解决问题的重要途径是单元化物流战略的实施和单元化物流管理与技术的提升，尤其是托盘、集装箱、周转箱等单元化器具的普遍利用。

托盘发展到今天的地步，再往前走，必须与叉车、货架等相关物流装备与器具相融合；托盘企业的生存与发展，必须与连锁超市、电商、快递等广大客户相融合。没有客户，单靠本行业结帮成伙，只在自家院里打拼，成不了大事，走不了多远。托盘物流只有向单元化物流迈进并融入单元化物流的大潮中，才有市场空间和广阔前途。

基于上述种种认识和思考，靳伟等一批有识之士决定开拓单元化物流新天地，决心为中国的单元化物流事业“撸起袖子加油干”一番。恰在2017年年初，中国交通运输协会决定筹建托盘与单元化物流行业组织，吸收靳伟参与筹备工作，应该说也是机缘巧合。该行业团体成立后，靳伟担任常务副会长兼秘书长，从此他带领中国物流与采购联合会托盘专业委员会原班人马并吸收行业精英加盟，开始攀登新的高峰（“中国交通运输协会关于同意成立托盘与单元化物流分会的复函”原件见图3－4）。

中国交通运输协会托盘与单元化物流分会2017年3月16日在北京正式成立后，于当年6月在天津成功举办了“首届单元化物流大家族会议暨智慧物流高峰论坛”，受到了有关各界的广泛好评。与此同时，从2017年年初开始编著《中国单元化物流全书》，并计划年内出版发行。该书是国内外第一部单元化物流专业巨著，有望起到中国单元化物流大发展的奠基石作用。

中国交通运输协会文件

中交协秘字（2017）10号

中国交通运输协会关于同意成立托盘与单元化物流分会的复函

托盘与单元化物流分会筹备组：

“关于设立中国交通运输协会托盘与单元化物流分会的请示报告”已收悉。经研究，同意在我协会领导下，筹备成立“中国交通运输协会托盘与单元化物流分会”，筹备组负责人安排如下：

组　　长：　王德荣，中国交通运输协会常务副会长；

副 组 长：　宋朝义，中国交通运输协会副会长；

　　　　　　靳　伟，北京科技大学物流研究所副所长；

联 络 人：　梁媛媛，电话：1521039136；010-63340252；

协会联络人：　惠建华，中国交通运输协会办公室主任，电话：010-63691474。

因分会成立条件已基本成熟，可适时召开成立大会，请筹备组组织落实。

特此复函。

中国交通运输协会

2017年2月24日

图3-4　“中国交通运输协会关于同意成立托盘与单元化物流分会的复函”原件

第四章

单元化物流

一、单元化物流概念、定义

在探讨单元化物流的概念和定义之前，为了对问题有个透彻的理解和把握，要先介绍一下物流的概念和定义。

从字面上理解“物流”是“物”的流动，或“物”的流转、移动等。

我国“物流”一词是日本语中“物流”汉字的直接引用。其实，物流的英文表述有两个；一个是 Physical Distribution；另一个是 Logistics。我国把两个不同的英文都称为物流，有其客观原因，也是一种不得已的选择。Physical 含有“物理的”之意，这里的 Distribution 是“分配”“流通”“销售”之意。美国人把 Physical Distribution 看成是销售的一种辅助性活动，日本人把 Physical Distribution 译成实物的物理性流通，即“物的流通”，后来简称为“物流”。这一用语 1978 年 11 月由国家物资总局赴日考察团带回国内；Logistics 源于古希腊语 Logistike 或 Logistes，后演变成拉丁语 Logistica 和法语 Logistiaue，最后落脚在英语 Logistics 上。这个词原本为“后勤”，也有人译为“兵站”，20 世纪 80 年代出现在我国时，有人译为“后勤”，也有人译为“物流”，学术界对此说法不一，1989 年在北京召开“第八届国际物流会议”时，专家们讨论后确定译为“物流”。当时主要考虑：直接引用英文原文一般人看不懂，也不习惯；译成“后勤”，又觉得与单位食堂、幼儿园、车队等后勤行政部门不无关系，而且物流的概念经过 10 年努力，已被学术界接受，突然转为“后勤，容易引起混乱，也不利于刚刚兴起的物流研究和宣传推广，于是便坚持了这一不得已的选择。

除了“Physical Distribution”“Logistics”这两种用语外，与物流有关的用语还有“Business Logistics”（企业物流）“Material Flow”（物料流）等。后一种用法，有的日本人将其说成是相对于“Logistics”这个“大物流”而言的“小物流”，日本有一种侧重于物流技术与装备方面内容的杂志，其名称就叫《MATERIAL FLOW》，几种典型的物流用语详见表 4 - 1。

表 4 - 1 几种典型的物流用语

国家或地区	过去用语	现在用语
美国	Physical Distribution、Logistics、Business Logistics	Logistics
日本	Physical Distribution 物的流通──→物流 Material Flow	物流 Material Flow
欧洲	Logistics	Logistics
加拿大	Physical Distribution	Logisties
中国大陆	Physical Distribution（物流） Logistics（后勤、物流）	Logistics（物流）
中国台湾	Physical Distribution（物流）	Logistics（物流）

物流的定义及其演变有一个曲折的过程。由于物流是一个只有百余年历史的新兴学科，正在生机勃勃、突飞猛进地发展，并在实践中不断调整、完善和成熟，物流的定义也一直在修改和演变，即使在同一历史时期，物流的定义也有差异；即便是同一个国家，不同行业团体，不同学派和不同经济发展阶段，物流定义也千差万别。而且物流定义至今仍有争论，无论哪个定义都不具备绝对权威性。不过，物流定义的演变过程和各国的物流定义内容的变化都恰恰反映了不同时代、不同国家和不同经济变革时期，物流理论、物流管理以及物流技术的进步轨迹和特征。

物流定义之所以有 Physical Distribution 和 Logistics 之分，是因为两种英文表述的物流一词所产生的历史年代相差无几。而且在 20 世纪 80 年代中期之前，美国、加拿大、日本等国大多采用 Physical Distribution，80 年代中期以后才逐渐转向 Logistics。

我们通过分析研究各国的物流定义，可以从侧面了解各国不同历史时期物流的发展状况、目标和特征，也有助于把握各国物流发展的历程、脉络和走向。应该说，不同的国家、不同的团体组织，在不同的经济社会发展历程中，从自身需要出发所给定的物流定义各不相同，这是正常并符合自然规律的。即便是已经成熟的经济学核心概念“市场”这一定义，至今依然没有统一的定论。因此，我们有理由这样理解：符合客观实际，反映现实状态并能提高效率或效益的定义都有其自身存在的合理性；物流定义的不断修改、完善与提高是经济社会发展的客观表现。几个具有代表性的国家和地区的物流定义见表 4 - 2。

表4－2 美国、欧洲、日本、中国物流定义演变

年代	美国	欧洲	日本	中国
20世纪30年代	1935年美国市场营销协会（American Marketing Associat，AMA）编写的《市场营销用语集》中，对物流（Physical Distribution）下的定义："物流是市场营销活动中所伴随的物质资料流动及其服务，从产地到浪费地的种种企业活动。"			
20世纪60年代	1960年美国物流管理协会NCPDM（National-Council of Physical Distribution Management）对物流（Physical Distribution）下的定义："所谓物流，就是把完成品从生产线的终点有效地移动到消费者手里的广范围的活动，有时也包括从原材料的供给源到生产线的始点的移动。"		1965（财团法人）日本机械振兴会对物流（Physical Distribution）的描述："所谓物的流通，就是把制成品从生产者手里，物理性地移转到最终需要者手里所必要的诸种活动。具体讲，即包装、装卸、运输、通信等诸种活动。"	
20世纪70年代	1974年美国物流工程师协会（The Society of Logistics Engineers，SOLE）对物流（Logistics）下的定义："物流是与需求、设计、资源供给与维护有关，以支持目标、计划及运作的科学管理，工程及技术活动的艺术。"			

续 表

年代	美国	欧洲	日本	中国
20世纪80年代	1985 年美国物流管理协会（英文名称改为 CLM，Councilof Logistics Management）把物流定义修订为："所谓物流（Logistics），就是为了满足顾客需要而对原材料、半成品、成品及其相关信息从产地到消费地有效率或有效益的移动和保管进行计划、实施、统管的过程。这些活动包括但不局限于顾客服务、搬运及运输、仓库保管、工厂和仓库选址、库存管理、接受订货、流通信息、采购、装卸、零件供应并提供服务、废弃物回收处理、包装、退货业务、需求预测等。"		1981 年（日本）日通综合研究所编著的《物流手册》对物流（Physical Distribution）下的定义："物流是物质资料从供给者向需要者的物理性移动，是创造时间性、场所性价值的经济活动。从物流的范围来看，包括包装、装卸、保管、库存管理、流通加工、运输、配送等诸种活动。如果不经过这些过程，物就不能移动。"	
20世纪90年代	1992 年美国物流管理协会（CLM）对物流定义再一次进行了调整："物流（Logistics）把适合顾客要求作为目的，而对物和服务以及相关的信息从产地到消费地的流动进行有效益的计划、实施和管理的过程。" 1998 年美国物流管理协会对物流的定义又做了一次大的改动："物流（Logistics）是供应链流程的一部分，是为了满足客户需求而对商品、服务及相关信息从原产地到消费地的高效率、高效益的正向和反向流动及储存进行的计划、实施与控制的过程。"	1994 年欧洲物流协会（European Logistics Association，ELA）对物流下的定义是："物流（Logistics）是在一个系统内对人员及商品的运输、安排及与此相关的支持活动的计划、执行与控制，以达到特定的目的。"		

续 表

年代	美国	欧洲	日本	中国
21世纪后			2002年日本标准学会以日本工业标准（JIT）的方式公布了物流定义：“物流（Logistics）是将目标定位于充分满足最终需要，同时解决好环保等社会问题，在此前提下追求高水平、综合完成包装、输送、保管、装卸搬运、流通加工以及相关情报等各项工作，并谋求使供应、生产、销售、回收等环节的一体化、一元化管理的经营活动。”	2001年中国国家标准《物流术语》正式发布，其中将物流定义为：“物流（Logistics）是物品从供应地向接收地的实体流动过程。根据实际需要，将运输、储存、装卸、搬运、包装、流通加工、配送、信息处理等基本功能实施有机结合。” 2006年中国国家标准《物流术语》（修订版）继续延用2001年《物流术语》中的物流定义。

正如中国国家标准《物流术语》（修订版）中所描述的那样：“物流（Logistics）是物品从供应地向接收地的实体流动过程。根据实际需要，将运输、储存、装卸、搬运、包装、流通加工、配送、信息处理等基本功能实施有机结合”。这里我们至少要注意两点：一点是物流是个过程；另一点是物流要对几种基本功能实施有机结合。正因为物流仅仅是个过程，其本身一般不创造价值，那么我们就应该记住几个基本原则。第一个原则是要把物流这个过程控制在最短时间内。比如库存时间尽量短，运输距离尽量短等。第二个原则是要把物流这个过程控制得尽量“省”。比如尽量简化包装，少用包装物，以便节省材料和费用，并保持生态平衡和将碳排放控制在标准范围内。

通过以上的介绍，我们应该意识到，物流不仅是个过程，需要控制时间、距离和费用，而且物流还是个十分庞大的系统工程。之所以认为物流庞大，是因为物流是一个跨地区、跨行业、跨部门的边缘科学和产业。单讲物流中的一个环节运输，就包括公路、铁路、海运、航空、管道五大类。之所以认为物流是一项系统工程，是因为物流由运输、仓储、装卸搬运、包装、流通加工、配送、信息处理七大功能，或者说是七个子系统构成的一个大系统。七种功能或系统之间，既存在相互依存、相互衔接匹配，又存在二律背反的关系。所以只有把物流看作是一个系统，按照系统的规则和角度来衡量物流的整体效率、综合效果以及整体成本和绩效，才能得出真实结论和科学评价。而不可只见树木、不见森林，只见局部、不看全局。物流只有一百多年的历史，物流为什么能成为一门学科，越来越被世界各国重视，理由之一是物流是一块“新大陆”。这块新大陆在短缺经济时代不被关注，在生产发展到一定程度，特别是产能过剩的历史阶段越来越被关注，只有发展物流产业，才能使经济社会继续向前发展。

简单了解物流的概念和定义后，我们再来说单元化物流的概念和定义就容易理解了。

“单元化物流”从词面来看，单元化是物流的定语，表述物流是单元化形态的物流。换句话说，以单元化包装或承载状态不变进行的物流管理和运作，其基本定义是，“物品从物流的起点到终点始终保持集装化、规格化、标准化堆码、装载、负荷形态不变，并以此单元化形态完成运输、仓储、包装、装卸搬运、配送等整个物流环节或部分环节的物流作业和物流运作”。

谈到单元或单元化，城市里的楼门，每个门洞也叫“几门”或“几单元”。单元化是对单元形态的一种表述，“化”是一种性质或状态。我们出差经常带一个旅行箱，从走出家门到目的地住下来这个过程中，一般都不会开箱，箱子里的衣物始终保持在箱子里，无论是乘坐出租车、火车，还是乘坐飞机，你的衣物始终保持单元化式的箱子里不变。假若不放在旅行箱里，你就得一件一件地带在身上，拿在手里出差。箱子里的衣物可能有十几种甚至几十种。有了箱子，箱子下面带轮子，你携带起来就方便，出差也方便，效率和成本成倍数增减。工厂里一个车间、一条生产线、一个工位，办公室里的工位、书柜、办公桌、电脑、笔筒等都可以理解为单元化状态。在你的家里也有许多单元化的例子。抽屉、衣柜、垃圾桶等都可看作是单元化容器。你去菜市场买东西，几种物品集中放在一个塑料袋或手提包里，这也可以理解为单元化式的做法。面粉装在袋里、鸡蛋放在筐里等都是一种单元化式手段，生活中的单元化做法不胜枚举。再把我们的思维扩展一些，比如一个国家、一个民族、一个家庭、一个单位、一个团队、一座楼宇、一间房子等都具有系统性、集体性和团体性质。比如“国富民安”“家和万事兴”等说法强调的都是集体、和谐和团体精神。这些虽然与单元化物流相似，但单元化物流远不止于此（见图4-1）。

图 4－1　日常生活工作中单元化示例

我们前面讲到的物流，并不只是“物”的简单流转或移动，而是要使“物”通过人的管理，使物流省时、省力、省钱，在确保安全的前提下，通过实施有效的管理和运作，使物流高效率低成本、安全快速地完成。这里要关注的是，要达到上述目的，就要使“物”以单元化的形态加以包装承载，并要在始终不变的单元化状态下，尽量做到“物”在流转，在移动过程中，所有环节要衔接好、匹配好，做到过程顺畅、贯通。

本书要着重强调的是，单元化物流的重点是始终以单元化形态完成物流作业和运作，与单元化形态相比，更重要的是“运作”。这里所说的“运作”是指“管理”“协调”，包括运作模式、运营方法及协调手段等。所要达到的目的是，整个物流过程乃至供应链过程中各种关联要素（比如企业、政府、行业协会等）之间合作、统一、匹配和衔接。统一好才能高效、节省，匹配好才能紧密组合、融合，衔接好才能顺畅贯通。

单元化物流的着眼点不仅仅在静态上，而更在于“动态”方面。或者说，单元化物流的关键是对单元化形态下的物流作业和运作实施有效的控制和管理。单元化物流的灵魂是管理协调与控制。

二、单元化物流的理论基础

（一）从系统性思维的角度考量单元化物流

系统论是研究系统思想和系统方法的哲学理论，广义的系统包括集合论、网络论、决策论、对策论、控制论等。在现代经济社会环境下，我们必须用科学发展观去观察、分析和研究所有客观事物；把系统论作为物流学的理论基础，以系统论主导物流经济学，应用系统论剖析和透视物流现象，这样，一切问题都会迎刃而解。其主要理由：一是由于任何事物都不是孤立存在的，无一不相互关联并带有系统属性。二是由于系统中的各构成要素之间均处于对立统一、交替损益、此消彼长状态。三是由于系统论的基本出发点是事物的整体性、全局性和完整性。四是由于系统论研究可以理顺事物的矛盾关系、缩小事物的距离间隔、消除事物的障碍影响、促成事物的协调贯通。五是由于物流经济学本身是一种复合型的现代科学，由运输、仓储、包装、装卸搬运、流通加工、配送、信息等环节构成一个功能系统，各环节之间是一种矛盾统一、二律背反的关系；物流管理学研究的是物流过程中的各种经济关系和相关的经济活动，物流经济学与之并列；在物流经济学之上，有流通经济学，再上面还有经济学，都与物流经济学息息相关。往细些讲，如配送过频，上路车辆过多，会导致交通拥堵，影响正常交通秩序。反之，物流服务不到位，客户不满意；在及时送货和服务质量受限的情况下，需要增加库存备货数量，其中，成本与服务、送货频度与库存量等构成了矛盾统一的关系。扩展开来讲，如当物流部门强调计划配送、节约送货成本时，销售部门却往往为了争夺客户和市场占有份额，经常要求增加送货次数和库存数量，这也构成了矛盾统一的关系。在这些情况下，只有用系统分析的方法，理顺各种要素相互之间的关系，按照系统论原则，从总体和全局的角度计算和判断总成本和综合效益（包括经济效益和社会效益）是否合理，才能辨明真实情况，得出准确结论。否则，只注重单一环节、不注重相关要素，得出的结论必然有缺陷，不能真实地反映客观全貌。我们之所以不能把运输说成是物流，因为运输只是物流系统中的一个环节；不能把储存说成是物流，因为储存只是物流系统中的一个环节，其道理也缘于此。六是由于系统论强调的是事物的完整性、均衡性、同步性，而并非是各要素的参差不齐、单独冒进。以国际物流为例，假如合同规定一个月到货，货物按计划时间装了船，按计划时间抵达了港口，船只也顺利进入了泊位，然而遗憾的是海关手续出现了问题，没有按计划时间通关；或者货物卸下船之后，因订不到火车车皮而延误了到货，都会影响整个计划的实施。也就是说，整个国际物流过程中，每个环节都是系统的组成部分，任何一个子系统出了问题都会影响整个系统的运行效果。同时也说明，我们只有将国际物流作为一个系统对待，系统中的各环节必须环环相扣，一个也不能脱节和出问题，才能获得系统效益。物流中的七个环节或者说是七种功能、七个子系统，它们之间都存在互相联系、互相制约的关系，或者说是对立统一的关系。各个环节、各种功能、各个子系统运行需要匹配、衔接、协调、均衡、同步、顺畅、贯通。步调要一致、标准要统一、能力要均衡、节奏要同步，即便其中的一个环节落后，也会影响整体运行，其中的一个环节冒进，也同样会引起整体的失衡。物流是一门仅有百余年历史的新兴学科，从其诞生、发展到成熟一直都在随着经济运行规律、经济走势和经济发展的需要而不断地调整提升和完善，也正是出于这种原因，有关物流的学科基本体系及其关联性始终没有一致公认的结论。国内学术界带有倾向性的提法是：物流学是在诸多学科基础上发展起来的综合性学科，是社会科学与自然科学之间的交叉学科，物流学是在其他已成熟学科的基础之上，以系统集成为宗旨，对传统学科进行横向组合和升华，形成新型的学科理论体系；物流学的核心是各类关联要素资源的整合性、协调性、统一性、共同性和一体性；与物流学构成紧密联系的理论依据主要有：系统论、经济学、管理学和市场学。其中，系统论是构筑物流学基本的理论基础，也是物流学赖以生存和发展的最本质性的理念、思维方式和逻辑方法；经济学理论是流通经济学理论的根基，而流通经济学又为物流经济学地位和作用的确立提供了强有力的支撑。截至目前，物流经济学的主体还没有脱离流通经济学的范畴；管理理论是物流运作的基本原理和规律，也是物流在具体操作过程中所要遵循的指导思想和准则；运筹学对物流管理和运作思维起指导作用，也是物流系统优化、物流技术有效应用的智慧源泉。市场学既是物流学的依托，又是物流学的生存土壤。

物流经济学是物流学的分支，物流学是流通经济学的分支，流通经济学是经济学的分支。单元化物流在21世纪将逐渐形成一门学科，原因和理由很多。其中一个原因和理由是单元化物流理念与供应链非常相似，从某种意义上讲，单元化物流是供应链的延伸或者说是供应链逻辑思维的细化。

（二）从市场营销学的角度考量单元化物流

市场营销学的对应英文是 Marketing，该英文词中也有“市场学”“市场经营学”“销售学”等含义。当代著名市场学家、美国西北大学教授菲利普·科特勒指出：“营销”不应该被认为“销售”，而必须赋予新的意义——满足顾客需求。菲利普·科特勒1986年在一次会议上发表观点，他认为市场学的父亲是经济学，母亲是行为科学，祖父是数学，祖母是哲学。美国经济学家鲍尔·康柏斯提出，物流是“市场营销的另一半”。20世纪50年代末，杰罗姆·麦卡锡（Jerome McCarth）提出了4PS（产品、价格、渠道、宣传）市场营销理论，强调企业经营要以市场为导向，以产品销售为目的；20世纪80年代，美国市场学家罗德明提出了4CS（消费者、成本、便利、沟通）市场营销理论，强调企业经营应以消费者需求为导向，根据消费者愿意支付的成本决定价格，并考虑到达消费者的便利性和购买意愿，与消费者充分沟通。20世纪90年代，美国的舒尔茨（Don E. Schultz）又提出了4RS（关联、反应、关系、回报）市场营销理论，强调指出以竞争为导向，重视关系营销，与相关业务单位和客户建立长期伙伴关系，实现合作共赢。

第一，我们要了解，物流与市场营销有不解之缘。

1915年美国哈佛大学出版社出版发行的阿奇·萧（Arch Shaw）专著《市场流通中的若干问题》强调：“对于市场营销来说，应该把物流（The Physical Distribution Goods）看作为市场营销组合的一部分”。物流（P·D）的第一个权威性定义出现在由美国市场营销协会编写的《市场营销用语集》中，其定义是：物流是市场营销活动中所伴随的物质资料流动及其服务，从产地到消费地的种种企业活动。美国1948年以前对于物流（P·D）的认识，基本限于销售物流范畴之内，把物流（P·D）只看作为市场营销的辅助性活动，而且，对物流（P·D）的管理也限定在产品离开生产线以后到送至消费者手里这段过程，重点侧重于销售物流管理。尽管1960年美国物流管理协会（NCPDM）的物流（P·D）定义已将物流（P·D）的范围扩大到原材料供给，但直至20世纪80年代，即物流发展的第一阶段，物流管理的核心始终没有离开产品销售和市场营销。

到了物流发展的第二阶段，也就是20世纪80年代中期之后，物流（Logistics）的范围便真正扩大到原材料采购、生产制造以及废弃物回收，其地位上升到企业经营管理及其决策，市场营销依然是物流的主要宿命之一。其原因，一是在生产和消费中间存在着空间距离、时间距离和社会距离，这些距离要通过流通来缩小和消除。其中先要依靠商流形式实现商品所有权的转移，然后才能完成商品的最终移交，如果没有物流这种“位移”过程，商流的目的等于只完成了一半。二是在短缺经济时期，商品供不应求，生产者坐在家里就有人上门求购，所以对于生产者来讲，只是一个单纯的销售过程，商流活动和物流活动都十分简单。但是到了产能过剩，商品供大于求的历史阶段，生产者就必须努力去销售自己的产品，即必须积极开展市场营销。目前，我国的营销成本很高，比如，整个家电业的营销成本已占总生产成本的46%，而原材料的制造成本已占53%。市场营销所赋予的新含义是满足顾客需求，其中，包括将顾客所购商品准时、准地点、安全地送给顾客。否则，企业的产品质量再好、价格再低，没把商品及时送到客户手里，或者虽然及时送到了，但送货成本过高，服务质量不符合要求，也同样达不到预期效果。三是在市场经济发育成熟之后，竞争的主要表象是市场营销。当企业之间的生产能力和技术水平相差无几，产品的质量、价格、功能、款式、形状、大小、颜色以及售后服务差别缩小时，市场竞争的目标主体就转向了速度竞争，如制造速度和供货速度。所谓供货速度就是在商品买卖成交后的商品送达顾客手中时间的长短，当然也包括在商家举办展览会、促销活动时商品送达的快慢。如果物流管理和技术水平高，商品供货的速度则快，不至于因供货时间过长而失去客户，反而还会创造需求，提高企业竞争力，扩大营销规模。

由此看来，如果说商流和物流是双胞胎的话，那么，物流与市场营销就是市场经济激烈竞争环境下的一对孪生姐妹，相互之间有史以来就有解不开的渊源。

第二，我们要了解，物流战略管理的主要目标是市场营销。

生产和销售是企业经营的两条主线，但是，新经济时代企业所面临的主要矛盾不是生产而是销售。在生产领域差别化已经很小，创利空间十分有限的情况下，企业面临的新出路和新选择是扩大销售，企业只有将自己的产品大量出售给消费者，生存和发展才会有保障，我们现在讲的扩大销售实际上是市场营销，企业只有搞好市场营销，利润才会上升，市场占有率才会提高。企业的采购也好，生产也好，最终的目的是增加产品销售数量，即通过市场营销使企业不断成长壮大，从某种意义上说，市场营销效果的好坏决定企业的命运，市场营销的后面是物流的强有力支撑，离开物流，市场营销等于纸上谈兵，没有物流的接续，市场营销还在中途，不可能完结。进一步讲，当今时代企业竞争所关注的目标已经由市场转向终端用户或者说是末端消费者。末端消费者的购买能力、购买欲望、购买偏好、购买目标以及购买心理等是市场营销的决定因素；用户或末端消费者购买行为往往通过批发、零售环节，表现在企业的订单上；企业的采购和生产包括库存管理，围绕订单进行，即所谓“以销定产”，从后向前，逆向推进；产品生产出来之后，需要由物流部门根据合同规定，按时间、按地点、按数量送货。

上述过程说明：现代企业的经营战略之一是市场营销；市场营销战略的重点目标是终端用户或者说末端消费者；企业接到订单，按合同条款进行采购和安排生产；最后通过物流完成订单。这意味着，企业是以市场营销为核心进行运作的，市场营销的重要保证是物流。换句话说，物流战略服从并服务于市场营销战略，市场营销战略是企业战略的主要组成部分。反过来讲，物流战略管理的主要目的是市场营销。

第三，我们要了解，物流服务的质量和水平是市场营销的重要支撑。

物流属第三产业，主要通过服务创造价值，产生利润。物流服务于国民经济，服务于企业经营。在企业经营中，物流除了服务于采购和生产外，主要服务于市场营销。

有人认为，只要我的产品好，“酒香不怕巷子深”，销售就不成问题，但事实并非如此。其一，新经济发展时期的市场经济特点之一是，消费者不仅选择实物商品，同时也选择相应的服务，即选择硬件与软件相配套的组合商品。而硬件商品目前各企业之间水平相差无几，软件商品，如物流质量与服务仍存在很大差别。其二，物流服务包括许多内容，有供应链成员企业之间的物流衔接，也有国家与国家之间的物流衔接，还有企业内部的物流衔接，范围广泛，涉及方方面面，复杂多变。国家与国家、企业与企业之间物流水平参差不齐，千差万别，一旦发生问题损失就非同小可。如影响客户信誉，发生索赔纠纷，甚至失去客户和市场，其直接损失是市场营销效果。其三，由于物流是随着市场营销战略和策略的变化而变化，与战争类似，战事多变，运输路线、数量必须随之变化，经常措手不及，导致送货错误、时间延误，丧失战机。其四，物流是市场营销的组成部分，与市场营销有着千丝万缕的联系，又是市场营销的后续和延伸，因此，物流管理和技术水平的高低直接关系到市场营销的效果与成败，市场营销如若失去物流服务，将一事无成。其五，物流不仅范围广、涉及的要素多、复杂多变，而且，随着科技的发展，现代科技管理方式和技术手段纷纷被物流吸纳进来。但因各国、各个企业关注物流有先后，重视物流程度有差别，物流管理和技术水平相距甚远，走在前面的企业，物流成为市场营销的重要支撑和保障，走在后面的企业可能因物流的落后致使市场营销受阻，遭受经济损失。

（三）从流通经济学的角度考量单元化物流

物流是流通的重要组成部分，物流学的本源是流通经济学，所以，要想研究好物流，必须学好流通经济理论。这里要着重掌握与物流相关的政治、经济、文化的内涵和生产、流通、消费三者之间的连带关系，从而深入了解物流的地位和作用。

政治是阶级、政党、社会团体和个人在国内和国际关系方面的活动。

人类生活在同一个地球上，全世界有200多个国家和地区，74亿人口。世界是个大家庭，人类理应和平相处，平等博爱。战后几十年来，一方面国际社会的主流是“和平与发展”，另一方面却由于地球只有一个，面积、空间、资源和市场有限，导致两伊战争、海湾战争、阿以冲突、印巴冲突、黎以冲突、恐怖组织兴风作浪等局部动乱接连不断；领土争端、贸易摩擦、原油价格跌宕无休无止。可以说，这个地球从来就没有真正平静过，战争的危险依然存在，人类安全仍存隐患。

国家是政权占有的区域领地，也是通过法规、执法机构、警察、军队维护政权地位、社会治安、经济秩序、国民利益，抗击外来侵犯的机器。国家政治除了行政机能外，还要保证经济社会繁荣发展、人民生活富裕幸福等。国家政治中有政党、政府、政策、法规等。政党是代表一定阶级、阶层或集团利益的政治组织；政府是国家行政机关，与国家政权的性质相适应；政策、法规则是国家或政党实现一定目标而制定的行为准则。国家政治是国家经济的集中体现，是国家经济的基础和根本保证，国家政治决定国家经济管理体制、发展规模、运行质量和速度。政府在政治上要处理好几个重要关系，如上层建筑与经济基础、生产力与生产关系、敌我矛盾与人民内部矛盾、城乡差别、贫富不均等。

政府是国家行政机关，执行国家政党的政治路线和大政方针，负责国家经济建设、安全和国民生活。

经济是生产力、生产关系等各种要素的总和，是政治、法律、制度等上层建筑和意识形态的基础，也指社会生产。经济包括生产、流通、消费以及金融、保险等活动或过程。经济基础、经济法规、经济体制、经济结构等是经济发展的基本要素，也决定经济效益和发展速度。经济基础与“上层建筑”相对而言，是同发展阶段相适应的生产关系总和；经济法规，如财政法、银行法、税法、审计法、工商管理法、对外贸易法、价格法、技术监督法等，是国家管理和调控经济的必要手段，也是维护市场秩序和平等竞争环境的必要条件；经济体制是决定经济管理方式的基本要素，经济体制的形成取决于政治体制，与政治制度一脉相承；经济结构，包括产业结构、消费结构、分配结构等，是经济运行的重要条件，也是经济发展的基本要素之一。

文化是人类创造精神财富和物质财富的总和，是国家和民族的灵魂，也是国家和民族品格的集中体现。文化的力量无穷无尽，深深熔铸于民族的生命力、创造力和凝聚力之中；是国家强盛、事业兴旺、民族团结、国脉传承的精神纽带和支撑。文化既是国家经济社会全面协调和谐发展的原动力，也是树立民族自信、激发创新精神、调动劳动热情、鼓舞人民奋进的力量源泉。

文化是一个广范围的概念，具有丰富的内涵。物资满足和精神欲望两者兼容，既包括理论、道德、习俗、教育、科技、文艺、体育、文学、艺术、出版、宣传、媒介，也包括知识产权、考古、遗产、文物、对外交流、人才队伍等方方面面。文化反映着一个国家、一个民族的历史变迁、兴衰历程，也折射着一个国家、一个民族的道德修养、教育水平、基本矛盾和精神面貌。

政治、经济和文化三者中，政治占第一位。政局不稳、社会动荡，经济无法发展，文化也就是一句空话。政治制度决定国家经济管理体制，政治路线决定国家建设速度。中国共产党领导人民推翻了“三座大山”，解放了生产力。人民当家做主后释放出来的巨大能量和热情，赢得了20世纪50年代中国经济的迅速恢复与快速发展；20世纪六七十年代，史无前例的“文化大革命”“阶段斗争”的压抑和“割资本主义尾巴”的限制，严重地束缚了生产力的发展，致使国家经济建设停滞不前；五首歌曲、八个样板戏唱了20年；党的十一届三中全会后，改革开放深得民心、民意，中国人又一次意气风发、斗志昂扬，在“以经济建设为中心”的伟大旗帜下，国民经济连续近3个10年高速增长。中国富强了，国际地位提高了；中国人有钱了，文化生活丰富多彩了。

我国1978年就引进了物流概念，20世纪80年代和90年代两个10年，尽管理论界、学术界大肆宣传、不懈努力，仍然不见显著效果。其中的原因有两个：一个是中国经济当时还没有进入发展物流的必要阶段；另一个是政府没有对物流引起足够的重视。90年代后期之所以掀起了物流“热”，一是由于世界经济环境变化、加入WTO，促使中国经济进入新的发展阶段；二是由于政府有了明确支持态度和实际行动。1999年11月，国家经贸委会同世界银行在北京召开“现代物流发展国际研讨会”，国家领导人吴邦国在会上强调政府要重视物流；2001年，国家经贸委等六部委联合印发《关于加强我国现代物流发展的若干意见》；2002年，国家经贸委在上海召开《推进流通现代化工作座谈会》，把现代物流作为“十五”期间三大重点任务之一；2004年，国家发改委等九部委联合下发《关于促进我国现代物流发展的意见的通知》；2005年，国务院办公厅秘书局印发《国务院关于促进流通业发展的若干意见》，同年在青岛召开“全国现代物流工作会议”，建立起“全国现代物流工作部际联席会议”制度；2006年，全国人大四次会议通过《国家经济和社会发展第十一个五年规划纲要》，把“大力发展现代物流业”单列一节；2008年3月，国务院办公厅下发〔2008〕11号文件——《关于加快发展服务业若干政策措施的意见》，从加强规划和产业政策引导、深化服务领域改革等八个方面提出政策措施、促进物流产业发展；2009年3月，国务院发布《国务院物流业调整和振兴规划》，物流业被国家列入十大重点产业调整振兴规划之中，再次表明了党中央、国务院对发展我国物流业的高度重视，为中国的物流大发展奠定了坚实的基础。政府的高度重视和大力扶持，促使我国物流“热”持续升温，现代物流受到越来越多企业的关注，物流投入增加，物流管理和技术水平上升，物流效率提高，成本下降，推动了国家经济的快速发展，给百姓也带来了实惠。配送的兴起，使城市居民坐在家里有人给送报纸、牛奶，一个电话打过去，有人送来啤酒或鲜花，下雨、下雪、或工作太忙抽不出时间外出，有快递给你送饭。

历史和现实表明，政治决定经济，政治和经济决定文化。反过来，文化促使经济发展，经济维护政治稳定，政治为经济振兴和文化进步奠定基础。任何一个国家如果缺乏经济实力，就没法对应外强、稳定民心、促进文化发展。政治、经济、文化三者作为国家整体不可分割。社会经济运行受政治环境，如政治体制、经济体制、法律法规影响；与经济环境，如生产力发展水平、经济结构、自然资源相关；同时与人口环境、国际环境、科学技术发展、社会文化以及民族习俗等紧密联系。

从生产、流通、消费三者的关系来讲，在经济运行中，生产、流通（分配、交换）、消费是主体，政府、行业团体、企业构成经济活动的全部。政府通过法规约束、政策控制、计划调节、经济杠杆、行政指导等途径规范经济行为，引导和推动经济发展。在经济发展过程中，主要须处理好生产、流通、消费三者的关系，使其始终处于整合、协调和均衡发展状态，其中重点要解决好流通问题。流通包括商品流通、货币流通、产权流通和劳动力流通等，解决好流通，实质是解决好供求平衡，如生产资料市场、消费品市场、资金市场、劳动力市场、技术市场的平衡。生产与消费的平衡是经济社会健康稳定发展的基础，如果生产和消费失衡，会引发通货膨胀或通货紧缩，当生产不足，消费过旺时，市场供不应求，商品匮乏，物价上涨；反之，当生产过剩，消费不足时，市场供大于求，商品饱和，销售呆滞，库存积压，经济停滞不前。

无论是供不应求还是供大于求，都属于不理想经济现象。为了促使供求平衡，维护经济稳定运行，一般要采用相应手段进行宏观调控。如政策倾斜，税收、关税、信贷增减，国债发行、银根收放、进出口调节等。但是，这些办法从根本上说并非长久之计，治标不治本，而且行政色彩过浓。而真正解决问题的途径仍然是对生产和消费产品的直接调节，即通过流通来调节生产和消费数量，使之保持平衡状态。因为，计划（含规划、重大项目决策、基础设施建设等）、政策、税收、金融（如债券、股票、银根、信贷、利率）、关税等手段难以消除库存积压和商品流转不畅，或者说只能暂时或某种程度地扭转经济局面，却难以改变消费偏好。

在经济活动中，生产的矛盾表现在以下三个方面。

一是生产数量难以把握。由于生产者面对的是广范围地域，千家万户的需求者；

同一地域同时有多个生产者在争夺市场销售；需求者偏好左右摇摆，忽东忽西；生产者销售战术多变，销售数量时多时少，市场占有率时高时低等，生产数量难以准确把握，生产的忙闲无法准确控制。

二是生产时机难以找准。生产者是靠生产产品生存的，生产数量越多，效益越好。所以，追求生产数量的最大化是生产者的目标之一。然而，在买方市场环境中，企业竞争白热化；客户要求的供货时间、地点和数量变化越发频繁；产品生命周期缩短、品种增加、销售批量变小、供货频率加快等，导致生产者疲于应付，很难准确地把握生产时机和数量。

三是生产信息难以抓实。一般情况下，生产者都以市场为镜子，注重市场调研和预测。但是市场几乎没有边界，范围广阔，规模庞大；产品的需求对象有很大的变数，不确定性和模糊性明显存在，规律难以抓准；市场信息的捕捉和数据收集往往缺乏全面性、真实性和时效性。比如，今年西瓜卖的价钱高，农民们都会看到市场的这种状况，掌握了这个市场信息，于是大家第二年都种西瓜，结果西瓜充斥市场，价格一落千丈。

经济发展后销售矛盾突出。在生产落后，经济不发达的历史阶段，商品匮乏，市场供不应求，愁买不愁卖。生产者只要增加产品数量就能扩大利润，因为销售基本没有难度。而当生产能力增强，经济发展，商品过剩，市场供大于求，愁卖不愁买时，生产者并非增加产品数量就能扩大利润，反而，如果产品不适销对路，销售就发生困难，产品积压在库，流动资金滞留途中，影响扩大再生产，甚至引发企业生存危机。经济发展到这一阶段后，生产者的主要矛盾是产品销售。当今时代，全球性的产能过剩和买方市场，致使销售市场矛盾更加突出。

销售竞争激烈，消费需求千变万化，在市场商品饱和或超饱和，商品销售成为经济运行中主要矛盾的情况下，生产者势必面临千变万化的消费需求。一是由于商品数量增多、种类增加、挑选余地变大，消费者不仅在商品的种类、质量、价格、功能、款式、形状、大小、花色、品种等方面挑挑拣拣，在售后服务、附加服务等方面也提出新的要求。二是由于在买方市场形成之后，主动权掌握在买方手里，消费者是“上帝”，而生产者又急于把自己的产品销售出去，以便回笼资金，尽管降价、打折、返券、回扣等花样层出不穷，买家可能依然愣不买账，照样我行我素，甚至变本加厉。其次，消费者处于主动地位后，会最大限度地利用自己的优势，充分挑选购买对象和商品，以最低的价格、最好的商品质量和最佳的服务为标准要求卖方，因为消费者可选择的面很宽，可选择的项目也很多。三是由于市场发达后，人们的生活质量和水准提高，时尚化、个性化、多样化要求凸显，个人商品偏好多变，给商家带来新的压力在所难免。

从流通经济学来看，生产决定流通；生产与流通之间存在矛盾；流通反作用于生产。

生产作为人类利用和改造自然而创造物质财富的经济活动，是流通的前提。这里需要说明的是，生产和流通两者有时是不能截然分开的。比如，企业采购和企业生产过程中既伴随商流，也伴随物流发生，企业采购对上家来说是销售产品，企业自身是采购产品，企业生产过程中的零配件、消耗材料的准时制（JIT）配送，属于生产环节，但也可以说属于流通环节。因为这期间存在买卖交易行为。不过，大部分情况下，生产和流通可以截然划分。国民经济可以分为生产领域和流通领域。可以说，没有生产就没有流通，没有生产要素及其创造的物质财富，后续的流通和消费失去前提。在原始社会初期，人类饥不择食，在有限的猎物不能果腹的情况下，基本只关注生产，流通被看作可有可无；在机械化大生产之前，因生产力低下，生产一直是“瓶颈”。流通仅依附于自然分工，追随生产，起一些有限的辅助作用，甚至没有流通，产品仍然可以在经济体内部直接进入消费，尤其在经济不发达、卖方市场为常态的历史时期，从单一再生产的过程看，生产决定流通，因为生产提供流通的物资，是社会再生产的首要环节，生产方式决定流通的性质，制约并影响流通的规模。

生产出来的产品按理说应该直接进入消费，介于生产与消费之间的流通一般并不创造价值，如果没有流通介入，既可以减少费用，又能节约时间。正因如此，在苏联和日本等国都曾出现过“流通无用论”。作为生产出来的产品自己销售，岂不更有利！所以，生产者强调产、供、销一体化，流通业者主张社会分工，两者的矛盾始终存在。

在原始社会末期出现社会分工后，生产方式发生了变化，流通作为解决专业生产与社会化消费的手段应运而生。生产发展到一定程度，社会商品供大于求并形成买方市场时，流通反过来影响和制约生产，成为生产得以存在和发展的前提条件，发挥促进生产的作用，进而流通逐渐在经济活动中替代生产，开始占据主导地位，消费通过流通决定生产的数量、品种、速度和节奏。这里所说的流通是一种新概念的流通、为广义的流通。包括金融业、交通运输业、物流业以及介于生产与消费之间的相关产业，既包括有形的流通，也包括无形的流通（如服务、信息、情报、知识、股市、专利、产权等），而不仅仅指批发、零售、贸易、电子商务。新型流通应该是商流、物流、资金流和信息流的总和，是国际化、社会化、信息化、网络化、多维化。并且流通也是以物流为主导的全方位、大循环式的流通。

我国在计划经济时期，基本一直处于短缺经济发展状态，那个时代是把社会再生产划分为生产、分配、交换、消费（分配与交换都属于流通环节）。由于商品供不应求，生产主导流通和消费，流通没有社会地位，消费受生产主宰。在生产发展，产能过剩，商品由供不应求转为供大于求后，情况发生了根本性变化。消费变成了经济运行的起点，由被生产主宰变为主宰生产，主导生产规模、质量、种类和价格，消费通过流通决定生产乃至经济运行质量和速度。满足消费需求，研制消费者满意的产品并不断开拓新的消费需求，成为市场经济运行的主流。现在，国外发达国家的经济主体基本已转向了流通，特别是物流产业。加大流通领域投资，发展流通生产力，用流通带动生产、促进消费，流通反作用于生产的趋势越来越明显。

在短缺经济发展阶段生产决定消费。在生产能力有限，商品匮乏的经济发展阶段，生产决定消费。因商品供不应求，生产处于主动地位，消费处于被动地位；消费者对物质资料，包括粮食、肉类和食品存在数量上的需求。由于生产力落后，生产出来的商品不能满足市场供应，消费者有求于生产者；与此同时，又由于供小于求，生产者无须花费大力气改变产品质量、花色、款式等，致使商品几年、十几年一个面孔。我国计划经济时期的“永久”“飞鸽”“凤凰”自行车，40 年不变样仍然畅销不衰；在使用布票、粮票、副食本的年代，消费者始终处于被动地位，钢材、木材、水泥、汽车、煤炭、化肥等紧俏物资的供应与分配，曾几何时主动权掌握在生产者的手里（物资部门与生产部门争夺销售权的矛盾当时十分尖锐）。

生产与消费之间存在不平衡。生产与消费之间存在着供与求的不平衡、时间的不平衡、地点的不平衡。在目前经济发展时期，供与求的不平衡主要表现在生产能力增强的速度与消费能力增强的速度不同步。由于工业化的大发展和科技的进步，生产管理先进化、生产技术现代化、生产作业批量化。只要开动机器设备，满负荷运转 24 小时，可供一周的用量，满负荷运转一个月可供一年的用量；一个企业如此，10 个企业、几十个企业、几百个企业一起满负荷运转，产品数量就是一个天文数字；本来市场需求量有几个或十几个企业生产就足以满足供应，可是，现在每行每业的生产制造企业数量都大大超过实际需求数量，每个企业都想扩大产量，都想满负荷运转，这样一来，供与求的失衡自然不可避免；时间的不平衡主要表现在生产时间与消费时间的错位。比如，电风扇的生产是四季性的，但中国北方电风扇的使用却只限于夏季。电热器、电暖炉等取暖设备和器具亦是如此。此类生产与消费的时间差，只有通过仓储等方法加以调节；地点的不平衡主要表现在生产地点与消费地点的错位。生产是集中的，消费是分散的，规模化生产与千家万户零星消费的间隔，只有通过运输或配送等途径加以解决。

消费反作用于生产。无论是生产还是流通，其最终追求的目标都是消费，W—G—W（商品—货币—商品），这一循环的目的就是消费。原材料和零部件采购、生产制造和产品销售，包括物流活动等都只是一个过程，而不是目的，真正的目的是消费。只有商品被消费者接收，资金才能回笼，投入下一个再生产过程。所以，生产是为了消费，为消费服务，并服从于消费；生产什么、生产多少、什么时间生产基本是由消费决定的。消费者只有有了消费欲望和消费能力，才能去消费；只有消费者采取了消费行动，商品才能售出、生产者才能有回报。因此说，消费反作用生产，消费数量和规模决定生产的数量和规模。

三、单元化物流框架体系

（一）单元化物流的范围界定

单元化物流与物流十分相似，物流概念1978年引进后的前10年范围也比较模糊。因为“物流”从词面看是个动名词，深究起来，物流的含义中包括管理、控制和运作。物流定义中的“有机结合”其实就是对运输、仓储、包装、装卸搬运、流通加工、配送及信息处理七大功能或七个子系统进行有效的管理、协调、控制。而不是就运输谈运输，就仓储谈仓储，而是将七大功能通过管理或运作使其相互融合、组配、协调一体化，强调的是整体性统一，全局性协调和系统性的操作，最终目标是综合效益最佳、总成本下降。物流概念引进当初，许多人不了解物流的内涵，也不懂得用系统性方法去看待物流。日本20世纪50年代从美国引进物流概念后的前20年里，也只是就运输谈运输、就仓储谈仓储，并没将七个子系统统一起来对待。后来发现运输搞上去了，仓储还落后，包装改进了，装卸搬运效率还不行，各个物流环节之间不统一、不协调一致，问题还是没解决。直到20世纪80年代才真正把七个环节或称七大功能、七个子系统作为一个系统工程加以认识和管理，情况就大不一样了。

仔细斟酌起来，从操作层面看，物流的范围非常广泛，系统非常庞大。单说物流七大环节中的运输就有五大类，哪大类都不简单。计划经济时期，负责运输的政府管理部门铁道部、交通部，分分合合几次，至今有些物流基础设施也没彻底一致起来。截至目前，运输、仓储、包装、装卸搬运也照样不够统一、协调，真正按物流的系统性衡量还相差甚远。当然正因为物流是个综合学科、边缘科学，一旦搞好，其能量之大、效果之明显都是不可估量的。如若从管理层面看，物流属于经济学范围，是经济学中的流通经济学中的一个分支，也可称为物流经济学。从与相关学科的联系方面讲，物流管理与系统论、市场销售、运筹学都不无关联。从中国实际情况来说，我国与物流相关的管理部门多达13个。全国现代物流工作部际联席会议的成员15个，除了中交协和中物联外，国家发改委、商务部、财政部、公安部等13个国务院部委局均在其中。所以说，物流是跨地区、跨部门、跨行业的产业，范围太广，跨度太大是事实，真正对物流的范围进行科学的界定也不是一件易事。

那么单元化物流的范围该如何界定呢？可以说比物流的范围界定还难。但是再怎么难也应有个大体的说法，虽然不能一步到位起码也要有个概念和雏形。

从管理层面上讲，单元化物流与供应链类似。注重从头到尾的一贯化管理、衔接、贯通和全程通畅；注重从头到尾所有相关要素的标准化、规格化、模块化和智能化；注重关联企事业单位之间的组合、匹配、合作与共赢，尤其是上下游企业的无缝衔接；注重相互间经验交流、信息互换、平台共用、利益共享，生存、生命一体化；注重设施、设备、器具的匹配、互通、互换、互联。包括在政策、法规方面的吻合，而不是矛盾对立。在标准、规范性方面要求统一化，如专业用语、定义的统一化、统计方式、平台建设、人才培育、基础理论、作业规范、质量把控、成本核算、绩效考核、安全操作、环境条件等的统一化。在技术和服务方面也如此，均注重统一标准、统一步骤、统一运作、统一实施，做到环环相扣、节节相通、步步衔接、处处融合。

鉴于以上思维和考量，可以这样说，物流的范围有多大，单元化物流的范围就有多大。供应链的范围有多大，单元化物流的范围就有多大。物流无处不在、无时不有，单元化物流也应该无处不在、无时不有，只要有物流管理、物流作业和物流运作，就有单元化物流的存在，每个从事物流和供应链工作的人必须有这样的概念、理念和意识。单元化物流范围示例见图 4－2。

图 4－2　单元化物流范围示例

图 4－2　单元化物流范围示例（续）

“物流”的基本概念就是“物”的位移。这里的“物”是指“物品”“商品”“物资”“物体”而言。“流”是指“流动”“移动”“转移”等，是一种物理性概念，而且这里的“物”一般不包括土地、森林、矿产、房屋等不动产。那么，只要是物流就包括世间万物，除少数特殊情况外，几乎包括一切。从微小事物角度来讲，比如去餐馆吃了饺子，剩几个饺子打包带回家，不是装到餐盒里就是食品袋子里带走。餐盒和食品袋也可看作为单元化容器，极端一点可以说成是单元化物流。当然，本书所论述的单元化物流，重点不在这里，而是侧重有一定数量、一定批量、一定流量的货物流。此类物流应尽量采取单元化装载、单元化负荷、单元化物流的方法进行。因为数量越多、批量越大，越能体现单元化物流的效率、效益和成本方面的优越性。从大的方面讲，比如工厂车间之间的物料搬运、工位上的零部件放置，农副产品，如水果蔬菜的单元化物流、啤酒等饮料和牛奶等乳制品的单元化物流等，如果利用托盘、周转箱、集装箱集装化装载、运输、仓储和配送，并从田间地头开始到连锁超市，始终保持单元化装载形态不变，中途不管转换几种运输工具，搬倒多少次，从头到尾一贯化地通过单元化物流的方式完成管理、运作和现场作业，试想一下是一种什么样的效果！而遗憾的是，眼下不仅不能一贯化、统一化、顺畅化，甚至所利用的托盘不仅数量不多，利用率不高，而且各家的托盘各自使用，标准也不尽一致，各吹各的号，各唱各的调，连不起来也通不起来。因为大家还缺乏单元化物流的基本概念，尤其是政府主管部门尚未引起足够重视，因而这件事还要从头做起。

从系统论的观点说，我们可以把太阳系看作是一个系统，把地球看作是一个系统，把一个国家、一个民族、一个家庭、一个人等都看作是一个系统。譬如人的系统是由呼吸系统、消化系统、心脑血管系统、神经系统、内分泌系统等多个子系统构成。各子系统之间是一种相辅相成的关系，各子系统与大系统之间构成一个完整的人体。各子系统无论哪个都不可缺少，而且要均衡、衔接、匹配、顺畅、贯通，如果其他子系统的寿命都是 100 岁，唯独心脑血管系统有问题，寿命只有 60 岁，那么这个人的生命可能只有 60 年。物流、供应链和单元化物流都可以看作是独立的系统，物流系统由运输、仓储、包装、装卸搬运、流通加工、配送和信息处理七个子系统构成，各子系统之间即存在相互依存、不可分割的关系，也存在矛盾对立与统一问题，处理它们之间的关系，使整个系统正常运转是我们的目的。单元化物流系统中包括六大类企事业单位。一是物流装备与器具生产企业。如托盘、集装箱、货架、叉车、输送机、升降机、料箱、笼车等生产制造企业，托盘及其相关器具租赁企业、设备制造企业以及木材等原材料供应商。二是物流系统集成商和物流专业服务商。三是连锁超市、电商快递、烟草、医药、服装等商贸进出口公司，运输（铁路、公路、水路、航空、管道运输，包括港口、码头、物流园区、物流中心、配送中心等）、仓储、包装、装卸搬运、配送、流通加工企业。四是工业制造业、农牧业。如汽车、机械、电子、家电、化工、建材以及果疏、饮料乳品等生产制造企业。五是信息智能化相关企业。如互联网、物联网、条码、二维码、电子标签、手持终端及其通信信息产业等。六是参与单元化物流运营的金融、投资、咨询、保险、证券、律师业等。除此之外，还囊括与单元化物流相关的大专院校、研究机构、政府部门、行业团体等。由此看来，单元化物流的范围与物流的范围一样，几乎包罗万象、漫无边界，凡是有物流的地方都应有单元化物流的存在，物流作业和运作不以单元化物流为概念，不遵循单元化物流的原则去做就是欠缺的、不到位的。我们从事物流的每个人，无论是政府官员、行业团体领导，还是企业、研究单位的决策者、设计者和实际操作人员都应从供应链的理念、单元化物流的理念对待物流作业和物流运作，只有这样才能把物流效率提高到极致，把物流成本降到极致，把物流服务水平提高到极致。

在此还要明确一点的是，托盘只是单元化物流中的器具之一，单元化物流器具除了托盘外，还有集装箱、集装袋、集装桶、集装架、周转箱、仓库笼、木箱、木架、周装箱、料箱、手推车等。恰如运输只是物流七个环节中的一个环节，而不是物流的全部是一个道理。当然，托盘在单元化物流中的作用举足轻重，以托盘标准和规格去制订相关物流技术装备的标准和规格至关重要。物流系统、物流业与制造业全程供应链一体化联动发展示意见图 4－3 至图 4－5。

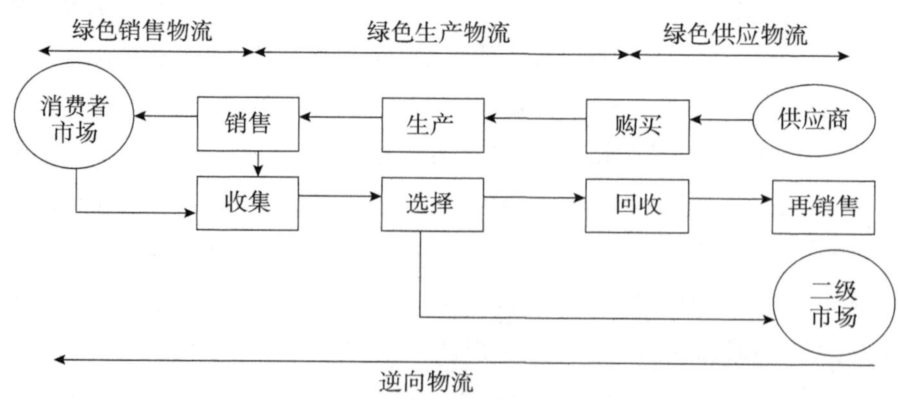

图 4－3　绿色物流系统示意

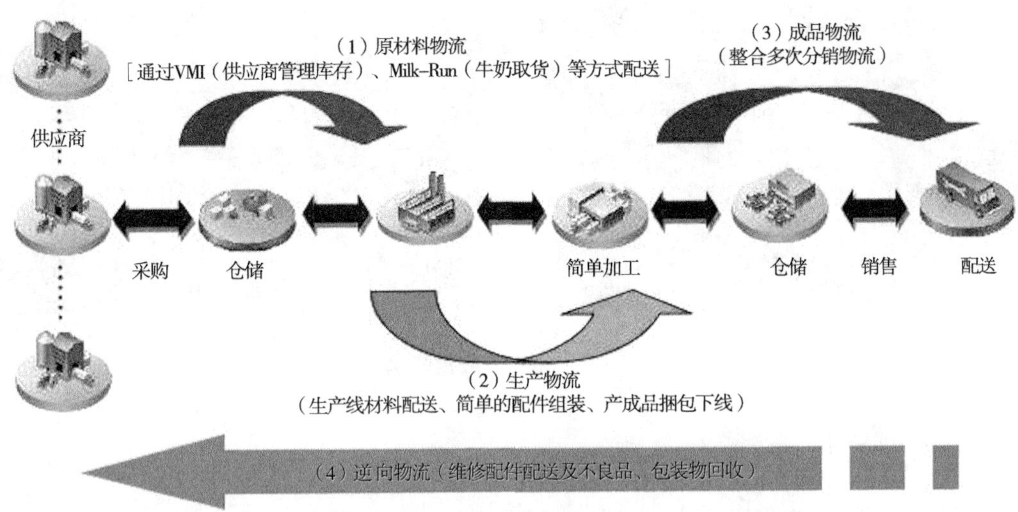

图4－4　物流业与制造业全程供应链一体化联动发展示意

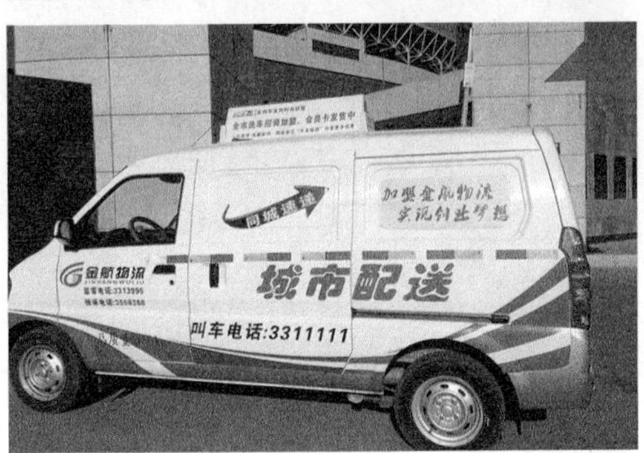

图4－5　单元化物流应用示例

图4-5 单元化物流应用示例（续）

（二）单元化物流系统架构

单元化物流由于隶属于物流范畴之内，所以其架构体系缘于物流的框架体系，物流的框架体系可分为基础体系、管理体系、技术体系和服务体系四个组成部分（见图4-6）。

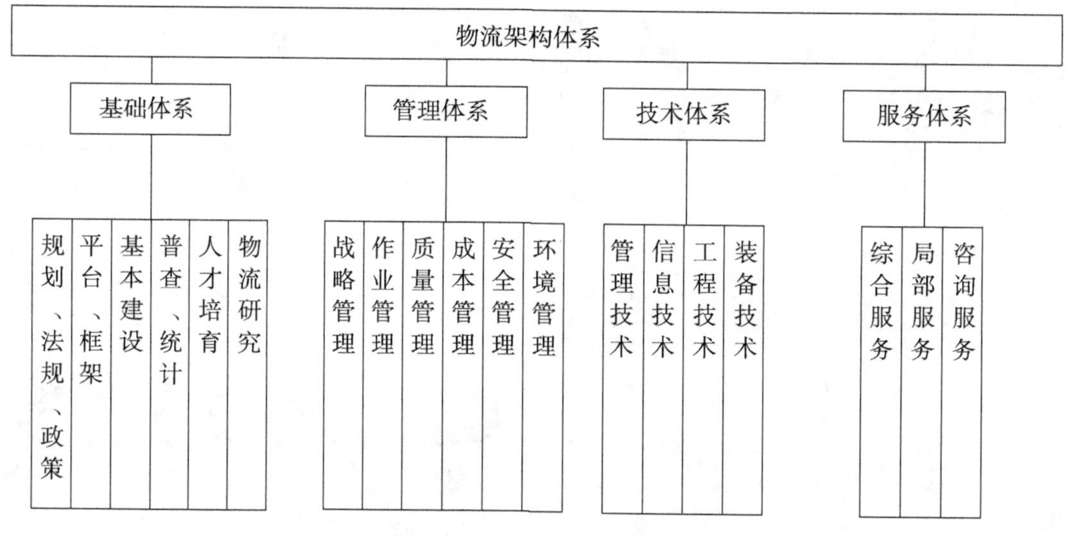

图4-6 物流架构体系

1. 基础体系

①物流规划、法规、政策。规划是国家整体规划的组成部分，反映国家不同经济发展阶段的客观需要，也是政府对流通工作重视程度的具体体现。国家物流规划的出发点和目标是流通合理化。通过物流管理，实现流通调节、引导生产和消费，促使市场供求平衡，保持经济良性循环和健康、快速发展。物流法规、政策是用来规范和治理物流行为的法律或规则，也是一切物流活动的准则；物流标准、规范。这是物流发展的基础条件之一。"没有规矩不成方圆"，没有物流的管理标准、技术标准、质量标

准、服务标准、安全标准和环境标准，物流的机械化、自动化和现代化就无从谈起。②物流平台、框架。包括国家的物流结构体系、网络布局、国际协调、区域合作、信息平台等。③基本建设，主要是指铁路、公路、水路、港口、码头、口岸、机场、车站、物流园区、物流中心、配送中心、货运枢纽、仓库等物流基础设施建设，互联网、通信、数据传输、信息交换，标识、术语、模数、尺寸、规格、标准规范等。④普查、统计。如全国物流量、企业状况、效益普查，社会物流总额、社会物流总费用、物流业增长值、物流业占 GDP 比重、货物运输周转量等数据收集及其调查、统计结果的发布。⑤物流研究。包括基础理论研究、应用理论研究及学科建设。⑥物流人才培育。这也是物流基础体系中不可或缺的内容。比如，物流学历教育、物流非学历教育、物流资格认证和物流岗位培训等。

2. 管理体系

①战略管理。是指对关系到物流全局性、长远性、关键性等重大问题的筹划、决策及运作管理。无论是宏观物流还是微观物流，都存在战略管理问题。如物流在国民经济运行和企业经营中占有何等地位，投注多少精力、财力和人力，实行什么政策和措施，采取怎样的管理模式等都属于物流体系中的战略管理。②作业管理。也可理解为操作管理或现场管理。如对运输、仓储、包装、装卸搬运、流通加工、配送、信息七个物流环节的作业管理，对铁路、公路、水路、管道、机场、港口等运营、维护以及使用的管理，对作业环节匹配性、协调性的管理以及作业人员的管理等。③质量管理。重点在于对物流对象物的保质、保管、保值管理。如运输、仓储、包装、装卸搬运过程中，如何防止风吹、日晒、雨淋、变味、霉烂、锈蚀、破损，怎样不发生送货地点差错、时间耽误、数量不符等。物流工程质量管理也是一个不可忽视的环节。如物流基础设施的设计、施工质量、材料质量，物流产品的设计、制作、检查、验收等环节的质量保证等无一不涉及物流的质量管理。④成本管理。一个是物流成本核算，另一个是通过对物流成本的核算和评价，发现物流中存在的问题，从而达到管理好物流的目的。物流成本核算可以了解掌握物流费用收支和成本的多少，而物流成本管理不仅能达到这个目的，还能由此进行物流管理水平、能力和效果的考评，从而及时阻塞漏洞，减少损失，保持物流畅通。⑤安全管理。是管理体系中务必重视的问题。如运输途中发生交通事故，因翻船造成海水污染，因翻车带来人员伤亡，因设备年久失修引起财产损失等均须防患于未然。此外，货物代存、代运时发生的丢失、被窃、被转卖等也在物流安全管理之列。⑥环境管理。物流管理体系中的环境管理近些年越发受到广泛关注。大型卡车的废气、震动、噪声对环境的影响，工业废弃物、生活垃圾回收处理过程中对地下水和周围环境的污染以及配送、快递车辆过多带来的交通拥阻等逐渐成为社会的焦点问题之一。

3. 技术体系

①管理技术。也可称其为管理技术方法或管理技术手段。与物流管理有时界限不清，主要区别在于物流管理侧重决策、制度、人员、成本、绩效等方面，管理技术则侧重通过先进的方法、方式、手段和现代技术成果对物流进行管理。如 OP（订货点库存技术）、ERP（企业资源计划）、WMS（仓库管理系统）、MRP（物料需求计划）以及条码、RFID（电子标签）等管理技术。②信息技术。互联网是物流信息技术的主体，EDI（电子数据交换）、MIS（管理信息系统）、DSS（决策支持系统）、GPS（全球卫星定位系统）、POS（销售时点信息系统）、GIS（地理信息系统）、ITS（智能运输系统）等都是物流技术体系中信息技术的重要组成部分。③工程技术。这里所说的工程技术，是物流基础设施建设、物流系统设计、物流系统集成、物流流程再造、物流仿真和建模等系统工程技术。如铁路、公路、港口、物流园区的土建工程技术、配送中心的系统设计和施工技术、物流流程更新与再编技术等。④装备技术。包括物流装备的配置、技术水平和能力鉴定、配套使用、立体自动化仓库的选型、企业物流装备的合理搭配及使用、集装箱、托盘、料箱等物流装备、器具的技术参数、模数设定等。

4. 服务体系

综合服务，顾名思义，就是提供全方位、系列化的配套服务。比如，为客户提供物流系统设计、物流资源整合、物流流程再造、物流管理和技术升级、物流成本核算、物流绩效评估，同时，也提供物流相关信息咨询服务，运输、储存、包装、装卸搬运、配送等专业服务，需求预测、市场调研、订货处理、客户反馈、仓单质押、报关、货贷、加工、组装、调试、剪切、改包装、拴标签等增值服务，第三方物流、第四方物流、供应链战略管理等高级物流服务，甚至还能够提供资金支持，共担物流经营风险；局部服务，与综合服务相对而言，只提供运输、储存、包装、装卸搬运等作业服务，或只提供铁路运输、公路运输服务，也可能只提供配送服务或流通加工服务等。总之，局部服务只局限在某个物流环节或某种物流项目，而不提供全程、配套服务；咨询服务，是指为客户提供物流信息、物流专项调查结果、物流相关数据乃至物流问题诊断、物流解决方案等服务。咨询范围可宽可窄，可粗可细，有一般也有特殊。高级物流咨询可以承接供应链管理和第四方物流业务。

（三）单元化物流的本质和目标

我们看待事物的思想方法一定要科学、客观，要有前瞻性、全局性、系统性，既要顾及眼前，又要长远考虑；既要看局部，更要看整体，通过局部看全局，剖析案例悟全部；还要认清事物的本质，抓住事物的主要矛盾。千万不可坐井观天、凭空臆断，也不要只看表面，不深入内在。具体一点讲，至少应从以下几个维度来考虑单元化物流的本质。

第一个维度是：当今的时代是信息化、网络化、共赢、共享的时代。互联网、物联网、大数据、云计算，战略合作、共商、共建、共赢、共享将会极大地影响现在和未来。第二个维度是：我国正处于大变革、大调整、大变化的历史时期。发展之快、变化之大经常超出想象，难以预测。第三个维度是：组合、融合、合作共赢是发展方向，企业之间的结盟、集团之间的竞争、供应链之间的比拼将是大趋势。单枪匹马、孤军作战逐渐会失去生存空间。第四个维度是：标准化、单元化、模块化和智能化缺一不可，是事物成功的基本原则要求，四者不可分割，相互补益。标准化是单元化的基础和前提，单元化是模块化的基本状态，前三者在相互关联的情况下，需要安上智能化的翅膀才能腾飞。第五个维度是：创新、跨越、升级、质变。第六个维度是：节能减排、环保、循环、再生利用及生态平衡。

按照以上六个维度来考量单元化物流的本质和目标，应该着重如下几个方面。

（1）保持商品价值。因物流只是个过程，一般情况下其本身并不直接创造价值，只能通过物品在物流过程中不损坏、不丢失、不生锈、不变质情况下，保持商品的原值，即保持商品的价值和使用价值。如果商品在物流途中，出现变型、品质下降、功能失灵，造成存在价值和使用价值发生变化，则应属于物流问题。反过来说，物流的实质和作用是“保值”。单元化物流的本质和目标同样也在于此。

（2）提高效率、降低成本、改进服务。由于单元化物流首先强调标准化，包括物流设施标准化、物流器具的标准化，运输、仓储、包装、装卸搬运、配送等物流各环节在管理、技术运作、作业方面的标准化等，标准化本身就意味效率的提高和成本的降低。因为标准化，从某种意义上讲，就是统一标准、统一规格、统一行为、统一运作等。标准的统一和一致意味减少浪费、缩短时间、提高速度、优化运作。单元化物流除了强调标准化之外，还强调从始至终的一贯化、顺畅化和贯通化。也就是说物流作业要减少中途搬倒、中途换装，保持作业的连贯性和顺畅性，这样一来自然就会速度、效率提升和成本下降，也可以做到保质、保量、按时间交货，物流的服务水平也会有改进。

（3）融合性、整体性、全局性。单元化物流注重参与各方的组合和融合。各相关要素、各类参与企事业单位、各相关政府部门、行业协会、社会团体结合为一体，使分散变集中，使小智慧变大智慧，使个体利益变整体利益，大家形成利益共同体、生存共同体甚至生命共同体，遇事共商、共议，合作共赢、患难与共。这样才能增强抗风险能力、克服困难的能力和市场竞争能力。通过供应链式的网链组织形式，做到互利互惠、互帮互助，做到信息共享、经验共享、平台共享、技术共享，大家一起创新、跨越、升级并铸造辉煌。

（4）整合、集成、优化、升级。单元化物流的关键是管理与运作。集装也好、单元化形态装载也好、一贯托盘化也好，都是前提条件，其重点和关键还是对单元化装载形态的管理与运作。关键要素的整合，如人才整合、资源整合等。关联要素的集成，如整个供应链的集成化、顶层设计的系统化、全链条的一致性等。关联要素的优化，如传统做法的改革与调整，管理体制、技术体系的创新和优化等。此外，单元化物流的着重点还在于上下游企业的组合、集成，供方与需方的无缝对接等。

总之，单元化物流的本质和目标是保值、节省、提效、降本、升级、跨越。在增强企业竞争力，提高供应链运作水平，加快商品流通，促进物流和经济社会发展等方面均要达到新水平。单元化物流在超市中的应用示例见图4-7。

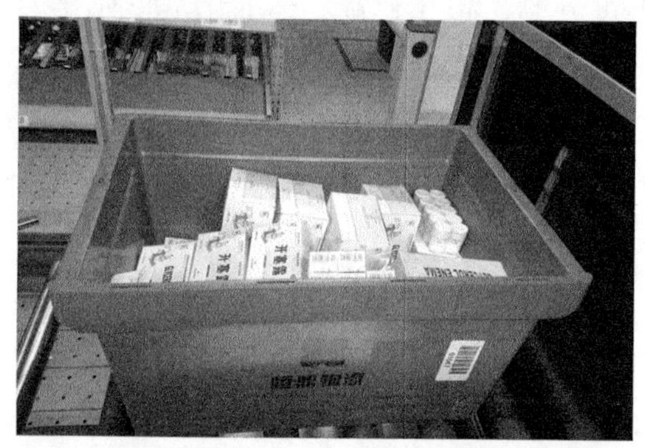

图4-7 单元化物流在超市中的应用示例

（四）单元化物流分类

单元化物流如按状态划分大体上可分四大类，即集装单元化物流、集载单元化物流、捆扎式单元化物流和组合式单元化物流。

1. 集装单元化物流

利用集装箱完成物流作业是典型的集装单元化物流。利用集装箱、集装架、集装袋、集装网、周转箱、料箱、仓库笼、笼车、料筐、手推车、搬运车辆、火车、船舶、飞机、货车等装载货物进行运输、配送、仓储、包装、流通加工作业均可看作为集装单元化物流。

2. 集载单元化物流

利用托盘堆码货物完成物流作业是集载单元化物流的典型例证。货物堆码在托盘上，采用叉车作业，可几倍、十几倍甚至几十倍地提高效率。没有托盘这一重要载体，只能一件一件地完成作业，而且托盘并不应单纯地看作为物流的载体，更应把托盘看作为物流各环节的有效接口，在物流各环节发挥着重要的桥梁、纽带作用，而且托盘还是所有单元化技术装备标准统一、规格一致的基准。1200mm×1000mm 的托盘和 600mm×400mm 的包装模数将成为我国单元化物流的基准。此外，当你看见一盘盘的鸡蛋或一盘盘的草莓时，也许会与单元化物流联系在一起。

3. 捆扎式单元化物流

将长型物体捆扎在一起，形成单元化状态完成物流作业也是单元化物流的类型之一。我们在仓库、建筑工地、物流园区，甚至马路旁都可以看到捆扎在一起的条状钢材、木材、石料等。钢卷卷在一起用钢条捆起来、农民砍柴后将柴捆起来搬运、将割下来的水稻、小麦捆扎成捆状，将棉花捆包、把地毯卷在一起等，此外，一捆捆的甘蔗、一捆捆的大葱、一捆捆的竹竿等，捆扎式单元化物流的例子同样不胜枚举。

4. 组合式单元化物流

组合式单元化物流的例证也有许多。如汽车装配生产线，电子产品、家电组装流水生产线、车间工位、料架、料筐、工具箱等，火车、拖挂车、货架、仓库、拖轮等。

当然，单元化物流也可按单元化物流主要器具划分。如集装箱类、托盘类、周转箱类以及组合器具类等（见图4－8）。

图 4－8　单元化物流器具应用示例

（五）单元化物流关联要素

1. 单元化物流技术装备及器具

单元化物流技术装备基本与物流技术装备相同。典型的单元化物流技术装备是货架，典型的单元化物流器具是托盘、周转箱。单元化物流技术装备大体可分以下几大类别。

运输技术装备：如船舶、火车、卡车、飞机、管道等。

仓储技术装备：如库房、货架、地牛（俗称）、手推车、仓库笼等。

装卸搬运技术装备：如起重机械、叉车、机器人、滑板、滑槽、升降机、输送带、牵引车等。

包装技术装备：如包装机、捆包机等。

自动化仓库系统技术装备：如巷道起重机、自动分类分拣系统、自动搬运车、电器控制系统。

在单元化物流技术装备和器具中集装箱和托盘处于核心地位。

有一本书叫《集装箱改变世界》，该书中文版由机械工业出版社出版发行，2015年第一版第七次印刷。作者是美国经济学家马克·莱文森（Marc Levinson），曾任《经济学家》杂志金融与经济类编辑、《新闻周刊》专栏作家等职务。《集装箱改变世界》这一书名看似有些夸张，仔细读完此书，深有道理。为什么说“集装箱改变世界”？道理之一：集装箱的发明与运用将供应链中的所有物流环节有效地连接在了一起，并促使货物运输从头到尾的顺畅和贯通。由于有了集装箱这样的单元化物流装备，各种尺寸、各种类型的货物装进一个40英尺或20英尺的箱子里，无论用卡车、火车，还是轮船飞机，也无论是经过多少个港口、桥梁、隧道，经过多少个国家和地区，货物始终装在集装箱里顺畅地移转，在运输、仓储、装卸搬运、配送等所有物流环节中实现了无缝对接、无障碍连通，从而大幅度提升了作业效率、大幅度降低了物流成本。道理之二：集装箱促进了国际贸易和经济全球化。由于集装箱拥有效率、成本、服务、速度、安全、简便等多种优势，大幅度缩短了国际货物在途时间，节约了物流费用，并可做到在劳动力最充足、最低廉，资源最丰富，社会最稳定的国家建厂，实现多国之间的生产、组货等全供应链的有效衔接和利用，因而使得国际化生产更方便、国际化交货更简单、全球性物流更畅通，并使国际贸易大大地改变了被动状态，一下子变得活跃起来。道理之三：由于集装箱的有效利用体现的是包装和装载的集合化、管理和控制的一体化、运作模式的连贯化。所以才创造出了效益，减轻了重体力劳动，使体力劳动者有了尊严。道理之四：由于集装箱是标准化、单元化和模块化的具体表现，因实现了标准化才产生了巨大能量，因单元化才创造了价值，因模块化才改变了传统做法。大家知道，集装箱只是个冷冰冰的长方形箱子，既没有轮子，也没有帆，更没有引擎，但它却在港口铺天盖地、望无边际。无论是什么国家，何种管理体制，也无论是天南还是地北，集装箱几乎无处不在，处处可见。正因为集装箱标准化、单元化和模块化，才有了机械化、自动化、高效化和低成本化。也正因为集装箱具备的上述种种优势，才改变了国际贸易、国际物流和全球经济状态。甚至可以说：集装箱的发明和广泛利用对世界经济社会所产生的影响无法量化，无法计算。

单元化物流的典型器具是托盘。托盘有“活动的货台、移动的地面”之称，商务部从 2013 年起推行商贸物流标准化，其关键部分是以托盘为切入点，在录制的视频资料中称托盘“托举未来”，也有一些有识之士称托盘可“托起物流、盘动世界”或“托举未来、盘转全球”，种种说法和提法都是在夸赞托盘的巨大作用。的确托盘的作用不可低估，托盘在包装、装卸搬运、仓储、运输、配送等所有物流环节都作用非凡，但是我们更应该认识到：托盘的衔接、连接方面的作用更为重要！如若仅仅看重托盘是在静态方面的作用那就等于只看树木、不看森林，只看到了表面、没看到内在。实际上托盘最关键的作用是有效地衔接物流各环节和供应链的各相关要素，正是由于把货物堆码在托盘上完成从头到尾的物流过程，才做到了整个物流过程的顺畅和贯通，才能与集装箱一样“改变世界”。

单元化物流的另一个重要器具是周转箱。周转箱实际上就是一个箱子，之所以把箱子叫成周转箱是区别于仅盛放物品不周转或周转不频繁的箱子。把箱子赋予“周转”字样，其作用则大不相同。这样一来周转箱与集装箱、托盘的作用就趋于一致了。集装箱、托盘、周转箱三者之间的共性很多，作用类似，都是单元化物流的最重要最关键的组成部分（见图 4－9）。

2. 单元化物流的相关要素

单元化物流与物流一样，相关联的要素可归类为：思想要素、基础要素、管理与技术要素、协调要素四大类。

（1）思想要素。

单元化物流是新生事物、新兴学科、新兴行业、具有巨大发展潜力和广阔的成长空间。单元化物流事业是我国物流转型升级的重要抓手，也是物流发展的百年大计。国外早在数十年前就予以重视，我国还刚刚兴起。王凯、靳伟、尹军琪等最早发现了这一新兴事物，靳伟带领团队连续三年举办单元化物流高峰论坛，2016 年创建了“单元化物流企业国际战略联盟”，促进中国交通运输协会 2017 年 3 月成立了“托盘与单元化物流分会”。

图 4-9　周转箱示例

单元化物流内涵深刻。托盘被誉为“活动的货台、移动的地面”，货台也好，地面也罢，都限于“工具”的范畴，不是运作模式或经营管理方式。而单元化物流与托盘相比却是从物流作业优化、效率提高、服务水平提升上强调其重要性，从物流管理、物流标准要求、物流操作层面上提出要求，着重强调形态性、动态性、连贯性和顺畅性，尤其强调与相关要素的组合、融合、协调、共享、共赢。两者有着本质上的差别。

单元化物流的理念和目标包括把托盘与叉车、货架、集装箱、料箱、集装笼、搬运小车、输送机、传送带、升降设备等所有相关要素组合、融合为一体，把物流系统集成商、连锁超市、电商快递、医药烟草、商贸物流、第三方物流、工农业物流以及信息、智能、通信、金融证券等所有相关要素相组合、融合，把上下游企业和分散的相关要素结合在一起，小系统变成大系统，小利益变成大利益，集团化作战，整体化管理，系统化运作。相关企业和利益单体结成利益共同体。生存和命运共同体、其能量的增加、时间的缩短，成本的降低都可成倍计算。有学者估计，如若全国推行单元化物流，可将物流成本从目前的15.8%降至12%。

我国改革开放几十年取得的成就举世瞩目，事物发展到今天，难题之一是“鸡犬之声相闻，老死不相往来”，“个人只扫门前雪，莫管他人瓦上霜”。制定了标准，统一不起来，相关要素匹配不起来，上下游衔接不起来，环环相扣不起来，环节不通，一道一个门槛。比如，托盘作用越来越突出，各家都在利用，但托盘租赁、共用、循环都很差；大都是带托运输货到后从托盘上搬下来，再搬至自家的托盘上，等等，如此下来，物流的效率永远提高不到极致，物流成本永远降不到最低。种种事实表明，单元化物流是解决物流“最后一公里”的关键，是提高效率、降低成本、改进服务的必经之路，必然选择。

单元化物流是一门新兴学科，许多人仍然陌生，所以如果对其地位、作用等重要性缺乏认识和理解，提高单元化物流就是一句空话，而要让大家都重视单元化物流首先须了解相关知识，认识单元化物流合理化的意义。对于一个国家来讲，开始阶段需要掀起一场大规模的启蒙、宣传、普及和教育运动，使全社会认同单元化物流，并得到全民支持，形成一定的氛围和声势，营造出有利于单元化物流发展的环境，做到人人重视单元化物流。只有全国上下、举国民众的思想都有了认识、看法想法都统一了，单元化物流才有了发展的土壤和根基，否则就是无源之水、无本之木。因此，我们有理由说，思想要素是单元化物流相关要素之首。

（2）基础要素。

单元化物流的基础要素包括：单元化物流规划、单元化物流政策法规、单元化物流标准化、单元化物流网络、单元化物流平台、单元化物流设施、单元化物流研究、单元化物流人才、单元化物流术语、单元化物流编码、单元化物流标识等。

单元化物流基础要素是单元化物流发展速度、质量的根本保证，基础打得不牢，无法向高处发展；基础性工作不走在前，后面会越搞越乱。

基础要素中政府、行业协会、企业、科研教学等关联要素都十分重要，尤其是政府的作用更不可小觑。

（3）管理与技术要素。

单元化物流的管理与技术要素包括：单元化物流组织机构设置、单元化物流人力资源开发、单元化物流成本核算、单元化物流需求分析、单元化物流计划编制、单元化物流产品设计、单元化物流作业规范、单元化物流绩效评估、单元化物流信息生成、单元化物流流程确立、单元化物流技术导入、单元化物流平台构筑、单元化物流设施及装备利用、单元化物流质量监督、单元化物流服务标准制订、单元化物流库存控制及单元化物流需求预测等。

（4）协调要素。

由于单元化物流涉及的领域广，关联的部门多且繁杂多变，所以，单元化物流的协调要素十分关键。首先是各政府相关部门之间的协调。如2004年国家发改委等部委联合下发《关于促进我国现代物流发展的意见》，并建立了由13个部门和2个社团组织构成的“全国现代物流工作部际联席会议”制度，以方便横向协调、统筹规划全国的物流发展蓝图，为我国物流的整体发展和运行创造条件，物流的快速发展因此也有了根本保证。如果各相关政府部门的意见一致，发展单元化物流的计划立项、土地审批、企业工商注册登记、税收、通关、交通管制、融资等问题便能一并获得支持。其次是运输、储存、包装、装卸搬运、流通加工、配送等物流各环节的协调。包括铁路运输与公路运输的协调、海洋运输与内河运输的协调、港口能力与港口后方腹地（交通网络、仓储设施、流通加工、货物集散能力等）的协调等。再次是单元化物流与商流的协调，如单元化物流能力与批发销售能力、商业化程度、商品销售量的协调，也包括单元化物流与生产、消费的协调。因为生产的数量和消费的数量决定物流的流量，如果生产数量和消费数量过大，物流能力过小势必引起商品积压、销售不畅、交通拥阻、公害严重。最后是政府、社团组织、企业之间的协调。应发挥社团组织的桥梁和纽带作用，做到政府的方针政策企业能理解和配合，企业的意见和要求政府能了解和掌握，出现问题能尽快解决。

托盘和料箱等示例见图4－10。

图 4－10　托盘和料箱等示例

诸如单元化物流这种庞大的系统，相关环节必须环环相扣，各构成要素只有衔接好、匹配好、协调好才能运行顺畅、快速和高效。

以上四大关联要素相辅相成，缺一不可。其中尤其重要的是协调要素。因为单元化物流的精髓是连接、顺畅和贯通，所以各种要素之间的协调和步调一致是成功与否的关键。如信息能否共享、网络平台能否畅通、相互合作时配合能否默契等都需要协调好。

（六）单元化物流运作模式

单元化物流运作模式很多，本书仅对国际多式联运、大陆桥运输、一贯托盘化运输、托盘共用运作模式加以说明。

1. 国际多式联运

国际多式联运（International Multimodal Transport），简称多式联运，是在集装箱运输的基础上产生和发展起来的，是指按照国际多式联运合同，以至少两种不同的运输方式，由多式联运经营人将货物从一国境内的接管地点运至另一国境内指定交付地点的货物运输。经常是以集装箱为运输单元，将不同的运输方式有机地组合在一起，构成连续的、综合性的一体化货物运输。

国际多式联运的优势包括：责任统一，手续简便；节省费用，降低运输成本；减少中间环节，时间缩短，运输质量提高；运输组织水平提升，运输更加合理化；实现口对口运输；此外，从政府角度来看，发展国际多式联运有利于加强政府对整个货物运输链的监督和管理，保证本国在整个货物运输过程中获得较大的运费收入比例，有助于引进新的先进运输技术，减少外汇支出，改善本国基础设施的利用状态，通过国家的宏观调控与指导职能，保证以对环境破坏最小的运输方式达到保护本国生态环境的目的。

国际多式联运的业务程序包括：接受托运申请，签订多式联运合同；空箱发放、提取；出口报关；货物装箱及交接；订舱及安排货物运送；办理货物运送保险；签发多式联运提单，组织完成货物的全程运输；货物运输过程中的海关业务；货物到达交付。

国际多式联运必备的条件有：多式联运经营人与托运人之间必须签订多式联运合同以明确承、托双方的权利、义务和豁免关系。多式联运合同是确定多式联运性质的根本依据，也是区别多式联运与一般联运的主要依据。必须使用全程多式联运单据（Multimodal Transport Documents，M. T. D，我国现在使用的是 C. T. B/L），该单据既是物权凭证，也是有价证券。必须是全程单一运价。这个运价一次收取，包括运输成本（各段运杂费的总和），经营管理费和合理利润。必须由一个多式联运经营人对全程运输负总责。他是与托运人签订多式联运合同的当事人，也是签发多式联运单据或多式联运提单者，他承担自接受货物起至交付货物的全程运输责任。必须是两种或两种以上不同运输方式的连贯运输。如海/海、铁/铁、空/空联运，虽为两程运输，但仍不属于多式联运，这是一般联运与多式联运的一个重要区别。同时，在单一运输方式下的短途汽车接送也不属于多式联运。必须是跨越国境的国际间的货物运输。这是区别国内运输和国际运输的限制条件。

2016 年 12 月 28 日，交通运输部、国家发改委等 18 个政府部门联合发出《交通运输部等十八个部门关于进一步鼓励发展多式联运工作的通知》，该通知提示：多式联运是依托两种及以上运输方式有效衔接，提供全程一体化组织的货物运输服务，具有产业链条长、资源利用率高、综合效益好等特点，对推动物流业降本增效和交通运输绿色低碳发展，完善现代综合交通运输体系具有积极意义。当前，我国多式联运发展水平仍然较低，协同衔接不顺畅、市场环境不完善、法规标准不适应、先进技术应用滞后等问题较为突出。为进一步加快多式联运发展，构建高效顺畅的多式联运系统，经国务院同意，决定：依法加强监管，营造良好市场环境；夯实发展基础，提升支撑保障能力；深化行业改革，创新运输服务模式；推动信息共享，加快装备技术进步；深化对外合作，拓展国际联运市场。通知中着重指出："推广标准化运载单元。大力推广应用集装箱、箱式半挂车等标准化运载单元和货运车辆，探索发展模块化汽车列车。研究发展适应我国铁路和公路技术条件的大尺寸、大容量内陆集装箱。组织开展可交换箱技术研究，探索推进产业化研发应用。优化推广使用1200mm×1000mm标准托盘，推动一贯化带盘运输。"

2. 大陆桥运输

大陆桥运输（Land Bridge Transport）是指利用横贯大陆的铁路（公路）运输系统，作为中间桥梁，把大陆两端的海洋连接起来的集装箱连贯运输方式。也就是两边是海运，中间是陆运，大陆把海洋连接起来，形成海—陆联运，大陆起到了"桥"的作用，所以称为"陆桥"。所以海—陆联运中的大陆运输部分则称为"大陆桥运输"。大陆桥运输出现于1967年，当时苏伊士运河封闭、航运中断，而巴拿马运河又堵塞，远东与欧洲之间的海上货运船舶，不得不改道绕航非洲好望角或南美，致使航程距离和运输时间倍增，加上油价上涨航运成本猛增，当时又正值集装箱运输兴起，于是大陆桥运输应运而生。从远东港口至欧洲的货运首次开辟了使用美国大陆桥运输路线，把原来全程海运，改为海、陆、海运方式，结果取得了较好的经济效果，达到了缩短运输里程、降低运输成本、加速货物运输的目的。大陆桥运输一般都是以集装箱为媒介，因为采用大陆桥运输，中途要经过多次装卸，如果采用传统的海陆联运，不仅增加运输时间，而且大大增加装卸费用和货损货差，以集装箱为运输单位，则可大大简化理货、搬运、储存、保管和装卸等环节，同时集装箱是经过海关铅封，中途不用开箱检验，而且可以迅速直接转换运输工具，故采用集装箱是开展大陆桥运输的最佳方式。

目前，大陆桥运输有以下几条路线。

（1）北美大陆桥。

北美大陆桥是指从日本向东，利用海路运输到北美西海岸，再经由横贯北美大陆的铁路线，陆运到北美东海岸，再经海路运到欧洲的"海—陆—海"运输结构。

北美大陆桥包括美国大陆运输和加拿大大陆桥运输。美国大陆桥有两条运输线路：一条是从西部太平洋沿岸至东部大西洋沿岸的铁路和公路运输线；另一条是从西部太平洋沿岸至东南部墨西哥湾沿岸的铁路和公路运输线。

北美大陆桥运输是世界历史最悠久、影响最大、服务范围最广的陆桥运输线。北美大陆桥运输对巴拿马运河的冲击很大，由于陆桥运输可以避开巴拿马运河宽度的限制，许多海运承运人开始建造超巴拿马型集装箱船，增加单艘集装箱船的载运箱量，放弃使用巴拿马运河，使集装箱国际海上运输的效率进一步提高。

（2）西伯利亚大陆桥。

西伯利亚大陆桥（或称亚欧第一大陆桥）全长1.3万千米，东起俄罗斯东方港，西至俄芬（芬兰）、俄白（白俄罗斯）、俄乌（乌克兰）和俄哈（哈萨克斯坦）边界，过境欧洲和中亚等国家。

我国通过西伯利亚铁路可进行陆桥运输的路线有三条：铁—铁路线；铁—海路线；铁—公路线。

西伯利亚大陆桥存在：运输时间不稳定；铁路运输，货物位置难确认；往返货源不平衡等问题。

（3）新亚欧大陆桥。

亚欧第二大陆桥，也称新亚欧大陆桥。该大陆桥东起中国的连云港，西至荷兰鹿特丹港，全长10837千米，其中在中国境内4143千米，途经中国、哈萨克斯坦、俄罗斯、白俄罗斯、波兰、德国和荷兰7个国家，可辐射到30多个国家和地区。1990年9月，中国铁路与哈萨克斯坦铁路在德鲁日巴站正式接轨，标志着该大陆桥的贯通。1991年7月20日开办了新疆—哈萨克斯坦的临时边贸货物运输。1992年12月1日由连云港发出首列国际集装箱联运“东方特别快车”，经陇海、兰新铁路，西出边境站阿拉山口，分别运送至阿拉木图、莫斯科、圣彼得堡等地，标志着该大陆桥运输的正式开办。该大陆桥运量逐年增长，并具有巨大的发展潜力。

（4）其他陆桥运输方式。

北美地区的陆桥运输不仅包括上述大陆桥运输，还包括小陆桥运输（Mini-bridge）和微桥运输（Micro-bridge）等运输组织形式。

小陆桥运输从运输组织方式上看与大陆桥运输并无大的区别，只是其运送货物的目的地是沿海港口。

微桥运输与小桥运输基本相似，只是交货地点在内陆地区。

大陆桥运输的优势在于：缩短运输路程；减少运输时间；整个路桥在高寒地区处于优越的地理位置并拥有良好的气候条件。因为东部处在良好的地理位置，拥有温和的气候，所以港口无封冻期，可以不间断地全年运行并保持一定的吞吐量；便捷的操作模式以至于无须再从他国进行海铁联运。

3. 一贯托盘化运输

一贯托盘化运输是指物品在起点就堆码在托盘上直到终点始终保持原状态不变的

运输。仅从字面上就可看出这种单元化物流运作模式的特征。一是从头到尾货物一直堆码或放置在托盘上不变，强调自始至终；二是托盘化货物装载。这种运输方式很接近单元化物流，只不过没有单元化物流宽泛。因为一贯托盘化运输只利用托盘，不包括利用集装箱、周转箱运输。

一贯托盘化运输比较多见于啤酒、饮料、乳制品等重量较大、规格较统一的货物品类。因为在同一行业企业范围内，产品一致、管理统一、信息共享。一贯托盘化运输与单元化物流十分相近，注重从头到尾的集装方式和一贯化的操作模式。其实，一贯托盘化运输中也少不了叉车的装卸搬运作业，也少不了单元化包装形式。

4. 托盘共用运作模式

托盘共用系统运作模式主要有两种，一种是交换制，另一种是租赁制。

（1）交换制模式。

交换制的操作方法是：在发货时，货物单元带托盘发出。提货方必须以与货物单元数量相同的空托盘作为交换，货物在每个环节进行转运时按照同样规则运作直至到达最终收货方。这样，托盘货物单元在物流系统各个环节中运行，同等数量的空托盘在物流系统中逆向运行。每个相关企业在开始时都要购入相应数量的托盘以备交换之用，发出托盘化单元货物时可以收回同等数量的空托盘，不必再另行组织托盘回收工作。

在交换制中，托盘的规格与质量必须统一标准，否则就会出现不公平。为此，需要有公信力的权威机构进行托盘质量认证，并且对可用于交换的托盘授予规定的标志使其能够在系统内流通。

交换制存在的问题是：由于企业对托盘没有固定的所有权，交换时主要关注托盘的数量，对于托盘新旧、损伤程度没有明确标准，对将要损坏的托盘往往不考虑维修而拿出去交换，系统中的托盘得不到必要的维护与修理，导致系统中的托盘寿命短；此外，各相关企业都要准备相当数量的空托盘用以交换，使系统中的空托盘偏多从而降低周转率。

目前，在欧洲交换制实行比较广泛，由欧洲托盘协会制定托盘的标识，指定一些可信赖的检测单位并给予认证授权。托盘制造企业的产品经过授权检测单位的认可，可以贴上欧洲托盘协会制定的标识，从而获得进入托盘交换系统的许可。据悉，在欧洲托盘交换系统已经拥有5亿个以上的托盘。

（2）租赁制模式。

租赁制的托盘系统由一个专营企业运作，专营企业拥有大批托盘，可以满足目标客户的需求，同时在各地建立托盘租赁营业点、仓库和回收点，分别负责托盘的市场营销、托盘供应、回收和维护工作。使用托盘的企业，可以向该公司租用所需数量的托盘，在收货地点将空托盘还给就近的托盘回收点。按照合同付给必要的租金即可。制造企业、运输公司、收货企业都不需要拥有托盘、免去了管理托盘的麻烦，使得托盘作业一贯化能够顺利实施，所使用托盘的总量也大为减少。

租赁制系统中用户不必购买托盘，但需要负担托盘的租赁费用。租赁公司需要较大的投资，统一采购和管理托盘，托盘所有权属于租赁公司所有，托盘的回收和维修工作由托盘租赁公司负责或组织协作。用户可以根据需要的托盘数量向租赁公司提出申请，出现空托盘时可随时返还给就近的托盘回收点，因此用户不需要准备一定数量用于交换的空托盘，从而减少了空托盘的库存量，提高了托盘的周转次数。

（七）单元化物流、托盘物流、物流及供应链的共性与差异性

1. 单元化物流、托盘物流、物流及供应链的共性

通过前面的介绍，我们对单元化物流、物流及供应链已有了基本了解，只有托盘物流可能还不够熟悉。所谓托盘物流，简单地说，就是物品堆码在托盘上，从始至终保持此状态下完成物流作业和物流管理的过程。

由此看来，托盘物流、单元化物流、物流和供应链都有一些共性的东西。共性之一：以标准化、单元化、模块化和智能化为前提条件；以综合性、全局性、系统性、顺畅性、贯穿性为前提条件；以共商、共建、共赢、共享为前提条件；以互联互通、优势互补、无缝对接、上下通畅为前提条件；以互联网、物联网、大数据、云计算以及条码、二维码、RFID 等信息手段利用为前提条件。共性之二：范围广、跨度大、难度高。就范围广而言，四者都涉及政治、经济、文化，生产、流通与消费，尽管四者均属于流通范畴，但做起来则涉及政策、法规、体制、制度、规划、计划等。仅相关政府部门就有国家发展改革委、商务部、交通运输部、财政部、工业和信息化部（简称工信部）、国土资源部、农业部、科技部、公安部、安全部、海关总署、税务总局、民航总局、工商总局等。我国物流的最高政府主管和协调部门是国务院设立的“全国现代物流工作部际联席会议”。这是一个全面掌握全国现代物流发展情况，分析发展中存在的问题；综合协调涉及现代物流发展的政策、战略和规划；统筹推进现代物流标准化、信息化、统计指标体系、人才培养等基础性工作的会议制度。设立当初有 13 个部委局和两个行业协会参与。两个行业协会分别是中国交通运输协会和中国物流与采购联合会，该联席会议办公室主任由国家发改委经济运行局主管局长担任。

我国的物流管理部门多说明物流的广泛性，这也是因物流涉及的面太广所致。就跨度大而言，四者都跨地区、跨行业、跨部门。物流几乎无处不在、无处不有，凡是有“物”，就有“流”，因为生产出来的产品总是要“用”，而且不是在生产的地点“用”，而是在别处“用”，那么就必须把“物”“流”到利用的地方，这就是物流的不

可缺少性和物流存在的意义。但是“物”的利用可能是本地区，也可能是外地、外国，可能要跨地区，跨国界，物流的相关政府部门的跨度也相当大。比如供应链管理，是从供应商的供应商开始到用户的用户终止，或者说从物的生到物的死，整个过程的供应链管理，其跨度有多大可想而知。就难度高而言，因物流的范围太广，跨度太大，内涵太复杂，且又需要认识一致、行动协调、形成合力才能搞好，谈何容易！不用说其他，仅举标准化的例子就足以说明问题。以托盘的标准为例，目前与托盘相关的国家标准已有数十项，甚至上百项之多，这些标准执行起来难度相当大，仅是托盘的规格尺寸标准，即1200mm×1000mm尺寸的托盘标准化程度仅为25%左右，几十种、上百种的非标托盘占大半个江山，而且很难统一成一个标准。我国20世纪70年代末从日本引进物流概念，至今已40个年头，也不能说人人了解物流，人人关注物流，仍然是风声大、雨点小，有些工作仍浮在面上。物流成本占GDP的比例即便已降到15%，还是比欧美高出5个百分点。当然不可否认，我国物流的进步和发展已经很快了，取得的成就已经很了不起了！因为物流的难度实在是太大了。

介绍完托盘物流、单元化物流、物流、供应链四者的共性之后，我们再来谈谈四者之间的差异。

2. 单元化物流、托盘物流、物流及供应链的差异性

差异之一是范围。托盘物流是以托盘为载体或以托盘为承载物的物流。因毕竟仅限于以托盘为载体或承载物的物流，因而不包括集装箱、集装袋、周转箱为容器的物流。当然托盘虽然小，却是物流各环节保持衔接、顺畅、贯通的重要因素，而且以托盘规格尺寸为基准制定叉车、货架、货车、货位、火车、船舶、包装、装卸搬运、仓库、配送中心等物流技术设施、设备的标准十分必要。然而，托盘物流只限于托盘为载体或承载物的物流，而单元化物流的范围与之相比还包括以集装箱、周转箱、集装袋、仓库笼、笼车等物流器具为载体的物流，也包括以捆绑单元化形态的物流，其范围远比托盘物流大，因而说，托盘物流仅仅是单元化物流中的一部分而已。单元化物流比起物流，其范围又大有不同。物流是对运输、仓储、包装、装卸搬运、流通加工、配送、信息处理七大环节的综合管理与协调，包括原材料采购和废弃物回收再生利用，以及政策、法规、物流基础设施（公路、铁路、港口、机场、物流园区、交通枢纽）的规划与建设等。而托盘物流和单元化物流还限于从物流器具的角度强调其作用。那么，供应链与前三者比较呢，范围就更大了。供应链囊括了托盘物流、单元化物流和物流。物流管理应是供应链管理中的一部分，或者说供应链管理的主体是物流管理。不过，四者之间关联性极大，不可截然分开，更不存在排他性。

差异之二是核心内容和侧重点。托盘物流的本质是物流各环节之间的“接口”作用。

接口匹配、接口一致、接口咬合，关系到整个物流过程的顺畅度和贯穿度。如果托盘作业实现一贯化，中途无论几次转换、搬倒，始终保持以托盘为载体的单元化物流形态不变，那么物流效率自然会高，成本自然会低。这里有一个前提，托盘离不开与叉车的搭配，托盘尺寸的统一，托盘的循环共用也不可缺少，否则托盘的作用就不能充分发挥。所以，托盘规格、尺寸必须规定好，而且最好能强制性地执行同一标准。另外，托盘物流还必须重视托盘的质量。因为托盘质量差，造成承载货物坍塌、扭曲，会发生重大安全事故，尤其是卡车在隧道中行走和托盘在自动化仓库中运行时，一旦因托盘质量原因出事就不是小事故。单元化物流的核心内容和侧重点涵盖托盘物流，只不过单元化物流还包括集装箱、周转箱、仓库笼等以及其他物流器具为容器的物流。而且，单元化物流的着眼点还包括以单元化包装、集装、装载状态为基本条件。以单元化形态进行物流运作与管理，前提是单元化形态，其侧重点是对单元化形态物流的管理和运作，重点强调的是后者。物流工作的核心内容是物流基本建设、物流降本增效以及物流服务。物流的基本建设比如物流规划、法律法规、管理体制、标准化等，也包括物流基础设施的建设、物流平台的搭建以及物流秩序的维持。而供应链的核心工作却是供应链链条的完整和正常运作，确保供应链所有成员的紧密协作，防止脱节和断裂。此外就是物流系统的设计、集成及提供物流解决方案，抑或说充当第四方物流的角色（见图 4－11）。

图 4－11　单元化物流运作示例

图 4－11　单元化物流运作示例（续）

差异之三是工作重点的阶段性。就我国实际状况而言，物流的宣传、普及、教育以及理论研究、管理方式以及技术方法等均已发展到一定程度，达到一定水平，供应链理念的认知也达到了一定程度，托盘的理论研究和实践活动经过十几年的努力，也有了明显进步。上述三项工程均进展到一定阶段和一定程度时，就应该关注和重视刚刚兴起的单元化物流。其理由：一是单元化物流是在我国托盘物流、物流和供应链发展到一定阶段后才被提起的新生事物，而这一新生事物代表发展的大方向，具有里程碑般的意义。二是单元化物流是解决物流“最后一公里”的必经之路、不二选择，不解决好单元化物流问题，物流效率的提高、物流成本的降低和物流服务水平的改善就是一句空话。三是当物流、供应链、托盘物流工作进展到一定程度之后，单元化物流应适时跟上，与前三者配套、并肩前行，这样才能全面、综合、系统性地向前推进。四者轻重兼顾，有重点、分阶段地推进才符合科学发展观。

除此之外，单元化物流与我们经常见到的集装单元化也有区别，不能混为一谈。

集装单元化一般是指将零散、形状相同或者形状各异的物品集中装在或荷载在一起，形成单元化状态的一种包装形式。也有人将集装单元化说成：“以集装单元为基础组织的装卸、搬运、储存和运输等物流活动方式”。

与集装单元化相关的常见用语有“集装单元化设备”“集装单元化技术”“集装单

元化系统”“集装单元化技术装备”“集装单元化器具”等。

集装单元化表述的是物品以集装方式形成包装单元化、载荷单元化、装载单元化或捆包单元化形态的货物状态，并强调此类集装单元化货物形态的种种优点。如标准化、通用化、配套化；便于衔接、容易记数和清点；节约包装、防止破损和丢失；减少搬倒、缩短作业时间、提高效率；改善作业条件和环境、降低劳动强度等。

单元化物流所强调的不仅仅是单元化包装、单元化装载、单元化负荷、单元化捆扎等货物的包装形态，而是强调对单元化形态货物的管理和运作。两者一是“静态”与“动态”的区别；二是“形态”“状态”与“管理”“运作”的区别。尤其在于：单元化物流侧重在系统性、综合性、全局性及全链条性；同时，单元化物流更注重匹配、衔接、协调、顺畅、贯通；更注重相关参与者之间的共议、共商、共建、共赢与共享。

单元化物流是宏观与微观的结合、理论与实践的统一、当下与长远的兼顾、个体与集体的相融、松散与集中的凝聚。

四、单元化物流的作用和地位

（一）单元化物流的作用

1. 单元化物流是供应链理念的深化

单元化物流的基本思路与供应链理念十分相似。供应链主要是从头到尾，即从供应商的供应商，从客户的客户，上下游的结合，自始至终环节相扣，凡是相关联的要素，无论是生产企业、物流企业，还是物流系统集成商，包括金融、保险、信息、证券等所有要素都连成链条式、网络状关系，为了共同利益、共同目标走在一起，联合为一体，系统化运作，达到利益最大化。其基本理念是通过联合、组合、融合，把利益捆绑在一起，共同利用一个平台，信息透明化，运作统一化，通过战略合作或战略伙伴的关系，一起做事，同心协力地干事，这种组织方式有许多优势。比如取长补短、优势互补，整体匹配衔接，财力、物力、实力、影响力、抗风险力大大增强，回旋余地大、均衡力度大，可集中力量干一件事，所以只要链条不断掉，就能做大项目、跨地区、跨国家运营，其效益可成倍增长，市场竞争力可大幅度提升，供应链成员企业之间沟通顺畅，相互信任、相互依赖、相互借鉴等。供应链理念来源于企业经营、管理、生存和发展的需要，在企业之间竞争越来越残酷之时，可以通过供应链的组织形式开拓市场空间，增强企业竞争力乃至争霸世界销售阵地。单元化物流为供应链管理和运作提供了更细化、更具体的原则思路和操作模式，为供应链提供了可操作的解决方案，延伸了供应链发展理念，并为供应链的效率提升、费用节省以及服务的改进指明了道路和具体做法（见图4-12）。

图4-12　单元化物流在供应链中的应用示例

2. 单元化物流是解决物流“短板”的重要途径

我国1978年引进物流概念至今已有近40个年头，虽然物流已成为支柱产业，各级政府越来越重视，物流业的发展也日新月异，成就巨大，但我国的物流成本2016年依然为15%左右，高于发达国家约5个百分点。物流的效率不高，服务水平不够等问题长期得不到有效解决，仍是经济发展中的“短板”。近些年来尽管我国的物流管理水平已有一定程度的提高，技术装备也有比较快的提升，但是物流模式、物流运作，比如物流标准的统一、物流要素的匹配，尤其是单元化物流水平低下，更是当下经济社会发展的关键所在，也是物流发展的短板。

单元化物流是物品从物流的起点到终点始终保持集装化、规格化、标准化堆码、装载、负荷形态不变，并以单元化形态完成运输、仓储、包装、装卸搬运、流通加工、配送等整个物流环节或部分环节的物流作业或物流运作。

单元化物流以系统集成、系统化管理与运作为出发点，强调全局性、一贯性和顺畅性，以单元集装承载形式完成物流乃至供应链的全过程。比如有一批鸡蛋从广州运至北京。在鸡蛋的单元化物流方面的要求是，鸡蛋产下后立即放入专用托上，托的尺寸必须与包装尺寸、车辆内宽尺寸等所有物流系统技术装备器具相匹配，并在单元化集装形态不变的情况下从始至终；在温度控制方面的单元化物流要求是，从鸡蛋生下来起，在运输、保管、装卸搬运、配送等环节，必须控制在一定温度范围内。鸡蛋在运输过程中，车辆的制冷和司机对车内温度的控制要按规定进行，司机吃饭休息时也必须保证车辆制冷系统继续运转，鸡蛋从车上卸下要立即进冷藏仓库等。就是说，鸡蛋从养鸡场到最终消费者手里，始终保持在一定的温度范围内。单元化物流强调的是单元集装化；全链条的标准化、规格化、匹配化；更主要的是运作和管控全局化、一贯化、系统化、顺畅化和可追溯化等。单元化物流追求的是融合、协调、绿色、共享的理念和效率最佳、成本最低、服务最好及生态环保等目标。

单元化物流的主要器具除了托盘外，还有集装箱、集装笼、集装袋、集装桶、集装架、料箱、搬运车等。其中，20 世纪 40 年代集装箱的发明与利用，使国际贸易和人类社会发生了翻天覆地的变化。单元化物流的推广与利用效果与其相媲美甚至更胜一筹。

单元化物流内涵深刻。托盘只限于“工具”的范畴，不是运作模式或经营管理方式。而单元化物流与托盘相比却是从物流作业优化、效率提高、服务水平提升强调其重要性，从物流管理、物流标准要求、物流操作层面提出要求，着重强调形态性、动态性、连贯性和顺畅性。尤其强调与相关要素的组合、融合、协调、共享、共赢。二者有着实质性差别。

标准化、单元化、模块化、智能化是发展大方向，也是我们开展工作应该遵循的基本原则。单元化物流的前提是标准化，推行单元化物流有助于物流标准化，包括标准托盘的广泛利用。模块化与单元化类似孪生兄妹，二者有许多共性，也可以说模块化也是单元化的一种表现，模块化的优势，如可组合、可替代、易拆解重组。现在的高楼大厦都是模块组合而成。如若将前三者加上智能化，那就比较完美了。

单元化物流是建立在标准化、模块化、智能化基础的思维模式。而且是将四者的组合加以协调、统一、管理与运作，其灵魂是系统化、全局化、整体化、综合化地运筹、规划、组织与实施，并包括绩效管理、效果评价和事前的风险预测等。

单元化物流的实施，有利于实现机械化、自动化作业；有利于减轻劳动强度，改善作业条件；有利于各环节的匹配、衔接、协调、顺畅、贯通；有利于货物存储和提高存储空间、减少重复劳动和作业差错；有利于精确计数和货物追踪；有利于简化包装、节能减排、环保及再生利用；有利于缩短作业时间，提高作业速度等。

单元化物流的理念和目标包括把托盘与叉车、货架、集装箱、集装笼、料箱、搬运小车、运输机、传送带、升降设备等所有相关要素组合、融合为一体，把物流系统集成商、连锁超市、电商快递、医药烟草、商贸物流、第三方物流、工农业物流以及信息、智能、通信、金融证券等所有相关要素组合、融合，把上下游企业和分散的相关要素组合在一起，小系统变成大系统，小利益变成大利益，集团化作战，整体化管理，系统化运作。相关企业和利益单体结成利益共同体。

万事要抓主要矛盾，既然物流是我国经济发展的短板，单元化物流问题又是我国物流当下发展的短板，是解决物流效益和成本的主要途径，就应该首先使政府引起关注和重视，由政府负责把单元化物流抓起来，在政府的主导下企业紧紧跟上，行业协会发挥桥梁和纽带作用，官、民、产、学、研上下同心协力解决“短板”问题。

3. 单元化物流是提高物流效率、降低物流成本和改善物流服务的关键环节

单元化物流的前提条件，一是以集装式装载，如将形状各异的物品放进标准化的容器中；将同一规格尺寸的包装堆码在托盘上；把不同类别、不同大小的包裹装在一个篮子里或笼车里等。也就是说，无论包装还是不包装，无论是散装还是集装，最终都是以单元化形态的集装、负荷或承载的形态完成从始至终的物流过程。二是单元化物流作业的对象物，如集装箱、周转箱、笼车、托盘等都是以托盘的标准为基础，以600mm×400mm 的包装模式与1200mm×1000mm 的标准托盘相匹配。不利用托盘的物品也要以单元化的货物形态完成物流作业。一句话，从根本上讲，标准化是单元化物流的前提条件之一。三是物流作业的连贯性和通畅性。比如货物装在笼车里，用卡车送到超市时，笼车下部要有叉孔，叉车将笼车从卡车上叉下地面后，由人工直接将笼车货物推进超市。笼车经过的地方地面要平坦，不能有沟沟坎坎，通道要保持一定宽度，以便作业安全、快速、顺畅。再比如，用托盘装载的货物从卡车上叉下来后，应直接用叉车或地牛搬进超市，而不是重新堆码、倒换，否则不符合单元化物流作业原则。

单元化物流的基本要求之一是单元化包装、集装单元化作业和保持标准化单元货物形态。非单元化形态的货物运输、仓储、包装、装卸搬运不是单元化物流，这一点是明确的、不能含糊的。正因为单元化物流有上述基本要求，单元化物流作业才可以做到机械化、自动化、规范化、统一化；可以做到减少多次堆码、倒换，减轻体力劳动；可以做到速度快、时间短、费用省、事故少、安全性高；可以做到单元化计数、单元化检测、单元化移动、单元化信息追踪等，据某跨国托盘租赁公司的权威人士介绍：利用单元化物流器具，装卸效率可大幅提升 80% 以上，而非装卸成本节约。即，通过托盘循环共用，托盘利用率、仓库利用率、库存周转率、车辆利用率和商品周转率都大大提高，从而整个供应链效率大幅提高，如苏宁与其供应商益海嘉里从之前的散箱运输模式，成功转换为基于托盘循环共用系统的带托运输模式后，益海嘉里的装卸效率、收货入库效率整体提升了 2 倍以上（9.6 米车型，卸货时间由原来 1.5 小时降低为 30 分钟，卸车后直接上架存放）；货损率降低 30%，整托货物都采用缠绕膜进行加固，使商品破损率几乎为0；减少人工搬运环节，装卸成本降低50%；而且节省了大量整体运营成本，变革后投入一人一车，一车人工成本和车辆折旧合计 60 元，人工成本环节一家供应商可节省近 6 万元费用。由此不难得出结论：单元化物流在提高物流效率、降低物流成本、改进物流服务尤其在提高装卸效率方面是物流深化发展的必经之路和不二选择（见图 4－13）。

图 4－13　单元化物流器具及作业示例

图 4-13 单元化物流器具及作业示例（续）

4. 单元化物流有助于节能减排、循环经济和生态环境建设

节约能源、资源，减少碳排放，废物再生利用，经济良性循环，保持人类生态平衡等近些年呼声越发高涨，人人关注。因为安全、安定的生活环境，洁净的空气质量是每个人的需要。人类只有一个地球，可供需求的能源和资源有限，节能减排已是多年以来的全球性主题。“巴黎协定”是 2015 年 12 月 12 日在法国巴黎气候变化大会上通过、2016 年 4 月 22 日在美国纽约签署的国际性协议，一百多个国家在“巴黎协定”上签字。这说明气候变化和空气质量的重要程度。近些年人们常被雾霾困扰，无论地位有多高，官有多大，也无论是富人和穷人，没有谁能逃脱雾霾的影响！此外，水污染、食品安全等也越来越成为人类无法回避的矛盾。

单元化物流在上述问题方面，完全能助一臂之力。因为单元化物流的有效实施，第一，能够提高物流作业效率，缩短物流作业时间，节省包装材料。比如，装卸搬运效率的大幅度提高，可缩短卡车停留时间，减少噪声和尾气排放。第二，进城的卡车数量减少了，碳排放自然减少，不仅可缓和交通拥堵，也能改进空气质量。第三，包装也可简化了，包装物减少了，垃圾量小了，不单单省钱，也改变了生活环境等。

（二）单元化物流的地位

单元化物流在新常态下具有举足轻重的地位。新经济、新常态下的主要发展方向和目标是经济由以数量扩大为主转为以质量提升为主；产业由传统方式转为现代方式，如德国主推的工业 4.0，中国提倡的《中国制造 2025》等。以制造业为驱动的经济发展是 2008 年全球金融危机后，制造业实体经济的重要性越发突出并被重新认识。德国、美国、英国、法国、日本等发达国家相继提出“再工业化”战略，中国也适时提出了《中国制造 2025》发展规划。无论是德国的工业 4.0，还是我国的《中国制造 2025》，都与工业的转型升级和物流的提效降本不可分割。美国福特公司早期的生产流水线变革，是典型的物流创新，是把分离的生产工序连成一条顺序移动的流水线，实现了人和机械的统一，生产工序的无缝衔接，零部件流转的顺畅化，从而大幅度提高了作业效率，避免了因衔接不善，工序分割造成的人力、物力、财力的浪费。所以说，制造业的转型升级，产品的创新革命、物料和零部件的移转、放置，包括设备、器具的合理组配和标准化、集中化管理等都是制造业创新的重要组成部分。以单元化物流为理念，从单元化物流的视角去衡量和要求后工业化革新，无疑至关重要。单元化物流的普遍认知和有效运用，应该说是制造业转型升级，产品更新换代之本，提高工作效率、降低成本之源。此外，新经济、新常态的特点之一是信息化、网络化和智能化。互联网、物联网、大数据、云计算等将在经济社会发展中发挥颠覆性作用。近期红火一时、广受关注的共享单车，几乎一夜间铺天盖地而来，且不说我国自行车生产能力之强，制造速度之快，只说网络化，互联网、大数据等信息技术作用之大，着实令人惊叹不已！虽然任何新生事物难免有缺陷，比如乱停乱放、零件被拆、损坏修复等，但这并非问题的主流。这里笔者想说的是，诸如托盘、周转箱、集装箱等形状相对统一、流转相对频繁的物流器具尤其能发挥互联网、物联网、大数据、云计算的优势，特别是诸如托盘租赁、托盘共享和托盘共用系统运作更是如此。

在后工业化时代，经济发展到一定程度，社会进步到一定程度，人们对生活水平以及对社会化服务的要求都产生了阶梯性变化。这些要求不单单表现在质量、安全和准确性方面，还表现在对速度的要求方面。速度的背后是效率，效率的背后是网络化、信息化的支撑。单元化物流器具不仅是物料的载体，而且还是信息流的载体，又是网络化、智能化的基本要素。比如，我国早些年已经成熟利用的“110”报警系统，为什么警察能在10分钟之内赶到现场？因为报警电话、警力系统均是网络化的。几分钟之内离案发现场最近的警察就能接收报警信息并就近出警。那么在现代化的社会，需要快速化的社会服务时，顾客会提出时间方面的苛刻要求。比如夏天天气突然热了起来，大家都想凉快，于是可能产生空调订货高峰。此时人们可能在选空调时既要考虑价格、质量、品牌、功能、节电等，也可能考虑付款后几天内上门安装，在同等条件下，越早安装越好。这种情况下，商家一要拥有现代化的物流网点、信息网络，供货既要充足，随时满足订货需求，这就必须拥有快速配送系统；二要有各种型号、各种类别的空调备货和送货系统支撑，以避免断货，影响销售；三要有快速反应的信息通信系统，以便确保信息畅通；四要有单元化物流系统的运作。即空调包装、承载物、装载容器的标准化、规格化、匹配化，以便提高运输、保管、装卸搬运和配送速度和效率。在从生产工厂到仓库、配送中心、商店，无论距离有多远，中途倒换几种运输工具，货物搬倒多少次，只要采用单元化物流方式就能保证物流（供货、送货、安装）的高速、准确和安全。假若从头到尾均采用单元化集装、承载、负荷形态不变，通过有效的物流运作，那么其效率不知能提高多少倍、成本降低多少倍！而且物流服务的水平也提升了，买空调的人满意了，空调销售量也自然扩大了。

我们以此为例试想一下，如若不采用单元化物流方式，所谓的物流“最后一公里”问题能彻底解决吗？物流的效率能提高到极致吗？物流的成本能降到极致吗？不能，肯定不能！因为单元化物流是物流机械化、智能化和现代化的基础，没有单元化物流，物流最后一公里的问题无法解决。当下的实际状态是，厂家、商家已深知物流的重要，并且也在加大物流设施建设、物流运作模式探索的力度，然而遗憾的是，大多数厂家、商家还没有看到单元化物流的重要性、紧迫性，还缺乏单元化物流的意识和理念，更谈不上在单元化物流方面下功夫、投本钱。大多数的厂家还局限在互联网、物联网、大数据、云计算等方面苦苦思索，尚没看到单元化物流在这方面可能发挥的作用。

仅以上述例证足以说明我国在新经济、新常态下，单元化物流在解决供应链、物流效率和成本，消除物流乃至经济“短板”问题方面是多么重要和不可缺少。

五、单元化物流沿革、现状及未来

（一）单元化物流沿革

应该说从有物流那天起就有了单元化物流，因为单元化物流十分广泛，与其相类似或是相近的做法和概念也不少。比如将物品装在筐里、笼子里、袋子里、周转箱和集装箱里可称为“集装单元化物流”；将物品堆码在托盘上可称为“集载单元化物流”；将物品捆扎起来（如将多根钢条捆在一起等）可称为“捆扎单元化物流”；将水泥、粮食、塑料颗粒放进罐子等容器里可称为“罐装单元化物流”等。也就是说，上述几种装载形态下的物流均可被视为单元化物流。

实际上，单元化物流的做法可追溯到很久远、很久远，只不过作为一种概念或定性的一种提法，还是靳伟先生2012年10月从网上发现的，当时靳伟先生从网上看到北京交通大学硕士研究生王凯先生在网上发表的一篇毕业论文，题目为《单元化物流在供应链管理中的应用研究》（此篇论文于2009年9月15日撰写，见附录）。立刻感到“单元化物流”的提法好，很有意义，有必要发扬光大。因为靳伟先生在托盘行业协会主持工作十几年后，感悟到托盘发展到一定程度，再向前走必须与单元化物流融合在一起，只有与单元化物流相融合，才能拓宽托盘销售市场，托盘才有光明前景。于是他2012年撰写了一篇文章，题目为：“托盘的科学定位——单元化物流”，随后靳伟又找老朋友——北京伍强科技有限公司董事长尹军琪探讨交流，尹总非常赞同，并提议一起去找北京科技大学教授，时任中国物流与采购联合会托盘专业委员会主任的吴清一先生商议此事。吴老听到靳、尹二人阐述的观点后也十分认可。而且于2013年撰写了四篇文章论述单元化物流。

紧接着，靳伟带领团队于 2013 年 4 月在北京组织了“首届单元化物流座谈会”，吴、尹、靳三人在座谈会上介绍并阐述了单元化物流的重要地位和作用，得到与会者的赞同。为了进一步宣传普及单元化物流，从理论和实践两个方面同时入手开拓单元化物流，在靳伟、尹军琪等人的积极筹划和组织下，以中物联托盘委的名义分别于 2013 年、2015 年、2016 年在京举办了三次大型单元化物流高峰论坛，商务部流通司王选庆等领导莅临会议讲话，给予了充分肯定。同时，经过积极筹备和多方努力，于 2016 年 6 月在京成立了第一个单元化物流团体——“单元化物流企业国际战略联盟”。该联盟由北京起重机械研究院院长陆大明先生任首届主席，尹军琪为常务副主席，靳伟任秘书长。

2016 年年底，因靳伟先生工作变动，不再担任中物联托盘委常务副主任，以中物联托盘委名义开展的单元化物流工作就此告一段落。然而，靳伟等开拓单元化物流志向坚定不移，决心克服万难坚持做下去，2017 年 3 月情况有了重大转机，中国交通运输协会德高望重的王德荣先生和曾在国家发改委担任要职的宋朝义先生等看到了单元化物流这一具有强大生命力和光明前景并势在必行的伟大事业，率先在京组建了中国交通运输协会托盘与单元化物流分会，聘任靳伟为该协会常务副会长兼秘书长。于是靳伟毅然决然地接下这一历史重任，重整旗鼓扛起“单元化物流”这杆大旗，开始了新的征程。

（二）单元化物流发展现状

1. 集装箱

（1）集装箱溯源。

早在 19 世纪初（1801 年），英国的安德森（James Anderson）博士就提出了集装箱运输的设想。1814 年，英国人乔治斯蒂芬森为奇林沃兹煤矿制成第一台“皮靴”号蒸汽机车，可牵引 8 节敞口运煤车厢，载重 30 吨，时速 6.4 千米。这种敞口车厢以方木做框架，木条做围板，顶上无盖，样式与当时的马车拖车类似。此后出现带门窗的封闭式客车车厢。1845 年，英国铁路上开始出现全封闭的货运车厢，箱体采用铁木结构。到 19 世纪下半叶，英国兰开夏郡出现一种带有活动框架的铁路托盘，用来运输棉纱和棉布，俗称“兰开夏托盘”（Lancashire Flat）。这可以看作是集装箱的雏形。直到 20 世纪初期，由于世界经济的发展，西方国家陆上运输量迅速增长，铁路运输得到了较快的发展。这时，英国铁路公司尝试把家具装在木制集装箱里，用铁路平板车运输，到站后用起重机把箱子转移到马车上，马车再将货物运至目的地。这种新型运输方式得到了推广。1920 年前后，美国纽约中央铁路公司和宾夕法尼亚铁路公司，引入了 9 英尺长的钢制集装箱，每节铁路货车里，可以装 6 只集装箱，每只载重量为 5 吨。有了这些集装箱，铁路在沿途转运货物时，效率大为提高，成本则大幅降低（见图 4 – 14、图 4 – 15）。

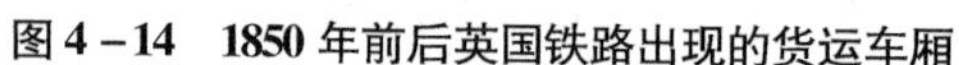
图 4 – 14　1850 年前后英国铁路出现的货运车厢

图 4 – 15　早期的全封闭式侧开门货运列车车厢

为了应对卡车运输的威胁，很多国家的铁路公司采用了集装箱系统。英国一家铁路公司在 1927 年曾经运送了 3000 只集装箱。法国国营铁路公司则向运送肉类和奶酪的农场主，推荐集装箱运输。在 1933 年，他们联合其他铁路公司，在法国巴黎成立了“国际集装箱运输局”（Internatinal Container Bureau，ICB），这是一个民间的集装箱运输组织，它以协调有关集装箱各方的合作关系为目的，并开展“集装箱所有人”登记业务。与此同时，美国和加拿大的几家近海轮船公司开始尝试运送厢式卡车。如格雷斯轮船公司为了减少货物偷盗损失，在纽约至委内瑞拉航线上，采用了金属加固的木制厢式卡车。

第二次世界大战期间，美军的两栖登陆舰装载卡车执行滩头登陆任务。同时军方也用小型钢制集装箱来运送士兵的私人物品。由于当时集装箱的优势并未体现出来，因此公路集装箱运输未能在第二次世界大战中兴起。第二次世界大战结束后，集装箱运输应用量增大。如 1951 年，丹麦联合航运公司用集装箱运输啤酒和食品。阿拉斯加轮船公司在西雅图至阿拉斯加航线采用了木制和钢制集装箱。密苏里太平洋铁路公司推广带轮铝制集装箱。匹兹堡的德拉沃公司设计出一种 7 英尺 9 英寸的钢制集装箱，到 1954 年已经售出了 3000 只。美国火车轮渡公司，则在码头用大型起重机将整节列车吊装上船，然后再把它们从美国运至古巴。在 1955 年的一次普查发现，欧洲国家共有 154907 只使用中的船运集装箱，但几乎都是木制，而且大多没有顶盖，至少 52% 的集装箱容积小于 3 立方米。使用者要把货物放在集装箱里，再用帆布盖住。美国的集装箱大多为钢制，但集装箱自重占了货运总量的 25% 以上。同时，各国处理集装箱的方式，甚至比散货运输更加麻烦。当时很多集装箱顶部四角有金属环，吊装时码头工人要先爬上集装箱用吊钩钩住，集装箱吊进船舱后仍需码头工人将其搬运到位。而且集装箱内会有闲置空间，到港后仍需将货物卸下，堆放到中转仓库，空箱运回。而在国际贸易中，海关既对货物征税，也对集装箱征税，空箱运回原地也要花钱。此外铁路、公路、航海运输之间的竞争，导致它们相互割裂，运输过程难以有效衔接。这些因素使得集装箱运输应该实行“海陆联运”，才真正开始了现代意义上的集装箱运输，其优势也开始展现。这个人就是现代集装箱运输之父——美国人马尔科姆·麦克莱恩（Malcolm Mclean）（见图4-16）。

图4-16　马尔科姆·麦克莱恩在欣赏他一手缔造的集装箱运输

在第二次世界大战刚刚结束后的那段时期，美国经济迅速发展，然而航运业发展却非常缓慢。由于美国参战期间，多数商业船队都被政府征用，很多船只直到1947年7月才还给私人控制。航运业受到政府巨额补贴，效率极其低下。而且码头工会势力强大，控制着港口装卸业务，罢工、暴力、偷盗、货物装卸损失，使得港口运输成本居高不下。于是，改造航运业的使命就留给了对航运一窍不通的外行、白手起家的卡车运输大亨马尔科姆·珀赛尔·麦克莱恩（Malcom Purcell Mclean）。

麦克莱恩于1913年出生在美国北卡罗来纳州的麦克斯顿。当他1931年高中毕业时，正赶上美国经济大萧条时期。靠着家族关系，他在一家食杂店谋得一份整理货架的差事。当他得知为附近的加油站运油能赚大钱时，便从亲友那里借了120美元，购买了一辆二手车。1934年3月，他和弟弟妹妹们合伙，成立了卡车运输公司，自己做司机。不久，他用赚来的钱买了一辆二手自卸卡车，并获得了为公共工程运输土方的合同。到1935年，尽管麦克莱恩只有22岁，但他已经拥有了两辆卡车和一辆牵引拖车，并雇用了9名自备车辆的司机。到1940年，美国参战带来的经济复苏，刺激了运输业发展，麦克莱恩公司已经拥有了30辆卡车，年收入23万美元。到20世纪50年代初，公司资产已经超过1000万美元。但麦克莱恩并不是一个安分的人，他在经营时发现，卡车在高速公路上经常拥堵，那为何不将卡车的拖车直接用轮船来运输呢！

1953 年，麦克莱恩提出建造码头货运场站的设想，让卡车沿着斜道开上专门设计的轮船，并卸下拖车。轮船可以运载拖车至纽约等港口，船只到港口，将拖车用其他卡车头接走。这样就可以实现“海陆联运”。这一想法得到纽约港务局的支持。但是当时美国法律对公路、铁路运输有着严格的管制，限制公路货运公司拥有自己的船队。而且近海航运被视为垂死的产业。为此，麦克莱恩以 1400 万美元的价格出售了货运公司的股份，并成立新公司，从银行贷款 4200 万美元，收购了沃特曼轮船公司，及其下属的泛大西洋轮船公司（Pan Atlantic Steamship Corp.）。沃特曼公司位于亚拉巴马州的墨比尔，拥有 37 艘轮船和 16 个港口的经营权，但当时受到码头工人大罢工的沉重打击。麦克莱恩接手后对其进行了重组。海陆联运的理念让他很快获得了联邦政府 6300 万美元的政府贷款担保，用于购买 7 艘新型滚装船，每艘可以运载 288 辆拖车，装卸成本将下降 75% 以上。但这笔钱根本没花，因为麦克莱恩又有了新的想法，他意识到船上运载拖车的方式仍需改进，拖车车轮会浪费大量宝贵的船舶空间。如果将拖车车厢与卡车底盘分离，装船时仅吊装车厢，就可以节省 1/3 的空间，而且车厢可以多层堆放。船只到港后，再用吊车将车厢吊起，放到一辆空着的卡车底盘上，固定后运至目的地，这样运输成本大幅降低。之后，麦克莱恩以一家啤酒厂为对象，对这个设想的成本进行估算。分析师评估后认为，散装啤酒海运，包括用卡车运输到港口、卸车、堆放到中转货棚、从中转货棚搬出、包裹到吊装网中、吊运到船上并堆放到货舱里，其成本将是每吨 4 美元，到港卸船还要再花费同样多的成本。如果采用集装箱方案，在酿酒厂把啤酒装进集装箱，到码头直接吊装上船，那么每吨成本只有 25 美分。因此，即便把集装箱的成本也算进去，集装箱航运也要比散装航运便宜 94%。但是这个计划最大的问题是，麦克莱恩买不到设备。市场上只能买到小型钢制集装箱，拖车需要改造，货轮需要改造还要研制专用吊装机械。为此，他找到了华盛顿州斯波坎市布朗工业公司的总工程师——基思·坦特林格。这家公司自 1932 年起就开始制造卡车的拖车头。坦特林格在 1949 年设计出 30 英尺的铝制集装箱，这可能是第一只现代意义上的航运集装箱。它可以两个一摞地叠放在驳船上，或是放在卡车底盘上拖走。但是布朗公司只接了 200 只集装箱的订单。

两人会面后，坦特林格建议使用一种 33 英尺长的集装箱，之所以选择这个长度，是因为 T2 型油轮上可用的甲板空间刚好可以按 33 英尺来划分。T2 型油轮是美国在第二次世界大战时期建造的 16400 吨级油轮，麦克莱恩利用美国政府的优惠政策，购买了两艘。为了规避营运风险，他希望将集装箱堆放在油轮甲板上。而底下的油舱可以用来运输原油。33 英尺长的集装箱比当时普遍使用的集装箱大 6 倍，麦克莱恩提出不再雇用码头工人来堆放集装箱，而是在甲板上面安装金属框架，每排可以容纳 8 只集装箱。集装箱外壁留出6个1英尺长的钢板，钢板末端开孔。当集装箱吊装上船时，钢板顺卡槽垂直下滑，一根铁杆会穿过钢板小孔，从而锁定集装箱的位置。坦特林格很快发现，这种方法不行，凸出的钢板会影响卡车运输和码放。他说服麦克莱恩购买了两只布朗公司生产的铝制集装箱，并将其运到对油轮进行改装的伯利恒钢铁公司造船厂。由于担心集装箱顶盖会变形，麦克莱恩等人试图进行破坏，但没有成功。在相信了这种集装箱的优点后，他又向布朗公司订购了200只，并聘请坦特林格为总工程师。世界第一艘用油轮改装的集装箱船见图4－17。

图4－17 世界第一艘用油轮改装的集装箱船——理想－X号（IdeaI－X）

（2）集装箱发展现状。

①2016年集装箱航运市场发展状况。

国际集装箱航运市场。世界经济增长趋缓，运输需求总体回升。国际货币基金组织2017年1月发布的《世界经济展望》显示，2016年世界经济增长率为3.1%，较2015年回落0.1个百分点，较2016年年初预测值下跌0.3个百分点。

由于国际经贸形势复杂多变，各主要航线的集装箱运输需求波动难测。2016年全球集装箱运量约增长3.2%，虽较2015年回升1.0个百分点，但较2016年年初预测值下跌0.8个百分点，其中：

远东—欧洲往返航线运输需求为2210万TEU（标准箱），同比增长1.4%；泛太平洋航线运输需求为2380万TEU，同比增长3.9%；亚洲区域内航线运输需求为5200万TEU，同比增长5.4%。

运力增速放缓，闲置运力波动。全球集装箱船运力增速放缓，但船舶大型化趋势依旧。

据克拉克森统计：截至2016年12月初，全球全集装箱船运力规模首次突破2000

万 TEU，较 2016 年年初增长 1.3%，增长率较 2015 年同期回落 6.8 个百分点；从大型船舶运力占比来看，8000TEU 及以上集装箱船运力占全集装箱船总运力的比重为 45.1%，较 2016 年年初上升 3.3 个百分点。

2016 年，全球闲置集装箱船运力规模总体处于高位。上半年，班轮公司为改善供需关系和维护运价水平，对航线运力实施较大力度的控制，导致闲置运力规模远高于 2015 年同期。第三季度末，受韩进海运宣布申请破产保护的影响，班轮公司开始增加运力供给以填补韩进海运退出留下的市场空缺，导致闲置运力规模小幅回落。截至 11 月底，闲置运力占总运力的比重小幅回落至 7.4%，同比下降 6.6 个百分点。

租船需求低迷，租金低位运行。集装箱船租赁需求长期低迷，各船型租金水平一路低位下探，主要原因是：一方面，受 2016 年年初以来集装箱船运力供过于求的影响，集装箱船租赁市场需求减少；另一方面，班轮公司为增强竞争力竞相投放大型船舶，在船舶大型化的背景下，小型船舶的生存空间进一步受到挤压，市场对运营经济性较差的小型船舶的需求持续走低。

经营收入萎缩，成本影响显现。多家上市班轮公司的承运箱量出现不同幅度的增长；然而，由于第一季度市场行情快速滑坡以及第二季度市场行情低位振荡，班轮公司的总收入和单箱收入均明显下降，多家班轮公司的单箱收入跌幅超 20%。

各班轮公司的财务数据显示，由于船舶大型化趋势持续加强，加之市场行情低迷带来现金流损失，班轮公司的资金成本压力不断增加。这或将成为影响班轮公司未来业务竞争力的关键因素之一。

国内集装箱航运市场。外贸承受重压，港口吞吐量趋稳。2016 年，受全球经济增势疲软的影响，我国外贸形势较为严峻。海关统计数据显示，2016 年我国外贸进出口总值约为 36849.2 亿美元，同比下降 6.8%，其中，出口 20974.4 亿美元，同比下降 7.7%；进口 15874.8 亿美元，同比下降 5.5%。

2016 年年初，全球集装箱航运市场需求低迷，我国港口集装箱吞吐量增长一度接近停滞。此后，随着国家促进外贸回稳向好政策措施的效果逐步显现，我国外贸进出口总值经过第一季度的下跌后于第二季度企稳，并在第三和第四季度恢复增长，从而带动运输需求回暖，促使港口集装箱吞吐量缓慢回升。

交通运输部的统计数据显示，2016 年 11 月，全国规模以上港口完成集装箱吞吐量近 2.0 亿 TEU，同比增长 3.9%，增幅较 2015 年同期下降 0.3 个百分点，其中：沿海港口完成集装箱吞吐量近 1.8 亿 TEU，同比增长 3.6%，增幅与 2015 年同期基本持平。

此外，交通运输部的统计数据显示：2016 年 1—11 月，我国十大内支线港口完成内支线集装箱吞吐量 1491.2 万 TEU，同比增长 6.8%，增幅较 2015 年同期提升 1.5 个百分点；内贸集装箱运输市场在内需政策的带动下继续小幅上升，主要港口完成内贸集装箱吞吐量 5537.1 万 TEU，同比增长 5.1%，增幅较 2015 年同期提升 1.4 个百分点。

运输需求先抑后扬，运价探底回升。2016 年，我国出口集装箱运输市场总体呈探底回升走势。年初，受市场运力供给严重过剩的影响，多条航线运价创 2015 年以来的新低。直至 4 月初，市场才迎来年内运价首次大规模上涨。

第三季度末，韩进海运突然宣布申请破产保护。由于韩进海运在主干航线上拥有较大的市场份额和影响力，其破产事件在对市场秩序造成较大冲击的同时，也在一定程度上改善了供需格局，推动市场运价借年底运输高峰缓慢走高。12 月 30 日，上海航运交易所发布：中国出口集装箱运价综合指数为 811.1 点，同比上升 12.2%；上海出口集装箱运价综合指数为 951.66 点，同比上升 13.7%。全年中国出口集装箱运价综合指数均值为 710.7 点，同比下跌 18.5%；全年上海出口集装箱运价综合指数均值为 650.1 点，同比下跌 10.2%。

一方面，多条航线的市场运价在 2016 年第一季度触底后呈振荡上行走势；另一方面，船舶大型化、国际油价在低位温和波动、联盟运营强化等因素在帮助班轮公司降低经营成本的同时，也限制了运价反弹的力度。

- 欧地航线。运输需求总体不振，市场运价探底回升。2016 年第一季度，班轮公司采取较大力度的运力控制措施，使得运力明显下降；但由于市场运输需求不足，未能阻止航线供需关系恶化，市场运价快速回落，并于 2016 年 3 月 18 日创下上海出口集装箱运价综合指数发布以来的新低，其中，地中海航线市场平均运价不足 200 美元/TEU。第二季度，由于欧元区各主要经济体经济指标向好，运输需求回升，加之班轮公司持续控制运力投入，促使航线供需关系好转，市场运价自低位回升。下半年，市场进入传统旺季，运输需求持续上升，即期市场运价一度回升至 1200 美元/TEU 左右；但由于市场运力基数较大，导致运价上行阻力较大，涨后运价未能企稳。12 月 30 日，上海航运交易所发布的中国出口至欧洲和地中海航线运价指数分别为 1023.4 点和 1071.0 点，同比分别上升 22.4% 和 43.0%。全年中国出口至欧洲和地中海航线运价指数均值分别为 809.8 点和 811.7 点，同比分别下跌 18.5% 和 18.7%。

- 北美航线。市场运价探底回升。2016 年年初，春节前运输高峰对运价的提振效果减弱，即期市场运价仅有 1 次小幅回升。节后，市场运输需求迟迟未能恢复，淡季时间较往年有所延长，美西航线船舶舱位利用率不足 80%，美东航线船舶舱位利用率也仅在 85% 左右。第三季度，随着市场进入传统运输旺季，货量有所回升，班轮公司于 7 月初成功执行运价上涨计划，并且运价基本企稳，上海出口至美西、美东基本港的运价价差最小不足 450 美元/FEU。12 月 30 日，中国出口至美西和美东航线运价指数分别为 749.7 点和 859.8 点，同比分别上升 0.5% 和 0.6%。全年中国出口至美西和美东航线运价指数均值分别为 674.0 点和 836.9 点，同比分别下跌 25.1% 和 28.3%。

- 澳新航线。大宗商品价格持续低位徘徊影响澳大利亚经济复苏进程，当地消费需求疲软拖累运输需求提升，运力过剩长期施压运价。2016 年年初，市场运价在传统春节前的运输高峰期间小幅回升后即步入下行通道。第三季度末，随着大宗商品价格回升，澳大利亚经济基本面出现改善迹象，促使市场运输需求回暖。第四季度，市场进入传统圣诞节前运输高峰，航线供需关系进一步改善，班轮公司逐步提高订舱价格，使得市场运价稳步走高。经过轮番上涨，上海出口至澳新航线运价回升至近 1000 美元/TEU，并于 12 月 30 日达到近 3 年以来的高点 982 美元/TEU。

12 月 30 日，中国出口至澳新航线运价指数为 696.9 点，同比上升 11.5%。全年中国出口至澳新航线运价指数均值为 630.1 点，同比下跌 7.8%。

- 南美航线。航线格局变化带来市场转机，市场运价探底冲高。2016 年第一季度，虽然经历传统春节出货高峰期，但航线船舶平均舱位利用率不足 70%，节后船舶平均舱位利用率更跌至 50% 以下。班轮公司为维护各自客户而竞相降价，导致市场运价快速下探。2 月 19 日，上海出口至南美航线运价跌至 100 美元/TEU 以下，创上海出口集装箱运价综合指数发布以来的新低。第二季度，随着部分班轮公司退出航线运营，航线供需关系有所改善，班轮公司乘势连番推涨运价。进入第三季度，里约热内卢奥运会对运输需求的提振效果有所显现，市场运价在前期上涨的基础上进一步攀升，并于 9 月初创下上海出口集装箱运价综合指数发布以来的新高。此后，随着里约热内卢奥运会的结束，运输需求快速回落，市场行情转淡，即期市场运价同步下滑。第四季度初，由于市场份额显著的韩进海运宣布申请破产保护，加之我国国庆长假前的运输高峰来临，航线基本面恶化趋势得到遏制，上海港船舶平均舱位利用率回升至 90% 以上。班轮公司在第四季度内多次推涨运价，虽然迫于市场需求不足，涨后运价大多未能企稳，但即期市场运价仍于 11 月 11 日再次创下上海出口集装箱运价综合指数发布以来的新高 2908 美元/TEU。

12 月 30 日，中国出口至南美航线运价指数为 652.9 点，同比上升 125.2%。全年中国出口至南美航线运价指数均值为 612.7 点，同比上升 14.9%。

②2017 年集装箱航运市场发展展望。

世界经济保持增长，国际集装箱干线运输需求上升。2017 年，世界经济有望继续保持增长态势，但总体仍处于国际金融危机后的深度调整期，经济增长前景将面临更多挑战，新兴市场和发展中国家将继续成为拉动世界经济增长的主要引擎。

据国际货币基金组织预测，2017 年世界贸易将增长 3.8%，增幅较 2016 年提升 1.9 个百分点。在世界经济和贸易增速加快的背景下，全球集装箱运输需求增幅将继续扩大。据克拉克森预测，2017 年全球集装箱运输需求将增长 4.0%，增幅较 2016 年扩大 0. 8 个百分点。

另据德鲁里预测，2017 年全球集装箱运输需求将增长 2. 4%，增幅较 2016 年扩大 1. 1 个百分点。考虑到世界经济的复苏基础依然薄弱，运输需求大幅回升的可能性不大，预计 2017 年全球集装箱运输需求增幅在 3. 0% 左右。

船队规模扩大，大船占比提升。据克拉克森统计，2017 年全球将交付新造集装箱船运力约 168. 6 万 TEU。如果这些运力全部如期交付，到 2017 年年底，全球集装箱船总运力将达到 2167. 0 万 TEU，同比增长 8. 4%，增幅较 2016 年扩大 7. 2 个百分点。

2016 年全球集装箱船拆解量达到峰值。预计 2017 年全球集装箱船拆解量仍将处于历史较高水平，并且存量运力过剩可能导致新造船运力推迟交付。

据此，克拉克森预测，2017 年全球集装箱船总运力为 2069. 9 万 TEU，同比增长 3. 6%，其中，12000TEU 以上集装箱船运力约占总运力的 23. 1%，同比扩大 3. 4 个百分点。

供需失衡难改，主攻运力调配。尽管 2016 年国际集装箱运输需求增速提升，但受同期新造船交付量大幅增长以及存量运力过剩的影响，预计市场供需失衡的局面难有根本改善。

据克拉克森预测，2017 年太平洋航线、亚欧航线和大西洋航线的运输需求同比将分别增长 2. 9%、3. 2% 和 2. 9%，均未超过运力增幅，其中，亚欧航线和太平洋航线的运输需求增幅远小于适航的以上集装箱船运力增幅。

全球集装箱航运市场总体运力供需失衡的局面可能较为严峻。鉴于 2017 年全球集装箱航运市场基本面对运价回升的支撑力度不大，班轮公司可能进一步采取并购整合、加强联盟等方式，加大在协调运力、共享船舶和航线网点等方面的力度，从而降低航线经营成本，并为行情回升创造市场基础。

班轮公司加速重组，市场结构趋于集中。2017 年，在国际集装箱航运市场总体运力供大于求以及各大班轮公司竞争日趋激烈的背景下，班轮运输业的兼并潮可能愈演愈烈。

继 2016 年达飞轮船收购美国总统轮船、中远集团与中海集团合并等行业巨头整合后，马士基航运于 2016 年 12 月宣布计划收购汉堡南美，加上此前宣布的赫伯罗特兼并阿拉伯轮船，日本邮船、商船三井与川崎汽船合并，以及韩进海运退出市场，班轮运输业的市场集中度将进一步上升。

目前，全球前四大班轮公司的市场份额为 47. 2%，前八大班轮公司的市场份额为 62. 3%。如果上述并购全部发生，全球前四大班轮公司的市场份额将升至 50. 1%，前八大班轮公司的市场份额将升至 71. 4%，从而促使集装箱航运市场结构由低集中寡占型向中高集中寡占型转变，进而在中长期内降低市场价格竞争的激烈程度。

国内集装箱航运市场。不确定因素增强，外贸面临困境。2017 年，世界经济复苏的不确定性增强，我国外贸仍将面临诸多不利因素。商务部发布的《中国对外贸易形势报告（2016 年秋季）》显示：随着外贸稳增长、调结构相关政策的落地生效，我国进出口企业转型升级进程加快；2017 年，我国外贸占国际市场的份额有望保持稳定，我国作为货物进出口大国的地位继续得以巩固，质量效益继续提升，贸易结构继续优化。

采用生成系数法预测 2017 年我国港口集装箱吞吐量，并综合考虑我国外贸进出口结构转型的新常态以及美元汇率进一步上升的可能性，预计生成系数可能上升至 0.59 ~0.61。

模型预测结果显示，2017 年我国港口集装箱吞吐量或为 2.25 亿 TEU 左右，同比增长 3.0% ~4.0%。

供大于求局面未改，市场上升动能不强。预计 2017 年我国出口集装箱运输市场供大于求的基本面不会有太大改变，市场上升动能不强。集装箱运输市场结构变化以及由此导致的班轮公司竞争行为变化是影响未来市场行情走势的重要因素。

- 北美航线。美国经济复苏步伐开始加快，消费和投资表现向好，居民就业水平稳步回升。运力增长是阻碍北美航线市场行情上升的主要因素。

在 2017 年新造集装箱船集中交付的情况下，由于巴拿马运河拓宽后将为更多大船提供运营空间，加之韩进海运破产留下局部市场份额真空，班轮公司可能将继续加大对北美航线的运力投入，从而导致运力供大于求的状况延续，对运价上升产生一定阻力。

- 欧洲航线。随着欧洲中央银行实施的量化宽松货币政策的效果开始递减，国际金融危机的后遗症陆续浮出水面。一方面，内部不平衡性和结构性矛盾并未化解，部分国家银行的资产负债表仍未修复，较高的失业率和不良的居民家庭财务状况制约消费需求；另一方面，英国公投和意大利公投等政治事件也将增加欧洲经济复苏的不确定性。

2017 年，新造大型集装箱船将集中交付。由于大型船舶能够在降低运营成本、争夺市场份额、提升服务质量等方面满足班轮公司的需求，预计欧洲航线船型升级趋势将有增无减，运力供大于求的状况不易发生改变。

- 日本航线。日本经济继续受到日元升值、人口收缩等不利因素的影响。尽管日本政府推出降低利率、缓征消费税、增加预算等一系列措施，但收效不明显，预计日本经济将继续呈现低增长态势。在此背景下，中国出口至日本航线的运输需求难有较大起色，供需关系将继续面临失衡压力；但得益于该航线上多家班轮公司的行业自律，总体运价水平有望保持稳定。

- 南北航线。2017 年新造船集中交付将引发由东西航线传导至南北航线的运力连环升级，可能使得当地居民消费需求上升所带来的有利因素迅速被运力增长所抵消，加之南北航线本身体量不大，其市场行情对运力变化的敏感程度相对较高；因此，班轮公司在各区域间的运力调配将成为影响市场行情走势的主要因素。

• 亚洲区域内航线。随着我国“一带一路”战略的深入推进以及亚洲区域一体化进程的快速发展，亚洲区域内航线运输需求将保持较快增长势头；但由于亚洲区域内航线准入门槛较低，货量持续增长正吸引越来越多的班轮公司将运力投放于此，加之部分亚洲区域内航线与东西干线重合，预计亚洲区域内航线受主干航线运力扩张的冲击较大，市场竞争也将更为激烈。（资料来源：上海国际航运研究中心）

2. 托盘

（1）托盘业务发展环境。

跨入 21 世纪以后，全球性产能过剩，产品结构性供大于求、市场饱和成为经济社会的主流，流通的地位上升，物流的“瓶颈”问题突出，2016 年我国社会物流总额接近了 229.7 万亿元。国外先进的物流管理模式，进出口贸易对物流提出了种种述求，对我国企业产生了重要影响，解决好物流问题成为关键环节之一。但物流本身一般并不直接创造效益，其作用表现在提高效率、减少浪费、降低成本。而这一目标的实现，一是靠管理，二是靠技术和装备。加强物流管理在于促使运输、仓储、包装、装卸搬运、流通加工、配送等物流各环节的匹配、衔接、协调、顺畅与贯通，实现这一目标的手段之一是托盘的广泛应用以及托盘租赁和共用系统的构筑。依靠技术与装备解决问题的途径之一是单元化物流。物流单元化的两大主体，一是集装箱，二是托盘。中国集装箱的发展经过了数十年的努力，已经达到了一定程度，但是托盘还刚刚开始。同时可以说，21 世纪以后，托盘问题已骤然间成为物流问题中的热点，托盘发展的时机由此而来，条件由此而成熟。

在 2006 年 3 月，我国《国民经济和社会发展第十一个五年规划纲要》（简称《纲要》）中单列一节“大力发展物流业”。物流业被正式列入国家法律文件中，这意味着物流产业的地位在国家规划层面上得到确立，从此中国物流业的发展进入了一个新的历史进程。2009 年 3 月《国务院物流调整和振兴规划》（简称《振兴规划》）发布，物流业被国家纳入十大重点产业调整振兴规划之中，进一步为中国的物流发展奠定坚实的基础。

《振兴规划》明确提出，“大力推广集装技术和单元化装载技术，推行托盘化单元装载运输方式”，“鼓励企业采用标准化托盘，支持专业化企业在全国建设托盘共用系统，开展托盘的租赁回收业务，实现托盘标准化、社会化运作”。如果说《纲要》为中国的物流业确立了法律地位的话，《振兴规划》则为托盘的发展提供了丰富的食粮和强大的动力源泉。

托盘虽然仅仅是个小小的物流器具，但它在物流中的地位和作用却不可低估。因为它作为集装单元的载体，在运输、仓储、包装、装卸搬运等物流环节中起着承上启下，承前启后的重要作用。现在已经有越来越多的企业认识到了这一点，相关政府部门和有关机构、团体对托盘的应用与发展重视程度也日益加深。我们的邻国日本，政府早在10年前就规定“凡是能使用托盘的场合，必须使用托盘”，韩国政府也曾多次对托盘的生产和应用给予了特殊优惠待遇。中国的托盘研究和推广虽说时间不长，但中国物流与采购联合会托盘专业委员会（简称托盘委）已从若干年前就参与了国际托盘组织的相关活动。

随着物流的快速发展，托盘作为衔接运输、仓储、包装、装卸搬运等物流各相关环节的关键要素，与叉车匹配，为物流效率化、低成本化开辟出了宽广的道路，成为企业降低成本、提高客户服务水平的重要器具。近几年，托盘生产企业和用户企业数量双双倍增，许多企业向托盘行业转移，托盘新材料、新工艺不断涌现。

2013年的第三次全国托盘普查调研结果表明，伴随物流业的高速发展，托盘的应用面迅速拓宽，汽车、钢铁、机械、化工、建筑、IT（信息技术）、医药、饮料、烟草、商业零售等各行各业都在使用托盘，生产车间、货场、物流中心、配送中心、物流园区、港口、码头、车站等处处都能看到托盘，甚至有的城市铺马路的砖料、石料也堆码在托盘上。随着生活质量的提高，生鲜食品、冷链物流、应急物流等对供货速度要求快的商贸领域，托盘的用量正在大幅增加。尤其是叉车、立体仓库数量的骤增，带动了托盘用量的快速增长，有的大型配送中心使用的托盘数量多达七万个之多。中国目前每个人只拥有0.7个托盘，与美国相差近8倍，如果中国人均托盘拥有量增加到5个，那么全国的托盘就要增至65亿个，是目前的7倍，那将是一个庞大的市场需求！但按目前中国托盘的增长速度计算，还差得很远。国外已经成功运用的托盘一贯化运输、托盘共用系统运营、集装单元化物流等现代物流手段，都将使托盘用量大跨度增长。因为托盘是物流向集装化、模块化、组合化、标准化、智能化方向发展的基本器具，具有举足轻重的位置；托盘与叉车等物流装备的组合应用是提高物流作业效率，降低成本、提升企业服务水平的必由之路，不可替代；快速发展托盘、更广泛地利用托盘已经成为整个经济社会的共识，托盘规模的扩大大势所趋。

2008年以后，中国托盘行业同样遭受了金融危机、经济危机影响带来的诸多困难，但仍取得了一定的发展。原油价格飙升，致使塑料托盘生产企业遭遇了前所未有的冲击，一些中小型企业几乎被逼向破产的边缘。木托盘生产企业也由于资源短缺，价格飞涨、供给不稳定和出口检验检疫标准执行力度的加大而受到沉重打击，部分企业生存受到了极大的威胁，市场价格一度混乱。虽然外部形势十分严峻，但托盘企业仍然通过新产品研发、节能减排等手段渡过了难关。托盘委对全国托盘的普查调研结果表明，2013 年年底各类托盘保有量已达到 9.1 亿个。这个数字表明，我国托盘产量正以每年 2500 万个的高速度递增。2016 年我国的托盘保有量已达到 11 亿个以上。

2016 年上半年，尽管全球经济危机尚未完全复原，但托盘领域却呈现节节攀升的景象。具体表现在关注托盘的人增多、开展托盘研究的学者增多，转向托盘生产的企业增多，开展托盘新产品、新材料开发的单位增多。同时，外国托盘厂商加快对中国托盘市场的开拓。如韩国众力物流集团，经过前几年的铺垫，已基本奠定了腾飞的基础条件。欧洲托盘协会 2007 年起在境内展开托盘企业的资格认证，已有近 20 家企业参与其中，目前正在积极扩大战果。面临诸多国际企业的竞争，境内一些托盘生产企业实施机构调整，资产重组、机制转换和技术创新战略，在前几年积累的经验基础上，以科学发展观分析国内外经营形势和市场走向，加强核心竞争力，努力扩大市场占有率。

（2）托盘生产现状。

目前，中国的托盘生产厂家有据可查的约有 10000 家，大部分是中小型企业，年产超过 20 万个的托盘生产企业比例不到 20%。较大规模的生产企业年产量也很少有超过 300 万个的。由于托盘是一个新兴产业，过去很长一段时间，有的被列入包装行业，有的被看作为装卸搬运行业，其中有的企业从使用材料的角度出发参加了相关行业组织，如塑料协会、木材协会等。从企业性质来看，中国的托盘生产，民营企业占大多数，股份制企业数量占有一定比例，国有独资企业比较少见。近些年由于中国经济迅猛发展，物流业规模不断扩大，托盘的需求呈直线上升趋势，因而，托盘生产企业尽管受到原材料价格、金融风暴等外界因素影响，但因产品没销路而倒闭转产的企业并不多。相反，原来生产其他产品的企业转向生产托盘的例子却不断涌现。企业数量和分布与经济社会发达程度相吻合。长三角、珠三角、东部沿海以及环渤海地区处于领先地位。托盘生产企业数量及比例见表 4－3。

表 4－3　托盘生产企业数量及比例　　单位：%

全国各类托盘生产企业合计 12000 家				
木托盘	塑料托盘	复合材料	纸托盘	金属托盘
58	17	15	5	5
托盘生产企业 95% 为民营小微企业，许多托盘生产企业同时生产其他产品；企业注册资金在 50 万～5000 万元；长三角、珠三角、环渤海以及上海、广州、天津、北京等大型城市经济圈约占企业总数的 35%、托盘产量的 60%				

为了掌握中国托盘生产企业的规模、销售额等情况，托盘委 2012 年做了一次摸底调研，经过认真比较分析和评选，确定出前 30 强托盘生产企业（按企业名称笔画排序）。

上海力卡塑料托盘制造有限公司
上海天爵木业有限公司
上海庆豪塑料托盘制造有限公司
上海鑫鹏塑料制品有限公司
山东力杨塑业有限公司
天津开发区新创科工贸有限公司
天津中集物流设备有限公司
无锡市前程包装工程有限公司
仪征市升泰环境材料有限公司
台州市中天塑业有限公司
（台湾）润丰事业有限公司
江阴丰惠包装有限公司
苏州工业园区安华物流系统有限公司
佛山市顺德区世壮木业热处理有限公司
张家口市同大机械有限公司
昆山日昌明栈板制品有限公司
昆山市信和包装有限公司
金华市捷特包装有限公司
金源集团芜湖钟山木器包装有限公司
重庆诺信包装制品有限公司
浙江兴隆包装有限公司
浙江荣信模具塑料有限公司
浙江荣新工贸有限公司
浙江特耐适集装器具有限公司
常州远东塑料机械有限公司
深圳宝兴物流托盘有限公司
博罗县罗浮山林场木器工艺卡板厂
集保物流设备（中国）有限公司
路凯包装设备租赁（上海）有限公司
福建福大环保科技有限公司

托盘的产量随着物流规模的不断扩大，电商、快递等社会服务的快速成长，对托盘的需求量出现明显增大的倾向。尽管2008年受国际金融危机和产能过剩的影响，托盘的增速时有减缓，但总的态势依然处于上升空间，平均来讲，基本每年都以10%以上的速度递增。2014年全国五大类托盘产量为1.4亿片，2015年、2016年每年的产量在1.3亿~1.6亿片。其中，新生产的托盘近3年期间，标准托盘的比重逐年增加，约占托盘总生产量的25.5%。商贸物流领域利用标准托盘的比例已达到40%以上。近年来，托盘生产领域呈现以下几种倾向。

①木托盘生产向机械化方向转换。

近几年，木托盘生产逐步由机械化设备代替人工作业。诸如芜湖宏春木业、前程包装、天津新创、罗浮山卡板等几家知名大型木托盘生产企业均已采用机械化生产方式。其中宏春木业还率先大量使用机器人批量生产木托盘，不仅保证了质量，还做到了大批量短期供货，受到大型客户青睐。部分目前以人工作业方式的企业也在积极筹备转向机械化。其主要原因有：人工费明显升高。人力资源越发没有保障；人工作业缺乏接大订单的能力；手工劳动产品质量难以保证。

②托盘箱产量上升。

由于托盘箱既具有托盘功能，又可防盗、防晒；附加价值高于托盘；生产工艺不太复杂，所以在托盘箱需求增长的趋势下，产量上升倾向明显。

③从单一生产托盘转向托盘生产、回收、维修一体化。

因托盘企业数量增多，竞争激烈化，恶性降价潮导致托盘利润空间变小，加之木材涨价和资源不稳定等原因，一些托盘生产企业开始从单一生产销售托盘转向既生产又回收维修托盘。据托盘委组团出国考察得知，国外的情况亦是如此，甚至从一单依赖托盘生产和销售为主，转向以托盘回收、维修再利用为主。

④新技术、新材料、新产品大量涌现。

2000年以后陆续有大量托盘新产品、新技术和新材料推出。比如，某托盘生产企业研制的EVA改性复合材料，这种改性塑料，属于新型环保塑料发泡材料，通过改性发泡复合即可变成缓冲性能好，抗震、隔热、防静电的理想托盘材料。利用这种材料制造出来的托盘具有可生物降解、无环境污染、成本低、重量轻、耐水、抗寒、无味、无毒、免熏蒸等优点。用此种新材料制造出来的新型托盘已在第七届托盘国际会议暨2012全球企业家年会上亮相，受到广泛关注。再比如，某塑料托盘生产企业研发的一种新型塑料托盘，由于科学合理地加入了长玻璃纤维，使托盘变得重量很轻、韧性很好、耐寒耐高温、可塑性强、美观耐用、物美价廉。

尤其是2008年金融危机以来，我国的托盘生产企业，面对严峻经营环境和竞争压力，经过大胆创新，努力探索，近几年已有大量新材料、新工艺。新产品投放市场，出现百花齐放、百家争鸣局面。诸如在塑料托盘中加入玻璃纤维，以废纸、废塑料、木屑、秸秆、树枝为原材料生产复合材料托盘等也逐步打开了市场的大门。

（3）托盘利用规格。

目前广泛利用的五大类托盘（木托盘、塑料托盘、纸托盘、金属托盘、复合材料托盘）标准化率在 10% ~25%，2008 年我国公布的两种标准托盘的规格尺寸为 1200mm×1000mm 和 1100mm×1100mm，其中，1200mm×1000mm 规格尺寸的托盘为优先选择。尽管这两个标准均在国际标准化组织/托盘标准化技术委员会（ISOT/C51）规定的范围之内，各有优势和劣势，但从近几年的情况来看，1200mm×1000mm 托盘的利用比例增长速度比 1100mm×1100mm 高，而且这一趋势有进一步增强迹象。

目前，标准化程度最高的是澳大利亚，高达 90% 以上，但同样比较发达的日本和韩国均在 40% 以下。我国当下利用的托盘 75% ~85% 为非标准托盘，这些托盘主要用于进出口贸易和企业内的物料搬运、仓储等作业环节。企业内部的非标托盘居多的主要原因是，企业产品多种多样，形状各异，企业考虑包装材料成本，故不太考虑与托盘尺寸匹配。非标托盘中相对集中的有 80 ~100 种。其中，2050mm×1200mm、1800mm×1050mm、1600mm×1400mm、1100mm×900mm、1070mm×1070mm、1000mm×1000mm、980mm×980mm、958mm×720mm 等规格尺寸占多数。

（4）托盘利用场所。

仓库中利用托盘的比例最高，其次排序为配送中心与物流园区、其他、超市、港口等处（见图 4－18）。

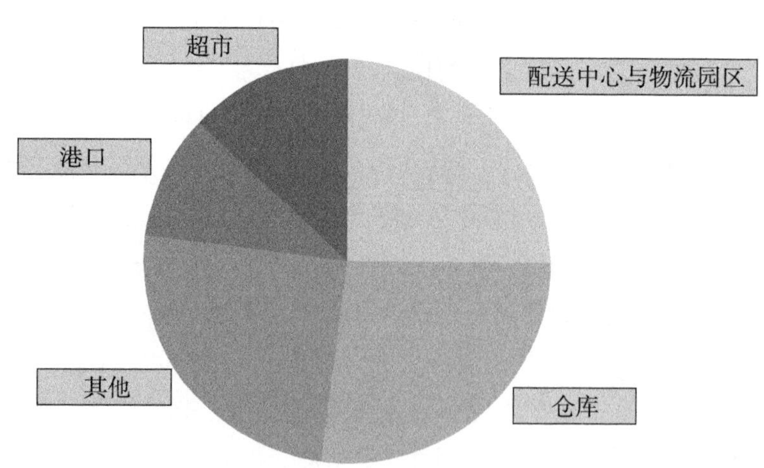

图 4－18　托盘利用情况

（5）托盘装载物品。

利用托盘货托盘周转箱所装载的物品种类越来越多，特别是水果、饮料、食品等近年来增长显著。今后，蔬菜、鲜花、水产品等将更大量地使用托盘（见表4－4）。

表4－4 托盘装载物品分类

序号	品名
1	食品
2	饮料、乳制品
3	化工品
4	家用电器
5	汽车部件
6	烟草
7	医药
8	服装
9	建材
10	农产品
11	水产品
12	化妆品
13	易碎品
14	危险品
15	水果
16	文化用品
17	其他

（6）托盘国内外销售比例。

目前，我国托盘在国内的销量占多数，60%的规模以上托盘生产企业仍局限在国内销售，35%～40%的托盘生产企业已将产品销往国外，但出口的数量都不够大，而且大都是装载出口货物的一次性托盘。

（7）托盘销量的对象单位。

2013年第三次普查结果表明，使用托盘的企事业大量增加，发展势头较猛。特别是外商投资企业，因先进的物流系统和供应链管理的需要，促使他们大量采购托盘，当然，要求质量也高，而且大都采购标准托盘。此外，改革开放后，民营企业的活跃和成长以及民营企业家们的远见卓识，为托盘市场的扩大增添了新色彩（见表4－5）。

表4-5 托盘销售对象排序

序号	单位类别
1	外商投资企业、中外合资企业
2	民营制造企业
3	国有大中型运输企业
4	国有物流企业、国有仓储企业、大型民营物流企业
5	国有商业批发、百货、超市
6	中外合资批发、百货、超市
7	民营、个体运输企业
8	港口、货运站场经营企业
9	货运代理企业
10	民营商业批发、百货、超市
11	铁路、货运站场经营企业
12	机场货运站场经营企业
13	公路货运站场经营企业

（8）托盘用途区分。

当下，我国正在使用的托盘和正在以租赁方式利用的托盘，或者说眼下我国的托盘用于哪些方面？中国物流与采购联合会托盘专业委员会开展的第三次全国普查得出了大体结论（见表4-6）。

表4-6 我国托盘主要用途

序号	用途	百分比（%）
1	企业内部使用	65
2	供应商运输	59
3	生产商送货	48
4	租赁、循环利用	32
5	其他	17

表4-6数据表明，65%托盘用于企业内部，59%托盘用于制造企业送货给客户，48%托盘用于供应商送货到物流设施（配送中心、仓库等），32%托盘用于租赁和循环利用环节，17%托盘用于其他方面。

（9）托盘载货的运输方式。

托盘委在调研中发现，托盘载货选择短途公路运输的比例最大，其次是中长途公路运输、海运、多式联运、铁路、内河航运等（见表4-7）。

表 4-7 托盘载货的运输方式

序号	运输方式
1	短途公路运输
2	中长途公路运输
3	海运
4	多式联运
5	铁路
6	内河航运
7	其他

（10）托盘租赁。

截至2016年年底，中国的托盘（包含笼式周装箱）租赁总量约为1900万个。用于租赁的托盘基本是1200mm×1000mm的标准托盘。其中木托盘租赁企业（按企业名称笔画排序）：

上海众力物流设备租赁有限公司
上海现代物流投资发展有限公司
山东力保托盘租赁有限公司
无锡美捷现代物流科技有限公司
中国国际海运集装箱（集团）股份有限公司
中宝精力托盘共用系统有限公司
全亚供应链管理（上海）有限公司
芜湖格勒物流设备有限公司
苏州工业园区安华物流系统有限公司
招商路凯包装设备租赁（上海）有限公司
昆山日昌明栈板制品有限公司
深圳市顺航通国际货运代理有限公司
集保物流设备（中国）有限公司
新加坡好运有限公司

中国的托盘租赁市场十分庞大，潜力也非常广阔，但真正把托盘租赁，尤其是托盘共用系统是需要具备许多必要条件的。这是由于托盘租赁和共用系统带有一定公益性，投资金额巨大、利润低、风险高、回收期长，并需要庞大的销售网络、信息网络和人才队伍。所以，中国不少企业和有识之士都在尝试和探索，仍然不见明显效果。

目前招商路凯和集保在国内的托盘租赁量均在600万片以上，招商路凯近几年生机勃勃，斗志正旺，集保改变攻防战略，不甘落后。

（11）托盘保有量。

2016年年底，我国五大类托盘的保有量约为11.6亿片。扣除托盘更新、丢失等损耗，新增塑料托盘数量超过1.2亿片。托盘保有量依然持续上升。近8年五大类托盘保有量情况参见图4－19。

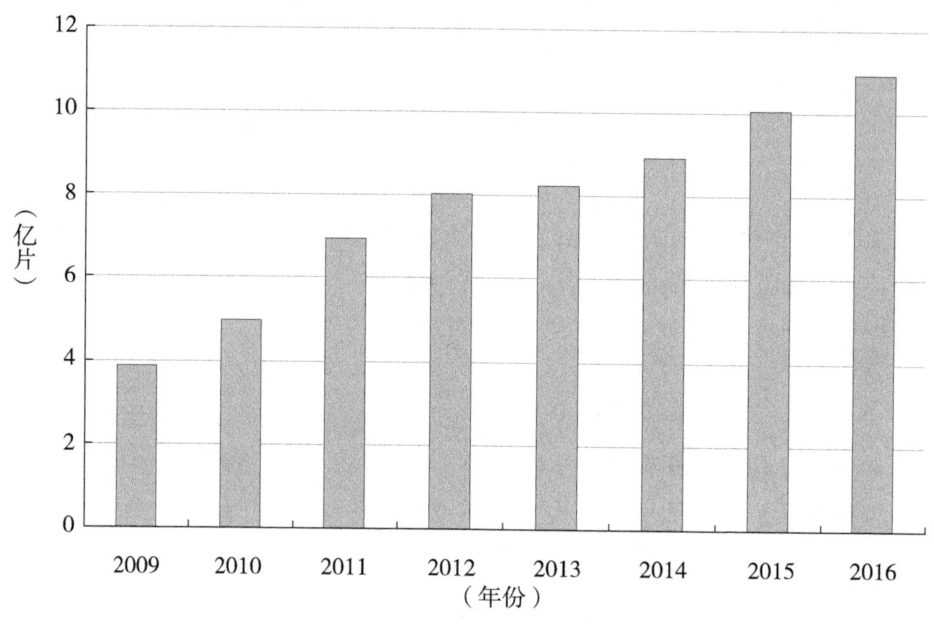

图4－19　五大类托盘保有量情况

目前，五大类托盘中，木托盘保有量仍占绝对数量，为78%，塑料托盘增幅较大，已由2010年的10%增至2016年的15%。各类托盘所占比例参见表4－8。

表4－8　各类托盘拥有量比例（2016年年末数据）

木托盘	塑料托盘	纸托盘	金属托盘	复合材料托盘等
78	15	4	2	1

木托盘产量减少、保有量比例下降的主要原因是木材资源保障性变差，供给量减少。尤其是国外进口木材，价格起伏，质量不稳，迫使一些木托盘生产企业变换树种，减少进口数量，以便降低风险。国内的木材资源也因类似情况，导致产量削减。塑料托盘产量明显上升的主要原因是利用面不断扩大，用量大幅增加。由于塑料托盘耐用性好，使用寿命长，易清洗，形式多样，量身简单，适合于食品、饮料、化工、汽车等行业使用，加之原油减价，因而近几年越发受到客户的青睐。纸托盘虽然也有显著

变化，用途面扩展较快，但毕竟仍有一定限制因素。金属托盘中，除了铁托盘外，还出现了铝制或铝合金制托盘。

（12）中国托盘业目前存在的问题及解决途径。

目前阶段我国托盘业发展中存在诸多问题。一是托盘行业发展的基础工作还相差甚远。因为托盘从表面看来只是个小小的物流器具，往往引不起重视。尽管近几年政府和企业对托盘的地位和作用认识加深，投入加大。但诸如托盘共用系统的构筑，投资大、回收期长、风险高、利润低，没有政府的足够支撑，单靠民间很难成就。而要想得到政府和企业的认同，必须先做宣传，大造舆论，普及知识，形成氛围；立规矩、定方圆，规范化、标准化。特别是托盘标准的执行问题，关键条款应硬性规定；打造队伍，造就人才要先行。二是因托盘市场的陡然扩大，管理不及，出现了恶性竞争、鱼目混珠现象。许多企业单靠低价争夺用户，置标准和质量于不顾，肆意拼杀，疯狂抢占。为此，政府和行业组织必须尽快引起重视，抓紧政策、法规、标准制定和规范市场秩序。行业团体紧密配合政府，积极引导企业，政府、企业、社团、研究机构、学术界一起努力，上下结合，团结协作，营造良好的经营环境和广阔的发展空间。三是托盘业“先天不足，后天缺失”。表现在长期以来不少人把托盘看作包装材料，而没意识到托盘在包装中重要，在运输、仓储、装卸搬运、配送等物流作业中也重要，在供应链中托盘也具有举足轻重的地位。从传统的误区中走出来需要一个过程，在基础不足的情况下盖起大楼不是朝夕之举。任何产业的发展和壮大都需要有理论根基和思想意识的认同。如果不尽快把托盘从包装行业中剥离出来，作为一个独立的行业或产业确定下来，托盘行业的长远发展就是一句空话。先天不足要弥补，后天不足也要弥补。因此说托盘的理论体系、结构体系、管理与技术体系等都必须尽早构建。四是我国托盘的质量控制、托盘回收、循环再利用问题。托盘的质量牵涉物流的安全等问题，行业组织责无旁贷。行业组织要紧紧依靠政府的支持、企业的配合努力抓好、抓实，其中，托盘的质量认证工作尤为关键。此外，目前我国托盘的回收、维修和再利用率低，与先进国家差距大，政府、行业组织要加强引导和协调，采取必要的措施和手段抓紧解决。

托盘行业尽管近十余年有了长足的进步，但毕竟是个新兴产业，根底浅、沉淀少，隐藏有不少不确定因素，而且由于是单一的产业，在当下融合、虚拟、“互联网 +”等信息化时代，如不与相关要素相融在一起，向单元化方向延伸，恐也难以真正克服传统经营管理中的种种弊端，很难有更广阔的前景。

3. 叉车

2016 年我国叉车发展现状，我们从中国工程机械工业协会工业车辆分会提供的以下资料中大体上了解。

在物流装备领域，2016 年同样呈现出稳步发展、蕴藏变化的特点。2016 年，我国工业车辆产销量再创历史新高，随着市场需求的增加，企业不断增加产品研发，车型更加丰富；货架市场竞争日趋激烈，货架系统自动化、智能化趋势明显，电商等行业需求强劲，海外市场得到进一步开拓；大数据、云计算、物联网以及区块链等新兴智慧技术在物流行业的应用极大地推动了物流企业信息化的快速发展；国家投资力度加大、经济转型效果显现和物流结构调整等有利因素，继续带动载货车市场需求增长，受新能源产业技术进步影响，载货车电动化进展取得一定成效。

（1）2016 年叉车市场发展状况。

根据中国工程机械工业协会工业车辆分会 2016 年采录汇总报告销售量数据显示：机动工业车辆销售量达到 370067 台，与 2015 年同期的 327626 台相比，上升了 12.95%；非机动工业车辆销售量为 1445054 台，与上年同期的 1154232 台相比，上升了 23.63%。

2015—2016 年世界叉车市场销售情况和出口机动工业车辆构成比例变化情况，见表 4-9 和表 4-10。

表 4-9　2015—2016 年世界叉车市场销售概况（1~5 类）

年份	全世界	亚洲	中国	中国占世界	中国占亚洲
2015	1064224	409630	236976	22.27%	57.85%
2016	1152857	440186	268567	23.30%	61.01%
同比	8.33%	7.46%	13.33%	—	—

表 4-10　2015—2016 年出口机动工业车辆构成比例变化情况

年份	机动工业车辆合计（台）	电动叉车		内燃叉车	
		出口量（台）	所占比例	出口量（台）	所占比例
2016	102216	57158	55.92%	45058	44.08%
2015	91986	47130	51.24%	44856	48.76%

中国国内叉车市场 2016 年全年共销售机动工业车辆 268567 台，与 2015 年的 236976 台相比，上升了 13.33%。中国市场的销售量占亚洲叉车市场销售量 440186 台的 61.01%，比 2015 年上升了 3.16 个百分点，仍列亚洲第一位；占世界叉车市场总销售量 1152857 台的 23.30%，比 2015 年上升了 1.03 个百分点，继续位列世界第一大销售市场。

①内燃叉车销售情况。

2016 年共销售内燃平衡重乘驾式叉车 228542 台，与上年同期的 207509 台相比，上升了 10.14%。销售的内燃平衡重乘驾式叉车中柴油叉车 213982 台，其余为汽油叉车（含双燃料）。

在内燃平衡重乘驾式叉车的销售量（含出口）228542 台中，按起重量吨位级分：

0.0～1.199 吨位级 76 台，占总销量的 0.03%；

1.2～1.999 吨位级 3335 台，占总销量的 1.46%；

2.0～2.999 吨位级 19836 台，占总销量的 8.68%；

3.0～4.999 吨位级 191375 台，占总销量的 83.74%；

5.0～9.999 吨位级 11831 台，占总销量的 5.18%；

10.0～42.0 以上吨位级（含正面吊）2089 台，占总销量的 0.91%。

在内燃平衡重乘驾式叉车的销售量（国内）183484 台中，按起重量吨位级分：

0.0～1.199 吨位级 37 台，占总销量的 0.02%；

1.2～1.999 吨位级 776 台，占总销量的 0.42%；

2.0～2.999 吨位级 4834 台，占总销量的 2.63%；

3.0～4.999 吨位级 167995 台，占总销量的 91.56%；

5.0～9.999 吨位级 8297 台，占总销量的 4.52%；

10.0～42.0 吨位级（含正面吊）1545 台，占总销量的 0.85%。

②电动叉车销售情况。

电动叉车（包括电动平衡重乘驾式叉车和各类电动仓储叉车）2016 年销售量为 141525 台，与上年同期的 120117 台相比，上升了 17.82%。

2016 年全国共销售电动平衡重乘驾式叉车 39985 台，与上年同期的 38166 台相比，上升了 4.77%。

电动平衡重乘驾式叉车按起重量吨位级分的销售情况如下：

0.0～1.199 吨位级销量为 886 台，占总销量的 2.22%；

1.2～1.999 吨位级销量为 13695 台，占总销量的 34.25%；

2.0～2.499 吨位级销量为 9576 台，占总销量的 23.95%；

2.5～2.999 吨位级销量为 6875 台，占总销量的 17.19%；

3.0 以上吨位级销量为 8953 台，占总销量的 22.39%。

2016 年全国共销售电动仓储叉车 101540 台，与上年同期的 81951 台相比，上升了 23.90%。

2016 年我国出口机动工业车辆总共 102216 台，与 2015 年的出口量 91986 台相比，上升了 11.12%。其中电动叉车出口 57158 台，与 2015 年的出口量 47130 台相比，上升了 21.28%；内燃叉车（含集装箱叉车）出口 45058 台，与 2015 年的出口量 44856 台相比，上升了 0.45%。2016 年在出口车型当中，电动叉车占比继续保持增长，与去年同期相比增加 4.68 个百分点。

（2）2016 年叉车供应商发展变化。

近年来，国内叉车制造商企业在人工智能大趋势引领下，紧随市场发展脉搏，有多家企业开发出相应产品并投放市场。

与以往叉车新产品不同，无人驾驶叉车以及仓储 AGV 的推出，对使用环境和搬运系统整体解决方案的要求相对较高，叉车行业由于产品的转型升级逐渐从制造商向系统集成商迈进，这样也就出现了多起国内外叉车制造商对系统集成商的收购案例。

例如：凯傲集团成功完成了对自动化和供应链优化领域专家德马泰克的标志性收购，开启全球供应链行业的新篇章；凯傲收购 Egemin 公司旗下自动化部门，Egemin 集团在物流、流程和基础设施等自动化解决方案之中属于领先的物流供应商之一。

永恒力收购 MIAS 集团，MIAS 集团是一家仓储及运输技术设备制造商，托盘装卸搬运技术细分市场的企业。

海斯特－耶鲁物料搬运设备集团宣布收购澳大利亚 Speedshield 科技有限公司，Speedshield Technology，位于澳大利亚的墨尔本，是专为物料搬运设备及其他车辆应用提供先进全面的远程信息处理技术领域中的领导者。

丰田自动织机株式会社宣布收购 Bastian Solutions 系统公司，Bastian Solutions 公司的总部位于印第安纳州的印第安纳波利斯，是一家拥有全球客户和办事处的物料搬运系统整合公司。

诺力股份收购无锡中鼎物流设备有限公司，旨在与目前的物流仓储解决方案产品形成协同效应，以推动该业务板块的发展。

另外，市场竞争进一步白热化，行业面临洗牌，收购、兼并案例时有发生。2016 年最大的案例是，3 月 31 日三菱重工叉车发动机涡轮增压器控股股份有限公司（MFET）与三菱力至优叉车从优嘉力股份有限公司（UC）的股东株式会社产业革新机构、日立建机株式会社、日产自动车株式会社取得全部股份的收购。获得股份的比例为 MFET 占 65.0%、三菱力至优占 35.0%。

叉车后市场目前已经进入快速发展期，在租赁、服务等领域逐渐有新的模式导入，通过网络信息技术提升服务能力，通过资金扩大租赁和服务范围及规模，形成后市场中的优势。发展相对比较快的是永恒力与合力两家成立的永恒力合力工业车辆租赁有限公司和广州佛朗斯股份有限公司。

（3）2016 年叉车新技术与新产品的分析。

随着市场需求的增加，企业不断增加产品研发，车型更加丰富，已经有内燃叉车 48 吨、电动叉车 12 吨车型投放市场；新能源叉车的开发也在积极推进，仓储叉车由于连续多年位列中国市场增长最大的车型，受到业内企业的关注，从事仓储叉车专业化生产的企业越来越多，在产品技术、替代进口方面有了长足的进步。尤其是电动步行式仓储叉车，从国内市场和出口两个方面来看，部分车型的优势比较突出。

2016 年，中国工程机械工业协会工业车辆分会还举办了第一届“中国工业车辆创新奖”（CITIA）的评选活动，从最终获奖车型来看，也符合上面提到的这些特色。

内资组：安徽合力股份有限公司的“G2 系列 1.6—2 吨前移式叉车”荣获金奖；韶关比亚迪实业有限公司的“比亚迪新能源叉车项目”荣获银奖；浙江中力机械有限公司的“适用于狭小通道的 1.5 吨超小型轻量化电动搬运车”、杭叉集团股份有限公司的“A 系列电动托盘车”以及安徽合力股份有限公司的“H3 系列 2—3.5 吨内燃平衡重式叉车”并列荣获铜奖。

外资组：林德（中国）叉车有限公司的“搬运机器人 LindeRobotics”及“1276 系列 2.5—3.5 吨电动平衡重式叉车”荣获金奖；永恒力叉车（上海）有限公司的“全新 EKX 5 系列三向堆垛车”荣获银奖。

（4）2017 年叉车市场发展趋势展望。

经过 2014 年四季度和 2015 年全年的市场调整，2016 年国内和出口两个市场都出现稳步增长，在国家经济结构调整过程中，工业车辆产销量能够再创历史新高，说明市场需求依然旺盛，在提升效率、机器换人的大环境下，工业车辆在目前和未来虽然高速增长期已经度过，但趋势依然是处于上升阶段，车型转换、高环保要求、细分市场需求将会进一步显现。

国内市场和出口以内燃叉车为主的局面将继续发生转变，电动叉车占比会继续提高；电动仓储类叉车的占比与世界主要市场差别依然较大，还会进一步提高，未来几年仓储叉车依然是增长最大的车型；国家非道路移动机械第三阶段排放标准实施后，各地方根据地区情况也有更高环保标准出台，并且在使用环节加大了监察力度。未来节能环保型叉车、新能源叉车和尾气后处理装置等会越来越受到用户青睐；业内企业在做好市场的同时，正在努力抓好技术创新，使产品更具有市场竞争力，销售上更贴近市场需求，在差异化上下功夫，努力在细分市场做出成绩，取得效益；企业更加注重提升管理和服务水平；智能化、自动化、物流整体解决方案越来越引起叉车行业的关注，与之相适应的人才培养非常关键；后市场业务中，包括叉车租赁、二手车、车队管理、服务和培训等已经成为叉车制造商、经销商的附加盈利业务，租赁商、服务商的整合也已经展开，领先龙头企业在资本的助力下发展开始提速；物流相关产品 + 互联网平台纷纷上线，深度开发和实际运作还需要继续摸索和完善；密切关注世界范围内市场规则和贸易关税等可能出现的变化，积极提高产品的竞争力和品牌的影响力。（资料来源：中国工程机械工业协会工业车辆分会）

4. 货架

我们从上海精星仓储设备工程有限公司提供的资料中基本上了解到目前我国货架

发展状况。

（1）2016 年货架行业市场回顾。

①货架市场总体情况分析。

2016 年的货架市场可以概括为：在钢材价格一路上涨中前行，市场竞争十分激烈，货架系统自动化、智能化趋势明显。从市场表现来看，电商行业的需求依旧快速增长，是整个行业向前发展的有力引擎，其他行业基本保持平稳低速增长。此外，海外市场得到了进一步开拓，项目不断涌现。

②货架类型分析。

自动化仓库货架依然占据行业最大份额，此外电商货架也占有大量市场。自动化仓库货架经过数十年发展，仍具备强大的竞争力，是将存储率和存取效率平衡得非常好的货架类型，也是各大工业企业的首选，在 2016 年依旧稳步发展，货架类型以横梁式自动库货架为主，且双深位货架占比提高。电商需求类货架，以横梁、搁板及阁楼式货架为代表，依然保持了较高的增长速度。穿梭板式货架在 2016 年保持平稳增长，且在发展过程中，逐渐有了新的方向，向更高的自动化、智能化发展，穿梭车与堆垛机配合、子母穿梭车系统及多层穿梭车系统等不断涌现，为穿梭板式货架赋予了更强的竞争力。

此外，像重力式、压入式货架等传统小众货架在部分业主处还有一定的功能性需求，尚有部分市场，而像驶入式货架等传统密集型货架在穿梭板式货架的冲击之下，市场份额已经十分低下，竞争力越来越差。

③货架市场的行业分布状况。

货架市场在行业上的分布与往年基本一致，与民生相关的商业物流、医药化工、食品饮料三个行业牢牢占据货架需求前三名，已经有数年未有变化，始终保持了较好的发展。此外，第三方物流及服装纺织行业也保持了较好发展，占有不低的市场份额。

④货架市场的地域分布情况。

货架在地域上的分布与往年基本保持一致，长三角、环渤海及珠三角作为中国经济最发达的地区，同样是货架需求最旺盛的三个区域，体现出货架需求与经济发达程度的高度相关性，其他区域近几年来也得到了较好发展，但是每年的项目情况出入较大，无法保持像前三位一样的稳定性。海外市场方面，市场情况良好，项目较多，尤其东南亚地区，比如印度尼西亚、泰国、越南及马来西亚等，地少人多，大项目特别多，货架需求十分旺盛。

⑤行业企业发展情况。

市场情况重点之一体现在“竞争”上，价格战十分普遍，部分企业甚至用明显低于市场正常行情的价格来赢取订单，但低价是把双刃剑，得了订单，却失了利润，甚至是质量，是不可持续的。值得一提的是，有部分曾经使用过劣质货架系统的客户，也开始逐渐认可“优质优价”，不再一味追求低价，这是一个十分良性的发展态势。遗憾的是，这种态势和“价格战”的态势相比几乎被淹没，但这种态势值得行业成员和相关客户共同呵护支持。

2016 年，也是系统集成领域剧变的一年，库卡收购瑞仕格，凯奥收购德马泰克，这两起涉及著名系统集成商的并购案中都有中国企业的身影出现，相信会对系统集成领域带来不小的影响，进而影响货架行业的整体布局。

⑥货架行业新技术新产品应用亮点。

随着自动化系统的进一步发展，穿梭板式货架及其衍生产品逐渐从一种单一的货架类型演变为自动化仓库货架的一种存取手段。在存储项的更高更大的货架中，穿梭板可作为多个深度的存取工具来增加储位；在拣选项的料箱式货架中，穿梭板可通过多层应用来极大地提高拣选效率，这两种应用均是先进性的代表。此外，“库架合一”得到了业主空前关注，其拥有巨大的工期及管理优势，且在成本上也十分具有竞争力，在未来会是货架的一个重要发展方向。

（2）2017 年货架行业展望。

展望 2017 年，根据笔者目前掌握的市场信息来看，项目情况会保持较好增长，总体来说会比 2016 年更为乐观，但也存在着部分不确定因素。

①电商货架没有看到会减速的迹象，通过各大电商公司目前释放出来的项目信息，电商货架在 2017 年依然会保持高速增长，电商货架是目前行业内的一场盛宴，各家企业都在积极备战，以期能在 2017 年的电商红利之中占得一席之地，将会存在“白热化”的市场竞争，无论是价格还是工期，无论哪家企业想多分得市场份额，必将会面临更严峻的考验。

②穿梭车具有很大的扩展空间，形式灵活，能与多种存取系统进行配合，实现多种多样的存取方式，具备广阔的市场前景，尤其是其衍生产品子母车系统及多层穿梭车系统，自动化、智能化特征明显，代表了先进性，是接下来各大货架及系统厂家新技术研发的方向，市场需求也会持续增长，值得所有货架企业关注。

③东南亚市场热度持续增加，大项目不断涌现，具备广阔的市场前景，但同时，东南亚市场是欧洲货架厂商的传统势力范围，竞争压力也不小，需要做到更好的差异化竞争，方会有较好表现。

④钢材市场风云变幻，经过 2015 年的持续下跌，2016 年的持续上涨，目前钢材价格处于中位，2017 年的钢材价格走势不够清晰，难以预判，对货架企业来说，这是个十分严峻的考验，处理不当，轻则利润缩水，重则出现亏损，需要企业提前做好准备，做好风险控制。

⑤可以预见的“价格战”将会持续，虽然货架行业保持总体增长态势，但相信市场的增量还是跟不上整个货架行业对项目的需求，竞争会十分激烈。针对目前已经发生的“价格战”，市场上有这样的说法：货架行业以前也有价格战，但随着上市公司和想上市的公司越来越多，竞争较之前将更显“白热化”，上市公司出于业绩的压力，想上市的公司又要争取业绩，上市公司不是以项目本身的成本盈亏来考虑，哪怕项目亏本，但有了营业额，守住了市值，那么项目的这点亏损在巨大的市值面前几乎可以忽略不计。如果这样的说法成立并客观存在，按照其他行业以往的演化，我们对货架市场的价格战持悲观态度。但我们心中明白，价格战不是行业健康发展的出路，对产品品质服务和品牌不懈的追求一定是值得我们行业内每个成员坚守的。

总之，可以这样讲，单元化物流的做法已普遍存在，因为单元化集装、单元化承载、单元化捆扎以及一贯托盘化运输等早已存在、司空见惯，只不过从来没有人从理论上、理念上去总结、论述和强调，更缺乏系统、完整地阐述以及从管理理念上去认识，从实践经验上去总结提高。实际上，有许多东西人们都已经在实践过程中，而且在不知不觉地改进和完善，只是没有上升为理论和系统性地去升华而已。

（三）单元化物流发展前景

单元化物流前景十分光明，也非常广阔。单元化物流是新事物、新学科、新行业、新产业，代表发展大方向，发展单元化具有划时代、里程碑式的重大意义。单元化物流符合新常态下我国经济社会发展需求。

在我国经济发展步入新常态下，物流已成为支柱性产业，各级政府越来越重视，物流业的发展也日新月异，物流管理水平和技术装备水平均有较快的提升，但是物流标准不统一、物流要素不匹配，尤其是单元化物流水平过低，是当下经济社会发展之关键所在。

单元化物流以系统集成、系统化管理与运作为出发点，强调全局性、一贯性和顺畅性，以单元集装承载形式完成物流乃至供应链的全过程。单元化物流强调的是单元集装化；全链条的标准化、规格化、匹配化；更主要的是运作和管控全局化、一贯化、系统化、顺畅化和可追溯化等；单元化物流追求的是融合、协调、绿色、共享的理念和效率最佳、成本最低、服务最好及生态环保等目标。

单元化物流的理念和目标包括把托盘与叉车、货架、集装箱、料箱、集装笼、搬运小车、输送机、传送带、升降设备等所有相关要素组合、融合为一体，把物流系统集成商、连锁超市、电商快递、医药烟草、商贸物流、第三方物流、工农业物流以及信息、智能、通信、金融证券等所有相关要素组合、融合，把上下游企业和分散的相关要素组合在一起，小系统变成大系统，小利益变成大利益，集团化作战，整体化管理，系统化运作。相关企业和利益单体结成利益共同体、生存和命运共同体，其能量的增强、时间的缩短、成本的降低都可成倍增加。有学者估计，如若在全国范围内大力推行单元化物流，可将物流成本从目前的15.8%降至12%左右。

随着科技的进步和国民生活水平的提高以及老龄化社会的到来，体力劳动资源会越发缺乏，单元化物流自然势在必行，别无选择。

现在，我们正处在一个大发展大变革大调整的时代。虽然全球范围内冲突和贫困尚未根除，但和平与发展的时代潮流越发强劲。世界多极化、经济全球化、文化多样化、社会信息化深入发展，和平、发展、合作、共赢成为各国人民共同的呼声。

中国经济进入新常态之后机遇与挑战并存，在考验面前我们需要减少和消除阵痛。全国人大财经委员会主任委员辜胜阻认为：新常态下中国经济面临产能过剩、地方政府负债率偏高、房地产调整和解决环境污染四大阵痛问题。应该说这些问题的出现是重化学工业高速发展后期可能自然发生的现象，但不可掉以轻心，必须认真对待。与此同时，新常态下我们也有许多新的发展空间和机遇。比如城镇化改造和农村人口城镇化，将给经济创造巨大的投资需求和消费需求；中国人生活水平的大幅度提升和中产阶级人群的迅速扩大，将促使消费升级并带来公共性服务、消费性服务以及生产性服务业的大发展。物流属于生产性服务业，2030年以后对物流发展的庞大需求势必凶猛地冲击物流业，倒逼物流业巨变；低碳、减排、节能等产业发展的强大需求，也将迎来一次翻天覆地的产业变革，打好“大气、水和土壤污染防治三大战役”，将产生几万亿元人民币的投资，给企业提供前所未有的商机；产业高端化是中国经济社会发展的必然要求。技术创新、产品创新、商业模式创新以及市场创新是产业调整升级、传统企业优化重塑的必经之路，其中的机遇无须赘言；信息化、智慧化大潮近几年已经在全国范围内掀起，电商、快递、共享单车、冷链物流、商贸物流标准化、“一带一路”等与互联网、物联网、大数据、云计算的叠加，智慧物流、智慧城市等新兴事物不断涌现；中国企业经营国际化、中国对外投资的迅猛发展也已形成一种新发展趋势。2013年中国对外投资规模已达到1400亿美元，高出外商在华投资200亿美元，2000—2013年，全球经济GDP平均增速为3.68%，中国同期增速高达10.6%，是全球平均增速的三倍。有许多权威人士认为2030年中国经济总量有可能超过美国。所以，我们试想一下，那时的单元化物流该是一种怎样的状况！

根据各类数据进行综合分析，单元化物流尽管前景光明，作用无可估量，但毕竟是一个范围广、内容杂、难度大的系统工程，眼下，单元化物流器具标准化程度低、质量不均衡、共享难度大等制约因素也需要尽快解决。所以说单元化物流前途光明，任重道远。第一个10年（2017—2026年）应该是单元化物流的知识普及、宣传教育、理论确立、基础奠定阶段；第二个10年（2027—2036年）应该是单元化物流走向发展和成熟阶段。在这一时期，随着我国经济社会的发展变化、物流和供应链发展与深化，单元化物流的地位和作用凸显，工业、农业、军事、外贸、商贸等各个领域均重视单元化物流的应用，其显著的经济效益和社会效益会令世人刮目相看；第三个10年（2037—2046年）是单元化物流大发展、大跨越时期。那时，单元化物流的地位和作用深入人心、有口皆碑、成果共享（见图4－20）。

图4－20 中国谱写大国外交新篇章

科技的发展，使这个世界的变化难以预料。信息化、机械化、智能化的结果，无人化的时代会很快到来，机器人替代人参与工作、学习和服务，那时，甚至学校、医院、商店等不见了，满大街机器人与人伴行，届时，1/3 的人休闲、度假、旅游，1/3 的人在工作，1/3 的人在学习充电。然而，即使那时，物流业不可缺少，单元化物流更不可缺少，原因之一是，物流服务需要速度，没有单元化物流，就没有快速及时的物流服务！

第五章

单元化物流企业荣耀榜及优秀企业推介

中国单元化物流创始单位荣耀榜

（按企业名称笔画排序）

上海睿池供应链管理有限公司
上海鑫鹏塑料制品有限公司
广州市比帝富塑胶五金制品有限公司
广州绿茵无垠物流科技有限公司
长沙达美包装科技有限公司
北京伍强科技有限公司
北京空天物联科技有限公司
四川科华展示设备有限公司
江苏前程工业包装有限公司
芜湖宏春木业集团有限公司
苏州大森塑胶工业有限公司
佛山市鹏威塑胶制品有限公司
武汉爱帮供应链管理有限公司
昆明天爵经济发展有限公司
金源集团芜湖祠山包装有限公司
郑州安江物流包装有限公司
南京升泰环科供应链管理有限公司
路凯包装设备租赁（上海）有限公司

单元化物流优秀企业推介

（按企业名称笔画排序）

上海力卡塑料托盘制造有限公司

上海力卡塑料托盘制造有限公司成立于1999年9月，年产托盘200万只以上，是中国专业生产塑料托盘的龙头企业，是中国十大明星托盘企业。“力卡托盘”连续多年被评为上海市著名商标和上海名牌。公司总经理连续两届当选为中国物流与采购联合会托盘专业委员会副主任，被国家标准化委员会聘为全国物流标准化技术委员会托盘分技术委员会委员。公司以“知艰辛、凝人心、争朝夕、创新业”和“爱岗敬业树力卡、发展创造铸品牌”为企业精神，以“追求完美品质、持续满意顾客”为质量方针。力卡产品以质量可靠、价格合理获得国内外客户的好评。公司拥有一批经验丰富的技术研发人员，秉承“物流效率高、物流成本低”的理念，善于根据客户的要求量身定制专用的托盘产品，提供物流解决方案，满足各行各业的需求。

公司占地面积75000平方米，目前拥有2个大型塑料托盘生产基地，共有特大型注塑机25台、大型注塑机7台、中小型注塑机7台、热熔焊接机15台和防滑条焊接机5台。主要生产近300种规格的塑料托盘及塑料卡板箱、塑料物流箱、塑料垃圾桶、塑料防潮板、塑料盖板等大型塑料制品。公司具有自主进出口权，产品已远销5大洲40多个国家和地区。公司建有原材料和产品测试中心，产品研发和模具加工中心，配备了国际先进的检测设备和模具加工设备。公司自行研制开发塑料托盘置钢管技术、发泡技术、防滑条技术和光板焊接技术，填补了国内空白，并获得几十项国家级发明专利、实用新型专利和外观设计专利。产品以塑代木、循环再生符合环保要求，技术指标达到和超过GB/T 15234—1994国家标准。公司通过了ISO 9001：2008国际质量体系认证。

公司生产的产品广泛应用于汽车、食品、烟草、医药、造纸、印刷、电子、电器、化工、纺织、服装、仓储物流、环卫等行业。上海力卡是可口可乐、招商路凯、统一企业、中国烟草、福特汽车、耐克、联合化工、华北制药和美的电器等众多知名公司的供应商。

地址 1：上海市金山区漕泾镇共建路 128 号

地址 2：上海市金山区漕泾镇天华路 389 号

电话：021 - 57251616 57255232

传真：021 - 57255357

网址：www. lika. com. cn

邮箱：likamarket@ lika. com. cn

上海睿池供应链管理有限公司

上海睿池供应链管理有限公司（Unit Load Pool，ULP）是以单元化物流器具共享租赁为核心业务的供应链管理服务商，提供包括可循环包装、一体化物流和包装咨询与设计在内的多项服务，是迄今为止国内领先的共享模式租赁平台，实现了标准物流网箱100%的动态共享使用。共享系统有效地减少一次性包装的使用，降低重复消耗，提升物流效率。ULP每年为上千家客户提供数百万箱次的发货、收货服务。

在母公司LogisALL的GLMS（Global Logistics Management System）共享管理系统支持下，客户能够跟踪和管理自己的货物信息，也可以根据自身的需求定制各种租赁方案，通过日积月累的大数据分析，ULP熟悉各类客户的包装和运输特点，能为客户开发独具特色的最优包装物流方案，提升货物周转速度，保证产品的运输质量，让企业更具竞争力。ULP网络覆盖中国主要经济区，以及日韩、东南亚、北美洲和欧洲等国家和地区，可以在全球范围内供应、管理和回收标准物流网箱。

ULP凭借其先进的服务理念，及时可靠的供应服务赢得广大客户的信赖。公司客户遍及汽车零部件，白色家电，物流仓储等领域，与比亚迪、吉利、宇通、舍弗勒、霍尼韦尔、华域大陆、广汽本田、TRW等跨国公司和国内知名企业建立了良好的战略合作关系。

未来，ULP将打造基于单元化共享模式和物联网技术为核心的新型社会化供应链平台，竭诚为全球客户提供物流装备共享、单元化物流和供应链金融等创新服务。

地址：上海市闵行区顾戴路2337号D栋7D

电话：021－33368822

服务热线：400－016－5216

网址：www. ulpool. com

上海鑫鹏塑料制品有限公司

上海鑫鹏塑料制品有限公司创建于2001年。公司目前固定资产投资6亿元。公司主要致力于研发、生产及销售各类规格的塑料托盘、塑料周转箱筐、塑料环卫桶等各类塑料产品，公司的产品广泛应用于机械、食品、蔬果、园艺、仪表、五金、电子、汽车、印刷、塑胶、服装、物流、仓储、水产、超市、宾馆、烟酒、化工、医药、环卫、物业等行业，另外，对外加工各类工程塑料配件及汽车配件，承接来料来模加工。用公司王德志总经理的经典语言来讲，公司产品“只有想不到，没有用不到”。上海鑫鹏是华润雪花集团、百威英博集团、青岛啤酒集团、燕京啤酒、可口可乐、百事可乐、农夫山泉、恒大冰泉、加多宝集团、中国移动、中盐、中石油、中石化、中烟、中粮、益海嘉里集团、统一集团、旺旺集团、伊利集团、双汇集团、李锦记、京东商城、苏宁电器、一号店、当当网、酒仙网、大润发超市、家乐福超市、卜蜂莲花、欧尚超市等众多知名企业的供应商。

鑫鹏公司是一家专业研发、生产、销售塑料注塑产品及化工原料产品的民营企业，鑫鹏为所有客户提供的是整套解决方案（TOTAL SOLUTION），包括塑料注塑产品及其配件在内的物流仓储系统。工厂坐落于上海市嘉定区徐行镇工业园开发区内，公司占地面积10万平方米。公司目前拥有50余台先进的注塑设备（160～2800吨），公司建有原材料和产品测试中心，配有全套先进的产品检验设备以及各种辅助设备。

公司前身是志鹏国际贸易（上海）有限公司及上海润鹏物贸有限公司，是专业销售进口及国产塑料原料的销售商，长期为汽车塑料配件行业、家电行业等注塑产品提供性能优质的塑料原料，目前公司主要经营生产销售各类塑料制品，同时继续经营塑料原料的销售。公司是中国兵器部北方华锦化学工业股份有限公司塑料原料上海销售总代理，是中石油、中石化上海分销商。

公司生产塑料托盘、周转箱、筐、环卫桶，合计年产能1300万只以上，塑料新材料改性年产能15万吨，塑料原料年销售20万吨以上。

公司塑料原料及塑料制品年产值达26亿元。

鑫鹏公司拥有国内注塑行业经验丰富的具有行业一流专业技能的技术核心团队，所提供的售后服务，包括技术培训、现场技术支持等屡得客户好评。管理层的高素质表现为科学的、严密的和有序的管理水平。全公司共300余人形成一个具有很强凝聚力与很强战斗力的队伍，公司工程师与技术人员超过50人。拥有40多项研发与实用新型专利。公司已通过ISO 9001质量管理体系标准认证及ISO 14001环境管理体系标准认证；公司亦是中国托盘企业 30 强、上海市高新技术企业、中国物流与采购联合会托盘专业委员会常务理事单位、全国物流标准化技术委员会委员、上海市塑料行业协会委员单位；同时，公司被上海塑料行业协会评为 2011 年度上海塑料行业名优品牌——鑫鹏牌，2015 年获得了上海市名牌产品的认定。公司被上海市嘉定区政府评为嘉定区小巨人先进企业，被上海市合同信用促进会评定为“守合同重信用企业”信得过企业。

鑫鹏公司始终不渝地实践着自己的信条：以德谋市场、以志创伟业。

地址：上海市嘉定区宝凤路 198 号

邮编：201809

电话：021 - 69021111　021 - 69023333

传真：021 - 69021180

网址：www. shxinpeng. com

山东贝福特新材料有限公司

山东贝福特新材料有限公司是一家集开发、生产、销售及服务于一体的高新技术企业。公司自成立伊始即致力于研发环保新材料和智能物流装备及其解决方案。

BFT 黄金托盘完全由公司自主研发，完美适应食品饮料、医药化工、烟草行业、加工制造业、物流仓储及冷链配送等各行业的使用要求，其抗老化能力和可维修性可以延长托盘的使用寿命，降低用户使用成本，并且该产品不受设备条件制约，可根据客户需要的托盘尺寸、承重、使用场景等为客户量身定制，以较高的性价比满足客户的仓储物流要求。公司积极致力于托盘标准化和托盘的循环共用系统的建立，降低物流成本，提高物流效率，实现绿色发展。

BFT 黄金托盘自研发伊始，就确立了公司的使命：节约有限资源，拒绝环境污染，为保护和改善全球环境而努力！BFT 黄金托盘与传统的塑料托盘、木托盘、铁托盘等相比，具有明显的特点和优点。

（1）原材料无污染，可重复利用并且回料不影响产品品质。

（2）抗老化能力突出，是塑料托盘的 10 倍。

（3）综合成本低，损坏部件可自动秒修，延长托盘使用寿命，降低用户的使用成本。

（4）可实现定制化生产，根据客户需求（载重、使用条件等）量身定制。

（5）防火阻燃。

（6）与水没有亲和力，无霉菌。

（7）耐酸碱。

（8）可适应温度范围：－25℃～80℃。

（9）防静电。

地址：山东省烟台市海阳市工业园区杭州街 22 号

电话：0535－3307575

传真：0535－3307599

邮箱：sales@ sdbeifute. com

网址：www. sdbeifute. com

广州市比帝富塑胶五金制品有限公司

广州市比帝富塑胶五金制品有限公司于2006年10月成立，是一家专注于注塑、防静电塑料制品的中型企业。公司坐落于花都汽车城工业区花港大道边，东风日产工厂附近，离广州白云新机场仅十多公里路程；拥有标准化厂房近2万平方米；生产配套能力可达数亿元。

产品涵盖塑料托盘、标准EU（欧标箱）、HP（本田物流箱）等专业物流箱及折叠周转箱、普通周转箱、中空板箱、防静电箱、仓储环卫设施等系列500多全品种。广泛应用于汽车、卫浴、食品、电子、鞋业、制药、烟草、商超连锁等物流领域。

“比帝富，至尊服务每一步。”公司致力于为广大客户的包装及设计、物流运输器具与物质存储方面提供专业的解决方案。比帝富人锐意进取，开拓创新，在优秀的设计团队成员主导下，不断研发新产品，其中塑料隔板清洗机、罐装行业组合式托盘、商超连锁行业折叠箱等方面取得多项专利证书。十多年来，凭借优质的产品与完善的售后服务，比帝富公司已赢得广大客户朋友的信赖与依赖，在塑料包装物流行业已树立了良好的口碑与品牌形象！

品牌“比帝富”，由英文“Beautiful”谐音而来，定位高品质。通过比帝富人的努力，已获得“广州市著名商标”称号。

公司目前人数110人，大专以上文化的30人。下设行政部、业务部、生产部、财务部四大部门。行政部下设企业文化、售后服务、人力资源、行政后勤及物流运输组；业务部下设采购、内贸、外贸、产品开发及网络销售等分支；生产部下设注塑、加工制造及品质工程管理分支；财务部下设仓库管理、财务核算。组织架构清晰，分工明确。

十年多的拓展，公司已成为华南地区汽配包装领域及塑料包装行业卓有名气的企业。世界五百强如松下、日立、LG、东芝、宝洁、本田、丰田、日产、波尔等已与我公司合作多年；国内行业龙头与上市公司如中粮集团、箭牌糖果、丽珠药业、东风柳汽、吉多宝、蓝月亮、玉柴集团、康师傅、益海嘉里、好来化工、海鸥卫浴、顺丰、中国移动及联通等大型企业，均为我公司的优质客户。

2008年以来，公司已连续多年被评为“广州市守合同重信用企业”，系广东省物流行业协会副会长单位、中国交通运输协会托盘与单元化物流分会副会长单位、中国物流与采购联合会会员单位、广州市质量协会会员单位。2009年已通过ISO 9001质量管理体系认证及环保许可认证。

成为优质客户的优质供应商并形成长远的合作伙伴关系是公司的战略目标!

地址：广州市花都区新华街花港大道岐山村工业区德达大街10号

电话：020－86878190

网站：www. bidifu. com

无锡市前程包装工程有限公司

无锡市前程包装工程有限公司位于“全国十大最具经济活力城市”之一的江苏无锡，属长三角中部，太湖之滨、古运河畔，交通便利。公司是国内专业生产托盘及运输包装产品的骨干企业，专业提供木托盘、木箱、钢边箱、纸包装、特种包装、可循环包装等包装产品和包装辅材，更致力于为客户提供包装咨询评估、包装设计与打样、包装检测、仓储物流、现场包装和包装循环管理等“一站式”工业包装整体解决方案（CPS）服务。

公司始建于1984年，公司自建立以来，陆续生产和开发了工业产品及运输包装所需的木托盘及包装制品，主要客户除了众多世界500强企业，覆盖华东及长三角地区主要制造业企业，产品远销美、欧、日、韩、东南亚等国家和地区。在江苏无锡、苏州、宿迁，安徽广德、六安分别设有工厂和原材料基地，同时在上海、常州、杭州、北京、大连、长沙、武汉、福州和东莞等地设立有运营网络和循环包装管理中心。

公司是江苏省首家“出境货物木质包装除害处理标识加施资格”企业。2008年5月获得欧标委颁发的欧标托盘生产资质，欧标托盘年产量居国内之首。公司检测中心获得国际安全运输协会（ISTA）颁发的“运输包装测试资质”及CNAS国家级实验检测中心资格。2011年2月被中国包装联合会认定为国内唯一的木质包装产业试验基地。同年获得国家商检总局检验检疫协会授予“中国质量诚信企业”荣誉。2013年在同行业中率先通过森林管理委员会FSC资质认证，并被工信部评为“机电产品节材代木示范单位”。

在托盘业内，公司先后获得“十大明星托盘企业”“首批托盘认证企业”“托盘品牌企业”等殊荣。作为长期担任托盘专业委员会副主任单位的前程公司，长期以来倡导“造标准托盘、促绿色物流”的理念，积极参与托盘标准化的建设。2014年9月，作为中国标准托盘第一起草单位，最重要的基础标准《联运通用平托盘——木质平托盘》国家标准正式颁布，使得我国继美、欧、日、韩标准托盘后有了中国的托盘标准，为我国标准化托盘的推广使用、为单元化物流和物流行业的进步提供了重要的支持。目前前程公司正积极参与商务部商贸物流标准化专项行动，参与制定《标准化托盘认证规范》《托盘共用系统管理规范》《托盘折旧等级评价》《标准化托盘质量验收规范》等。

公司现为中国物流与采购联合会托盘委顾问、副主任单位，中国交通协会托盘与单元化物流分会副会长单位，单元化物流联盟创始成员，江苏省检验检疫协会木包装分会会长单位，中国包装联合会常务理事，江苏省林业产业化龙头企业，中国包装百强企业等。公司在无锡新泰工业园占地 80 余亩，厂房面积 30000 平方米，2015 年销售收入超 3 亿元。公司现有职工 450 余名，本科以上学历人员 40 余人，研究生学历人员 7 名，长期聘请教授级专家及顾问 5 名，已经形成具有国内领先水平的物流包装的研发、生产、管理团队，为企业的进一步发展奠定了坚实的基础。

公司计划投入共计 500 万元，预计购置托盘生产线等设施设备约 20 台（套）。改造并新增机械化生产线 4 条，年产 100 万片以上 1200mm × 1000mm、1100mm × 1100mm 标准托盘能力。并在生产技术水平、产品质量、检测能力、生产效率、成本控制等方面领先于行业，成为标准托盘制造示范中心。至 2017 年 6 月，公司已完成 3 条标准托盘自动化生产线建设，配套设施完善，可年产托盘 60 万只（其中标准托盘占 30% 左右）。

公司多年来一直为推广标准化托盘的使用做了大量的工作。不但在行业内，在托盘委的支持下，牵头组织制修订国家标准，重视标准化托盘的生产，而且花巨资拍摄公益微电影《绿色重生》视频等，宣传使用标准托盘对提高物流效率、降低物流成本、节约森林资源保护环境的重大意义。同时在开拓市场、发展客户的过程中，力推标准托盘的使用，并与招商路凯、中包智能、全亚供应链等重点租赁企业及苏宁、顺丰、京东、洋河等企业建立合作伙伴关系等。

据相关统计资料证明，标准化托盘的使用，能使物流企业收货效率增加 20% 以上，运输成本下降 10%，货物破损降低 30%。该项目生产的标准化托盘将为物流成本的降低和效率的提高起到积极的作用。20 万只标准化托盘经一定的维护、保养，使用年限可达 10 年，每年使用仅以 10 次计，节约木材 42 万立方米，相当于 63 万立方米原木，等效于节约森林 3 万亩，可减排 48 万吨二氧化碳。

公司响应政府号召，推进我国标准化托盘的推广应用，促进物流效率的提高。始终以高效的社会责任感，践行“助推物流进步、保护资源环境”的企业使命。但使用企业并对使用标准托盘尚未有相关意识，使用规格繁杂纷乱。在这方面，也更希望得到国家政策的扶持，使我们更坚定信心，推进这一伟大的事业。

地址：江苏省无锡市新区新泰工业园锡鸿路 18 号

电话：0510 - 88551666

网站：www. qcpack. com

长沙达美包装科技有限公司

长沙达美包装科技有限公司，是中国绿色物流包装第一品牌，致力于木质包装的循环利用和标准木托盘的循环共用，以“诚信、效率、创新、共赢”为经营理念，依托国家两型社会改革试验区长株潭城市群，以中部中心城市长沙市为大本营，建立覆盖全国的回收服务网络，投入2000万资金建设绿色物流包装信息平台，成为行业内第一家线上线下融合的“互联网+物流”包装企业。长沙达美包装科技有限公司的母公司，湖南省达美包装有限公司，是湖南省物流包装领域的龙头企业，占地85亩，厂房3万平方米，是中物联托盘委理事单位，中国托盘企业30强，中国首批托盘质量认证企业，是三一重工、中联重科、中国中车、晟通集团、长沙博世等单位的重要合作伙伴。达美商标是湖南省著名商标。在物流包装新材料研发和新型物流包装箱设计、物流包装专用设备研发等领域，达美包装拥有20多项专利成果，是行业内首家省级高新技术企业。“雄关漫道真如铁，而今迈步从头越”，长沙达美包装科技有限公司，将与全国同行一道，为中国物流标准化，为中国单元化物流事业，做出自己应有的贡献。

地址：长沙市长沙经济技术开发区毛塘工业园

电话：4006118559

总经理：肖霄

网址：www. hnsdmbz. com

北京空天物联科技有限公司

北京空天物联科技有限公司（北京空天物联科技股份有限公司），是一家致力于单元化物流装备标准化模塑复合平托盘的研发生产销售以及引领和推动智慧物流带板运输和标准化托盘循环共用运营的“互联网+智慧物流”民营股份制高科技企业。公司成立于2014年，买断和研发拥有EPS+PET、石墨烯EPS及EPP高性能材料制造“模塑复合平托盘”的发明、实用新型及外观专利13项。2015—2016年同步研发出专用于3D打印建筑物、构筑物及建筑构件生产、储存搬运及运输防护的系列防护组件并获得专利。2017年9月，北京空天物联科技有限公司对“模塑复合平托盘”产品的制造工艺进行全面迭代升级，研发出“超轻高强模塑复合平托盘”产品，使模塑复合平托盘不仅适合“航空运输”同时适用于智慧物流公路、铁路、海运、空运联运带板运输和自动化智能仓储。由于空天物联模塑复合平托盘产品标准化并标配“RFID”射频芯片，超轻高强超长寿命的空天物联模塑复合平托盘必将成为全球智慧物流首选的专利品牌产品。空天物联科技联合浙江商帮科技有限公司研发建设的“智慧物流项目平台系统（以下简称智慧物流V1.0）”获得国家版权局计算机软件著作权。2015年年底，空天物联科技通过ISO 9001—2008国际质量管理体系认证。同年北京中关村盛景网联集团及中国动成长中小企业服务联盟授予空天物联智慧物流为首都“2015年度最具发展潜力企业”创业项目。2017年10月，空天物联科技加入中国交通运输协会托盘与单元化物流分会常务理事单位，成为中国单元化物流创始单位，并位列《中国单元化物流全书》的编委会副主任。

北京空天物联科技有限公司创业团队接受了北京盛景网联咨询培训集团高端咨询和培训，确定“创新×资本”双轮驱动发展战略，坚持“轻资产”和“轻管理”原则。1.0商业模式充分发挥公司持有多项模塑复合平托盘专利及现有华北地区呼和浩特市和东北地区通辽市大型模塑复合平托盘生产基地优势，研发生产超轻高强模塑复合平托盘产品。采用OEM授权建立国内10个年产30万~50万片模塑复合平托盘的生产基地，力争成为中国“复合托盘”细分市场的领军企业。2.0商业模式支持联运带板运输和推动标准化托盘循环共用系统运营，依托自主知识产权“超轻高强模塑复合平托盘”产品超轻、高强度、耐冲击、寿命长等优势，力争成为亚太领先智慧物流标准化“智能托盘”循环共用运营商。3.0商业模式将依托1.0商业模式建立的研发生产基地和2.0商业模式形成的物理服务网络，结合自主知识产权的“智慧物流V1.0平台系统”积累的行业及客户信息大数据，为未来各行业智慧物流提供领先及时的全息物流解决方案与服务。

公司模塑复合平托盘产品分超轻系列、标准系列和重载系列。超轻系列主要为标准九脚平托盘，适用于航空运输和一次性使用的应用场景。标准系列主要为川字脚平托盘，适用于公路、铁路、海运和自动化仓储货架场景使用。重载和特殊规格托盘适合军工以及民用特殊应用场合，多为双面托盘或非标规格动载静载超过 2 吨和 6 吨的应用场景。模塑复合平托盘特别适合非标定制，不受模具和机械设备大小限制，欢迎广大客户按自身需求提出定制。

公司在江苏南通建立了模具设计制造基地。在江苏昆山和苏州建立了 OEM 代工生产基地和托盘运营中心。同青岛战略合作伙伴建立了涂层材料研发生产基地。主要客户群覆盖世界 500 强和各大上市公司及互联网物流巨头。2017 年将启动股改，计划 2018 年 9 月登陆新三板，5 ~ 8 年实现主板 IPO。公司将成为中国领先的“复合托盘”研发生产与“标准化托盘循环共用”运营商。

地址：北京市顺义区赵全营镇兆丰产业园基地园盈路 7 号

联系人：张　炜 15810810566　张增建 18911188966

冯向升 15810960566　方向东 15810830566

网址：www. iotpaiiets. net

空天物联 www. cn - zhwl. com 智慧物流平台 1. 0

四川科华展示设备有限公司

四川科华展示设备有限公司是西部行业内知名的专业从事钢制书架、展示设备、物流设备、大型仓储货架等设备，集研发、设计、生产、销售为一体的经营实体。公司坐落于成都市新都工业东区，生产厂房占地面积50余亩，注册资金为1亿68万元。

自2004年公司生产部成立以来，经过近10余年的发展，公司凭借自身雄厚的技术和生产能力，不断地改进、更新业内技术和产品，生产出各类高品质的图书展示设备、物流设备及配套设施，销售业绩连年递增，总资产达8000余万元。公司已经成为西南地区较大的展示设备、物流装备制造企业之一，生产规模和研发实力居同行业前列。十几年来，公司已为石化、医药、机械、军工、汽车制造、食品、超市等行业设计、制造并安装了数千座货架和仓储货架工程项目，并以其精湛的工艺及完善的售后服务赢得了客户的一致好评，同时也给公司带来众多发展机遇。

公司选用优质的原材料，致力于各类可调试装配式仓储货架、巷道式货架、贯通式货架、移动式货架、重力式货架和物料器具存放的设计、制造、安装。从库区规划、产品选型，直至最终为客户解决仓储物料存放搬运和管理方面的一切问题，同时开发提供一系列仓库管理软件和仓储辅助用品。所有产品外形美观大方，拆装方便，任意组合，承载力大，可充分利用空间面积，提高仓储能力，可持久耐用等特点。材料采用宝钢产冷扎异形钢制作，表面经全自动喷塑处理，经久耐用，安装系数高，可按客户要求设计定做。

公司的主要产品有轻、中型仓库货架、重型立体高位仓库货架、阁楼式货架、悬臂式货架、移动式货架、贯通式货架、万能角钢货架、超市货架、方管货架及塑料托盘、钢制托盘、木制托盘、托盘搬运车、货架登高车、塑料周转箱、折叠式仓库笼等。

公司通过了ISO 9001：2008质量管理认证和ISO 14001：2004环境管理体系认证以及职业健康安全管理体系认证。目前公司拥有一个技术研发中心、一个销售公司和一个制造工厂及多支专业安装队伍，现有员工300余人，具有中高级技术职称人员40余人。从一个单一超市货架制造企业发展成为提供全系列产品展示设备、物流装备及多种自动化物流产品的大型企业。

发展要有新思路，工作要有新目标。2016年公司的预订发展目标是，在2017年年度强力出击，立足于全球市场高度与行业的巨头“合纵连横”，以从根本上确立科华公司的市场竞争优势，合资企业的运作，将对科华产品的市场全球化、产品技术含量的提升、综合管理水平的提高等产生根本性影响，也必将为科华的下一步发展建立坚实的基础。

为适应企业的发展，在现有基础上，公司早已筹备好位于新都工业园东区的新厂房基建项目二期工程，已于2016年下半年完工并投入使用，总投资达1个亿，修建厂房、办公楼及配套设施等，总占地80余亩。

目前，公司的产品已经遍布全国，已有3000余用户使用，并建立起全国性的销售网络，在重庆、贵州、广西、云南、湖南等地均设有办事处和售后服务机构，并在多个地区设立代理商。先进的设备成就卓越的产品：轧机生产系统全部采用国外技术和标准设计制造，先冲孔后冷轧保证型材不变形；PLC编程自动点焊应用在钢层板成型系统中，使得层板的加工精度与外形美观度比人工操作大幅提高；焊接生产线保证了科华公司标准构件焊缝光滑、均匀无焊渣，在提高焊接质量与稳定性的同时，大大提高工作效率；表面处理设备是新式的辊式抛丸机，利用钢丸的离心力原理，在对构件表面和机体没有损伤的同时，达到除锈与提高表面附着力的要求，由于不使用对环境有污染又影响产品使用寿命的酸洗技术，使生产环境和产品更加环保；喷塑由全自动静电喷塑生产线完成，能对构件进行自动清洗、磷化、表面喷塑，涂层饱满平滑，无色差。A线可喷塑单一构件最长达15米，B线横梁日产量可达1万根。科华公司目前引进的多种居国内同行前列的先进设备及自主研发的自动化生产线，不仅保证了产品的卓越品质，而且将人工操作因素对质量控制产生的不良影响降到最低，将原本是劳动密集型的行业转变成了大规模的现代化生产，在降低成本的同时，大幅度提高工作效率。人才是公司不断保持进步的动力，在钢结构力学理论和高位货架力学结构分析研究、抗震性分析与设计等方面具有专业的设计团队，使科华有能力不断推出新产品并优化原有产品结构，公司研发的各类关键构件部分已获得国家专利。科华公司的系列产品经过用户多年的使用，深受好评。

与公司一同成长起来的不仅是生产规模与实力，更有公司的理念和文化。公司的使命是倾注全部激情，整合一切资源，为客户提供最为优质的设备产品解决方案，使之价值最大化。公司的核心价值观是：诚信、用心、专业与高效，公司的经营宗旨是以致力于成为中国最专业、规模最大的展示设备、物流设备制造商为目标。具有雄厚的技术力量和产品开发能力，先进的生产设备，成熟的生产工艺及完善的质量保证体系。

为将关爱员工工作落到实处，本着提高员工生活质量、丰富员工业余生活、改善员工工作环境的原则，公司在每间员工宿舍配置彩色电视机；新建乒乓球、康乐球、电教室等活动设施；为减少生产车间的空气污染，新增排气扇200多个。

尽管如此，在未来的竞争发展中，我们要与时俱进，一方面要努力维护好国内市场的平稳快速发展，另一方面要积极开拓国际市场，我们将严格依照市场化的竞争法则与商业标准，真正做到国际国内市场的双赢。合理的方案、优质的产品、实惠的价格、完善的售后服务是我们的经营方针，在技术、管理、生产、质检及供应等各方面均严格按照质量手册进行，每道工序都经过我们货架公司和货架厂的严格控制和检验，持续不断提供超越客户期望的产品与服务，力争更大、更强、更久，成就一个全球化的物流设备集成品牌。

专业品质、用户满意是科华人矢志不渝的追求，我们相信为客户创造价值就是科华的价值所在。科华将以先进的管理、优秀的人才、自动化的设备向现代化物流装备企业高速迈进。以我们的专注、专业和热情构建起科华卓越的品质，一如既往为您提供科学的设计方案，以优质的产品，低廉的价格，竭诚为您服务！让我们共同期待科华的明天，物流设备制造业的未来！

地址：四川省成都市新都区工业东区永红路1288号

联系人：谭建全

电话：028－83921998

网址：www. sc－kehua. com

宁波东拓塑业有限公司

宁波东拓塑业有限公司是专业生产塑料托盘、塑料周转箱、塑料垃圾桶等仓储物流用大型塑料制品的企业。公司总占地面积 80 余亩，建筑面积达 30000 平方米，员工近 200 人。

公司拥有先进的中大型注塑机、吹塑机及焊机生产设备，同时拥有国内最具专业性托盘检测中心：有弯曲强度、拉伸强度、耐冲击强度、高低温试验、熔融指数测试等塑料测试设备。托盘年产能达 200 多万片，整体实力居行业前茅。

企业宗旨：创造塑料新价值；创造持续满足市场新需求的功能；创造企业、员工、社会共同发展的和谐环境。

一流的设施、设备是公司的基础。优秀的管理团队、良好的员工素质是公司的依托。现代企业管理体制是公司的保障。尽善尽美是公司的准则。

公司坚持质量无止尽、服务到永远、求真务实、开拓创新，广迎天下精英，与客户携手共创美好明天！

地址：宁波市慈溪市滨海开发区淞浦路 669 号

联系人：胡仁武

电话：0574 – 58987788

传真：0574 – 58986607

网址：www. dongtuo. net

邮箱：58987788@ dongtuo. net

芜湖宏春木业集团有限公司

芜湖宏春木业集团有限公司坐落在“长江巨埠、皖之中坚”且美丽富饶的安徽省芜湖市，是商务部确定的标准化托盘生产企业、中国标准托盘生产认定企业、中国物流与采购联合会托盘专业委员会“副主任单位”、单元化物流企业国际战略联盟常务理事单位、包装业国家标准及行业标准制定参与单位、国家级守合同重信用单位、省级高新技术企业，是木质托盘、包装箱、围板箱、钢带扣件箱、双玻组件包装箱和金属托盘、周转箱、高位库货架等的研发、设计专业提供商和专业制造商。

公司创建于1998年10月，注册资金3000万元，占地面积200亩，建筑面积70000多平方米，厂房规范、设备齐全，金属制品生产设有全自动化生产流水线、木制品生产设有先进生产设备、使用机器人生产正在调试中。公司年生产能力为各种托盘、包装箱、金属制品等300多万件套。

公司拥有员工450多人，其中聘用了专家、教授、专业技术人员成立了产品研发创新团队17人，已研发创新的“双玻组件”包装箱荣获2016年度“中国光伏领跑者技术创新贡献奖”、“新型金属折叠多功能周转箱”荣获中国物流与采购联合会科技进步一等奖；至2017年5月已获得国家级实用新型专利15项，国家级发明专利1项，另有3项发明专利和1项实用新型专利已申报受理待批中。

公司在行业率先通过了ISO 9001质量管理体系认证、ISO 14001环境体系认证、EPAL（生产商/维修商欧标）认证、FSC森林溯源认证，IPPC认证、并取得国家《出境货物木质包装除害处理标识加施资格证书》《出口危险货物包装容器质量许可证》。所有出口木质包装产品均符合ISMP15标准要求，所生产的产品符合欧盟RoHS检验标准。

公司与有业务往来的光伏、化工、汽车、电商、家居、建材、医药、食品、电子、机械、服装、烟草等行业的国内知名企业400余家建立了长期稳定、互信的战略合作伙伴关系。

“一分耕耘一分收获”，公司通过多年来的努力，企业产品覆盖全国大部分地区，境外出口日本、新加坡、泰国，配套包装出口英、法、美、日、韩国等。根据中国物流与采购联合会托盘委员会近三年的统计数据显示，芜湖宏春木业集团有限公司托盘销售额已进入全国销售前十强，同时还获得了“ 中国质量诚信企业”、省级“农业产业化龙头企业”、省级“林业产业化龙头企业”“民营科技企业”“A级纳税信用单位”“民营百强企业”“安徽省著名商标”“安徽名牌产品”等，中国驰名商标已在申报中。

厚德载物、信誉天下。芜湖宏春木业集团有限公司凭借超前的意识和优秀的管理团队及高层次技术人才团队，与时俱进、力求质量、品牌，努力提高服务，全面开拓市场，积极参与企业建设，共同描绘企业宏伟蓝图。

集团公司企业领军人物、董事长向先春先生，1963 年生，安徽芜湖人，大专文化，中共党员，芜湖市鸠江区人大代表，中国物流与采购联合会托盘专业委员会副主任，芜湖市企业家联合会副会长，芜湖商会副会长，2012 年入选芜湖市“千名人才”计划。

1986 年年初毅然辞去政府工作下海进入托盘、包装行业，从芜湖市林业局物资公司业务经理开始积累了一定的经验；于 1998 年投资创建芜湖宏春木业有限公司，任总经理；2009 年组建芜湖宏春木业集团有限公司，任董事长至今。

向先春创建的企业，是主要从事包装业研发、设计的专业提供商和专业制造商。该企业茁壮成长，由小到大、由弱到强。目前集团旗下有“芜湖县宏鑫达包装科技有限公司”“芜湖宏春集团丰惠纸栈板制造有限公司”“芜湖宏春集团昌顺金属加工有限公司”“芜湖宏春集团新科教学设备有限公司”“芜湖宏春集团世通纸木工艺包装有限公司”“芜湖县煜明木工机械设备有限公司”等，占地面积 200 余亩，总建筑面积 7 万多平方米，固定资产总投资 1 亿多元，规划设计年生产能力各种托盘、包装箱 300 万件（套）。近几年销售额逐年增长，呈 30% 左右的递增，2014 年中国物流与采购联合会托盘委员会专致贺信，祝贺芜湖宏春集团在同行业中销售额进入中国托盘行业前 10 强，2015 年 7 月统计综合实力名列全国同行业第二，2016 年销售收入达 2. 5 个亿。

“梅花香自苦寒来”，向先春通过辛勤努力，使得公司上下一心、通力合作，先后荣获省级“林业产业化龙头企业”、“林业产业发展突出贡献先进企业”、“民营科技企业”、“A 级纳税信用单位”、国家级“守合同重信用企业”、“高新技术企业”；“安徽省著名商标”、“安徽名牌产品”、安徽省民营百强企业等一系列殊荣。向先春本人淡然“金杯银杯”，但在地方和行业中有较好的口碑，同时他热衷公益事业，多次捐资赈灾、捐资助学，每年定期为孤寡老人送温暖等。

向先春创业一路走来，饱含酸甜苦辣，但他乐在其中、非常豁达，大智若愚、海纳百川，精心谋划、知人善任，打造了一支素质较高的管理团队，使得企业不断发展壮大。可以说，如今的芜湖宏春木业集团有限公司已形成了规模生产，销售势头强劲，与国内外数百家知名企业建立了长期稳固的战略合作伙伴关系，信誉誉满天下。新的客户每年都在不断增加，企业持续向好、稳步发展，目前正在积极运作筹备上市工作。

向先春的企业——芜湖宏春木业集团有限公司明天会更好！

地址：安徽省芜湖市鸠江区清水工业园

电话：0553 – 5858008

传真：0553 – 5852008

邮箱：xiang@ hong – chun. com

网址：http：//www. hong – chun. com

苏州大森塑胶工业有限公司

苏州大森塑胶工业有限公司是2002年成立的民营股份制企业，注册资本3000万元，是物流塑料单元化集装器具专业制造商。致力于可循环物流包装产品的开发设计和营销；将可循环物料包装系统替代一次性包装；在仓库储存、产品分配和循环运输系统方面向国内外客户提供高品质、高环保的产品和服务；在塑料物流周转用品的研究和实施方面趋于国内领先，同时为特殊行业、特殊用户提供革新设计方案。

公司拥有大、中、小系列注塑机30多台，具备了较强的产品生产能力和仓储运输能力，年生产能力达到25000吨。公司致力于可循环物流产品的开发设计和营销，年服务的客户有2000多个。公司主要为国有大中型企业及世界知名公司提供物流、仓储及包装等解决方案，降低其物流仓储成本。公司自主开发的主导产品：智能电力周转箱、斜插式物流箱、可堆物流箱等在各省市电力公司及各大企业的物流、仓储领域得到了广泛应用，受到了广大客户的一致好评，在行业中处于领先地位。

产品主要覆盖领域：汽车、电子等制造业领域、商业物流配送领域、烟草物流配送领域、图书分拣配送中心、医药物流配送领域、电力分拣配送领域、自动化立体仓储领域等。

公司拥有自主知识产权48个，获奖专利产品3大系列72个产品。公司制定了6项企业标准，并同时参与了4项国家和行业标准的制定，推进了本行业标准化的进程。

公司发展轨迹：2002年大森公司成立；2003年进入中国烟草行业，产品成为该行业标准；2004年进入新华出版行业，产品成为该行业标准；2005年参与了《塑料物流周转箱》国家行业标准的制定；2006年进入中国医药行业，产品成为该行业的标准；2007年国家发改委正式发布BB/T 0043—2007《塑料物流周转箱》行业标准；2008年由于公司发展需要，内部股份改革；2009年获得中国人民银行“721工程”国家重点项目，进入金融行业；2010年投入智能电表周转箱的前期研发和试验工作，并参与国家电网计量周转箱行业标准的制定；2011年公司被评为“民营科技企业”“江苏省现代物流塑料单元化器具工程技术中心”“中国物流装备十大新锐企业”；2012年公司被评为“中国物流装备十大客户满意品牌”；2013年公司被评为中国物流与采购联合会托盘专业委员会理事单位；2016年公司被评为“单元化物流企业国际战略联盟常务理事单位”；2016年“中国物流知名品牌（托盘与单元化产品）”、“中国标准塑料周转箱生产示范基地”。荣获京东商城华北分公司2016年度优质合作供应商；2017年公司荣获中国绿色仓储与配送技术与设备标识授权证书。

公司使命：

（1）倡导全新环保理念，以可循环物料系统替代一次性包装；

（2）在仓储、周转配送循环系统方面，为国内外用户提供高品质的标准系列产品及服务；

（3）在塑料物流周转用品的研究实施方面趋于领先；

（4）为特殊行业、特殊用户提供个性化设计方案。

公司在国内多个案例的成功实施中积累了丰富的经验，并推动了行业进步和发展，在广大用户的好评中树立了自主品牌。公司在未来的发展中将继续不断超越自我，将以一贯的诚信姿态为广大消费者服务；用最新的理念运用在产品设计中，使更多的用户享受优质产品、优质服务同时，享受到前沿技术的运用而带来的更多便利！

地址：苏州高新区新亭路 58 号

电话：0512 - 68632228

网址：www. dasen. cn

苏州科见五金制品有限公司

苏州科见五金制品有限公司成立于1979年，于2000年在上海成立分公司，至今已17年。从事于进出口生意，代理日本MAX托盘打钉枪；自动托盘打钉机在国内的销售，产品以高品质，耐用度长久，在国内获得业界好评。2012年，在国内苏州投入生产自动托盘组合打钉机，机器配件采用国外知名品牌，产品生产托盘速度快，耐用度好，价格优适，也获得客户良好的评价。根据客户的需求，定制化的服务，也适合各种大小型产能的客户，欢迎购买MAX钉枪及自制的托盘自动打钉机，欢迎参观考察！

地址：苏州市太仓市浏河镇东元路26号

电话：0512－53716881

联系人：林先生

佛山市鹏威塑胶制品有限公司

佛山市鹏威塑胶制品有限公司创办于1983年，是一家大型塑胶制品的企业。公司专业生产塑胶托盘、塑胶物流箱、塑胶周转箱、塑胶周转箩、塑胶储物桶的企业，是中国塑胶托盘协会会员和中国物流与采购联合会常务理事单位。

公司占地面积60000多平方米，建筑面积40000多平方米，公司拥有先进大型注塑成型机32台。现年产塑胶托盘200万块，产品出口到欧美、东南亚国家和地区。塑胶托盘、塑胶物流箱、塑胶周转箱、塑胶周转箩、塑胶储物桶等产品畅销全国各地。产品以塑代木，以塑代纸符合环保要求。企业通过IOS 9001：2008国际质量管理体系认证与IOS 14001环境管理体系认证证书，荣获广东省守合同重信用企业、安全生产标准化三级企业证书。

公司追求完美品质，务求每一件产品都令客户满意、放心。本公司生产的产品广泛使用于汽车、食品、烟草、医药、造纸、印刷、电子、电器、化工、纺织、服装、造鞋、仓储、物流、五金、环卫、工业、农业等行业。

公司主要客户为可口可乐、百事可乐、百威英博啤酒、华润啤酒、益海粮油、中石化、中石油、中烟、中盐、中粮、娃哈哈、王老吉、农夫山泉、光明乳业、伊利乳业、蒙牛乳业、顶新集团、统一企业、联华超市、家乐福、TNT、唯品会、顺丰速运等诸多海内外知名集团公司提供优质产品和服务，并长期合作。

我们相信，真诚对话是成功的开始。正是因为我们聆听并理解每一位客户、每一名员工，我们才得以取得今日的成就。请开始您在鹏威塑胶的合作之旅吧！

擅长订制产品，专属服务领先一步；

鹏威塑胶（PW）价值观：履行、关怀、协作、创新。

公司文化：

中国鹏威（PW）的成功在于我们忠于四大核心原则：关怀—协作—创新—履行。我们在设定缓急先后、决策、厘定表现、合作等各方面时，也铭记这四大原则。

在中国鹏威，我们以人为本，并拥有最优秀的工作团队，为客户提供最优质的产品及服务，也为公司创造更辉煌的未来。

产品介绍：

货架托盘：即为仓库或立体库上货架的专用托盘，上货架的塑料托盘一般要求要在托盘的内部加钢管，钢管的数目可以根据实际的承载需求，加入不同的数量；货架托盘承载都比较大，一般动载达到1.5吨，静载达到6吨，货架承载可达到0.8～1吨，因此比较适合放置比较重的货物。选用货架托盘应根据不同结构的货架（横梁式货架、驶入式货架、重力式货架、机械手自动货架、自动化立体库等）选择。托盘上货架时，应保持托盘在货架横梁上平稳放置，托盘长度应大于货架横梁外径 50 毫米以上。货架托盘在食品、烟草、化工、医药等制造行业应用最为广泛，有网格川字型、网格田字型、平板田字型、网格双面、平板双面等不同形式，适合不同的用户使用，最常用的是网格川字型。

标准托盘：是指适合在平地上使用的托盘，是一种与叉车配套使用的必不可少的物流设备之一可装载、堆垛、搬运货物，一般不建议在货架上使用，因为标准托盘承载量不是很大一般动载达到 1 吨、静载达到 4 吨，较重的托盘在货架上也只能达到 200 ~ 300 千克很容易因为超过承载量而发生危险，所以还是适合放置一些不太重的产品。标准托盘有网格川字型、网格田字型、网格双面型、平板川字型、平板田字型、平板双面型等不同形式，适合不同的用户使用，最常用的是网格川字型和网格田字型。

轻型托盘：是指适合在平地上使用，对承载要求不高的托盘，也是和作为包装托盘与货物一起运输。轻型托盘一般动载只有 0. 5 吨，静载只有 2 吨，绝不允许在货架上使用。

防潮垫板：是指在仓库静置货物的塑料垫板，不能使用叉车，不适用于货物的周转及运输。我司防潮垫板有两种，一种是可拼接的轻型垫板，一般只能承载 0. 3 ~ 0. 4 吨；另一种是不可凭借的重型垫板，一般承载是 3 ~ 5 吨。

塑料周转筐：是指塑料周转箱、塑料周转箩、塑料物流箱，可按客户需求选择尺寸，方便储存、周转零散货物，可与塑料托盘配套使用。

中空吹塑托盘：是一种全新概念的塑料托盘，采用超高分子量 PE 吹塑而成，是目前世界上自重最轻、载重最大的托盘，可长期暴晒在烈日下（抗紫外线）。载重和使用寿命是塑料同类托盘的 3 ~ 4 倍，使用寿命是木托盘的 10 倍。高低温环境：耐高温达到 70℃，寒带地区、冷冻库，耐低温 -40℃，可长期放置于冷冻库。外形美观：每块托盘设计均经过计算机软件受力分析。抗冲击张度高：采用超高分子量聚乙烯 HM-WHDPE 多种组合配方。使用寿命长：保密配方形成网络交联状分子结构。物流业：可方便收纳，坚固价廉。仓储业：半自动或自动仓储均适用。化学业：抗酸碱化学品。材料强度：耐冲击特性比普通 PE 与 PP 强度高四倍。其他特点：结合压吹成型，射出技术生产，可承受高载重之结构设计。超高分子量 PE，耐化学性，防水，防晒，防虫蛀且无毒性、无异味。产品无使用螺丝钉，无尖锐角且摔落不易破，确保人员操作以及装载物品的安全性。适用于物流业同，药品业，电子业及化工使用。便于清洁后重复使用。专为高承重，耐冲撞，防滑等功能需求设计而成。易堆叠，可节省运输收纳空间。具高运输性，可使用堆高机或油压拖板车由四方向或两方向操作。百分之百可回收再利用。

地址：佛山市南海区西樵科技工业园广兴路 7 号

电话：0757 - 86803870

网站：www. gd - pengwei. com

武汉爱帮供应链管理有限公司

武汉爱帮供应链管理有限公司是一家物流载具综合服务平台型企业，主要提供包括物流载具租赁、销售、回收和流通等综合一体化业务，以及售后回购、回购返租、以租代售、融资租赁等多元增值业务。公司以其开放心态和共享思维，与高宇包装、东波塑业、正基塑业等多家国内知名载具制造商结成了紧密的资本共融、资源共建伙伴关系，能够保障物流载具在全国范围内及时供应，并提供给客户定制化、综合性解决方案。

公司以联合全国各地载具制造商、回收商、租赁商、物流公司以及货主企业（生产制造企业、商贸零售企业、电商及农产品企业等）为主要手段，并利用移动互联网、物联网等前沿技术，旨在打造一个基于物流载具开放式连接的创新物流生态圈。

公司理念：

◆ 标准化：物流转型之基

要破解我国物流“散、小、乱、差”的困境，促进我国物流产业转型升级，必须大力发展物流标准化，物流标准化又必须从托盘标准化抓起，从而带动产品包装标准化、集装器具标准化、仓储设备标准化和运输装备标准化的发展。

◆ 单元化：高效物流之本

货物高效流通的前提是要解决货物分合有序的问题，其中关键技术就是集装单元化技术，这才属于物流独特的底层技术，发展单元化物流是促使物流最终向自动化、信息化和智能化演变的基本前提。

◆ 循环共用：绿色物流之道

在新经济时代，绿色、环保、健康已成为时代发展的主题，物流资源的重复投入、利用率低下的弊病亟待改善，促进托盘、料箱、叉车、集装箱、运输车辆等物流资源回收再利用和循环共用是物流人的使命。

公司使命、愿景和核心价值观：

◆ 使命：引领单元化物流之道，承载中国新商业秩序与新商业文明

◆ 愿景：打造基于最具创造力的单元化物流综合服务平台

◆ 核心价值观：开放豁达、协作分享、互惠共赢、长远发展

地址：武汉市东西湖区七雄路海峡创业城二期 1 栋 405

电话：027 －83090317　13349981817

网址：www. unitlogistics. com

昆明天爵经济发展有限公司

昆明天爵经济发展有限公司成立于1996年10月24日，注册资金800万元，是专业的木托盘、烟丝箱、烟叶箱生产、制造商。主要产品包括：国标木托盘（GB/T 4996—1996）、烟草行业专用木托盘、烟丝箱、烟叶箱（YC/T 215—2007）、各个行业的行标木托盘及各式非标木托盘、烟丝箱、烟叶箱。

目前，主要面向的客户群体为：烟草工业、商业、药业、食品业、酒业、出版业、乳业、印刷、军品、电力、光伏、化工、能源、铁路运输、公路运输等各行各业的自动化物流系统高架库、平库及人工操作平台。

为适应市场变化，满足用户需求，公司于1998年成立了木制托盘研发部。在大量跟踪、研究国内外同类产品的基础上不断改进、完善质量管理，形成了木制托盘系列产品。产品质量达到国家工业标准（GB/T）4996—1996、烟草行业木托盘行业标准（YC/T）215—2007、德国工业标准（DIN）15145及日本工业标准（JIS）的要求。

自2000年起先后独立承担了国内十几家烟草行业“十五”“十一五”“十二五”规划技术改造自动化物流系统高架库项目配套木托盘、烟丝箱、烟叶箱的设计和制造。

2002年，公司研发部经过长时间积累、大量地试验、反复地论证、不断地完善，开发出松木指、拼接工艺木托盘。于次年推广并投入使用。产品具有外形美观、防腐防虫、坚固耐用、不易变形、防滑耐磨、承载力大、使用寿命长等特点。走在了托盘制造业最前端，开创了家具工艺、用料做木托盘的先河，为整个托盘制造及客户体验带来一次革新。

2002年，随着公司业务的拓展，我们专注强大的核心业务，以此为基础，实现企业的有机增长，依托上海特有的优势，成立了“上海天爵木业有限公司”，建立了生产和技术研发基地。并在同行业率先通过ISO 9001质量管理体系认证。几年来，公司以客户、产品、技术和销售渠道定义核心业务，把握现代物流发展方向及行业技术装备水平的趋势。目前，已发展成为国内集烟丝、烟叶储存箱、木制托盘设计、制造专业生产商。其产品销往华东、华南、华北、西北、西南等地区。广泛应用于工业、商业企业立体高架库、平库、周转库及国内物流产品配送中心。

2002年开设“上海天爵木业有限公司”；

2003年成为“中国物流与采购联合会托盘专业委员会委员”；

2004年成为“美国国家物流协会”会员；

2006—2007年荣获“中国物流知名品牌”称号；

2006年配合国家烟草专卖局制定《烟草行业木托盘行业标准（YC/T)》（215—2007）提供所有做试验样品托盘；

2007年3月申请“烟丝贮存箱外观设计”专利证书，于次年6月被授予专利权；

2007年4月申请“烟丝贮存箱实用新型”专利证书，于次年3月被授予专利权；

2007年10月申请“烟丝贮存箱外观设计”专利证书，于次年12月被授予专利权；

2009年1月申请“指、拼接工艺木托盘实用新型”专利证书，于次年5月被授予专利权；

2009年6月注册“天爵商标”；

2012年被评为中国“托盘企业30强”；

2013年成为“中国物流与采购联合会托盘专业委员会理事单位”；

2013年申请并获得许可的“烟丝箱及烟盖”专利7项；

2014—2015年成为“中国托盘质量认定企业”；

2015年获“安全生产标准化”证书；

2016年正式通过ISO 9001质量体系认证；

2017年成为“中国交通运输协会托盘与单元化物流分会理事单位”。

经过核心团队21年的艰苦创业与不懈努力，现已成长为一家集产品的研发设计、制造加工、产品销售等业务于一体的多元化企业。是西南地区乃至中国现代物流行业最具竞争力与发展潜力的民营企业之一。

木制托盘是广泛应用于整个生产和流通领域的一简单高效的物流工具，在某种意义上，一个社会对托盘使用量的大小，代表了整个社会物流水平的高低，同时，托盘的大量使用，对叉车等组合工具工业也有着积极的促进作用。托盘与叉车的组合，是物流现代化对搬运业的最大贡献。公司将为物流的发展，努力做好每一片托盘产品！

“技术专业、态度专注、服务专一”是公司的理念。公司本着“竞争、服务、卓越”的企业精神，凭借一流的设备、丰富的生产管理经验、高素质的员工队伍、良好的信誉和服务、出色的产品质量，在激烈的市场竞争中不断地探索、前行、发展。以更加完美的状态和更加积极的态度，为新老客户服务。

公司名称：昆明天爵经济发展有限公司

地址：昆明市穿金路205号霖岚广场B座1813—1814号

邮编：650041

电话：0871－63156758

传真：0871－63104172

网址：www.tianjuewood.com

联系人：马慈芬（13708899322）

公司名称：上海天爵木业有限公司
地址：上海市松江区车敦镇新加路 198 号
邮编：201611
电话：021 - 57609499
传真：021 - 67740479
E - mail：tianjue@ vip. sina. com
联系人：杨美丽（13816801004）

金源集团芜湖祠山包装有限公司

金源集团芜湖祠山包装有限公司坐落于安徽省芜湖市东郊，前身是乡镇企业，是芜湖木器行业的创始单位、领头人。1998 年改制为金源集团芜湖祠山包装有限公司。南邻黄山、九华山，西与大别山相连，毗邻方特，近大白鲨海洋公园，与鸠兹古镇遥遥相视。现有场地 26000 多平方米，厂房 11500 多平方米，下设 3 个组装分厂，现有员工 180 余人，年生产能力 260 万套，年销售额近 2 亿元。是一家专业从事木托盘、木包装箱和木质包装产品的制造商和木质包装产品设计的提供商。公司生产各种规格、不同型号的木托盘、木制包装箱、货架、标准化托盘、欧标托盘、CP1 ~ CP9 化工行业专用托盘、铲板以及胶合板托盘（免检产品）等，产品主要销售到广东、山东、上海、江苏、浙江等国内大中城市，大部分产品随货同行出口到欧盟、美国、日本、新加坡及港、澳、台等国家和地区。

公司拥有一流的管理人才和科学管理体系，下设经营管理副总经理、财务副总经理，并设安全生产部、供销部、财务部、工会、质检部、采购部、合同科。率先通过 ISO 9001 质量管理体系认证。是同行业中唯一的一家获得国家级、省级“守合同重信用”单位。率先获得中华人民共和国安徽省出入境检验检疫局颁发的“出境货物木质包装除害处理标识加施”企业。使企业出口产品又上了一个新台阶。在规模化运作、规范化经营管理的发展中，祠山包装始终秉承“以人为本，客户第一，质量至上”的宗旨，全面优化运作流程，为员工提供施展才华的平台，为客户创造最大的经济效益。多年来，被省、市相关职能部门授予“安徽省林业产业化龙头企业”；市农业产业化“龙头企业”；芜湖名牌产品；安徽名牌产品；芜湖市知名商标；安徽省著名商标；标准托盘生产认定企业等多项荣誉称号，连续多年被安徽省国税局和安徽省地税局评为 A 级纳税信用等级企业和芜湖市九部门评为百强民营企业，曾多次获得政府及职能部门的嘉奖。它是物流标准化试点企业、中国物流与采购联合会托盘专业委员会理事单位、中国托盘质量认定企业、中国托盘质量品牌企业、单元化物流企业国际战略联盟创始单位，是参与木托盘制定国家标准及行业标准企业单位之一。

公司法人代表、董事长兼总经理夏可玉先生是芜湖市劳动模范、市人大代表、市民营企业协会副会长。鸠江区人大代表、工商联副会长、清水街道木器行业总支书记。原芜湖县政协常委、人大代表、工商联副会长、党代表。

公司近年来不断加大先进设备的引进工作，先后装备了台刨、压刨、合力叉车、节电器、木材测湿仪、双头锯、自动打磨机等先进的生产和检测设备，实现了高效快速的生产方式。公司先后装备了游标卡尺、电子计重台秤、EPAL托盘检测器具、除害处理自动数据采集系统和检验检疫局联网等。

公司管理基础稳固，人力和物力资源充沛，产品市场前景广阔，全体员工上下一心，众志成城，依托技术进步，秉承优良传统，恪守公司宗旨，不断行进在行业技术的前沿。展望未来，“强化质量管理，确保公司荣誉，致力科研开发，争创世界水准”，是企业永续不变的理念。为更好向客户提供整体包装一条龙的特色服务，公司坚守以市场为导向，技术为核心，从选材、加工到销售全过程，层层把关。在生产过程中，一直以安全生产、提高质量为目标，让品质值得信赖，让客户使用满意。

公司现有新老客户180余家，已和国际、国内众多知名企业建立常年业务合作关系。如德国巴斯夫、瓦克化学、赢创特种化学；法国欧尚、圣戈班；美国富林特化学、奥麒化工、亚什兰化工、英威达化工；国内青岛海尔；广东美的；扬子石化等。拥有多个营销办事处及售后服务中心，由专职人员全方位跟进服务，及时了解客户需求。健全的服务体系，良好的产品声誉，让公司长期以来深受新老客户一致好评。

公司销售部下设客服中心，专门负责售后服务的全面工作，包括服务记录、服务方式，公司一直致力于在各主要销售区域设立办事处，并负责对所分工区域范围内的所有用户提供及时快捷的服务，目前在山东、浙江、上海等省市设立了办事处，境外办事机构正在有条不紊的筹建中。客服中心在做好日常服务管理工作的同时还研究、收集客户和办事处的信息以及市场动态等，为加强客户关系、改善经营管理、促进市场营销等方面为公司决策层提供可靠的数据资料和合理化建议。

公司下设销售部客户中心负责对客户相关工作的管理，通过客服电话、走访记录、来电来函、专项问卷调查等形式与客户进行信息沟通，收集顾客反馈的质量信息。

对于所有收集的客户反馈信息，各部门建立了畅通的客户沟通渠道，按流程管理，确保了客户的质量信息能及时反馈到相关部门。客服中心的信息管理人员将收集到的客户反馈（含客户投诉）记录整理并及时传递到公司决策层、质量管理部门和相关车间，并跟踪质量问题的处理及改进进度，确保处理结果第一时间反馈给客户。

公司承诺：

客户责任：产品质量、售后服务、科技创新、品牌信誉

员工责任：维护权益、成长平台、温暖工作、文体娱乐

伙伴责任：股东回报、创造价值、公平交易、公平竞争

环境责任：低碳绿色、循环经济、防污治废、生态文明

公益责任：扶贫济困、社会公益、福利事业、新农村建设

紧紧围绕“品牌、诚信、责任、绿色、和谐”的企业社会责任为主体。以责任促发展、以责任铸品牌、以责任拓市场、以责任树形象。潜心打造责任企业，努力构建

承担社会责任的排头兵企业，实现企业发展与践诺社会责任的和谐发展。

面对新形势、迎接新挑战，制定建设一流、巩固一流、发展一流的奋斗目标。力求在原有基础上再发展。公司下一步打算准备上自动化生产木托盘流水线数台，胶合板、刨花板、纸板、塑料包装等一条龙生产流水线，既替代木材，又提高产品等级和质量；利于环保，增加品种，扩大市场占有率，满足广大客户的需求，使行业产品再上一个新台阶，为地方经济发展做出更大的贡献。

地址：安徽省芜湖市鸠江区清水创业园

电话：0553 - 8297577

网站：www. cs - packing. com

郑州安江物流包装有限公司

郑州安江物流包装有限公司位于郑州市登封市三里庄高新工业园区，是商务部确定的标准化托盘生产企业、中国标准托盘生产认定企业、中国物流与采购联合会托盘专业委员会会员单位、中国单元化物流企业国际战略联盟常务理事单位和创始单位、中国托盘质量认定企业和品牌企业、河南省物流协会会员单位。

公司通过了 IPPC 认证、ISO 9000 质量管理体系认证，是河南省首批通过的《出境货物木质包装除害处理标识加施企业》，是河南省外贸出口包装品指定的供应商之一。公司主要生产木制品垫仓板、木托盘、铲板、免熏蒸托盘、胶合板、包装箱及半成品的加工制造业务，产品广泛用于物流、仓储、港口、码头、机械、建材、化工、纺织、食品、超市、五金电器等行业。公司始建于 1998 年，历经 20 年的发展，公司占地面积 2 万平方米，注册资金 100 万元，生产设备，软硬件设施一应俱全，公司下辖木材加工厂、组装厂、产品热处理厂，年生产托盘、包装箱 30 万件/套。欢迎各界人士来厂考察。

地址：河南省登封市大金店三里庄工业园区

电话：18638679366

网址：www. ajtyopan. com

南京升泰环科供应链管理有限公司

南京升泰环科供应链管理有限公司（以下简称南京升泰环科），成立于 2013 年 8 月，是由仪征市升泰环境材料有限公司主要股东为投资人，为减少一次性、非标木托盘使用造成大量木材资源浪费和环境破坏，而成立的专业从事标准化托盘租赁服务和托盘公用系统建设的供应链管理公司。2016 年 6 月被认定为首届“单元化物流企业国际战略联盟”理事单位，为商务部和南京市商贸物流标准化示范单位。

南京升泰环科坚持“绿色、低碳、智能、循环、节约”的基本理念和原则，以降低成本、提高物流效率为根本，进一步坚持市场导向，加强标准化托盘使用推广，着力建设标准化托盘共用系统体系，促进商贸物流快速发展，为经济社会发展发挥更明显的支撑作用。

目前，南京升泰环科围绕南京都市经济圈，依托仪征升泰、滁州升泰关联企业，分别建立了两个——标准化托盘 CMC 中心，并通过建立全国范围的运营网络体系和 WMS 电子平台管理系统，打造出以南京升泰环科为龙头的标准化托盘租赁、仓储、生产、回收、维修、消毒、配送等功能齐全的托盘租赁服务企业。

南京升泰环科 CMC 中心之一——仪征市升泰环境材料有限公司（关联企业），划出标准库 2000 平方米，同时配有原材料仓库、维修车间、专用车量与之协同配套。

仪征市升泰环境材料有限公司成立于 2002 年 4 月，注册资金 500 万元，是专业从事托盘生产的基地，位于江苏省仪征市北郊金营工业园区，宁镇扬“金三角”的中心地带，公司占地面积 15000 平方米，是中国物流与采购联合会托盘专业委员会创始成员单位及常务理事单位之一，是国内最早、苏北地区最大的出口免熏蒸托盘生产制造企业，2009 年被亚洲托盘系统联盟和中国物流与采购联合会托盘专业委员会授予“中国十大明星托盘企业”称号，2010 年公司董事长王小兵被授予“中国十大托盘企业领军人物”，2012 年被评为“中国托盘企业 30 强”，2013 年被评定为“首批中国托盘质量认定企业”，2015 年被评为“中国托盘质量品牌企业”。

南京升泰环科 CMC 中心之二——滁州市升泰包装有限公司（关联企业），可为南京升泰环科提供 2000 平方米周转仓库，并同时配套仓储、维修、生产、消毒服务。

滁州市升泰包装有限公司成立于 2015 年 9 月，位于滁州金集镇工业园，现有工业标准厂房 4000 平方米，是专业从事木质标准托盘仓储运营、生产维修、材料烘干及成品热处理消毒基地。公司拥有国内先进的热处理电子监管系统、蒸汽干燥窑炉和包装检疫隔离仓库。通过了安徽省检验检疫局审核批准和 ISO 9001 质量体系认证。

十多年以来，公司在中国托盘委员会和吴清一教授的领导下，一直积极参与《联运通用平托盘　木质平托盘》国家标准和亚洲木质通用托盘标准的调研、论证、制定等工作，为中标托盘在市场中的运用和逐步推广做出了积极努力。

2011 年 6 月 17 日《中国包装报》（第 4391 期）对公司关于物流过程中政令多出和标准化不一问题，发表了“律出多门——仪征市升泰环境材料有限公司遭遇的尴尬与反思”专题报道；2013 年 11 月 29 日（第 4984 期）又专题发表了“去种树，不如让托盘转起来——南京升泰环科公司推出托盘循环租赁服务”介绍及评论，标志着升泰公司对托盘标准化可循环化共用系统的认识已经成熟，并形成了租赁销售（南京）、生产制作（仪征）、仓储维修与热处理消毒（滁州）三位一体比较完备的生产经营服务体系。

2017 年 7 月，公司参与江苏省《城市共同配送管理服务规范 》《城市配送仓储货架管理规范》地方标准的编写，为托盘共用方面提出规范、要求及在共用过程中存在的相关问题作进步解释。

2015 年，仪征升泰公司木托盘产量为达 30 万只/年，其中木质标准托盘生产产量已由过去的 5% 左右，上升到 20% ~30%，并且随着商贸物流 1210 标准托盘的需求增大，今后标准托盘的生产占比将进一步提高。

目前，在循环租赁业务上，南京升泰环科已与华北、东北、西南、华南等全国主要省会城市同行及相关企业，建立了循环租赁合作联盟及 50 多个服务合作网点，并于 2015 年 4 月，南京升泰环科进一步整合产品资源，与合作伙伴共同搭建电子信息平台及回收、维修、清洗、物流配送平台，重点在商贸物流领域、粮油、汽车、石化等领域，推广标准化木托盘、钢木托盘、塑料箱式托盘租赁业务，使标准化托盘租赁业务逐渐成为企业的主营业务，真正实现企业由单一的生产型向生产服务型企业的转变升级。

升泰公司的产品及材料分别通过欧盟 ROSH 指令的 SGS 检测、欧洲和美国加州的甲醛检测、江苏危险品包装检验检疫测试、CCIC 扬州商检检测论证等。公司在执行单元化物流标准方面主要应用了国家托盘标准（GB/T 31148—2014，包括中国托盘标准化体系 GB/T 3716—2000、GB/T 1934—2007、GB/T 4995—1996 等），通过联动循环的模式，带动上下游企业（单位）应用托盘标准，推动仓储、货架、运输工具及道路等现代物流标准化建设。

公司一定范围内，建立起托盘共用系统，改变现有企业托盘使用模式，即购买一次性托盘转变成租赁循环多次使用。特别是重点推广的动态租赁模式，实现了异地回收、客户自我或第三方回收，以及联盟系统交换等模式，使托盘从静态走向动态循环，既避开了国内特大托盘租赁企业的价格竞争，又实现了租赁收入的提高和社会资源共享的好处。

根据核算，公司运营能减少托盘生产的1/3，做到节约森林资源，为企业节能降耗做出贡献；托盘标准化推广，改变目前非标托盘不能进入社会化物流领域的现状，整合产品从装卸、搬运、保管、运输，一条龙服务，对企业的产品直接走向大型商贸物流、连锁超市提供了便利，加快物流速度，降低物流成本，增加产品的竞争力，对促进绿色环保起了积极推动作用。

地址：南京市玄武区花园路8号1栋158室

电话：0514－83667389

网站：www. nj－shengtai. com

盘转天下（北京）科技有限公司

盘转天下（北京）科技有限公司是一个基于物联网应用的单元化载具循环共享平台，采用先进的科技，独特的开放式共享模式，通过整合社会资源提供开放式标准化托盘共用服务，应用物联网技术，植入有源芯片实时跟踪托盘流转、帮助用户和服务商简便、快捷、准确地管理托盘资产。并通过大数据支撑供应链上下游企业的库存、生产、物流优化。通过找托盘平台有效连接物流、仓库、生产商、制造商、共享网点、金融机构等，实现全链条透明可视化的供应链解决方案。

平台运营模式，如图 5 – 1 所示。

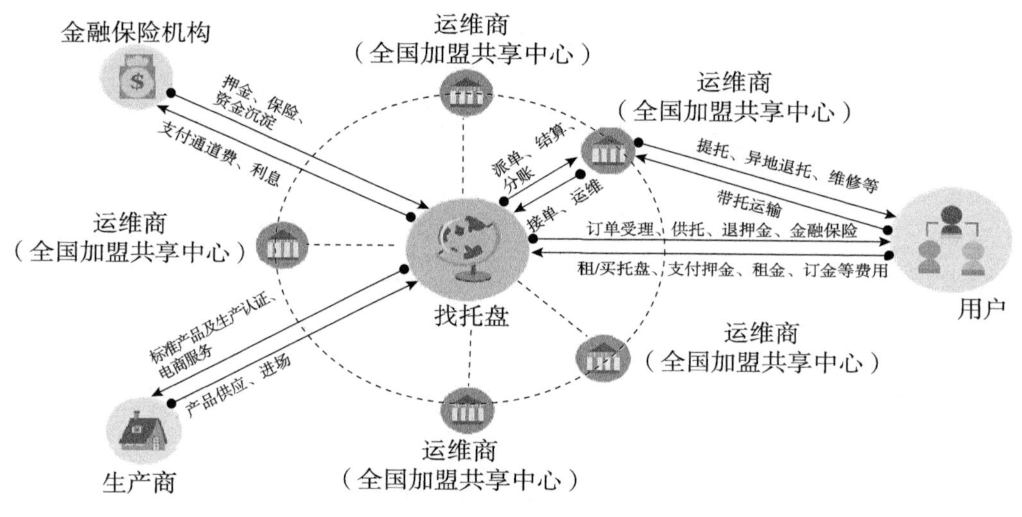

图 5 – 1　平台运营模式

找托盘是一种开放式托盘循环共用体系，它是由多个托盘服务企业和多个托盘使用企业所形成的开放系统。其运营模式为：托盘使用企业购买或租赁标准化托盘，既可以在企业内部循环使用，也可以带托盘运输到外地、国外，到达目的地后托盘不是一次性作废处理，而是交换回同样数量的空托盘；或将所有权转移给收货方自行使用消化，也可通过二手公司回收，用户只支付使用阶段的成本（购买成本—销售价格），回收公司回收后可卖给其他客户；如果是租赁的也可将托盘返回给托盘服务企业，以实现多次循环共用。通过开放式托盘循环共用系统实现全国托盘共享服务的覆盖，实现真正的降本增效。

公司服务的四大领域：

（1）生产制造企业：通过智能托盘和找托盘平台为企业减少物流成本，提供供应链管理的可视化，从而指导生产和优化库存，降低闲置，提高效率，增加更多利润空间。

（2）物流企业：物流企业通过找托盘平台实现带托运输，降低物流成本，增加效率，并通过带托运输为企业提供增值服务，大大增加了利润空间。

（3）托盘生产企业：托盘生产企业通过与找托盘平台合作，实现智能托盘的转型升级，不仅通过平台可以增加销售，更能够利用找托盘平台实现模式的创新和生产及运营的转型升级。

（4）托盘租赁企业：托盘租赁企业通过找托盘平台，有效管理自己的托盘，并能够通过找托盘平台的共享中心网点，增加业务范围，实现更多销量和利润。

公司旗下四大核心产品：

（1）协同管理平台：可以覆盖全国的托盘共享中心网点，协同运营，实现了随用随租，随地退还，有效解决了异地退托和回收等问题。

（2）分账系统：系统可以即时、透明地监测订单状态和收益情况。

（3）芯片技术：高端智能芯片和全面开放的托盘共享平台，实现货物信息、位置、振动、温度等信息采集，改变传统 RFID 的被动采集，全面实现植入式芯片的有源主动采集。

（4）App：运营商版 + 用户版。通过运营商版 App 有效实现了租赁管理、托盘管理、异地协同、交换交易、结算分账、客户管理、经营分析；而用户版 App 中，可以实现随用随租、随地随还、一键租托、货物可视、资产管理。

公司的核心竞争力：产品 + 平台 + 网点 = 共享服务。

（1）产品：找托盘平台严格认证生产供应商，提供多种性价比托盘产品可以满足不同场景的使用需求。例如：平台全面采用高科技，环保无污染材料托盘产品，以及适合快递类企业运输的围板箱、周转箱，便于包裹和小件运输，并确保质量和循环使用周期，通过有形的优质产品提升平台化的地位。公司产品示例如图 5 - 2 所示。

（2）平台：找托盘平台实施中国国家标准，统一 GS1（Globe Standard 1）编码，智能物联全程系统管理，实时对账结账。全面开放的托盘共享平台，实现了链条全程共享，托盘无忧调度，提供了完善的服务流程，并能够保证货物全程可视，有效地解决了用户的管理难题。

（3）网点：覆盖全国的托盘共享中心网点，协同运营，全国 100 家共享中心及合作运营商、617 家服务网点，提供异地归集、回收、再循环等服务，为用户解决了找托盘困境，并实现了量身定制的网点共享服务。

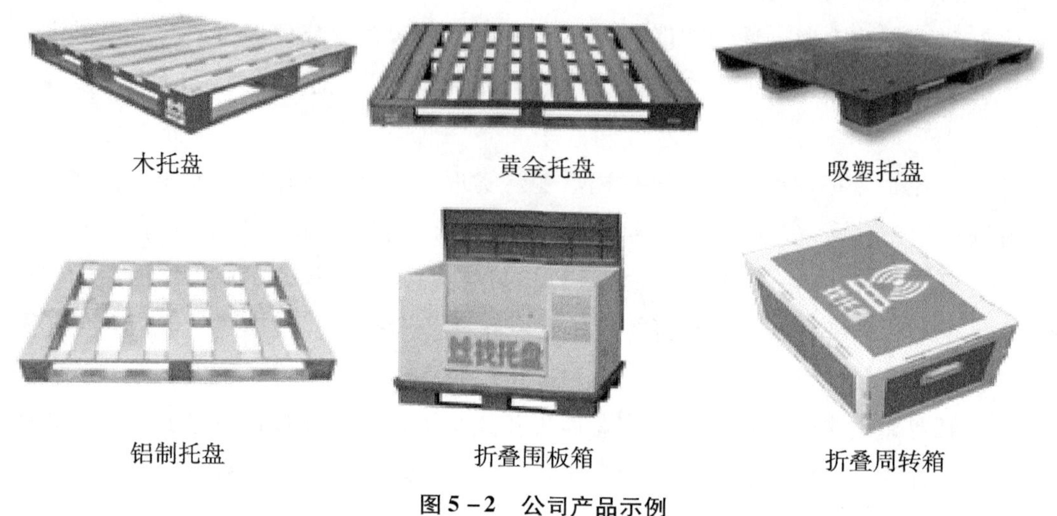

图5-2　公司产品示例

找托盘面向所有标准化托盘出租商、生产商、运营商、集成商、托盘使用企业开放，一键租托、随租随还、全程跟踪、数据分析等功能一应俱全。找托盘旨在为生产和商贸企业减少托盘应用成本，减少货损、为物流企业提高作业效率、为仓储服务企业拓展新业务，增加收入、推动物流行业的标准化进程，实现物流供应链的物联网+高效物流，保障物资安全与溯源，为大数据采集分析运用提供强有力的支撑，节约和保护社会公共资源。

找托盘平台进行托盘共享可以有效减少人工成本、管理成本、物流成本；可以有效提升装卸效率、物流效率、仓库周转效率；通过平台化的智能托盘，可以采集货物信息，有效追踪货物位置，降低货损，实现一托到底的供应链透明化管理，并能做到产品溯源，为客户进行定制化服务，满足自身的供应链管理需求。

公司本着"聚焦流通成本和效率，提供连接一切的物联方案和服务，持续为客户创造最大价值"的使命；坚持"用热爱和信仰赋予产品和载体生命，温暖而生动地去连接一切"的核心价值观，希望能实现"物联世界，丰富生活"的伟大愿景。公司通过循环共享的革命式创新模式，希望能为持续推动中国物流和流通的转型升级、为中国互联网+流通事业贡献自己的力量！

地址：北京市朝阳区常营中路6号院

电话：010-57923025

网站：www. tuopan360. com

湖北建民木业有限公司

湖北建民木业有限公司占地面积6.2万平方米，其中，半成品加工、仓库面积4.2万平方米，现有员工90余人，拥有大型货车4辆，各种配套设备俱全，先进的管理模式，能保障产品的质量和数量。在湖南设有分公司，位于湖南省长沙市宁乡县，建设规模与总公司一样。

公司现有7个生产小组，3条实木托盘生产流水线，1条胶合板生产线，日产量稳定在6000个，3个锯板加工厂提供了生产一线充足的货源。

目前，公司主要客户有：荷贝克电源（武汉）有限公司、富士康、格力电器（武汉）有限公司、大冶华夏玻璃、格力电器（郑州）有限公司、太平洋（武汉）制罐有限公司、格力电器（珠海）有限公司、湖北九州通医药集团股份有限公司（湖北私企首富）等一系列客户。材料来自恩施、宜昌、赤壁、崇阳、湖南等20余家的半成品及国外优质木材。随着经营的发展，公司在做强、做大的基础上，始终牢记客户的需求就是我们的追求，质量就是公司生存的根本。公司将本着诚信、优质的理念，服务好每一位客户！欢迎来厂考察，洽谈业务，互惠共赢！

总公司地址：湖北省仙桃市西流河镇下查街道

分公司地址：湖南省长沙市宁乡县大成桥镇

网址：www.hbjmmy.com

全国热线：15727282088

联系人：王志华

湖北德鑫木业有限公司

湖北德鑫木业有限公司是一家生产与销售为一体的专业从事物流仓储设备的个人独资企业，公司位于湖北武汉市。成立于2014年，注册资金600万元。公司主要经营国内自动化立体库精品木制托盘与木制包装箱，公司现有专业生产员工58人，其中专业技术管理人员6人，公司员工整体专业技术硬、从业素质高。产品销往全国各地，凭借在该领域的专业服务和成熟化的生产技术与管理，在国内获得行业客户的认可和信赖。

公司现每年生产销售所需要消耗的各类半成品板枋材7000多立方米，其中年生产销售木制托盘12万余片，木制包装箱1万余只，年产值约1800万~2600余万元。公司的技术实力雄厚，木材资源丰富，于2014年通过了ISO 9001国际标准质量体系认证。生产所需的先进设备和专业生产技术，能最大限度灵活地满足客户的各种使用需求。以反应及时，交货迅速，质量可靠，诚实守信为使命，用心服务客户。能及时为客户提供所需服务并且有网络销售渠道，其网站（http：//www. dexinmy. com）有多种规格的产品方便各行业客户了解和采购。

公司先后通过与先进企业的深入学习和交流，引进专业管理和科学化的市场营销理念，坚持以品牌质量至上为战略，提升精品服务质量，以技术为核心、视产品质量为首要目标、奉用户为上帝，竭诚为您提供性价比高的精品木托盘产品、高质量的包装及无微不至的售后服务。

公司一直以客户的满意为不懈的追求，不求做得最大，但求做得更好，在不断提高服务质量的基础上与客户达到双赢！为此，公司将全力以赴，为发展壮大中国的物流产业和中国制造业做出应有的贡献！

地址：武汉市洪山区建设乡鑫远大工业园C区5号

联系人：冯国胜（13396069969）冯辉（18627838305）

邮箱：2455607538@ qq. com

网址：http：//www. dexinmy. com

温州建静木业有限公司

温州建静木业有限公司是一家集设计、生产、销售、安装、售后服务于一体的木质包装企业。公司自 2003 年进入包装行业，现已发展成为一家占地面积近 10 亩，其中，成品库 510 平方米，半成品和加工车间 2000 平方米的专业木质包装企业。目前有员工 25 名，年产值达 2000 万元。公司系浙江出入境检验检疫局出境木质包装定点企业、国家林业局松材线虫病疫木定点加工企业、浙江省科技型企业。荣获 2017 年第一批科技发展计划项目资金奖。

公司自主开发研制的木托盘装钉设备、木墩切割机两项产品通过浙江省经信委新产品鉴定。

公司全体员工将竭诚为各界新老客户提供质优价廉的产品。愿与广大客户携手共创美好的明天！

地址：温州市永嘉县桥下镇京岸村西岸街 54 号

联系人：邹先生

电话：0577－67478081

传真：0577－67478081

网址：www. wzjjmy. cn

路凯包装设备租赁（上海）有限公司

路凯公司（Loscam）1942年成立于澳大利亚，主要从事单元化物流载具租赁服务与解决方案业务，产品包括托盘、托盘笼、生鲜周转筐、物流箱等。路凯专注于为客户提供优质的客户服务、创新的产品和量身定制的解决方案，现已发展成为澳洲及亚洲地区领先的单元化物流载具解决方案服务商，业务覆盖亚太12个国家与地区。2010年7月，招商局集团全面收购路凯公司，并将其更名为招商路凯。招商路凯总部设在中国香港，下设澳洲、东南亚与大中华三大区域。

招商路凯（大中华）已成为国内最大的托盘循环共用服务商，在大中华区运营的标准单元化物流载具超过800万件，拥有25个全功能营运中心，业务范围覆盖全国28个省、自治区和直辖市，是国内首家真正实现零供间带板运输规模化运作，也是一家真正具备服务全国性长途带板运输、异地退板服务能力的托盘循环共用服务商。

循环共用产品介绍：

木托盘（1200mm×1000mm）：Loscam木托盘符合国家标准托盘规格，在木料选材、产品设计、产品稳定性等方面明显高于市场同类型其他托盘，适合供应链各个环节的托盘循环共用。

可维修塑料托盘（1200mm×1000mm）：Loscam可维修塑料托盘广泛适用于食品、饮品、医药等对托盘材质有特殊要求的领域或环节。其独特的模块化设计和易于拆装的结构，方便维修作业，提高了塑料托盘的循环利用率。

托盘笼：Loscam托盘笼适用于存储和运输形状不规则的货物，特别是易碎、不能直接叠板或需要特别保护的高价值货物，可直接安装于Loscam木托盘上以发挥最大效用。闲置时可折叠，节省空笼的运输空间及成本。

生鲜周转筐：Loscam标准生鲜周转筐根据标准托盘的包装模数设计尺寸（如60cm×40cm），可准确匹配标准托盘使用；材料使用食品级全新塑料，洁净无毒，充分保障食品安全；空筐易于折叠，大量节省运输与仓储空间，特别适合长距离运输。标准化生鲜周转筐循环共用使得果蔬从田间地头到零售门店的“一触式”包装作业成为可能，将成为解决生鲜供应链中品质安全和操作成本问题的理想方案，标准化生鲜周转筐也必将成为继托盘之后在快消领域广泛推广和应用的主流单元化载具。

循环共用业务模式介绍：

静态租赁（以托盘为例）：客户根据实际业务需求，从招商路凯租用标准托盘，并可随时将托盘退租。借助招商路凯服务体系与IT系统，对托盘运作进行管理，有效降低托盘使用成本，减少资金占用、避免资源浪费。

动态租赁（以托盘为例）：单元化物流载具循环共用对供应链优化的主要价值来自于供应链上下游企业之间的动态流转，载具的使用从仓储延伸至运输（带板运输），使得物流配送可实现机械化、一贯化作业，从而大幅提升物流效率并降低综合物流成本。载具的动态流转通常包括交换与转移两种方式。采用载具租赁与转移相结合的模式，供应链上下游各环节可依托招商路凯的计费与交接管理系统解决载具动态流转中可能出现的使用成本分摊与损失责任界定问题。

地址：上海市浦东新区世博大道2095号意大利馆K单元

电话：021－31311067

服务热线：400－808－1942

网站：www.loscam.com.cn

第六章

单元化物流经典案例

招商路凯单元化物流载具循环共用

单元化物流载具的推广和应用是载具实现跨行业、跨环节循环共用的前提条件。作为亚太领先的单元化物流载具循环共用服务商，2016 年，招商路凯在大力推动托盘循环共用及带板运输的基础上，通过标准物流箱、托盘笼、果蔬周转筐等单元化物流载具的创新研发、应用，将循环共用的理念延伸运用到商贸流通领域的各个行业及供应链的各个环节，从而实现社会物流总成本的降低、供应链综合效率的提升，以及节能环保等社会效益。

一、标准物流箱循环共用案例

招商路凯与宁夏新华百货现代物流有限公司共同推进新华 DC、新华物美门店及其上游供应商之间的带板运输及标准物流箱循环共用项目。通过标准托盘及物流箱在供应链各环节的应用，大幅度提高了新华 DC 与供应商的整体作业效率，有效降低了物流运作成本及货物损耗。同时，该项目也是目前国内首个真正实现了物流箱全供应链流转模式的案例。

1. 主要问题

在采用带板运输及物流箱循环共用模式之前，新华物美门店与供应商之间采用散箱送货模式。供应商散箱送货至新华 DC，并由供应商安排工作人员在新华 DC 现场进行拆零作业，将商品拆零后交货；新华 DC 收货后根据新华物美门店订单进行二次分拨，再散箱送货至新华物美门店。

这种散箱作业模式对新华物美门店而言，会导致订单响应速度变慢，商品拆零作业及二次分拣也使得商品破损的概率加大；对于新华 DC 而言，效率低下的散箱装卸、拆零作业及二次分拣会长时间占用码头，造成码头资源的浪费；对于供应商而言，拆零作业所带来的人力成本也会随着劳动力短缺而持续升高（见图 6 - 1）。

2. 解决方案

针对供应商：新华 DC 向上游供应商推广标准化托盘及物流箱的循环共用，供应商按门店订单组板或将拆零商品装进物流箱，带板运输至新华 DC，与新华 DC 进行整板或整箱交接；再由新华 DC 带板运输至新华物美门店。

图6-1　板箱作业示例

针对零售商：新华物美门店在收货时提供绿色通道并给予诚信收货待遇，减少带板运输收货的等待时间，提升收货效率（见图6-2）。

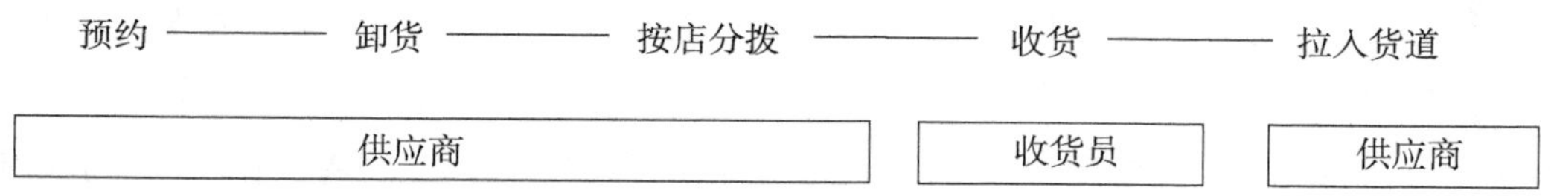

图6-2　收货流程

3. 项目成果

该模式的应用，带来了新华DC至新华物美门店供应链整体效率的提升，供应商、新华DC的装卸货效率提高约50%。新华物美门店有货率得到改善，门店商品流转效率提升，货差及货损率也实现了大幅度降低；新华DC的场地利用率得以改善，人工成本下降；供应商车辆利用率提升的同时也省去了供应商现场拆零作业的人力成本（见图6-3）。

4. 项目创新

较之前的散装配送模式，该模式实现了以下两个方面的创新：

一是从常规的按SKU组板交货转由按门店组板交货，减少了商品二次分拨带来的人工作业成本，降低商品损耗率。同时，车辆、场地及物流作业人员的效率得到大幅度提升。

二是该项目在国内首次实现物流箱全供应链流转模式，减少了一次性产品包装成本，减少二次分拨带来的作业成本和产品损耗。

图 6－3 物流箱示例

二、标准托盘笼循环共用案例

招商路凯与全球知名零售连锁企业家乐福共同推进家乐福 DC 与家乐福门店之间的带板运输及带笼运输项目。该项目的成功运作，有效解决了一直以来困扰零售连锁企业的贵重商品配送交接难的问题。家乐福也因此成为国内首家使用标准托盘笼进行 DC 到门店配送作业的零售连锁企业。

1. 主要问题

供应商散货直送门店，在“少量多次”的配送频次下，不仅车辆转载率低、物流配送成本高，而且受门店卸货条件限制，送货及收验货时间长，效率低，车辆利用率低。

2. 解决方案

家乐福设立公共配送中心，供应商统一送货至家乐福 DC，之后由 DC 再根据门店订单统一配送到门店。常规商品实现带板运输，贵重及易碎商品实现带笼运输，并与门店按整托及整笼交接（见图 6－4）。

3. 实施效果

该项目的实施，提升了供应商车辆利用率，降低了供应商配送成本。此外，贵重商品带笼运输，大大降低了商品损耗率。配送中心与门店的整板、整笼交接提升了门店收货效率，降低了物流作业成本，同时也缓解了门店拥挤，提升了门店客户的现场体验。

三、标准折叠式果蔬周转筐循环共用案例

2015 年，招商路凯携手全球最大的零售企业成功启动果蔬周转筐循环共用试点项

图 6-4　带笼运输示例

目。该项目运作一年来，大幅度提高了该零售企业各配送中心的运作效率、门店补货效率，降低了物流运作成本，更重要的是减少了在流通环节中的多次搬运造成的果蔬损耗。

1. 主要问题

在采用果蔬周转筐循环共用模式之前，供应商使用一次性包装或自有周转筐将果蔬配送至零售商门店和 DC。该模式导致配送中心收验货及拣货作业效率低下，配送车辆利用率低，而且果蔬在配送中心损耗也比较高；此外，还使得门店上架、补货效率低，果蔬在门店损耗大。

2. 解决方案

由招商路凯提供统一、标准的果蔬周转筐给零售商上游供应商，供应商在产地将果蔬按照统一标准装筐后堆放在标准托盘上，冷链配送到生鲜配送中心，配送中心再按照整筐接收并冷链配送到门店，门店实行整筐上架补货。此外，招商路凯还在零售商 DC 设立现场清洗服务中心，提供周转筐的收发、清洗、维护及管理服务（见图 6-5）。

3. 实施效果

该项目的实施，使得零售商门店果蔬销售提升了 1%，果蔬损耗率降低了 10%，零售商生鲜配送中心收验货及拣货效率得以大幅提升；由于标准生鲜筐与托盘相匹配使用，供应商车辆及门店配送车辆周转率及装载率均得到了大幅提升，生鲜 DC 的每车卸货时间从带板运输前的 45 分钟降低至约 10 分钟；与此同时，招商路凯为零售商提供的生鲜筐现场收发、清洗、维护及管理服务也有效提升了果蔬周转筐的周转率，降低了果蔬筐使用成本（见图6－6）。

图6－5　周转箱的管理

图6－6　果蔬周转筐示例

4. 项目创新

该项目是国内第一个生鲜周转筐循环共用项目，真正实现了果蔬从产地到门店终端的“一触式”运作模式。

果蔬周转筐循环共用，采用循环载具取代一次性包装，使得果蔬包装成本大幅降低；而且果蔬周转筐在冷链环境中的保鲜效果最佳，果蔬周转筐配合托盘使用，除了能实现带板运输，进一步提高生鲜配送效率之外，还减少了果蔬在装卸时的冷链断链风险，大幅度降低了果蔬的损耗率。

单元化物流在图书物流中的应用

一、我国图书物流的基本状况

图书物流所包含的对象主要有：①一般图书；②课本及部分教辅材料；③音像制品；④文教用品。

我国的图书物流，从需求上讲，应开始于20世纪80年代，随着改革开放的进行，我国国民经济的快速发展和图书发行走向市场，图书发行量在短时间内有飞跃的发展。据统计：一般图书在2001年已增长到323亿元码洋（含教辅材料），到2004年增长到426亿元码洋，到2009年达到568.64亿元码洋，以后每年均有一定幅度增长，到2015年已经达到1113亿元码洋。每年出版图书从1991年的约9万品种，到2004年的20.8万种，再到2015年的47.58万种，呈现了逐步增长的态势。

总体情况：到2015年年底，全国出版社584家（包括副牌社33家），其中，中央社219家，地方社365家。2015年全国出版图书47.58万种，其中，初版26.04万种，总发行码洋1476亿元。总体来看，一般图书维持持续增长，但课本却持续下降。

我国图书物流建设在2000年以后才开始迈入现代化。通过10多年的努力，各主要出版社及新华书店均建设有大型的图书物流中心。其中，上海新华书店、江苏新华书店、四川新华书店、湖南新华书店、北京新华书店、浙江新华书店、高等教育出版社集团、上海世纪出版集团、中国出版集团等走在前列。

近10年来，随着电子商务的快速发展，图书物流出现了很大的分化。电子商务对新华书店一般图书的销售冲击非常大，各新华书店的业务在过去10年连续走下坡路。目前，电子商务在一般图书中的占比已经超过30%。随着当当、亚马逊等电子商务企业图书业务的不断扩大，这一趋势还在继续。

从未来发展看，图书的种类和数量将会出现进一步的增长。但随着电子图书的出现，纸质图书的增长量会受到限制。而电子商务在经历了10年的爆发式增长后，也进入了一个相对平稳增长期。

二、图书物流的基本特点与单元化

与其他行业物流系统如医药、日用品、快消品、服装等物流系统相比较，图书物流系统有其鲜明的特点：

（1）品种多是图书的特点之一。每年图书新版超过20万种，一般省店的库存品种数在10万~25万，累计品种数均在50万种以上，这是其他物流系统所没有的。品种多带来了一系列问题：包括库存设计、拣选方式、拣选路线与拣选策略、货位移动等，均有其独特的需求，并给设计带来了困难。

（2）就图书的形态来说，除了极少部分的异型品，如地图、挂历等外，基本保持了统一的形状，这为单元化提供了基础。

（3）图书本身分为中小学课本和一般图书两大类。课本的特点表现为明显的季节性，一般图书没有这么明显。这是新华书店图书物流的另一个特点。如何处理课本和一般图书的关系，成为图书物流系统设计中十分关键的问题。

（4）对于图书物流来说，一般图书退货量基本维持在15%~30%，这是一个庞大的数字，也是其他物流所没有的。退货问题成为长期困扰新华书店物流系统的难题，如何处理退货，甚至成为系统成败的关键。

（5）此外，图书物流系统在管理方法、计量、拣选、直配等方面均有其显著特点。

图书物流在漫长的岁月中，其包装逐渐走向了统一的形式。这也是其他行业所没有的。因此，图书的单元化在很早就开始实践。

图书的包装有两个：内包装（也称为小包）和外包装（也称为件包装）。一般情况下，都是4个小包组合成为一件。小包在印刷厂完成，而件包装则在物流中心完成。件包装一般采用防雨的牛皮纸包装，以至于在很长一段时间，图书物流成为半自动打包机的重要客户。

作为图书的重要单元的件，有较为严格的定义。首先件是由4个小包组成，其尺寸约300mm×400mm×200mm，重量约20千克。这一定义主要是为了搬运的方便和计量的简单，不曾想到正是单元化物流的基础所在。

再到后来，图书储存采用托盘储存。托盘最初的定义并没有可供参考的标准，但在实践中却依然是殊途同归。大多数托盘采用了1200mm×1000mm规格的标准托盘，每个托盘储存约5层，每层10件，总计为50件（见图6-7）。

每托盘50件还有一个特别的好处就是计数，在装车前的清点，事实上只要清点托盘数和尾托盘的件数就可以了。还有一点就是，一个托盘的重量大约为1000千克，这为车辆的装载计量也提供了方便。

应该指出的是：随着自动化物流系统的出现，这一规则做了修改，因为打包不能

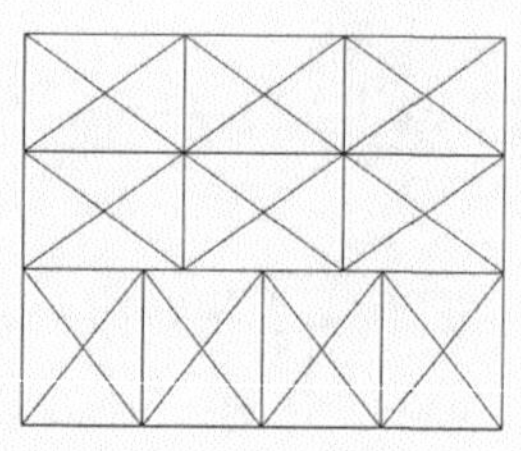

图6－7　托盘码垛

严格按照300mm×400mm×200mm，往往会超出尺寸范围，因此在自动化立体库应用以后，统一修改为每层9件，每托盘45件的规格。

三、单元化物流在图书物流中的应用

单元化物流在图书物流中的应用最早始于何时已不可考证，应该在20世纪80年代初期就已经开始在华东片区实施，当时上海新华书店发起了对标准包装的研究，然后在全国推广。这是第一轮的单元化过程。

进入21世纪后，现代物流中心逐渐兴起，首先在江西、四川、辽宁、上海等省市尝试现代物流系统建设。随着自动化立体库的应用，旧有的标准逐渐被修正。

四川新华书店是最早实施单元化物流理念的企业之一。在1985年，四川新华书店为了配套新物流中心建设和使用，首先在印刷单位和物流中心间实现带托盘运输方式改革，即在印刷厂产品下线时即码盘装车，到物流中心交接时带托盘装卸，印刷厂所需要的托盘由物流中心统一提供，这一改革大幅度提升了物流中心与印刷厂间的交接效率，并且节约了人员，取得了明显的经济效益。此后，很多新华书店纷纷效仿。

上海新华书店则在单元化物流的信息化方面进行了研究和实践，提出了出版社统一单元物流信息的问题。并利用互联网技术，提前获得到货信息，大大方便了到货图书的理货入库作业。但在实施过程中，有些并没有上信息系统的出版社则无能为力，因此取得成效有限。

江苏新华书店则在一般图书的配送方便性方面进行了单元化尝试，并取得了很好的效益。其具体做法是采用周转箱直接配送到门店，交接单元即是周转箱。由于江苏地域辽阔，为此，他们还特别设计了可折叠式周转箱。上海新华书店在此基础上，为了解决图书拣选差错问题，提出了采用重量复核的方法，这一方法在实际应用中效果显著，并且解决了采用周转箱单元化配送时交接数量不准确问题。非常有意义的是，自从采用了重量符合技术以后，门店再也没有投诉图书不准确的问题了。此后，浙江、山东等省份也采用了这一技术，大幅度提升了物流作业的效率。单元化物流取得了意想不到的效果。

高等教育出版社在2010年建成大型物流中心（见图6－8），将单元化物流应用更向前推进了一步。其具体做法是，根据高教社自身的物流特点，在印刷厂按照规范直接包装成件，省去了在物流中心的重新打包的工作，既大幅度提升了装卸速度，也改变了物流中心进行重复包装的现状，而印刷厂也从中简化了许多工作。

图6－8　高等教育出版社物流中心

总之，单元化物流在图书物流中取得了可喜的成果，尤其是教材类图书的单元化物流取得了很好的成果。但同时也要看到，由于一般图书的复杂性，单元化在图书物流中并不能完全实现，今后的工作还有很多，也有很多困难需要克服。

四、单元化物流在图书物流中取得的效益

由于单元化物流在各企业实施的程度不同，很难做出准确的统计。下面仅以高等教育出版社为例进行说明。

在高等教育出版社物流中心系统设计及建设过程中，针对图书配送的关键技术提出了一系列解决方案，有如下创新点。

1. 物流路线问题

作为面积超过5万平方米的物流中心，其作业路线和输送线的布置规划尤其重要，否则将导致整个作业路线过长，作业效率大大降低。这也是该项目的难点之一。

作业路线包括收货、入库、整件拣选、拆零拣选、整托盘出库、集货、退货翻理、退货上架等主要过程。在设计中充分运用输送机等传输设备，结合生产线作业原理，大大减少人工作业的行走路线问题。其中尤其是采用托盘流力货架和货到人在线拣选技术，使拣选路线缩减到最少。

2. AS/RS 应用于大量储存

按照业务要求，物流中心将设计超过 20 亿元码洋的库存，约折合托盘 6 万个（理论值），这对于普通的平面仓库技术需要非常大的库存面积。最终采用 AS/RS 系统完成大容量库存的设计，共设计 16 个巷道、32 排货架的双深度立体库，储存能力达到 49088 个托盘，很好地解决了海量存储问题。如此大规模的立体库系统此前在国内是没有的。单元化应用取得良好效果。

3. 重量复核技术

本项目拆零总量最高达到每天约 6000 件，为此，项目采用了重量复核法进行拆零图书的复核。应用结果表明，超过 75% 的周转箱可以通过重量复核得到确认，从而大大缩短了复核所需时间，并且提高了拣选的准确性。

4. 快速拣选系统

项目中图书整件拣选量有时每天高达 3 万～5 万件，如何实现快速拣选成为关键问题。研究表明，约 10% 的图书品种占据了图书配送量的 70% 左右。为此，在设计中采用了预先单元化处理，以减少出库作业时的工作量。

其一是对极少数大品种，包括两课教材（仅 4 个品种）和其他约 50 个品种（约占全部发货量的 20%），采用独立拣选区方式，并利用平面仓库进行存取，独立成件，因而大大降低了这部分图书的拣选难度，极大提高了拣选水平。

其二是对发货量位于前 1500 位的品种，采用预先单元化处理，托盘流力货架进行拣选，大大降低了操作人员的劳动强度，提高了拣选效率。这种单元化的拣选技术，是传统拣选效率的 3～4 倍。

5. 退货解决方案

退货始终是图书物流的一大难题。高等教育出版社物流中心的退货量高峰时每天约 3000 件，对于如此大的退货量，传统的做法是采用人海战术，有些出版社采用高速分拣机，但实际应用效果甚微。

高等教育出版社物流中心采用电子标签的二次分类系统，其成本只有高速分拣系统的 1/3，但效率却远远高于高速分拣系统。在高等教育出版物流中心，每天处理约 3000 件的退货图书，仅需要 40 余人，比传统处理方式提高效率数倍。

五、结束语

图书的单元化物流，主要体现在件单元化处理方面。行业也出台了件的标准化指标，但实施单元化物流还是有一定难度。主要是图书的拆零率还是非常高的。

从应用上，从印刷厂到物流中心，采用标准托盘与物流中心实现一体化是必要的，可以大大降低收货和上架的劳动强度。物流中心的拣选，采用件为单位的货到人拣选和准货到人拣选，可以大大提升效率。图书由于重量太大，并不适应采用手工搬运。而从物流中心到门店，则重点在于采用周转箱运输以降低成本。一般认为，周转箱重复使用 50 次即可以收回成本，而一个周转箱使用寿命一般大于 3 年，周转次数可以达到 500 次以上。其经济效益是明显的。

从未来的发展看，图书本身的标准化，尤其是基础数据的标准化，包装的标准化是有助于采用单元化物流进行处理的。而采用周转箱进行配送则可以看成是一个趋势。

（本文作者系北京伍强科技有限公司总裁尹军琪）

基于单元化物流的医药物流拆零技术

在诸多新医疗、医药政策驱动下，医药供应链及物流模式逐渐向销售客户基层终端化方向发展。根据最新统计，我国药品终端市场销售额实现同比增长 8.3%，达到 14975 亿元（见图 6－9），同比 2015 年增速明显放缓。其中，第一终端（公立医院）增速低于平均增速，而第二终端（零售药店）及第三终端（公立基层医疗）增速都高于平均增速。医药终端市场中基层医疗机构和零售连锁及医药 B2C 电商规模及占比将逐步上升。由此而来的就是医药物流拆零占比及规模不断上升（传统的医药流通及物流企业的拆零占比及规模不大），这样的趋势给传统的医药流通及物流企业的拆零拣选技术应用提出了不小的挑战（见图 6－9）。

单元化物流是现代精益物流管理的基础，但是单元化管理本身是物流管理实践的产物，目前还缺乏系统的理论支持。近几年随着中国经济的发展，制造业和商业流通的物流技术与管理能力有了迅速的提高，越来越多的企业物流管理者开始重视物流单元化管理，特别基于单元化应用与管理的医药拆零技术行业需求越来越受重视，本文就国内外基于单元化应用的医药物流拆零技术趋势进行简要分析，就应用案例进行深入介绍。

一、基于单元化应用的医药拆零技术趋势分析

医药商品管理及客户需求有如下特点：

（1）医药商品品规多：一个物流中心少则上千多则几万品规，加上医药需要严格的批号管理，按批次算就更多。

（2）医药商品包装规格、尺寸不统一：医药行业包装单元化、标准化比较差，国家无统一标准，各厂家生产出来的药品包装规格、尺寸不统一。

（3）医药商品需要严格按 GSP 要求存储：从存储温度需求分为：常温、阴凉、冷藏、冷冻；从存储属性要求有：内用与外服分开、药品与非药品分开、器械与中药饮片需要单独存储、毒麻精需要单独存储等。

（4）客户订货需求多样：一般来讲医院纯销以整箱为主（部分拆零），基层医疗

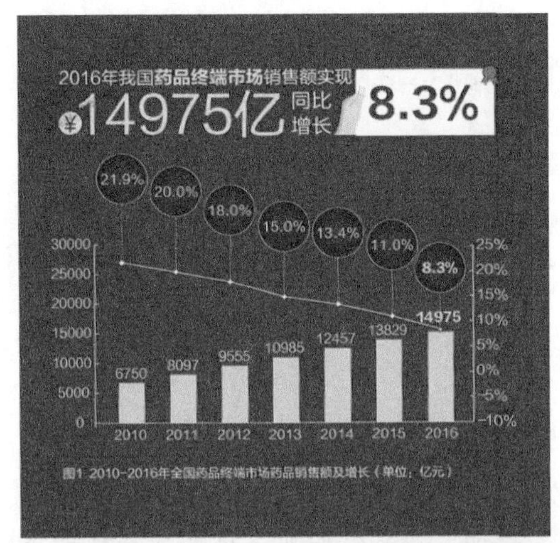

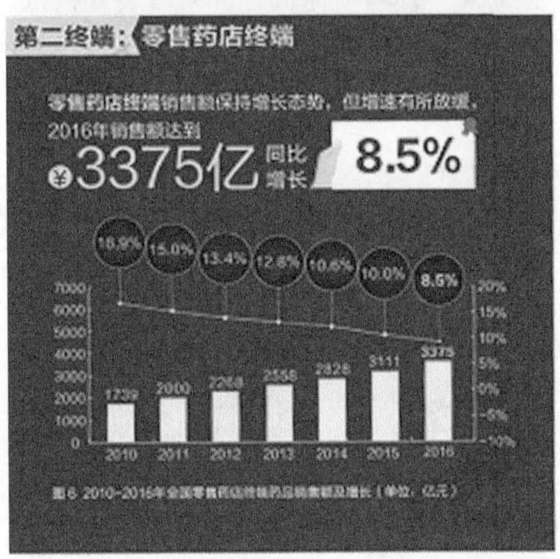

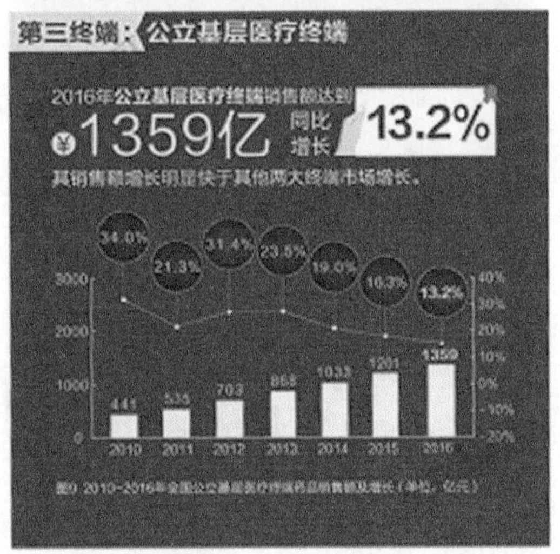

图6－9　我国药品终端市场销售情况

机构以拆零为主，零售连锁以拆零为主，客户定药习惯及定药时间节点也不同，客户对于拆零包装的要求也不同。

基于上述特点，医药拆零在进行单元化应用与管理时有不少难点：

（1）存储单元化、容器单元化难以统一归一，需要根据不同的特点设计不同存储单元，在一个物流中心很可能存在不同的存储单元，而且也需要有一定的柔性。

（2）作业器具单元化也难以统一归一，需要根据不同特点设计，如冷藏药品拣选、包装、运输配送的作业器具和阴凉、常温药品不同，而且也需要有一定的柔性。

（3）包装、输送设备很难完全实现统一化的单元化，需要根据不同特点设计，如纯销业务的包装箱和零售、快批业态不一样，而且也需要有一定的柔性。

二、新形势下基于单元化应用的医药拆零技术趋势分析

（1）支持医药多品规、多尺寸，且能明显提升存、拣、包效率的单元化存储、器具、容器、包装等设施设备将广泛应用：多种功能货架（普通隔板货架、流利式货架、高密度存储货架等）、多功能存储周转箱、输送线、拣货周转箱、配送周转箱等。

（2）基于单元化应用的拆零相关设备的自动化水平越来越高，柔性度也需要越来越高。

随着中国医药物流拆零量及难度越来越大，采用基于单元化应用的更为先进、合适的物流拆零设备技术在国内逐步使用势在必行，主要有：新型货到人拆零拣选系统、拆箱机器人、KIVA 机器人、尺寸测量设备、A 型架、自动贴标机、自动包装复核机、语音拣选技术、新型智能化拣选小车、快速条码采集设备、自动打包机、自动封箱机等（见图 6－10）。

基瓦物流机器人

货到人层穿梭小车

A架自动拆零技术

语音全成与拣选

图 6－10　医药拆零技术示例

三、基于单元化应用的医药拆零技术案例介绍

1. 案例一：物流拆零案例——上海九州通青浦物流中心

（1）基本概况，见图 6－11。

（2）拆零拣选模式主要特点分析。

①拣货周转箱任务自动索取、自动注册。

②A 类品采用流利式货架一对一电子标签拣货（货架和输送线平行部署），拣完后到 BC 类品拣货。

③BC 利用车辆自行设计（并申报专利）的智能拣选小车进行拆零拣货（根据订单重合度可以尽可能在小区域内进行小车拣货任务优化），一次可以放 4 个周转箱，每小时拣货效率达 230 个订单行。用 PAD 拣货屏幕更大，信息更多，看得更清楚，具体智

现代物流中心案例

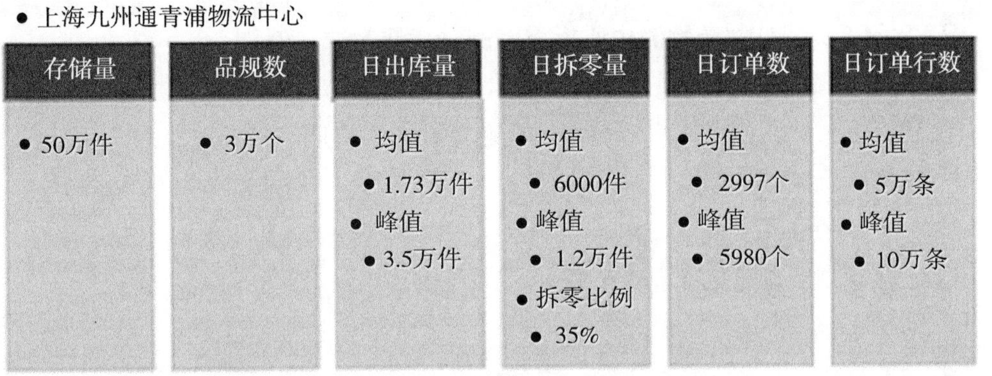

- 上海九州通青浦物流中心

存储量	品规数	日出库量	日拆零量	日订单数	日订单行数
• 50万件	• 3万个	• 均值 • 1.73万件 • 峰值 • 3.5万件	• 均值 • 6000件 • 峰值 • 1.2万件 • 拆零比例 • 35%	• 均值 • 2997个 • 峰值 • 5980个	• 均值 • 5万条 • 峰值 • 10万条

图6－11　上海九州通青浦物流中心基本概况

能小车和作业流程见图6－12。

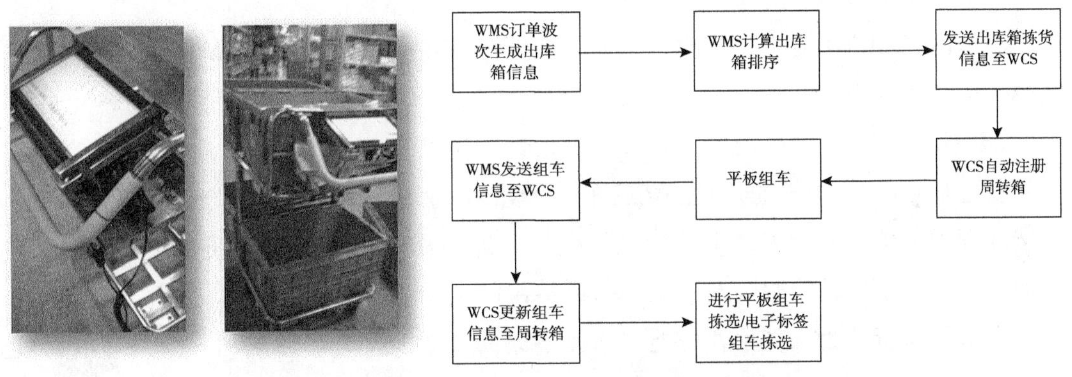

图6－12　智能小车和作业流程

（3）拆零拣选单元化应用主要特点分析。

①存储采用标准化、单元化的货架，根据存储货品大小不一的实际情况采用分隔板，便于区分和存储待拣商品，同时可装配式流利货架及隔板货架，可以根据需要进行调整。

②拣货采用标准化、单元化的塑料周转箱，该周转箱的尺寸与容量根据订货订单需求量（重量、体积）、拣货台车重量、配送箱大小以及拣货效率最大化总和考虑设计，与九州通业务高度匹配，收效明显。

③拆零复核台上的条码采集器，采用固定式，支持连续扫描，这样适应不同尺寸的药品，采集商品码或者电子监管码，提高扫码效率。

④对于自配部分，采取塑料周转箱配送，对于量较小的订单，采取马甲袋包装后

放入周转箱配送，一方面可以减少运输破损，另一方面也可以提高装载率。

⑤大量使用输送线进行拣货箱、入库及补货货品的输送和搬运，大量减少搬运浪费。

2. 案例二：嘉信医药物流中心拆零案例（优化改造案例）

（1）基本概况。

①建设方式：在原来库房上根据现有业务和未来发展进行合理规划设计改造。

②规模：1 万平方米。

③员工：80 多人。

④工艺规划及设备集成商：伍强。

⑤信息系统：英克。

⑥主要货主：母公司货主、第三方货主。

⑦主要客户：二甲以上医院、个人诊所、社区医院、乡镇医院。

⑧业态基本特点：除纯销业务外有大量快批业务。

（2）拆零拣选模式主要特点分析。

嘉信医药物流中心由于是在原有库房改建的物流中心，拆零在规划、流程和设备及系统应用方面有一些特点：

①根据老库和新加库的特点合理规划设计物流工艺。

②伍强和嘉信医药根据嘉信医药运作特点设计作业流程，根据作业流程选择信息系统。

③根据嘉信医药拆零量大的特点，设计了库内作业周转箱空箱回收及周转箱自动注册线，减少空周转箱搬运及手工关联周转箱的工作量。

④拆零拣货分为 A 类和 BC 类，选择不同的货架，A 类选择流利式货架，BC 类选择隔板货架，全部采用电子标签拣货，A 类是一对一，BC 类是一对多，A 类区输送线和拣选货架平行布局（输送线到达拣选位），BC 类区输送线布局和拣选货架垂直布局（输送线未到达拣选位）。

⑤电子标签区拣货扫描工号，可以采集到作业人员工作量。

⑥包装工作站设计比其他很多物流中心要更为合理，考虑到作业人员的操作便利性。

（3）拆零拣选单元化应用主要特点分析。

同案例一。

3. 案例三：国药物流拆零案例——上海物流二期 OSR 货到人拣选

（1）基本概况。

作为中国医药行业首例货到人拣选系统落地项目，国药物流二期自建设之日起便备受业界关注。该项目经过充分调研、科学规划、系统化设计，融合了国药控股对医药现代物流的深刻理解，汇集了国内外领先的物流系统集成经验与技术设备，建成目前国内医药行业在作业自动化、管理信息化、流程标准化等方面都达到很高水平的现代医药物流中心，树立起新的行业标杆。

（2）拆零拣选模式主要特点分析。

拆零业务的服务对象主要是医院、社区卫生服务机构及个人（国家卫生和计划生育委员会项目），该环节采用先进的 OSR 货到人系统（效率较原来传统的方式有明显提升，特别是针对零售业态、B2C 业态）。启动订单拣货流程时，药品存储箱由多层穿梭车系统取出，按订单需要精确排序后，经输送线自动进入拣货工位。

①主要设计参数（见图 6－13）。

1.AS/RS系统
有轨巷道堆垛机，6台
托盘位，11544个
2.叉车货架系统
冷库高位叉车货架系统，1323个托盘位
普通高位叉车货架系统，5128个托盘位
3.输送系统
自动箱式输送系统，1套
复核包装系统，1套
箱式螺旋输送系统，1套
4.OSR货到人拣选系统
穿梭车，55台，单进单出效率为350次/小时
拣选工位，4个，每工位拣选效率设计值1000次/小时
5.往复式托盘提升系统，1套
6.自动箱式分拣系统，1套

图 6－13 主要设计参数

②OSR 货到人拣选系统见图 6－14。

［本节内容与图片来源于《物流技术与应用》（2017 年 3 月 23 日《国药物流二期：树立行业创新发展标杆》一文）］

（3）拆零拣选单元化应用主要特点分析。

①根据存储最大化原则，结合平均每箱的平均尺寸及待存储箱数（量），选择一定尺寸的单元化塑料存储周转箱（外尺寸：600mm × 400 mm × 350 mm，内尺寸：580mm ×

（a）OSR 存储区

（b）OSR 拣选台

图 6－14　OSR 货到人拣选系例示例

380mm×330mm），同时根据存储货品大小不一的实际情况，可以对标准的存储周转箱按 2 个、4 个自箱隔开，以最大限度提高存储能力。

②根据单元化存储周转箱，设计应用了高密度、高存储量，基于穿梭技术和提升技术的单元化存储货架。

③同时还应用了拆零包装纸箱成型机（帮助空纸箱的快速成型、封箱，提高作业效率）、自动包装机等单元化自动化设备。

4. 案例四：天士力天津门特自动化拆零拣选案例

（1）基本概况。

天士力天津门特药自动化库房是天津市人力资源与社会保障局依托信息化技术，牵头启动糖尿病门诊特殊病患者用药入户配送服务工程。

天士力天津门特药自动化库房建设项目占地面积约 500 平方米。由总集成方九州通将电子标签票据分拣墙、自动发药机、输送机、自动包装机、滑轮式出库分拣机等智能化、自动化设备整合在一起，基于高效准确快速处理订单的设计规划，可达到每日处理订单 10000 单，每日拆零条目数 20000 条的高效准确处理能力。

门特药自动化库房是中国医药企业界第一家具有药房分拨功能的智能化、自动化药房（自动化水平在全国属于领先），该系统已经申请了相应的专利。

（2）拆零拣选单元化应用主要特点分析。

①根据同一客户下多张结算票据不连续打印的情况（医保系统打印），创新设计应用了基于电子标签的分拣分类墙系统（见图 6－15），扫描结算票据上的一维条码识别，通过电子标签指示灯进行归类（根据同一客户将不同结算票据归类成一个拣选单据并指导 WMS 分配分拣）、分类（根据配送线路将不同线路的拣选单据进行分类）。

②根据存储最大化原则，结合平均每小包装的平均尺寸设计多槽位、可调节尺寸的密集式自动发药机存储单元（基于弹射式出药及自动机械手补药的发药机和 A 字架

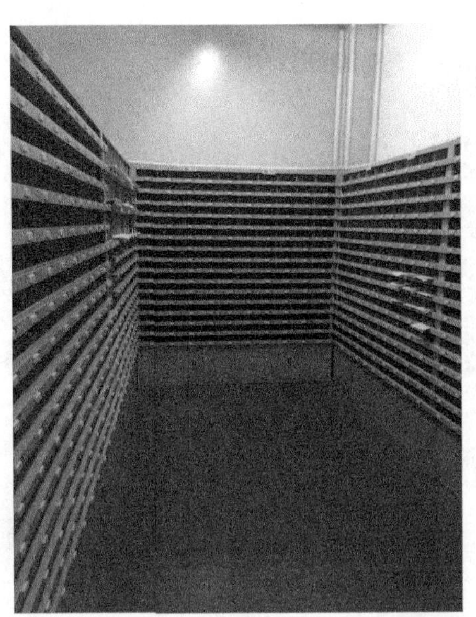

图 6－15 基于电子标签的分拣分类墙系统

发药机，见图 6－16），使得拣货效率和存储能力都最大化。

图 6－16 基于弹射式出药及自动机械手补药的发药机和 A 字架发药机

③根据 B2C 定药特点（每次订购量的体积），结合城市自运配送的特点及配送便捷性，创新设计应用了基于标准化、单元化塑料包装袋（26.6cm×50.0cm）的自动包装机（见图 6－17），使得整个包装效率大幅度提升，每小时每人可以复核包装超过 200 个包裹。

图 6－17　自动包装机

④根据塑料包装袋的特点，设计应用了滑轮式分拣机（见图 6－18），大幅度提升了分拣效率（每小时可以分拣超过 1000 个小包裹）。

图 6－18　滑轮式分拣机

⑤根据一次订单量（体积尺寸）使用较小体积的标准化、单元化的塑料拣货周转箱；为了使整个系统连贯作业，设计应用了拣货周转箱空箱回流输送线，连接复核包装站及拣货任务发起点，减少拣货周转箱的搬运，提高拣货效率。

⑥针对医药 B2C 特点，该项目设计应用了经过验证可多次开箱的冷链保温箱（全国首创）。

四、基于单元化应用的国际先进医药拆零技术应用

基于单元化应用的国际先进医药物流拆零技术创新应用呈现高度信息化、高度自动化、全面精益化和快速智能化趋势（见图6－19）。

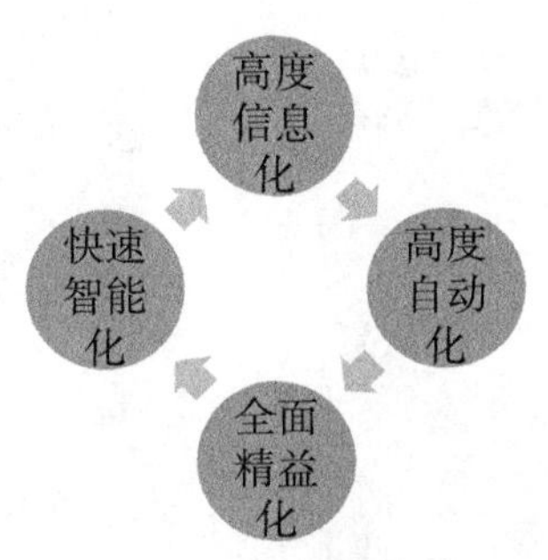

图6－19　国际先进医药物流拆零技术创新应用特点

通过基于单元化的自动化、智能化技术可以减轻人的体力劳动，把人从重复性劳动中解放出来。在欧美发达国家的医药物流中心已经从很早开始就实现了高度自动化、智能化了，如广泛应用了：A架拆零拣选技术、多层穿梭车系统、基瓦人等货到人系统、语音合成技术和耳机、条码、RFID、智能卡、自动贴标、自动拆码垛、自动化称重、自动化产品信息识别、自动复核及包装机、自动封箱机等。从长期来看，中国医药物流拆零也会向欧美发达国家学习，逐步实现基于单元化应用的自动化。

1. 单元化的A－frame（A形架）拆零拣选技术

（1）系统基本构造、性能参数见图6－20（以KNAPP的A形架为例）。

（2）适合于医药零售业态、快批业态、B2C业态的A、B类品，特别是超A类品。

（3）注意点：一次单品拣选量不宜过多，易碎品、异型品不适合该拣选设备。

（4）目前国际先进的物流设备提供商（集成商）都有相关的设备与系统：大福、SSISchaefer（胜斐迩）、KNAPP、德马泰克、Swisslog China（瑞仕格）等。

2. 单元化的密集式存储＋货到人拆零拣选技术

（1）系统基本构造、性能参数见图6－21（以KNAPP的OSR为例）。

（2）适合于医药零售业态、快批业态、B2C业态的B、C类品。

（3）注意点：一次单品拣选量不宜过多（拆箱工作量大，还不如用普通货架＋电子标签方式拣选），超大异型品不适合该拣选设备。

（4）目前，国际先进的物流设备提供商（集成商）都有相关的设备与系统：大福、SSISchaefer［胜斐迩的旋转式货架＋货到人拣选系统，即胜斐迩旋转货到人拣选系统

- 每小时2400个订单吞吐量
- 准确率99.99%
- 可靠性高维护简便
- 适用于各种包装包括细小管状包装
- 其变形产品可以适用于软包装和异性包装

图6－20　KNAPP的A形架系统基本构造、性能参数

（SCS）和垂直升降货柜（见图6－22）]、KNAPP、德马泰克、Swisslog China（瑞仕格）等。国内现在很多物流设备提供商积极研发该类产品，如：普天、昆船、兰剑（已经在唯品会广东一个仓库得到实践）、伍强、北起、北自等，但差距还不小，还在起步，不过大家都看到了这个趋势。

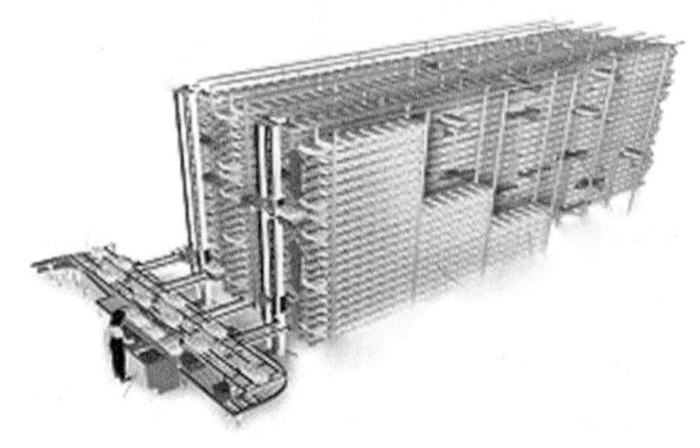

图6－21　KNAPP的OSR系统基本构造、性能参数

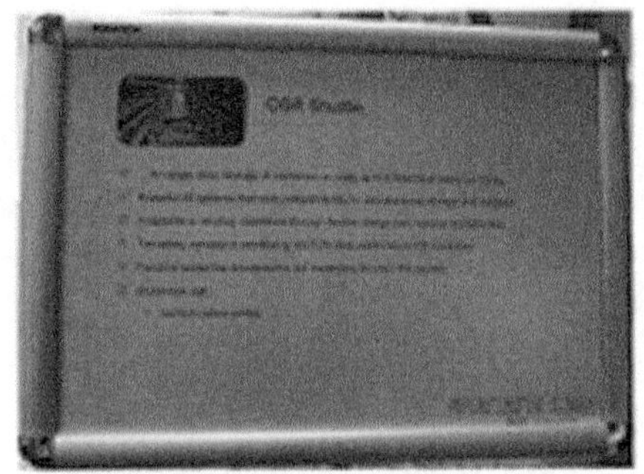

- 货位灵活分割提供空间利用率
- 入货出货分拣一体化
- 入货与出货可以并行操作
- 人手操作可以处理各种商品
- 吞吐量大于AS/RS的4倍以上
- 能耗是AS/RS的5%~15%
- 货物无须ABC分类
- 订单结构和品种变化不影响效率
- 模块化可以成长的系统
- 自动进行效期管理FIFO，FEFO
- 大大简化退货管理

图6－21 KNAPP的OSR系统基本构造、性能参数（续）

（a）旋转货到人拣选系统（SCS）

（b）旋转垂直升降货柜

图6－22 胜斐迩的旋转式货架＋货到人拣选系统

3. 智能 AGV + 货架货到人拣选技术（单元化可移动存储货架）

（1）系统基本构造、性能参数见图 6 - 23（以 Kiva 机器人为例）。

图 6 - 23　Kiva 机器人系统基本构造、性能参数

（2）适合于医药零售业态、快批业态、B2C 业态的 C、D 类品。

（3）注意点：一次单品拣选量不宜过多（拆箱工作量大，还不如用普通货架 + 电子标签方式拣选），超大异型品不适合该拣选设备。

（4）目前国际先进的物流设备提供商（集成商）都有相关的设备与系统，国内很多物流设备提供商也纷纷研发该类产品，甚至很多电商企业也加入研发行列，连许多资本也纷纷加入进来。

国外医药物流配送中心优秀案例（英国诺丁汉 COOP 物流中心）介绍：该案例基本情况及拆零相关应用情况见图 6 - 24，概括来讲就是基本实现了拆零拣选及包装复核

关键数据	
行业	医药
库区面积	17000平方米，另外有2600平方米阁楼
SKU	350000
处理能力	110000订单行/每个班次，每天两班
	6000出库箱/天
硬件及软件情况	KNAPP设备集成（含提供主要设备）
	WCS应用KNAPP
	TMS应用KNAPP
	WMS自己开发

图 6 - 24　COOP 物流中心基本情况

托盘自动打包机

出库集货区

料箱存储货架及A形货架

图 6－24　COOP 物流中心基本情况（续）

全自动化，效率之高也是国内企业无法比拟的，主要应用了 OSR 货到人拣选系统、A形架系统、自动包装、自动贴标、自动封箱等拆零技术（这是国外医药拆零技术应用的基本配置方式）。

一言概括之：随着众多国内外优秀企业的实践、总结与推广，切实能提升效率、降低劳动强度、降低物流成本的基于单元化应用的医药物流拆零技术将朝着本文上述趋势发展，而且发展速度越来越快，创新点越来越多。同时也将会加快促进医药商品的标准化、单元化进程。

（本文作者系天士力控股集团物流中心副总监覃拥）

单元化物流在制造业车间中的应用

随着信息技术、工控技术的迅速发展和“工业4.0”中“智能物流”概念的提出，制造业车间如何整合物流资源以提高其生产能力和仓储空间利用率，如何实现仓储系统与车间生产物料需求的智能对接、分拣和配送，已成为打造智能车间的核心问题。

近几年来，自动化仓储及分拣物流系统，在制造业车间得到了广泛的应用。该系统通常包括自动化立体仓库、零部件分拣及系统、托盘/料箱输送系统、PLC控制系统、仓库控制系统（WCS）、仓库管理系统（WMS）、与SAP系统接口、服务器系统、工业网络系统、周转箱和托盘等。

自动化仓储及分拣物流系统为生产车间提供了零部件分类仓储、按生产订单进行零部件分拣和配送的解决方案，实现车间零部件的信息化管理，生产订单的智能对接及管理，零部件自动化分拣和配送等功能，节省了人力资源，降低了生产成本，提高了车间的生产效率和空间利用率，提升了车间的管理水平和智能化程度。

本项目以某电源控制柜装配车间（下称该车间）物流系统建设的实际应用展开，探讨车间内部自动化物流系统方案规划、功能区域划分、存储单元的规划设计、物流设备选型、物流信息处理等一系列问题。

一、主要研究内容

本项目的主要研究内容：零部件存储单元的规划设计、物流系统方案设计和物流信息系统的管理规划等。

1. 零部件存储单元的规划设计

电源控制柜装配生产是以定制化产品为主，成品具有较为固定的结构，各零部件数量成一定的配比关系，零部件种类繁多，外形尺寸多样，需要分类分区进行存储。根据各零部件的需求量和外形尺寸，本系统设计了托盘库和MINILOAD库两个高架库区，分别使用钢托盘和周转箱两种存储单元。根据零部件的种类、数量和周转情况，设计了两种不同存储单元，并根据相关零部件的比例关系对存储单元的比例进行了规划（见图6－25）。

图6－25　某电源控制柜制造车间高层货架区

钢托盘用于存储大件物品和批量存放的物品，主要包括机壳、空气开关、变压器、电抗器和电缆等。托盘尺寸为1000mm×1200mm×160mm，设计承载为600千克，共2400个货位（见图6－26）。

图6－26　零部件的两种存储单元

周转箱用于存放小件物品，主要包括继电器、断路器和控制模块等。周转箱尺寸为600mm×400mm×350mm，设计承载为50千克，共6160个货位。

2. 物流系统的规划设计

本物流系统涉及的功能模块多样，主要包括出入库、“货到人”拣选、信息识别、电子标签、WMS、WCS、与SAP信息对接等功能。

根据存储单元的不同，本系统主要分为托盘和MINILOAD周转箱两个自动化立体库物流子系统。

（1）托盘自动化立体库物流子系统。

本物流子系统主要包括4台堆垛机、2400货位的高层托盘货架和一套托盘输送系统。其中，托盘输送系统主要包括托盘入库区和“货到人”拣选区两部分。托盘输送系统设计了6个拣选口，其中4个用于轻型零部件拣选，可人工完成拣选任务，另外2个用于重型零部件拣选，通过电动叉车完成拣选任务。每个拣选口配有PC工作站，用于订单的生成、零部件数量和品种的确认以及拣选任务状态的查询等（见图6－27）。

图6－27 物流及拣选物流系统

根据车间资源配置需求，托盘入库区的最大输送能力为160盘/小时，4台托盘堆垛机的最大入库能力为132盘/小时。

（2）MINILOAD周转箱自动化立体库物流系统。

本物流子系统包括MINILOAD堆垛机、周转箱高层货架、周转箱输送系统。其中，周转箱输送系统主要分为零部件入库作业区、“货到人”拣选作业区。

零部件入库作业区由三条线体构成，包括空箱线、上料线和满箱线。空箱线用于输送和存储空周转箱，平时保证一定量的空箱存储，以备随时收料入库；上料线用于外来纸箱原料入库，操作员把外来纸箱原料在上料线上拆包，将零部件放到空周转箱内，进行原料入库；装好零部件的周转箱通过满箱线输送到堆垛机入库端，再由MINILOAD堆垛机入库，存放到高层货架。

“货到人”拣选作业区用于原料备货，本系统设计了12个拣选台、4个复核盘点操作台和1个整箱直接出库台。每个拣选工位包括：周转箱拣选台、扫描枪、拣选看板和电子标签，可实现零部件的在线拣选、库存信息盘点和零部件的直接出库等功能。本子系统的输送能力为300箱/小时，满足生产需求并留有一定提升余量（见图6－28、图6－29）。

图 6-28　拣选工位工作站

图 6-29　周转箱立体库区

拣选作业工作流程如下：①操作员通过扫码生产单据；②上位机管理系统自动生成拣选任务；③通过 WCS 下发给堆垛机，堆垛机进行出库作业，再由输送系统把周转箱自动输送到对应的拣选台；④操作员根据电子标签提示的数量进行拣货，通过拣选看板查看任务执行情况、核对拣选信息；⑤操作员确认完成拣选任务后，周转箱自动回库，由堆垛机取货入库。

系统设计了两台 MINILOAD 周转箱堆垛机，堆垛机系统的作业能力直接影响系统的分拣能力。为此，本系统选用了双工位堆垛机，堆垛机含有两个独立的货叉，由两个电机独立驱动，可同时完成两个周转箱的出入库任务，控制系统增加了运动控制器，优化定位曲线路径，最终实现两台堆垛机的复合作业能力达到了 180 箱/小时，一个小时内可以完成 90 个周转箱的拣选作业。

3. 物流信息系统的管理规划

该车间物料零部件品种和系列繁多，物流信息系统实施的主要目的在于，通过托盘和 MINILOAD 周转箱两个自动化立体仓库物流子系统，对车间的所有物料进行科学管理，与企业 SAP 系统进行对接，实现仓储管理系统按照 SAP 系统的生产订单，自动完成零部件的调拨、分拣和配送的功能，并保证和 SAP 的库存数据同步。本系统主要包括：物料分类存储及管理、管理系统的软件机构以及和 SAP 的信息接口。

（1）物料的分类存储及管理。

本系统中，我们对物料进行划分，并且对货架进行区域管理，把物料分为 A、B、C 三类。A 类货物为用量较多或体积较大的物料，如大型断路器、大型接触器、变压器、电路板和机壳等，此类货物存放在钢托盘货架区；B 类货物为可满足多单据需求且体积适中的通用物料，如继电器、小型接触器、小型断路器、控制模块和检测仪表等，此类货物应存放在周转箱货架区；C 类货物为专用物料或易于人工识别且体积较小的物料，如导线、保险管、指示灯、按钮、选择开关和配屏辅料等，此类货物存放在平库货架区。

物料分类存放可以提高整个库区的利用率，优化库存分配，提高物料分拣系统的作业能力。经过物料分类管理，有效地降低了现场的管理难度，提高了生产配送的效率和准确性。

（2）管理系统的功能模块。

该系统设计的信息管理系统对物流和信息流进行动态管理和控制，集物流与信息流于一体。系统通过入库业务、出库业务、库存调拨和物料拣选、综合批次管理、库存盘点和质检管理等功能综合运用的管理系统，实现完善的车间仓储信息管理。系统可以独立执行库存操作，也可与其他系统的单据和凭证等结合使用，为企业提供全面的企业业务流程和财务管理等信息。

（3）和 SAP 的数据接口。

信息管理系统的任务由 SAP 系统发起，完成任务后，数据回传 SAP 系统，数据接口主要包括入库数据接口和出库数据接口两个。

与 SAP 交互流程——入库。首先 SAP 到货打印订单，订单上有条码信息，供人工操作。完成到货质检后，WMS 通过 PDA 向 SAP 发出索取订单请求。SAP 记录信息，并下发入库许可。订单执行完成后，WMS 将实际入库结果反馈到 SAP 上，SAP 进行处理（见图 6－30）。

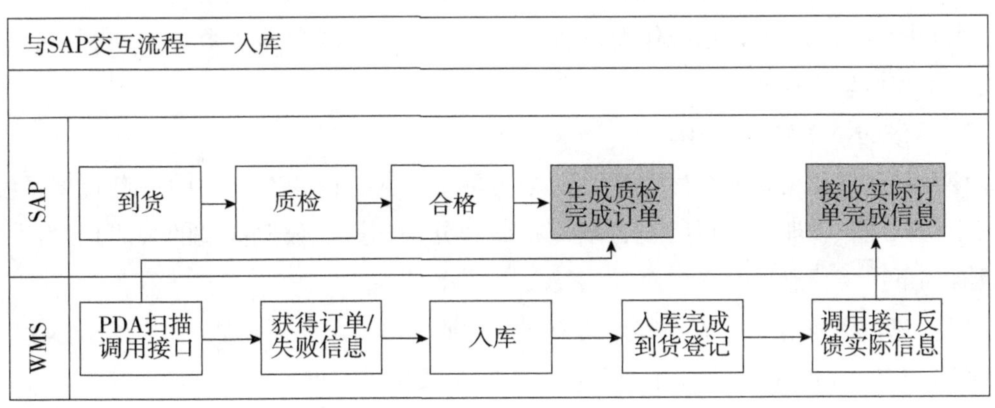

图 6－30　入库流程数据接口

与 SAP 交互流程——出库。首先 SAP 根据计划，提供每天所需的任务清单，清单需按大屏/工位生成，WMS 按时间间隔主动调用 SAP 接口，获取订单进行出库/补货出库。任务完成后，WMS 会根据现场实际订单消耗情况，实时反馈 SAP（见图 6－31）。

信息管理系统实现了与 SAP 系统的无缝连接，优化了整个车间的管理流程，不仅库存物料信息准确可靠，而且实现了库存信息可视化。

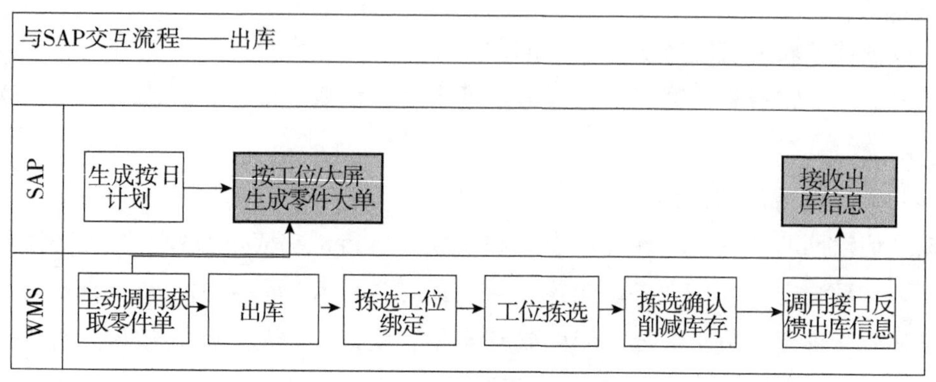

图6－31 出库流程数据接口

二、系统应用效果及特点

1. 自动化仓储及分拣物流系统的应用效果

该项目工程综合性强，物流解决方案完善，服务于生产车间的配屏电气元件存储、分拣和配送，解决了生产车间电气元件的分类存储问题，物料按生产订单进行实时分拣和配送的需求；实现了电气元件自动化存储、车间物料的信息化管理以及与生产订单对接进行物料实时配送等功能，系统也实现了信息化与自动化的完美结合。提高了整个车间的自动化程度，系统作业流程顺畅、高效，在减少用工数量的同时，提高了管理水平和信息化程度。

2. 系统的技术特点和创新点

该系统以自动化立体仓库为核心，分为两个库区，由一套统一的信息管理系统进行集中的调度和管理，实现物料自动化存储和分拣配送，数据接口的智能化对接，系统具有如下主要特点：

（1）物流流程与生产流程完美结合，大大地提高了产能，降低了工人劳动强度。

（2）在现场PC机上开发了看板程序，用于操作生产订单，发起拣选任务，并对分拣物料进行显示和校对。

（3）采用电子标签，能够简洁、直观地显示物料的拣选数量，避免出错。

（4）系统直接与生产订单对接，更加高效和准确；系统同时调度和管理两个库区物料。

（5）托盘库的物资可以直接对周转箱库进行补充。

三、展望

车间物流是连接车间各个节点的核心环节。合理的车间物流能够降低企业成本、提高企业内部管理效率、提升市场竞争力和增加经济效益等。而基于单元化物流的自动化仓储及分拣物流系统是车间物流的核心组成部分，是整个车间“流动的血液”，它的信息化和自动化程度，是车间智能化的重要体现。

基于单元化物流的自动化仓储及分拣物流系统是智能物流的重要组成部分，智能物流体现在以物流管理为核心，实现物流过程中运输、存储、包装、装卸等环节的一体化和智能化。而自动化仓储及分拣物流系统实现的就是物流过程中运输和存储的重要环节，是实现制造业车间资源优化配置和信息化的重要解决手段。

（本文作者系北京自动化研究所吴双）

京东带板运输单元化实践案例

随着电子商务和供应链的快速发展，电商物流已成为一个新兴的细分行业。电商物流规模之大、SKU之多、时效之快，使其自动化、信息化程度需求比一般物流高，其中物流装备的标准化，已成为提高物流运作效率、效益、竞争力的必备手段。

作为电商的龙头企业，物流设备标准化的实施与推行，无疑对提高自营仓储物流作业效率有着非凡的意义。京东各地现设有各类型标准化库房，因此，推动内部存储、搬运设备、物流作业操作模式等的标准化以及供应链托盘循环联运显得尤为重要及迫切。

京东物流作为国内领先的物流企业，率先推动京东内部与供应商实施托盘循环共用。它通过以区域物流中心（RDC）为集散中心，建设成以现代仓储、干线运输、城市配送三大功能于一体的现代化综合电子商务物流园区产业群。按照库房主要物流设备与周边配套设备设施标准化技术要求的制定，从月台、库内作业功能区布局、库房装修、强弱电改造、信息管理系统与监控管理系统建设等方面进行，同时为上游带板运输的供应商开通了快速收货的绿色通道，并达成到货商品免检协议，实现整体物流作业有效衔接。

截至2017年上半年，京东在全国推动实施带板运输的企业共计34家。其中完成送货免检验收信任协议的有宝洁、雀巢、统一集团、联合利华等16家世界著名企业。

一、带板运输

托盘是电商物流中应用最广泛的装载单元设备，并贯穿到电商物流的所有环节。以托盘标准为基础，统一道路设计、仓库设计、运输车辆设计、搬运设备以及商品原材料与商品包装规格。它将产品（或原材料）从生产线装载到托盘上形成集装单元，以集装单元形式进行存储、运输及配送（或进入再生产过程），从而减少了因重复搬运而导致的物品损坏。这样的产品流通过程，既节约包装材料、降低商品成本、减小劳动强度、提升送达效率和服务质量，又利于仓库设备现代化。

带板运输是指将载货托盘货体（货物按要求组装在一个标准托盘上，并由缠绕膜或捆扎带等固定成为一个运输单位），从发货人开始，通过拣选、组盘、固定、装卸、运输、转运、保管、配送等环节送到收货人手中的一种“门到门”的运输方法。

带板运输在国外日臻成熟，在国内却是初级阶段。虽有部分企业对物流单元化设备的产品技术、应用与运营模式具有多年专业经验，但其应用模式，如需要哪些环节、如何操作等一系列问题还有待研究。

京东物流将国际经验与国内实际情况相结合，设计出最适合现有规模的带板运输的技术类型与运营模式。

首先，木质托盘与塑料托盘的优劣势相对比，选择木质托盘。

原因在于：

（1）木质托盘使用成本小，适用范围更广。

（2）木质托盘可重复维修，且维修后品质更稳定，发生破损责任争议时，赔偿额度更低。

（3）木质托盘承载商品种类多，承载能力更好。

其次，在托盘的使用要求上，选择规格为1200mm×1000mm的标准尺寸。其他相关设备设施，如货架、车辆等也都在逐步靠拢此规格托盘的使用要求，同时它也成为从制造商到零售商各个环节普遍认可的标准尺寸。

最后，在托盘的设计结构上，选择日字底托盘。目前市场上，川字底与日字底是目前两大主流设计，但为有效减少库内堆垛对包装箱与容器的挤压破损，日字底托盘更适用于带板运输。

近年来，RFID应用技术在芯片材质、配套设备等方面也日臻成熟，托盘设备安全控制是未来RFID技术在带板运输中的主要应用领域。带板运输中配套应用RFID技术，其优点是可实现资产管理、货位管理和商品追踪搜索等功能，其劣势是成本较高，短期还难以大范围应用。

综上，相对散货装卸环节，带板运输的运用，有效帮助企业降低物流运输成本、商品破损率、加快商品周转、提升操作效率及货物安全。

二、京东带板运输建设内容

1. 京东物流设施设备标准化改造

完成月台、库内作业功能区布局；完成库房装修、强弱电改造、信息管理系统及监控管理系统等项目物流设施的建设与改造。

在设备标准化建设中，主要以托盘、货架、叉车、周转箱、笼车、输送线等标准化周转设备为核心，设计和改造其周边配套的设备规格，以实现整个物流作业流程的标准化（见图6－32）。

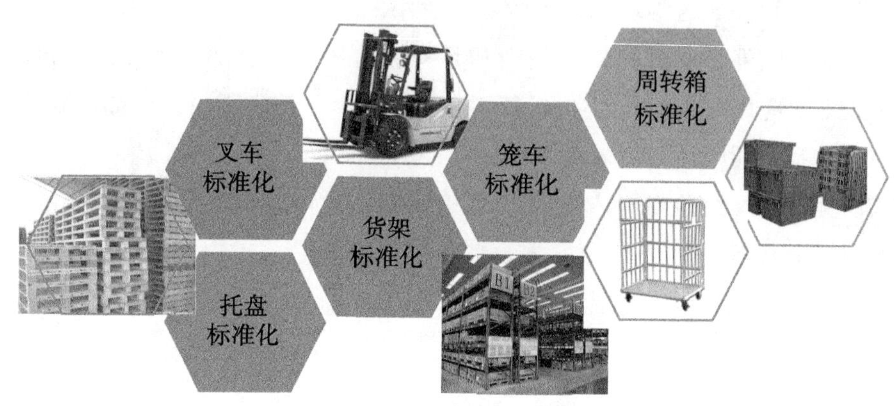

图6－32　项目标准化设备

2. 京东物流带板运输体系建设

为加快库房与转运中心间的货物运输，使其操作更加简便，从而降低运作成本，提高运作效率，京东物流干支线运输线路超过1000条，设置自有运输车辆超过5000辆。

3. 京东供应链托盘共用体系建设

方式一，通过托盘规格标准化，推进内部带板运输，建设公司内部托盘共用体系。

转运中心将需分发至区域内其他仓库的商品，按照标准码盘规则码放，经缠绕膜固定后，分装至相应的摆渡车，运送至相应库房。库房按整托盘商品收货后，快速验货并直接将整托盘商品存放货架上，相应地回收相同数量的托盘。

方式二，上下游供应链企业共用托盘，保证选用的托盘规格型号完全相同，以交换制和租赁制两种方式分别以上游和下游供应商实现托盘共用。其中，上游供应链多为规模较大的商品供应商，合理利用带板运输方式可有效节省大批量的供货频次与货物在装卸车时耗费的人力与物力。上下游供应商共用托盘，交换相同数量的托盘，使同等数量托盘货物单元在物流系统各个环节中同时正、逆向运行，从而删减托盘回收工作。

京东小批量商品内配的第三方短途运输公司，因其商品运输量少，对托盘的需求和使用量有限，可以将京东自有的标准托盘以租赁方式提供给运输公司，并由运输公司交付租金。

方式三，京东与上下游供应商建立起托盘供应的协议后，需要引进第三方托盘供应商，集中管理托盘的租赁、回收、维修等服务来满足不同区域托盘的平衡需求。

托盘循环供应商作为媒介，为京东物流及上下游不同的企业分别提供一个托盘服务账号，便于企业之间托盘的循环使用。若为静态流通，则在京东内部进行流通；若为动态流通，即托盘在上下游企业间的流通，京东专供负责租赁使用托盘，并将整托盘货物送至京东仓库，到货物上架，再转移到京东的下一级仓库。

托盘循环供应商提供托盘服务平台与标准化规则，并进行托盘的统一维护与管理，以此减少京东及上下游企业使用托盘的维护成本及管理成本。

京东供应链托盘共用系统示意见图6－33。

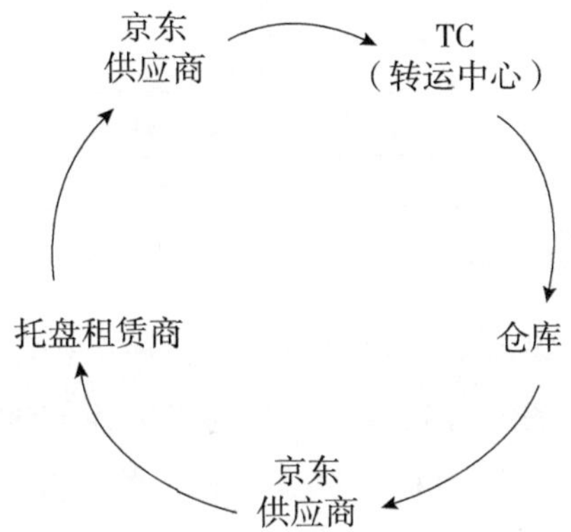

图6－33 京东供应链托盘共用系统示意

4. 京东物流标准化相关标准的研究与制定

物流标准化对仓储物流作业的高效运转有着积极的作用。京东一直致力于物流标准化的研究和实践，无论是新员工作业流程培训还是库房的内部布局、标识警示牌，都设立了标准化。

京东集团自2011年成立物流标准化部门，先后制定并实施了《商品存储管理规范》《商品出库包装标准》《仓储运输业务操作流程》《带板运输操作流程》等作业规范以及《京东商城叉车技术标准》《京东商城托盘技术标准》《京东商城货架技术标准》《装修监控工程施工技术规范》等技术标准。

京东物流项目构架见图6－34。

三、项目经济与项目社会效益情况

1. 项目经济效益

随着项目经济建设的完成，建立物流托盘、周转箱、物流笼车、物流运输车辆、物流搬运设备等的标准化，并将所有非标准化设备进行整合优化，最终实现设备种类

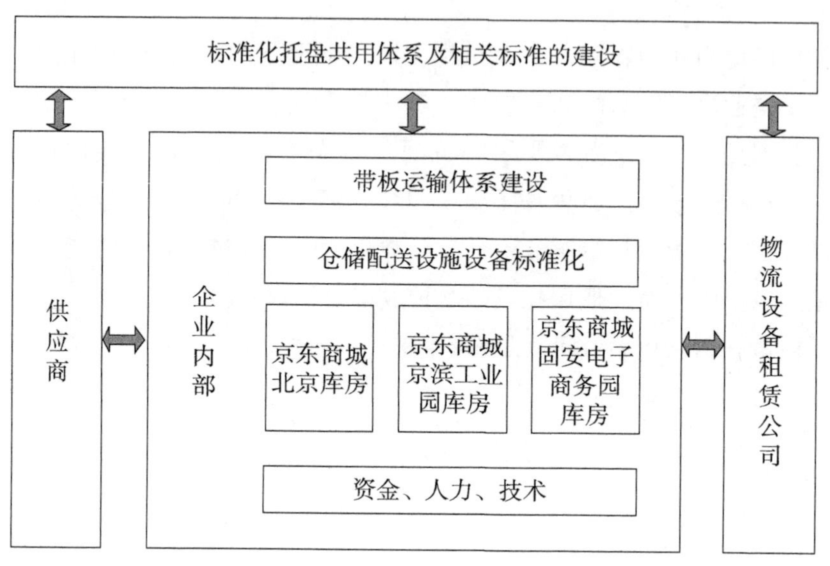

图 6－34　京东物流项目构架

统一、物流作业效率提升、物流设施利用率提高，加快企业库存与资金的周转等目的。

该项目建成后带来如下的经济效益，年节约成本约 11000 万元。

（1）将现有的物流托盘、周转箱、物流笼车、物流运输车辆、物流搬运设备种类从现有的 30 多种减少至 10 多种。设备的优化整合带来效率的提升，设备投资额每年减少 1500 万元以上。

（2）推进企业内部物流单元化作业、上下游供应商之间的托盘循环使用，提升托盘的租赁占比 30%～45%；标准化、单元化作业使得物流作业效率提高，其中装卸效率可提升 70% 以上，每年节省人力 400 人以上，节约成本 2000 万元以上；其他相关物流设备优化效率可提升 30% 以上，每年节省人力 200 人以上，节约成本 1500 万元以上。

（3）物流标准化项目建设，伴随物流设备与作业效率的提升，促使物流设施利用率提高 5%，每年可节省仓储面积 10000 平方米以上，节约成本 1000 万元以上。

（4）物流标准化项目建设，加快企业库存与资金的周转，库存总量将降低 10%，库存资金占用减少 3%，每年节约成本 5000 万元以上。

2. 项目社会效益

通过推进物流标准化项目建设，实行标准化托盘循环共用，提升物流系统效率，降低物流货物损耗，减少树木砍伐工程与二氧化碳的排放，全面推动商贸物流标准化应用，产生巨大的经济与社会效益。

（1）电商物流企业标杆示范效益。京东作为电商与商贸行业的领先企业，由上下游供应链共同参与，推行物流标准化项目建设，成为行业物流标准化操作的先行者，起到很高的行业示范作用。

（2）推动行业标准规范和制度的研究、制定和发布。在推进物流标准化项目建设的过程中，通过与政府相关部门、供应链上下游企业、同行企业等共同交流，京东积极推进行业标准规范和制度的研究、制定和发布。

（3）降低社会物流成本、提高物流效率。通过优化企业内外部及供应链上下游企业的物流作业，在降低物流成本和提高物流效率的同时，必将进一步降低社会物流成本、提高社会物流效率。

四、项目总结与展望

带板运输的真正价值在于供应链全流程的使用。如果供应链上下游企业之间实现带板货物交接，那么带板运输的价值将发挥至最大。

虽然带板运输在大幅度提高效率的同时，能够获得较大的收益。但是，国内物流设备标准化程度低，操作模式尚未规范，信息管理系统与监控管理系统的技术缺乏，带板运输作业对跨企业配合存在困难。

不同企业租赁不同供应商的托盘，致使带板运输上下游企业对托盘管理难度增加，导致了带板运输的推行受到严峻的挑战。

对生产商而言，受制于尚未成熟的运输、拣货、组板、装车等流程安排以及零售商的配合程度，装卸成本的节约很多时候被不合理的运输方式和运作流程相抵消。

对零售商而言，增加了托盘分拣环节，需增加一定托盘管理成本，还要承担大量退板运输费用。

对承运商而言，受车型标准化、物流配送标准化程度较低的影响，车辆装载率较低，进而增加运输成本。

综上，都使得物流设施设备标准化的实践之路仍然是任重而道远。

（本文作者系京东亚洲一号项目总监王银学、李宝杰）

中国汽车行业的物流智能单元化应用

一、单元化物流和物流智能单元化

1. 单元化物流

单元化物流是指在运输、存储、流通过程中，为了提高效率、降低成本而设计的以单元化形式作为每种物料的基本物流管理单元的一种物流管理模式。单元化物流是面向未来的、与时俱进的物流大概念。吴清一教授一直以来，致力于带领整个行业锤炼单元化物流的精髓，几十年间，中国整体物流行业从离散式的、被动接收的混乱的物流局势，不断进行整合，逐步形成了单元化的体系概念，并开始初显成效。随着时代的迭代更新，新技术的涌现和逐步成熟，一些新兴的元素又正在以最快的速度被融入到这个飞速发展的行业。单元化物流人正在积极地、尝试性地描绘、想象未来的物流行业的存在形式和姿态。展望未来的物流行业，智能云、智能单元化容器、智能搬运机器人，可能就成了构成地球表面智慧物流系统的基本要素。

2. 智能单元化

智能单元化代表着单元化物流大板块中最前沿的一部分技术，也是促使未来单元化物流大发展的前提和保障。我们期望未来的单元化物流系统是智能的、透明的、高效的、全球化的以及还有更多将被赋予的标签。在新型的现代智能单元化技术中，智能物流容器不仅仅是物料运输的载体，也成为信息流传递的媒介。智能单元化功能的实现，可以将原本分立的物流各环节有效地联合为一个整体，使整个物流系统实现合理化。在工业 4.0 智能工厂框架内，智能物流单元化技术是连接供应商、制造商和客户的渠道。因此，智能物流单元也是构建未来智能工厂的基石，也将成为社会化物流的最小管理单位。智能托盘、周转箱将成为工业 4.0 时代的基本智能单元，当用户向物流中枢系统发出行动指令时，系统将利用智能物流单元化技术拉动整个物流供应链。智能单元化技术将会彻底解决物流的数字化问题，是智慧物流的前提和抓手，是智能工厂的衡量标准。

3. 智能单元化的技术创新

随着云技术的不断突破和成熟，以及信息自动化存储的高速进展，在行业应用上，各国的物流行业团队，都在不断探索如何在云技术基础上，开发出能反馈单元化物流的信息的平台，做到物网联动。

德国物流研究院（Fraunhofer IML）一直研究着物流行业的前沿科技，其自主研发的一款叫作 inbin 的智能周转箱技术，通过在周转箱上加装感知控制单元，从而实现了物流单元的智能化。

加拿大的 RM2 公司和荷兰的 AHRMA 公司把芯片装在托盘内，实现了依托云管理的托盘物流的全流程透明化，目前也正在市场上进行尝试性的推广。芯片内信息涵盖地点 GPS，环境使用温、湿度，行程追踪，冲击、加速度，载重情况等（见图 6－35）。

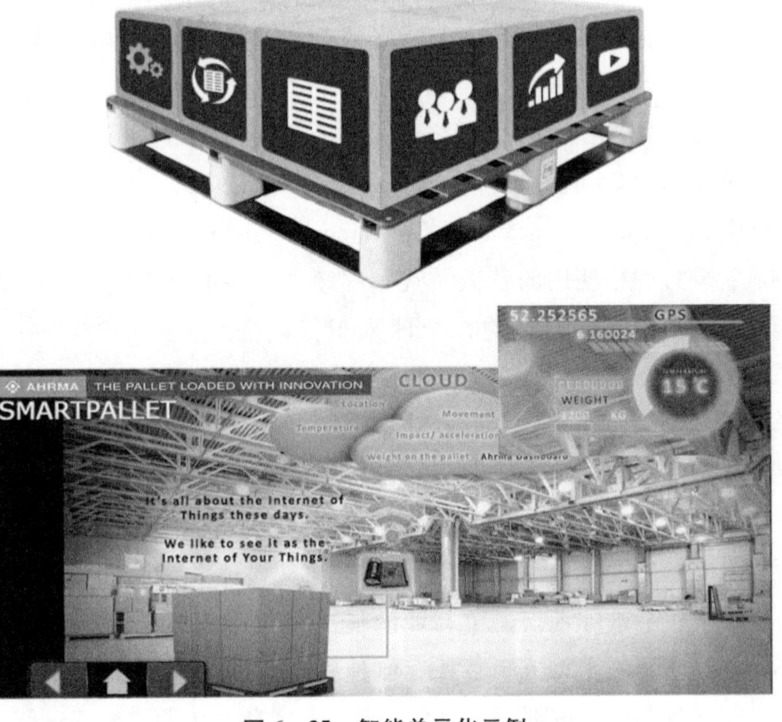

图 6－35 智能单元化示例

租赁也是目前一个大热的方向。中国的托盘保有量超过了 13 亿片，其中租赁的托盘才刚刚 1600 万片，和世界先进国家的 50% 相比，存在很大的差距，国家和政府开始了大力推广托盘标准化和托盘租赁。中国托盘行业的正规化和爆炸式发展期到来了。物联网时代，弯道超车的机会同样存在于托盘行业，IOT 技术让托盘租赁的管理成本有了大幅降低的现象，不少像“找托盘”和“你托我管”这样的公司都在积极研究托盘的智能化和托盘智能云，从而加快中国托盘租赁的进程。

二、汽车行业物流是制造业物流的标杆

相较整个制造业中的其他行业，汽车物流属于规模最大，复杂度最高，质量要求相当高，对供应链时效性、品质要求很高的一大典型。一直以来，汽车行业物流作为整个制造业物流的标杆，引领着制造业物流的发展。汽车物流包含着厂外物流以及厂内物流，要提升整个汽车整体物流，必须系统地看待物流综合成本和质量，以及效率的问题。客户化定制在汽车行业蓬勃兴起，看板管理、JIT、JIS 概念的推广应用，引导了汽车行业率先进入单元化物流的序列。

VDA 6.3 为德国汽车工业联合会（VDA）制定的德国工业质量标准的第三部分，即为过程审核。其从运输、搬运、储存物流容器的角度，在硬件、流程管理、信息系统等方面约束了汽车行业的物流，使其有章可循、有法可依。单元化物流的整体思想在汽车行业的表现也是最为深入。

MMOG/LE 引入中国已经 10 个年头了，对中国的汽车行业影响深远，甚至最近开始蔓延到了智能制造 2025 的洪流当中。

MMOG/LE（Materials Management Operations Guideline/Logistics Evaluation），是一套广泛在物流管理过程中使用的营运实践和程序，是一项对于物流供应链管理的认证体系，由福特公司主导开发，目前在全球汽车行业推广。MMOG/LE 一共六大模块，206 个条款，涉及企业供应链管理的各个环节。

在汽车主机厂纷纷应用 MMOG/LE 评审它们的供应商的同时，很多优秀的一级供应商也正在用该标准评审二级供应商，例如：采埃孚、大陆汽车电子、博世、法雷奥、伟世通等。第三、第四方物流企业更是被关注的对象，是被审核的焦点企业。物流行业人力资源对于高管的要求中，MMOG/LE 的体系建设能力是一项重要指标。

汽车行业物流正在被颠覆。一个行业的最大刺激往往来自于这个行业之外，而汽车行业也不例外。尽管汽车物流一直作为制造业物流的标杆，在中国当前巨变的物流大环境下，过往循规蹈矩、按部就班发展的汽车行业物流大军也变得无所适从。

近 10 年来，中国的物流行业正在高调地发生着剧变。其中，最为瞩目的是由电商带动的一波弯道超车式的发展，其由此组成的中国特色的商业新格局，带动了中国的快递物流，使其一跃成为世界瞩目的庞然大物。每天 6000 万个的包裹流通量还远没有停歇的感觉。如此大体量的物流任务，正在把中国落后的、经络不通的、处于雏形不成熟的物流行业的一切进行快速的锻造，使其迅速形成适合中国市场的物流技术装备、信息系统、商业模式、资本组合方式。短短十年间，其赶超世界先进水平的势头已然

昭然若揭了。

正由于电商、快递物流的高速发展，其服务能力和边界也逐渐侵入到了传统的制造业供应链管理当中，汽车物流也深受影响。互联网思维、服务模式细分、纵向切分、横向切分、科技进步带来的企业和商业模式颠覆，深深地刺激了原本稳健发展的汽车行业，速度，一跃成为了其中一个关键要素。与此同时，资本终于开始看向汽车物流，尤其当第四方物流的需求被广泛地提出的时候，在这种大体量的需求面前，没有人敢声称自己已经做好了十足的准备。如何联手，如何承接，如何造就生态圈的竞争力，谁又会成为这个生态圈的圈主，成了这一阶段被激情点燃的讨论话题。

三、汽车物流的智能单元化是单元化物流的原点

对于单元化的概念，汽车行业不仅不陌生，更可谓轻车熟路，已得到十分成熟的应用，各大合资汽车整车厂，更是有独立的物流单元化管理部门，以专门应对新车型导入时的所有单元化包装方案、后期优化以及具体的单元化物流包装的管理。

另外，汽车行业在智能单元化方面也在做着积极的尝试，智能单元化也被称作是汽车行业推进下阶段单元化物流发展的主要抓手。但由于汽车行业整体产业规模巨大，供应链涉及的企业数量繁多，要在汽车行业内全面实现智能单元化，其复杂度和推行时间上要较一般制造型企业来说难度大。

单元化物流容器，在汽车行业被极为广泛地应用，也相对较为成熟。由于汽车行业供应链管理复杂，时效性要求极高，因此本着提高效率、降低物流成本的原则，汽车行业率先设计并应用了针对每种物料的物流管理单元，并采用了合理地针对单元化物流容器的运输、存放、翻包和配送的基本管理方法。进而，其标准化程度和管理水平经过不断累积的行业经验，得到了大幅的提升。而单元化物流容器的管理更是上一波精益物流管理大潮的基础，同时也为实现物流数字化、搭建智慧物流网提供了必要的前提条件。

（1）赋予更多内涵。时代化的容器要求：随着时代的推进，汽车行业客制化运营模式的形成，大大改变了其对供应链的需求，使得整车厂朝着高效工厂的方向演变，而单元化物流容器也被赋予了更多的要求。其中，标准化、小型化、绿色环保、模块化最为突出，在过去十多年的整个中国汽车行业发展中，正逐步得以完善和提升，也是作为第一阶梯容器提升发展的重中之重，标杆汽车整车厂更是可以做到80%左右的标准化尺寸程度。其中，标准化为最先被推动的概念，主要体现在减少专用容器，限制底部尺寸、高度种类、容器类型等。另外，从绿色环保角度出发，一次性物流容器以及内衬的使用量正在逐年减少，取而代之的可循环物流单元容器，通常使用寿命以

3～5年不等。模块化方案作为标准化的一种深入境界，则更考验方案设计师的功力，通过这种模块化设计，可以大幅提升不同零件之间的容器兼容性、灵活性，并结合过往行之有效的容器解决方案模式进行模块化，也大幅降低了容器的方案验证时效。

近年来，新型的信息化和租赁理念，也在整车厂内掀起了一股旋风，成为了新型单元化物流容器争相调研新方向。

（2）物流数字化。汽车行业作为物流容器单元化的先行者，同时也是循环物流容器的广泛应用者。基于汽车零件装配特点，以及流水线的作业形式，汽车零部件在整车厂厂内通常要以特定的单元数量，摆放方式，在特定的时间被分拣或送达指定位置、工位，为确保这部分信息流的准确传递，信息化最先被应用于整车厂场内零件信息的传递上，使得单元化容器和零件进行绑定，进而完成了信息流和物料流的相互转换。而通过RFID、条码等技术的应用，整车厂不仅实现了对零件的地点管理，同时还有效监管了物流容器的出入库动向，大幅降低了循环物流容器的丢失率。

基于供应链全流程的视角看待物流容器：就汽车整车厂而言，相关物流通常分为两大部分，入厂物流和厂内物流，与之关联的物流容器则以三种应用形式存在：

①同一种物流容器，既作为入厂物流也作为厂内物流，中间无须经过翻包过程，这类容器通常被称为直接上线包装。

②物流容器仅作为入厂物流专用，通常被称为运输包装。采用该类专用物流容器的，零件需要从这类容器中导出，进入用于厂内物流的容器中，这一行为被称为翻包。

③物流容器仅作为厂内物流专用，当前汽车整车厂厂内物流容器存在着多样化的形式，其初衷也多有不同，有些是受限于用于长途运输的一次性容器不能上线，因此需要翻包进入可循环物流容器；再比如焊装车间，出于防火要求，因此所有入厂的容器要想上线，必须满足防火要求，如无法满足的，就需要通过翻包形式进行转换；又或者是受限于流水线线旁空间大小，大型运输包装需要翻包进小型的KLT然后上线；而当前更多的一种情况是与目前被广泛应用的厂内SPS系统相挂钩的（SPS系统即为单车配给系统），该系统的应用反向推动了大部分的中、小型零件的包装形式，使得大部分这类零件需要通过翻包形式进入流水线边。

鉴于物流容器的不同用途，其属性要求也不一样，因此需要考核的关键点也需要分别对待。但无论哪种应用，都需要从全流程的视角去分析物流容器的合理性。需要考虑到在整个流程中所涉及的相关要素，车辆大小尺寸及其空间利用率，装卸货的操作便捷性，货物运输安全性，仓储空间的要求，零件的保护性，翻包作业的必要性，线旁空间大小，线边操作人员的零件取放舒适度。即便是单纯的成本分析，也要结合各项关联成本，物流容器投入成本，运输成本，仓储成本，翻包成本，零件损坏质量成本，容器维修维护成本等。在国内，传统物流规划存在的一个误区，就是顾点忘面，只关注个别点，而没有去全局的考虑问题，每个部门各司其职，守着自己的一亩三分田，却没有站在全局的观点来进行协同，从最大利益化的角度看待问题，这就致使在实际操作中，给企业带来了最终的损失。

四、我国汽车行业单元化物流容器发展现状

我国汽车行业单元化物流容器发展历史并不长，前期主要照搬苏联、东欧国家标准，真正开始和国际主流接轨则是在改革开放以后，随着跟众多外资车企进行合作以后才开始发展。其中经历了以下五个阶段。

（1）意识革命——意识的觉醒。

（2）材料创新——材料的引进、学习、使用。

（3）技术革新——技法的革新。

（4）人才创新——技术人员的培训。

（5）管理创新——业务的管理模式上的变化。

这五个发展阶段并非分段式，而是环环相扣、齐头并进的。第一阶段，国内汽车行业各大整车厂及零部件供应商开始有单元化容器标准化的意识，由于长期深受非标准容器带来的不便捷、无法系统管理、品控风险大等问题困扰，汽车企业参照各大标准开始大规模缩减物流容器的种类，以神龙汽车为例，2016 年的物流器具种类达到了 864 种，而预计在 2020 年达到 432 种，实现物流容器型号削减达 50%，而中外合资企业的容器型号更是已在过去的十年间完成了大幅的缩减。

在材料的选用上，针对具体应用，也是不断尝试使用各轻型、耐摩擦、防掉屑、缓冲性能好、使用寿命长的材料，在外容器和内衬上都做了相应的革新。

当容器标准化达到一定程度后，管理的系统性得到了提升，随之而来的管理问题也大量暴露出来了。容器的丢失、破损、维修，成为了其中最为突出的几个问题。而不同的企业也在积极寻求新的管理模式，或提升内部管理水平的方法。

五、中国汽车行业的物流容器标准

供应商单元化物流容器设定有个准则，所以无论你是主机厂也好，还是零部件供应商也好，首先要制定好企业的单元化物流容器标准，然后在整个供应链中规范实施。所以在中国，几乎每家汽车主机厂都会约束供应商的单元化物流容器，发布单元化物流容器标准。

中国汽车行业目前存在三大物流容器标准体系，分别是以通用、福特、大众、宝马、奔驰等为首的欧洲单元化物流容器体系，托盘以 1200mm × 1000mm 国标为首选规格，大部分民营自主车企业、或者欧美的小众车企业都参考此标准制定了自己的企业标准。

另外，以东风日产为代表、东风系的部分企业如东风乘用车、东风商用车、东风裕隆、东风本田、广汽本田等则形成了以 1100mm × 1100mm 托盘标准的日系单元化物流容器标准。

以广汽丰田为代表，在 2004 年从土耳其丰田引入并正式确立的 1200mm × 800mm 体系托盘为标准，也是在汽车行业最晚形成的一套单元化物流容器标准，但是发展却很迅速，对中国单元化物流容器起了很大的推动与促进作用，代表企业有丰田体系企业、一汽轿车、广汽乘用车、广汽菲亚特克莱斯勒、广汽三菱等，以及近年来神龙、长城等均选择了丰田的单元化物流容器体系（见图 6 - 36）。

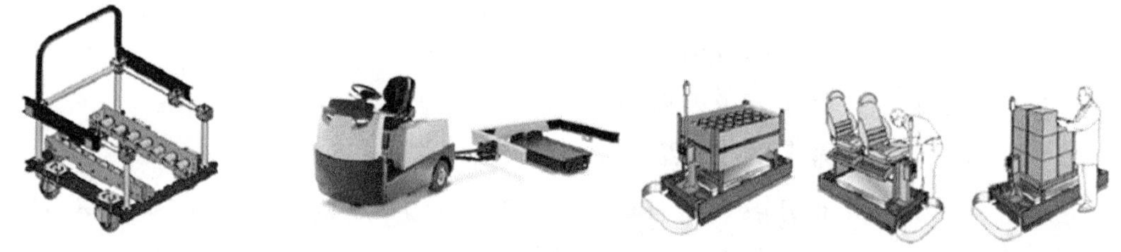

图 6 - 36　汽车行业单元化物流容器示例

虽然大众汽车进入中国也较早，合资时间也长，但其进入中国时，中国汽车单元化物流容器产业还没开始，所以大众并未能从德国将先进的单元化物流容器理念带入中国，后来居上的是上海通用汽车，1998 年在中国建厂，开创了中国汽车行业单元化物流容器标准化的先河。近年来，德系汽车企业，以大众、奔驰、宝马等为代表，在国内积极推动 VDA 单元化物流容器体系，并取得了一定的进展。

六、汽车行业单元化物流容器分类分析

物流容器有多种分类方式，而以下两种分类方式是常用的分类方式。

按汽车零部件整体用途分类：有整车制造及零部件、发动机总成制造及零部件、整车及零部件出口、售后零部件等单元化物流容器种类。

按物流运输模式分类：国际物流、国内长途、近距离、厂内等运输的单元化物流容器规划形式。

1. 国际物流的基本特征

物流环境差异较大。不同国家的不同的标准，使国际物流难以建立统一的标准。

国际物流的运输形式主要以海运为主。由于运输距离远、运量大，同时考虑运输成本，因此主要以海上运输为主。

国际物流对物流基础设施有特殊要求。在货物运输中以集装箱运输为主。

国际物流的标准化要求极高。要使国际间物流通畅起来，统一标准是非常重要的。国际物流运输单元化物流容器规划须根据零件结构特征、批量形式、物流的规划和运输形式采用不同的单元化物流容器规划。目前国际物流运输形式一般是国际多式联运，如海陆、海铁、陆铁运输模式，其中又以海陆联运为主。

国内长途运输单元化物流容器规划：我国汽车零部件长途运输模式一般有：公路运输、铁路运输、水路运输、海陆联运、公铁联运等。运输工具有海运集装箱、侧卸式货运、铁路集装箱等，不同的运输模式、运输工具、运输距离也是影响长途运输零部件的单元化物流容器规划重要因素。

近距离运输单元化物流容器规划：主要是中短途运输（50 公里内为短距离运输，300 公里内为中途运输）。目前，国内近距离运输方式主要是公路运输。公路运输的经济里程为 300 公里以内。

厂内搬运单元化物流容器规划：厂内运输是指在企业范围内，直接为生产过程服务的运输。一般在车间与车间之间、车间与仓库、车间内部之间进行的。由于厂内运输不仅受到物流运输方式、运输设备类型、物料上线形式、场地面积约束装和卸道口形式（下沉式、平坡式）等物流规划因素，而且产品生产工艺要求，线旁布置、取放料等要求在单元化物流容器规划设计时也要做相应的调整（见图 6－37）。目前，厂内物流运输单元化物流容器规划设计最复杂，也是难点之一。

图 6－37　厂内搬运单元化物流容器示例

2. 按单元化物流容器标准化分类

单元化物流容器标准化系列和专用单元化物流容器系列在进行汽车零部件单元化物流容器标准化规划时，须根据国家单元化物流容器标准化尺寸系列、汽车行业标准化尺寸系列并结合企业生产零部件特点、运输方式、运输工具、零部件供应商布点、物流和生产工艺规划合理制定单元化物流容器标准和专用尺寸系列。

3. 按单元化物流容器周转形式分类

一般分为两大类：可循环物流容器、一次性物流容器。可循环单元化物流容器一般包含：塑料 KLT（小型塑料容器）系列，金属料架、GLT（大型容器）、各种材料托盘类等。

一次性单元化物流容器：纸箱类、木箱类、各种一次性托盘类等。

近几年，由于一些新型的仓储形式被纳入应用范围，例如，用自动化立体库（AS/RS）存放、用窄通道的立体库（VNA）存放，容器的要求也随之发生了一些变化，各不相同的单元化方式也慢慢在出现。

而厂内搬运设备的不同，同样也会很大程度地影响单元化的工作。叉车、牵引车、托盘搬运车、小推车、人工搬运等不同的搬运方式，对单元化产品的要求均具有其特殊性。

七、单元化物流容器的属性认识

对单元化物流容器进行规划之前，必须对容器的基本属性有充分的认识，进而权衡每一个属性，进行综合考量。（见图 6－38 至图 6－42）

（1）容器属性：能够盛放一定数量物料的物流单元化容器，并结合内部缓冲材料对零件起到运输安全保护，以及对有特殊面保护的零件，起到表面防划（刮）的作用。

（2）物流的系统属性：物流行业有欧、美、日和国标关于物流尺寸系列的标准作为前提；不少国营、民营企业至今还不够重视物流，企业物流、物流容器在新项目前、中期开发的科目缺失；单元化物流容器系统的整体规划没有基于供应链管理的系统分析思想，忽略了供应商、3PL、4PL 的物流环境；智能单元化的规划工作和入场、场内、成品物流规划协同工作，不能分开。

图 6－38　托盘（1）

图 6－39　料箱（1）

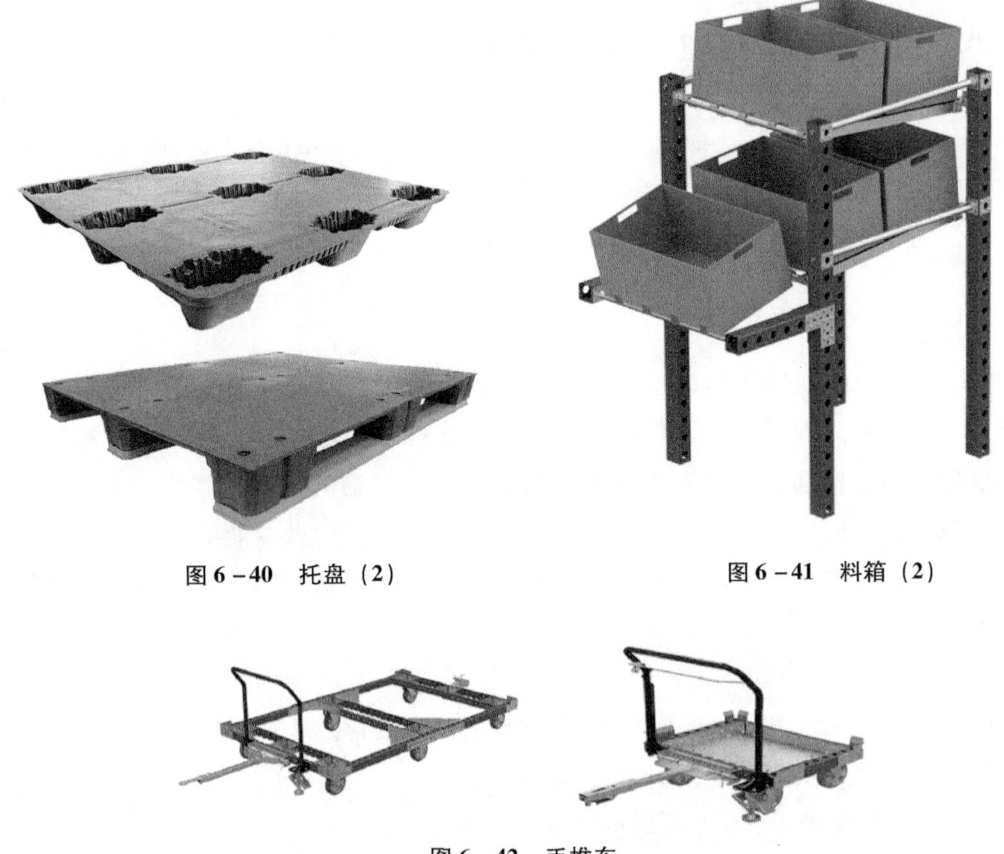

图 6－40　托盘（2）

图 6－41　料箱（2）

图 6－42　手推车

要充分兼容未来几年的物流系统迭代需求。由于局部成本或产品工艺的问题，没有能够把一体化设计理念作为主要因素，存在二次翻包、转物流容器等现象。

（3）自动化配合属性：由于个性化定制引发的物流的排序自动化上线；生产和物流过程中的防呆和质量检测自动化；生产自动化的工艺设计；产品尺寸精度和质量要满足自动化要求。

（4）作业环境适应性属性：智能物流容器和工位器具成为智能工厂的一个分系统；完善的人机工程的设计解决和作业人员的互动；是工厂环境设计的重要组成，要接受约束条件。

（5）安全保护属性：物料安全、作业者的安全、机器安全。

（6）信息媒介属性：可定位、可读写、可发送的信息化透明的技术实现。

（7）成本控制属性：物流系统成本、运营成本才是设计的关键，关注眼前的采购成本而忽略了物流容器的专业属性，寿命、质量、维护管理不足。

（8）绿色环保属性是社会给我们的责任，必须是规划设计中的重要考虑因素。

八、如何规划汽车行业物流容器

从目前汽车行业单元化物流容器规划和设计看，整体水平与先进国外汽车行业比较差距较大，问题较多，运输、单元化物流容器、装卸、仓储、操作效率等综合隐形成本高。随着行业竞争力加剧，决策层越来越重视单元化物流容器规划在物流供应链的重要性。

1. 系统性

物流单元化的规划必须是系统性的，全局性的，而非局部的。所以规划团队必须是站在一定的高度，去全面考量、权衡所有要素，这就要求他们不仅仅对物流容器的容器属性、标准化体系有足够的了解，还需要对物流技术、零件、工艺、自动化、信息化、人机工程等有充分的认识，需要和多个部门做专业的对接。而对于目前国内的部分汽车行业来讲，光是对标准化做到充分规划，就已经存在了一定的难度系数。

2. 永续管理

（1）产品变化，需要判断智能单元化系统是否需要再设计。

（2）智能单元化伴随着精益的改善而改善。

（3）新的物流技术和信息系统的需求需要被支持。

（4）落实组织，建设流程。

3. 标准

要建设标准、执行标准、经营标准，一年备忘，两年迭代，循环往复。

针对企业的产品特征设计单元化物流容器标准尺寸系列。目前我国汽车整车厂生产的车型分成三大类：乘用车（PV）、小型商用车（CV）、卡车。根据企业生产的类型制定合理的单元化物流容器标准尺寸系列，这些标准系列尽可能覆盖85%以上零件的单元化物流容器。针对长途、近距离运输、厂内搬运分别建立单元化物流容器标准尺寸系列。

企业尽可能不用或少用专用单元化物流容器尺寸，这是在进行单元化物流容器规划设计时必须要考虑的问题。有些企业的管理者或物流容器工程师喜欢标新立异，设计一些在市场上找不到的非标单元化物流容器器具，不仅价格昂贵而且维修不便。如果企业在新项目开始时，对单元化物流容器器具尺寸系列、材料、结构进行严谨的规划，就能有效地避免和杜绝出现企业生存时间越长单元化物流容器尺寸系列越多、单元化物流容器材料越混乱等现象。

单元化物流容器结构标准体系，要用标准的零组件和结构满足个性化的物流需求。

单元化物流容器制造材料标准体系，原则上我们需要物流容器能够永远不坏，需要用多久都行，实践中我们最初能够找到的合适的材料是木头和钢铁，寿命和成本一直是回避不了的问题，近年来，塑胶材料和工艺的突破，带来了非常大的优化空间。例如：上海派链的创新的吸塑托盘，用防弹塑料做托盘，使得塑料托盘的寿命革命性地延长了2~3倍。

4. 人力资源和外包思维

智能制造改变了企业的结构和人才的需求，汽车行业首当其冲，对于新的人力资源的需求定义和人力资源的取得和培养是新课题。

智能单元化系统的概念如何在企业落地？

智能工厂对于新知识、新科技、新经验的需求较过去几何级数的增长，不得不用外包和生态圈思维来支持企业的成长和领先。如何区分核心能力自建，其他能力外包？如何面对生态圈内的合作伙伴？如何共创共赢的机制建设？

谁是智能单元化系统集成商？他应该具备什么样的资质和能力？企业和智能单元化系统集成商之间是什么样的合作关系？第四方物流行不行？

5. 租赁

汽车行业物流，业务体量和规模都大，比较领先，通常以小闭环的物流形态存在。以自己企业为中心，自建标准，建立为自己服务的小圈圈。中国如今已经是最大的汽车生产国，当然也是最大的汽车物流需求者，互联网时代的到来使得租赁经济的成本足够低，企业的轻资产倾向也越来越明显，当有了一个好的租赁体系时，谁先开放、参与租赁，谁或许将成为最终受益最大方。

汽车行业智能单元化项目规划设计优劣决定着企业整个物流供应链效率和综合成本，事实证明：如果企业在单元化物流容器系统规划方面设计相当重视和投入的话，物流系统整体运作效率和综合成本将会在国内外汽车行业具有相当大的竞争力。如果达到上述目标关键企业必须拥有在国内外一流的单元化物流容器系统规划设计和策划的高层次人才，一旦企业在新的大型项目中单元化物流容器系统规划失误将造成企业物流系统无法挽回的损失，以后再优化单元化物流容器系统所付出的代价是巨大的，这样的教训在我国汽车整车和零部件厂有很多的案例。单元化物流容器系统规划就同一个城市规划那样重要，因此必须引起企业决策层的重视，才能让我国汽车行业物流系统处在国际竞争领先位置。

特别鸣谢：物流行业专家李波，在本文中贡献了其对于汽车行业单元化物流的深刻见解，并分享了其丰富的行业背景知识以及对于汽车单元化物流当前现状及改进着力点的认知。

（本文作者系上海派链塑业有限公司总经理宋伟）

铁路系统检修车间单元化物流存储及输送应用

把货物按照一定的规格进行规整，标准化成为同一种尺寸的作业单元，这种便于存放、搬运和运输的货物单元称为集装单元，在供应链的各个环节中，以集装单元为对象而组织的装卸、搬运、储存和运输等物流活动一体化运作所形成的物流形态成为单元化物流。铁路系统的检修车间所要输送的零件和物资大部分都是金属制品，体积小、重量大，按照一定规模码放到托盘或者货箱里面的输送、存储过程，成为铁路系统检修车间的常见输送特点，对于单元化的物料输送的过程，方便在工艺过程的各工位进行有效传输。

铁路系统的检修车间的生产物流自动化，已经在探索中部分开始应用，物流单元化思想已经有所形成，物料从上游的供应链到车间进行存储登记，再到各工位的物流单元化配送，最后到成品的单元化输送，形成了一个小单元组装成大单元的流水线应用过程。

一、先进物流技术在检修基地现状

企业物流是社会物流系统的基础，是生产型企业的"第三利润"源泉。目前在我国的车辆检修基地，由于现有的总体和局部的物流格局不清晰，因而造成：物料流混乱、重复搬运多；生产流程不合理造成物料流动路径长等生产缺陷，从而直接阻碍车辆段生产效率的提高，而且占用大量资金，成为发展的包袱。虽然近几年物流技术在个别车辆段得到了重视，但只是个别设备自动化程度较高，不能形成一条完整的自动化检修线；尤其单元化物流的概念也在起步探索阶段，运用范围也极为有限。

目前在铁路跨越式发展的今天，如何满足新型车辆快速发展检修的需求，如何在既有的软、硬件设施和现有资源的基础上，根据车辆检修的生产特性，进行科学的设施规划和生产组织，以最小的投入，提高车辆检修效率和质量，成为铁路系统车辆检修自动化的紧迫课题。目前国内针对企业物流的研究，主要在网络、电子商务和立体仓库等方面，而且研究企业供应物流和销售物流、铁路货运物流较多，对于铁路系统生产物流系统的研究较少。

物料搬运（Material Hanging）是制造企业过程中的辅助生产过程，它是工序之间、车间之间、工厂之间物质流补课缺少的环节。据国外统计，在中等批量的生产车间里，零件在机床上的时间仅占生产时间的5%，而95%的时间消耗在原材料、工具、零件的搬运和等待上；物流搬运的费用占全部生产费用的30%～40%。为此，设计一个合理、高效、柔性的物料搬运系统，对压缩库存资金占用、缩短物料搬运所占的时间是十分必要的。这就要求企业内部物流活动与生产工艺流程必须同步化，物流搬运路线要简洁、直线化，物料搬运机械化、省力化、自动化，单元化容器必须标准化、通用化，尽可能做到装卸搬运集装单元化，以减少物料搬运的次数，提高物料搬运活性指数。

由于铁路车辆种类较多、车况复杂的原因，导致在车辆配件的储备上，就必须考虑到各种车型的各种检修配件储备，且数量必须保证每日最低检修能力的需要，这就造成检修生产经常库存量大。另外，由于车辆配件种类多，外形不规则，重量大小相差悬殊，工序间物流难度较大。目前车辆配件尺寸较大的放置在距离检修工位相对较远的地方，通过叉车、起重设施进行搬运；小型配件一般选择就近加修、存放的原则，由工人进行搬运。总体上搬运设备空间上的交叉搬动较多，单元化物流存放、运输规划较少，目前很多检修车间急需进行物流自动化升级和改造。

二、自动化立体仓储应用

目前小型自动化立体仓库广泛的应用，具有投资少、建设周期短、收效快的特点。当车间工艺流程做调整时，可以及时将货架变动到适合新的流程中，具有极大的灵活性。自动化立体仓库技术综合了物流标准化、仓储货物的集装单元化、物流设备自动化等多方面的技术，具有相当的代表性。

应用最广的就是在自动化立体仓储中，从检修线中整车上分解下来的转向架进行拆解，有构架、电机、气弹簧、刹车片、轮对、车轮、轴承等散件。根据所存储的货物类型，分别组成了转向架立体仓库、轮对立体仓库、车轮立体库、轴承立体库、材料立体库等多种形式。

转向架立体仓库，是用四立柱堆垛机把整个转向架单元存入到货位内，由于转向架自身的特点，重量在8吨左右，由构架、两组轮对组成，其中四个轮子可以自由行走，所以堆垛机采用货叉推拉式，对转向架单元进行整体存储，货叉机构可以把转向架拉入到堆垛机载货台轨道，然后堆垛机与指定货位的轨道对准后，再推转向架进入到货位的轨道上。转向架立体仓库不需要使用托盘等机构进行承载转向架，是一种比较特殊的单元化物流存储方式。图 6 - 43 为转向架立体仓库的堆垛机和货架存储方式。目前，已经在北京动车段、广州动车段、沈阳动车段、成都动车段、西安动车段投入使用；武汉动车段正在建设中，上海动车段已经通过规划审批。

图 6 - 43　转向架立体仓库——四立柱堆垛机、转向架存储货架

轮对立体仓库中，对轮对的存储需要使用特制的托盘进行存储，轮对由于有两种形式，一种带电机，一种不带电机，由于带电机的轮对需要用支撑机构对电机进行支撑，本身自己在货架内不方便存放，同时对其的搬运形式不适合使用推拉的方式，所以用托盘存放后，和托盘一起进行存储，把两种轮对都规整到一种托盘形式下，减少堆垛机对所存储的轮对类型进行识别，使用同一种机械结构和控制程序即可完成轮对的存放。堆垛机采用货叉形式，对载有轮对的托盘整体抬升、伸缩送入货架进行存放。图 6 - 44 为轮对立体仓库的现场图。目前，在北京动车段、西安动车段、成都动车段、哈尔滨大功率机车检修段、太原机务段、天津机务段等检修车间使用。

车轮的存放又有所不同，由于车轮的中心有轴承的安装孔，并且中心孔的周边要高出很多，导致车轮不能平放放在托盘内，所以堆垛机采用货叉形式，直接对车轮进行抬升、伸缩，完成对车轮的搬运；货架采用双牛腿式，把车轮架空在两个牛腿之间，让车轮的中心高的部分不与货架接触。图 6 - 45 为车轮立体仓库的现场。目前，在广州动车段、西安动车段、西安大机车检修段等车间投入使用。

轴承的存放方式与车轮的存放类似，由于工艺的要求，需要对每个轴承的内径进行测量后进行存储，所以不方便把轴承放入到托盘内进行单一或者批量存储，适合使用牛腿式货架进行存放，在货位的单元格内，轴承可以横向搭在两个牛腿之间进行存放。轴承的输送过程使 AGV 小车和输送线、滑道等进行输送，按照选配系统的要求，按顺序运送到指定的轴承压装机进行装配。图 6 - 46 为轴承立体仓库的现场。目前，在西宁车辆段、吉林车辆段建设投入使用。

图 6－44　轮对立体仓库——双立柱堆垛机、轮对存储货架

图 6－45　车轮立体仓库——单立柱堆垛机、牛腿式货架

图 6－46　轴承立体仓库——单立柱堆垛机、轴承滑道

材料立体仓库使用托盘、货箱两种容器，对零散配件或者带小包装的零件进行规整存放。小包装零件可以整齐码放在托盘上，包装不超过指定的高度、不超出托盘的四个面，则输送机和堆垛机的输送过程不会有影响；对于不规则的零散零件，可以放入货箱内，从物理上就对货物进行了尺寸限制和保护，防止由于超出造成与货架内的其他货物出现碰撞。材料立体仓库一般配有输送机，用于对货物的超高、超宽、超长检测，并进行分拣操作。图 6－47 为材料立体库现场。目前在国内的动车检修基地、动车所、大功率机车检修基地、地铁检修段均已经建设使用。

图 6－47　材料立体仓库现场

对于零散的小型配件，比如螺丝、螺母、弹簧等，可以使用小型自动化垂直升降柜进行存储。由于这种小配件大都按照最小单元盒装，每盒具有一定数量，可以整齐码放到升降柜的托盘内，通过操作系统进行库存管理。北京动车段率先引入了多台垂直升降柜，对于小配件的存储和管理带来了方便。图 6－48 为垂直升降柜现场。

三、检修线的单元化物流应用

在铁路系统的检修车间内，设备的检修按照流水线方式，以一定的顺序进行排列工位，设备的拆解、清洗、打磨、更换、组装等工艺过程，从一个工位到下一个工位，需要单元化物流输送，使用的输送机构有 RGV、AGV、叉车、平板车、天车、悬臂吊等运输工具，有一些工件为了方便运输，规整码放到同一个容器托盘中，托盘有两腿或三腿支撑，方便带有货叉机构的设备进行叉取，托盘的四角有的设置有吊点，可以使用吊钩进行吊取。

比如在广州动车段的检修车间，大量使用 AGV 对尺寸规格比较单一的货物进行输送，对转向架的构架、轮对等单元进行输送，大大增加了工作效率，并节省了人力。图 6－49 为构架 AGV 和轮对 RGV 现场。

图 6-48 垂直升降柜现场

图 6-49 构架 AGV 和轮对 RGV 现场

在沈阳动车段检修车间，引入了 EMS 悬挂输送系统，在地面轨道交错、AGV 引导磁条无法连续安装的地方，使用悬挂输送系统，通过空中输送，解决了这些交叉输送难题，同时对空间的利用更加充分。空中轨道有横向变轨通道和纵向多个巷道排布（见图 6-50），移动小车既可以通过横向移动，又可以通过变轨自由进入各纵向巷道，可以通过空中类似天车的方式进行吊取输送。

其他比较普通点的单元化物流输送方式比较常见的仍然是使用电瓶车、轨道车、天车等方式进行输送，但所要输送的设备都会用单元化容器托盘、货箱等进行存放，方便使用叉车、悬臂吊等工具进行装卸。

四、物资供给的单元化物流应用

通过集装单元器具的标准化、规格化，进而推动运输、搬运和仓储设备的标准化，使物流系统各环节设备规格协调和谐，大大提高全系统的作业效率。单元化物流的一

图6－50 EMS悬挂式输送系统现场

体化运作方式有助于促使供应链各有关企业加强协作，建立共赢的伙伴关系，因此对供应链的优化与完善将起到推动作用。

铁路系统的检修车间所用的物资，都是由设备厂商直接送货到材料库首先进行登记存储，为了有效利用存储空间，目前均使用立体仓库进行存放，到现场的物资如果是小包装的，则直接码放到托盘或者货箱直接存储到立体仓库中；如果单个托盘或者货箱无法存放，则需要使用大的托盘进行平面存放。

单元化物流配送对于精细化管理，是一个有力的手段，车辆的最小检修单元为单位进行配送，可以有效降低检修成本和运输成本。在梳理各检修工位的检修内容，把所需要的物料分为必换件、偶换件、辅料等，根据生产计划，由专人把各检修工位所需要的零件进行清点准备，然后配送到各工位。这种配料可以提前准备送到工位，各工位的工作人员只需要按照工艺流程进行作业即可。如果在检修的过程中，每一份单元化的物料配置都严格按照配件的安装标准为每一个工位进行配送，不多一个螺栓螺母，也不会少一个垫圈或者密封圈，这样可以保证安装工艺过程不会有遗漏，只要所有的配件已经完全使用，则表明该工位的工作已经完成；如果装配完发现多出了零件，可以肯定是安装过程出现了差错，进行仔细检查即可查出原因，减少了安全隐患。这种单元化的物料配送应用，相当于在检修过程多出了一道质检关，有效地提升了检修质量和效率。

五、总结

铁路的检修系统的物流优化设计，首先，对物料进行分析，有多少种物料？尺寸是什么样的？通过分析每一种物料，找出其规律，看最长、最宽的特殊件占多少。再次，将物料分类，我们通常会将物料归置入几种基本尺寸的料箱或者托盘。再次，根据行业特点，再对一些特殊尺寸的物料进行定义。将物料分析完后，将所有原材料、零部件与标准器具一一对应。这样做到的目的是，即使未来企业的原材料、零部件、半成品供应商有变化，但原材料等物料的代码和号码不会变，根据周转器具就能了解零部件的长宽、大小等信息。最后，从库房到线边的周转器具标准化。有些物料虽然尺寸类似，但组合不同。在库房里，工人可以利用不同的周转器具，将零部件在库房内分拣，排序组合后，根据生产节拍的要求配送单元配件上线。

发展单元化物流为实施物流作业机械化、自动化提供了条件，可以有效地提高装卸搬运物流作业效率；以集装单元为作业单元，大大减少重复码垛和重复搬运等无效劳动，同时物料的数量检验和清点交接也更加简便快捷，减少差错。同时在供应链管理时代，利用物联网技术实现物流可视化是加强供应链物流的管理、监控和优化调度。比如使用 RFID 技术，使用载有电子芯片的集装单元器所形成的货物单元能够具备所需要的智能特征，这种电子信息化的管理手段，可以把所存储的货物的品名、数量、体积、重量、受托人、收货人、地址等有关货物的运输信息，进行有效的监督、控制与管理。

参考资料：

［1］陆智．铁路货车车辆段检修生产系统的优化设计研究［D］．北京：北京交通大学，2006.

［2］陈雯．量份制配送在动车组检修过程中的运用［J］．科技创新与应用，2014（15）．

［3］于靖，王鑫．自动化立体车库在铁路机车车辆检修中的应用［J］．起重运输机械，2013（2）．

［4］吴清一．发展单元化物流的重大意义［EB/OL］．中国物流产品网，2013－06－24.

（本文作者系北京康拓红外技术股份有限公司王鑫、曹志杰）

物美集团打造单元化物流快速配送系统

物美商业集团是中国最大、发展最早的现代流通企业之一，拥有“物美”“美廉美”“百安居”“新华百货”等多个知名品牌，现已形成在华北区域以北京、天津为中心，西北区域以银川为基地，华东区域以江苏、浙江、上海为重点的区域格局，每年到店顾客超过20亿人次，交易次数超6亿次，活跃会员1000余万名，在全国范围拥有1000余家各业态门店，在北京等多个省市自治区占据零售行业龙头地位。仅在北京，物美就拥有380家门店，涵盖三大业态，其中，大卖场100家，标准超市150家，其余为便利店，总销售额占据北京市场份额的1/3。物美集团作为业界公认的科技型零售企业，正在全力推动全渠道新零售革命，发展现代流通产业，提升大众生活品质。

2010年，华北最大的零售配送中心——物美华北配送中心搬迁完成，投入使用。新配送中心被物美称为WINDC项目，位于北京东五环，比邻机场高速，占地220亩，建筑面积约7万平方米，年配送能力高达74.5亿元，不仅是国内已建成的现代化程度和信息自动化水平最高的零售业物流配送中心，也是国内少有的多业态并存的物流中心，由北京伍强科技有限公司负责总集成。物美WINDC分为干货库和冷链物流两部分，其中冷链物流又包括果蔬、日配和冷冻三部分。按照规划，干货库设计日配送20万件，果蔬库设计日配送量300吨，日配和冷冻库设计日配送1.2万件。物流中心充分应用了现代物流的最新技术，全系统共配置各类叉车99辆，货架托盘位32000个，RF 200套，拣选输送系统1套，自动称量检测系统2套，高速分拣系统1套，电子标签拣货系统3套（分别应用于直配、拆零拣选和日配冷藏业务）。新配送中心不仅为北京地区所有门店提供快捷的物流服务，同时也可以覆盖天津、河北的部分门店。

物美在建设物流系统的过程中，对单元化物流进行了不断探索，是国内连锁大卖场最早开展以托盘为单位进行配送的大型连锁集团之一，并取得了丰硕的成果。

2011年，物美华北物流中心被SAP列为当年全球零售业配送唯一一个经典案例列入当年的年度报告之中。

一、物美单元化物流建设概况

为了建设新物流中心，早在2007年，项目组10多人组团考察了欧洲十大物流配送中心的作业模式，回国后，项目组长于剑波博士结合国内的物流现状，提出了物美物流中心建设的“四化”原则，即“高度信息化、充分机械化、适度自动化和配送单元化”，这一原则一直在物美华北物流中心建设中付诸实施。

在高度信息化方面，物流中心充分应用了SAP WM仓库管理系统的功能，并配合伍强科技的WCS系统和上海索勤的RF系统，构成了高度集约完整的物流信息系统，实现了以信息带动流程和物流作业全程信息化。在物美几万平方米的配送中心作业现场，依靠RF手持终端作为信息化的主要工具，代替调度员成为“指挥棒”，贯穿了整个物流作业流程，并实现了与流程的耦合。所有的现场作业人员包括收货员、拣货员、叉车司机、质检人员、发货人员和退货人员等，人手一台RF手持终端，依据它的指示完成所有作业，这样不仅提高了作业效率，而且降低了差错率，使物流状态实时可控。

充分机械化，就是物流中心尽量实现信息化指导下的机械化作业，以求最大限度减轻人员的劳动强度，改善工作条件，提高工作效率。通过配置高位货架提升储存能力，通过配置高位叉车和电动拣选车提高人的搬运能力，在物流中心中，最大幅度减少手工作业，凡是能够采用机械的地方，就采用机械工具。本物流中心总计配置了100台各种叉车和电动拣选车，大大提升了效率。

适度自动化，即物流中心建设不追求高度的自动化操作，而是在关键环节辅之以自动化作业，达到高精度、高效率、低成本的综合效益。由于配送中心有大量的分拣、拆零等重复性作业，适合采用高效率的自动化设备如电子标签拣选系统、自动输送系统、高速分拣系统来完成，以节省人力，并加快订单处理速度。

配送单元化，物美在此前的配送并未采用带托盘运输，站台利用效率低下，还要为每个门店配备值守人员。常常还要为货物丢失而苦恼。为此，采用单元化带板运输的作业模式成为物美的考虑方案。在实施过程中，克服了托盘缠膜、满载率底、门店改造等一系列困难后，物美的单元化物流配送取得了巨大成功，现在已经全面推广。

物美的单元化物流建设，不仅仅在于单元化配送，还进一步延伸到供应链前端。例如，有了生鲜物流中心的支撑，物美基地采购的优势进一步凸显。为此，公司进一步定义了物美生鲜果蔬的单元化流程，蔬果从外地基地直采到送达门店销售，之间不再需要再加工，单元化配送直达门店，整个过程仅仅需要20个小时，可以实现快速分销，以便在销售终端释放竞价优势；同时通过基地直采和规模采购带来的价格优势，让消费者得到实惠，促使其更多地光顾门店，物美实现了经营的良性循环，即顾客需求驱动的供应链。大宗商品也是如此，如啤酒饮料等大宗商品，只需要在物流中心进行交接，通过 CROSS DOCKING 交叉转运功能，商品即直接进入到配送流程。单元化物流起到了良好的作用。

二、单元化物流面临的问题

单元化物流在物美有多个层面：首先是采购层面，其次是储存层面，再次是拣选层面，最后是配送层面。

采购层面，主要是产品包装的单元化。有些工业产品，如啤酒、饮料、方便面等，绝大多数都有包装，为了提高效率，在物美的物流中心设计过程中，一个 SKU 只允许一个包装，如果要更换包装，必须淘汰旧的包装。这一点，开始大家很不理解，并且有抵触情绪，后来经过耐心解释，从供应链的优化考虑，大家逐渐接受。一个包装为组盘、拣选、配送都带来了好处，也是减少差错的有效措施。

比较困难的是果蔬问题。为此，物美提出了两种模式：电子商务熟知的 B2B 和 B2C 模式。所谓 B2B 模式，是仅有箱包装的模式，果菜进入配送中心，是以箱为单位的，顾客选购时，需要在商场进行为此标定；B2C 模式是有小包装的，然后再装箱，小包装在终端是不允许拆装的，顾客消费的最低单位是盒。这种模式的提出，大大方便了计量和操作，以至于今天大家看到的商场，都采用这一模式。

储存层面的问题是如何定义托盘单元。一个物流中心，首先要定义统一的储存单元，这是尤其重要的。但如何定义呢？作为一个流通企业和零售企业，商品品种成千上万，不可能为每一种单品量身定做一套储存单元，必须要标准化。采用标准托盘是唯一的选择。但有些上游企业，其储存单元并非标准托盘，这种问题困扰了课题组很长时间。最后，项目组采用了以我为主，以国家标准为主的策略，倒逼上游企业采用标准托盘。现在回顾这一问题的解决，好像比较简单，但在当时却是一个难题。许多国际大企业，如康师傅、宝洁、可口可乐等，最后都花大力气对自身物流进行了改造，与物美实现了对接，取得了很好的经济效益。单元化集货区见图 6 – 51。

拣选层面，物美以前的问题比较突出。主要表现在订货制度比较随便，导致拆零率居高不下。这为物流中心的拣选配送带来了很大挑战。新物流中心在建设过程中，项目组将问题逐一进行分析，最后提出了对下游门店的基本采购策略：趋整订货原则。在这一原则下，部分商品不允许拆零订货，必须以箱为单位，甚至以托盘为单位进行订货，如酒水、饮料、食品等，部分门店不允许拆零订货，如大卖场，只有便利店部分商品才可以拆零订货。这样大大减少了物流中心的拆零率，为提升物流中心的配送水平打下了基础。进一步的研究表明，如果将拆零的量进一步限制，如部分商品必须

图 6－51　单元化集货区

以半箱作为订货单位，部分以四分之一箱作为订货单位等，减少订货的随意性，拣选效率还有很大提升空间。此外，物美对便利店的品类也进行了规范，一个便利店只能保持一定的品规数，如要更换，必须先淘汰部分品规。物流的精益化处理，需要有精益化的思维。

拆零拣选方面，也进行了改进。主要是取消了拆零的复核环节。在实施初期，复核占据了大量的时间。但经过一段时间的运行，拣选差错率进一步降低，复核的意义已经不大，取消复核给拣选带来了更为积极的意义。

最后就是配送层面。这是物美给单元化物流做出的最大贡献。第一个问题是车辆利用率问题，物美在北京有大卖场 130 多家，分布在北京的所有区县，以前的配送都是以散件进行的，经常出现的情况是装卸货时间长，一辆 1000 箱左右的箱式货车，卸货时间需要 2 个小时，如果还要上架，时间就更长，装车时间也要这么多，这样一辆车一天只能作业一次，车辆利用率非常低。第二个问题是差错问题，有些门店距离较远，如密云店，常常出现差错问题，一直没有很好的解决办法。第三个问题是人员问题，由于地理位置导致的车辆限行的原因，配送送货时间往往在夜间进行，要求每个大卖场必须晚上留人负责货物的接收，这已经成为长期的惯例，物美为此在北京要专门安排 100 多人夜间值班。为了解决这些问题，项目组提出采用单元化带板配送的设想。起初，有很多的质疑，包括装载率的问题、散垛问题、成本问题、设备问题等。这些问题对于一个习惯了传统作业的企业来说，要改变其实并不容易。

三、单元化带来的效益

单元化物流首先是大幅度提升了效率。

1. 存储效率大幅度提升

采用托盘单元，实现立体存储和密集存储，可以提升效率3~5倍。

2. 存取效率大幅度提升

存取效率的提升，取决于多个方面：货位优化，可以选择最优存储策略，这是关键。物流中心有5万平方米，通过实施单元化，使每个托盘的存取有序，充分体现了信息化的巨大作用。

3. 拣选效率大幅度提升

通过实施单元化物流，大大减少拆零作业，通过配置拣选输送系统及电子标签系统，大大加快了拣选速度。实践表明，物流效率提高2倍以上，物流费用降低70%。

4. 装车效率大幅度提升

物美华北物流中心，设计日配送20万箱，实际达到40万箱，每日到货亦达到40万箱，合计约80万箱，按照每车800箱的平均配送量，需要车辆1000辆。该物流中心设计3面站台，总站台数达到150个，若按照每车装卸2.5小时计算，每天10小时仅可匹配600辆车的装卸，何况还要考虑管理不善带来的损失，站台资源成为“瓶颈”。

为此，一方面，设计站台预约系统，让站台管理有序，车辆进入物流中心必须提前预约，到时撤离，大大提高了站台的效率；另一方面，采用带托盘运输，为了提高装载率问题，可以加高码垛高度至2000~2200mm，为了解决托盘加高后的散垛问题，托盘采用缠膜技术。每个托盘装载40~50箱，约20托盘，装载时间仅需15分钟。大大提升了站台的效率。

5. 门店卸车效率大幅度提升

采用单元化带板运输，除在物流中心一侧解决了站台资源外，另外则是门店一侧解决卸货问题。但为此要在门店一侧进行站台改造。

完成改造后，配备地牛等装备，则可实现伺机自行卸货作业。

通过一系列改造，大大加快了门店的卸货速度，并撤销了门店的留守人员。经济效益明显。

单元化物流，不仅仅是提升了效率，还带来了消费的革命和提升了产品的品质。

对于果蔬等商品，物流环节如何保持质量是关键。在储存环节，主要是储存环境和温度，采用单元化储存，可以防止商品互相挤压，增加储存和输送过程中的温度控制的可行性；在输送环节，经验表明，采用塑料周转箱，可防止产品在运输过程中的损坏，而温控可以在整个运输过程中实现。这对于减少商品的损耗率和提升产品的品质提供了可能。据报道，采用单元化物流，不仅物流成本可以大幅度节约，而且损耗率可以从现在的30%～35%降低到5%以下，而品质的提升，则主要表现在产品本身的升值方面，从中国台湾的水果实验可以看出，采用单元化物流以提升品质，产品的价格可以最多提升1倍以上。高速分拣系统见图6－52。

图6－52　高速分拣系统

此外，单元化物流解决了多年的顽疾。这就是配送量不准确的问题。

物美在建设单元化物流系统前，有一个大的问题是配送数量不准确。门店常常与物流中心扯皮。为此，多方想尽一切办法，也没有什么好办法。

单元化带托盘配送意外解决了这一问题。由于采用缠膜技术，使得交接变得非常简单，只要缠膜没有损害，交接就有效。由此建立了互信。自从采用单元化带托盘配送以来，门店再也没有因为配送数量问题与物流中心产生矛盾。

（本文作者系于剑波、尹军琪）

第七章

单元化物流文章精选

单元化物流在供应链管理中的应用研究

一、绪 论

随着全球经济竞争的加剧，物流领域的潜在利润越来越被人们所重视，物流战略已经成为企业总体战略中不可分割的一部分。近几年，在我国经济快速发展的大环境下，我国的物流业也得到了快速发展，但仍处于起步阶段，运作效率低、物流成本高已经成为目前亟待解决的问题。从整个供应链管理角度来看，我国的商业流通企业中，绝大多数尚不具备应用现代供应链管理的能力，现代物流技术的落后严重制约我国物流业的发展。从国际经验来看，商业流通领域是现代物流技术应用比较普遍和成熟的领域，商业流通企业正在转变为物流技术密集型企业群体。例如沃尔玛公司就非常具有代表性。目前，我国物流领域中现代物流技术应用和普及的程度还不高，发展也不均衡。但是较低的行业门槛，使该行业的竞争十分激烈。由于这个市场的竞争异常激烈，利润空间也十分有限，因此成本控制能力就成为企业在竞争中的立足点。成本控制是一项系统工程，其中最重要的部分就是对于供应链的管理和控制。单元化管理正是在此背景下产生的，由于企业追求规模化，较高的业务量成为实施单元化管理的前提，通过单元化管理，不但能够提高搬运和流通效率，降低储运费用，提高经济效益，而且能够提高搬运作业的机械化水平，减轻工人的劳动强度，改善劳动条件，提高生产现场管理水平。可见，单元化管理在现代供应链管理中的重要经济和社会意义。单元化管理是现代精益物流管理的基础，但是单元化管理本身是供应链管理实践的产物，没有系统的理论基础。近几年，随着中国经济的发展，商业流通企业的物流管理能力有了迅速的提高，越来越多的企业物流管理者开始重视物流单元化管理。单元化物流的供应链管理作为现代企业可持续发展的一种战略模式，也越来越被众多商业流通企业所重视，但是具体实践才刚刚开始，在企业物流管理中的进一步深化还面临许多实际问题和困难，需要理论和政策的支持和引导，也需要人们的关注和支持。因此，深入研究单元化物流在供应链管理中的应用，推进现代供应链管理在我国企业的实施具有十分重要的现实意义。

（一）国内外研究概况评述

1. 国外现状

国外供应链及供应链管理的研究在近30年的历程中发生了巨大变化，特别是供应链管理的应用性研究取得了丰硕成果，1998年Bendiner调研了90家离散型制造企业和75家流程型制造企业，对供应链管理的效果进行了为期两年的研究和调查之后，发表了如下结论：使用了供应链管理方法后，总成本下降了10%、交货率提高了15%以上、生产周期缩短了25%~35%、生产率提高了10%以上、核心企业的资产增长率为15%~20%（与1996年比较）。如IBM、HP、DELL等世界知名公司的全球供应链战略的成功运作，给企业带来了巨大的利润和竞争优势。从而吸引了大量研究人员和机构对供应链及其管理理论进行了广泛的研究，并取得了丰硕的成果，但目前还没有形成一个统一的理论体系。

David J. Bloombery、Adrian Murray 和 Joe B. Hanna 认为供应链是物流一体化的另一个术语。

美国供应链专家 Robert B. Handfield 和 Ernest L. Niches 认为："供应链包括了产品从原材料阶段（开采阶段）一直到最终用户手中这一过程，与产品的流动和转化，以及伴随的信息流动有关的所有活动，在此过程中，最重要的是标准的统一。"这是最早的单元化物流的标准化与统一化思想的提出。Pred A. Kuglin 从制造商的角度认为："供应链是一个多企业组成的集团，就像一个扩展企业（Extended Enterprise）一样起作用，以充分利用人员、流程、技术和绩效评价标准等共享资源，实现协同运作，从而高质量、低成本、快速地向市场提供客户满意的产品和服务。这种协作体系的建立要基于多个成员之间的网络集成和标准的建立。"他从另一个角度解释了单元化物流的统一性在供应链管理中的优势。

E. W. 斯迈基和 B. H. 拉隆迭著《物流概论》（唐泽丰译）："物流是指为使制造上的努力与销售上的最终目标相一致所进行的必要的侧面援助。也就是说将适当数量的产品在适当的地方用适当的价格，在适当的时间进行供应。为此，需要把仓库场所、运输方法、保管方法以及通信方式等适当地组合起来，原来各自的标准模式需要进一步统一。"他提出了统一标准的物流思想。

阿保荣司（原早稻田大学教授）《新版物流基础》："物流体系的建立，要克服时间和空间间隔，连接供给主体和需求主体，创造部分形质效用的包括废弃和还原在内的一切有形无形物料的物理性移动的经济活动。具体地说有运输、保管、包装、搬运、流通加工等物资流通活动的结合与统一及与之有关的信息活动。"

而对于单元化物流的研究，日本武藏工业大学教授远藤健儿把衡量物料搬运方便性的支撑状态称为该物料获得的“活性”。处于不同支撑状态的物料将具有不同的“活性”，这种不同的“活性”用指数来表达，称为“活性指数”。他把活性指数分为五个等级。在搬运系统中，物料的活性指数越低，其机械化搬运水平就越低，搬运的效率也就越低。由此，提出集装单元化这一概念：通常，从发货单位到收货单位的储运作业要经过取货、装货、运输、卸货和储存等基本作业，以及伴随着的质量检查、点数等作业内容。如果在上述作业中每次只搬运一件或少量的物品，作业的全过程将十分繁杂，并存在大量的重复搬运，作业的效率必然很低。如果把多件物品汇集成一个重量或容积单位，使用机械来进行储运作业，就能提高搬运效率，并带来其他好处。把一定量的物品和材料，整齐地集装为一个便于储运的单元，称为“集装单元”，把推行按“集装单元”进行机械化储运作业的思想称为“集装单元的原则”。他认为，如果遵循集装单元的原则，便能使物料获得较高的活性。

2. 国内现状

王煜洲在《仓储管理实务》中认为单元化管理是现代精益物流管理的基础，但是单元化管理本身是物流管理实践的产物，没有系统的理论基础。近几年，随着中国经济的发展，制造业和商业流通的物流管理能力有了迅速的提高，越来越多的企业物流管理者开始重视物流单元化管理。我国物流业起步较晚，单元化物流才刚刚兴起，人们对它的认识还非常有限，在单元化物流的服务水平和研究方面还处于起步阶段，与国际上先进技术国家在单元化物流的观念上、政策上以及技术上均存在较大的差距，主要表现在：

（1）政策性的差距。单元化物流是当今经济可持续发展的一个重要组成部分，它对社会经济的不断发展具有重要的意义。正因为如此，单元化物流的实施不仅是企业的事情，而且还必须从政府约束的角度，对现有的物流体制强化管理，构筑单元化物流建立与发展的框架，做好单元化物流的政策性建设。一些发达国家在单元化物流的政策性引导上，制订了诸如统一集装箱、托盘、货架等单元化物流技术标准的相关政策和法规，而且国际标准化组织也积极参与，例如，国际标准化组织于 2003 年对 ISO 6780《联运通用平托盘主要尺寸及公差》标准进行了修订，在原有的 1200mm × 1000mm、1200mm × 800mm、1219mm × 1016mm、1140mm × 1140mm 四种规格的基础上，新增了 1100mm × 1100mm 和 1067mm × 1067mm 两种规格，使得全球六种托盘标准规格共存，为单元化物流的发展进一步铺平道路。尽管我国自 20 世纪 90 年代以来，也一直致力于标准统一方面的政策和法规的制定和颁布，但针对物流行业的还不是很多。另外，由于物流涉及的有关行业、部门、系统过多，而这些部门又都自成体系，独立运作，各做各的规划，各搞各的设计，各建各的物流基地或中心，导致物流行业无序发展，资源配置的巨大浪费，也为以后物流运作上的标准统一问题增加了过多的负担。因此，打破地区、部门和行业的局限，按照大流通、单元化的思路来进行全国的物流规划整体设计，是我国发展物流在政策性问题上必须正视的大事情。

（2）技术上的差距。单元化物流的关键所在，不仅依赖物流单元化思想的建立，物流政策的制订和遵循，更离不开单元化技术的掌握和应用。而我国的物流技术和单元化要求有较大的差距。如我国的物流业还未形成规模，基本上是各自为政，没有很好的规划，存在物流行业内部的无序发展和无序竞争，对相关技术和标准的统一造成很大的压力；在机械化方面，物流机械化的程度和先进性与单元化物流要求还有距离；物流包装材料的使用上，与单元化物流倡导的提高物流作业效率、降低物流作业成本、保护物品质量、促进全球贸易的发展的理念也存在巨大的差距；另外，在物流的自动化、信息化和网络化环节上，单元化物流更是无从谈起。

由此可见，我国的单元化物流相较发达国家尚有较大差距，物流单元化化对我们来说，还有相当漫长的一段路途。如今世界上的一些大的商品流通公司进入中国，跨国商品流通企业纷纷抢滩中国市场。由于中国经济已经成为全球经济的一部分，故必须要加快物流的单元化建设，商品流通企业必须加快调整和整合，如若不然，就会失去竞争力，一旦发达国家在物流的单元化上设置准入壁垒，我国稚嫩的物流业和商品流通企业将会遭受巨大打击。可以说，发展单元化物流是参与全球物流业竞争的重要基础。因此，大力加强对物流单元化的政策和理论体系的建立和完善，对物流系统目标、物流设施设备和物流活动组织等进行改进与调整，实现物流系统的整体最优化和对环境的最低损害，将有利于我国物流管理水平的提高，保护环境和可持续发展政策，对于我国经济的发展意义重大。

（二）本文研究目的、内容和方法

根据以上关于供应链管理的研究现状可以看出，目前大部分的研究重点都在供应链的概念、构建绩效评价指标以分析流通企业的供应链管理绩效，而很少有研究某一先进应用技术对整个供应链整体管理带来的影响，所以本文得出了以下供应链的未来研究方向：

（1）供应链管理中的决策方法有待进一步深入。供应链管理是将以谋求快速敏捷的响应市场变化为主要战略目标的供应链转化为在考虑经济绩效的同时需要考虑环境绩效与社会绩效。这就需要先进的物流技术来支持供应链上的各个节点成员。单元化物流模式下的供应链管理就是其中的一种先进的物流技术。

（2）单元化物流模式下的供应链是项复杂的系统工程，涉及的相关利益主体较多，需要很好地协调它们之间的关系。因此，可将评价指标划分为成本型、效益型、适中型、区间型四类，建立模糊评价指标体系来评价物流服务的绩效，用以促进各个节点成员互相合作，共同赢利。

（3）本文将从单元化物流的有效性评价，交货能力评价，物流信息服务绩效评价和多目标多层次模糊综合评价来进行研究。本文的研究旨在为供应链管理提供先进技术应用的分析方法，以促进有关方面的理论研究并用于指导企业的生产活动和人们的实践活动。

二、单元化物流模式下的供应链管理理论

（一）单元化物流模式下供应链及供应链管理理论

1. 传统供应链的概念

供应链目前尚未形成统一的定义，许多学者从不同的角度出发给出了不同的定义。传统的供应链概念局限于企业的内部操作层上，注重企业自身的资源利用。

有些学者把供应链的概念与采购、供应管理相关联，用来表示与供应商之间的关系。但这样一种关系也仅仅局限在企业与供应商之间，而且供应链中的各企业独立运作，忽略了与外部供应链成员企业的联系，往往造成供应链成员企业间的目标冲突。

后来供应链的概念注意了与其他企业的联系，注意了供应链的外部环境，认为它应是一个“通过链中不同企业的制造、组装、分销、零售等过程将原材料转换成产品，再到最终用户的转换过程”。这是更大范围、更为系统的概念。（陈祖龙《中国供应链现状：理论与实践》2006 年版）

近几年，供应链的概念更加注重围绕核心企业的网链关系，如核心企业与供应商、供应商的供应商乃至与一切前向的关系，与用户、用户的用户及一切后向的关系。此时对供应链的认识形成了一个网链的概念，像丰田、耐克、尼桑、麦当劳和苹果等公司的供应链管理都从网链的角度来实施。哈理森（Alan Harrison）进而将供应链定义为：“供应链是执行采购原材料、将它们转换为中间产品和成品，并且将成品销售到用户的功能网。”这些概念同时强调供应链的战略伙伴关系问题。菲力浦（Phillip）和温德尔（Wendell）认为供应链中战略伙伴关系是很重要的，通过建立战略伙伴关系，可以与重要的供应商和用户更有效地开展工作。通过上述研究，供应链应重新定义为：供应链是围绕核心企业，通过对信息流、物流、资金流的控制，从采购原材料开始，制成中间产品以及最终产品，最后由销售网络把产品送到消费者手中的将供应商、制造商、分销商、零售商直到最终用户连成一个整体的功能网链结构模式。

供应链是一个网链结构，由围绕核心企业的供应商、供应商的供应商和用户、用户的用户组成。一个企业是一个节点，节点企业和节点企业之间是一种需求与供应关系。供应链主要具有以下特征：

（1）复杂性。因为供应链节点企业组成的跨度（层次）不同，供应链往往由多个、多类型甚至多国企业构成，所以供应链结构模式比一般单个企业的结构模式更为复杂。

（2）动态性。供应链管理因企业战略和适应市场需求变化的需要，其中节点企业需要动态地更新，这就使得供应链具有明显的动态性。

（3）面向用户需求。供应链的形成、存在、重构，都是基于一定的市场需求而发生，并且在供应链的运作过程中，用户的需求拉动是供应链中信息流、产品/服务流、资金流运作的驱动源。

（4）交叉性。节点企业可以是这个供应链的成员，同时又是另一个供应链的成员，众多的供应链形成交叉结构，增加了协调管理的难度。

2. 单元化物流模式下供应链管理的概念

计算机网络的发展进一步推动了制造业的全球化、网络化过程。虚拟制造、动态联盟等制造模式的出现，更加迫切需要新的管理模式与之相适应。因此，一种新型供应链模式产生了，它是基于集装单元化物流的供应链管理模式，它已跨越了企业界限，从建立合作制造或战略伙伴关系的新思维出发，从产品生命线的源头开始，到产品消费市场，从全局和整体的角度考虑产品的竞争力，使传统供应链从一种运作性的竞争工具上升为一种管理性的方法体系，这就是单元化供应链管理提出的实际背景。

单元化供应链管理是一种集成的管理思想和方法，它执行供应链中从供应商到最终用户的物流的计划和控制等职能，需要供应链内部物流标准高度统一。例如，伊文斯（Evens）认为：供应链管理是通过前馈的信息流和反馈的物料流及信息流，将供应商、制造商、分销商、零售商，直到最终用户连成一个整体的管理模式。菲利浦（Phillip）则认为供应链管理不是供应商管理的别称，而是一种新的管理策略，它把不同企业集成起来以增加整个供应链的效率，注重企业之间的合作。

单元化供应链管理主要涉及四个主要领域：供应（Supply）、生产计划（Schedule Plan）、物流（Logistics）、需求（Demand）。供应链管理是以同步化、标准化、集成化生产计划为指导，以各种技术为支持，尤其以 Internet/Intranet 为依托，围绕供应、生产作业、物流（主要指制造过程）、满足需求来实施的。单元化供应链管理的目标在于最大限度地提高用户服务水平和降低总的交易成本。

由此可见，单元化物流模式下的供应链管理关心的并不仅仅是物料实体在供应链中的流动，除了企业内部与企业之间的运输问题和实物分销以外，这种供应链管理还包括以下主要内容：

（1）基于 Internet/Intranet 的供应链交互信息的标准化管理。

（2）基于供应链管理的产品设计与制造的标准化管理。

（3）战略性供应商和用户合作伙伴关系的统一性管理。

（4）供应链产品需求预测和计划的统一性管理。

（5）供应链的标准化设计（全球节点企业、资源、设备等的评价、选择和定位）。

（6）企业内部与企业之间物料供应与需求的标准化管理。

（7）基于供应链的用户服务和物流（运输、库存、包装等）标准化集装单元化管理等。

单元化物流模式下的供应链管理注重总的物流成本（从原材料到最终产成品的费用）与用户服务水平之间的关系，为此要把供应链各个职能部门有机地结合在一起，从而最大限度地发挥出供应链整体的力量，达到供应链企业群体获益的目的。

单元化物流模式下的供应链管理与传统的物料管理和控制有着明显的区别，主要体现在以下几个方面：

（1）单元化物流模式下的供应链管理把供应链中所有节点企业看作一个整体，供应链管理涵盖整个物流的、从供应商到最终用户的采购、制造、分销、零售等职能领域过程。

（2）单元化物流模式下的供应链管理强调和依赖战略管理。

（3）单元化物流模式下的供应链管理最关键的是需要采用集成的思想和方法，而不仅仅是节点企业、技术方法等资源简单的连接。

（4）单元化物流模式下的供应链管理具有更高的目标，通过管理库存和合作关系去达到高水平的服务，而不是仅仅完成一定的市场目标。

（5）单元化物流模式下的供应链管理强调高度的统一化和标准化物流模式，包括整个供应链的统一化和标准化设计，信息技术的统一化和标准化，运输、库存、包装等技术的统一化和标准化。

单元化物流模式下的供应链成长过程体现在企业在市场竞争中的成熟与发展之中，通过供应链管理的合作机制（Cooperation Mechanism）、决策机制（Decision Mechanism）、激励机制（Encourage Mechanism）和自律机制（Benchmarking）等来实现满足顾客需求、使顾客满意以及留住顾客等功能目标，从而实现供应链管理的最终目标：社会目标（满足社会就业需求）、经济目标（创造最佳利益）和环境目标（保持生态与环境平衡）的合一，这可以说是对单元化物流模式下的供应链管理思想的哲学概括。

（1）合作机制。单元化物流模式下的供应链合作机制体现了战略伙伴关系和企业内外资源的集成与优化利用。基于这种企业环境的产品制造过程，从产品的研究开发到投放市场，周期大大地缩短，而且顾客导向化（Customization）程度更高，模块化、简单化产品、标准化组件，使企业在多变的市场中柔性和敏捷性显著增强，虚拟制造与动态联盟提高了业务外包（Outsourcing）策略的利用程度。企业集成的范围扩展了，从原来的中低层次的内部业务流程重组上升到企业间的协作，这是一种更高级别的企业集成模式。在这种企业关系中，市场竞争的策略最明显的变化就是基于时间的竞争（Time – based）和价值链（Value Chain）及价值让渡系统管理或基于价值的供应链管理。

（2）决策机制。由于供应链企业决策信息的来源不再仅限于一个企业内部，而是在开放的信息网络环境下，不断进行信息交换和共享，达到供应链企业同步化、集成化计划与控制的目的，而且随着 Internet/Intranet 发展成为新的企业决策支持系统，企业的决策模式将会产生很大的变化，因此处于供应链中的任何企业决策模式应该是基于 Internet/Intranet 的开放性信息环境下的群体决策模式。

（3）激励机制。归根结底，单元化物流模式下的供应链管理和任何其他的管理思想一样都是要使企业在 21 世纪的竞争中在“TQCSF”上有上佳表现（T 为时间，指反应快，如提前期短、交货迅速等；Q 为质量，控制产品、工作及服务质量高；C 为成本，企业要以更少的成本获取更大的收益；S 为服务，企业要不断提高用户服务水平，提高用户满意度；F 为柔性，企业要有较好的应变能力）。为了掌握供应链管理的技术，必须建立、健全业绩评价和激励机制，使我们知道供应链管理思想在哪些方面、多大程度上给予企业改进和提高，以推动企业管理工作不断完善和提高，也使得供应链管理能够沿着正确的轨道与方向发展，真正成为能被企业管理者乐于接受和实践的新的管理模式。

（4）自律机制。自律机制要求供应链企业向行业的领头企业或最具竞争力的竞争对手看齐，不断对产品、服务和供应链业绩进行评价，并不断地改进，以使企业能保持自己的竞争力和持续发展。企业通过推行自律机制，可以降低成本，增加利润和销售量，更好地了解竞争对手，提高客户满意度，增加信誉，企业内部部门之间的业绩差距也可以得到缩小，提高企业的整体竞争力。

3. 单元化物流模式下供应链管理的效益

1997 年 PRTM（Pittiglio Rabin Todd Mcgrath）公司进行的一项关于采用集装单元化物流技术的供应链管理的调查（调查涉及 6 个行业的 165 个企业，其中化工 25%、计算机电子设备 25%、通信 16%、服务 15%、工业 13%、半导体 6%）表明，通过实施单元化物流技术，企业可以收到以下多方面的效益：

（1）总供应链管理成本（占收入的百分比）降低 10% 以上。

（2）中型企业的准时交货率提高 15%。

（3）订单满足提前期缩短 25%～35%。

（4）中型企业的增值生产率提高10%以上。

（5）绩优企业资产运营业绩提高15%～20%。

（6）中型企业的库存降低3%，绩优企业的库存降低15%；

（7）绩优企业在现金流周转周期上具有比一般企业少40～65天的优势。

戴维德·霍尔（David Hole）认为通过良好的集装单元化供应链管理可以在进入新市场、开发新产品、开发新分销渠道、改善售后服务水平、提高用户满意程度、降低库存、后勤成本、单位制造成本、提高工作效率等方面获得满意效果。

4. 单元化物流模式下供应链管理在我国企业中的应用

研究单元化物流模式下的供应链管理对我国企业实现物流技术现代化，迅速迈向国际市场、提高在国际市场上的生存和竞争能力都有着十分重要的理论与实际意义。连锁经营是国际零售业的一种先进的经营方式，然而我国许多模仿建立起来的连锁公司却半路夭折，原因就在于连锁商店不连锁，名为连锁，实则各自为政，根本没有发挥连锁经营的长处。深究其原因是多种多样的，观念落后、管理模式跟不上时代发展就是其中一个主要原因。服务企业尚且如此，制造企业的供应链应用情况就更差了。从服务业企业的单独进货、制造业的大而全、小而全等现象，可以看出我国企业界还没有构成真正意义上的供应链，更谈不上先进的单元化物流模式，其结果是使我国企业失去竞争实力。

国际上对单元化物流模式下的供应链管理的早期研究主要集中在供应链的组成、多级库存、供应链的财务等方面，主要解决传统的供应链的操作效率问题。近年的研究主要把供应链管理看作一种战略性的管理体系，研究扩展到了所有加盟企业的长期合作关系，特别是集中在合作制造和建立战略伙伴关系方面，而不仅仅是供应链的连接问题，其范围已经超越了供应链出现初期的那种以短期的、基于某些业务活动的经济关系，更偏重于长期计划的研究，并且综合性地研究了由于采用单元化物流技术，给整个国内供应链成员带来的共赢效应。

国内对单元化物流模式下的供应链管理的研究才刚刚起步。过去国内企业对供应链的关注主要集中在供应商、分销商、零售商到最终用户这一层面上，这只是传统的供应链研究模式，研究的内容主要局限于供应商的选择和定位、降低成本、控制质量、保证供应链的连续性和经济性等问题，没有考虑整个从供应商、分销商、零售商到最终用户的协作配合信息统一、技术统一、标准统一带来的综合效益和各成员的共赢效应，而且研究也停留在供应链管理的战略性等问题，没有进一步发展和创新。因此，可以说目前在我国还没有形成真正意义上的单元化物流模式下的供应链，这种先进的供应链管理的研究与应用都是很不够的。

为了适应单元化物流模式下的供应链管理的发展，必须从与生产产品有关的第一层供应商开始，环环相扣，直到货物到达最终用户手中，真正按单元化物流模式下的供应链管理的特性改造企业业务流程，使各个节点企业都具有处理物流和信息流的运作方式的自组织和自适应能力。因此，对我国企业传统供应链模式的改造应侧重于以下几个方面：

（1）单元化物流技术在供应链管理系统设计中的应用。怎样将制造商、供应商和分销商有机地集成起来，使之成为相互关联的整体，是供应链管理系统设计要解决的主要问题。在单元化物流模式下的供应链管理的影响下，对产品制造过程的影响不仅要考虑企业内部因素的影响，而且还要考虑供应链对产品成本和服务的影响。供应链管理的出现，扩大了原有的企业生产系统设计范畴，把影响生产系统运行的因素延伸到了企业外部，与供应链上所有的企业都联系起来，因而单元化物流模式下的供应链管理系统设计就成为构造企业系统的一个重要方面。

（2）贯穿供应链的分布数据库的单元化信息技术的集成。对供应链的有效控制要求集中协调不同企业的统一的单元化物流关键数据。所谓统一的单元化物流关键数据，是指订货预测、库存状态、缺货情况、生产计划、运输安排、在途物资等数据。为便于管理人员迅速、准确地获得各种信息，应该充分利用电子数据交换（EDI）、Internet等技术手段实现供应链的分布数据库信息集成，达到共享采购订单的电子接收与发送、多位置库存控制、批量和系列号跟踪、周期盘点等重要信息。

（3）集成的生产计划与控制模式和支持的单元化物流系统。单元化物流模式下的供应链上各节点企业都不是孤立的，任何一个企业的生产计划与控制决策都会影响到整个供应链上其他企业的决策，因此要研究出协调决策方法和相应的支持系统。运用系统论、协同论、精细生产等理论与方法，研究适应于单元化物流模式下的供应链管理的集成化生产计划与控制模式和支持系统。

（4）适应单元化物流模式下的供应链管理的组织系统重构。现行企业的组织既然都是基于职能部门专业化的，基本上适应可制造性、质量、生产率、可服务性等方面的要求，但不一定能适应于供应链管理，因而必须研究基于供应链管理的流程重构问题。为了使供应链上的不同企业、在不同地域的多个部门协同工作以取得整个系统最佳的效果，必须根据单元化物流模式下的供应链管理的特点优化运作流程，进行企业重构，确定出相应的单元化物流模式下的供应链管理组织系统的构成要素及应采取的结构形式。

（5）单元化物流模式下的标准技术在整个供应链管理中的实施。如果要使整个供应链成为一个有效协作，利益共存，效益最大化的整体，就需要从整个供应链设计时就采用单元化物流思想，根据整个供应链成员的特点，在整个供应链管理的实施过程中使各成员形成标准统一的整体。

（6）研究适合我国企业的单元化物流模式下的供应链管理绩效评价系统。单元化物流模式下的供应链管理不同于普通供应链管理，因而其绩效评价和激励系统也应有所不同。新的组织与激励系统的设计必须与新的绩效评价系统相一致。

（二）单元化物流理论

单元化物流其实是绿色物流的一种实用技术，兼有敏捷物流和精益物流的特性。

1. 单元化物流理论

单元化物流是指用各种不同的方法和器具，把有包装或无包装的货物单元，整齐地汇集成为一个扩大了的便于装卸搬运，并在整个物流过程中保持一定形状的作业单元叫集装单元或集装货件，以集装单元来组织物资的装卸搬运、储存、运输等物流活动的作业方式，称为集装单元化作业（简称集装单元化）。在物流过程中，产品要经过储存、运输、包装、装卸搬运等作业环节，而且伴随着许多附加的辅助作业，在整个物流过程中，每次处理少量或一件产品的方法既麻烦费时，又不能提高工作效率，采用集装单元化技术就能把多件产品汇集为一定重量或容积单位的整体，并使货物的外形定型化，以实现机械化的高效作业和提高运输工具的装载效率。采用集装单元化技术是系统工程的理论和思想方法在物流系统中的具体应用，是把物流的各环节从集合体的高度去处理和研究，使物资的储运单元（货物单元）与人力或机械等装卸搬运手段的标准能力一致，便于实现机械化和标准化作业，提高物流作业效率，降低物流费用，实现物流合理化的有效手段。

2. 单元化物流和绿色物流理论的关系

单元化物流和绿色物流的根本目的都是实现节能、环保、可持续发展的现代物流。绿色物流是指以降低对环境的污染、减少资源消耗为目标，利用先进物流技术规划和实施运输、仓储、装卸搬运、流通加工、配送、包装等物流活动。绿色物流是部分学者近几年提出的一个新课题，从环境和可持续发展的角度建立的环境共生型的物流管理系统。

目前，对单元化物流和绿色物流还没有形成较为成熟的定义，当前研究主要限于单元化物流、绿色供应链管理等概念，研究成果还主要是针对物流系统某些环节的单项技术，缺乏可持续发展的整体思想指导。一方面，研究工作着重于研究物流与环境问题，而忽视了物流与资源消耗，物流与社会发展等问题的研究；另一方面，目前研究工作大多将资源与环境作为外生变量来加以分析，以寻求一些缓解物流与环境两者之间矛盾的办法，并未将资源、环境、物流与经济发展等作为一个整体来进行考虑。

单元化物流和绿色物流理论都是从可持续发展的角度出发，认为现代物流是一个循环物流系统，它是由正向物流和逆向物流共同组成的系统，研究现代物流必须在综合考虑物流、经济、资源、环境等因素的前提下，分析现代物流系统的运行机理、发展战略和模式。

3. 单元化物流和精益物流理论的关系

从本质上说，单元化物流是精益化物流的一种表现形式。精益物流是指通过消除生产和供应过程中的浪费、减少备货时间，以较少的投入（人力、设备、时间与场地）获取较高的顾客满意度的一种新型物流活动。它起源于精益制造的概念，产生于日本丰田汽车公司在20世纪70年代所独创的“丰田生产系统”，后经美国麻省理工学院教授的研究和总结，正式发表在1990年出版的《改变世界的机器》一书中。精益思想是指以顾客需求拉动整个供需链，对物质资料的采购、运输、装卸、储存、配送等全过程进行持续改进，以求用最少的资源满足顾客需要的一系列管理活动。精益物流则是精益思想在物流管理中的应用，是物流发展中的必然反映。它运用精益思想使企业能够全方位实现精益运作的物流活动，作为一种新型的生产组织方式，精益制造的概念给物流及供应链管理提供了一种新的思维方式。精益物流的基本原则是：①从顾客的角度而不是从企业或职能部门的角度来研究什么可以产生价值；②按整个价值流确定供应、生产和配送产品中所有必需的步骤和活动；③创造无中断、无绕道、无等待、无回流的增值活动流；④及时创造仅由顾客拉动的价值；⑤不断消除浪费，追求完善。

单元化物流作为精益物流的一种表现形式，其本质符合物流发展的一般规律。从不同角度审视单元化物流，其内涵如下：

（1）顾客满意度的提高是新型物流组织追求利润最大化的价值体现。顾客不会拱手将订单送给物流组织的，如果物流组织不能从客户立场出发，而是一味地遵循功能性立场，那将会失去物流发展的源头活水。因此，物流组织必须及时创造以顾客驱动为主的价值，变价值推动为价值拉动。

（2）降低物流供应链中每个环节的浪费是单元化物流发展的生命线。在激烈竞争的物流市场中，存在许多不确定因素，并且这些因素对于物流组织来说是很难控制的。因此，它们只有控制内部因素，降低内耗，根据不间断、不迂回、不倒流、不等待和不出废品的原则制定创造价值的行动方案。

（3）单元化物流不是包治百病的灵丹妙药，它同样有一定的适用范围。因此，在引入单元化物流时，必须注重对物流自身特点的研究，争取在单元化物流与物流发展的价值取向形成完美的结合。

总之，单元化物流的目标可概括为：根据顾客需求，提供顾客满意的物流服务，同时追求把提供物流服务过程中的浪费和延迟降至最低程度，不断提高物流服务过程的增值效益。

4. 单元化物流和敏捷物流理论的关系

敏捷制造是现代单元化物流模式下的供应链管理技术的一个重要思想。它是以反应时间和客户满意度为核心，并建立企业间的动态联盟，来达到提高企业竞争能力的目的。敏捷制造企业和动态联盟的概念最初是在美国里海大学向美国国会提交的一份研究报告中提出的，很快便受到了国会和工业办的普遍重视。目前，几乎所有的美国大公司都接受敏捷制造的思想，同时世界上其他的发达国家也纷纷进行敏捷思想的研究和应用。

由于信息网络技术的快速发展和应用，给动态联盟虚拟企业的发展提供强有力的技术支持，使得单元化物流的实现成为可能。同时，基于全球供应链管理发展的需要，使得整个单元化物流模式下的供应链的物流运作实施敏捷物流管理。对企业来说，单元化物流不仅意味着物流反应速度的提高和物流时间的缩短，还意味着用较少的投入获得更多的产出。

（三）单元化物流的技术及其应用

1. 单元化技术

单元化的概念包含两个方面。一是对物品进行单元化的包装（即标准的单元化物流容器的概念），将单件或散装物品，通过一定的技术手段，组合成尺寸规格相同，重量相近的标准“单元”。而这些标准“单元”作为一个基础单位，又能组合成更大的集装单元。二是围绕这些已经单元化的物流容器，它们的周边设备包括工厂的工位器具的应用和制造也有一个单元化技术的含义在里面，包括规格尺寸的标准化，模块化的制造技术和柔性化的应用技术。从包装的角度来看，单元化是按照一定单元将杂散物品组合包装的形态。由于杂、散货物难以像大型的单件货物那样进行处理，而且体积、重量都不大，需要进行一定程度的组合，才能有利于使用，有利于物流活动的开展。从运输角度来看，单元化集装所组合的组合体正好是一个装卸运输单位，非常便于运输和装卸。比如托盘或其他集装方式。

2. 单元化的方式和种类

单元化有若干种典型的方式，在各类典型方式的交叉领域还有许多非此非彼的方式，因而其种类方式很多，综合来看，一般可分为三大类，即集装箱系列、托盘系列、周转箱系列。各种典型的单元化方式和它们之间的变形方式如下：

（1）托盘系列。最典型的是平托盘，包括塑料平托盘、木托盘等。其变形体有柱式托盘、架式托盘（集装架）、笼式托盘（仓库笼）、箱式托盘、可折叠式托盘、仓库笼等。托盘是最基本的物流器具，有人称其为“活动的平台”“可移动的地面”。它是静态货物转变成动态货物的载体，是装卸搬运、仓储保管以及运输过程中均可利用的工具，与叉车配合利用，可以大幅度提高装卸搬运效率；用托盘堆码货物，可以大幅度增加仓库利用率；托盘一贯化运输，可以大幅度降低成本。

目前，全世界主要的工业国家都有自己的标准托盘，但所用尺寸各国不同。每个国家都希望自己国内已普遍使用的托盘规格成为国际标准，以便在国际经济交流中更为有利。国际标准组织无法统一，只能接受既成事实，做到相对统一。ISO 标准（ISO6780）原来有 4 种托盘标准规格，即 1200mm × 800mm、1200mm × 1000mm、1219mm × 1016mm、1140mm × 1140mm。2003 年 ISO 规格又通过了新方案，增加了 1100 × 1100 和 1067 × 1067 两种规格（单位均为 mm），变为 6 种标准规格。中国联运通用平托盘主要尺寸及公差国家标准（GB/T 2934—1996）目前套用原 ISO 规定的 4 种并列的标准，即 1200mm × 800mm、1200mm × 1000mm、1219mm × 1016mm、1140mm × 1140mm。

为了实现物流高效化，确保削减物流成本、改善服务质量，许多国家和地区都致力于统一托盘规格，希望结成紧密的合作体制。欧盟以 1200mm × 800mm 的托盘来构建欧洲各国之间的物流系统。美国和加拿大在美洲大陆内以 1219mm × 1016mm 的托盘来构建相互协作体制。在亚洲，以中、韩、日三国为主导，成立了亚洲托盘系统标准化机构——亚洲托盘系统联盟。亚洲托盘系统联盟确定亚洲联运通用平托盘标准的托盘尺寸为 1200mm × 1000mm 和 1100mm × 1100mm 两种。迄今，已有包括中国、日本、韩国、菲律宾、泰国、马来西亚、中国香港和中国台湾 8 个国家和地区的团体、企业等表明参加该联盟，同意采用这两种规格的托盘作为亚洲的标准托盘。6 种国际标准托盘尺寸及使用地区见表 7 – 1。

表 7 – 1　　6 种国际标准托盘尺寸及使用地区

规格尺寸	普遍使用地区	形状
1200mm × 1000mm	欧洲	长方形
1200mm × 800mm	欧洲	长方形
1140mm × 1140mm	澳大利亚	正方形
1067mm × 1067mm	澳大利亚	正方形
1100mm × 1100mm	日本、韩国	正方形
48 英寸 × 40 英寸	北美	长方形

资料来源：中国物流与采购网。

（2）周转箱系列。周转箱也称为物流箱，广泛用于机械、汽车、家电、轻工、电子等行业，耐酸耐碱、耐油污，无毒无味，可用于盛放食品，清洁方便，零件周转便捷、堆放整齐，便于管理。其合理的设计，优良的品质，适用于工厂物流中的运输、配送、储存、流通加工等环节。周转箱可与多种物流容器和工位器配合，用于各类仓库、生产现场等多种场合，在物流管理越来越被广大企业重视的今天，周转箱帮助完成物流容器的通用化、一体化管理，是生产及流通企业进行现代化物流管理的必备品。与托盘配合的周转箱有可插式和可折叠式以及直壁式等。

（3）集装箱系列。最典型的是标准运输用集装箱。集装箱（Container）是指海、陆、空不同运输方式进行联运时用以装运货物的一种容器。中国香港称之为“货箱”。中国台湾称之为“货柜”。关于集装箱的定义，国际上不同国家、地区和组织的表述有所不同。国际标准化组织（ISO）对集装箱定义如下：集装箱是一种运输设备；具有足够的强度，可长期反复使用；为便于商品运送而专门设计的，在一种或多种运输方式下运输时，无须中途换装；具有快速装卸和搬运的装置，特别是从一种运输方式转移到另一种运输方式时；设计时注意到便于货物装满或卸空；内容积为 1 立方米或 1 立方米以上。集装箱这一术语的含义不包括车辆的一般包装。

集装箱的分类：运输货物用的集装箱种类繁多，从运输家用物品的小型折叠式集装箱直到 40 英尺标准集装箱，以及航空集装箱等，不一而足。这里仅介绍在海上运输中常见的国际货运集装箱类型。按用途分类，集装箱按箱内所装货物一般分为：

①通用干货集装箱（Dry Cargo Container）。这种集装箱也称为杂货集装箱，用来运输无须控制温度的杂货。其使用范围极广，据 1983 年的统计，世界上 300 万个集装箱中，杂货集装箱占 85%，约为 254 万个。这种集装箱通常为封闭式，在一端或侧面设有箱门。这种集装箱通常用来装运文化用品、化工用品、电子机械、工艺品、医药、日用品、纺织品及仪器零件等。这是平时最常用的集装箱。不受温度变化影响的各类固体散货、颗粒或粉末状的货物都可以由这种集装箱装运。

②保温集装箱（Keep Constant Temperature Container）。它是为了运输需要冷藏或保温的货物。所有箱壁都采用导热率低的材料隔热而制成的集装箱可分为以下三种：

a. 冷藏集装箱（Reefer Container）。它是以运输冷冻食品为主，能保持所定温度的保温集装箱。它是专为运输如鱼、肉、新鲜水果、蔬菜等食品而特殊设计的。目前国际上采用的冷藏集装箱基本上分两种：一种是集装箱内带有冷冻机的叫机械式冷藏集装箱；另一种箱内没有冷冻机而只有隔热结构，即在集装箱端壁上设有进气孔和出气孔，箱子装在舱中，由船舶的冷冻装置供应冷气，这种叫作离合式冷藏集装箱（又称外置式或夹箍式冷藏集装箱）。

b. 隔热集装箱（Insulated Container）。它是为载运水果、蔬菜等货物，防止温度上升过快，以保持货物鲜度而具有充分隔热结构的集装箱。通常用干冰作制冷剂，保温时间为 72 小时左右。

c. 通风集装箱（Ventilated Container）。它是为装运水果、蔬菜等不需要冷冻而具有呼吸作用的货物，在端壁和侧壁上设有通风孔的集装箱，如将通风孔关闭，同样可以作为杂货集装箱使用。

③罐式集装箱（Tank Container）。它是专用于装运酒类、油类（如动植物油）、液体食品以及化学品等液体货物的集装箱。它还可以装运其他液体的危险货物。这种集装箱有单罐和多罐数种，罐体四角由支柱、撑杆构成整体框架。由于侧壁强度较大，故一般装载麦芽和化学品等相对密度较大的散货，后者则用于装载相对密度较小的谷物。散货集装箱顶部的装货口应设水密性良好的盖，以防雨水浸入箱内。

④台架式集装箱（Platform Based Container）。它是没有箱顶和侧壁，甚至连端壁也去掉而只有底板和四个角柱的集装箱。这种集装箱可以从前后、左右及上方进行装卸作业，适合装载长大件和重货件，如重型机械、钢材、钢管、木材、钢锭等。台架式的集装箱没有水密性，怕水湿的货物不能装运，或用帆布遮盖装运。

⑤平台集装箱（Platform Container）。这种集装箱是在台架式集装箱上再简化而只保留底板的一种特殊结构集装箱。平台的长度与宽度与国际标准集装箱的箱底尺寸相同，可使用与其他集装箱相同的紧固件和起吊装置。这一集装箱的采用打破了过去一直认为集装箱必须具有一定容积的概念。

⑥敞顶集装箱（Open Top Container）。这是一种没有刚性箱顶的集装箱，但有由可折叠式或可折式顶梁支撑的帆布、塑料布或涂塑布制成的顶篷，其他构件与通用集装箱类似。这种集装箱适于装载大型货物和重货，如钢铁、木材，特别是像玻璃板等易碎的重货，利用吊车从顶部吊入箱内不易损坏，而且也便于在箱内固定。

⑦汽车集装箱（Car Container）。它是一种运输小型轿车用的专用集装箱，其特点是在简易箱底上装一个钢制框架，通常没有箱壁（包括端壁和侧壁）。这种集装箱分为单层的和双层的两种。因为小轿车的高度为1.35～1.45米，如装在8英尺（约2.438米）的标准集装箱内，其容积要浪费2/5以上。因而出现了双层集装箱。这种双层集装箱的高度有两种：一种为10.5英尺（约3.2米），另一种为8.5英尺高的2倍。因此汽车集装箱一般不是国际标准集装箱。

⑧动物集装箱（Pen Container of Live Stock Container）。这是一种装运鸡、鸭、鹅等活家禽和牛、马、羊、猪等活家畜用的集装箱。为了遮蔽太阳，箱顶采用胶合板露盖，侧面和端面都有用铝丝网制成的窗，以求有良好的通风。侧壁下方设有清扫口和排水口，并配有上下移动的拉门，可把垃圾清扫出去。还装有喂食口。动物集装箱在船上一般应装在甲板上，因为甲板上空气流通，便于清扫和照顾。

⑨服装集装箱（Garment Container）。这种集装箱的特点是，在箱内上侧梁上装有许多根横杆，每根横杆上垂下若干条皮带扣、尼龙带扣或绳索，成衣利用衣架上的钩，直接挂在带扣或绳索上。这种服装装载法属于无包装运输，它不仅节约了包装材料和包装费用，而且减少了人工劳动，提高了服装的运输质量。

各类集装箱常用技术规范见表7－2。

表 7－2　　**各类集装箱常用技术规范**

COSCON CONTAINER TECHNICAL DATA

尺寸单位：毫米　　体积单位：立方米　　重量单位：千克

The dimensions are in millimeters. Capacity in CBM. Weight in kg.

箱体内部尺寸 Internal dimensions

	干货箱 Dry			冷藏箱 Reefer			开顶箱 Open Top			框架箱 Flat Rack		
	L	W	H	L	W	H	L	W	H	L	W	H
20′	5890	2350	2390	5435	2286	2245	5900	2330	2337	5628	2178	2159
40′	12029	2350	2390	11552	2266	2200	12025	2330	2337	11762	2178	1986
HC	12029	2352	2698	11558	2286	2505	—	—	—	—	—	—

箱体内容积及载重量 Capacity and Payload

	干货箱 Dry		冷藏箱 Reefer		开顶箱 Open Top		框架箱 Flat Rack	
	Cu	P	Cu	P	Cu	P	Cu	P
20′	33. 1	21740	27. 5	21135	32. 6	21740	—	27800
40′	67. 7	26630	58. 7	26580	56. 8	26410	—	40250
HC	76. 3	26600	66. 1	26380	—	—	—	—

各类箱箱号首位数字之含义 Meaning of the first digit of container serial number

	干货箱 Dry					冷藏箱 Reefer				开顶箱 Open Top	框架箱 Flat Rack
20′	0	3	2	6	8	22	23	25	26	52	92
40′	1		4		7	20	21	24	27	54	94
HC	96					29				—	—

箱门开度尺寸 Door opening Dimensions

干货箱 Dry

20′		40′		HC	
W	H	W	H	W	H
2340	2280	2340	2280	2340	2585

资料来源：中国集装箱工业协会网站（http：//www. chinaccia. com）。

这样从周转箱到托盘、车，再到集装箱，形成了整个物流系统中的单元器具链。当然，每个行业有不同的应用范围。现代单元化器具随着现代工业的发展不断在新材料、新工艺方面有所突破。而新的单元器具也不断涌现，但是形式基本还属于以上范畴。

3. 单元化技术的系统性

单元化技术的全面应用，应该贯穿物流系统的各个环节。因此它具有系统的概念。从仓库进货到堆码、储存、保管、分拣、配送、运输、回收等诸多环节都会出现单元化容器的形态。单元化技术要对全物流过程各项环节和活动进行综合、全面的管理。单元化技术首先是一种包装方式，必须达到包装的基本要求，既能有效保护物料，节省空间，便于搬运等，但又远远超出包装的范畴，如单元化容器的尺寸链必须配合汽车的尺寸、托盘的尺寸，甚至滚道的宽度尺寸、货架的尺寸，以及其自身互相组合的尺寸等。单元化技术能有效地将分散的物流各项活动联结成一个整体，是物流系统化中的核心内容和基础内容。

4. 单元化技术的特点与效果

单元化的特点就是将形状、尺寸各异的物料集中成为一个个标准的货物单元。这种集小为大是按物流的标准化、通用化要求而进行的，这就使中、小件散杂货的搬运效率大大提高。单元化的效果实际上是这种优势的结果。主要优点体现在以下几方面：

（1）促使装卸合理化。其效果主要表现在：第一，大大缩短装卸时间，这是由于多次装卸转为集装一次装卸而带来的效果；第二，使装卸作业劳动强度降低，将工人从繁重的体力劳动中解放出来。过去，中、小件大数量物料装卸，工人劳动强度极大，工作时极易出差错，造成货物损坏。采用单元化后不但减轻了装卸劳动强度，而且单元化货物的保护作用，可以更有效防止装卸时的碰撞损坏及散失丢失。

（2）使包装合理化。采用单元化后，物品的单体包装及小包装要求可降低甚至可以去掉小包装从而在包装材料上有很大节约，包装强度由于集装的大型化和防护能力有增强，有利于保护货物。由于集装整体进行运输和保管，在设计上强调可堆垛性与合理的尺寸链，就能充分利用运输工具和保管场地的空间。

（3）单元化系统的效果，是将原来分立的物流各环节有效地联合为一个整体，使整个物流系统实现合理化成为可能。可以说单元化是物流现代化的基础。

（4）现代单元化技术，使得单元集装器具成为物流和信息流的节点。在现代物料搬运系统中，单元器具不仅是物料的载体，而且成为信息流的载体。在使用条码的系统中，通常箱子上的条码或看板就载有该物料的相关信息，该物料被取走后，则相应的信息就会更新。

（5）材质与结构上保证了可重复使用，从长期来说可以降低物流成本。

5. 单元化技术之间与物流设备标准化

目前市场上的托盘种类与规格众多，单元化技术主要影响着托盘规格的标准，目前最大型的物流容器——集装箱已经在全球标准化了，然而其他物流容器，例如托盘、周转箱等却在国内还是规格多样，这在一定程度上导致了很多企业在物流容器与设备上的重复投资与浪费。而单元化技术首要的与核心的问题是实现物流产品的标准化问题。所以我国很多企业在进行物流改造时，一定要将单元化技术与标准化的规格作为必须与首先考虑的因素，不仅仅是考虑自己企业以前使用的习惯与产品规格，更重要的是要将自己企业内部的物流供应链与企业外的社会化供应链融合到一起。这样才是物流改造的目的所在。

6. 集装单元化及集装单元化概念

（1）集装单元化的概念：以集装单元为基础组织的装卸、搬运、储存和运输等物流活动的方式。

（2）集装单元化的特点：

①通过标准化、通用化、配套化和系统化以实现物流功能作业的机械化、自动化；

②物品移动简单，减少重复搬运次数，缩短作业时间和提高效率，装卸机械的机动性增高；

③改善劳动条件，降低劳动强度和提高劳动生产率和物流载体利用率；

④物流各功能环节中便于衔接，容易进行物品的数量检验，清点交接简便，减少差错；

⑤货物包装简单，节省包装费用，降低物流功能作业成本；

⑥容易高堆积，减少物品对码存放的占地面积，能充分灵活地运用空间；

⑦能有效地保护物品，防止物品的破损、污损和丢失；

⑧作业有间歇、需要宽阔的道路和良好的路面、托盘和集装箱的管理烦琐、设备费一般较高，由于托盘和集装箱自身的体积及重量的原因，使物品的有效装载减少。

（3）原则：

①集装单元器具标准化原则；

②集装单元化的通用化、系统化、配套化原则；

③集装单元化的集散化、直达化、装满化原则；

④集装单元化的效益化原则。

单元化物流技术被业界认为是企业降低物料消耗、提高劳动生产率以外的重要利润源泉，它作为一种先进的组织方式和管理技术受到了越来越多专业人士的重视。

三、单元化物流下供应链管理的绩效评价

先进的物流技术日益成为整个供应链创造和保持竞争优势的关键因素，单元化物流作为一种先进的物流技术，有必要精确地进行绩效衡量，以便能够科学地评价和使用，做到合力分配和使用资源。由于单元化物流贯穿于整个物流活动中，物流活动又具有多方参与、过程复杂性（采购、运输、存储、保管及供应等）和形成多样性等特点，物流服务的衡量缺乏行之有效的标准。在欧美等发达国家和地区，绩效评价逐步为企业供应链物流管理界所重视。

（一）单元化物流服务有效性的评价

1. 服务质量的保证能力评价

对服务有效性的评价已成为成员关系管理评价的重要准则。由于单元化物流应用

在整个供应链管理过程中，主要目的是给各供应链成员提供更好的物流服务，而该服务质量又直接影响整个供应链管理的价值，所以应该通过服务质量保证能力和配送管理能力来评价服务有效性。只有持续不断地改进物流服务，为整个供应链成员提供更大的价值，各成员才能有效降低成本，增加收入。

（1）成员抱怨率。成员之间的抱怨管理已经成为单元化物流供应链管理的一项核心内容，它反映了单元化物流管理的事后物流服务质量，可以通过成员抱怨次数与总交易次数的百分比来表示。设时段 T 内的顾客抱怨次数为 CCN，总交易次数为 TN，则顾客抱怨率 CCR 为：$CCR=(CCN/TN)\times100\%$。

（2）成员抱怨解决率。通常用从单元化物流各成员发出抱怨时刻起到问题得到圆满解决时刻止的一段时间内，满意解决次数占总抱怨次数的百分比来反映整个供应链的协调性和物流服务的迅捷性。满意解决次数是指解决时间小于供应链上各成员的愿望时间。设时段 T 内成员的总抱怨次数为 CTN，其中满意解决次数为 CTS，则成员抱怨解决率 CSR 可表述为：$CSR=(CTN/CTS)\times100\%$。提供高质量的物流服务是单元化物流供应链管理的核心。由于成员之间存在较大的差异，生产商、供应商、物流企业、流通企业在物流过程中所起的作用并不相同。因此，在整个单元化物流供应链管理中既要统一物流技术标准，又要统一实行物流管理，才能提高成员满意度。

2. 配送管理能力评价

单元化物流的配送是把货物以单元集成化运输方式从仓储中心（物流中心、配送中心或仓库）将货物送达客户（或需求者）的活动。有效率的配送活动需要适量的配送人员、适合的配送车辆以及最佳车辆运行路径（配送量大、装载率高、产能负荷适中）来相互配合才能达到。具体指标如下：

（1）人员负担指标。在单元化物流管理中，人员负担指标的评估是经常性的评价指标之一，由于货物实行单元化运输方式，对人员的配备可以根据需要运输的货物单元得到及时的评估，研究配送组织管理中的人员负担，有利于评估配送人员的工作量及其作业贡献度，以衡量配送人员的能力负荷与作业绩效；同时判断是否应增添或删减配送人员数量。如果人均配送量（重量）过高，将使配送人员出车装货与客户处卸货的劳力加重，延长配送时间，应考虑增加配送人员来减轻负荷；如果人均配送量高，人均配送重量低，可推测虽然客户订货量很大，但是轻负荷货物较多，应考虑增加每次配送的装载量，而减少配送次数及人员数；如果人均配送距离过高，表示配送人员所负担的配送距离过远，而导致工作时间增加，应考虑增加配送人员或者调整配送范围；如果人均配送量、人均配送距离、人均配送重量皆不高，但人均配送车次却较高，则表示客户的即时要求配送时间太长、次数太多，应考虑服务水准策略，降低配送次数或者增加配送人员。

（2）车辆负荷指标。在单元化物流管理中，另外一个重要的评估值指标就是评估配送车辆的产能负荷，判断是否应增减配送车数量。其中，车均吨·公里数为每台车的配送距离和配送重量的综合，可以用来估计配送车辆负担的总产能。如果车均吨·公里数高，可能是由于同一台车本期的配送距离已过远或公司配送货物重量过重，这时可分析每台平均车配送距离及每台车平均配送重量。如果车均吨·公里数低，表示每台车每期所负担的产能仍轻，此时可观察每次发车的重量，如果每次发车的重量及装载率不高，则在现阶段业务下，可以考虑缩减车辆数。空车率可以用于衡量车辆的利用率。如果比率过高，表示未能充分做到回程顺载的原则，或者未能合理安排好配送路线，以致造成满车去、空车回的现象。

（3）配送时间效率指标。单元化物流是高效的物流管理体系，对于配送时间可以根据运输单元的量迅速完成指标的评估工作，计算出精确的配送平均速度，配送平均速度指标可以用来掌握配送情况。配送时间比率、单位时间配送量和单位时间生产力这三个指标可用于观察配送时间的贡献度。如果配送时间比率较高，且单位时间配送量及单位时间生产力两个指标也高，则表明虽然配送时间较长，只要公司对出货量和营业收入感到满意，以此效率营运应无问题。但如果单位时间配送量及生产力低，则可能是配送人员较少、配送贡献度不高、配送路线选择不佳等原因所导致的。

（4）配送成本指标。单元化物流管理的配送成本指标主要用于考核分析配送过程中发生的成本费用。配送成本包括自车配送成本及委托外车配送成本，传统的货物运输用每吨重、每配送货物容积、每车次、每公里距离的配送成本来测算衡量。如果每吨、单位容积货物的配送成本高，但每车次、每公里的成本低，表示所配送的重量与容积不大，但配送车次、距离较大。如果每车次、每公里的配送成本高，但每吨、单位容积的成本低，表示所配送的车次与距离不多，但重量、体积却较大。如果每吨重、单位容积、每车次、每公里的配送成本皆高，表示配送成本相对于配送的重量、体积、车次、距离等因素偏高。而单元化物流的配送成本指标的计算相对简单，由于货物在运输前都经过标准统一的单元集成化包装，只要以运输单元和车次、距离这三个因素作为成本测算基础指标就可以迅速完成整个配送成本指标的评估工作，而不用再考虑不同货物运输情况下的改善和节约成本的策略，简单易行便于控制配送成本开支。

（二）单元化物流服务的交货能力评价

从单元化物流供应链管理的角度看，产品质量和产品价格并不是由物流服务所决定的，它们从根本上取决于物流服务质量控制水平和成本控制水平。因此，构成顾客服务的评价指标只包括交货可靠性，即企业要在正确的时间把正确数量的产品送达正确地点的正确顾客手中。具体如下：

1. 准时交货率

准时交货比率，即准时交货次数（数量）占总交货次数（数量）的百分比，表示企业能否在正确的时间把产品送交顾客。由于非准时交货次数的数据具有采集易得性，因此方便用来评价交货准时性；而非准时交货数量则用来评价因未准时交货而增加的成本。因此，设一定时期内物流服务共发生了 N 次交货，其中第 i（$1 \leqslant i \leqslant N$）次的交货数量为 SQ_i；在 N 次交货中有 M（$M \leqslant N$）次为准时交货，物流服务的准时交货（次数）比率 OQ 为：$OQ = M/N$。准时交货（数量）比率 OQQ 为：

$$OQQ = (\sum_{i-1}^{m} SQ_i / \sum_{i-1}^{n} SQ_i) \times 100\%$$

值得注意的是，采用准时交货次数（数量）比率主要取决于物流服务频率高还是物流服务数量多。

2. 正确交货率

正确交货比率表示正确数量的交货次数（总正确数量）占总交货次数（总交货数量）的百分比，其数值反映了物流服务能否把正确数量的产品送交顾客。所谓正确数量，是指实际交货数量有可能大于或小于顾客订货数量的产品量，物流服务还存在回程物流和补给物流归还多的交货数量或者补给缺少的交货数量。设一定时期内某物流企业共发生了 N 次交货，其中第 i（$1 \leqslant i \leqslant N$）次的实际交货数量为 RQ_i，顾客的订货数量为 CQ_i，则物流服务的正确交 N 货（次数）比率 RQR 为：

$$RQR = (\sum_{i=1}^{N} L_j / N) \times 100\% \quad [L_j = 1,\ if\ (RQ_i \geqslant CQ_i);\ else\ L_j = 0]$$

3. 准确交货率

交货质量反映了物流服务能否将产品送交正确地点的正确顾客，因而可以用准确交货比率来表示，即满足正确地点、正确顾客的交货次数占总交货次数的百分比。设一定时期内某企业共发生了 N 次交货，其中发生交货地点错误的次数为 WP，交货对象错误的次数为 RC，（$WP + RC$）$\leqslant N$，则该物流企业的准确交货比率为：

$$RPC = \frac{N - (RC + WP) - N(RC \cap WP)}{N} \times 100\%$$

其中，$N(RC \cap WP)$ 表示既发生地点错误又发生交货对象错误的交货次数。

（三）单元化物流信息服务绩效评价

单元化物流过程中，信息服务体系对供应链的贡献不仅仅是要把商品运输给顾客，更重要的是作为信息收集中心和预警中心，把有价值的信息及时、准确地传递给其他供应链合作伙伴。由于货物都经过单元集成化包装，每个运输单元的物流活动可以非常便捷的被收集，并且一旦任何运输单元出现物流运输异常行为都可以立即被信息中心发现，并做出及时有效的纠正，可以使物流活动进行得更加精准。

1. 信息正确性传递率

单元化物流在整个供应链管理中的作用还在于便于收集和统计数据，减少错误信息流给整个物流体系带来损失，通常成员间在接收各物流服务点的进、销、存数据时，发生的主要是数据录入错误，这主要由供应链的信息服务质量决定。因此，各成员上传的数据和其他成员接收到的数据可能存在数据的录入错误。然而在单元化物流过程中，由于货物都经过了单元集成化包装处理，各成员间的录入错误可能也随之大幅度降低，加之现代物流活动中广泛采用的条码和射频等识别技术的广泛使用也大大降低了录入错误的发生，但是我们仍然应该考虑此项影响因素，信息的正确性可以采用数据正确传送的次数占总传送次数的百分比来表示。设一定时期内物流企业数据传送的总次数为 DTQ，其中正确传送的次数为 $RDTQ$，物流信息正确传送率 RSR 为：$RSR = DTQ/RDTQ$。

2. 信息及时性传递率

信息及时性传递率，即单元化物流过程中各成员上传的数据是否准时、不影响决策的正常进行。例如规定各信息采集点每小时上传一次物流数据，则可将及时定义为“每小时内传送的数据为及时，否则为不及时”。由此，可以利用数据及时传送的次数占总传送次数的百分比来评价信息及时性。设物流企业每天需向供应链企业传送有关数据 DQ 次，其中及时传送的次数为 ODQ，考察期为 T 天，则该时段内信息及时性传递率 IOR 为：

$$IOR = (\sum_{t=1}^{t} ODQ_t / DQ \times T) \times 100\%$$

3. 信息有效性传递率

有效性是指在单元化物流过程中各成员传送的信息是整个供应链合作企业需要的有用的信息，而不是无用信息。例如，合作企业需要的是顾客的反馈信息，而企业传送的却是商品销售信息，尽管销售信息对预测该种产品销售状况等是有价值的，但是它无助于顾客满意度的判断，则可认为这次传送的信息是无效的。信息的有效性也可采用有效传送次数占总传送次数的百分比。设考察期为 T 天，信息在第 t（$1 \leqslant t \leqslant T$）天传送的次数为 IS_t 次，其中及时传送的次数为 OIS_t，则该时段内信息传送的有效性比率 IER 为：

$$IER = (\sum_{t=1}^{T} OIS_t / \sum_{t=1}^{T} IS_t) \times 100\%$$

值得注意的是，在以上评价指标中可能会存在合集，因此，评价指标的计算中必须将交集部分进行剔除，才能保证评价的准确合理性。

（四）多目标多层次模糊综合评价

关于对单元化物流体系进行多目标多层次的综合评价，可以借鉴国外物流绩效评价和国内物流企业的有效做法。目前，国外用绩效理论等多种方法来评价企业物流服务，但大多用企业或企业行为的某一侧面的研究来代替整体，往往忽视了物流服务作为一个企业大系统在多方面、全过程中各环节、各方面优势组合。国内对企业物流服务的评价先后提出了包括功效系数法、AHP（层次分析法）等多种方法，但物流评价指标中很多影响因素具有模糊性。企业的物流服务绩效评价是一项复杂工作，必须从多个方面、用多个指标来反映它，有必要结合企业物流服务评价指标体系的特点，采用多目标多层次模糊评价模型评价企业物流服务控制的情况。

企业物流服务的衡量指标主要有四种类型：成本型（越小越好类型）、效益型（越大越好类型）、适中型（不能太大又不能太小类型）、区间型（特征值在某一固定区间内为最好）。物流服务衡量指标体系是一个集合，即 $U=\{U_1, U_2, \cdots, U_i\}$。

对于子集 U_i 中的 n_i 个指标来说，一般可分解为四个子集：

$U_i=\{U_{i1}, U_{i2}, \cdots, U_{ini}\}=\{U_{i1}, U_{i2}, \cdots, U_{i1}\}\cup\{U_{i1}+1, U_{i2}+2, \cdots, U_{im}\}\cup\{U_{im+1}, U_{im+2}, \cdots, U_{ir}\}\cup\{U_{ir+1}, U_{ir+2}, \cdots, U_{ini}\}=U_{i1}\cup U_{i2}\cup U_{i3}\cup U_{i4}$

式中：U_{i1}为成本型指标子集；U_{i2}为效益型指标子集；U_{i3}为适中型指标子集；U_{i4}为区间型指标子集。

单元化物流作为一种先进的物流技术，其应用于供应链中的最根本目标就是在正确的时间、正确的地点、正确的数量以最小成本向供应链的各成员提供正确的产品或服务，物流服务的目标构成了该评价体系的基础。

四、案例应用分析

本文选取沃尔玛的物流体系作为案例。作为世界大型的商业流通企业的沃尔玛，曾经连续多年荣登美国《财富》杂志全球企业500强排行榜榜首。沃尔玛神话般的成功历史的根源其实是那句朴实但难于实现的标语——天天平价，始终如一。而这一口号的实现最主要原因是其严格控制了供应链每一环节的成本，从而可以以最低价格出售商品，争取到尽可能多的消费者。沃尔玛的借鉴意义，最主要是学习其单元化物流供应链管理方式。在供应链环节中，沃尔玛的战略恰恰应了中国一句老话——磨刀不误砍柴工。它不是将物流环节视为企业的成本中心尽力缩减投入，而是将其视为利润中心，采用全方位的电子系统控制、最先进的技术以及对供应商的高标准要求，从而实现供应链高效益的运转。其核心是高效的单元化供应链管理技术的应用，在最短的时间内用最低的成本完成整个物流过程。（沃尔玛公司资料主要来源于沃尔玛中国网站 www. wal－martchina. com）

（一）沃尔玛公司介绍

沃尔玛公司由美国零售业的传奇人物山姆·沃尔顿先生于1962年在阿肯色州成立。目前，沃尔玛在全球开设了超过7000家商场，员工总数190多万人，分布在全球14个国家。每周光临沃尔玛的顾客1.76亿人次。

沃尔玛1996年进入中国，在深圳开设了第一家沃尔玛购物广场和山姆会员商店。经过11年的发展，沃尔玛目前已经在中国共55个城市开设了104家商场，包括沃尔玛购物广场、山姆会员商店、沃尔玛社区店三种业态，其中沃尔玛购物广场99家、山姆会员商店3家、社区店2家。沃尔玛至今在华创造了超过50000个就业机会。沃尔玛十分重视环境保护和可持续发展，沃尔玛的单元化物流体系充分体现了环境保护和可持续发展，单元化物流模式下的供应链管理模式实际上兼有环保和可持续发展的概念。

沃尔玛公司始终为顾客提供优质廉价、品种齐全的商品和友善的服务。沃尔玛在中国每开设一家商场，均会为当地引入先进的物流技术及创新的零售观念。最为代表性的先进技术就是沃尔玛的先进供应链管理技术，这些技术在激发竞争的同时，还能帮助提高当地零售业的经营水平和服务质量，从而促进当地经济的共同繁荣。

（二）沃尔玛公司的供应链管理现状及供应链结构

作为全球最大的零售商，沃尔玛的单元化物流模式下的供应链管理主要由4部分组成：①顾客需求管理；②供应商和合作伙伴管理；③企业内和企业间物流配送系统管理；④基于Internet/Intranet的供应链交互信息管理。

（1）顾客需求管理。沃尔玛的供应链管理是典型的拉动式供应链管理，即以最终顾客的需求为驱动力，整个供应链的集成度较高，数据交换迅速，反应敏捷。

（2）供应商和合作伙伴管理。供应商参与了企业价值链的形成过程，对企业的经营效益有着举足轻重的影响。建立战略性合作伙伴关系是供应链管理的重点。供应链管理的关键就在于供应链上下游企业的无缝连接与合作。企业供应链合作关系的建立是一个复杂的过程。沃尔玛与供应商建立合作伙伴关系经历了一个较长的艰难的过程。

（3）物流配送系统管理。沃尔玛发展到今天，在美国已拥有完整的单元化物流系统。有效的商品配送是保证沃尔玛达到最大销售量和最低成本的存货周转及费用的核心。配送中心完全实现了单元化物流模式。每种商品都有条码，由十几千米长的传送带传送商品，由激光扫描器和电脑追踪每件商品的储存位置及运送情况。繁忙时，传送带每天能处理20万箱的货物。配送中心的一端是装货月台，可供30辆卡车同时装货，另一端是卸货月台，可同时停放135辆大卡车。每个配送中心有600~800名员工，24小时连续作业，每天有160辆货车开进来卸货，150辆车装好货物开出，许多商品在配送中心停留的时间总计不超过48小时。其流水线示意见图7-1。

另外，作为与单元化物流相配套的信息系统，即沃尔玛的自动补货系统采用条码（UPC）技术、无线射频识别（RFID）技术和电脑系统自动分析并建议采购量使得自动补货系统更加准确、高效，降低了成本，加速了商品流转以满足顾客需要。沃尔玛的单元化物流模式下的信息系统见图7-2。

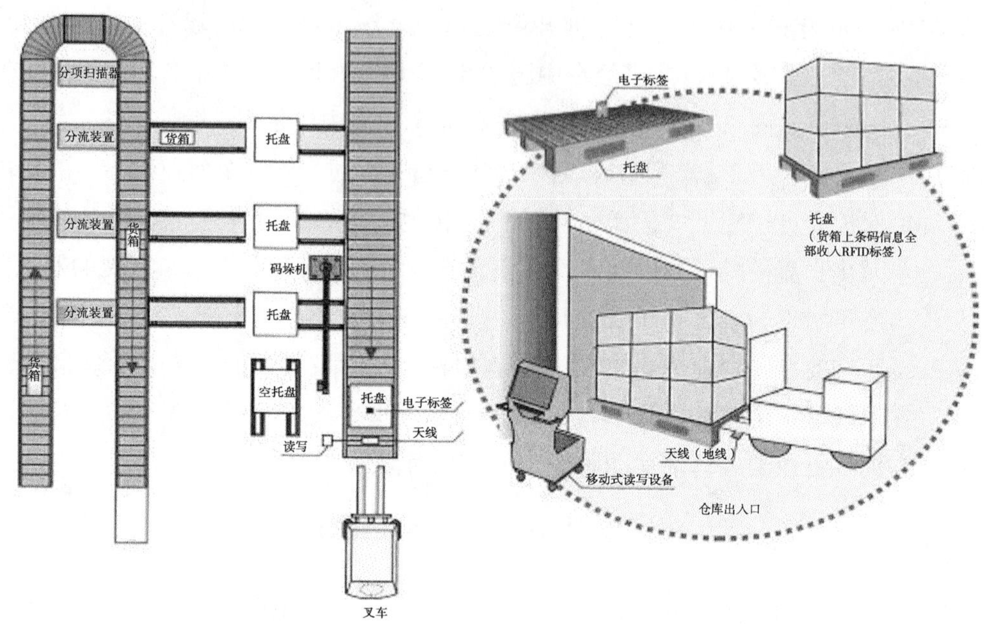

图7－1　沃尔玛配送中心采用单元化物流技术流水线示意

资料来源：www. sina. com。

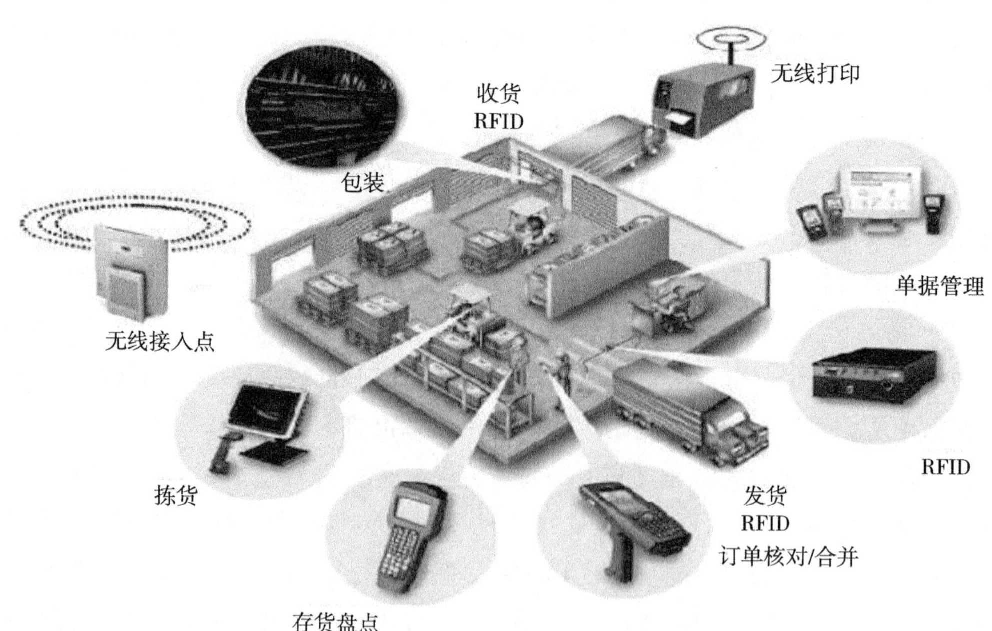

图7－2　沃尔玛的单元化物流模式下的信息系统

资料来源：www. global56. com。

（4）供应链交互信息管理。信息共享是实现供应链管理的基础。供应链的协调运行建立在节点主体间高质量的信息传递与共享的基础上，因此，有效的供应链管理离不开信息技术的可靠支持。在沃尔玛除了配送中心外，投资最多的便是电子信息通信系统。沃尔玛的电子信息通信系统是全美最大的民用系统，甚至超过了电信业巨头美国电报电话公司。沃尔玛是第一个发射和使用自有通信卫星的零售公司。它在本顿威尔总部的信息中心1.2万平方米的空间装满了电脑，仅服务器就有200多个。截至20世纪90年代初，沃尔玛在电脑和卫星通信系统上就已经投资了7亿美元。

20世纪80年代初，沃尔玛较早地开始使用商品条码和电子扫描器实现存货自动控制。采用商品条码可代替大量手工劳动，不仅缩短了顾客结账时间，更便于利用计算机跟踪商品从进货到库存、配货、上架、售出的全过程，及时掌握商品销售和运行信息，加快商品流转速度。80年代末，沃尔玛开始利用电子数据交换系统（EDI）与供应商建立自动订货系统。该系统又称为无纸贸易系统，通过计算机联网，向供应商提供商业文件，发出采购指令，获取收据和装运清单等，同时也使供应商及时精确地把握其产品销售情况。1990年沃尔玛已与1800家供应商实现了电子数据交换，成为EDI技术的全美国最大用户。

沃尔玛还利用更先进的快速反应系统代替采购指令，真正实现了自动订货，此系统利用条码扫描和卫星通信，与供应商每日交换商品销售、运输和订货信息。

正是依靠先进的电子通信手段，沃尔玛才做到了商品的销售与配送中心保持同步，配送中心与供应商保持同步。

沃尔玛有机会也有责任重新建立更值得信赖，对环境影响更小的供应链，并带动整个零售行业共同进步。在中国这样一个世界商品制造大国，沃尔玛与供应商紧密合作谋求实质的进步，将单元化物流延伸应用到生产厂商的生产环节，实现整个物流体系统一标准、统一管理、统一配送的先进的供应链管理模式。

（三）单元化物流理论在沃尔玛供应链中的应用

单元化物流的根本是要建立一个从生产商一直到最终顾客的完整供应链管理体系，以实现最大限度地节约物流成本，提高物流效率的管理目标。如果要实现这一最终管理目标，必须实现整个物流体系的多种物流影响因素的统一，主要因素有包装容器、运输机械、信息采集、物流词汇、信息代码等。在单元化物流管理模式下的信息是统一并共享的，沃尔玛打破整个供应链上各成员企业之间的商业保密体制，把自己的实时销售情况直接发送给产品生产企业，实现生产企业和销售企业的信息共享，生产企业可以直接按照销售情况安排生产产品。

在物流技术方面，沃尔玛要求所有的供货商必须按照沃尔玛的操作手册，货物按照要求以托盘为储运单元进行包装、运输等物流活动——以托盘为储运单元的单元化物流体系，紧接着沃尔玛又对其供应链管理系统融入了无线射频识别技术（RFID）。采用这些先进技术旨在监督和跟踪控制每一个产品和每一个储运单元，控制物流环节中的产品缺失与质量监督。这些技术的应用最初在供应商那里反响很不好，大部分供应商实质是反对采用这些技术的。

沃尔玛的具体做法是：通过 EDI（电子数据交换）系统把 POS（销售时点信息管理）数据传给供应方，供应方可以及时了解沃尔玛的销售状况、把握商品需求动向，及时调整生产计划和材料采购计划，供应方利用 EDI 系统在发货前向沃尔玛传送 ASN（预先发货清单），这样沃尔玛可以做好进货准备，同时省去货物数据的输入作业，使商品检验作业效率化，接下来生产商根据统一的标准，采用单元化物流工具——托盘实现单元化运输，沃尔玛在接收货物的时候，用扫描仪读取托盘外包装的条码信息，与进货清单核对，判断到货和发货清单是否一致，然后就可以直接把货物连同托盘送到货架，完成从工厂到货架的整个物流过程。

在整个过程中，商品由于是以托盘为储运单元进行物流活动，大大缩短装卸时间，变多次装卸为集装一次装卸，由于整个过程都是机械化作业，既减少了大量的人工成本，又减少了货物装卸时的碰撞损坏、散失丢失和错装少装。由于缩短了货物的在途时间，提高了货物的周转速度，直接增加了生产商和沃尔玛的经济效益。采用单元化后，物品的单体包装及小包装要求可降低甚至可以去掉小包装从而在包装材料上有很大节约，包装成本得以大大降低。

可以说，沃尔玛不是将物流管理一味地作为成本中心加以缩减，而是将其不断改造更新成为企业的核心竞争力，最终成为企业的第三利润来源，其实质就是利润中心管理模式的改变。

（四）单元化物流模式下沃尔玛供应链管理的绩效研究

1. 单元化物流模式下沃尔玛的物流服务有效性

（1）服务质量。在沃尔玛的整个供应链管理过程中，从供应商一直到最终零售商店，由于采用了包装单元化，即把一定数量的初级包装按一定标准集合成为单元，并在整个物流系统中保持其单元形态，以便于商品的储存、堆码、装卸、搬运和运输。从物流发送调配的全过程来看，包装单元化处于整个物流过程的开头，是沃尔玛供应链管理的始点。货物只有在包装单元化完成之后，才进入物流环节，并在整个物流过程中，包装单元化发挥对货物的保护作用和方便物流的作用，最后实现供应和保障。从这个意义来讲，单元化物流各供应链成员提供了很好的物流服务，而该服务质量又直接反映在整个供应链管理的价值上，为整个供应链成员提供更大的价值。在解决由于生产商、供应商、物流企业、流通企业在物流过程中所起的作用并不相同，而产生的各成员之间存在较大差异的问题方面，沃尔玛在整个单元化物流供应链管理中既统一了物流技术标准，又统一实行物流管理，真正提高了客户对整个供应链管理的满意度。

（2）配送能力。从 1970 年第一个配送中心成立，现在沃尔玛的配送中心已经有 40

多年的历史，沃尔玛物流配送中心全天候 24 小时不间断地工作，它们与供货厂商和门店两边都约好时间，按照运行的时间表来进行。货即使晚上送到，也都能立即卸货。这样可以对时间进行很好的管理，进而节省时间、提高效率。配送中心把货物以单元集成化运输方式从仓储中心（物流中心、配送中心或仓库）将货物送达客户（或需求者）。

有效率的配送活动需要适量的配送人员、适合的配送车辆以及最佳车辆运行路径（配送量大、装载率高、产能负荷适中）来相互配合才能达到。沃尔玛采用全球定位系统（Global Positioning System，GPS），来对车辆进行定位。因此，在任何时候，调度中心都可以知道车辆到什么地方了，离门店还有多远，同时它也可以了解到某个产品运输到了什么地方，还有多长时间才能运到门店，沃尔玛可以精确到以小时为单位。知道卡车在哪里，产品在哪里，就可以提高整个运输系统的效率。

2. 单元化物流模式下沃尔玛的交货能力和信息服务

20 世纪 70 年代沃尔玛建立了物流的信息系统 MIS（Management Information System），也叫管理信息系统，这个系统负责处理系统报表，加快了运作速度。20 世纪 80 年代与休斯公司合作发射物流通信卫星，1983 年采用了 POS 机（Point of Sale，销售始点数据系统）。1985 年建立了 EDI，即电子数据交换系统，进行无纸化作业，所有信息全部在电脑上运作。1986 年又建立了 QR（快速反应机制），对市场快速拉动需求。凭借这些信息技术，沃尔玛如虎添翼，取得了长足的发展。

沃尔玛的交货能力和信息服务优势主要体现在以下几方面：

（1）高效的配送中心。沃尔玛的供应商根据各分店的订单将货品送至沃尔玛的配送中心。配送中心则负责完成对商品的筛选、包装和分拣工作。沃尔玛的配送中心具有高度现代化的机械设施，送至此处的商品 85% 都采用机械处理，减少了人工处理商品的费用。

（2）迅速的运输系统。沃尔玛的机动运输车队是其配送系统的另一个无可比拟的优势。沃尔玛可以保证货品从仓库运送到任何一家商店的时间不超过 48 小时，相对于其他同业商店平均两周补发一次，沃尔玛可保证分店货架平均一周补两次。通过迅速的信息传送与先进的电脑跟踪系统，沃尔玛可以在全美范围内快速地输送货物，使各分店即使只维持极少存货也能保持正常销售，从而大大节省了存贮空间和存货成本。

（3）先进的卫星通信网络。1983 年，沃尔玛斥资 2400 万美元开始建立自己的卫星通信系统，通过这个系统，沃尔玛每天直接把销售情况传送给 5000 家供应商。以深圳的沃尔玛商场为例，公司电脑与总部相连，通过卫星通信系统，可以随时查货、点货。任何一家沃尔玛商店都具有自己的终端，并通过卫星与总部相连，在商场设有专门负责排货的部门。沃尔玛每销售一件商品，都会即时通过与收款机相连的电脑记录下来，每天都能清楚地知道实际销售情况。沃尔玛各分店、供应商、配送中心之间建立的卫星通信网络系统使沃尔玛的配送系统完美无缺。这套系统的应用，使配送中心、供应商及每一分店的每一销售点都能形成在线作业，在短短数小时内便可完成“填妥订单—各分店订单汇总—送出订单”的整个流程，大大提高了营业的高效性和准确性。

3. 单元化物流模式下沃尔玛的物流成本

在物流方面，沃尔玛尽可能降低成本。为了做到这一点，沃尔玛为自己提出了一些挑战。其中的一个挑战就是要建立一个顺畅高效的物流系统，能够为商店和顾客提供迅速的服务。这种物流体系使整个供应链达到一种非常顺畅的链接，使产品顺利从工厂到商店的货架，这种产品的物流应当是尽可能高效率低成本。对沃尔玛来说，能够为顾客提供优质而廉价的商品是非常重要的，沃尔玛似乎已经能够寻求到这种高效率与低成本的结合，即采用单元化物流技术，而且对于商场来说，它的成本也是最低的。

沃尔玛进行物流业务的指导原则，不管是美国还是世界上其他地方，都是百分之百一致和完整的物流体系。不管物流的项目是大项目还是小项目，沃尔玛必须要把所有的物流过程集中到一个伞形结构之下。在沃尔玛的物流当中，非常重要的一点，就是要确保商店所得到的产品是与发货单上完全一致的，因此沃尔玛整个的过程都要确保是精确的、没有任何错误的。因为采用了集装单元化物流技术，是没有任何失误的，这样就可以节省很多收发货物和清点货物的时间。沃尔玛在这方面已经形成了一种非常精确的发货方式，这可以有助于降低成本，也使商店在接收货物以后可以直接放到货架上，来卖给消费者。

在单元化物流模式下的供应链管理中，每一个供应者都是这个链条当中的一个环节，沃尔玛必须使整个供应链是一个非常平稳、光滑的过程，一个顺畅的过程。这样，沃尔玛的运输、配送以及对于订单与购买的处理等所有的过程。这样的优势就可以大大降低成本。在这种供应链中，能够做到这一点，就可以把所有环节上可以节省的成本都节省下来。这样，整个链条、整个环节就可以节省不少成本。

4. 对沃尔玛供应链的综合评价

由于沃尔玛的单元化物流体系是从生产供应商、物流服务商一直延伸到最终零售店的多方面、全过程中各环节、各方面的物流优势组合，可以使用多目标多层次的综合评价方法，结合沃尔玛物流服务评价指标体系的特点，采用多目标多层次模糊评价模型评价企业物流服务控制的情况。

要对沃尔玛供应链的综合效益进行衡量，设置效益指标是首先应该解决的问题。我们采用隶属度对沃尔玛供应链的效益进行衡量。

标杆瞄准始于20世纪80年代，美国大型物流公司管理实践经过近30年的发展成为一套完整的理论方法体系，在供应链管理实践中产生良好的效果。运用主成分分析法与标杆瞄准，从沃尔玛供应链的业绩、成本和内部管理3个方面就可以构建出沃尔玛供应链的绩效评价指标权重体系，见表7－3。

表 7－3　　沃尔玛供应链的绩效评价指标权重体系

总指标	第2层指标	第3层指标	第4层指标
供应链的绩效评价O	供应链的服务有效性指标 O_1（0.582）	经济业绩指标 O_{11}（0.430）	供应链人员成本占物流总成本支出的比重 U_{11}（0.087）
			供应链设备成本占物流总成本支出的比重 U_{12}（0.087）
			供应链中生产和供应商物流成本占供应链总成本的比重 U_{13}（0.075）
			供应链中物流服务商物流成本占供应链总成本的比重 U_{14}（0.075）
			供应链中商品零售商物流成本占供应链总成本的比重 U_{15}（0.075）
			供应链物流成本的节约率 U_{16}（0.087）
			供应链中人均成本 U_{17}（0.087）
			供应链中单位货物物流成本 U_{18}（0.087）
			与其他供应链同期相比单位货物物流成本的差额 U_{19}（0.085）
			供应链中生产和供应商抱怨解决成本 U_{110}（0.085）
			供应链中物流服务商抱怨解决成本 U_{111}（0.085）
			供应链中商品零售商抱怨解决成本 U_{112}（0.085）
		社会业绩指标 O_{12}（0.285）	年度所有参与供应链运作人员满意度 U_{21}（0.376）
			年度供应链外部公众满意度 U_{22}（0.301）
			年度供应链企业用户之间满意度 U_{23}（0.323）
		环境业绩指标 O_{13}（0.285）	年度物流包装本身和所组成的物质的可循环性 U_{31}（0.334）
			年度物流消耗能源、资源的环保节能、节约率 U_{32}（0.333）
			年度物流包装物使用寿命、可升级性、兼容性等 U_{33}（0.333）
	供应链的物流成本指标 O_2（0.133）	成本指标 O_{21}（1.000）	年度物流在岗职工年工资总额占财务总支出的比重 U_{41}（0.333）
			年度物流资产折旧成本占财务总支出的比重 U_{42}（0.333）
			年度行政物流管理经费支出占财务总支出的比重 U_{43}（0.334）
	供应链交货能力和信息服务指标 O_3（0.285）	信息服务指标 O_{31}（0.285）	信息正确性传递率 U_{51}（0.250）
			信息及时性传递率 U_{52}（0.250）
			信息有效性传递率 U_{53}（0.250）
			信息有效性共享率 U_{54}（0.250）
		交货能力指标 O_{32}（0.285）	准时交货率 U_{61}（0.301）
			正确交货率 U_{62}（0.376）
			准确交货率 U_{63}（0.323）
		行政效率 O_{33}（0.215）	管理人员工作效率 U_{71}（0.516）
			信息管理水平 U_{72}（0.484）
		人力资源状况 O_{34}（0.215）	物流从业人员本科以上学历所占比例 U_{81}（0.301）
			管理团队建设 U_{82}（0.376）
			人力资源开发战略 U_{83}（0.323）

沃尔玛供应链的绩效评价指标体系共 4 层，第 1 层为沃尔玛供应链的绩效这一总目标 O。第 2 层包括沃尔玛供应链的服务有效性指标 O_1，沃尔玛供应链的物流成本指标 O_2，沃尔玛供应链交货能力和信息服务指标 O_3 共 3 项指标。第 3 层包括 8 个分类评价指标。第 4 层由 33 个单项评价指标组成。对每一层次各因素的重要性用数值形式给出判断，并写成矩阵形式。判断矩阵中的指标数值可以通过调查访问法或者专家咨询法进行。

在进行综合评价前，应先将评价指标的属性值统一变换到［0，1］范围内，即对属性值进行量化。然而，由于评价指标的类型往往不同，因此其属性值量化的方法也应不同。沃尔玛供应链管理系统的指标可以参照通用的物流供应链评价体系的标准进行评价，即成本型（越小越好型）、效益型（越大越好型）、适中型（既不能太大又不能太小为好型）。

对沃尔玛物流供应链系统进行综合评价的主要目的在于建立比较科学、可行的企业单元化物流供应链绩效评价指标体系和评价模型，我们选取沃尔玛全球的 4 个地区的物流配送系统进行实证分析。基于种种原因的考虑，评价结论不便具体标明地区名称，用 A、B、C、D 分别代替。由于计算数据量大，不便给出详细计算过程，主要计算结果（表中的评价结果为整体评价的相对结果）见表 7 -4。

表 7 -4　　沃尔玛供应链综合绩效指数

目标	A	B	C	D
业绩绩效指数	0.705	0.629	0.728	0.727
成本绩效指数	0.843	0.674	0.769	0.744
内部管理绩效指数	0.783	0.671	0.722	0.667
综合绩效评价指数	0.745	0.647	0.732	0.712
综合绩效评价排名	1	4	2	3

按照所述的评价模型和评价指标的分级标准，参考供应链绩效评价综合标准以及国内外各种综合评价价值的分级方法，根据阈值原则给出如下判别标准：

（1）当 score≥0.8 时，供应链绩效水平很好，供应链各方面的管理利用非常有效合理，业绩绩效、成本绩效和内部管理绩效之间高度协调，供应链绩效水平很高。

（2）当 0.6≤score <0.8 时，供应链绩效水平良，各种指标的绩效间比较协调。

（3）当 0.4≤score <0.6 时，供应链绩效水平中，各种指标的绩效基本正常。

（4）当 0.2≤score <0.4 时，供应链绩效水平低，供应链存在较大的问题。

（5）当 0≤score <0.2 时，供应链绩效水平很低，供应链极不合理，综合绩效非常差，供应链在各方面存在严重问题。

依据阈值原则给定的判别标准，A、B、C、D 的供应链绩效水平良好；综合沃尔玛在四个地区的供应链绩效评价结果表的数据分析可知：沃尔玛在四个地区的供应链绩效总体良好。无论是这些地区供应链的单项指标得分，还是从现实中的供应链实际情况都可以反映出来。特别是 A 和 C 地区的绩效指数较高，分别达到了 0.745 和 0.732，反映出这些地区的供应链管理工作非常有效率。即使最低的 B 地区也达到了 0.647，在良好范围内，从这些数据可以发现沃尔玛的供应链是高效的物流体系。

绩效评价的结果与沃尔玛供应链采用单元化物流模式呈正相关。沃尔玛在上述地区建立了完整的物流供应链管理体系，并不断地建立和探索适合上述地区的供应链管理制度。高效的单元化物流模式下的供应链管理系统的运用，在降低成本、实现最低价格出售商品、争取到尽可能多的消费者等方面发挥了积极作用。

沃尔玛的单元化物流供应链管理模式，是其一直保持低成本的保证，也是其业务能够迅速增长的重要因素，单元化物流技术的应用使沃尔玛最终成为现在非常著名的公司之一。

沃尔玛基于单元化物流的供应链管理模式，以及在此之上建立的全球采购战略、配送系统、商品管理、电子数据系统、天天平价战略在业界都是可圈可点的经典案例。可以说，所有的成功都是建立在沃尔玛利用单元化物流和现代供应链管理的基础之上。

五、结论

单元化物流在供应链中的管理是供应链管理研究的前沿课题，也是当今企业运作实践的热点问题。在系统回顾国内外相关的研究和实践成果的基础上，本文用理论研究和案例研究相结合的方法，对单元化物流在供应链管理的思想产生、相关理论、实用技术、特点、效果和绩效评价等问题进行了研究，同时还研究了沃尔玛公司的供应链管理中单元化物流的应用情况，取得了以下的成果。

（1）单元物流是一项系统性的先进物流技术，单元化技术的全面应用，应该贯穿于物流系统的各个环节。从仓库进货，到堆码、储存、保管、分拣、配送、运输、回收等诸多环节都会出现单元化容器的形态。单元化技术要对全物流过程各项环节和活动进行综合、全面的管理。单元化技术能有效地将分散的物流各项活动联结成一个整体，是物流系统化中的核心内容和基础内容。

（2）单元化技术是一种先进的包装方式，必须达到包装的基本要求，即能有效保护物料，节省空间，便于搬运等，但又远远超出包装的范畴，如单元化容器的尺寸链必须配合汽车的尺寸、托盘的尺寸，甚至滚道的宽度尺寸、货架的尺寸，以及其自身互相组合的尺寸等。

（3）单元化物流是一种标准化物流，需要供应链内部各成员遵守统一的标准，如托盘、集装箱等单元化容器标准的统一，单元化物流信息代码的统一等。这些统一有强制性的特点。

（4）单元化物流的采用，促进了机械化作业，这就使中、小件散杂货的搬运效率大大提高，某种程度上说单元化物流的适用范围更偏重于中、小件散杂货的批量运输。

（5）单元化物流使包装合理化。采用单元化后，物品的单体包装及小包装要求可降低甚至去掉小包装从而在包装材料上有很大节约，包装强度由于集装的大型化和防护能力有所增强，有利于保护货物。

从长远看，随着世界经济一体化的到来，单元化物流必然会得到迅猛的发展，但是也要清楚地认识到，单元化物流还存在不少值得研究的问题，例如世界各国单元化容器的标准不统一，各国的物流机械设备不配套，供应链上各成员之间为了自身利益不愿公开自己的单元化信息代码和物流信息，行业内缺乏积极的单元化物流战略，直到现在我国所使用的托盘标准也只是推荐标准，缺乏强制性，单元化物流产业链难以形成等。这些因素都会对单元化物流的顺利发展产生不良影响。而沃尔玛正是通过自身的影响力在自己与供应商之间成功地克服了上述障碍，得以对整个物流供应链上的各个环节进行整合、优化和及时处理，实现了有效的物流成本控制，使从采购商品开始到消费者手中的过程都变得高效有序，实现了商业活动的标准化、专业化、统一化、单纯化，从而达到实现规模效益的目的，实现了“比对手更好地控制成本”的目标。沃尔玛的物流管理思想对我国物流业的发展有积极的借鉴意义。

（本文作者系北京中远海运物流有限公司电子物流项目总经理王凯）

托盘的科学定位——单元化物流

本文所讲的“定位”，是指用科学仪器对物体所在的位置进行测量。作者本人有幸从1985年与德高望重的吴清一教授结识，2001年起一同筹备中国物流与采购联合会托盘专业委员会（简称托盘委）。经过十余年对托盘工作的理解与认识，感到现在应该甚至必须对托盘的发展进行科学的定位，不能再“摸着石头过河”了，否则会事倍功半，贻误时机。这里谈些粗浅的看法，与大家共勉。

一、对托盘的认识需要不断深化

目前，国内外资料还仅仅把托盘形容成：“移动的地面，活动的货台”。固然，这种说法已经沉淀多年，但毕竟局限在托盘本身，缺少与相关要素的结合；在我国，长期以来大多数人认为托盘只是包装材料，因而被列入包装产业之中。但托盘绝不仅限于包装范畴！虽然托盘是包装材料，但托盘同时又能在运输、仓储、装卸搬运、配送等物流环节中发挥作用，而且，把托盘与供应链联系起来看会更贴近客观；在人们的习惯印象中，托盘只是一个小小的物流器具，许多人看不起它、不关注它、不深入研究它，因而不了解托盘的内在、内涵和内部巨大的能量和不可或缺性。许多人不知道缺了托盘，物流作业效率的提升就无从谈起，物流成本的降低就是一句空话。由此，因当下人们对托盘的认识还相差甚远，对托盘的使用价值也仅是“雾里看花”，从而不愿意花钱购买托盘，不愿意花时间去管理托盘，不愿意花人工回收维修托盘。其结果自然影响托盘作用的发挥和托盘行业的发展。

二、对托盘科学定位需要准确把握物流乃至经济发展的症结

纵观世界经济发展的历史，可以从中得出几个结论。第一个结论：大部分情况是金融危机导致经济危机。第二个结论：金融危机越来越频繁。第三个结论：金融危机主要表现在汇率、股市、信贷方面。第四个结论：日本、美国的房地产泡沫、欧债危

机、美债危机、次贷危机、量化宽松等都缘自金融手段。如此一来，我们自然联想到以下几个规律：一是一个国家金融危机的发生大都是因为想从金融领域打开缺口，想通过金融手段解决经济问题，结果事与愿违，越搞越乱；二是当一个国家经济出现问题时，利用金融途径解决犹如给病人吃猛药，或者说是治标不治本；三是世界金融危机、经济危机越来越频繁，其根本原因之一是“产能过剩”“游资作祟”，制造能力过强、商品销售压力过大，经济发展停滞。于是便以操纵汇率、股票、贷款、保险等手段维持虚假繁荣。欧、美、日等发达国家资本积累几十年、上百年，尤其是美国，可以随便开动印钞机。大量、超量的游资，一直在全世界窥视市场，寻求机会。游资持有者们有实力、有办法、有条件在他们认为合适的时机、合适的国家弄鬼发威，游资窜到哪里哪里就刮龙卷风。近年来，我国也出现了类似现象。银行、地下钱庄、非法集资者利用手里的资金，花样翻新地攫取剩余价值，影响正常经济秩序和实体经济发展。

实际上，由于生产力和科技的进步，自20世纪80年代起，商品结构性产能过剩矛盾显现，以日本、韩国为例，这两个国家的汽车生产能力超出本国消费能力的5～10倍之多，过剩的汽车全部要出口国外。我国20世纪80年代从日本进口了大量的汽车，那时日本的日子比较好过，但现在我国的汽车也开始饱和并出口，日本和韩国的日子还能好过吗?！中国、巴西、印度、俄罗斯等新兴经济体为何近些年备受青睐？其原因之一是这些国家在全球性产能过剩时代是最有潜力、最有倾销商品可能性的市场。

就是说，当今世界经济的主要矛盾是商品的供求平衡。解决好市场供求平衡才是根本途径，不注重实体经济，妄图利用金融手段解决经济可持续发展问题和全球经济矛盾问题，将会“按下葫芦起了瓢”，而且金融危机、经济危机发生的次数会更加频繁。这就是当下国内外经济发展的症结所在。

那么，上述国内外经济发展的症结与托盘的科学定位有什么联系呢？表面看来毫不相干。然而，我们应该想到，国内外经济的正确发展方向是，一方面要调整好实体经济和国际市场供求关系，另一方面要在“节约”上下功夫。所谓在“节约”上下功夫，是指我们在发展经济的同时，注重节能减排和循环再生。节约的概念主要表现在，节约能源、节约资源、节约人力、节约时间、节约成本等。要达此目的，需要把库存商品控制得最低、把运输配送的距离控制得最短、把装卸搬运作业量控制得最小、把商品从离开生产线直到消费者手里所花费的成本最少。这样，社会资源、经济质量问题才能解决好。

我国目前尚处于社会主义初级阶段，计划经济转向市场经济的时间还不长，粗放经营管理还很普遍。许多企业，包括大型企业还把注意力放在行政性支持、资产重组、包装上市、资本运作上，即便重视市场，也是将重点放在外部因素上，如扩大销售、上调价格、培育人脉等方面，而并非在强化企业自身上下功夫。当然，近几年的人工费升高、人力资源保障性下降因素，促使部分企业开始重视用机械化代替人工，托盘的利用明显扩大，用量明显增加，托盘发展开始引起关注，托盘行业呈现如火如荼发展景象。

三、托盘的作用不局限在托盘本身

因为目前将托盘定位在“器具”上，所以我们可以把托盘与“工具”“家什”列为同类。俗话说，“手巧不如家什妙”。公共汽车是一种运输工具，乘客上车，到达目的地下车走人，一个过程结束；切菜刀是一种家什，切了菜再烧成菜肴，吃完后一个过程结束。但托盘虽说也是一种工具或家什，但与公交车和菜刀有所不同，它更是一个“载体”。利用这个载体，不单单可以将几件、十几件、几十件货物同时举上放下，更重要的意义在于托盘还是一种“接口”性、“连接”性器具。由此不难想到，托盘除了本身创造价值外，还能通过其功能延伸，创造连锁价值。比如，托盘与叉车搭配，可发挥叉车的价值；产品包装后，一离开生产线就以托盘货物的形式，中途不管转换多少种运输工具，不论中转多少个环节、装卸搬运多少次，只要保持托盘货物的形式不变，则不知道能节约多少人力、物力和财力，提高多少效率，降低多少成本；利用托盘堆码货物，形成一个单元形态，会使供应链中的所有环节变得流转顺畅和贯通，创造再大的供应链价值。

因此说，如若把托盘仅仅局限在托盘本身的话，就削减了托盘的使用价值，限制了托盘在更大范围发挥作用。只有让托盘作用无限延伸，让托盘效益尽量地扩大，才能达到我们的最终目的。

四、托盘的科学定位——单元化物流（集装单元化）

集装单元化、托盘一贯化运输或带托运输等讲法，人们容易理解，已不陌生，但单元化物流许多人还不太明了。单元化物流是指产品进行个体包装后堆码在托盘上，形成一个单元化的包装形态，直到送至收货人，这整个流转过程始终保持以托盘为承载体的单元化货物形态，无论中途转换多少种运输工具，库存多长时间，运输多长距离或经过多少个国家或地区，装卸搬运多少次，整个物流过程都不改变单元化货物形态的物流运作方式。通俗一点说，所谓单元化物流，就是从发货到收货的全过程，都以托盘为承载体的单元化货载形态的物流活动。

单元化物流的根本是托盘；单元化物流的内涵是以托盘为核心，包括以托盘标准为基准考虑相关的叉车、货架、卡车、火车、飞机以及产品包装、商品运输及配送、装卸搬运工具、起重机械、搬运车辆及器具的标准化尺寸；以托盘为基准，考虑物流基础设施、物流作业规范、物流管理模式乃至供应链运作技巧。

托盘是集装化的基础，也是集装单元化的基础、单元化物流的基础。有了托盘，叉车才能充分发挥功能；有了托盘，单元化物流才能实现；有了单元化物流才会使物流作业效率提高许多倍，成本降低许多倍，企业竞争力增强许多倍。

托盘的起点是单元化物流，犹如当今的经营管理理念，单个企业的能力、实力和竞争力再强，也强不过企业集团。只有把多个企业的优势，有效地组合成一个集团企业的优势，竞争力才能最强。未来将逐渐由单个企业与单个企业之间的竞争转变成一个企业集团与另一个企业集团之间的竞争。今后的发展趋势是，任何事物都趋向由单体转向组合体，成败在于如何能将分散的能量有效地组合成集团能量，谁组合得好，谁就是赢家。

托盘尽管不可或缺，也难以单一地发挥极限作用。我们的思路和视野一定要扩展开来，一定要以单元化物流为目标对托盘进行定位。进一步讲，一要把托盘与叉车、货架一并考虑；二要从托盘物流迈向单元化物流；三要使托盘在供应链中发挥有效衔接、顺畅贯通的作用。

在我国托盘刚刚兴起之际，把托盘定位成单元化物流是准确的、科学的、客观的。让我们取得共识，一起努力！

（本文作者系原中国物流与采购联合会托盘专业委员会常务副主任，现任中国交通运输协会托盘与单元化物流分会常务副会长兼秘书长，此文发表于2012年6月专业杂志和网站）

2001—2020 年中国物流发展战略研究

随着国内市场的进一步对外开放，大量跨国公司将进入我国，中国将成为世界商品的制造中心、加工中心和装配中心。改善投资环境，营造良好的为生产经营服务的物流环境，建立起社会化、专业化、开放式的物流体系是我国经济发展在目前以至将来很长一段时间内的重要任务之一。基于这一形势发展的客观要求，制定一个合乎中国国情的物流发展战略，对我国经济发展，实现在未来二十年经济翻两番和建立小康社会将具有十分重要的意义。

一、加快我国物流发展已成为当务之急

（一）物流是市场经济发展的必然产物

物流作为一种管理技术和组织方式，其本质是通过计划、执行和控制的过程，或者作为供应链管理过程的一部分，对“物”的流动的各个作业环节，即包装、运输、仓储、装卸搬运、配送、流通加工和信息交换的各项作业进行有机整合，以达到最大限度地降低“物”的流动过程中的费用，保证及时、快速、安全地送达目的地，提供最良好的服务，以满足用户获得最大利润和拥有最大竞争力，即占有最大市场份额为目的的要求。从物流的本质可以看出，物流作为“物”的流动的管理技术和组织方式，是随着“物”的流动数量的增加和追求利润的最大化而发展起来的。也可以说，物流是市场经济发展到一定阶段的必然产物。随着人类经济社会的发展，物流的地位和作用日益重要。

1. 市场经济的发展对物流提出了客观要求

随着科学技术的进步，特别是机械动力的使用，生产力水平逐步提高，生产规模日益扩大，产品品种的增多和数量的增加，社会分工的不断细化，生产的目的不再是为了自己需要，而是为了交换，生产的规模不再是以“户”为单位的作坊式运作，而是以企业为单位开展经营活动。随着商品交换范围的扩大和数量的增加，“物”的流动

范围越来越大，数量也不断增加。为了保证“物”的流动的顺利完成和降低“物”的流动的费用，对“物”的流动进行科学管理提到了重要议事日程。这种对“物”的流动的科学管理，不仅实现了上述目的，同时推动了市场范围的扩大，促进了社会分工的进一步深化。

从上述发展过程可以看出，对“物”的流动的管理真正上升到实质性认识和运作，是在企业作为利益主体的市场经济体制下，以利润最大化为目的进行经营活动。企业为了实现利润最大化，在包括设计、生产、销售、交货和维护产品等环节的经营活动中，除了加强技术创新以提高产品质量，创造新产品，满足各方需求，不断改善管理以降低成本和加强市场开拓之外，还须提高对整个采购、生产、销售中“物”的流动的管理水平，以降低费用，提高服务质量，实现低成本经营而获得高利润的能力。“物流”这一在国外继降低物质资料消耗，提高劳动生产率之后，被称为经济领域“未开发的黑大陆”“第三利润源泉”“企业脚下的金矿”的管理技术和组织方式，被提到了企业经营管理的重要议事日程。从以上分析可以看出，物流是市场经济的必然产物，同时随着市场经济的发展，其地位作用日益提高。

2. 经营理念的变化需要物流管理与之适应

在市场经济不断完善和在更大范围的扩展进程中，随着科学技术的迅速发展，新技术、新材料、新工艺不断涌现，不仅导致了生产的专业化分工越来越细，新产品、新产业不断增多，而且产品生命周期也越来越短。另外，随着人们消费水平的提高，消费者需求的变化，消费个性化趋势的日益加强，可选择的最终消费品的增多，市场不确定性因素的增多，市场竞争日趋激烈。

随着竞争的加剧，企业的经营理念也发生了根本性的变化，市场营销理念深入到企业经营中。企业的生产和销售的组织管理从以生产为中心，向以销售和客户为中心，向外服务为中心转变。同时，为了占有市场更大份额，提高企业的竞争力，市场的竞争已不再是单个企业的竞争，而是组织上、下游企业在一起以供应链形式的再造，形成供应链之间的竞争。所有这些，又为“物”的流动管理与组织提出了更高的要求。物流已融入供应链管理中，并作为供应链管理的重要组成部分发挥了更大的作用。

3. 经济全球化进程的加快，对物流提出了更高的要求

随着市场经济在全球的扩展，经济全球化进程加快，知识经济时代来临。在这种环境下，物流开始为更多的国家和地区认识。物流的作用已不仅仅限于企业，还影响到社会经济生活的各个领域，成为一个国家和地区提升综合国力、在全球经济一体化中取得竞争优势的重要手段。“物”的流动在全球范围内数量的增多，物流在经济社会活动中的地位和作用日益突出和日显重要。

由于全球市场化进程不一，市场经济的完善程度也不同，物流在各个国家的发展水平也不同。一些市场经济发达的国家和地区，由于其工业化进程已经进入到后工业化时代和知识经济时代，物流的发展也进入到了一个成熟阶段。生产和流通企业为了提高自身的竞争力，将物流从核心业务中分离出来交给独立的物流单位去经营，以获取更大利润。同时，由独立的专门提供物流服务的单位提供物流服务，对这些物流企业来说，实现了规模化经营，从而使专业的第三方物流企业在这些市场经济发达国家有了很大发展。而对于经济转型的国家来说，由于旧体制的影响，物流的发展比较晚，还处于摸索中，在经济全球化进程中，也是一项亟待解决的问题。

由此可见，市场经济作为人类文明发展的重要阶段，在人类文明的发展进程中起到了重要作用。市场经济不仅极大地推进了经济的发展，同时为物流的发展创造了适宜的经济土壤。物流的发展不仅适应了市场经济发展的要求，同时还有力地推动着经济的市场化，促进了社会经济的发展。可以说，物流作为一种管理技术和组织方式是市场经济的必然产物，同时，物流又服务于市场经济的发展。

（二）我国发展物流的现实意义

改革开放以来，随着社会主义市场经济体制的逐步建立，我国经济有了快速发展，短缺经济基本结束。随着经济全球化进程的加快，对外开放的进一步扩大和我国加入WTO，我国的生产和流通企业面临着国内外两个市场的竞争。物流作为一种管理技术和组织方式，通过对资源进行优化整合，从整体上改变了一个国家和企业的经济运行方式，并要求以需求为目标，最大限度地降低经济活动中的经营成本和流通费用，提高服务质量和经济效益。未来20年，是我国经济发展的重要战略机遇期，我国要全面建设小康社会，经济上要翻两番，要提高我国经济竞争力，加快物流发展，尤其具有重要的现实意义。

1. 发展物流是提高我国经济竞争力的需要

在经济全球一体化的进程中，如何提高我国经济竞争力已成为当务之急。我国的生产和流通企业正面临着两个市场的竞争。耗费最大的流通过程成为生产和流通企业提高在国际国内两个市场中竞争地位的新的关注点、利润点和竞争点。在这种条件下，发展物流，加强供应链管理，不断降低物流费用，保证商品快速、安全、及时的送达，以及提高服务水平，已成为提高企业和国家经济综合竞争力的重要途径。此外，为了实施“走出去”的跨国经营战略，扩大国际贸易和拓展国际市场都离不开物流作为它们的支撑。物流已成为全球化、信息化时代事关国家发展全局的大问题，物流的服务能力和服务质量已成为国家和地区综合实力的重要体现。

还应该看到，我国物流发展较晚，对于物流企业来说，加快发展物流，将壮大我国物流企业的发展规模，提高物流服务质量，积累我国在物流管理、物流组织和物流技术方面的经验，增强与进入国内的外国物流企业和跨国公司的附属的物流机构抗衡的能力。因此，发展物流已成为我国发展经济，提高经济竞争力的重要一环。

2. 发展物流有利于促进国民经济快速增长

物流是伴随着大工业、大生产和专业分工的精细化和市场的发展而快速发展起来的。我国目前正处在工业化的中后期，大规模的专业化生产，高效率的合理化流通，全方位的国际化贸易，多层次的信息化管理都对物流现代化水平的迅速提高和物流服务供应能力的快速发展提出了迫切要求。我国经济将持续快速增长，经济总量将不断扩大，到2020年，我国将实现经济总量翻两番的目标，对外贸易量将不断增加，这一切都要求物流规模相应发展。可以说，如果离开物流的快速发展，我们几乎无法奢谈保持经济的持续快速增长，无法保证社会经济生活的正常运行。

3. 发展物流有利于改善投资环境

目前，我国物流整体水平远远落后于发达国家。这种状况，一方面给了国外许多物流公司到中国发展物流、抢占中国物流市场的机会；另一方面失去了许多吸引国外投资者到中国发展的机会。

20世纪80年代实行对外开放以来，我国曾以土地、劳动力价格低廉，以及各种优惠政策吸引了众多的投资者来我国投资。随着时间的推移和经济的发展，上述优势在不断减弱，投资者已开始把目光放到物流系统并通过优良的物流系统获得更多利润的地区。随着我国未来对外开放的继续扩大，经济全球化进程的加快，跨国公司作用的增强，我国政局的稳定和宏观政策环境的优势，以及我国巨大的国内市场，必将吸引更多投资者来我国发展。发展物流，建设良好的物流系统，必将为投资者创造良好的投资环境，吸引更多的外资来中国发展。

同时，我国目前正在推进地区性经济结构和产业布局调整，从本质上来说是对地区资源的优化配置，而资源优化调整也将对物流提出一定的要求，特别是对于我国西部地区来说，由于物流基础设施和物流发展水平相对滞后，西部地区的区位优势和管理水平以及配套能力相较东部地区都有一定差距。加快西部地区基础设施的建设和物流的发展，改善投资环境，对于吸引国内外投资者参与西部大开发有着更为特殊的意义。

4. 发展物流是实现农村发展战略的需要

发展农业和农村经济，提高农民生活水平（“三农”问题），是实现我国经济翻两番和全面建设小康社会的关键，也是扩大内需和确保国家长治久安的必然要求，关系着改革开放和社会主义现代化事业的大局。

为使我国的农业和农村经济快速发展，农民生活水平有较大提高，就要加快农业产业化进程，大力发展优质农产品，实现优质农产品区域化，加快城镇化进程。大量的农业生产资料和消费品将运往农村，大量的农产品及加工产品将运往消费地，大量

“物”的流动，亟须低费用的、快速而及时的物流服务系统提供支撑。

5. 发展物流是适应我国流通体制改革的需要

随着经济的不断发展和我国改革开放的深入，为了满足生产和消费形势的需要，我国流通体制改革也在顺利发展，尤其是经营和流通方式的改革发展很快。如连锁、超市、便利店、交易批发市场、集贸市场有了很大发展，社区服务不断普及，电子商务的比重不断增加，成为我国经济生活中不可或缺的部分。为使这些经营活动得以顺利实现，亟须高质量的物流服务作为重要的支撑。

（三）我国物流发展面临的机遇和难点

1. 我国发展物流面临的机遇

（1）我国物流发展虽然刚刚起步，但已呈现出蓬勃发展的良好势头。不少省市政府对发展物流给予了高度重视；生产和流通企业加强物流管理，加快物流外包的步伐；物流企业实施发展物流的最佳战略定位，以提高服务供应能力；外国资本和跨国物流企业正纷纷进入中国物流市场；物流服务质量开始成为物流服务的核心内容；物流作业环节的供应商开始注意改革、改造，以适应物流发展需求。

（2）中国经济和社会发展为物流提供了广阔的发展空间。未来的 20 年，中国经济仍将持续、快速、稳定发展，经济总量将大幅度增加；经济增长方式将从粗放式数量扩张型向集约式质量效益型转变；经济体制改革将进入比较完善的市场经济体制新阶段，资源配置方式进一步完善；人民生活将从低水平的小康向全面小康转型升级，人民消费水平进一步提高，消费个性化需求加强；国际贸易往来大幅度增长。这使中国物流在目前甚至在将来很长的一个时期内，会拥有一个发展物流的广阔空间和机会条件。

（3）国外物流的发展经验为我国物流跨越式发展创造了条件。在经济全球化趋势的影响下，国外的物流企业将进入中国，不仅为我国物流企业的国际合作创造了条件，同时，电子物流和绿色物流的兴起、物流服务的优质化和全球化、物流和营销理念的深层次结合、物流技术和装备的不断高新技术化、跨国物流企业的网络化、联盟化和兼并化规模的不断扩大等，将成为 21 世纪物流发展的新趋势，为我国物流实现跨越式发展创造了条件。

总之，中国物流的发展，在世界经济和中国经济的双重影响与作用下，已开始进入发展的佳境中。随着对物流需求的增加，我国物流将有一个快速的发展，也可以说，我国物流迎来了前所未有的发展机遇。

2. 发展我国物流存在诸多困难

（1）从国内的状况来说。在认识上，还有一部分地区、部门和企业对发展物流在我国经济社会发展中的重要性缺乏足够的认识，还没有把发展物流提到重要的议事日程，还没有采取有力措施加强本地区、本企业的物流发展和运作。

体制和机制上的问题。我国计划经济体制遗留下来的观念、经营方式和管理方法在许多行业主管部门和许多企业还没有彻底转变，不仅使物流的发展和运作难以通畅实现，物流资源也难以优化配置与组合。从管理体制来看，我国的物流服务供应商，是分行业、分部门管理的，从中央到地方都有相应的管理部门管理。从机制来说，市场机制还不能充分发挥有效配置资源的作用，这也给物流资源和要素的合理利用造成了障碍。从企业的运行机制来看，我国还有相当多的企业至今没有建立起现代企业制度，还没有按现代企业制度建立起一系列有利于实现企业发展的必要的合理的制度规范。

还没有一个良好的有利于物流发展和运作的政策法规环境。由于物流的发展和运作涉及众多的管理部门，这些管理部门制定的一系列管理规定是在没有按物流的管理理念和管理技术要求的条件下制定的，已难以适应物流良好运作和发展的要求。我国物流的发展目前正处于初步发展阶段，从物流理念、物流业务运作、物流企业的发展、物流信息系统的开发与建设、物流设施与装备等，到作业行为的标准化建设都还处于起步阶段，物流发展过程中还面临许多问题。

（2）从国际上来说。在经济全球化的条件下，我国经济发展仍将受到国际政治、经济秩序的诸多限制，这将对我国发展物流产生不利影响。

上述这些问题的存在，是我国目前在发展物流过程中面临的难点和亟待解决的问题，从根本上解决这些问题，将是一个长期而艰巨的工作。

综上所述，我国物流的发展正面临着良好的机遇和严峻的挑战。由于发展物流是一项关乎国家发展大局的基础事业，我们必须高度重视，认真研究物流发展所面临的各种问题，采取有效的政策和措施加快物流发展。

二、我国物流发展的现状和问题

（一）新中国成立以来我国物流的发展状况

我国物流的发展状况，除了和我国的经济发展水平、经济结构、技术发展状况、认识水平有关外，还和我国的经济体制变革有直接关系。按照我国经济发展历程，新中国成立以来大致可以分为三个阶段。

1. 计划经济下的物流，即从新中国成立到20世纪80年代初改革开放前

自新中国成立到改革开放前，一直实行的是计划经济体制，国家对各种商品特别是生产资料和主要消费品，实行指令性计划生产、分配和供应，流通企业的主要职责是保证指令性分配计划的实现。

这一阶段，由于物流活动的主要目标是保证国家指令性计划分配指标的落实，物流的经济效益目标被放到了次要位置。同时，由于资源的分配和组织供应是按行政区划进行的，这种条块分割的体制，造成了物流环节相互割裂，系统性差，整体效益低下。

2. 有计划的商品经济下的物流，即从改革开放到 20 世纪 90 年代中期

党的十一届三中全会以来，我国开始从计划经济向市场经济过渡，市场在经济运行中的作用逐步加强，我国开始从产品经济逐步向商品经济过渡，国内商品流通和国际贸易也不断扩大，物流开始受到重视和发展。不仅流通部门加强了物流管理，生产部门也开始重视物流管理问题。物流发展已逐步打破部门、地区的界限，向社会化、专业化的方向发展。

由于经济活动已向市场经济为导向转变，物流的发展开始注重经济效益。物流活动已不仅仅局限于被动的仓储和运输，而开始注重系统运作，即考虑包括包装、装卸、流通加工、配送在内的物流系统整体效益。这一阶段，物流的经济效益和社会效益有所提高。但是由于市场经济体制还没有建立，工商企业"大而全、小而全"的结构没有打破，物流各个作业环节没有得到有机结合。

3. 社会主义市场经济体制建立中的物流发展，从 20 世纪 90 年代末到现在，即提出建立社会主义市场经济体制到现在

1993 年以后，我国加快了经济体制改革的步伐，经济建设开始进入到一个新的历史发展阶段。科学技术的迅速发展和信息技术的普及应用，消费需求个性化趋势的加强，竞争机制的建立，特别是计划经济体制下形成的短缺经济的结束，以及我国对外开放的扩大，为物流的发展提供了广阔的空间，发展物流被提到了重要议事日程。国家逐渐加大力度对一些老的仓储、运输企业进行改革、改造和重组，使它们不断提供新的物流服务，与此同时，还出现了一批适应市场经济发展需要的物流企业。这一个阶段，除公有制的物流企业外，非公有制的物流企业迅速增加，外商独资物流企业开始进入中国，中外合资的物流企业也有了一定的发展。

物流的活动逐渐摆脱了部门附属机构的地位，开始按照市场规律的要求开展物流活动。物流活动开始体现出物流的真正本质内容：用最低的成本来提供最大和最好的服务。物流更多地和信息技术结合使用，物流的管理水平和范围也不断扩大。

（二）近年来我国物流的发展状况

随着我国经济稳定、快速、持续健康地发展，我国物流无论在理论上还是在实践上都出现了加快发展的趋势，尤其是在 1999 年以后，我国物流发展更为迅速，各级政府在研究本地区物流发展，制定物流发展规划的同时，也陆续出台了一些有利于物流发展的政策措施，积极为物流发展创造良好的宏观环境。企业为了应对加入 WTO 后日趋激烈的市场竞争，也开始采取一系列强化物流管理的措施，以提高自身的竞争力。但是，纵观全国物流发展的情况，目前我国物流在水平、理论、实践和经验上还处于初步发展的阶段。其特征是：

1. 各级政府开始重视物流的发展

“十五”计划纲要明确提出要大力推行连锁经营、物流配送、多式联运、网上销售等组织形式和服务方式，首次将物流列入经济发展的重点。

国家有关部委为推进物流发展也做了大量的工作，2001 年 3 月国家经济贸易委员会（简称经贸委）会同铁道部、交通部、信息产业部、对外贸易经济合作部和民航总局联合下发了《关于加快我国现代物流发展的若干意见》，同年 7 月，国家经贸委发出了《关于建立现代物流工作重点企业联系制度的通知》，选定一批物流企业作为国家经贸委的联系企业。

交通部也颁布了《关于促进运输企业发展综合物流服务的若干意见》，推动运输企业向提供物流服务方面发展。为了促进国际贸易以及物流的对外开放和健康发展，外经贸部发布了《关于开展试点设立外商投资物流企业工作有关问题的通知》，对外商投资物流企业在市场准入和审批程序方面做了规定。

从地方省市政府来说，许多省市已认识到物流对于推动经济发展、改善投资环境，提高地区经济和企业在国内外市场中竞争力的重要性，把发展物流列入重要议事日程，并把发展物流作为涉及经济全局的战略性问题来抓。

2. 物流政策法规环境初步改善

一些省市政府为了保证物流企业的顺畅运作，在抓紧物流基础设施的建设，启动物流市场需求的同时，陆续出台了有关政策措施，为本地区物流发展积极创造条件。如广东省《关于广东省委、广东省人民政府关于大力发展现代流通业的意见》《关于给予现代流通业用地政策支持的通知》，福建省《关于大力推进流通现代化的意见》，深圳市《深圳市现代物流园区土地管理政策》等。已有越来越多的省、市出台了有利于本地区物流发展和物流企业运作的物流政策措施。国家经贸委也在积极制定物流发展政策。所有这些标志着我国物流政策法规环境的建设已经在物流发展的实践中迈出了可喜的步伐，这必将极大地推动中国物流的快速发展。

3. 物流基础设施有了很大发展

物流基础设施是保证和实现物流活动顺畅运行的必备物质条件，也是物流活动高效实施的必要保证。物流基础设施包括物流运输基础设施、物流运作基础设施和物流信息基础设施。

（1）物流运输基础设施。经过新中国成立 50 多年特别是改革开放 20 多年的发展，我国运输线路和货物作业设施有了极大的改善，在满足物流的运输需求、降低运输费用、节约运输时间、提高货物运输质量等方面都发生了深刻的变化。运输基础设施的快速发展和各种运输方式优势的发挥，为物流的开展提供了坚实的物质基础。

（2）物流运作基础设施。为了提高物流服务供应能力和服务质量，提升物流运作水平，一批专业性极强的为物流运作服务的基础设施，如物流园区、物流中心、配送中心以及仓储设施有了很大发展。

①物流园区。许多省市根据本地区物流发展的需要，规划和建设了不同类型和不同层次的物流园区，为实现本地区物流运作的专业化和社会化，推动本地物流的发展创造了条件。

②物流中心。物流中心作为企业集中办理物流作业的地点，近年来有了一定发展。不同行业的企业为了自身发展和物流活动的需要兴建了不同类型的物流中心。

③配送中心。配送中心作为货物的流通加工、分拣、选拣、配货、运送、信息处理的地点，在我国有了很快发展。以连锁超市和生产资料分销服务为主的配送中心发展很快，一些经济发达地区的流通部门已把配送中心建设列入议事日程。一些大的生产企业和部门也在抓紧配送中心的建设，形成了一批专业性的配送中心。一些企业还实施国际化投资经营战略，将配送中心建立到国外。

④仓储设施。随着物流的发展，为了提高物流的服务质量，建设了各种类型的专业仓库，如恒温恒湿仓库、冷藏仓库、危险品仓库等，特别是自动化仓库或高层货架的立体仓库有了很大发展。

（3）物流信息基础设施。

①电信基础设施。电信基础设施虽然是一个传统的领域，但是随着经济的发展和科技的进步，公用通信网的规模、技术层次、服务水平都发生了质的飞跃。

②网络基础设施。互联网的发展，为物流的信息化打下了基础。同时，电子商务的发展，为商务活动提供了新的模式，基于电子商务基础上发展起来的电子物流也将成为今后物流发展的一大趋势。

4. 生产与流通企业开始重视物流管理

随着我国市场经济体制的建立，竞争态势的加强，我国一些生产与流通企业逐步认识到，企业在生产经营以外的采购、储存、运输、包装、配送等环节降低成本大有潜力。一些生产与流通企业通过强化对生产领域前后延伸的物流服务的管理和控制，节省了流通费用，从而大幅度地降低了企业的总成本。一些生产与流通企业开始积极与物流企业结成战略联盟，通过外包物流业务来实施供应链管理，以整体竞争优势来获得自身在市场中的收益。

5. 物流企业有了较快的发展

随着物流需求的增加，我国物流企业有了较快的发展。一批运输、仓储和货代企业抓住机遇，切入物流服务，转型为物流企业；国外物流企业开始进入中国；一批新兴的物流企业正在兴起，它们从一开始成立就定位于物流，为客户提供物流的全程策划方案，以及整合社会物流资源；部分 IT（信息技术）企业也开始介入物流。

6. 新型流通方式发展迅速，并与物流形成互动式发展

随着改革和开放进程的不断加快，国内市场各种新型商业业态形式也获得进一步发展。相对单一的传统百货店、副食店的销售形式已经被越来越多的连锁超市、专卖店、仓储式商场、电视商场、邮购、电子商务、商品交易市场、社区服务等新型销售形式和经营方式所取代，信用消费也初露端倪。另外，随着计算机网络的普及，电子商务在不断发展。社区服务作为一种新的经营服务形式发展很快。

所有这些新型业态都需要与之相配套的物流服务系统，物流配送是扩大并深入发展这些新型业态服务的一个重要手段。因此，物流的发展已成为这些新型业态能否获得进一步发展的关键，同时这些物流系统的发展又促进了上述流通方式的发展。

7. 物流信息化开始起步

我国 20 世纪 90 年代在物流活动中就开始应用计算机网络技术，1995 年国际互联网在商业领域的应用，使信息技术在物流领域有了突破性进展，也促进了我国以网络物流为基础的物流有了迅速发展。

一些省市开始建立本地区的物流信息平台，以承担本地区物流信息资源的发布、物流资源的整合、政府信息提供和企业信息服务，以及物流数据信息交换等功能。与物流相关的一些政府部门如海关、税务、商检等部门正在搭建以提供行业与物流有关的数据信息交换平台。众多的物流企业为了提高自身竞争力，已加快自身信息系统建设。同时，信息技术在企业的物流活动中也有了很大的开发和应用。

8. 物流技术开发研究取得了很大成绩

我国物流技术研究也取得了长足进步。从新型物流设施设备的研制，到新技术、新产品在物流活动中的应用，如自动化搬运机、数码化拣货系统、自动识别技术、GPS（全球定位系统）等都有了一定进展。

9. 物流人力资源培训体系正在形成

随着物流的迅速发展，物流人才培养问题也被提到了重要日程。我国一些高等院校开始恢复并设立了物流专业；物流岗位培训体系在中国也开始出现；政府、企业、培训组织也开办了各种各样的物流人才培训班。这些不同的物流人才培养途径，对于促进我国物流发展起着积极的推动作用。

（三）我国物流发展存在的问题

1. 对物流的认识有待进一步提高

在我国的一些地方和企业，还没有充分意识到物流的重要性，没有把发展物流作为一项重要工作提到议事日程。还有相当一部分大中型国有企业，对面临的激烈竞争、我国人力、土地、资源成本低等优势在不断弱化的趋势缺乏必要的认识，从而导致对物流在经济发展中的重要作用缺乏深刻的认识。特别是一些经济欠发达、开放程度较低的地区，由于还没有面临激烈的国内外竞争，这一现象就会更严重一些。

2. 物流基础设施还不能满足物流发展的要求

我国物流基础设施与快速增长的经济社会发展的需求相比还有很大差距，在能力和技术装备水平上还不能满足物流发展的需要。从运输设施对物流发展的影响来说，主要表现在通达程度还不够高，运输主通道包括地区间通道能力不足，物流节点内各种运输方式的装卸、换装、连接设施以及物流运作设施的连接还不通畅；从物流的运作基础设施看，物流园区、物流中心和配送中心等还处于起步阶段，还没有形成成熟化的专业优势。仓储基础设施的专业化、自动化水平比较低。物流信息基础设施运作的水平还不够高，还没有在物流活动中充分起到神经中枢的作用。

3. 缺少一个宏观的管理协调机构

物流是一项跨行业、跨部门、跨地区甚至跨越国界的系统工程，涉及经济和社会的各个方面。从主管部门说，涉及铁道、交通、民航、外经贸、公安、工商、税务、国土资源、信息、对外贸易、海关、检验以及众多的经济综合管理等许多管理部门。由于在全国范围内缺少一个宏观的管理协调机构，缺少及时的引导、扶持、协调与监督，给物流的发展造成了一定的困难，对物流的发展和有效而顺畅的运作带来了困难。

4. 还没有形成有利于物流发展和运作的政策法规环境

从全国物流发展以及物流企业的运作来看，还缺乏一个完整的、系统的有利于物流企业发展和运作的政策法规环境。表现在市场准入条件宽严不一，准入审批手续过于繁杂；物流企业经营初期税负过重，且存在重复征税；物流用地使用指标不足，有的地区土地费用过高；由于交通管制，有时城市配送车辆不足，运行不畅；物流企业缺乏有力的投融资扶持政策；有的地区通关效率不高等。这些都需要国家尽快制定有利于物流发展和运作的政策法规。同时原有的涉及物流企业的工商、税务、海关、检验制定的企业登记规则及单证的一些法规和规定，有的明显不适合物流发展的需要，需要尽快做出清理和修订，以保证物流的发展有一个良好的政策法规环境。

5. 缺少与国际接轨的物流标准化体系

我国目前尚未建立起适应物流发展和物流业务运作的技术标准和工作标准体系。由于我国制造物流装备的厂家分属各部门，而物流作为一项新的管理技术和组织方式发展较晚，以至于目前我国各个部门、各个地区、各个物流作业环节使用的设备，如各种运输工具、包装容器、托盘、集装箱、仓库等物流设施和装备的标准还没有形成有利于物流活动的标准化体系。同时，在包装、运输和装卸等作业环节，缺少必要的行为规范和行业标准，特别是没有形成一个与国际接轨的标准体系。

6. 物流需求市场亟待开发

从总体上看，我国目前还有相当一部分生产和流通企业拥有“大而全”“小而全”的物资仓储与运输系统，物流管理水平和设施建设相对落后；原材料和产成品库存过大，占压资金多；销售配送体系不健全，产品实体分配效率和服务质量低下，远不能适应市场竞争的要求。由于这些生产和流通企业没有将物流管理从企业的核心业务中剥离出来，交给独立的物流服务单位运作，导致了生产和流通企业物流需求的不足。另外，农村地区由于点多面广、生产水平比较低，巨大的农村物流组织显得更为落后。

7. 物流企业服务供应能力和服务质量还不能满足需求

我国目前可以和国际大型物流企业相抗衡的优强物流企业还比较少，物流企业总体系统化运作水平还较低，物流信息化水平还不够高，企业的硬软件设施都有待进一步加强完善。此外，为物流企业提供物流作业环节服务的，如运输供应商和仓储供应商还难以满足物流企业的作业要求。所有这些，都导致了我国物流企业的服务供应能力和质量还不能满足物流需求。

8. 物流专业人才匮乏

我国物流人才不足的矛盾日益突出。目前，以物流科技创新和知识型物流人才为核心的物流教育目标体系在我国还没有形成，由于有关部门对物流认识不足，一些高等院校合并或撤销了原有的储运（物流）管理或物资管理系或专业，北方交通大学在1998年全国专业学科目录调整时，取消了物流管理工程专业，将其并入“管理工程”一级学科。我国的物流职业教育更显薄弱，通过培训方式培训员工的企业极少。近年来，随着物流的兴起，一些外国公司或合资企业对物流高层管理人员的需求增加，使得国内人才市场符合要求的物流管理人员，尤其是物流企业经理、物流部门经理、物流策划人员和物流信息系统开发人员严重短缺。

三、中国物流发展面临的经济社会环境

作为社会经济大系统良性运行的支柱，物流的发展不仅要满足社会经济发展的需

求，同时，物流的发展也离不开社会经济发展条件及发展环境的影响。因此，在制定物流发展战略时，不仅要考察社会经济的现状，还必须考察未来社会经济的发展状况，以正确判断社会经济发展对物流的需求，以及对物流发展的影响。

（一）中国物流发展面临的国际环境

1. 经济全球化进程加快对中国物流发展提出了新的要求

自20世纪90年代以来，经济全球化进程日趋加快，经济全球化使商品、服务和生产要素在国际流动与配置的规模及范围不断扩大，全球经济联动性不断增强。在未来的20年，经济全球化将进入全面发展新阶段，将迎来贸易、生产、金融、信息、技术全球化综合发展的新阶段。

在经济全球化的时代背景下，要在全球经济体系中获得成功，很大程度上取决于能否在新一轮产业结构调整和经济分工中取得优势。物流服务不仅数量增加，空间范围扩大，它作为经济全球化的重要支撑还在发挥着越来越大的作用。物流作为经济活动的载体是获得分工优势的重要途径，经济全球化必将带动物流活动的全球化。物流活动国际化的趋势日益加深，并从两个方面推动物流活动向着国际化方向发展：一方面，为适应全球化的发展，国际运输市场将更加开放，从而为物流向全球市场扩展创造条件；另一方面，由于在经济全球化中世界物流量需求增加，这将为物流行业带来新的发展活力和机遇。

2. 世界范围内产业结构的调整要求我国物流系统与之适应

随着高新技术的飞速发展，传统产业迅速向高新技术产业转化，产品和服务的技术含量不断提高，产品生命周期不断缩短，更新换代步伐加快。自20世纪80年代以来，发达国家为实现经济及产业结构升级，逐步将劳动密集型和部分资本密集型产业向发展中国家转移，目前正在加紧向包括中国在内的亚洲和其他地区转让产品或技术。中国以其多方面的优势已成为外商投资增长最快的国家和地区之一。这促使“中国成为亚洲乃至世界的制造中心”成为可能，从而对我国物流服务供给能力提出了新的要求，需要有与之相适应的物流系统，提供高度协作和周密的物流服务，以实现与世界经济和全球物流系统的有效衔接。同时，良好的物流服务系统为国际转移创造有利的外部环境，为地区吸引外资和吸收产业转移创造有利的条件。所有这些都要求我国物流能够迅速发展并与之适应。

3. 信息化进程的加快为我国物流实现跨越式发展提供了可能性

当前，以信息技术应用为核心的信息产业的发展壮大为支撑的信息化浪潮席卷全球并呈现出加速发展趋势。信息化改变了世界经济的运行方式，带动了世界经济的增长，推动了产业结构的升级，加快了整个经济结构调整的步伐。

信息化对于物流的发展也具有非同寻常的影响。在这场信息化革命中，随着信息化进程的加快，物流也进入一个新的发展阶段并实现了深层次的变革。信息化不仅深化了物流的内涵，赋予了物流新的理念，改变了物流活动的运行模式，推进了物流技术向更高水平的发展，从而更有效地对“物”的流动实施管理和控制，极大地提高物流效率并降低物流费用，同时，还使物流这一组织方式和管理技术必须要以信息技术为核心和支撑才能产生出强大的作用。

我国是一个处于经济转型的国家，即正处于由工业化中期向后工业化以及信息化并举发展的转折点。在全面建设小康社会的战略部署中，我国将进入到一个基本实现工业化，大力推进信息化，加快建设现代化的大发展时期，信息化将是我国加快实现工业化和现代化的必然选择。对于我国物流今后的发展来说，信息化成就了我国物流在更高起点上发展的机遇，既推进了物流的快速发展，同时也对物流提出了更高的要求，为我国实现物流跨越式发展提供了保证。

4. 跨国公司在全球的快速发展为我国物流带来了更大需求

随着世界经济的迅猛发展，科学技术的不断进步以及竞争的进一步加剧，跨国公司的生产经营特征也有了一些新变化，主要表现在：普遍推行需求导向的准时制生产方式，注重系统优化的供应链管理，采用网络化的国际生产营销。这些都要求各国的物流发展与之相适应，以形成综合、全面的一体化物流服务网络。

目前，跨国公司纷纷在发展中国家建立生产和加工据点。根据联合国贸发会议委托进行的《2001 年世界投资报告》的调查数据表明，《财富》500 家大型跨国公司中，已有近 400 家进入中国市场，投资了 2000 多个项目。世界最重要的电脑、电子产品、电信设备、石油化工等制造商，已将其生产网络拓展至中国。跨国公司要求以最经济的方式在全球范围内配置经济资源，要求产品、信息、服务在各个国家和地区之间及其内部迅速转移、整合。这一切既给我国带来了大量的物流服务需求，同时也需要我国具有足够的物流服务供应能力才能应对。

（二）中国物流发展面临的国内环境

1. 国民经济持续快速健康增长对我国物流发展提出了新的要求

未来 20 年内，我国国内经济还将保持较高的增长速度，经济总量还将进一步增大。党的十六大明确提出了全面建设小康社会的目标，要在优化结构和提高效益的基础上，国内生产总值到 2020 年力争比 2000 年翻两番，按可比价格计算，到 2020 年国内生产总值将超过 4 万亿美元，人均 3000 美元左右。

随着国民经济的不断持续健康快速发展，GDP 的增长，各种商品、服务和信息的数量大量增加，流通量也必将急剧增长。而且，随着居民收入增加，消费结构日趋多样化，也会促进以需求为导向的物流服务形式不断创新，流通效率也随之成为亟待解决的问题。另外，未来日趋激烈的市场竞争环境，将有力地促进物流发展。

2. 经济结构的战略性调整，要求物流发展与之适应

面对20世纪80年代以来世界性经济结构的大调整，我国目前正在对产业结构、产品结构、企业组织结构、地区经济结构等方面进行全面调整，以从根本上解决制约我国经济增长的主要矛盾，保持国民经济稳定持续增长，进一步拉动内需，增强我国经济的国际竞争力。

我国经济生活在未来较长时间内将会发生前所未有的深刻变化。经济结构调整的核心内容将是产业结构升级，即要建立起一个适应市场需求的、与需求高级化趋势相对应的产业群。而这一需求高级化趋势将与消费者需求的个性化、多样化以及消费者的国际化紧紧相连，并导致我国产品在质量、品种等方面的调整。地区结构调整以及地区间经济结构的调整，尤其是西部大开发战略的实施，都将大大增加地区间的经济交流与合作，增强地区经济的竞争力。所有这一切，不仅推动了物流的发展，使我国物流有了更合理的发展空间，同时，也需要有一个能够为产业结构升级的产业群和更新换代的产品群提供相应供应能力和服务水平的物流服务群。

3. 完善市场经济体制和中国加入 WTO，需要物流提供强有力的支持

20世纪90年代，特别是1993年党的十四届三中全会确立了社会主义市场经济体制的改革目标后，我国经济体制改革取得重大进展。对中国市场化进程的纵向研究表明，中国市场化总体水平已由1975—1979年的4.4%提高到1996—1997年的61.1%，2000年达到65%左右。

中国加入 WTO 标志着中国的经济体制改革进入新的发展阶段，加入 WTO 后，我国政府将遵循世贸组织的“通则”参与国际分工，按照 WTO 的要求推行一系列贸易和投资自由化的改革，这将促使中国尽快融入世界经济的主流，加速完善中国的社会主义市场经济体制及其法治建设。

市场经济体制的完善和我国加入 WTO，为我国物流发展创造了条件，推动了物流的发展。随着对外开放大门的进一步开启，由于贸易壁垒的大量减少和国民待遇的实施，外国商品和服务将更容易地进入国内市场。这不仅将导致国外商品和服务进入的数量大大增加，同时，也使国内商品市场和服务市场以及我国企业的经营出现更加激烈的竞争，对我国的物流行业和物流服务都提出了挑战。物流将使我国经济的发展和企业的经营活动建立在以市场配置资源的经济规律基础上，按市场通则参与国际竞争并缩短距离，加速我国参加经济全球化进程以及实现与世界经济的互接互补，保证我国经济在加入 WTO 后在世界经济中顺利发展。

4. 人民生活水平和质量的提高，要求物流与之同步发展

随着经济的增长，人民消费结构和生活质量明显改善，我国城镇居民消费显示出小康生活的特征，消费结构已经从温饱型农产品消费过渡到小康型工业品消费，并且显示出向比较富裕型的服务类消费迈进的发展态势。

随着人民收入水平的提高，消费结构将呈现出多样化的发展趋势，城乡居民消费个性化现象将更为明显，这就要求物流系统必须适应这种发展趋势和消费潮流。为更好地满足未来城乡居民消费的要求，物流的发展必须在社会化的基础上向着专业化和特色化物流转变，以满足不同居民消费对物流系统所提出的要求，使得居民生活更加便捷。另外，由于信息化水平的提高，居民生活工作的效率将会提高，这对物流系统的运行速度提出挑战。随着电子商务的逐渐推广，未来居民电子购物消费将逐渐兴起，需要电子物流配送系统与之相适应。在城市中建立高效畅通的城市物流配送系统是未来城镇居民消费发展趋势的必然要求，而在农村尽快建立农产品物流配送系统是未来农村居民增加收入，进一步提高生活水平和质量的必然要求。

5. 推进农村小康社会的建设，要求物流作为支撑

我国农业和农村经济、农民的生活状况都发生了巨大的变化。党的十六大明确提出了全面建设小康社会的重点和难点是推进农村小康建设，即建设现代农业，发展农村经济，增加农民收入，这也是全面建设小康社会的重大任务。要实现这一重大任务，不仅要进一步深化农村改革，积极调整农业结构，推进农村产业化经营，发展农产品加工，壮大县域经济，开拓农村市场，搞活农产品流通，增加农民收入，同时还要努力解决我国多年经济发展中积累下来的影响农村经济发展的如农村流通体制不畅等一些深层次矛盾，而这两者都将导致我国农村物流需求发生巨大变化，并对我国农村物流服务体系的建设提出了新的要求。建设现代农业，发展农村经济，将需要有包括种子、化肥、农药、农用工具在内的大量农业生产资料和农民生活资料快速抵达农村，以满足农民生活和农业生产的需要。而农产品及其加工产品如何通过有效渠道尽快到达最终消费者手中，使农民的产品转化为货币，实现农产品的最终价值，是增加农民收入，提高农民生活水平的关键。所有这一切都需要有适宜农民、农村和农业发展的物流服务体系来支持。而这也是缩小城乡差距，建设现代化农业，全面推进农村小康社会建设，进而实现全面小康社会的关键。

6. 继续扩大对外开放，加快实施“走出去”战略，要求相应的物流系统为之服务

进入 21 世纪以来，随着我国对外开放的不断深入扩大，我国对外经济关系发生了深刻的变化。“走出去”战略就是我国在对外开放新阶段采取的一项重大举措，是中国发展外向型经济的一个重要组成部分，是中国适应经济全球化发展的必然要求。未来

20年，我国将在更大范围、更广领域和更高层次上参与国际经济技术合作和竞争，充分利用国际国内两个市场，优化资源配置，拓宽发展空间，以开放促改革促发展。我国将加快实施“走出去”战略，积极鼓励和支持有条件的各类所有制企业走出去，开展各种形式的经济合作，带动商品和劳务出口，拓展经济发展空间，在全球范围内优化配置资源，开展跨国生产和经营，在“走出去”的过程中实现跨越式发展，逐渐形成一批中国式的跨国公司和品牌，增强企业的国际竞争力，增强中国的国际竞争力。

“走出去”战略的实施，对企业提出了要具备包括成本、市场营销体系、竞争战略以及物流服务体系在内的多方面比较优势的要求，而物流作为供应链管理的核心，已成为比较优势的首选，成为提高企业的核心竞争力并发展成为国际上有影响的跨国企业的重要支持。另外，伴随国际发展与合作的大大增加，将导致我国商品、服务贸易量的大幅度增加，也将对物流提出新的服务需求。

四、物流需求分析与预测

（一）物流需求的内涵及需求分析框架

1. 物流需求的内涵

物流需求是指按物流的管理理念和管理技术，对“物”的流动，包括采购物品的流动、销售物品的流动、生产范围内物品的流动、回收（逆向物流）物品的流动进行管理的需求，即有多少“物”的流动过程按物流的管理理念和管理技术进行管理的需求。这一需求的大小，首先和经济发展的总量、结构、“物”的流动的特点有关，同时，还取决于两个方面的状况：一是上述产生在生产和流通企业的“物”的流动，这些企业将多少“物”的流动按物流的管理理念和管理技术进行管理；二是社会的物流供应系统，主要是实施物流管理的单位在管理“物”的流动中管理状况如何。物流需求的大小，除了经济的发展这一主要因素之外，还必须考虑上述两个因素的状况。

2. 表述物流需求的指标体系

从以上分析可以看出，物流的需求包含两个方面。一是物流的质量需求，即以物流的管理理念和管理技术管理的“物”的流动的质量需求，研究中将以物流管理水平的特征和指标表示。二是物流的数量需求，即以物流的管理理念和管理技术管理的“物”的流动的数量需求，这一需求可以以“物”的流动的重量或容积指标，即以“吨”或“立方米”表示，也可以以全社会“物”的流动的价值量表示。

关于物流的数量需求，由于“物”的流动的实现，需要物流服务供应系统给予保证，对物流供应系统来说，要有良好的物流基础设施，包括物流的运输基础设施、物流运作设施和信息设施。由于物流的运作设施包括物流园区、物流中心、配送中心和仓储设施等，这些设施是由各地不同业主分别建设的，对它的数量需求报告中未做专门研究。在这个系统中，对于物流运输、仓储基础设施，以及运输、仓储等物流环节作业供应商来说，除了满足按物流管理理念和管理技术管理的“物”的流动的数量外，还必须满足全社会“物”的流动的需求，即要满足全社会货运量和仓储量及相关作业的需求。因此，正确制定全国的物流发展战略，主要预测了全社会“物”的流动数量，如货运量、货物周转量、港口吞吐量、仓储作业量等。

3. 物流需求分析的研究框架

物流需求分析的基本研究框架见图 7－3。

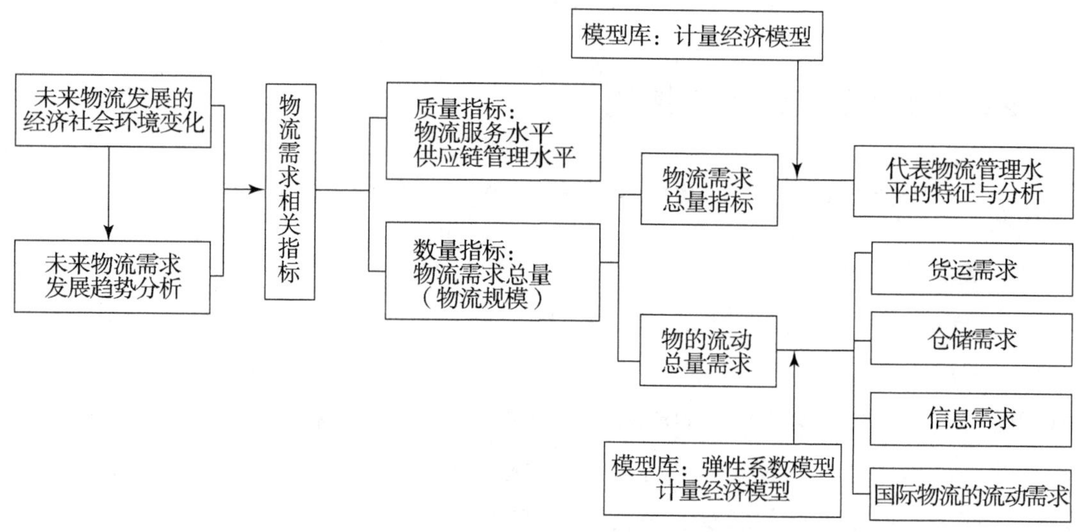

图 7－3　物流需求分析的基本研究框架

从以上物流需求分析与预测的基本框架可以看出，物流需求量的分析是从物流需求的质量指标和数量指标两个层面进行分析的。关于物流的质量指标，只做了定性的描述，说明其发展趋向。物流需求的数量指标对研究“物”的流动的有关作业环节的各种物流基础设施、发展方案，以及各个物流作业环节供应商的发展有重要作用，因而对它们的需求使用了各种预测方法进行具体数量预测。

（二）物流需求数量指标分析与预测

根据要求，“物”的流动的数量指标，首先预测了和全社会“物”的流动数量有关的物流运输与仓储设施有关的指标，即货运量、货物周转量、仓储量的指标。

1. 社会经济发展总量的预测（见表 7－5）

表 7－5　　从经济总量看全社会物流需求增长潜力

指标	2001 年实际值	2001—2010 年平均增长率	2010 年预测值（2000 年价）	2010—2020 年平均增长率	2020 年预测值（2000 年价）
GDP	95933 亿元	7.5%	183926 亿元	7.2%	343872 亿元
居民消费水平	3611 元	7.1%	6695 元	6.5%	11800 元
进出口总额	5908 亿美元	8%	12311 亿美元	8%	24610 亿美元

2. 货物运输需求分析和预测

运输作为物流活动最主要的作业环节，是物流需求预测的重要组成部分。从全社会的角度来看，物流系统的建设和顺畅运转，离不开顺畅通达的运输系统的有力支持，在预测中除了预测全社会的货运量和货物周转量以外，对国际物流的数量需求也进行了预测（见表 7－6）。

表 7－6　　货运量和货物周转量的最终预测结果

指标	2000 年（实际值）	2010 年	2020 年
货运量（万吨）	1358124	1730590	1973079
货物周转量（亿吨·公里）	44452	60585	77790
平均运距（公里）	327	350	394

关于对国际物流量的需求预测，既可以从价值量也可以从实物量两方面进行。关于价值量的计算和外贸进出口额直接相关，可以用外贸进出额的预测代替。关于国际物流需求实物量的预测，考虑到货物的多样性带来的计量单位的不一致性，一般都换算成吨，包括容积吨和重量吨进行预测。由于高值货物大多使用集装箱运输，这些货物是国际物流的主体，我们重点预测了以外贸进出口集装箱量增长的情况。预计从 2010 年的我国外贸集装箱生成量为 5378 万 TEU，到 2020 年则达到 9870 万 TEU，其中陆上口岸进出集装箱量分别为 800 万 TEU 和 1000 万 TEU，扣除这部分箱量，未来我国海运外贸集装箱吞吐量的预测结果从 2010 年的 4500 万 TEU 增长到 2020 年的约 8800 万 TEU。

3. 仓储需求分析

仓储设施的需求趋势——未来特殊品仓库和自动化立体仓库将有不断增长的态势，不过在短期内，由于我国劳动力成本低，还是以应用劳动力为主的普通库为主，而且重点将是现有仓库的改造和充分利用，并且高层货架库和立体库将有明显的增长。

仓储物流量需求分析——企业管理者对企业的物流进行预计，近五年内生产企业的原料物流量和成品物流量会有 10%~20% 的增长，商业企业有 12% 的增长。2005—2010 年物流量平均增长为 7%~8%，2010—2020 年将平均增长 4%~5%。

4. 信息需求分析

物流信息系统市场需求很大，当前正进入一个加速发展的时期。预计在今后相当长的一段时期内，需求的特点仍以信息化为主，即在规范流程中实现信息的采集、传输、存储、共享，建立决策、控制依赖于信息的机制。在当前中国物流市场规模迅速发展的条件下，物流信息系统的市场需求将进一步扩大。

信息系统的业务功能和系统功能是信息系统优越性的重要特征，我国的物流信息化需求可分为三个层次。一是企业内部的管理信息化，包括财务、仓储、运输指挥的信息化；二是企业优化流程设计和运营操作的信息化；三是企业与外部企业的电子数据交换、沟通的信息化。目前，众多企业开始第一层次信息化，后两层次只在部分企业进行。为了适应物流市场需求和竞争，我国物流的信息化将有一个较快的发展。

（三）物流需求质量指标分析与预测

1. 供应链管理技术在我国的应用

我国多数企业不理解供应链管理，提高管理效率没有从整个供应链的角度去考虑，不了解国外现状，企业内部传统的物流部门职能已经不能适应当前的商业环境，急需从管理理念上进行改革；大多数企业与供应商保持着 1 年以上的合作关系，供应链上各企业间的合作时间比较长，供应链的结构比较稳定；条码技术和 POS 扫描仪用于提高零售企业的结算速度上，条码技术在提高整个物流运作效率上的作用并没有充分发挥；10%~20% 的企业库存周转天数大于 60 天；企业开始运用计算机系统进行生产规划和库存管理，网络技术应用还处于起始阶段，没有实现真正意义上的电子数据交换；VMI（供应商管理库存）、CMI（客户管理库存）等供应链管理的运作方式还未被企业采用。

2. 我国未来供应链管理技术的需求预测

（1）从总体趋势上来看，供应链管理技术的应用需求必然呈增长趋势。随着我国企业与世界的接轨和面临国际市场的挑战，传统企业的运作模式必然在国际上受到严重的冲击，供应链管理将成为我国企业管理发展的必然趋势，对于供应链管理技术的需求将日益增加。

（2）供应链管理技术需求的重点。

①备货运交时间的压缩。对于一个企业来说，其所应该关心的，已不仅仅是本企业范围内商品周转时间的长短问题，而且还有商品在整个供应链各区段周转时间的长短问题。商品或服务在到达最终用户以前要经过许多环节，一流的供应链管理要求它

在各个环节的管理工作都必须是一流的，只有这样，才能最有效地压缩从下订单采购到备货运交最终客户的时间。

②降低产品的最终成本。供应链成本在产品总成本中所占比重之高低，取决于以下 4 个因素，即产品本身的价值、供应链路线的长短、产品的寿命期及其生产过程中的成本敏感度。就物流成本而言，它在不同类型产品的售价中所占的比重是很不相同的，任何一个企业在致力于最大限度地降低产品售价时，都必须把降低物流成本这个因素作为其有机组成部分。

③对客户的交货质量的提高。众所周知，高质量供应链管理的核心要求是提高交货的质量，必须在规定的时间按照订货要求向客户交货。交货必须是准时的交货，订货要求必须力求全面达到，这是高质量的供应链管理的精髓之所在。

五、物流发展战略目标选择

（一）物流发展战略目标的内涵

物流作为对“物”的流动进行科学管理的作业，发展的目标是指物流作业提供的物流服务能满足全社会物流活动的科学管理的状况。这一状况具体表现为：在保证物资在安全、快速、及时送达的情况下，物流费用的大小，即“物”的流动费用相当于国内生产总值 GDP 的比重。

战略目标的实现，将包括两个方面：一是有多少流动的“物”使用物流的理念、物流的管理技术进行管理；二是物流作为一种管理技术的服务，它提供的服务在能力上和服务质量上能否满足物流需求，其中包括为“物”的流动提供运输服务的运输基础设施的状况，物流运作设施（物流园区、物流中心、配送中心和仓储设施等）和信息传递基础设施的状况，提供物流服务的物流企业以及为物流企业提供支持的运输、仓储等企业的状况，同时还包括支持物流服务发展与运作的政策法规环境状况等。

战略目标的设计和选择，必须从我国所处的国际环境，以及我国的经济发展和改革进程出发，分析有利因素和不利因素多个侧面，设想可以调动的积极因素和有效资源，判断实现战略目标的可能性。

（二）制定物流发展战略目标的指导思想

制定物流发展战略目标总的指导思想应该是：中国物流要在发展中建设，在建设中发展，这个发展的进程要符合我国的国情以及与我国经济社会发展和改革的总进程相协调，包括以下几方面：

1. 要服务于国民经济发展总体的战略目标，并与总体发展战略目标相协调

我国物流发展战略目标的制定，要为实现我国的总体发展战略目标提供强有力的支持，以保证国民经济发展战略目标的实现。党的十六大报告提出要在优化结构和提高效益的基础上，国内生产总值到2020年力争比2000年翻两番，综合国力和国际竞争力明显增强，要全面建成小康社会。无疑地，物流发展战略目标要服从于这一总体的发展目标，即物流的发展要全面支持经济增长的要求和为提高生活质量服务。同时，作为总体战略目标的一部分，物流发展战略目标的实施和实现，要考虑与总体目标相协调，以保证国家经济全面发展。

2. 要与我国经济布局和区域发展战略相适应

我国物流的发展，包括扩大物流需求、提高物流服务能力和服务质量两个侧面，要满足不同区域和产业不同的要求。党的十六大在对东部地区、东北老工业基地经济发展提出了具体要求的同时，提出了积极推进西部大开发，促进区域经济协调发展的要求，因此物流发展战略目标的设计，不仅要满足国民经济总体发展战略目标的要求，也必须考虑与我国经济布局和区域发展战略目标相适应。

3. 要与经济结构调整相适应

党的十六大报告提出，要走新型工业化道路，推进产业结构优化升级，要推进农村和农业经济结构调整，物流发展战略目标的制定，要满足经济结构调整的要求并与经济结构调整相适应。

4. 既要考虑跨越式发展，又要循序渐进

科学技术的迅猛发展，产业结构的变化，新产品的增多，产品生命周期的缩短，要求有好的物流服务以提高生产和流通企业的国际竞争力。同时，随着居民消费水平的提高，消费者对商品与服务的需求也将越来越多，这些都对物流提出新的要求。无疑地，为了满足这些物流的需求，我国物流需有一个跨越式发展。但是，不论是我国生产和流通企业加强物流管理，还是物流基础设施的建设和物流人才的培养等都要有一个过程。

5. 要符合可持续发展战略

可持续发展是关系经济社会和人口资源环境协调发展的战略性问题。物流虽然促进了经济的发展，但是，在物流发展的同时，也会给环境带来不利的影响。为此，物流的发展应在充分有效合理利用资源，不破坏生态环境的基础上积极推进。

（三）战略目标的设计

1. 物流发展战略目标的内容

物流发展战略目标应包括相互关联和互动的三个方面的发展状况，即全社会的物流需求状况；物流服务的供应能力和服务质量状况；影响上述状况的政策、法规和政府正确有效发挥作用的状况。

2. 我国物流发展战略目标的设定

我国物流发展的战略目标可按高、中、低三个方案设计，假如中方案作为基准方案，高、低方案则意味着提前或推迟实现。

中目标方案（基准方案）：作为基准的物流发展战略目标，总体设想是通过 20 年的努力，极大地缩小与发达国家的差距。这包括绝大部分的“物”的流动或作为供应链的一部分，要用当代最新的物流理念和物流管理技术进行管理；通畅的运输系统能基本保证“物”的顺畅和低费用的流动；能力适应，布局合理的物流运作基础设施和良好的信息基础设施为物流的运作和信息传递提供保证；拥有较高服务质量和能力足够的物流企业；以及有利于实现这些设施和企业发展与运作的政策法规环境等。为了实现这一总体目标，我国的物流必须有一个跨越式发展。分阶段的目标设想如下：

2010 年：在目前的基础上，经过努力，全社会将有较多的“物”的流动，按物流的理念和物流管理技术进行管理，物流服务供应能力和服务质量有较大提高，物流的运作初步和国际接轨。我国的物流费用相当于国内生产总值 GDP 的比例，由目前的 16. 9% 降低至 12% ~ 13% 。其标志是：

（1）大型生产和流通企业基本上实现了物流外包，大部分中小生产和流通企业物流服务实现外包，城乡配送有了很大发展，电子商务、交易市场、社区服务的物流需求市场已初步形成。

（2）有一批能满足上述物流需求的具有较高物流服务能力和服务质量的物流企业及其相关的运输、仓储、流通加工的服务供应商。

（3）运输基础设施布局基本合理，节点间的运输通道基本畅通，物流节点内各种运输方式有良好的衔接和各物流运作设施间有比较通畅的运输线路。

（4）各物流主要节点城市已建设起基本有一定规模的能基本满足物流作业量需求的物流园区、物流中心、配送中心和仓储等物流运作基础设施。

（5）建立起保证物流信息传递畅通的信息基础设施和满足物流信息服务要求的网络供应商及信息平台。

（6）有一个较好的有利于物流企业运作和发展的政策法规环境。

2020 年：基本上与发达国家的物流管理水平相衔接，即大部分“物”的流动由较高服务质量的、能力基本满足要求的物流服务供应系统提供服务，在这种状况下，我国的物流费用相当于 GDP 的比重降为 10% ~ 12% ，有可能接近国际上发达国家物流费用相当于 GDP 比重的平均水平。其标志是：

（1）大型生产和流通企业的物流管理已从主业中剥离出来，交由专业物流部门运作，即实现了物流外包，中小生产和流通企业物流服务基本上实现了外包，城乡配送有了极大的发展，电子商务、交易市场、社区服务的物流需求市场已基本形成。

（2）有一批能提供不同层次需求的、具有足够数量的较高服务质量的物流企业及相关的运输、仓储、流通加工的服务供应商。

（3）在全国范围内有基本畅通的、布局合理的运输通道，各物流节点内物流运作设施之间有畅通的运输道路相衔接。

（4）物流园区、配送中心和仓储等物流运作设施能满足物流运作的需要。

（5）保证物流信息畅通传递的信息基础设施和拥有满足物流信息服务要求的网络供应商及信息平台。

（6）已基本建立起能满足物流企业运作和发展的政策法规环境。

高目标方案：如果我国有非常良好的国际环境，我国政府发挥了正确有效的作用，政策法规、战略、规划制定得更及时得当，我国物流发展的速度有可能加快，将提前实现上述目标，也就是说，2020 年物流发展的状况比上述基准方案预想得更好。

低目标方案：如果国际环境的发展，不利的因素比预想得多，我国经济的发展、结构调整、政策法规的制定、政府的作用等因素比上述状况差一些，2020 年达到的目标可能会低些。

（四）影响战略目标选择的制约因素

根据我国物流发展状况，影响物流发展战略目标选择的因素主要有：

1. 经济发展的总进程

我国经济正处于高速增长期，不仅经济总量有长足发展，经济实力也不断增强。随着科技进步，新工艺、新材料、新产品不断增加，产业结构与产品结构调整将加快，产品的生命周期将缩短。同时，随着经济全球化进程加快，我国加入 WTO，将有更多跨国企业进入我国，我国生产和流通企业将面临两个市场的竞争。流通方式的改革，我国人民生活水平的提高，电子商务的兴起，所有这些不仅为我国物流的发展提出了新的要求，也为物流的发展创造了条件。因此，物流发展战略目标的选择必须与我国总体发展目标相适应、相协调。

2. 认识因素

我国市场经济体制虽已初步建立，但离完善还有一个过程。在全国范围内，在各个相关行业间和各个层面上就这一问题提高认识，付诸行动也还有一个过程。物流能否做好和认识程度直接相关。

3. 体制因素

我国是一个从计划经济向市场经济转型的国家，虽然已初步建立了社会主义市场经济体制，但建立起完善的市场经济体制还有一个过程。导致难以按照物流的理念去管理物流活动，物流资源难以整合。从管理体制来看，我国物流的各个作业环节是分行业、分部门管理的，从中央到地方都有相应的管理部门进行管理。这种条块分割的管理体制，不仅影响着各种物流功能和物流服务方式的协调发展，同时也由于部门及地区间利益的所在，造成了物流资源的浪费。这种状况的改变，要考虑我国改革的总进程，政策法规的制定和政府作用有效而正确的发挥。

4. 资金因素

建立保证"物"的流动的畅通、高效和低费用的运输设施，建设相应的物流运作设施，建设物流信息传递与计算机网络设施，以及物流技术的研究和开发，为物流运作提供装备的物流装备工业的发展都需要投入大量的资金。物流发展战略目标的制定一定要考虑资金总量、投入时间及投入方式等因素。

5. 时间因素

由于物流发展各项要素的实施与实现，都有一个过程，诸如运输系统的建设，物流园区、物流中心、配送中心、仓储等物流设施的建设、信息系统的完善、物流专业人才的培养成长以及服务理念的形成、物流服务质量与服务能力水平的提高、物流需求市场的完善程度等都需要有一个时间过程，因此，在战略目标制定中一定要考虑总的时间进程。

6. 物流技术装备因素

物流技术装备的供应程度，也将直接影响到物流服务的能力、质量和效益。随着科学技术的发展，物流发展对于物流的技术装备提出了高水平的要求。物流技术的研究与开发，以及装备工业的技术创新和产品创新都对物流体系建设产生影响。

7. 政策因素

我国物流发展还处于起步阶段，由于物流设施的建设、物流企业的发展和运作、物流需求的增长都需要有政策的支持，即建立一个有利于物流发展的政策法规环境。由于我国是一个经济转型期的国家，它的发展和运作又涉及众多的中央政府、地方政府的多个部门，如何进一步修订已有的不利于物流发展与运作的政策法规、制定有利于物流发展与运作的政策法规，对于物流发展战略目标的选定有重要作用。

（五）战略目标的选择

1. 选择的方法

由于物流发展战略目标的实现需要众多的条件支撑。诸如物流的基础设施，包括货物运输设施、物流的运作设施（物流园区、物流中心、配送中心、仓储等）和信息设施；物流企业的服务能力与服务质量；运用物流理念，即物流管理技术管理各种类型的“物”的流动的数量；以及物流运作和发展的政策法规环境等。而这些条件的实现，又受诸多因素的影响，诸如经济发展水平（总量、布局、结构）、资金、时间、装备供应程度及水平、认识、经济体制改革的进程等。物流发展战略目标选择相关的各种因素的关系及思路框架见图7－4。

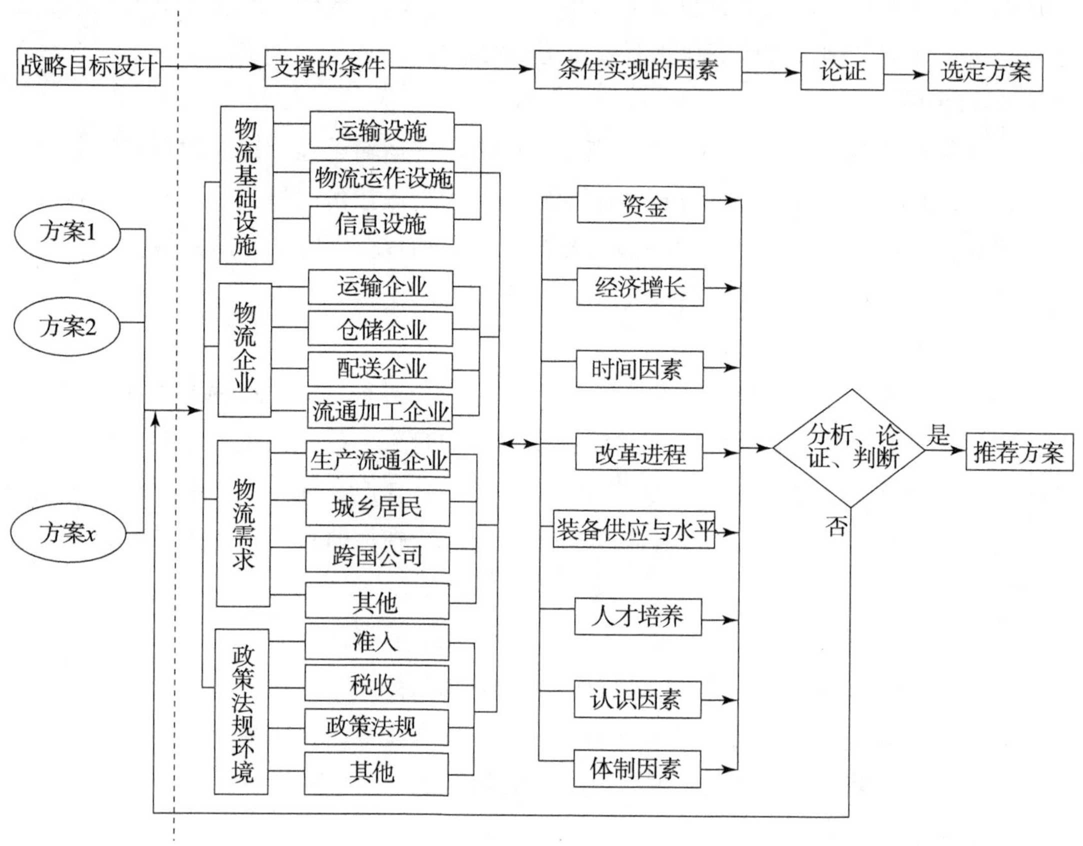

图7－4　物流发展战略目标选择相关的各种因素的关系及思路框架

从7－4可以看出：不同的目标方案，需要不同的条件支撑，而不同条件的实现受到众多因素的影响；反之，不同因素的出现将导致实现不同的条件和实现不同的战略目标。

2. 方案的论证

根据全社会“物”的流动数量的预测，以及地区布局和“物”的结构的变化对物流运输基础设施需要量，同时考虑到各种运输方式的线路，机场都是客货两用，未来20年，全国运输基础设施的建设规模投资大体在13万亿元。如果未来20年GDP的增长速度按7.2%计算，20年累计可达到420万亿元左右。如果交通运输投资占国民经济生产总值比重为3%~3.5%，用于交通建设的投资可达到12.6万亿~14.7万亿元。按各种运输方式的运输设施建设进度，进行经济动态平衡计算，实现基准方案是可行的。

我国物流及相关物流作业各环节的企业服务能力与服务质量这一条件应不成为限制因素；物流需求的发展速度将会越来越快，该条件将越来越显得不具限制性；物流发展与运作的政策法规环境将逐步改观。

鉴于目前我国已重视物流的发展，正在采取有力措施加快我国物流的发展，加之我国已加入 WTO，可以更多借鉴国外经验，因此，我国物流有可能实现跨越式发展。到 2020 年我国物流费用占 GDP 的比重有可能接近发达国家的水平，即接近 10% 左右。但是应该看到，物流费用占 GDP 比例的下降，说明了物流效率的提高，但并不意味着物流总费用的减少，由于国民经济总量的增加，“物”的流动总量也在增加，因此物流费用总量也在不断增长。

3. 战略目标的选择

到 2020 年，实现基准方案是可行的，因此报告推荐基准方案作为 2020 年中国物流发展的战略目标。即：到 2020 年，基本上与发达国家的物流管理水平相衔接，大部分“物”的流动特别是作为供应链的一部分，将由较高服务质量的、能力基本满足要求的物流服务供应系统提供服务。在这种状况下，我国的物流费用占 GDP 的比重降为 10%~12%，有可能接近国际上发达国家物流费用占 GDP 比重的平均水平。

六、物流发展的建设重点

（一）物流发展建设的主要内容

物流发展主要建设内容见图 7-5。

从图 7-5 可以看出，物流服务供应系统，包括物流基础设施和物流服务企业的服务供应能力和服务质量两个方面。物流基础设施的建设将重点研究物流运输基础设施和物流园区的建设。另外，在研究建设方案时，同时研究了物流节点的布局和建设问题。此外，一个好的物流服务系统，除了具有良好的物流基础设施外，还需要有与之适应的能够提供能力足够的服务质量良好的物流服务企业。基于此，物流发展战略建设的重点内容将包括：物流节点的布局与建设；物流运输通道的建设；物流运作基础设施的建设；物流企业服务供应能力的建设；扩大物流需求；物流信息化建设等。

（二）正确布局与建设物流节点

1. 物流节点的含义及正确布局物流节点的意义

物流节点是大量“物”的流动的汇集地和物流作业的集中地，实现高质量的

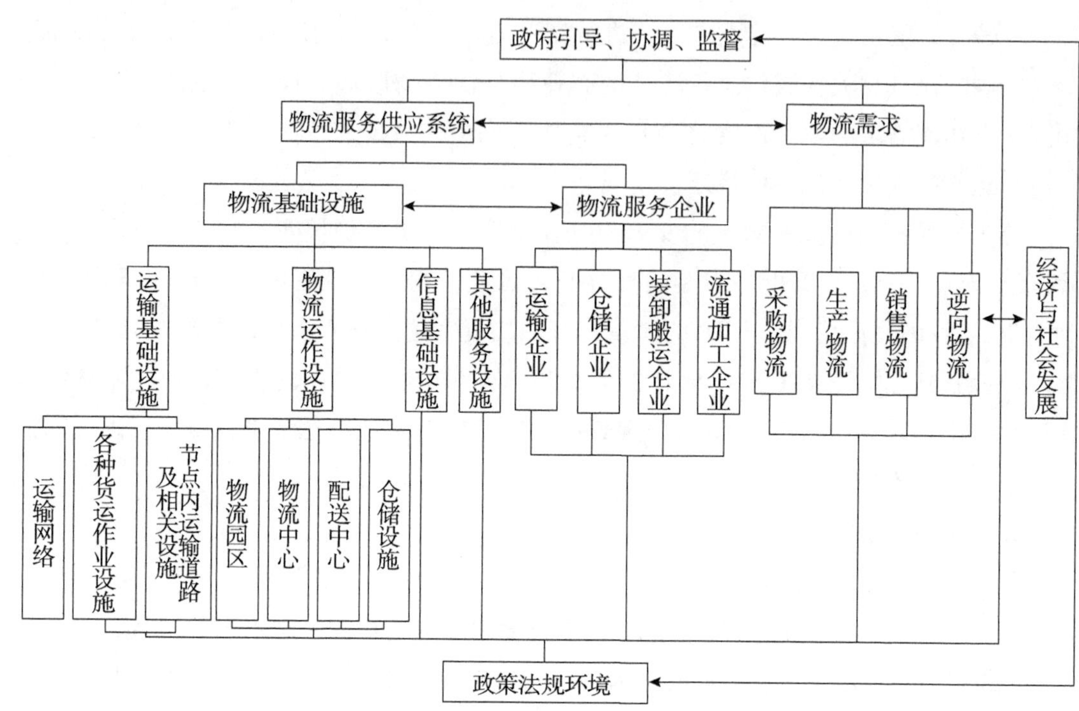

图7－5　物流发展主要建设内容

"物"的流动，保证"物"的流动通畅、快速、及时、方便和低费用，除了有满足上述要求的运输通道之外，在"物"的流动的汇集点和物流作业集中点，即物流节点上，如何保证"物"的流动的始发、终到、换装中转及相关的大量的"物"的流动运作以实现上述要求，对整个"物"的流动过程有极为重要的作用。加强对物流节点的布局与建设，在整个物流发展与物流体系建设中有重要意义。

2. 物流节点的分类

按在全国的作用分：全国性的物流节点、区域性的物流节点和地区性的物流节点。

按"物"的流动的特征分：国际物流节点和国内物流节点。

研究中首先研究了全国性的和地区性的国际物流节点的布局，同时研究了全国性的、区域性的、地区性的物流节点布局。

3. 物流节点布局的原则

物流节点一般设在有大量"物"的流动的始发、终到、中转换装和有大量物流运作的地点，以及在有多种运输方式衔接的运输枢纽所在地和经济中心、产品制造中心、贸易中心的所在地。因此，物流节点的布局应考虑以下原则：一是要考虑区位优势和经济优势；二是要与地区经济布局相结合；三是要考虑在物流体系中已形成的状况；四是要考虑未来的发展。

4. 物流节点布局评价的指标体系

物流节点是物流的汇集点和物流作业的集中点，关于它们在全国、区域或地区物流体系中的地位作用，研究中采用了下列指标对它们在物流体系中的地位作用进行了评价，包括：物流节点所在城市经济总量及其结构；所在城市的区位优势和在全国经济布局中的地位作用；服务地区的状况、服务地区的大小及服务地区内的经济状况；在全国运输网中的地位；国际口岸的发展状况；未来发展的前景。

5. 物流节点布局的方案

（1）全国性的国际物流节点，包括：上海、北京、广州、深圳、天津、青岛、大连。

（2）地区性的国际物流节点，包括：营口、烟台、连云港、宁波、温州、厦门、福州、汕头、珠海、湛江、防城。

（3）对于国际性物流汇集不多的以国内物流为主的节点，布局方案为：①全国性的国内物流节点包括：沈阳、郑州、武汉、西安、兰州、成都、重庆；②区域性的国内物流节点包括：哈尔滨、长春、太原、石家庄、济南、南京、徐州、杭州、南昌、长沙、南宁、柳州、贵阳、昆明、乌鲁木齐、包头；③地区性的国内物流节点由于数量较多，在本次战略研究中不再深入研究。

在物流体系建设中积极恰当地做好物流节点布局，做好物流节点内各种物流设施发展的规划，对实现物流发展战略目标有十分重要的意义。

（三）重视物流运输基础设施的建设

1. 物流运输基础设施建设的指导思想

（1）要继续加快我国运输体系建设的步伐。我国运输业必须继续保持较高的投资比例，使我国物流运输基础设施有一个较快的发展，以满足我国不断增长的“物”的流动的需要。

（2）要和经济布局相适应。物流运输基础设施作为经济社会发展的基础设施，是支持和实现我国经济布局的重要组成部分。

（3）要满足物流运输的要求。物流运输基础设施不仅要能保证经济社会活动的实现，还应保证这些活动质量良好的实现。主要是：通达、通畅、快速、方便、经济、可持续发展、安全。

（4）要充分发挥各种运输方式的优势。在物流基础设施建设中要充分利用各种运输方式的技术经济优势，最经济有效地实现不同“物”的流动的运输需求。

（5）要兼顾经济和国防安全。物流运输基础设施是战时机动部队、保证部队供应的重要支撑，应该考虑国家经济安全、国防安全的需要。

2. 物流运输基础设施建设的内容

物流运输基础设施的建设，必须以全国的货物运输需求作为基础。它的建设内容主要是：第一，各种运输方式的运输线路即综合运输网络的发展与布局，能降低费用满足全社会的货物需求；第二，货物作业设施，包括铁路公路货运站场、港口、机场等，在货运作业设施中，要注意物流节点内铁路大型货运站、公路主枢纽换装站、港口、机场的建设；第三，节点内各种运输方式到各个物流作业地点的连接线和城市配送道路的建设。

3. 物流运输基础设施建设的重点

（1）加强综合运输网络的建设，改善运输布局。第一，要增加各种运输方式运输线路的长度，改善运输布局；第二，要加强运输大通道的建设，保证物流节点间的运输畅通；第三，各种运输方式应协调发展，充分发挥各种运输方式的优势；第四，要加强我国与周边邻国运输网络的衔接。

（2）加强大型港口、机场、铁路货运枢纽站和公路主枢纽货运设施的合理布局与建设。第一，加快大型国际港口的建设；第二，加强机场的合理布局与建设；第三，加强铁路、公路、口岸货运设施建设。

（3）加快物流节点内运输基础设施建设。第一，各种运输方式的货运站点建设；第二，各种运输方式间要有通畅的连接设施和换装设施；第三，各种运输方式至各个物流作业地点（物流园区、物流中心、配送中心）间有方便的运输连接；第四，节点内有通畅完善的道路系统。

（四）加强物流运作基础设施的建设

1. 物流运作基础设施建设的指导思想

一是要与我国物流发展需求相适应；二是物流运作基础设施的建设要与服务地区的经济结构调整相适应；三是要充分利用现有资源；四是要与物流的运输基础设施建设相协调。

2. 物流运作基础设施的建设内容

物流运作基础设施的建设包括物流园区、物流中心、配送中心和仓储设施的建设。其中，物流园区作为公用的物流基础设施，它的作用是为众多的物流企业提供方便的运作环境，发挥物流企业的集聚效应，它将由政府统一规划、组织建设，而物流中心、配送中心和仓储设施大部分由企业自主建设与经营。根据我国目前的物流发展状况，参照国外物流发展的经验，按照基准方案中所确定的2010年和2020年的分阶段目标，在不同物流节点中都应有不同类型的物流园区、物流中心、配送中心和仓储设施，以形成综合、高效、便利的物流运作基础设施体系，为物流活动的顺畅运作奠定物质基础。

3. 物流园区的建设

（1）物流园区的内涵与分类。根据物流园区不同的服务对象和作业特征，可以有不同类型的物流园区。按服务的区域范围划分：有全国性的物流园区、区域性的物流园区和地区性的物流园区。按功能的完备性划分：有综合性物流园区和专业性物流园区。按服务对象划分：有主要为生产企业服务的物流园区和主要面向商业零售服务的物流园区。按是否服务进出境物流的特征分，有主要为进出境国际物流服务的国际物流园区和主要为国内物流服务的国内物流园区。不同的园区在作用上是交叉和兼容的。

（2）物流园区建设的重点。根据我国经济发展的趋势、我国物流发展的状况和对物流需求的预测，在物流节点内，应重点考虑国际物流园区、国内区域性的物流园区建设。

①国际物流园区。国际物流园区是指在国际物流节点内，以服务国际物流为主（主要业务是进门、出口、货物保税），同时服务于国内物流的大型物流园区。根据我国目前城市发展状况，以及海港和空港的发展情况，在上海、北京、深圳、广州、天津、青岛、大连、宁波、厦门、营口、烟台、连云港、温州、福州、汕头、珠海、湛江、防城等十多个在全国有重要作用的国际性物流节点建立起国际性物流园区。

②国内物流园区。国内物流园区是物流节点内以服务国内物流为主的物流园区，有时也可能承担部分国际物流服务。全国性物流节点如沈阳、郑州、武汉、西安、兰州、成都、重庆，区域性的物流节点如哈尔滨、长春、太原、石家庄、济南、南京、徐州、杭州、福州、南宁、长沙、昆明、乌鲁木齐、包头等。

③专业性物流园区。随着我国经济的快速发展，我国正成为世界制造业中心。在我国现有的制造业发达地区，必将会出现制造业集中的地区，在这些地区内有计划地建设专业性的物流园区，吸引更多物流企业入驻，为众多的制造企业提供良好的物流服务，对于提高地区经济竞争力，促进经济发展有重要作用。

4. 物流中心、配送中心和仓储设施的建设

加强这些物流运作基础设施的建设，对于提高物流服务能力和服务质量，实现物流发展战略目标有重要意义，在物流基础建设中也必须给予足够的重视。

（1）物流中心的建设。物流中心是企业以物流活动的组织管理为主，通过集中组织和实施专业化的物流活动，从而达到经济、合理、有效地提供物流服务的综合型、多功能的流通节点。

物流中心具有企业化、专业化、规模化、服务化、综合化的特征。第一，物流中心具有明确的产权边界，是市场的运行主体之一；第二，物流中心靠专业化的物流管理和组织优势而存在，为此建设中考虑专业分工和细化将十分重要；第三，由于专业化的优势，使得物流中心在组织和实施大范围的物流活动时能充分发挥自身的作用，形成规模化的物流运作方式，达到优化物流资源配置的目的；第四，物流中心通过提供物流服务来生存和发展，因此物流的性质决定了物流中心的服务化特征；第五，由于物流本身关系国民经济和社会生活各个方面的基础性和复杂性，使物流需求具有多层次、多方位、个性化和复杂化的特点，对于通过提供物流产品、满足物流需求的物流中心来说，相应地就呈现出综合化的特征。

（2）配送中心的建设。

配送是指从供应商手中接收多品种、大批量货物，经过储存、保管、流通加工、分拣、选拣、配货、运送、信息处理等物流作业过程，按客户的订货要求，为客户提供多批次、小批量的物流服务的过程。配送中心是专门从事物流配送业务的物流场所和单位。

根据深化流通体制改革，发展现代流通方式的需要，近期，我国应重点建设好四种不同层次、不同类型的配送中心体系，构筑一个具有中国特色的、点面配套的完善的配送网络体系。

①为商业业态服务的配送中心体系。为了满足我国流通形式改革的要求，要加快建设为大型零售企业、大型连锁超市、便利店服务为主的配送中心。

②为生产企业服务的专业化配送中心体系。为生产企业服务的配送中心具有专业性强的特点，尤其在增值加工能力方面应具有特殊性，是一种多品种、高效率服务的物流配送体系。这类配送中心的配送方式根据生产企业的特点，将单品种大批量、多品种小批量、配套式多种配送方式相结合。

③为城乡交易批发市场、中小企业服务的社会化配送中心体系。这类配送中心的建设应与我国现有批发企业和储运企业的改组、改造相结合，通过整合物流资源，打破行业界限和地区封锁，有计划、有步骤地完善和发展成一种专业化和社会化相结合的配送中心。

④为社区服务的配送中心体系。随着我国城市化进程的不断推进，以社区为单位的居民小区成为城市商品的一个主要消费需求市场。考虑到这一新的需求对象及其特殊性，应建设一种社区物流配送中心体系模式。这种配送体系涉及电子商务、社区信息化，以及连锁零售业和物流体系的组织管理。

（五）实现物流企业跨越式发展

1. 加快物流企业发展的重要性

加快我国物流发展，除了加快我国物流基础设施建设外，还应加快我国物流企业的发展，提高我国物流服务供应能力和服务质量，是保证我国物流实现跨越式发展和实现物流发展战略目标的重要条件。

2. 加快我国物流企业发展的难点

首先，物流企业是一种新的企业类型；其次，我国加入 WTO 后，我国企业在面临许多机遇的同时，也面临巨大的挑战；最后，我国物流企业的发展不仅会遇到人才、资金、管理经验等问题，同时还会遇到体制、机制、政策等问题，而民营物流企业还会遇到市场准入（如国际联运货代权）、融资等问题。

3. 加快我国物流企业群体的建设

根据物流需求的预测和我国物流发展的进程，应该在 5 ~ 10 年的时间内，力争使我国物流企业有一个较快的发展，即努力建成一个由各种所有制企业组成的、承担国际或国内物流服务的、大中小结构比较合理的、专业配套的、技术装备和管理手段比较先进的、服务能力和服务水平能基本满足我国物流需求的物流企业群体。为了实现这一目标，实现我国物流企业跨越式发展，具体建设意见如下：

（1）加快国有大型、特大型物流企业的建设步伐。在我国物流企业群体中，大型国有物流企业应是我国物流服务的主导力量，加快我国大型物流企业的发展，对于实现我国物流企业跨越式发展有重要作用。为达此目的，需做到以下几点：①加快国有大型物流企业的改组改造，建立起有活力的运营机制；②加快资源整合，不断壮大实力；③不断提高管理水平，增强物流企业的核心竞争力；④实施“引进来”和“走出去”战略，尽快做强、做大。

（2）加快国有中小物流企业的发展。中小型物流企业是承担区域内、专业化物流服务，以及与大型物流企业合作承担某些物流服务和某些物流作业环节服务（运输、仓储、配送、流通加工）的主要力量，是整个物流服务体系的重要组成部分。在实现我国物流企业跨越式发展的进程中，要对中小型物流企业的发展给予足够的重视。为了加快中小型物流企业的发展，对国有企业来说，也亟须按照企业改革的进程，改组改制，建立良好的管理机制，通过整合资源，给予必要的扶持以加大投入，增加必要的物流设施与装备，提高服务供应能力。

（3）鼓励扶持民营物流企业的成长。我国民营物流企业在不断崛起，对于推进我国物流发展起到了重要的作用。民营物流企业具有灵活的经营机制，不为传统所束缚，具有后发优势。对民营物流企业的培育要从两个方面着手：一方面，在民营物流企业的成长过程中，政府部门要积极给予鼓励，同时应放宽对民营资本的市场准入限制；另一方面，民营物流企业自身也要不断发挥自身优势，提高企业素质，充分发挥经营机制灵活的特长，积极和其他企业结成战略联盟，提升物流服务水平。

（4）采取有力措施，加快中外物流企业的合资合作。中外物流企业的合作，可以有多种形式。一是紧密的合作，建立合资企业，共同经营。二是可以合作，互相提供服务。三是可以建立联盟关系，使经营网络相互联结，做到优势互补，共同开拓市场。

（5）对物流各作业环节的服务企业进行战略性结构调整。满足我国物流发展的需求，还需要有数量足够的、服务质量良好的、承接部分物流作业环节的专业服务供应商，如运输企业、仓储企业、装卸搬运企业、配送企业和流通加工企业等，为物流提供良好的服务。为达此目标，需做到以下几点：第一，企业应根据需要进行战略定位；第二，对企业结构和管理进行战略性改革与调整；第三，多渠道融资，对技术装备和设施进行战略性改造；第四，在系统内进行战略性重组，不断扩大企业规模。

在近期发展基础上，再经过十多年的努力，在我国建立起一个技术先进、管理水平高、以大型国际品牌物流企业为骨干的、大中小结构合理的、专业配套的、能力足够的、服务质量基本达到国际水平的物流企业服务系统，全面实现我国物流发展战略的目标。物流企业的物流服务供应体系应具有以下特点：网络化、全程服务化、信息化与高技术支撑、服务质量化。

（六）不断提高认识，扩大物流需求

扩大生产与流通企业的物流需求，将成为我国物流在发展初期一个急需解决的重要问题，这也将成为近期扩大需求建设的一个重点。从社会的角度考虑，扩大生产与流通企业的物流需求对整个社会的发展意义深刻。

1. 加快扩大生产与流通企业的物流需求

（1）扩大生产与流通企业物流需求的意义。加强生产与流通企业物流管理，将物流从企业核心业务中剥离出来，不仅可以使生产与流通企业专注于技术水平的提高和经营管理的加强，同时还将扩大物流服务的需求，为物流服务创造需求市场，促进物流服务的发展。而物流需求的扩大，不仅有助于拉动物流服务的供给，使物流服务的社会需求和社会供给相辅相成，而且更多的物流需求，会使物流服务供给形成规模经营，给物流客户带来质量更优、费用更低的物流服务。这种以需求带动供给，供给反作用于需求的循环往复的互动过程，对于推进物流的发展和物流水平的提升，以及提高经济运行质量，优化资源配置，加快国有生产与流通企业的改革与改制，都起到十分重要的作用。

（2）扩大生产与流通企业物流需求的难点。加强生产和流通企业物流管理，将物流管理从企业的核心业务中剥离出来，虽然可以大大提高自身服务能力和质量，提高自身的竞争力，但对一个生产或流通企业来说，要做到这一点不仅涉及经营观念的转变，还将涉及业务管理流程的再造、资产的重组、组织结构的变革，也涉及打破原来“大而全”“小而全”的体制，甚至还可能涉及从领导的分工到某些人员岗位的变动等一系列变革。事实上是生产和流通企业一场深刻的再造、重组和改革，也可以说是企业内部的一场革命。

加强生产和流通企业物流管理，由物流企业为生产和流通企业提供服务，还需要政府的重视和推进。特别是在我国正处于经济转型期，国有企业占一定比重的情况下，没有政府的引导、组织、监督与协调，没有全社会各部门的积极参与、通力合作，单靠个别人和个别部门在较短时间内是难以完成的。

（3）近期扩大生产与流通企业物流需求的措施。

①加强政府的引导、组织与协调。政府应指定专门的机构，结合固有生产与流通企业改革的部署，制定出优化生产与流通企业物流管理的工作方针，提出推进加强生产与流通企业物流管理的任务要求、目标以及实施的措施。

②加强供应链管理，提高生产与流通企业的市场竞争力。生产和流通企业要以加强供应链管理为基础和出发点，建立起敏捷而高效的物流管理体系，实施业务流程再造，包括整合企业内部从原材料采购和供应、生产制造、运输、库存、分销、零售以及服务的各个环节，将企业内部的业务流程同业务伙伴的业务流程有机地连接在一起，共享有关信息，提高业务运作决策的准确性与快速性，共同参与市场竞争，从而突出核心主营业务，为实现物流业务外包奠定基础。

③加快生产与流通企业物流业务外包的步伐。为了加快物流业务外包，首先要提高认识，让生产与流通企业切实感受到物流业务外包的好处。生产与流通企业应努力把优化物流管理与企业内部改革紧密结合，将分散的物流管理重新整合，实施业务流程再造，设立专门的物流管理机构，对供、产、销物流活动实施全过程、全方位的管理，逐步向物流业务外包转化。物流企业也应不断提高服务供应能力和服务水平，与生产与流通企业物流业务外包紧密结合起来，共同推动和促进生产和流通企业的物流业务外包，扩大生产与流通企业物流需求。

2. 加快开发潜力巨大的农村物流需求

（1）加快扩大农产品配送的物流需求。随着农业的发展，农产品市场体系初步建立。大力发展农产品物流，推进农产品配送体系的形成，将是强化和完善农产品体系的重要基础。加快农产品配送体系的建设，一是要加大对实现农产品配送的基础设施的投入，例如道路建设；各种运输方式的货运站点；为交易市场服务的仓储设施，特别是建立农产品存储的专业仓库、配送中心相应设施的建设。二是要大力开发、生产各种农产品运载工具，以适应农产品运输的要求。三是要采取有力措施吸引更多的物流及相关物流环节服务商如运输供应商、仓储供应商等入驻，提供服务。

（2）不断扩大农村消费品（包括生产资料和生活资料）配送的物流需求。目前，农村的消费市场包括农业生产资料，如农药、化肥、种子、生产工具及其配件、燃料等，以及生活资料，如工业以及工业性的日用消费品和农产品。

多年来，由于我国广大农村远离城市，道路交通不便，在消费品的获得上一直比较困难，这在落后的农村表现得尤为严重。在物流发展中，各级政府应将农村配送，扩大农村物流需求列为重要内容。要配合流通体制改革，推进农村流通现代化，尽快建立起农村消费品配送体系，力争在我国农村形成一整套系统而规范的运作模式，形成有中国特色的农村消费品配送体系，不断扩大农村的物流需求。

3. 进一步提升城镇居民的物流需求

改革开放以来，我国城镇居民的生活发生了翻天覆地的变化。城镇居民的消费正在发生深刻而重要的变革，消费结构在迅速升级，消费需求在逐步转型，消费观念正在发生改变，已基本达到了小康生活水平。为进一步扩大城镇居民的物流需求，需做到以下几点：

（1）加快发展各种新兴的商业业态和便民服务。我国目前城镇居民消费品的流通已经具有许多流通方式和经营形式，如连锁、超市、便民店等，正在成为完成商品到城镇居民消费的最终桥梁。这些有利于扩大城镇居民消费需求的各种新兴业态的实现，需要及时的物流服务，从而扩大物流需求。

（2）加快城镇末端物流配送。城镇末端物流配送是指将商品消费品直接送到居民手中、居民可以不出家门就能直接获得消费品的一种物流服务。这也是物流需求高要求的一种表现，对于城镇的一些特殊消费群体尤为重要。

随着我国经济的不断发展，城市化进程的不断推进，人民生活水平的日益提高，特别是老龄化社会的到来，在我国城镇出现了越来越多的居民住宅小区，出现了越来越多的社区服务，社区中的居民成为我国近年来出现的一个新消费需求群体。为了满足这部分新的消费群体的需求，要加快建设城镇末端物流配送体系，立足于网络普及率不高、电子商务信用、结算体系不健全的现实，通过上网、打电话、访问服务站等多种订购方式，拓展市场空间，来提供具有城市特色的物流配送服务，拓展城市物流需求空间。

4. 继续研究跨国企业物流需求的变化

跨国公司的物流需求一直是物流服务的大买家。对于它们来说，专业化的物流服务一直是它们的需求。它们所要求的中国物流能够尽快提升服务能力和服务质量，以尽快实现和它们生产与经营的对接。因此，要不断研究跨国公司物流需求的新特点，及时提供优质的物流服务，同样是我国物流发展中的重要问题。

（七）推进物流信息化建设

我国物流信息化体系应包括以下几个组成部分：物流信息资源的开发和利用、物流信息网络建设、物流信息技术应用、物流信息化人才队伍建设、物流信息化政策法规和标准。我国物流信息化的建设意见包括：第一，加快物流信息基础设施的建设，包括宽带网络、互联网、光通信建设等；第二，发展一批互联网物流服务供应商；第三，加强企业物流信息化建设；第四，加快与物流相关的行政管理部门的信息化进程；第五，进一步完善金融体系信息化建设；第六，加快物流信息化人才的培养。

七、实现战略目标的政策措施建议

1. 全社会要继续提高对发展物流重要性的认识

只有全社会充分认识到发展物流对于提高我国经济社会发展的速度、效益和质量，加快我国产业结构进行战略性调整，提高我国经济的竞争力，改善投资环境和扩大对外开放规模等诸方面的重要性，才能在各个层面、各个地区、各个行业采取有力的政策措施，从根本上推动我国物流的快速发展。

2. 加强政府对物流发展的引导、扶持、协调和监督

物流的发展，物流战略目标的实现，需要全社会的共同参与，尤其是政府的积极引导和推动。为了顺利实现我国物流发展的战略目标，使我国物流能够实现跨越式发展，要加强政府对物流发展的引导、扶持、协调和监督。具体建议：

（1）政府应建立统一的、专门的管理协调机构，加强物流工作的组织领导，根据国外物流管理的经验和我国经济体制改革的实际情况，建立统筹整个物流发展的专门机构是十分必要的。为了在现有管理体制基础上实现上述要求，建议由国务院一位领导同志或由国家的经济综合管理部门领导同志主持，由各主管部门领导同志参加的物流协调（领导）小组，在综合部门设立物流主管机构，研究我国物流的发展状况，制定物流发展战略与规划，修订有利于我国物流发展与运作的政策法规，协调解决物流发展与运作中存在的问题，引导我国物流的快速发展。

（2）要抓住我国物流发展中的重点、难点工作，及时研究解决阻碍物流发展的问题，促进物流工作顺利开展。加快物流发展进程中的问题很多，只有涉及全局的关键性问题得到解决，才能保证物流的顺利发展。这些问题主要是：物流基础设施的规划布局、相互衔接以及协调发展问题；物流政策法规环境问题；加强生产和流通企业的物流管理，扩大物流市场需求问题；物流企业的培育，提高物流供应能力和服务质量问题；物流信息平台建设及人才培养问题等。

3. 建设有利于物流发展与运作的政策法规环境

为了加快物流发展，推动物流企业通畅的运作，建立一个良好的政策法规环境已成为当务之急。

（1）简化物流企业的市场准入与审批要求。工商行政管理部门要积极为经营物流业务的企业办理注册登记提供方便。取消地方对注册物流企业的前置性审批，并根据物流企业网络运作的特点，就物流企业在外地分支机构的登记应尽快出台相应的政策和规定，以简化登记审批手续，加快物流企业的市场运作。对物流企业在运营过程中遇到的运营许可证、国内水运、公路、铁路运输代理权、国外货运代理权、民航销售代理资格证书等一系列审批权问题，国家相应的行业主管部门应简化审批手续，明确审批权限。

（2）建立有利于物流企业发展的税收政策。建议国家税务管理部门可考虑对物流企业实行低税率政策。鉴于物流企业的大部分服务费用是运输支出，建议国家对物流企业的营业税税率参照运输业的税率按实际营业额的3%征收。

建议国家税务管理部门考虑使用物流专用发票，或明确抵扣方式，对外包的业务实行营业收入抵扣后计税。我国税制进行重大改革时，可考虑使用增值税计税。

建议将物流企业按一个利润中心，统一纳税的问题纳入到税制改革的进程中予以考虑，根据改革的部署，逐步实现这一要求。

（3）尽快完善物流的用地政策。为应急需，建议各省市政府增加物流用地指标，可在现有指标中给予调剂。关于购地费和土地出让金的标准，为了鼓励物流设施的建设和物流企业的发展，国家应采取优惠的地价，降低土地购置费。土地出让金建议按下限征收。

（4）要加强物流车辆的交通管理，为物流车辆的畅通运行创造条件。建议各城市的公安交通管理部门，除根据物流发展逐步增加城市通行配送货车的车辆指标外，还应根据各配送货物客户的特征规定行驶时间，保证通畅行驶与停靠作业的方便。为了降低物流费用，根据中央的规定，应取消不符合规定的行政事业性收费、政府基金、政府性集资、罚款和各种摊派项目。

（5）要加快通关速度。在重点关区积极推行口岸大通关管理，对海运、空运进出口物流业务现场实行24小时通关，其他现场进出口业务实行24小时值班或预约报关制度；对物流企业的进口货物实施提前报检、提前报关、实货放行的通关新模式。将“多站式”变为“一站式”，将“串联式”通关作业流程变为“并联式”处理，以减少物流企业排队等候申报时间。为方便物流企业办理进出口业务，提高效率，对国际物流业务量大的物流企业，应帮助其申请设立海关监管点、监管堆场和监管仓库。

4. 采取多渠道投融资，加快我国物流的发展

除运输基础设施和信息基础设施外，其他各项物流基础设施，如物流园区、配送中心，以及物流的信息系统、各种装备、机具的改造和购置，目前尚没有系统的强有力的扶持政策。鉴于各种物流设施与装备在物流系统中的性质、作用和经营者不同，建议采取不同的措施给予扶持。

（1）关于物流园区的建设。由政府统一规划，政府组织的经营单位建设和管理，各地政府应给予资金扶持和组织投资和融资。

（2）关于大型企业的物流中心、配送中心、仓储设施和信息系统建设。应像国家急需发展的重点行业和项目一样，根据项目的意义和受益的地区，由相关政府给予财政贴息。地方政府应加大对它们的扶持力度。

（3）减少物流基础设施建设中的各种配套费用。为鼓励物流项目的建设，加快物流发展的步伐，在物流项目建设中应尽量减少地方的收费项目和降低收费标准，以减轻投资者的负担，鼓励更多投资者对物流项目投资。

5. 加快物流标准化体系的建设

根据我国目前物流标准化发展的状况，一方面，要加强对物流标准化工作的重视，要在计量标准、技术标准、数据传输标准、物流作业和服务标准等方面做好基础性工作，全面制定并实施物流标准化。另一方面，要加强对标准化工作的协调和组织工作，对国家已颁布的各种与物流活动相关的国家标准、行业标准进行深入研究，改变过去标准的制定和管理不统一的状况。

6. 加快物流人才的培养

加强物流人才的培养，特别是物流发展中企业急需的物流服务方案设计、物流管理、客户管理、计算机系统开发与维护人才的培养。具体建议：

（1）加快现有在职人员的培训。应在物流相关行业中（如运输、仓储、代理、信息等）选择一批有一定专业知识、有相关行业管理经验、年富力强、敬业精神好的管理人员和技术人员，通过短期培训、考察、跟班作业等方式尽快掌握物流基本知识和运作技术，并通过不断的实践，成为物流管理的专业人才。

（2）加快学历教育的发展。目前，很多大专院校已经恢复了物流专业，并且正在扩大物流专业本科、硕士、博士的招生规模。由于我国的物流管理还缺乏长时期的实际运作经验，因此在招生规模、教材和教师质量上都应有一个较快的扩大与提高。

（3）尽快开展职业资格认证培训工作。职业资格认证教育更侧重于实际业务运作，鉴于我国物流发展较晚，职业岗位培训工作特别是物流方面经验不足，引进国外成熟的职业岗位培训系统，在我国尽快推动此项工作的开展，是解决我国物流人才不足的又一重要途径。

（4）跟班劳动。跟班劳动是完全建立在实践基础上的对具有实践经验人才培养的一种方式。跟班劳动将会学到许多书本上学不到的知识，有助于增加对物流的感性认识，这尤其对我国目前急需的大量规范物流操作人员尤为重要。

7. 加快物流技术装备工业的发展

加快我国物流装备工业的发展，提高物流装备工业的技术含量，积极吸取国外相关的先进经验是我们当前迫切需要解决的重点问题。为此，建议：国家要将物流技术装备工业的发展列入国家装备产业的发展规划中；要把提高智能化水平作为发展装备工业的重中之重；要加大对物流装备工业关键领域的投资力度。

8. 物流研发的建设

国家要尽快将物流研发纳入到国家整体研发体系与规划中。加大对物流研发的投入，包括从资金到人力，从组织专门机构或班子负责物流研发等一系列工作纳入到研发计划中。国家对物流企业技术进步的条件要做必要的明确规定，引导大型物流企业集团率先实行。

另外，国家要尤其重视并引导对物流以及大型生产和流通企业的物流研发工作。对此，一方面要通过改革，建立企业技术创新机制，把制度创新与技术创新结合起来，在此基础上建立健全研究开发体系；另一方面要建立健全多层次、多渠道的技术投资体系，特别是要结合资本市场的发育，引导、鼓励多元化的风险投资、创业投资进入物流技术的研发领域，并促进科研成果的转化和新技术的产业化。

9. 加强对外合作

为了加快我国物流发展的步伐，除了企业自身努力之外，加快对外合作，引进国外的物流管理技术、人才和资金是加快企业物流发展的重要途径。建议：

（1）对外合作可以采取多种方式。为了更多地引进国外的管理、技术和资金，可以采取合资的形式。这种紧密的联合，不仅可以直接获得资金和管理技术，提升企业的供应能力和服务质量，同时也可以直接进入它们的经营网络，为客户迅速提供领域更为广阔的物流服务。对于一些有基础的物流企业，也可采用合作与联盟的方式，做到优势互补，以迅速扩大经营范围，进入国际物流服务系统，满足国内物流服务的需求。

（2）为对外合作创造有利的环境。对外合资、合作的开展，事实上也是一次有效的资源整合，会遇到一系列的审批，包括对资源的评估、审批和收费等问题。为了促进合作的进行，应该简化审批程序，制定有利于资源整合的规定。

（本文作者系中国交通运输协会常务副会长王德荣）

发展单元化物流，优化供应链体系

——论单元化物流之一

物流现代化已经成为我国经济持续发展战略的最重要的课题之一。2008 年物流业被列为十大振兴产业之一，奠定了物流业的地位。在国家可持续发展的经济战略中，作为生产性服务行业重要组成部分的物流业发展得到了充分的重视和保障。

中国物流现代化的发展道路上仍然存在许多困难，其中最困惑的问题之一是物流成本过高。据统计，我国物流成本与 GDP 的比值随着物流现代化的发展由 1991 年的 24%逐年降低至 1995 年的 21.2%、2000 年的 19.4%和 2005 年的 18.3%。但是在以后六七年中，到 2012 年为止始终徘徊在 18%上下难以进一步降低，和发达国家物流成本与 GDP 的比值 8%~10%相比仍然高出一倍之多。2012 年我国 GDP 为 47 万亿元，为了保证这样巨大规模国民经济体系的正常运转，和发达国家相比我国要多耗费 4 万多亿元的物流费用，相当于世界排名前 20 位一个国家的 GDP 数值的财富被无效地消耗了。近年来政府和企业界努力对物流业作出改革，出台了许多政策措施，但是这个问题的解决仍未能取得显著效果。

根本原因在于我国经济高速发展的过程中，物流现代化较为滞后，社会供应链被动地承受了高速发展经济成果加上的负担。为了保证国家经济可持续发展，在经济发展规划中对于物流现代化给予了足够的重视，并且出台了一系列的扶持政策，无疑是非常明智的方针。但是仅从政策层面或管理方面着手优化供应链物流难以得到理想的效果，规模扩展过快的供应链物流系统在结构方面不可避免地存在诸多缺陷，必须从机理上不断改善和强化，解决问题最基础的也是唯一的途径就是发展单元化物流。

一、单元化物流的概念

1. 基本概念

将供应链物流中物品由发货地整合为规格化、标准化的货物单元并且保持货物单元的状态一直送达最终收货点，货物单元也是供应链物流各个环节的作业单元，这种物流形态就是单元化物流。

为了实现物流作业机械化、自动化以提高物流系统的作业效率，首先必须把货物归整成统一规格的作业单元。这种便于储放、搬运和运输的货物单元称为集装单元。在供应链的各个环节中以集装单元为对象而组织的装卸、搬运、储存和运输等物流活动一体化运作所形成的物流形态称为单元化物流。在供应链物流中，单元化物流占有的比例越高，供应链物流优化的效果越好。各种提高物流系统效率和降低物流成本的措施就能够收到预想的效果。

2. 集装单元器具

货物单元的形成依赖于集装单元器具，较为常见的集装器具包括集装箱、托盘、周转箱等。货物单元的规格标准取决于集装单元器具的规格标准，所以集装单元器具标准化是物流标准化的最重要内容之一。

集装箱和托盘是两种最主要的集装单元器具。体积较大的集装箱主要用于以海上运输线为主的干线物流，以集装箱为作业单位可以大大提高港口装卸作业效率，在海上运输中得到广泛应用，也促进了沿海各国集装箱码头建设的快速发展。

较小型的集装单元器具托盘作用更应该受到关注。以托盘为基底的货物单元广泛深入到生产线、配送与库存作业中，是支线物流集装单元化的主要器具，可以实施门到门的运输。和国际上已经统一规格的海上集装箱不同，托盘和所承载的货物尺寸关系密切，企业根据产品尺寸选用托盘有很大的随意性。尽管我国已经制定了托盘国家标准，但是面对现实中品种繁多的托盘，推行单元化物流仍然是困难重重。托盘为基底组成的单元化物流涉及企业生产、商业流通的全部环节，所以托盘标准化、托盘的合理使用和托盘回收与托盘共用系统的建设等课题是推行单元化物流的最重要的任务。

3. 单元化物流的类型

集装单元器具和包装器材不同，它具有通用性，和所承载的货物的属性之间没有固定关系，因此集装单元器具可以适应不同企业不同规格的产品重复使用和循环使用。集装单元器具的异地回收和再投入使用的过程相当复杂，因此，一些提供专业服务的企业也应运而生，如集装箱、托盘租赁企业等。

单元化物流根据集装器具来划分比较简单，如集装箱单元化物流、托盘单元化物流和周转箱单元化物流等。

也可以根据集装单元器具使用方式进行分类，以托盘单元化物流为例：跨地区、跨行业循环使用类型。如托盘共用系统（包括交换式、租赁式），需要具有足够大的网络系统和足够多的服务网点，拥有数量庞大的标准托盘。用户只能接受使用标准托盘，不能有改变标准的要求。这样形成的单元化物流是理想的类型，应该成为社会供应链物流的主体。

局部回收重复使用类型。用户产品的发送地比较固定和集中，发送产品的数量也比较稳定，这种情况下送货的集装器具也可以回收循环使用，形成局部供应链环节间的单元化物流。为了降低回收空载器具的运输成本，可折叠或可拆卸的集装器具得到广泛应用。

二、发展单元化物流的重大意义

发展单元化物流对于社会供应链结构优化具有决定性的意义。

1. 提高供应链运作效率

作为单元化物流机体的货物集装单元具有一定的体积和重量，而且是规格化、标准化的实体，为实施物流作业机械化、自动化提供了条件，可以有效地提高装卸搬运等物流作业效率。以集装单元为作业单位，大大减少重复堆码和重复搬运等无效劳动，同时物品的数量检验和清点交接也更加简便快速、减少差错。供应链物流的效率提高增加了物流的快速性，对于企业产品更快地抢占市场、增强竞争力有重要作用。

2. 降低供应链物流成本

单元化物流机械化、自动化程度高，降低劳动强度的同时节省人力，在人工成本不断上升的情况下，对物流成本的降低影响逐步明显。以集装单元器具为基础的货物单元便于货架存储，可以增加货物堆积高度、提高空间利用率，从而减少物品堆码存放的占地面积，在土地价格高涨条件下也有利于物流成本的下降。更为重要的是，供应链高效运行缩短了货物在供应链中停留的时间，大大减少了供应链库存，从而产生非常可观的经济效益。

3. 单元化物流符合发展资源节约型经济的需要

使用集装单元器具，在同样有效地保护物品的前提下，可以简化货物包装，减少包装器材的消耗，节省包装费用。同时集装单元器具具有通用性，可以循环使用，为可持续发展和绿色物流的理念的实现提供了保障。例如，大量木托盘使用数量的减少，对保护森林资源有着重要意义。货物在单元化物流中流动，可以受到集装单元的器具的有效保护，把货物在物流过程中的损失与损耗降到最低。

4. 单元化物流为物联网实施提供必要的环境

在供应链管理时代，利用物联网技术实现物流可视化是加强供应链物流的管理、监控和优化调度的最佳境界。

流通中的物体如何与物联网建立起信息互动的关系是首先要解决的问题，其中最有效的方法之一是利用 RFID 技术，使用载有电子芯片的集装单元器具所形成的货物单元能够具备所需要的智能特征。这一集装单元电子信息化的管理手段，将为供应链管理提供强有力的支持，能够对供应链物流系统进行及时、便捷、准确有效地监督、控制与管理。电子标签即使只是记载着集装器具的物品编码，但是通过网络可以把其所载货物的品名、数量、体积、重量、受托人、收货人、地址等有关货物运输的重要信息都存入数据库。与其他相关技术配合能够形成完善的物联网系统，对物流全过程实施有效地跟踪、监控、管理和调度。

5. 发展单元化物流可以促进供应链各个要素协调化，提高供应链素质

通过集装单元器具的标准化、规格化，进而推动运输、搬运和仓储设备的标准化，使物流系统各环节设备规格协调，大大提高全系统的作业效率。单元化物流的一体化运作方式有助于促使供应链各个有关企业加强协作，建立共赢的伙伴关系，因此对于供应链的优化与完善将起到推动作用。

6. 单元化物流技术是发展各项特种物流的需要

（1）军事物流。军事行动效率第一，作为最重要的集装单元器具——托盘就是在第二次世界大战中得到普及，托盘和叉车的组合解决了美军在港口堆积如山的军用物资中的装卸问题。

（2）应急物流。因突发事件而产生的应急物流，需要高效运作并且能够适应非正常的环境。例如，芦山地震就使用了一批托盘箱，不仅快速送达，而且可以露天存放兼作保管器具。

（3）农业物流。我国农产品特别是果蔬类产品在物流过程中损耗变质情况严重，甚至达到20%~30%。如果在地头就以周转箱整理好通过托盘运输系统直接送达商店，不仅避免了损耗，还能提高效率保持产品新鲜。

（4）冷链物流。冷链物流中的集装器具可以具有温度控制功能，特殊设计的周转箱或托盘箱具有保温或调温功能，可以和冷链车辆、仓库一起组合成多种类型的高效合理的冷链系统。

（5）电商物流。网购的爆发式发展，对于现有物流系统是难以承受的考验。新兴的电商物流必须以单元化物流理念，研究和构建符合时代要求的物流系统。

三、单元化物流的发展战略

1. 理论先行宣传造势

单元化物流理念是在集装单元化概念基础上提升形成的，是融合了供应链管理和物联网的有关思想的大系统理念。新的理念需要不断地深入与完善，需要更多的学者和专家参与探讨，所以要通过各种渠道进行宣传，让社会了解和认识这个新的理念。

2. 开展单元化物流技术研究活动

单元化物流技术领域非常广阔，包括理念体系的研究、单元化标准体系研究和有关标准的制定、物联网与单元化物流相关的信息技术研究、单元化物流作业机械与集装器具的研究、单元化物流系统的规划与设计的研究等。

3. 加强单元化物流组织建设

推行单元化物流涉及各个方面：为单元化物流提供技术装备的有托盘（箱）企业、叉车企业、货架企业、货运车辆企业等，提供技术支持的物流系统集成企业、信息服务企业等，提供运行服务的托盘租赁、回收企业和第三方物流企业等。要把众多不同类型的企业统一于单元化物流旗帜之下，需要建立一个能够交流和联系的平台。这个平台可以是定期举行的论坛、会议，也可以是常设的协会、产业联盟等方式。

4. 争取国家对推广单元化物流的政策支持

鉴于单元化物流对于国家经济发展的重大影响，在充分陈述其意义的情况下，得到政府有关部门支持的前景是良好的。单元化物流项目也可以在国家支持的其他领域得到支持，如物联网应用的项目，绿色物流、可持续发展项目，节能、减排、节材项目等。

单元化物流意义重大，推进单元化物流刻不容缓，但是单元化物流的发展是长期的任务必须坚持不懈的努力。单元化物流在社会供应链物流系统中不断壮大的过程也就是我国物流现代化水平不断提高的过程，让我们为这个宏伟的事业共同努力吧！

（本文作者系亚洲托盘系统联盟轮值主席、中国物流与采购联合会托盘专业委员会主任、北京科技大学教授吴清一，于2013年5月刊登在《物流技术与应用》）

标准化是单元化物流的基础

——论单元化物流之二

将供应链物流中物品由发货地整合为规格化、标准化的货物单元并且保持货物单元的状态一直送达最终收货点，货物单元也是供应链物流各个环节的作业单元，这种物流形态就是单元化物流。在单元化物流系统中，货物单元是以可回收与循环使用的集装器具为基础而形成的，根据集装单元器具分别有集装箱单元化物流、托盘（箱）单元化物流和周转箱单元化物流等。由于托盘在集装单元器具中的重要地位，托盘单元化物流是推进单元化物流最主要的、具有代表性的领域，下文除特别指明外，所论及的“单元化物流”的含义均为“托盘单元化物流”。

一、集装单元器具标准化的重要性

单元化物流系统中，物流作业是以集装单元为对象而组织的装卸、搬运、储存和运输等一体化运作方式的活动。单元化物流作业系统是由货物单元、集装器具、物料搬运技术装备设备和输送设备以及运输车辆等有机和谐组成的高效、快速地进行物流功能运作的系统。在供应链各个环节、各种作业和作业机械之间需要协调配合统一标准，货物单元是单元化物流的作业对象，是组成单元化物流的主体，货物单元标准决定于集装单元器具标准。集装器具的标准是系统标准化的起点，单元化物流作业机械和运输设备的规格标准都应该以集装单元的标准为参照制定执行。

集装单元器具承载着货物形成货物单元，货物包装的规格尺寸也应该和集装器具标准相匹配，从而充分提高集装器具的容积率。货物包装和集装器具相匹配就是要按照集装单元器具的规格来制定货物包装方案，而不是根据包装规格来确定集装器具的大小。因为集装器具和包装在物流系统中的概念定位是不同的。有一些文献把集装和包装混为一谈，其实不然。集装和包装在功能、处理对象和技术应用范围等方面都有原则性的区别，见表7－7。

表 7-7　集装和包装的区别

	集装	包装
功能	把零散物品集合为一个整体，便于进行物流作业。服务对象是物流系统	起到保护商品或促进销售的作用。服务对象是商品及货物的本体
处理对象	不同种类、规格、尺寸的物品可以共同形成一个集装单元	一般是针对某一种商品形成一个包装单元
集装器具和包装器材的性质	集装器具有通用性，和承载的物品属性没有内在联系，可以回收循环使用于不同种类的物品	包装器材是商品的附属物，商品消费后一般成为废弃物，其中一部分也可以回收加工再利用
技术应用范围	是单元化物流的核心技术，涉及供应链各个环节的物流作业	限于包装环节，如包装技术、包装机械、包装材料等

由表 7-7 可知，集装器具标准化是单元化物流系统的基本要求和必须具备的条件，是推行单元化物流必须遵守的原则。为了提高集装器具的容积率，货物包装规格应该以集装器具标准为依据进行设计和实行。

综上所述，集装单元器具的标准处于单元化物流系统标准化的核心位置，它影响相关物流作业机械如货架、搬运机械、运输车辆的规格设定，同时又对货物包装的规格尺寸形成约束条件。从集装器具出发推行系统的标准化是建设单元化物流系统必须遵循的原则，集装单元的设计成为物流系统规划设计的起点。

二、托盘标准制定的依据

集装单元是物流作业处理的对象，为了提高物流系统的作业效率，集装单元的规格化和标准化极其重要。集装单元的规格尺寸是由集装单元器具决定的，最为普及的集装器有集装箱和托盘两种。用于干线物流的集装箱跨洋过海往来于各国之间，其规格已经统一，受到国际公认。但是各国托盘的规格却未能统一，出现了各不相同的标准。国际标准组织 ISO 只能采取包容方式，承认已经普遍应用的 6 种托盘规格均为国际标准，并且在 2003 年予以颁布，见表 7-8。

表 7-8　ISO 规定的托盘国际标准

规格尺寸（mm×mm）	普遍使用地区	备注
1200×1000	欧洲	长方形
1200×800	欧洲	长方形
1140×1140	澳大利亚	正方形

续 表

规格尺寸	普遍使用地区	备注
1067×1067（42 英寸×42 英寸）	澳大利亚	正方形
1100×1100	日本、韩国	正方形
1219×1016（48 英寸×40 英寸）	北美	长方形

实际上各国制定托盘标准都依据两方面：第一方面是考虑托盘集装单元能够顺利装入运载设备并且有较高的容积利用率，卡车和铁路货车车厢、集装箱等内宽是确定托盘集装单元尺寸的约束条件。由于集装箱内宽相对较小而且集装箱标准已经得到国际性的认可，因此托盘货物单元的尺寸以集装箱规格为依据是合理的。

按照集装箱尺寸可以做如表 7－9 所示的分解。

表 7－9　集装单元尺寸的合理确定　单位：mm

集装箱外宽	2438	
集装箱内宽	2330	
内宽减 50（作业空间）	2280	
分解为两种形式的货物单元（底部投影面积）	长方形	正方形
	1240×1040	1140×1140
相应托盘规格	1200×1000	1100×1100

表 7－9 中两种货物单元都符合集装箱的装入条件，正方形的集装单元可以两排并列装入集装箱，而长方形的则必须纵横并列方可装入集装箱。由于允许货物码垛在托盘上可以有 40mm 的超差，相应地有两种规格的托盘，即长方形的 1200mm×1000mm 和正方形的 1100mm×1100mm。美国托盘标准规格为 1219mm×1016mm 实际也是表上的长方形托盘规格，由于英制换算的结果和 1200mm×1000mm 略有差别；附表 1 中澳洲常用两种正方形规格也属于 1100mm×1100mm 的范畴之内。

影响集装单元规格的第二方面是包装模数，基本包装模数是 600mm×400mm，相应的托盘规格为 1200mm×800mm（每盘 4 件）和 1200mm×1000mm（每盘 5 件）。符合包装模数系列尺寸的包装货物在标准托盘上堆码可以达到最大容积率。

托盘国际标准 6 种规格中具有代表性的是 1200mm×1000mm、1100mm×1100mm、1000mm×800mm 三种。其中，1000mm×800mm 规格和海运集装箱不匹配但是和基本包装模数相容，在多为内陆国家的欧洲被普遍使用；1100mm×1100mm 规格为日本首创，虽然与基本包装模数不相容但是最适应集装箱作业的要求，自然成为海运发达岛国的首选；1200mm×1000mm 规格是我国国家标准两种规格中优先推荐的一种，也是亚洲托盘系统联盟承认的亚洲标准两种规格之一，这种规格能够兼顾集装箱装箱和包装模数的适应性，适合中国国情，也是中国目前应用最普遍的规格，建设我国单元化物流系统应该围绕1200mm×1000mm规格托盘的应用进行规划与运作。

三、标准化为单元化物流开路

我国目前社会上托盘拥有量已经达到8亿个以上，品种规格极为繁多。托盘作业一般只限于企业内部，发货时只以散件装运而不带托盘，供应链各个环节之间要多次重复码盘，产生了大量重复劳动、无效劳动，导致系统效率低下，成本提高。改变现状的途径就是要推广应用标准托盘，建立单元化物流系统。

推广标准托盘首先要从源头做起。传统上流通领域是以产品本位的意识为主导，产品包装设计可能考虑到产品保护、美观、节材等因素，但是包装的规格尺寸却往往带有随意性。由此带来的结果是随意性的包装规格决定了相应的非标托盘，进一步决定了非标准的货架等设备。由于大多是散件装运，对于货运车辆等运输装备规格标准很难提出明确的要求，其设计和制造常常各行其是，与单元化物流要求不相适应。物流技术设备供应商按照业主订单的要求供货，非标准托盘等器具和设备当然会不受限制地被普及使用。

因此必须从源头加强标准化意识，从产品设计和包装开始，不仅考虑产品使用性能、商业形象、价格策略等因素，而且要考虑产品包装规格标准化，使产品包装能够适应单元化物流中标准集装器具的要求，保证供应链能够高效率、低成本运行。

产品包装规格的随意性导致了非标托盘的泛滥，从而导致相关设施如货架、输送机等规格的混乱，大量非标准集装器具以及物流设施的广泛存在也成为严重阻碍单元化物流发展的历史性因素。改造、回收或淘汰已经在系统中使用的设备设施要付出相当的代价，对于一些企业甚至是不可承受的负担。由于实施单元化物流提高供应链效率具有重大的社会意义，推广单元化物流应付出的代价有两个方面：一方面相关企业要从长远利益出发投入资源尽快实施；另一方面需要有关社会资源以及政府的政策支持和经济补助，共同完成任务。

产品包装规格应该采用和基本包装模数600mm×400mm或标准托盘规格1200mm×1000mm相适应的尺寸分解系列，为此各行各业无数品种的产品包装规格需要改变。尽管绝大多数产品如食品、糖果等改变包装的规格尺寸并不困难，但是因循依旧的习惯传统仍然会成为极大阻力。政府需要以政策引导方式实行奖励和惩罚措施，比如对于符合包装规格标准系列尺寸的产品包装可以印上规定的标示，在税收方面予以优惠等。

总之，发展单元化物流必须推行标准化，而标准化对于企业的直接利益并不明显，甚至影响短期效益，所以应该作为公益性事业项目对待，政府的主导作用是不可缺少的，其中包括政策支持和资源配置方面的支持。所以单元化物流的发展需要政府推动与支持、社会各方面的大力配合、相关企业的积极投入，共同努力坚持不懈地一点发展才能取得理想的成功。

（本文作者系亚洲托盘系统联盟轮值主席、中国物流与采购联合会托盘专业委员会主任、北京科技大学教授吴清一，于2013年6月刊登在《物流技术与应用》）

集装单元器具的回收与循环使用

——论单元化物流之三

一、单元化物流必须解决的问题

单元化物流系统中规格化的货物单元是以集装器具为基底形成的，单元化物流遵循标准化、系统化和一贯化的原则，托盘与所载货物形成的货物单元中保持原有货态在供应链各个环节中流转直至到达终点。货物在终点被使用、消费后剩下的空托盘（或其他集装器具）如果不能回收重复使用将会造成极大浪费，任意丢弃不仅是资源的浪费，同时托盘的价值也要记入运输成本，造成物流费用的上升。发货企业的货物发往四面八方，自己到各个点去回收空托盘也很困难，由于回收期漫长加大了系统中托盘存量，降低了托盘的周转率，导致托盘费用的投资增加。用户企业也不可能分门别类地去管理属于各供货企业的空托盘，因此，丢失损坏率极高。空托盘的管理及保管，特别是因转率降低而发生的费用、返送费用以及托盘丢失使整体运输成本增加。所以，由发货企业各自回收空托盘的做法无论从成本考虑或是从实施难度考虑，都是难以实现的。

我国托盘的使用方式绝大多数是企业内部周转，普遍存在“货物装上车，托盘不出厂”的做法。虽然在货物中转时反复倒盘，耗费人力、货物易损伤，但却是不得已的方法。

采用价格较低的一次性托盘即使成本较低，一定程度上解决了上述问题，但是因废弃物产生的资源浪费仍然存在。所以一次性托盘目前多用于国际运输和长途运输，广泛推广使用具有局限性。

解决托盘的回收和循环使用要采用社会化的组织方式，在发达国家都建立了托盘共用系统，能够实现托盘在全社会范围内循环使用，大大提高了供应链物流的作业效率。为此，我国推行单元化物流从而实现物流现代化必须建立中国的托盘共用系统。

二、托盘共用系统的两种模式

托盘共用系统要为社会上所有的企业需求服务，托盘在供应链中不同业主之间流转，必须妥善解决托盘所有权和管理问题。主要有两种运作模式：第一种是交换制，系统中所有托盘用户都要购置必要数量的托盘，上下游企业在货物交接时实行同等数量托盘交换；第二种是租赁制，系统中所有托盘均为托盘租赁公司所有，用户采取租赁方式使用托盘。

1. 交换制

交换制的实施方法是：在发货时，托盘货物单元的带托盘发出。提货方的车辆必须以与货物单元数量相同的空托盘作为交换，每个环节进行转运时按照同样规则运作直至最终收货方。这样，托盘货物单元在物流系统各个环节中运行，同等数量的空托盘也在物流系统中逆向运行。每个相关企业在开始时都要购入相应数量的托盘以备交换之用，发出托盘货物单元时可以收回同等数量的空托盘，不必再另行组织托盘回收工作。

在交换制中托盘的规格与质量必须符合统一标准，否则就会出现不公平。为此需要建立有公信力的权威机构进行托盘质量认证，并且对可用于交换的托盘授予规定的标志使其能够在系统内流通。

交换制存在的问题是：由于企业对托盘没有固定的所有权，交换时主要关注托盘的数量，对于托盘新旧、损伤程度没有明确标准，将要损坏的托盘往往不考虑维修而拿出去交换，系统中的托盘得不到必要的维护与修理；导致系统中的托盘寿命很短；此外，各个有关企业都要准备相当数量的空托盘用以交换，使系统中空托盘数量偏多从而降低了周转率。

目前，在欧洲交换制实行得比较广泛，由欧洲托盘协会制定合格托盘的标志，指定一些可信的检测单位并给予认证授权。托盘制造企业的产品经过授权检测单位的认可，可以贴上托盘协会制定的标记从而使其得到进入托盘交换系统许可。据说在欧洲托盘交换系统已经拥有 3 亿个以上的托盘。

2. 租赁制

租赁制的托盘系统由一个专营企业运作，它拥有大批托盘，可以满足目标客户的需求，同时在各地建立托盘租赁营业点、仓库和回收点，分别负责托盘的市场营销、托盘供应、回收和维护工作。使用托盘的企业，可以向该公司租用所需数量的托盘，在收货地点将空托盘还给就近的托盘回收点，按照合同付给必要的租金即可。如图 7 -6 所示，制造企业、运输公司、受货企业都不需要拥有托盘，免去了管理托盘的麻烦，使得托盘作业一贯化能够顺利实施，所使用托盘的总量也大为减少。

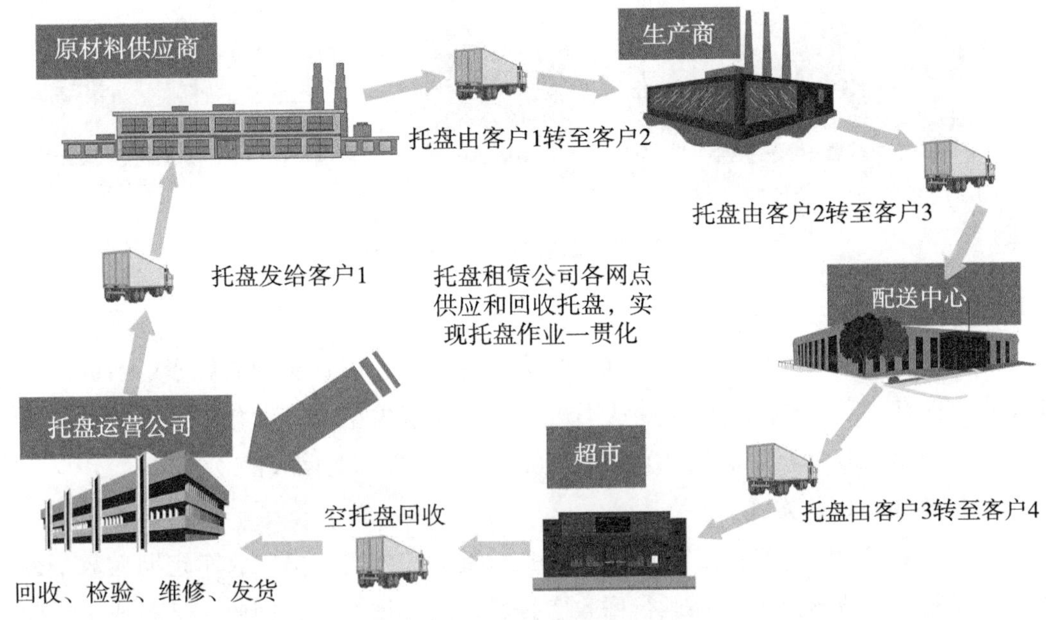

图7－6　租赁托盘循环使用示意

租赁制系统中用户不必购买托盘，但需要负担托盘的租赁费用。租赁公司需要较大的投资，统一采购和管理托盘，托盘所有权属于租赁公司所有，托盘的回收和维修工作由托盘租赁公司负责或组织协作。另外，用户可以根据需要托盘数量即时向租赁公司提出申请，出现空托盘时可随时返还给就近的托盘回收点，因此用户不需要如同交换制那样要准备一定数量用于交换的空托盘，从而减少空托盘库存量，提高了托盘的周转率。

租赁系统的运营中因地区需求不平衡，在运营一定时期后某些地区必然出现空托盘积压，这些空托盘移动至需求旺盛地区产生空托盘运输费用。

三、租赁制托盘回收方式

租赁制的托盘回收完全是由托盘租赁公司统一规划组织的，是托盘共用系统运营的关键问题之一。托盘回收根据具体情况有以下几种模式：

1. 配送时回收方式

利用配送后的卡车顺便将空托盘回收，这是最基本的回收模式（见图7－7）。卡车在产品的接货地点将前次使用过的空托盘回收后返还至最近的托盘租赁公司回收点，也可以根据行驶路线的具体情况，将空托盘返还至最方便的任何一处的租赁公司回收点。此方式在运送经费方面是很有效率的基本模式。

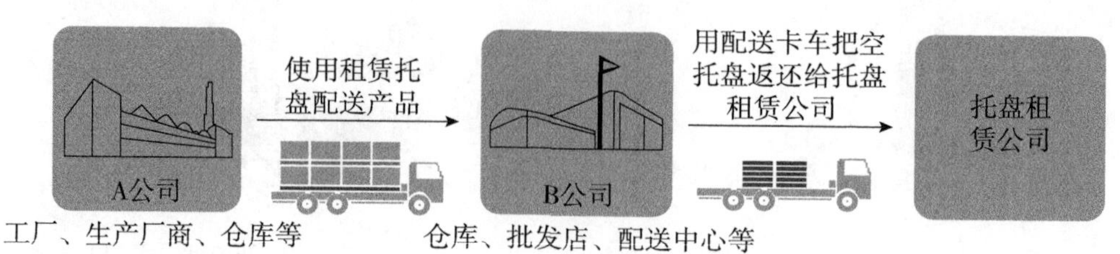

图 7-7　配送时回收空托盘流程

2. 同等数量交换方式

配送目的地以同等数量的空托盘和载货托盘交换，以达到回收托盘的目的。如果由于货物储存时间较长，空托盘数量不足，则需要事先租赁一批托盘补齐数量后进行交换。此种模式适用于产品在配送地长时间保管、难以即时回收的场合。

3. 定期定点回收方式

当配送地点稳定，实行定期配送时，由托盘租赁公司派出回收车定期在数个最终配送地（托盘回收地点）循环运行回收空托盘。由于增加托盘回收车运行成本，此方式需要回收运费。

4. 统一调配回收方式

配送地点比较分散，配送节奏不稳定，同时又难以用户返送空托盘时，可以由托盘租赁公司调配卡车，根据客户需要在全国范围内机动回收空托盘。此方式也需要回收运费。

四、集装箱和周转箱的回收

1. 集装箱

集装箱主要用于海上长途运输，回收成本太高、难度很大。散落在世界各地的集装箱很多被废物利用，当做临时仓库甚至作为简陋住房。在条件许可时也可以利用空载的回程货轮将空箱运回，但是在海上遇有风浪时堆码的空箱很容易倾覆落入海中（见图 7-8），据资料介绍每年这样损失的集装箱达数千个之多。为此现在业界开发了折叠式集装箱（见图 7-9），但因成本较高而且需要使用叉车进行折叠操作，目前还不能普及应用。

图 7-8　载运空集装箱的货轮在风浪中

图 7-9　折叠式集装箱

2. 周转箱

周转箱体积较小，其规格尺寸应该以托盘规格为基准，符合其分割系列尺寸，能够适应托盘货物单元组成的需要。

周转箱也可以在单元化物流系统中作为独立货物单元存在，比如可以在地头装运农产品直接送往零售商店的货架。

周转箱应用普及，数量巨大，空箱的回收与循环使用也是非常有经济价值和社会价值的。建立租赁制回收体系是一种有效的方法，周转箱租赁体系的组织与运作方式和托盘基本相同。为了在回收时提高空间效率，周转箱的结构常常设计为折叠式或套叠式。

综上所述，单元化物流必须解决集装器具的回收与循环使用的问题。社会供应链单元化物流系统网络必须在集装器具回收与循环使用系统的支持下才能顺利运行。托盘作为最具代表性的集装器具，在我国托盘共用系统的建立是涉及单元化物流的发展和物流现代化的重要课题。

（本文作者系亚洲托盘系统联盟轮值主席、中国物流与采购联合会托盘专业委员会主任、北京科技大学教授吴清一，于2013年7月刊登在《物流技术与应用》）

单元化物流与物联网共生共荣

——论单元化物流之四

一、物联网的概念及其应用范畴

物联网（Internet of Things）是当前世界上最受关注的技术领域之一，它的出现将互联网人与人之间的沟通连接扩展到人与物和物与物之间的沟通连接。物联网是一个动态的全球网络基础设施，它具有基于标准和互操作通信协议的自组织能力，其中物理的和虚拟的“物”具有身份标识、物理属性、虚拟的特性和智能的接口，并与信息网络无缝整合。物联网将与媒体互联网、服务互联网和企业互联网一道，构成未来互联网。

如果“物联网”时代来临，人们的日常生活将发生翻天覆地的变化。有研究机构预计 10 年内物联网就可能大规模普及，这一技术将会发展成为一个上万亿元规模的高科技市场，其产业要比互联网大 30 倍。美国权威咨询机构 FORRESTER 预测，到 2020 年，世界上物物互联的业务，跟人与人通信的业务相比，将达到 30∶1，因此，“物联网”被称为是下一个万亿级的通信业务。

物联网概念的提出已经有十余年的历史，并在世界范围内引起越来越高的关注。在国内，随着政府对物联网产业关注和支持力度的显著提高，物联网已经逐渐从产业愿景走向现实应用。

物联网用途广泛，遍及家居消费、政府与社会工作、物流与交通、工商业管理与技术领域。一般人们最容易提到的是和生活相关的应用方面，如：下班前在办公室提前打开家中的空调以便下班后可以立即进入舒适的空间；公文包会提醒主人忘带了什么东西，等等。这样一些描述虽然可以引发人们对物联网的浓厚兴趣，其实远远不能表达物联网应用的重大意义。

物联网应用于物流领域实现物流可视化，使供应链物流演变为智慧物流形态，物流活动进入崭新的信息化、自动化时代，从而导致社会经济发生翻天覆地的变化，为人类创造不可估量的社会与经济价值，这才是物联网的价值所在。

二、单元化物流是物联网和供应链结合的平台

在物联网中，不仅可以进行人与物之间的交流，物品（商品）之间也能够彼此进行“交流”。其主要技术手段是利用射频自动识别（RFID）技术，通过计算机互联网实现物品（商品）的自动识别和信息的互联与共享。所以物联网中非常重要的技术是射频识别技术。

供应链物流系统和物联网的结合必要的条件是，系统中的“物”要具有一定的“智能”水平。最基本的要求是：能够接收和发送信息、要有一定的数据存储功能、能够无障碍地和操作程序以及物联网整体进行沟通。目前，实现物品智能化的手段主要是利用 RFID 技术。RFID 电子标签是一种非接触识别技术，它的技术优势是：一是可进行远距离读写，一般频率下的双天线读取距离可达 1 米、2 米，利用 UHF 频段读取范围将更宽；二是它不受环境影响，在一般恶劣环境如尘埃、潮湿的环境下仍能保持其工作性能；三是可以进行信息的存储和修改；四是可以反复使用，数据存储可保存 10 年，重复读写大于 10 万次。电子标签为供应链物流所要求的安全、准确、快速、低耗等基本要素提供了理想的信息载体，通过读写器，可以提供人们所想知道的信息。所以 RFID 对于提高物流系统的效率、准确、安全等具有十分重要的意义。

将 RFID 标签（芯片）植入到物体中，RFID 标签中存储着规范而具有互用性的信息，通过无线数据通信网络把它们自动采集到中央信息系统，实现物品（商品）的识别，进而通过开放性的计算机网络实现信息交换和共享，实现对物品的“透明”管理。一旦借助物联网实现物流可视化，社会供应链物流系统将升华到崭新的阶段。对于系统中的物品可以进行实时监控，随时了解所关心物品现在所处的位置和状态，也可以对物流系统的管理和运作状况及时进行优化和调整，从而有效地提高系统运作效率和降低运作成本。物联网和供应链物流的结合，其所产生的社会经济价值将是难以估量的。

但是，物品智能化是要付出成本的，和价格非常低廉的条码不同，RFID 芯片的价格远远超出大多数单体物品（如瓶装水、小包装食品等）的承受能力。解决问题的途径只能是以货物单元为单位建立信息载体，而在单元化物流系统中货品都是以货物单元形态存在的，所以单元化物流为物联网的应用提供了理想平台。单元化物流系统中的货物单元是以集装单元器具为基底而形成的，只要将 RFID 芯片植入到集装器具的结构中，货物单元就能够拥有必要的智慧功能。

因此，推行单元化物流将为物联网的广泛应用铺平道路，只有在单元化物流系统中，物联网才能够发挥巨大的社会价值。单元化物流也将因其与物联网的结合而把供应链物流提升到智能化、可视化、高效率、低成本的现代运作水平。

三、智能化集装单元器具的应用

载有 RFID 芯片的智能托盘的应用就是对供应链物流系统进行及时、便捷、准确管理和有效监督与控制的重要手段。托盘上的电子标签虽然只是记载着托盘的物品编码，但是通过网络可以把托盘所载货物的品名、数量、体积、重量、受托人、收货人、地址等有关货物运输的重要信息都存入数据库。从发货地开始直至运送目的地，托盘与物品同步配送，在这个过程中，凡是需要检查托盘或物品信息时，都可通过 RFID 读写器读取托盘标签的 ID，再从网络中检索商品信息。显然，这对于货物的正确、安全运送和提高物流效率与降低成本都具有极大意义。其作用主要是：有助于解决信息采集的自动化问题；和 GPS 等技术结合可更方便追踪产品的流通过程、加强监控以保证产品在运输过程中的安全；可以对集装箱、货架、仓库、运载车船甚至货物的包装都产生巨大的波及效应，促进物流现代化水平的全面提高。

RFID 技术和托盘共用系统的结合不仅为托盘管理和对物流系统进行实时管理、监控与控制提供了支持，而且由于信息量的扩大还可以对金融保险业务提供必要的支持，为金融与物流的结合创造了无限的空间。所以，引入 RFID 技术的托盘共用系统常被称为智能化托盘共用系统。

图 7－10 是植入 RFID 芯片的智能托盘载货通过仓库入口的情况，当搬运车运送托盘货物单元通过入口时，设置在入口处的读写器读出标签上的 ID 信息，并通过中央电脑得知哪一个托盘正在通过。与此同时，可以显示与托盘登记在一起的货物信息，通过现有货物与所登记的货物比较，可以核查现在托盘上的货物有无缺失。因此这种通过对电子标签的读写，可以提高货物管理的效率，还可以保证货物运输记录的准确性。

图 7－10　附着电子标签的载货托盘

综上所述，物联网在物流领域发挥其巨大效益的必要条件是单元化物流体系的发展与壮大。物联网和单元化物流的结合点是 RFID 技术所装备的智能化集装单元器具。关注物联网就必须重视单元化物流的发展，也必须大力推动智能化集装单元技术的研究和智能化托盘共用系统的建设。单元化物流系统必将在物联网的介入和支持下得到前所未有的发展，带动供应链物流的优化进程，建成高效率、低成本的供应链物流体系。

（本文作者系亚洲托盘系统联盟轮值主席、中国物流与采购联合会托盘专业委员会主任、北京科技大学教授吴清一，于 2013 年 8 月刊登在《物流技术与应用》）

军事物流乘风破浪奋力前行

——访著名军事物流专家王宗喜教授

随着全球经济一体化的发展，物流活动越来越受到人们的重视。“物流”最早的概念源于“军事后勤”，它在国民经济和军队现代化建设的进程中起着极其重要的作用。早在20世纪80年代初期，解放军后勤指挥学院的王宗喜教授就开始了这方面的研究，并且提出了有独创性的理论“物流场”，为我国物流尤其是军事物流的发展做出了突出的贡献。为此，记者对王教授进行了专访。

记者：王教授，您是我军仓储学科的创始人，我军军事物流的开拓者，那么是什么原因促使您研究军事物流的？

王宗喜：在20世纪80年代初期，感到全军的仓库在储备上，包括储备的数量、储备的结构、储备的布局和军队的需求之间还存在一定的差距，就是存在着结构上和布局上的一些毛病，在管理体制上，还不是太顺畅，特别是和未来的高技术条件下的局部战争供应的需求上，还存在一定差距。活生生的现实，迫使我从事这方面的研究。

记者：完善一门学科是一件很困难的事情，当初您从哪些方面入手进行研究的？

王宗喜：一门学科的建设基本上包括这么一些内容，第一个工程要建立人才梯队。第二个工程就是教材建设，既然培训人才，手中首先得有“蓝本”，所以就在收集大量资料的基础上，组织有关人员来进行建设。第三个工程就是理论建设，把仓储整个的理论体系建立起来，先搭框架，再一步一步完善。

记者：按道理来说，经过您的努力，仓储学科已经完整了，而且在这方面也取得了一定的成绩，那么您是从什么时候开始转向物流方面的研究？是什么原因促使您这样做的？

王宗喜：在1989年我参加了一次国际物流会议，应该说这次国际物流会议对我国物流业有很重要的启迪作用，当时在我国的学术理论界引起了极大的反响。我在这个会议上也发表了一篇论文，就是《论仓储功能的评价体系》，当时这篇论文写得还是比较狭窄的，就是对军事仓储方面进行了一些评价和研究，但是在这次大会上，很多学者都从物流上考虑仓储，就是从物流这个长河里看仓储的功能和作用，比如我说的调整物流的流量和流向，这样就给了我一个启迪，我是就仓储论仓储，好像不如放在一个大系统里来研究仓储更加开阔，而且我这个仓储学科的生命力更强，因此我豁然开朗，应该再进一步拓展研究物流，这样一个是更利于我的学科发展，另外一个我觉得物流的功能作用比仓储更大。

记者：您认为军事物流与军事仓储之间是一种什么样的关系？是一种并列，是一种交叉，还是一种涵盖关系？

王宗喜：仓储和运输是军事物流的两大支柱，物资无非是两态，要么是静态，静态就是储存，它就在仓库里躺着不动，不产生位移；要么是动态，动态产生位移，就是运输。一个是储存，另一个是运输，这两大支柱能够系统地、有机地连接起来就形成了物流，就形成了物资位移，就流动了，就产生时间和空间的转移了，所以我觉得最重要的两大环节就是仓储和运输，仓储是物流的一个重要的环节。

记者：在国际上军事物流是一种什么样的状况，对最近的伊拉克战争您有什么看法？

王宗喜：伊拉克战争，我觉得美英联军之所以取得胜利，与其说是军事上的胜利，不如说它是一次成功的跨国军事物流的表演，因为战争整个交火的时间非常短，大量的时间是用在物资的准备上，他们准备了许多预置。从整个作战的时间比例上来讲，大多都是在搞军事物流，所以物流所占据的地位作用是非常明显的，准确度很高，保障了伊拉克战争的胜利。所以我说，伊拉克战争实际上就是一个跨国军事物流的大演示。发达国家把物流建设作为军事斗争准备的重点工程，统筹安排，精心准备。

记者：您觉得您在军事物流研究方面有哪些独创之处？

王宗喜：比方说，我提出的“场理论”，军事物流的“场理论”。我是在 1997 年一次国际物流会议上抛出了这么一个观点。“场理论”主要是把仓库看成一个物资流转中心，物资越积越多，像势能一样在那里积聚起来，在它的周围，有一个时空场，在某一个时间段里面，在一个特定的范围内，都能够得到不同量的物资供应，当然，距离仓库越远，每一天得到保障的量越少，它随着距离的延伸，势能能量越来越衰减，呈现一个衰减的趋势。衰减和距离是有关系的，与此同时，与道路的好坏，与司机的技术程度都很有关系，假如说道路很差，随着距离的延伸，在单位距离上衰减的程度越大，技术越差，得到的保障能力越弱。像这样的一个规律，用一个“场强”“场势”这种准物理量来表达，以区分物流的这种流量、流向的关系，我觉得是新的看法吧。

记者：您觉得军事物流会对我军的现代化建设起到什么样的作用？

王宗喜：军事物流从宏观上讲，有四大作用。第一，它是国民经济向军事经济转换的一个转换器，国家调拨给你的军费，你总得先采购实物，然后通过物流这个活动流到部队去，才能转化为部队真正的军事实力，所以它是个转换器。第二，它是一切军事行动资源的生力军，包括平时的训练、工作、生活以及战时的军事行动，都需要军事物流为它提供物资资源。第三，对我们军事后勤本身也起到一个巩固作用，军事后勤本身也需要消耗一些物资，也靠军事物流来支援。第四，有些人认为，平时还需要搞那么多仓库干什么，又不打仗，但实际上这个认识是不对的，充足的物资储备，对自己是个鼓舞，对敌方是一种威慑，这就是军事物流的第四个作用。

记者：您觉得您的这种军事物流理论在军队建设中得到实践了吗？

王宗喜：我觉得还没有，远远没有。

记者：您能概括地谈谈军事物流在战争中的作用吗？

王宗喜：如果把战争比作一个人的肌体，那么军事物流则是肌体的大动脉，人没有大动脉为其输送养料要死亡，战争离开物流也同样难以为继；军事物流也是将物质力转换为战斗力的桥梁，交战的任何一方，离开了物资的支持和保障，都会丧失战斗力，现代战争更是如此。现代战争涌动着人流、物流和信息流，交战双方的较量，实质上是三大流综合实力的较量。

记者：您从研究仓储学开始，到研究物流学，中间也经历了很多的曲折，您觉得支撑您研究下去的动力是什么？

王宗喜：我觉得一个人要想成就一番事业，最核心的起长久作用的，我的体会就是“爱祖国”，就是说对祖国的一种无限的热爱，对事业的一种无限的赤诚，这是支撑你克服各种艰难困苦的一种精神支柱。这也是最宝贵的东西，没有这些东西，我想遇到一些困难早就撒手不干了。

记者：您现在是军事物流工程实验室的主任，最后能不能介绍一下军事物流工程实验室的情况。

王宗喜：军事物流工程实验室于2003年5月16日正式成立，之所以定5月16日，主要是取“物要流”之义。军事物流工程实验室是全军第一个物流实验室，是目前全国唯一的军事物流博士后流动站、国家物流师职业资格认证军队分中心，主要从事军事物流理论、技术的开发与应用，以及军队中高级物流指挥、物流管理军官和硕士、博士、博士后等高素质物流人才的培养。实验室秉承“海纳百川、坚忍不拔、精诚团结、自强不息”的精神和“崇识、创新、严谨、快乐”的室风，坚持“以军为主，军地一体；以战为导，平战结合”的思想，立足军队、辐射地方，积极搭建军地物流合作平台。

实验室占地500多平方米，由模拟仿真室、技术集成室、信息资料室和学术研究室组成，拥有先进的用于物流科研开发与教学的硬件设备、软件系统和丰富的军地物流信息资料，能承担大型科研教学任务。实验室现有一支由30余名教员、博士研究生、硕士研究生为骨干的高素质、高效率的人才队伍，拥有一支由军内外著名专家、物流专家组成的专家顾问团队。实验室的建设任务可概括为“八个一”：一套完善的实验设施设备系统；一支特别能战斗的教学科研队伍；一套适应时代要求的专业教材；一本有影响力的中国军事物流杂志；一套齐全的物流信息资料系统；一套完善的实验室管理规章制度；一个高水平的博士后科研流动站；一批高质量的教学科研成果。实验室先后承担国家、军队级大型科研课题10余项，积累了丰富的物流项目开发及军地合作经验。

“军事物流”还是一个新兴领域和新兴学科，还需要不断发展、不断创新、不断完善，就像一个刚刚蹒跚学步的幼儿，需要不断对它进行智力支持和智力开发，才能够健康茁壮地成长。实验室的成立和飞速发展为推动军事物流事业的发展提供了一个很好的平台，我最大的心愿就是有越来越多的有识之士了解军事物流，认识军事物流，并与军事物流工程实验室多交流、多合作，为共同促进军地物流一体化建设，振兴我国及我军的物流事业而努力奋斗。

（本文系《物流技术》记者孙敏采访稿）

单元化物流的内涵与外延

一、什么是单元化物流（Unitized Logistics）

每个人的理解会有一定差异。我的理解是：单元化物流是在物流和供应链过程中，采用一定的单元器具对物品的存储和操作进行规范，并在一定范围内保持其物理形态和信息的稳定，以便实施物流作业，提升作业效率的一种物流过程。

单元化物流的单元，有很多种形式，如我们日常所见的周转箱、纸箱、托盘（见图7－11）、集装箱等。由此可见，单元化物流并非一个全新的事物。

图7－11　托盘

单元化物流在定义一个具体的单元时，会根据具体情况有不同的选择，有时会出现多级单元的情况，如纸箱组合成为托盘，就是一个很常见的例子。单元化物流中的单元，并非固定单一的模式——如托盘的码垛形式会有多种情况，但要求在一个系统中，每一个单元是可识别的和可操作的。

单元化物流中的单元，既是一种物理形式，也是一种信息载体，两者密不可分。这种单元在整个物流过程中，可以保持不变，也可以变化。如果一旦出现变化，则其定义将同时改变。

虽然单元化物流中的单元可以改变，但其改变并非随意的，要遵循一定的规则。单元的完整性和可操作性非常重要，一个没有定义的单元在单元化物流中是没有意义的。对于任何一个具体的单元而言，其信息是完整的，确定的，其形态是基本固定的。特别重要的是，整个单元是可识别和可操作的。

单元化物流是一个系统，就其相关性而言，所涉及的物流装备包括单元载体、装卸设备、输送设备、存取设备、码垛与拆垛设备、运输设备、信息系统等，几乎涵盖物流系统的所有技术与装备。其内涵与外延是非常大的。

单元化物流与托盘是两个概念。托盘只是单元化物流的一种单元载体，是一种单元工具。单元化物流是一个系统概念，托盘本身不成系统。单元化物流从范围看，几乎涵盖物流装备的所有门类，还包括运输车辆，甚至飞机、轮船等，尤其包括信息系统。而托盘只是单一的装备，虽然也有很多门类和规格。单元化物流关注的是系统的效率和管理成本，包括单元的形式、应用场合、装卸效率、储存效率、作业的便利性、对生产和流通带来的质量和服务的影响、信息传递和信息处理的一致性、单元回收、实现路线等问题。托盘作为一种单元器具，关注的是技术、成本、材料以及生产和应用。

二、单元化物流的利弊分析

单元化物流的好处显而易见。由于单元化物流在货物装卸、储存、运输、信息传递、管理等方面均具有巨大优势，所以无论是生产领域还是流通领域，单元化物流的优势很明显。

在生产领域，采用单元化存储可以大幅度提高空间的利用率，可以通过组合单元快速完成生产工位的配料，单元化物流还是工业 4.0 概念下实现自动化和智能化生产的关键技术。以卷烟生产为例，每个生产工位有数十种物料需要供给，通过对各种辅料消耗的精确计算，可以定义一个组合单元——按比例配盘形成组合单元，实现快速的辅料供给，AGV 从立体库将组合单元按照生产节拍自动配送到工位。单元化物流在提升效率、降低成本、快速满足生产对原材料需求、解决生产中物流存放和配送问题，均具有积极意义。

在流通领域，单元化物流对于整个供应链体系的影响至关重要。在货物的交接环节，通过单元化物流可以快速完成单元货物的装卸和信息传递。不仅大幅度减少对资源（如站台、车辆）的占用，而且人员的减少也是非常可观的。以物美商业集团为例，通过实施单元化物流，全供应链减少人员 100 多人，车辆利用率提升 1/3，装卸车时间减少 80%，其效果非常明显。此外，在货物的储存和拣选环节，单元化物流对于提升作业的便利性、存储的效率等都取得明显的经济效益。

特别是，在军事物流和应急物流领域，单元化物流将发挥更大的作用。军事与应急物流具有非常大的不确定性，对物流提出了非常高的要求。通过实施单元化物流，不仅可以快速集装货物，完成装机、装车等作业，而且在野外环境下，可以快速确定货物的属性，从而实现货物的快速定位与分发，在千钧一发之际取得先机。

任何事物都有两面性，在实施单元化物流中，也常常存在一些意见的分歧。如比较关键的问题集中在货物的装载率以及单元载体的回收等问题。

通常情况下，人们普遍关注托盘单元化的货物装载率的问题。采用传统作业，装载率一般可以维持在 90% 以上，而托盘单元化，装载效率将会降低到 80% 甚至更低。对于这个问题，要具体情况具体分析，要从整体分析资源成本、人员成本、车辆利用成本，从而选择最合理的物流模式，不应是“一刀切”。

单元载体的回收是一个比较大的问题，除了要计算回收成本外，还要计算一次性投资，单元周转次数，货物损耗等一系列成本。这个问题的彻底解决，将是建立单元器具的共用体系。

单元化物流业并非万能，有些场合也并不适宜采用单元化作业，如传统的散料存储等。

三、单元化物流的应用场合

单元化物流应用场合广泛，几乎所有的工业制品和生产环节，均可以采用单元化物流。

最典型的应用包括汽车生产线、食品和饮料生产线、服装生产线。生产环节，物流活动时间占有很大的比例，物流费用也占生产成本的很大比例。工业 4.0 所要解决的问题，主要是物流问题，其次才是生产问题。以前人们对物流的认知往往停留在如何提高效率和节约成本方面，进一步的研究和实践表明，单元化物流在提高产品质量方面也是有突出贡献的。单元化物流至少在两个方面对产品的质量提升至关重要，其一是通过实施单元化物流，减少了零部件及原材料的搬运次数，对零部件形成了良好的保护，事实上保障了零部件在物流过程中的质量；其二是通过实施单元化物流，促进了生产过程的透明性和可控制性，尤其是产品的跟踪和追溯变得相对简单，不仅容易及时发现产品的质量问题，也可以及时定位问题的所在。

除少数不适合的产品（如煤炭、矿石等），流通环节对单元化物流的需求非常普遍（如医药、烟草、食品、零售、电商等）。特别要指出的是，电商在过去6~7年，每年的增长几乎达到翻倍。2016年全年电商包裹数达到312亿个，极大地改变了物流在流通领域的地位。随之而来的是如何降低物流成本，尤其是如何解决“最后一公里”成为困扰人们的首要问题。对此，研究基于智慧物流的单元化物流新技术可能是唯一的出路。配送周转箱（见图7-12）、配送柜等技术的推出，正是单元化物流的一种体现，目前虽然还没有取得普遍认可的效益，但基本方向已经确定。

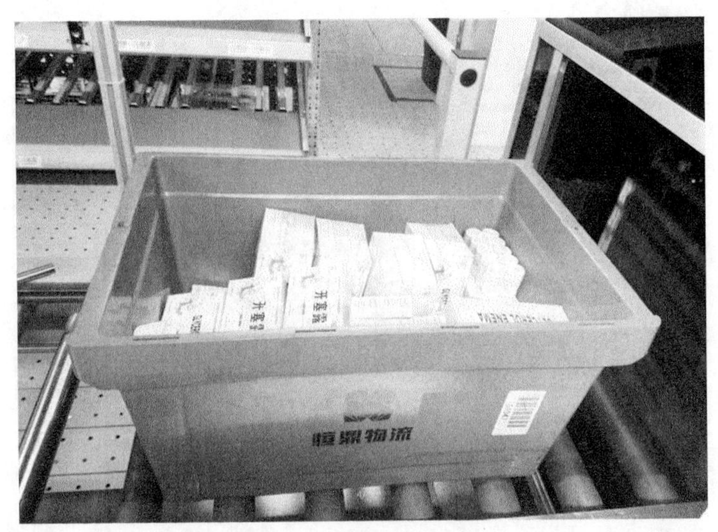

图7-12　周转箱

特别要指出的是，农产品的单元化物流，不仅可以提高物流效率，更加重要的是可以减少损耗。有实验表明，采用单元化物流，农产品的损耗率从传统的30%以上可下降到10%以下，这是非常了不起的成绩。此外，通过对过程中的温度控制，通过减少产品在运输和存储及拣选过程中的碰撞，还可以保持产品的品质，这一点常常不被人们所关注。单元化物流在农产品的应用将有广阔的前景。

四、标准化和单元载体共用体系的建立是基础

标准化是单元化物流的基础。

首先，从物流管理和作业出发，标准化是非常重要的。单元化物流重在单元在物流过程中的一致性，就要求上下游具有同样的基础设施以方便作业，包括站台设备、装卸作业设备、存储设备等，要求信息传递保持一致性。因此，上下游遵从统一标准是必需的。

其次，从社会化的角度看，标准化更加迫切和必要。单元化物流的根本目的是提升物流效率，不仅在供应链的上下游需要保持单元的一致性，更应在不同领域保持单元的可识别和可操作。这是单元化物流更有生命力的方面。

为解决单元载体的回收问题，建立单元载体共用体系就显得尤为重要，这是建立统一标准的更为直接的理由。目前，托盘的共用体系建设已经取得一定进展。尤其是托盘银行的建立，为未来托盘共用体系的建立提出了一个可行的商业模式（见图 7－13）。

图 7－13　单元载体共用体系示例

过去若干年来，我国托盘业的发展非常迅猛，托盘的标准研究更是取得重大成果。在经过充分调研的基础上，新的托盘标准提出了 1200mm × 1000mm 和 1100mm × 1100mm 两个推荐规格，这比过去十多个规格前进了一大步，也为单元化物流的实施打下了坚实的基础。

其他方面，包括叉车、货架、货运车辆等的标准化已经提到议事日程。尤其是货运车辆，过去车辆标准制定很少考虑与托盘的配套，现在情况已经有所改变，这是非常大的进步。

五、单元化是绿色物流的基础

绿色物流一直是最近几年强调的话题。随着物流业的日益发展，物流对于环境的破坏作用凸显。尤其是电子商务的兴起，对绿色物流的需求变得越来越紧迫。原因是电子商务的包装问题是一个大问题，每年数百亿个包裹，对资源的浪费，对环境的破坏尤为严重。

单元化物流对于解决这一问题有自己的解决方案。其核心就在于单元载体的重复利用。以托盘为例，目前存在两方面的浪费，其一是一次性木托盘，目前约占整个木托盘使用的80%，每年1.5亿~1.8亿个，对资源的浪费非常严重；其二是即使是库内托盘，其利用率一般在70%以下，巨大的浪费不仅加重了用户的负担，更为严重的还是对环境资源的破坏。

基于共用系统的托盘租赁业务，将大幅度提高托盘的利用率。与此相关的是周转箱取代纸箱，会有更加明显的效果。以一个周转箱一年循环120次计算，对于需要10000个周转箱的使用单位来说，每年将减少120万个纸箱的消耗，对环境和资源的影响可见一斑。

（本文作者系北京伍强科技有限公司董事长尹军琪）

从木桶原理到托盘共享

人工成本的居高不下，货损的严重危害，让托盘在物流中的应用开始广泛起来，截至2016年年底，中国托盘市场保有量达到11.6亿片，中国托盘生产进入中低速增长区间，市场流通托盘生产量达到26894万片，增长仅6%左右。2017年托盘保有量将达到12亿片，虽然仍低于美国托盘保有量，但已经稳居世界第二的地位。近几年，托盘租赁一词在物流行业已经变得耳熟能详，然而在中国，托盘租赁只有不到2%的量，且大部分为单一客户使用的“静态租赁”。

如果把托盘仅仅当做是装卸板或者货架子，那么托盘就是块木头或者塑料，除去材料本身的价值之外，毫无价值。于是，做托盘的越来越不赚钱，随着木头和塑料原材料的上涨，用托盘的越来越赔钱。托盘越来越因为材料贵而被歧视，因为不能重复使用被浪费，托盘简直就是块儿抹布，当托盘被用重量或体积来计算价格的时候其实映射的是悲哀。

我一直在思考一个问题：托盘多少年以来为什么没有产生价值？难道托盘就是块木头和塑料吗？托盘能不能还有其他的价值定义，比如：载体，导体，货物的鞋子，有温度的邮差，流动的卧室，奔波的形象大使……其实所有这些比喻，都赋予了托盘更多的生命力和想象力。我更愿意把托盘视为一个载体和桥梁，托盘是物流领域货物商品、服务、信息的载体，它有着天然的链接价值（见图7－14）。

一、托盘给物流带来了什么

首先，我从来不会相信有关部门发布的数据。带着这样的问题，我开始接触托盘生产企业，走访了解。芜湖宏春木业董事长向先春告诉我，目前我们国家木托盘市场占据78%左右，而托盘的标准有两三千种，作为托盘行业的“老炮儿”，向先春先生认为木托盘已经进入“瓶颈”，单纯依靠生产销售基本上赚不到钱，而托盘的春天在于循环租赁，这恰恰是木托盘的短板。很显然，物流循环使用的需求，让木托盘和普通塑

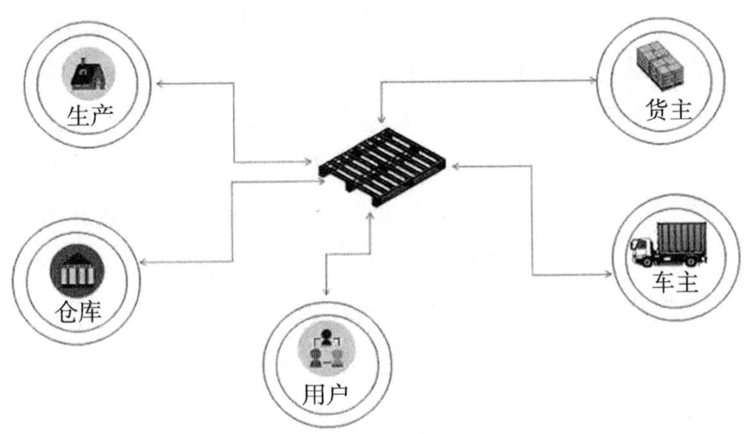

图7-14 托盘的应用主体

料托盘进入了淘汰倒计时。然而，难道连一块木头我们中国都搞不定吗？森林的砍伐，环境的破坏，我们今天对木托盘的放肆，就是对下一代的残忍。其实我也很高兴地看见了一些新材料托盘的涌现，比如铝合金材料、聚氨酯材料、纳米高分子材料等，中国智造、中国创造正在崭露头角，中国的托盘，理应中国做主，我们的地盘，必须有我们的标准！

另外，让我特别有感触的是，做托盘的很少跟做物流的去交流，我有好多物流微信群，也有几个托盘微信群，几乎很少有人重叠。我参加过有关物流的很多次会议，也参加过托盘的会议，却很少看到物流和托盘同时有交集的场景。各种各样的物流协会多如牛毛，各类型的托盘协会也参差不齐，除中国交协托盘与单元化物流分会2017年在天津举办的单元化物流大家族会议外，很少看到两家坐到一起交流和讨论。做托盘的不了解物流，做物流的不了解托盘，于是做物流的说这种托盘不好用、不能用。做托盘的说物流人根本不懂托盘，我们的托盘都是给厂家生产，不用管物流人怎么说。你可知道厂家为托盘买单，最开始大多都是物流人倒逼企业形成的，比如装卸破损、比如时效慢，或多或少都是物流让厂家没有办法才为托盘买单的。然而，我们为什么不能将这种倒逼，转变成一种协同式和谐？托盘企业和物流企业深入交流，将带托运输转变成物流的增值服务，为厂家提供的不再仅仅只是一种托盘的累赘，而是一种载体式的增值服务，如此一来将节省的钱，重新分配，大家共赢起来。

后来的走访调研，印证了向先春的观点，我看到了一堆又一堆的木托盘破烂的堆叠在仓库的角落里，废弃在室外被风雨摧残成了烧火棍，大量的托盘被应用在仓库内的周转，托盘被理所当然的消耗在了物流成本中。我们国家物流占GDP比重很高，然而物流人没赚到钱，当托盘被当成货架，当托盘被当成装卸板，当托盘被搁置和遗弃，物流又怎么会赚到钱？于是，几乎没有人愿意为托盘买单。上游货主企业不愿意买单，把费用转嫁给物流，物流更不愿意买单，把费用上涨，倒逼货主企业用一次性托盘，于是大量的一次性托盘，用完没有价值被扔掉，几乎所有的厂房和园区内都堆叠着一堆破木头，物流的利润就这样被消耗掉了。物流人你可曾知道，用了托盘，你的装卸效率会提高至少 3 倍，你的人工成本会减少至少 2 倍，你增加的效率和降低的成本这些都是钱，你可曾明白？而这些加起来，每年会减少物流费用 5000 亿元，你又何曾醒悟？你又可曾看见好多物流企业已经开始带托运输，你不挣钱又能埋怨谁？

托盘本来就不应该计算在物流的成本费用里，只是你没有利用好。你只是把托盘当成了木头、塑料，于是你开始核算它的重量和体积，让你少拉多少货，少赚多少钱。你却没有核算通过托盘运输和装卸为货主减少的货损值多少钱？你更没有算装卸效率提升 3 倍值多少钱？人工成本减少 2 倍值多少钱？你更没想到托盘智能化运输带给货主供应链透明化又能值多少钱？（见图 7－15）

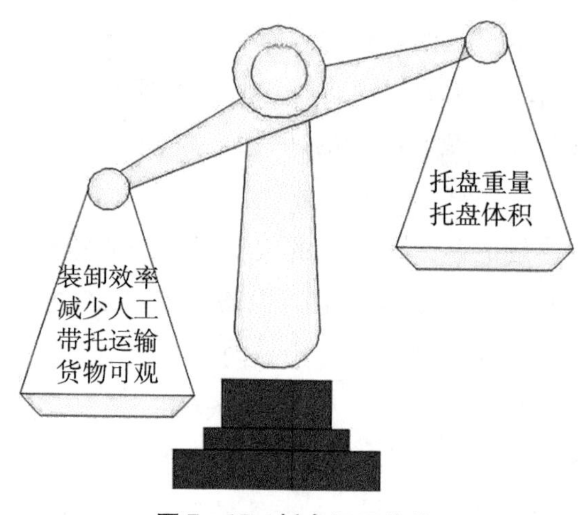

图 7－15　托盘运用价值

二、我们需要怎样的托盘共享

目前，共享经济盛行，共享单车让商业模式演变成一场资本过剩转化为资源过剩的闹剧，共享什么，什么就过剩，共享什么，什么就成为社会垃圾。这是违背共享初衷的，我们看到在没有共享之前，托盘就已经大面积废弃，而这个时候有关部门还在数托盘的保有量，并以托盘的数量日渐增多为荣，有点滑稽和可笑。共享托盘就是要让存量的托盘循环使用或者寻求一种有很长生命周期的托盘来盘活生产和流通。

在托盘共享这个领域，好多人进行了探索，大致分为两大类。

第一种：托盘租赁企业：这一类型企业通过采购托盘资产将物权和使用权分离，

共享给客户的是使用权，比较大型的是招商路凯，地区性的企业也有很多，然而这种方式也有很大的局限性，仅仅实现了封闭式的单一循环，并未实现开放式的共享和共用。每一个租赁运营商其实在目前的封闭式静态租赁单一循环下，是很难赚到钱的，或者说需要很长时间去盈利，在这种情况下，每一个租赁运营商都会自扫门前雪，作为既得利益者，大家都会把主要精力放在供应链的货主企业或者是生产制造企业，拉客户，直接租赁出去开始收租，而且每个运营商即使建立了少数的网点也都不会开放给其他运营商，如此循环下去，又是一个价格战，又是一场托盘的过剩，不断生产，根本就不会知道市场需求的饱和程度和临界值。

第二种：托盘生产企业：现阶段，托盘生产企业开始主导租赁，为了解决销售压力和库存压力，采用以租代售的形式切入，比如雅琪集团成立的普拉托、上海派链、武汉爱邦等企业，这一方式会成为一个阶段的主导，但是我担心的问题是最终被生产工厂控制或左右发展战略，理想是共享，然而终被现实击垮。投资方是生产企业是很不利于发展共享的，也呼吁投资方的生产企业，加大格局让更多的股权给运营主体。

在这里，我想通过木桶原理来尝试托盘共享，也就是第三种方式：聚焦网点建设、为托盘租赁运营商和物流主体服务。

我们知道木桶原理是补足短板，短板决定了木桶装水的深浅，目前托盘共享存在两个最大难题。①谁来买单？②异地回收。找托盘的思路不是去做运营商，而且我也认为我做运营商根本没有任何优势，也违背了我不想让托盘过剩的初衷。我想从网点切入，把网点开放出去，让运营商有更多可以依靠的网点，解决运营商或用户异地收集，回收循环的问题。让运营商与运营商之间协同起来，让网点与网点之间协同起来，增加更多的运营业务，让运营商和网点更赚钱，让客户更省钱。其次通过托盘资产证券化，来解决谁来买单的问题，这才是共享托盘的价值，我发起的找托盘公司一定要是一个连接的载体平台，连接运营，连接优质载具产品，这才是创业的使命。有人说找托盘选择了最难的问题去解决，别人都不愿意或者不敢去触碰，真的勇士敢于直面惨淡的现实，要实现共享，这是回避不了的，必须要去做，而今不断耕耘，找托盘网络布局初见成效，通过与线下网点和各运营商的通力合作，真正实现托盘循环共享，物流的降本增效。

我们创业需要多考虑社会和宏观层面的问题，我们哪怕做不到，但至少去努力了。创业的本质不是成就自己和满足现在，而是造福后代和引领时代！我们公司从成立那天起，就以服务社会为己任。让我们这辈子和后来人，都会感谢曾经的自己，如此努力过！

（本文作者系找托盘（北京）物联科技有限公司董事长徐磊）

从货币共享到托盘共享的那些事

写在开头

作为行业新人，从来没想过有什么资格跟物流专家学者及托盘前辈分享托盘那点事，也没有想过普拉托公众号上的科普小品文会得到包括吴老、靳老、焦总在内的相关托盘专家前辈的关注及认可，更没有想过会受邀来专门写一篇关于托盘的文章编入《中国单元化物流全书》。因为在创办普拉托之前，我一直都是在银行、券商等金融机构从事金融工作，看起来跟托盘是八竿子打不着的，所以哪怕创办普拉托之后，我也一直自嘲为托盘圈外人士，不敢去参加各类托盘峰会或物流论坛等，好在联合创始人中有圈内人士可以代劳。

当初之所以组织普拉托伙伴写一些零散的小品文放在公众号上，是因为当时我们经常遇到几个问题。普拉托总部后台部门最早期入伙的全部成员都没有干过物流，甚至很多连托盘是什么都不清楚，很多伙伴完全是基于对我的个人信任，就放弃稳定工作跟我上了普拉托这条船了，所以我衷心感激他们，更觉责任重大。但既然都干这行了，总需要梳理一下，咱们在干一件怎样的事情吧；另外，就是我们好几个合伙人（包括我自己）以前都是干金融的，现在转行了，很多以前的圈内旧友都会问我们，你现在怎么改行干托盘了，托盘是啥，所以我们觉得有必要跟朋友们交代一下，告诉他们我们目前的状态和所从事的工作，让他们放心（别让以为我们是干传销去了）；更纠结的是，我们财务的伙伴无论去银行开户还是去税局办税，都会被问到托盘是什么的问题，他们大多时候都会理解成托盘餐具。虽然哑然，但本质意义上，这两个托盘确实是一样的，都是单元化载具，只不过一个盛菜，一个装货而已。除此之外，虽然不少人知道托盘是什么，但是对托盘的认识，也只是停留在临时存放货物的概念上。基于这些原因，我们有萌生做一次科普并统一回复的冲动，只是想简单告诉他们，托盘是什么，普拉托干什么，我们为什么干托盘循环共享。

纵然创办普拉托已经有将近半年时间，对托盘行业及托盘循环共用有一定认识，但自觉仍只是管中窥豹，不敢以物流人自居来谈托盘共用，但货币银行我还是轻车熟路的，于是本篇文章，我仍从货币流通的视角来看托盘循环共用，希望对单元物流同人及托盘循环共用运营商有所启发。

从共享经济说起

从 P2P（个人对个人）到共享医生，从网约车到共享单车，再到共享充电宝、共享汽车，国内以共享概念为核心的创新商业模式发展得如火如荼，大有燎原之势。关于到底如何界定共享还是租赁，共享经济是否是伪命题的讨论也甚嚣尘上，但这丝毫不影响资本对共享经济概念的追逐。

共享经济概念似乎在最近几年才真正流行开来，但共享经济现象并不是一个新事物。“共享经济”的概念最早可以追溯到 20 世纪 70 年代，这个术语最早由美国得克萨斯州立大学社会学教授马科斯·费尔逊和伊利诺伊大学社会学教授琼·斯潘思于 1978 年发表的论文（*Community Structureand Collaborative Consumption*：*ARoutine Activity Approach*）中提出，其目标导向在于“通过闲置资源的共享并将其与有短期使用需求的用户间实现匹配，从而实现社会效益的最大化”。从这个意义上来讲，货币银行可以说是到目前为止，最贴合这一宗旨，并应用最成功、影响最广泛、发展最成熟的共享经济商业模式。众所周知，商业银行的三大核心业务在于“吸收存款”“发放贷款”及“办理结算”，银行通过这三大业务实现闲置货币资源的优化配置，解决不同用户主体需求匹配的问题，并创造巨大的经济效益。

托盘循环共用模式是探讨共享经济在物流领域应用的焦点，是绿色物流和循环经济的重要表现形式，也是商务部流通业发展司近年来砸重金推行商贸物流发展标准化的重要举措。把托盘循环共用的模式与货币的流通共用模式放在一起，在某种意义上有极其相似或相通之处。

从货币到托盘

关于货币的本质的观点：一是货币金属论；二是货币名目论。

马克思是典型的货币金属论者，他有句名言，“金银天然不是货币，货币天然就是金银”，货币金属论者从货币的价值尺度、储藏手段和世界货币的职能出发，认为货币是从商品中分离出来固定地充当一般等价物的商品，货币必须具有金属内容和实质价值。货币名目论者从货币的流通手段、支付手段等职能出发，否定货币的实质价值，认为货币只是一种符号，一种名目上的存在。货币金属论是货币金、银本位制的产物，随着20世纪初金本位制度的崩溃，其影响力日益减弱（见图7－16）。

图7－16 货币与托盘

目前在西方货币学说中，占统治地位的是货币名目论。西方经济学教科书《货币金融学》将货币定义为："货币或货币供给是任何在商品或劳务的支付或在偿还债务时被普遍接受的东西。"

姑且不论哪个观点正确，认识本来就都具有一定时代局限性，既然存在必有其存在的道理。但抛开分歧，这两个观点中都包含有一个共同的概念——普遍性。普遍性要求货币供给绝不是货币当局个人的事，而是社会大众的事，是需要让社会普遍接受和认可的，而要被社会普遍接受，就必须有一个前提——标准，比如公认的材质外形、尺寸规格及重量。可以说，标准是货币流通的前提，没有货币标准，商品交换也就不可能常态化实现。哪怕形成了固定标准，当名义价值和实际价值发生偏差的时候，就会出现一个现象，经济学上叫"劣币驱逐良币"法则，指货币流通过程中，实际价值较高的"良币"渐渐为人们所贮存离开流通市场，使得实际价值较低的"劣币"充斥市场。无论是古罗马，还是古代中国，都对这一现象有过描述。如古罗马政府为防止投机刮取贵金属粉末，故意发行带锯齿的货币；早在公元前2世纪，西汉的贾谊曾指出"奸钱日繁，正钱日亡"的事实。"劣币驱逐良币"的现象不仅在铸币流通时代存在，在纸币流通中也有。比如，大家通常都会把肮脏、破损的纸币或者不方便存放的镍币尽快花出去，而留下整齐、干净的货币。为防止这一心理导致纸币发行受阻，全世界所有的货币发行机构基本上都承诺残旧损坏货币都可以免费兑换成等额新币，试想如果没有发行机构的兜底，谁还愿意接受陈旧的纸币，谁还敢轻易使用纸币呢。当然发行机构既然承担了发行成本并无偿提供兜底，必然会尽可能采用最好的造纸原料和技术，保证纸币防伪造及防破损等。

从货币的这几个属性来讲，托盘也是相似的，如果托盘只是用于企业内部静态周转及物流，只要自己方便并愿意，无论用什么尺寸，是否非标，都无关他人和社会。目前国内实际物流应用中，大部分的托盘都只是用于企业内部静态周转，只有极少数的社会化带托运输，这也就解释了为什么国内企业虽有千奇百怪的托盘尺寸仍丝毫不觉得这是个问题，解释了哪怕国标制定之后，仍“不知有汉，无论魏晋”地采购使用非标托盘的原因。

但托盘的更深层价值在于动态循环使用过程中，在以“带托运输”为基础的多式联运中。通过带托运输所带来的经济价值提升主要体现在四个方面的优化效应：一是装卸效率的提升，降低搬运装卸人工成本，同时带来了车辆利用率、周转率的提升；二是装卸效率提升有助于越库作业模式的推广，从而带来仓库利用率、周转率的提升；三是装卸效率提升实现了多点共同配送与快速补货模式有机结合，从而真正实现了快速补货模式下库存成本最优与运输成本最优的平衡；四是单元化的装卸作业降低了货损风险，提升了管理效率。

但既然要让托盘使用跨越企业边界，既然要联运，就需要遵守公用标准，因为只有这样才能让上下游通用起来，让托盘动起来，而这些动起来的条件跟货币流通条件基本类似：

（1）标准化的问题。是否跟配套物流装置，包括车辆、货柜、货架及包装箱普遍性相容；托盘专家前辈显然意识到了这个问题，所以目前在托盘尺寸方便就制定了相应的国家标准，如：1200mm × 1000mm 及 1100mm × 1100mm；之所以制定两个标准应该是对现实矛盾和既存利益体让步的结果，也有不少行业人士质疑，有了多个标准的标准，还是标准吗？理论上“1210”的平托盘更具有普遍适用性，能跟多种尺寸的货柜货车及包装箱兼容，所以，后来就有了优先推荐使用 1200mm × 1000mm 尺寸托盘的事；除了尺寸的标准，其实还有材质、工艺、重量及质量标准问题，普通托盘制造门槛低，工艺及材质五花八门，质量良莠不齐，价值信息极度不对称，这也造就了带托运输在交换制模式下困难重重，不等价的东西是很难大规模常态化交换的，哪怕即使同一材质、工艺及重量，也有新旧程度问题，如果新旧托盘可以等比例交换，谁都希望把自己的旧托盘去换人家的新托盘，这又回到了“劣币驱逐良币”法则。

（2）破损风险问题。前文探讨过，纸币在流通交换过程中，也不可避免出现破损现象，如果破损的风险都由使用者承担，必然没有人敢轻易接受陈旧的纸币，因为谁都担心纸币烂在自己手里，让自己承担全部损失；托盘流通也一样，谁都不希望自己花同样的代价去自己接收陈旧的或者随时有破损风险且需要自己承担全部风险的托盘。货币发行机构通过担当免费等额兑现的责任来解决这一问题，托盘租赁运营商敢承担吗？据了解，普拉托是国内首家且唯一一家为客户提供破损免赔租赁服务的托盘运营机构，之所以这样做，就是为了承租方放心租赁使用托盘，放心进行托盘交换和过户流转，扫清带托运输的障碍。

（3）质量问题。货币发行机构都会想尽办法，用尽可能好的材质制造耐用的纸币，让纸币承受流转损耗的周期更长，毕竟纸币使用环境是复杂多样的，如果纸币轻易损坏且需要货币发行机构来免费兑换，这既影响了民众使用纸币的体验，也加大了货币发行机构的成本负担，同理，易损易耗、质量低劣的托盘也是不适合社会循环共用的，除非托盘运营机构的盈利模式就是为了获得使用者的损坏赔偿金，但这种无异于杀鸡取卵的行为必然是不可取的。所以担当社会责任并积极推动带托运输的托盘运营服务商，必然会通过研发生产质量优良、结实耐用的托盘供客户使用，以降低损坏风险。

（4）防伪问题。本质上是以次充好、以假乱真的问题，托盘运营商为长期利益考虑，必然会生产高质量的托盘，相应的生产成本也会较高，如何防止不法投机分子在带托运输过程中拿低成本劣质托盘去换取高质量托盘也是一个需要考虑的问题。据传，某托盘租赁巨头的木托盘已经衍生出了地下仿冒托盘交易市场，个中原因除了投机，还有因高额赔偿所迫。如果在产品上，能解决以上几个问题，至少托盘循环共用运营商在硬件方便基本可以满足托盘循环共用的条件。同样也是基于以上几点理由，我认为脱离产品，打上互联网 + 的幌子，以实现托盘供需信息对称的纯托盘运营平台本身跟伪命题差不多，是空中楼阁落不了地的，到最后要么只是为了政府补贴验收，要么就是昙花一现。

从货币银行到托盘银行

在货币满足了流通的基本条件之后，就要谈专门经营货币流通的业态了。中国古代经营货币业务的业态主要“钱庄”或“票号”，看过《乔家大院》的都知道，乔致庸家族前期主要做粮油日用及丝茶生意。为了贩茶，经常需要从山西押运大笔银子长途跋涉去闽赣茶区采购，这其中，舟车劳顿，往往一去就是半年，若绿林当道，还随时有劫财害命的风险。交易完成后，再把茶叶运回山西，出杀虎口，在包头和草原牧区销售，得回的银两再通过镖局押回太原，一条是资金流，另一条是物流，两者都风险大，成本高；与此同时，还有两个现象，就是大量的山西及中原人需要运送银子到关外采购优良马匹和皮毛制品，另外就是大量的闽浙湘赣南方官员在北方做官，需要把银饷家资运回南方老家。精明的晋商发现了其中的商机，如果在全国各大商埠都市设立分号，南方官吏在北方做官时，积攒的银两只需存放在当地的票号，然后回到老家就近在附近分号凭汇票并支付一定费用就能提取银两岂不更好，同理，晋商在关外赚取得银子也不再需要马上运回山西，只需开立汇票就地存放，回太古或平遥当地总号提取即可；最终银两的调动主要由各钱庄总号在各地区调剂头寸即可。因为货币汇兑要支付一定费用，在和平时期，商路畅通，官道太平，还是有不少人为节省费用和避免麻烦会自己亲自携带押送银两的。但晚清乱世打破了这一平衡，发捻横行，让携带银两的风险大增。这也客观上刺激了票号在晚清时期的繁荣发展。这个情况也许跟带托运输有相似之处，带托运输给企业带来车辆装载上的费用，同时租赁托盘也需要承担一定费用，但是随着装卸劳动力成本的不断上涨和高速公路打击超载，这个平衡也会被打破，将会有越来越多的企业加入到带托运输的行列。

票号要实现银两异地通存通兑，必须要在各大商埠都市建立分号，以此才能服务到各地客户；另外，各分号业务要尽可能有双向银两对流，这样彼此头寸才会抵销，运营成本才会最低。托盘运营商也一样，需要在各经济区设立服务中心，负责托盘的配送和回收，满足客户转户清算及异地归还的要求；与此同时，托盘运营商还需要精准选址，既要辐射腹地广，又要避免货物单向流动带来的大面积托盘空板调拨的运营成本。

伴随经济的发展，现代商业银行以其先进性，逐渐取代票号这一传统业态，成为经营货币业务的主体。通过存兑业务，商业银行会沉淀大量的闲置资金，能否在管控好流动性风险和信用风险的基础上，把闲置资金盘活，获取最大资产报酬，也是商业银行管理的核心问题。托盘应用的场景具有多样性，有长租，业务高峰短租，还有带托运输的临时租，各种应用场景及需求都考验着托盘运营方的管理能力：能否把控客户违约风险，把托盘和租金及时回收回来？能否算清账，对冲折旧及破损，保证一定的收益率？能否避免托盘大量闲置及大规模空板调拨？能否提供根据不同应用场景的风险收益情况，进行差异化计费以满足企业多样化需求？这都考验着托盘运营商的管理能力。如果托盘循环共用运营商能像银行运营货币一样管理托盘，理论上是可以解决国内企业大量存在的“僵尸托盘”和“一次性托盘”的问题的，但现实中阻碍仍然不少，托盘循环共用之路依然很曲折，但前途是光明的，趋势是向好的。

三大背景

近年来，国内托盘体量连年增长，据相关数据，目前总量已经达到11.5亿片左右。之所以会这样，以下三大背景功不可没。

（1）劳动力成本上涨，特别是低端高强度劳动力成本上涨。在南方工商重镇，目前仍从事装卸搬运行业的劳动力平均年龄在50岁左右，很多青年劳动力宁愿拿少一点，也吃不了这种挥汗如雨的苦，所以请搬运工难、请搬运工贵的趋势不可逆转。据商务部统计，当前，我国搬运装卸货物的成本是22元/吨，未来5～10年，会上涨到60元/吨。当成本优势的天平逐步向机械化作业倾斜的时候，企业自然会去采购或租赁托盘适用于机械化、单元化作业，以提升效率，降低物流成本。

（2）土地成本上涨。土地成本的上涨，让工业园区的企业不再轻易通过买地扩建厂房的方式来满足仓储业务需求，它们宁愿支付更多的建造成本向空间要地，所以，近年来，立体化仓库发展得如火如荼。与立体化仓库一样，自动化堆垛机、WMS系统配套、托盘都是必不可少的载具。

（3）供应链管理需求。当前，我国工业化进程基本完成，各大小企业都已经完成设备升级改造，生产自动化程度已经非十年前可比，不少行业产能严重过剩，以往通过升级机械设备进一步提高生产效率，降低生产成本的发展路子已经遇到瓶颈。越来越多的企业开始着手在核心业务的外围想办法实现降本增效，比如供应链管理和带托运输等。这一现象跟20世纪60年代末的日本有些类似，物流这一概念，也是日本在这一宏观经济背景下考察美国后勤军事保障系统后提出来的。

带托运输

说到美国后勤军事保障系统，就不得不提带托运输。带托运输是指货物按一定要求成组装在一个标准托盘上组合成为一个运输单位并便于利用叉车或托盘升降机进行装卸托运和堆存的一种运输方式。作为与集装箱类似的一种集装设备，托盘现已广泛应用于生产、运输、仓储和流通等领域，被誉为是20世纪物流产业中两大关键性创新之一。第二次世界大战期间，美军为把本土生产的大批量武器弹药、食品及其他军需物资快速送往西欧和西太平洋战场，同时解决港口物资积压和装卸效率低下问题，于是发明了托盘、叉车结合的后勤军事系统。这个系统要求弹药、食品等物资由生产现场或生产工厂用托盘装载运抵港口，使用起重机和叉车进行装船，运抵对方港口后，利用机械设备快速转装货车，通过公路网络快速投送到各目标战线，以实现高效补给。具体带托运输来多少经济价值，我就不在这里阐述，相信相关专家学者的数据更加翔实，我主要谈谈如何落地带托运输。

综合带托运输场景需求，并总结全球带托运输的实现方式，主要有四个模式。

（1）一次性托盘使用模式。下游供应商采购一次性托盘发货给异地下游客户，托盘当成一次性包装品随货物转移给客户。利：操作简单，下游客户容易接受且能获得托盘所有权。弊：一次性托盘造成大量资源浪费；一次性托盘通常质量低劣，货损风险较大；大量采用一次性托盘对企业造成较大财务压力（见图7-17）。

（2）交换模式（见图7-18）。即上下游企业在货物交接的时候，并不倒托，而是通过托盘互换的方式解决托盘转移的问题。利：操作简单，无须账务登记或资金交易。弊：下游客户需要预备托盘，上游客户需要空板运回，物流成本高；由于上下游客户托盘在材质、新旧、质量方面有差异，会造成交换受阻，上游客户尽可能会把陈旧或濒临破损的托盘发送给下游，下游尽可能把残次托盘交换给上游客户以转移托盘损毁

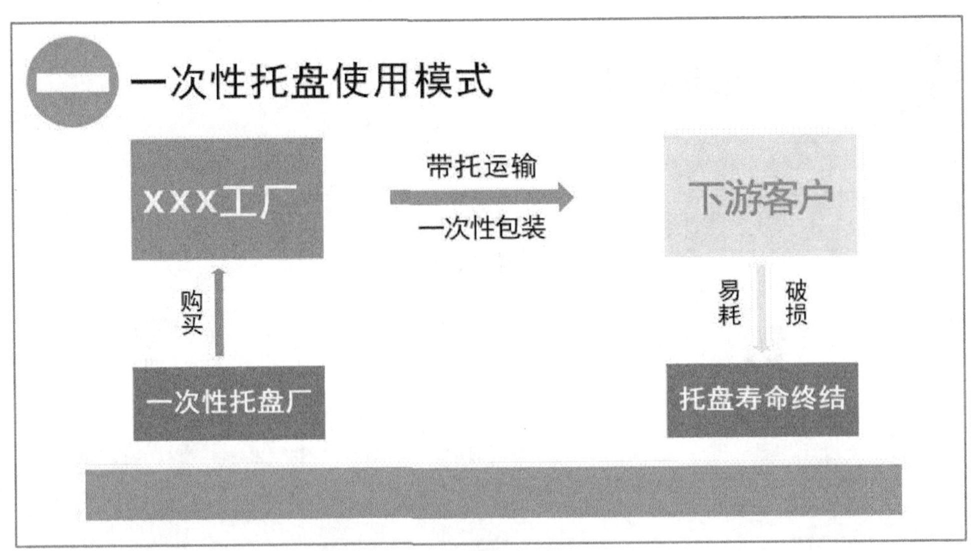

图7-17　一次性托盘使用模式

风险，特别是如果使用过程中，托盘破损还要求客户承担较高的破损赔偿的背景下。这也就解释了为什么尽管两大巨头市场占有率很高，也极力推动，但真正的跨企业的动态租赁的业务极其少的原因。理论上，如果交易不等价，托盘领域必然也会出现"劣币驱逐良币"现象。要推动交换制，托盘运营商敢提供破损免赔租赁服务吗？

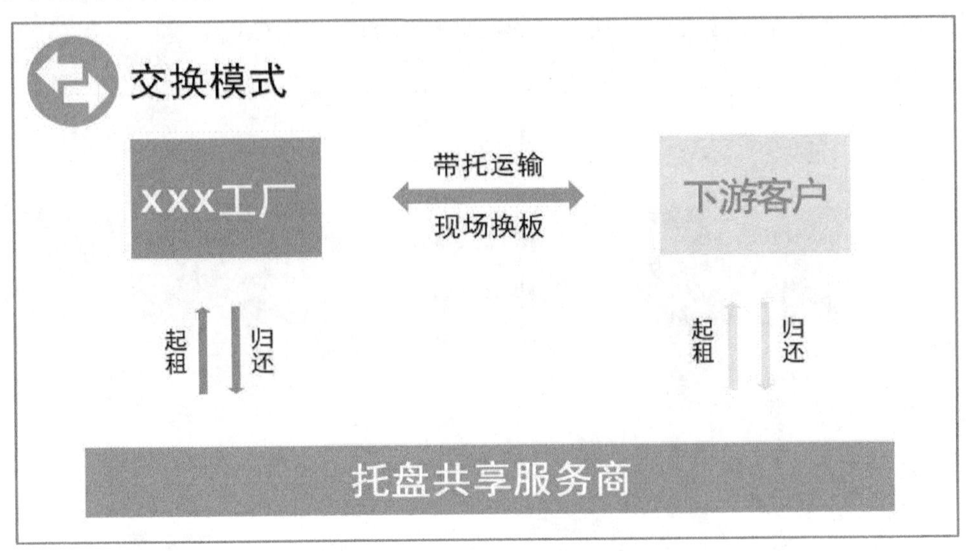

图7-18　交换模式

（3）异地归还模式（见图7-19）。上游客户发货给下游企业时，下游企业需要倒托，以腾出空托盘就近归还给当地托盘运营服务中心。利：避免了交换模式下的权责不清，一次性托盘模式下的资源浪费。弊：操作复杂，倒托影响了带托运输的效率；异地归还需承担一定费用；托盘运营服务商需要足够的网点覆盖。

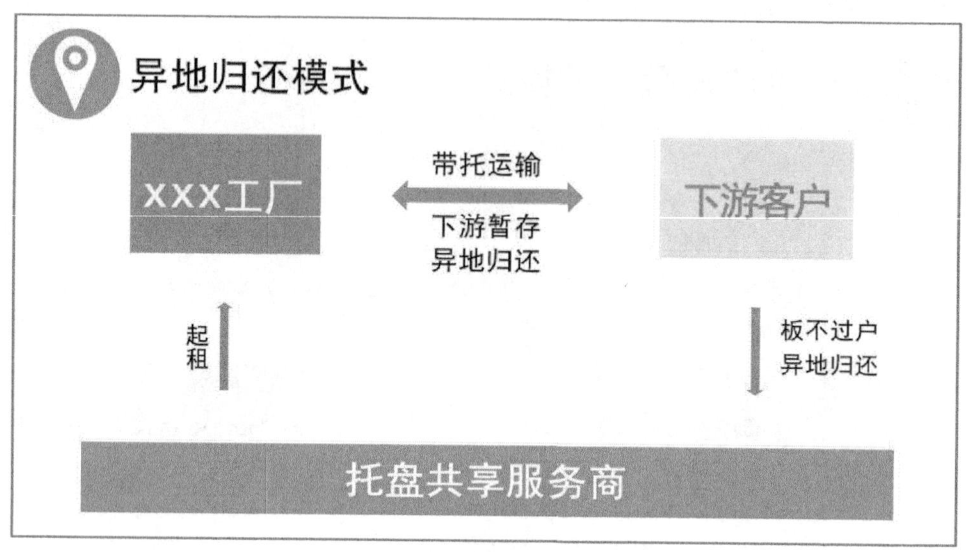

图 7－19　异地归还模式

（4）流转模式（见图 7－20）。要求上下游企业双方同时在托盘运营服务商开立租赁账户，通过账户进行登记过户，上游交付托盘给下游后，托盘相应租赁责任及使用权都转移给下游。利：权责清晰，是一种较理想的带托运输方式。弊：如果缺少逆向对流，则托盘运营商调拨运营难度较大；如果托盘运营商仍需承租方承担破损成本，则同样会造成“劣币驱逐良币”现象，影响此模式的大范围推广。

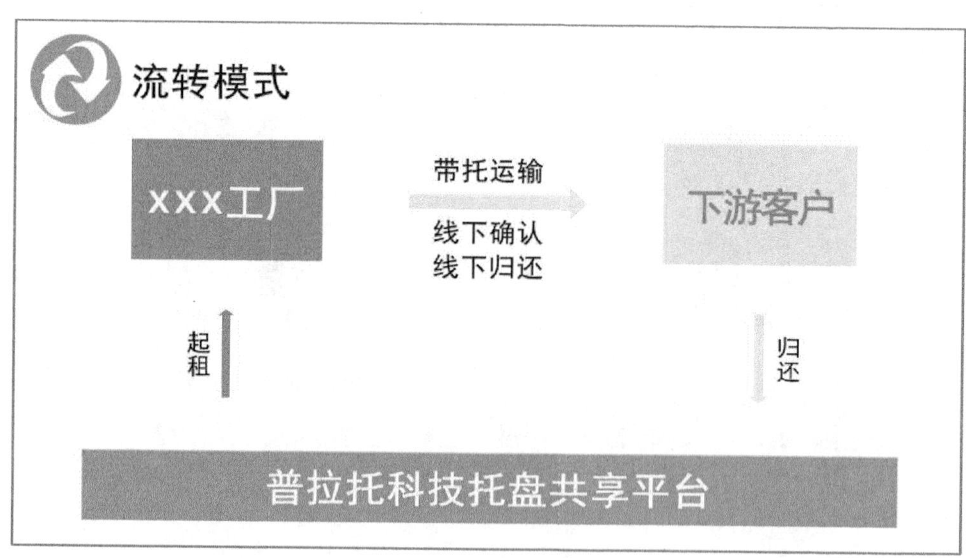

图 7－20　流转模式

如果托盘租赁运营商不能为企业带托运输提供便利，那么托盘租赁企业是随时可能会被替代的，而且托盘循环共用的经济效应和社会价值也会大打折扣。静态的用于满足企业内部周转的托盘租赁业务，是没有任何壁垒的，无论是托盘生产企业，还是经销商，或者是外围叉车租赁商，都可以用自己的方式筹集一批托盘满足自己一小撮客户的需求，哪怕就是非标托盘，也丝毫不影响他们做租赁生意，但想要做大并建立一个大的托盘循环共用系统，就很难，托盘循环共用，水其实很深。

托盘循环共用运营的水太深

自十年前，集保、路凯和众力等外资集中登陆中国市场，试图抢占亚太这一拥有巨大潜力市场以来，中国一些民营或国有企业，也开始带着美好的愿景和保家卫国的情怀纷纷上马，但不久大多又销声匿迹，这说明这个行业并不好做。哪怕就是全球巨头，集保中国也摇摆不定，试图抽身。谁都看到这个市场大，经济和社会效应也明显，但为何会是这样?

（1）托盘池建设和前期投入耗资巨大，非一般企业所能承担，按高端木托盘150元/片算，高端塑料托盘400元/片折算，哪怕是1000万片的托盘池建设，也需要投入15亿~40亿元。1000万片，只占国内托盘存量的1%不到，如果要达到发达经济体30%的租赁比例，那需要再扩大30倍的投资。

（2）回报周期长，国内托盘租金回报水平远低于美日经济体。如果只考虑租金收益，国内两大巨头的木托盘投资回报周期至少在3年以上，但实际上，哪怕按破损率20%计算，木托盘平均使用寿命也才3年，资金成本都要亏进去，何况还有运营，销售等其他费用。所以，除非两大巨头有其他秘密盈利模式，否则这算起来并不是一个赚钱的生意。

（3）国内托盘标准化程度低，带托运输比例低，导致客户对租赁托盘的需求还只是停留在解决资金问题上。

（4）破损率高，维护压力大。国内因为并没有形成带托运输的操作习惯，所以托盘破损率高。具体表现在，商品包装尺寸多样，打托随意，质量分布不均，超载超重的现象普遍，再加上叉车尺寸多样，叉臂长短不一，叉车司机操作不规范，托盘维护压力巨大。据闻，集保在美国的木托盘使用寿命可达10年，在国内普遍过不了3年，日本的塑料托盘平均使用寿命可达14年，国内优质高端塑料托盘也只能用5~6年，也许这其中有工艺和质量差异，但工况绝对是主要原因。为控制破损风险，国内托盘租赁运营商普遍通过“霸王”条款来反制承租方，如托盘损坏需承担高额赔偿。但损坏赔偿是双刃剑，损坏的原因也是多样的，赔偿问题既影响了承租方租赁体验，增加了租赁不可控风险（因为托盘损坏赔偿问题，知名大企业打官司及罢免物流负责人的事时有发生）也阻碍了托盘的上下游流动。试想，如果货币发行当局哪天说，纸币损坏银行不承担以旧换新责任，全部风险由使用者承担，谁还敢用人民币，谁还敢轻易接受人家递过来的半旧半新的纸币。

（5）网点问题。如果没有足够的网点，就会像银行满足不了通存通兑的需求，托盘也就满足不了通租通还，带托运输多样化需求。但大面积开设分支机构和运营中心本身投入就巨大，而且在没有达到一定规模效应之前，基本上只有投入没有产出。

（6）闲置问题。跟银行流动性管理类似，大量的闲置托盘会导致成本倒挂，而托盘行业并没有一个“托妈”存在，可以通过同业拆借或者其他流动性工具缓释这些闲置和倒挂风险。为应付闲置风险，大多托盘租赁企业都尽可能提供长租服务，但长租真的是承租方真正需要的吗？

（7）运营调拨问题。如果没有足够的业务对流，托盘异地调拨运营成本也是巨大的。

（8）系统清算问题。托盘池的管理跟银行资金池管理非常相似，如果要满足客户差异化需求，就必须提供多样化的清算计费方式，银行开发一个核心系统，动辄上亿元，这不是托盘企业所能承受的。

无限风光在险峰

尽管如此，还是有一代一代的托盘人，为了推动托盘循环共用事业前赴后继，如爱帮、天下大白、集托网及找托盘等。普拉托在创立之初，创始团队就意识到这是一个伟大的事业，利国利民，前途光明，但道路曲折，障碍重重。为扫清带托运输的障碍，普拉托提出了“5A”价值服务体系，具体表现在“随借随还”“通租通还”“上门服务”“担当责任”“无障碍流通”方面。同时普拉托研发设计了“普惠托”“随心托”“快易托”“顺风托”“普托邦”五大服务产品体系，满足承租方不同应用场景的差异化需求（见图7－21）。

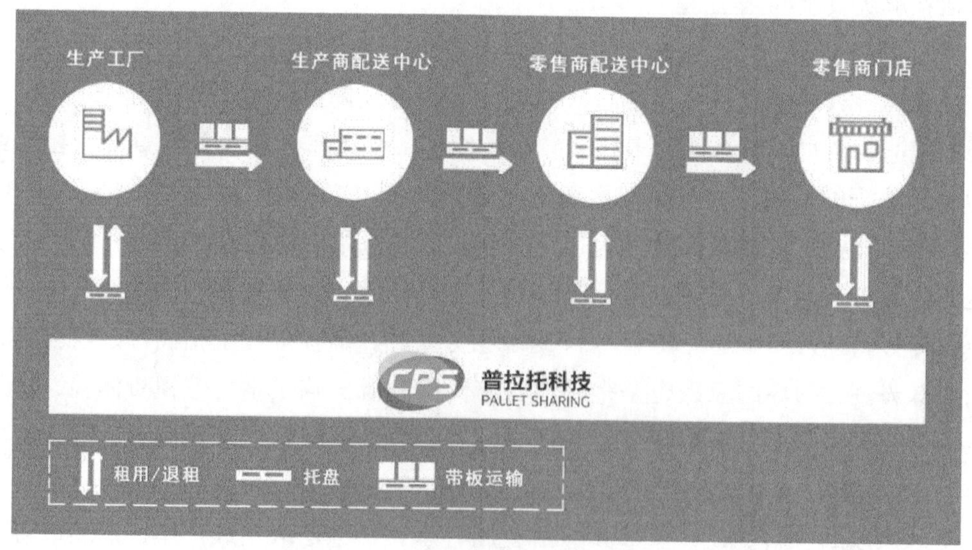

图7－21　普拉托托盘循环共同体系

普拉托愿意跟托盘同人一起努力，致力于为企业实现和提供最优秀的托盘共享解决方案，协助企业和社会解决“僵尸托盘”和“一次性托盘”问题，推动带托运输，降低企业和社会物流总成本，配合国家实施物流装备标准化战略，节约社会资源，保护自然环境。

（本文作者系深圳市普拉托科技有限公司 CEO 漆文星）

单元化物流在中国的未来

前不久，看见我们的合作伙伴大恩物流推出了全新的海报，上面写道：一家不用搬货的物流公司，内心万般欣喜，加之中交协托盘与单元化物流分会成立伊始，邀请我为其即将编著的《中国单元化物流全书》辑稿，我诚惶诚恐之余，决意写下此文。

一、追本溯源：它不只是一个咬文嚼字的概念

“单元化物流”这一概念起源于学术界，据说是由一个叫王凯的物流硕士研究生在其毕业论文中首次提出。

随着我国物流业“去产能，调结构”“降本增效”等计划的深入推进，尤其是国家商务部2014年年末主导下的“商贸物流标准化专项行动计划”实施以来，“单元化物流”开始从幕后走到台前，从书本跳跃至实践中。除了有类似于中交协托盘与单元化物流分会这样的行业协会组织在着力牵引单元化物流实践发展外，还有部分业内公司也开始立足这一主题做相关创业创新。

总而言之，“单元化物流”在国内还是一个陌生的概念，也属于一个尚未开发的“处女”领域，它应该属于新经济时代的产物，不是人为刻意制造出来忽悠大众的概念。就如同“互联网+”这个概念，几年前几乎无人知晓，但伴随互联网技术发展和互联网手段向经济社会各领域、各行业的渗透，它几乎变成了一种全民共识。所有能成为共识的东西，几乎有它天然的使命和意义，不同的是，“互联网+”几乎包罗万象，涉及各行各业，很难找到一种具体化的应用场景，所以，它终究只是一个概念，属于阶段性的国家记忆或大众记忆，而“单元化物流”是对物流场景的具象化描述，它有可能成为一种实践中的物流形态，也有可能像“快递”“电商”这个词汇一样，成为老百姓的“口头禅”，同时成为人们生活的一部分。

以上说了这么多，如果你还不知道单元化物流是什么，我不怪你，因为我还没有给出具体定义和描述，其实我讨厌定义，只因为我是实践者，不是学者。假如非要描述的话，我会这么说：把你的货物放入一个比集装箱、比货车还要小的集装容器里，

比如托盘、周转箱等，并始终保持这种归一化的状态，不拆箱、不倒板，经历从始发地到目的地的全过程，这种全程一体化的物流生产作业方式就是单元化物流。在不久的将来，通过这种物流作业方式提供给你的物流服务，就是单元化物流服务，就如同现如今的快递服务一样。

二、认清现状：中国只有一群托盘人在玩弄单元化物流

每一个实践领域都有其特定的玩家，比如说到电视，就是创维、长虹、TCL、康佳等；说到电商，就是阿里巴巴、京东等；说到快递，就是顺丰、三通一达等；说到快运，就是德邦、安能、百世等；说到公路货运，就是专线、小三方；说到单元化物流，有谁？回答这个问题，需要去看围绕这个主题聚到一起开会讨论的是谁，就目前而言，毫无疑问，是托盘人。

托盘人？这是一个什么群体？似乎没有人专门去描述过。当我们去描述物流行业时，官方所说有10万亿元的市场体量，5000万名物流从业者，数百万家企业，产值过百亿元的企业也不少，很显然，这是一个大行业，被广泛议论，路人皆知。而托盘行业呢，说是有3万来家企业，有多少从业者，不知道，多少产值，非官方统计说是有千亿元，而实际上呢，10亿元级别的托盘企业在国内还真找不出来。托盘行业属于一个相对小众化的行业，以小规模的制造商、小的贸易商和二手托盘业者为主，缺乏真正意义上的大型生产商，也没有大的服务商或平台商，托盘行业也属于一个非常传统的行业，托盘人多为70后、60后和50后，80后、90后鲜有，他们伴随中国改革开放和市场经济运行、工业制造产业的发展而专业分工出来的一批人，最初始主要服务于工厂，20世纪90年代以后，中国物流行业开始兴起，直至今日物流行业发展越发火爆，托盘人开始服务于物流人。

当托盘人遇到了物流人，这个故事就有点意思了。如果把托盘人归类，原本属于制造者范畴，不应该属于服务者，但又有人惊呼：纯制造者没有未来，制造业向服务业转型才有未来，似乎也对。再看物流人，属于典型的服务业者，但近几年来受互联网思潮的冲击，物流人似乎一夜之间都变成了互联网人，左边一个喊出“互联网+物流”，右边一个在叫“物流平台”，中间还有一个人在说“智慧物流”，都变异了么？都不务正业么？托盘人开始干物流人的活，物流人却干起了互联网人的活，互联网人呢？不干活？不对，互联网人已经就地解散，潜伏进入各行各业，从此不再有互联网人。在当今这个世界，如果说自己没有互联网意识的，你只会被贴上一个标签，就是“传统”，“传统”等于“落后”，“落后”就会挨打。

所有不甘心挨打的70后、60后和50后的托盘人蓄势而起、闭门聚义，说要做

“单元化物流”，理应是社会经济发展之幸，属于国人之喜。但客观而言，托盘人干的活真的不能叫单元化物流，制造一个托盘、租赁一个托盘、流通一个托盘、回收一个托盘，然后再租赁一个托盘……周而复始，实质上是在玩“托盘循环”概念，不是“物流”概念，也不是“单元化物流”概念。未来世界只有三种人，就是生产者、物流人和消费者，不能依靠托盘人来玩物流，那真的是不务正业，所以，物流人应该觉醒，不是一味地去“互联网”国度攻城略地，而要回头看看本应该属于自己的领地。

否则，当一群托盘人扛着机器、植入芯片、下载 SaaS 软件、带着 80 后和 90 后生力军来袭之时，物流人只能哀叹：本属于自己的罗马城，却只能称别人为国王。

三、扫清障碍：托盘流通是单元化物流发展的“拦路虎”

托盘人玩“托盘循环”（或叫“托盘流通”），物流人玩“单元化物流”，这才是合理的分工和基本的定位。当且仅当标准托盘在各个领域形成广泛流通时，单元化物流的局面才能真正实现，或者也可以这么说，只要托盘广泛流通了，单元化物流形态也就自然呈现出来了。转过来回答上一段落的问题，为什么迄今没有物流人敢去玩或者叫愿意去玩“单元化物流”，其根本原因是托盘流通在中国一直难以实现。

托盘和托盘流通属于工贸、商贸大流通背景下的基础设施，原本是做给物流人乘凉享受用的，属于国家想干、要干、能干的事情，但国家从 20 世纪 80 年代开始尝试推动，至今也郁郁不得志，几十年下来，国家有志气，却并无心力，因为国家部门受市场经济所左右，因为国内物流大环境还不能真正支持，因为物流人至今还没有想通为什么要为托盘流通买单。

国家在攻克“托盘流通”这一难关时，发现有三座“大山”阻挡在前面：标准化、回收网络和装载亏空，这三座“大山”让曾经与国家并肩战斗过的人都已然伤痕累累。

1. “标准化”大山

标准化自古以来就是一个较为复杂的问题，在崇尚“以人为本”和“经济自由”的今天，标准化变得更加重要，其意义在于将不同习性、不同目的的经济个体约束在一个共同遵守的行为准则和行动纲领里头，让社会个体趋同，让社会经济有序。窃以为，标准化才是自由的真正源泉，没有标准化，很难有自由，就像没有法制，很难讲民主一样。举个例子，Http 标准的确立导致了因特网的全球普及，才让人类变得如此自由和畅快。

在中国，托盘人不停地生产托盘，然后不停地输送给物流人，日积月累，年复一年，导致在中国 960 万平方千米的土地上创造出数百种托盘尺寸标准，11.7 亿片托盘中仅有27%符合国家标准。托盘人说，是物流人非要某个尺寸标准的，都是按物流人的要求做的；物流人不高兴了，说我们是根据装运对象来选择托盘的，“啤酒”装运客户需要用这个尺寸的托盘，而“牛奶”装运却需要用那个尺寸的托盘，我们也没有办法。面对这样无休止的争论，国家也是无可奈何，于是乎只能发文强制规定，关于托盘的国家标准只有一种，就是“1210”，意味着托盘生产和使用都必须采用这一标准。与此同时，国家还拿出了专项行动计划，每个城市奖励8000万元到1亿元，先树立出一些标杆企业，以点带面，没想到效果还真立竿见影，全国新生产出的托盘40%是标准的，重点领域的托盘标准化率达到了65%（资料来源：《中国托盘标准化发展监测报告（2016年）》）。

2. “回收网络”大山

“网络”是一个极具魅力的词，在虚拟世界里，它指的是Internet。Internet自20世纪90年代诞生，已经将全球的人们连接在一起，建立起了无国界的关于信息自由、社交自由和商务自由的另一个世界维度。而在现实世界里，“网络”的意义更为突出，自连锁商业体出现后，实体网络就跃然纸上，因为商品要自由通达至各个商业终端，让各个地域的消费者均能享用到同一品牌商超或制造商的商品，就必须结成“网络”。

物流的兴起让“网络”发展更加成为一种必然，物流实际上是一种基于“网络”构建下的产品流通活动，若无网络，则无物流。中国现如今的物流已非昔日能比，但物流的网络并未被最大化利用，在共享经济大行其道的中国，物流网络并没有得到共享和共用，这是中国物流的缺陷，属于物流人的“原罪”。托盘流通首先需要的就是回收网络，只是可怜的托盘人，一直在自己建设网络，十多年的努力，最能干的托盘人也不过才拥有几十个网点，而物流人，动辄就有几千上万个网点。所以，我一直在思考一个问题，为什么这么浩大的工程交由托盘人来做，而不是物流人？时至今日，托盘流通在中国尚未形成，我认为怪不了托盘人，而应该责备物流人，这是物流人至今还没有捋顺想清的“混沌现象”。

3. “装载亏空”大山

说到“装载亏空”这个词，通俗易懂，中国物流人都喜欢用。

去国内物流现场看看，简直叹为观止，每一辆车过来都被塞得满满的，连“牙缝”般的间隙都没有了，干这个活的物流工种叫“配载”，属于技术活。一辆车在途原本仅运行4个小时，结果装卸两端活生生等待了8个小时，不由得感慨：中国装卸工人很累，中国物流司机很苦，中国式物流低效低能。为什么要这么做？物流人说是因为成本，这里需要额外讲一个中国式物流的“悲剧”，中国物流业伴随着改革开放而起，近40年以来，国家CPI（居民消费价格指数）飞涨，物流成本也跟着飞涨，仓库租金涨、车辆加油涨、过路过桥费涨、雇工成本涨……都涨了，只有一个没有涨，就是运费，运费没涨，那要怪生产制造业，因为他们付不起钱，因为他们压榨物流人，但反观中国制造业，其实也病得不轻，国家政府下的良药是《中国制造2025》，意思是物流人的好日子在2025年之后。所以，说中国物流人有“原罪”也好，说存在“混沌”现象也罢，需要为物流人正名的是，他们真的很不容易，他们也很无奈。

再回到“装载亏空”这个词上，因为中国物流成本负担重、利润空间低，所以就一味地追求“装载率”，却宁愿牺牲装卸效率，“装载亏空”是绝大部分物流公司的成本核算与考核体系所容忍不了的。当托盘人拿着托盘找到物流人时，说你们就带托运输吧，不要散装散卸了，物流人瞪了托盘人一眼，说我们发一车货原本只需要1万元运费，用了你的托盘，我们得亏空20%，相当于运费贵了20%，不划算。托盘人灵机一动，继续说服道，那就做短距离的吧，200千米以内带托运输更划算，比如原来你们一天只能发1趟车，带托运输后节省了时间，能发2趟以上，那么车辆成本降低了，算下来还能省钱。

如上对话纯属阶段性剧情，因为有些物流人逐渐发现，装卸工人老龄化厉害，招工困难，人工成本越来越高，托盘运输似乎势在必行了。我想，过不了多久物流人就不再纠结“装载亏空”这个问题了。

四、发展路径：托盘免费之日才是单元化物流兴起之时

如上所述的“三座大山”若能被攻破或跨越，如果托盘真的犹如集装箱、车辆一样，成为货物运输的必备工具，那么单元化物流必然流行。未来的物流应用场景可能就是如下画面：托盘人制造了大量的标准托盘，以售卖或租赁的形式输送给物流人，物流人会将标准托盘事先配置给各个货主仓库，货主会以整托（或托盘上的整层货）下单给物流人，物流人开着车辆（满足带托运输的车辆，如飞翼车、侧帘车等）去货主仓库取货，现场全是叉车作业，无须太多装货等待即可携带托盘货离开货主仓库，该托盘货中途不拆托、不倒板，迅速收发、装卸，经多级中转直至交付给收货方，托盘在收货方处做即时交换处理或由托盘人或物流人后续上门回收，托盘再次回到公共流通体系，交由托盘人或物流人继续循环利用。

托盘贯穿于整个物流装卸、仓储、运输和末端配送的过程中，它在物流领域中就扮演着极其关键的角色。物流人一旦认同了，托盘人梦想就实现了，国家也高兴了，整个业界一片祥和之气。那么问题来了，托盘谁来买单？托盘服务如何计费？

托盘人其实又分为两个群体，一个专注于制造，另一个专注于服务。专注于制造的托盘人未来只向两种人售卖其标准托盘，一是卖给物流人，二是卖给专注于服务的托盘人。所谓的托盘服务，是指围绕托盘动态流通所匹配的一切动作，比如托盘租赁、

维修、送达、回收、更新和废弃处理等。托盘服务的对象主要还是物流人，如果物流人租赁托盘人的托盘，那托盘人就为其提供相关的托盘服务，如果是购买托盘人的托盘，意味着就不需要托盘人提供额外服务，自己来干托盘流通之事，物流人的主业终归是服务好货主，它会告诉货主单位，托盘免费用，物流服务品质更好、效率更高，货主非常高兴，整个交易生态形成。

其实，托盘并非真正免费，因为托盘人要通过托盘变现（销售收入）或托盘服务变现（租金收入）来获取交易收益，但托盘会像车辆、仓库、叉车这些物流基础资源一样，成为组成物流服务产品的输入，而且这种输入让物流产品升级了，为货主降本增效了，因而变得更值钱了。托盘一旦对货主全面免费，单元化物流已经悄然兴起。

五、未来价值：非“平台式”开放，而是“供应链式”协同

在中国，“物流”这个词诞生于 1978 年，“供应链”（所谓的大物流）则起源于 2002 年，“物流平台”（也可称为互联网 + 物流）真正出现是 2012 年，“单元化物流”呢？如前文所讲，算作是 2013 年。所有的词汇和概念，当它没有通过实践场景运行并加以扩散与沉淀时，它总归是没有太多意义。

关于“物流平台”，笔者在《物流沙龙》上发表过一篇文章“我国公路物流业态浅析——谈‘平台’和‘联盟’之困”，文中如此描述过：“所谓的平台模式是基于互联网模式下的提供多方连接，促进无边界互动，从而发生更简单、更直接的信息交换或产品服务交易的商业模式。开放性、互动性（或社交性）、交易性是平台模式的本质属性，任何一个无法形成无边界开放的或不具备社交性而无法让用户之间广泛互动的或不能形成有效且大量交易的商业模式均不能称为平台模式。”物流平台在中国发展这几年，尚不能评论其成功与否，但似乎有偃旗息鼓之迹象，笔者觉得，物流平台始终是有物理边界的，资源是很容易形成饱和的，当它完成了初始资源的集聚后，它可能就会着力品牌化和自主化建设，最终走向中央集权式管理，它天生就无法具备互联网的彻底开放性。

关于“供应链”，教科书上一直传颂着一句话：未来不是企业与企业的竞争，而是供应链与供应链的竞争。国内实践发展十多年，鲜有成功的供应链公司，而当我们谈起沃尔玛、苹果、亚马逊这些公司时，大家普遍的认知是，它们的成功源于供应链的强大。在当前的中国，供应链似乎有一股“压抑太久，欲将出头”的气势，我们先要探究清楚，供应链到底是什么？供应链并没有物流平台来得那么猛烈，物流平台是借助于互联网技术，强势推进，侧重的是“资源整合”，而供应链更多的是依托于既有的上下游商务关系，侧重的是“资源协同”。在中国这样一种缺乏统一规则约束的物流产

业结构里，或许以“王者之势”的整合方式比以“说客之法”的协同方式来得更快、更简单。只不过，泾渭已经分明，一者仅仅强调快速，另一者则立足于长远。

单元化物流，携托盘而来，贯穿于整个供应链上下游，是对供应链“大物流”模式的具象化体现，是供应链真正崛起的希望，是真正能落到实处的高效流通模式。通过单元化物流形态的推动，能在各个行业中、各个领域里、各种场景下形成信息层面和物理层面的“双向连接”局面，而托盘在其中扮演着关键角色，只因为托盘（本文所讲的托盘均指包括托盘在内的所有标准化物流载具）具有天然单元属性，它是运输装卸单元、信息跟踪单元，也是物流结算单元和商品交易单元。

其实“单元化物流”最大的障碍是“供应链协同”，而要做到“供应链协同”，可能就只有相互“妥协”，因为妥协才是和谐与成功的最高境界。

无论如何，单元化物流的未来已来。

（本文作者系武汉爱帮供应链管理有限公司总经理廖文明）

商务部在物流界下了一盘很大的棋

按目前形势预估，新的一年，物流标准化速度只快不慢，而从商务部公开工作动态分析，标准化之后的循环共用或将成为年度重头戏。

互联网的本质是连接，一切商业、一切媒体、一切社交、一切模式都是建立在各个维度连接的重构与结构的变革。其中最强而有力的案例就是乔布斯的苹果，一切无缝连接诞生了苹果持续的竞争优势。

商务部看到了连接的强大变革力，在 2016 年开展的工作，不少都围绕这个核心关键词展开。

600mm×400mm 系列包装模数、1200mm×1000mm 托盘、2550mm 货车外廓尺寸、系列 2 集装箱宽度 2550mm，这一系列规格数字背后是一项项规范标准，同时也是商务部着眼于物流系统与供应链整体，联合相关部门精心布局的一盘商贸物流标准化大棋。

这盘大棋背后暗含的一条条标准、一个个动作、一项项时间表，以及这层层叠加的项目试点重塑的物流世界，在揭开面纱时将会呈现的美妙画卷，不知你是否能够预料？能够看清大势？第一物流全媒体《现代物流报》记者带你重温这一年商务部为重构物流标准化而开展的动作，揭冰山一角以供领会。

一、托盘标准化是"阵眼"，牵一发动全身

1. 布局多年，今年进展快

商务部和国家标准委瞄准物流标准化已有两年多。早在 2014 年，就联合开展了商贸物流标准化专项行动。当时敲定的方向就是从标准托盘切入，以此带动物流上下游设施设备标准化和服务标准化水平。

为此，在全国范围内选择了两批共 170 家重点推进企业（含平台）和 20 家重点推进协会，指导开展标准化相关工作。并联合财政部逐批推进物流标准化试点，先后确定 32 个城市。到目前，第三批重点企业和重点协会已经开始了申报，2017 年试点城市正在筹划，工作开展得异常迅速。

2. 托盘标准化是核心

记者咨询业内一位资深专家，对方表示，之所以选择从托盘入手就是看中了其在“连接”链条中核心的作用，可以广泛连接生产、流通、消费领域，可谓牵一发而动全身。

“托盘标准一旦确定了，相应的周转筐、包装箱、车厢、集装箱等物流系统节点设备标准也就确定了，有助于共同配送、多式联运等全程‘不倒盘、不倒筐、不倒箱’，解决物流各环节标准不衔接、不匹配这一困扰行业多年的顽症。”

而一旦建立起以统一托盘标准为核心的包装、货架、车辆、集装箱等物流环节相互衔接局面，可以畅想一下，多式联运、直进直出、配送免检，一个托盘载着货物从生产流通到供应链末端的高效物流运作场景，该是怎样的美妙！更诱人的是整体物流供应链的标准化，将成为企业利润源泉和新的增长点。

中国社会物流总费用占 GDP 比例高达 16%，而等到物流标准化布局成型的时刻，降低几个点不成问题，而每一个百分点的降低就意味着有 6000 亿元左右的产值提升。

3. 企业用户是最大受益者

据网上公开的物流标准化试点案例，华润万家已经实现总仓—区域仓、区域仓之间、区域仓—城配中心、城配中心—门店的百分之百带托盘运输，物流费用比原来降低 11%。

浙江太古可乐推行托盘标准化，由完全人工到机械化作业装卸效率提升 90%，节约人员 18 人，节省人工费用 144 万元/年，节约仓库租金 436 万元/年，节约仓库短驳费 348 万元/年，出库效率每小时达 161 托盘货物，每年节约的千万元费用则转化为了利润。

此外，中外运、九州通、上海清美、北京朝批、广州华新等众多物流标准化试点企业参与托盘循环共用，目前获益颇多。

二、确定 1200mm × 1000mm 为托盘标准

1. 包装、车宽是托盘标准制定依据

在托盘标准五花八门，连国标都有两种规格的情况下，确定一种规格为托盘标准，市场意见并不统一。

根据托盘界泰斗的观点，任何国家制定托盘标准都出于两方面依据：

第一方面是考虑托盘集装单元能够顺利装入运载设备并且有较高的容积利用率，卡车和铁路货车车厢、集装箱等内宽是确定托盘集装单元尺寸的约束条件。第二方面

依据是包装模数。

据记者了解，前些年，虽然 1200mm × 1000mm 是托盘优先标准，但根据托盘国标《联运通用平托盘主要尺寸及公差》，确确实实有 1200mm × 1000mm 和 1100mm × 1100mm 两种规格；而包装模数中 600mm × 400mm 也只是《联运通用平托盘性能要求和试用选择》和《硬质直方体运输包装尺寸系列》推荐之一。

对此，中国仓储与配送协会副会长王继祥认为，确定托盘标准要站在物流系统的高度统筹考虑，不能盘是盘、筐是筐、箱是箱，各搞各的标准，应该以产品包装的标准化，带动物流的标准化、供应链的标准化和物流网络的标准化。一个国家只适宜提倡一套标准物流系统、一个托盘标准作为主流，如果搞两套物流系统和标准是不经济的。

根据目前中国市场上，1200mm × 1000mm 托盘数量与应用占据相对优势地位，而国际主流包装基础模数也是 600mm × 400mm。王继祥认为应该推广 1200mm × 1000mm 托盘。

2. 逐步确立 1200mm × 1000mm 托盘的地位

这种情况下，商务部和国标委做起了过渡工作：调研企业、宣传 1200mm × 1000mm 托盘标准，编制工作指引，制定相关配套规范标准等。

而最近商务部流通业发展司副司长王选庆在接受媒体采访时表示时机已经成熟，将从 1200mm × 1000mm 托盘切入。

这意味着在政府方面，托盘的统一规格标准已经确定，即使不是强制标准，未来也会受到政策、政府方面的优惠和支持，统一大部分市场只是时间问题。

三、政策环环相扣，标准化打通供应链

1. 尺寸标准实现历史突破

当然，虽然王选庆刚刚表态，但相关优化物流大系统的铺垫工作却早已展开，无论是包装模数、车厢规格等，多个部委都已经有明确的指示。

①2016 年 8 月，工信部、交通运输部等部门修订发布了强制性国家标准《汽车、挂车及汽车列车外廓尺寸、轴荷及质量限值》（GB 1589—2016），明确调整货车外廓尺寸为 2550mm，适应带托运输。②2016 年 9 月，国务院转发的《物流业降本增效专项行动方案（2016—2018 年）》明确大力推广托盘（1200mm × 1000mm）、周转箱、集装箱等标准化装载单元循环共用，鼓励企业建立区域性、全国性托盘循环共用系统。③2016 年 12 月，工信部、商务部印发《关于加快我国包装产业转型发展的指导意见》明确推广包装基础模数（600mm × 400mm）系列，以包装标准化推动包装的减量化和循环利用。④2017 年 1 月，交通运输部、商务部等 18 部门联合印发的《关于进一步鼓励开展多式联运工作的通知》明确优先推广使用 1200mm × 1000mm 标准托盘，推动一

贯化带盘运输。⑤集装箱委员会、铁路总公司等制定的系列 2 集装箱国家标准已经通过专家评审，很快发布，其中系列 2 集装箱宽度设定为 2550mm，与标准托盘匹配，服务于公铁联运和中欧班列。

2. 以托盘为中心形成相互衔接局面

这环环相扣的政策规范，具有很强的政府倾向性。GB 1589 将车宽修改为 2.55m，这就正好摆放两个 1200mm × 1000mm 的托盘。确定推广 600mm × 400mm 系列模数也是为了契合 1200mm × 1000mm 的托盘标准，形成了包装与托盘衔接互动的局面。

而待发的系列 2 集装箱国家标准，同样是考虑了与 1200mm × 1000mm 托盘相匹配而设立的。据了解，铁总已经研制了 600 个这种规格的集装箱，并计划再造 2 万个。有接近官方的人士告诉记者，系列 2 集装箱可应用于内陆公铁联运，而考虑到与欧洲大陆相连，规格与欧洲的标准相一致，因此前往欧洲的中欧班列非常适用，扩大了它的适用性。

四、火力全开进入快车道

1. 物流标准化之路任重道远

不得不说，虽然全程不倒盘、不倒筐、不倒箱，供应链畅通高效的未来确实美好，但目前障碍却不少。

例如，过去，由于各方面的配套条件不具备，很多企业虽认识到托盘标准化及带盘运输能够大幅度提高物流效率，但很难独自推进。

再比如，市场上五花八门的托盘标准以及配套生产线、货架、外包装等的规格不一，已成格局，这是市场失灵的部分，标准的跟进意味着前期巨额成本的投入，这是大多数企业不愿意动起来的根源。

再比如，托盘循环共用的可推广模式还在推进，市场对其进入退出机制、成本投入、效率提升等都持观望态度。

据悉，澳大利亚托盘标准化率达 90%，日本、韩国等托盘标准化率在 40% 以上，我国目前仅 25.5%，任重道远。

不过，应该看到，在政府部门出台政策支持的引导下，关键标准有所突破，这些都在针对地解决这些问题。商务部、财政部、国家标准委正在开展的物流标准化试点，也对标准托盘使用及上下游物流设施设备标准化改造所增加的成本进行了支持。

已经迈出的关键几步，让商贸流通标准化在“互联网 +”等快速发展的时代背景下，具备了后发优势，2017 年驶入快车道。

2. 物流标准化取得三大成效

近期，商务部新闻发言人沈丹阳对外公布了物流标准化工作取得的成效，共分三方面。

一是成熟模式形成与推广，形成了京津冀、长三角、珠三角等物流标准化区域联盟。

二是重点企业推进了不少物流标准化项目，也对托盘循环共用进行了创新。

三是效率提升，这些重点企业提升装卸货效率 3 倍以上、货损率降低 20%～70%、综合物流成本平均降低 10%。

这一系列成果，尤其是实打实的物流成本降低，像一针强心剂，坚定着商务部持续推进的决心。

3. 2017 年托盘循环共用将是重头戏

按目前形势预估，新的一年，物流标准化速度只快不慢，而从商务部公开工作动态分析，标准化之后的循环共用或将成为年度重头戏。

据商务部公开的《商贸物流工作动态》和案例，近两年，已有不少企业积极推动托盘社会化循环共用模式，除招商路凯、集保两大业界巨头外，天下大白公司积极打造开放式平台，推行“托盘银行”理念，整合多个资源方，在不到一年时间里已募集托盘和周转筐近 300 万个；成都集托网、临沂快托网、芜湖宏春木业等企业都在积极探索推进社会化托盘共用系统。

4. 摩拜单车模式成为借鉴经验

业内一位资深人士告诉记者，其中托盘循环共用或将借鉴早期的煤气罐和摩拜单车的循环共用模式。

“摩拜模式的特点在于统一质量标准标识，打破网点限制实现自由流转，基于互联网技术平台实现监控追踪、第三方维修、押金制和按流转次数计费。我理解的要点是平台在做好标准后只需管住单车进入和退出市场的阀门。”

而这样的模式类比到托盘循环共用上，运营方可以在明确托盘规格质量标准标识的基础上，制定对新旧托盘的认证分级并分别对应不同价格的表格，引入担保公司公开对社会的承诺：无论何时何地、无论是谁，均可在第三方检验后按对应的分级价格进行回收，利用售后回购、有偿转让等措施实施带动市场自由流通。由此，只需管住向市场水池的输入和回收阀门，利用平台做好追踪服务、第三方维修即可。

“这种情况下，托盘池内各用户可进行自由交易、交换、租赁、带板运输等流转，任何一方无须担心托盘新旧损失，只管放心使用，可按照运营方分级价格表随时随地买卖和回收。”

显然，2017 年将是检验各类新模式发展的关键一年，新兴运营模式、盈利模式对传统托盘行业将带来巨大革命，同时也意味着其他企业再不抓紧，赶上物流标准化最大红利期的机会就要错失了。

（本文摘自《现代物流报》）

中国集装箱行业的崛起与未来发展方向及对集装箱托盘应用的探讨

一、集装箱改变世界，在国际贸易、现代化物流运输中发挥了不可或缺的作用

1956 年，美国航商麦宁将陈旧油轮理想 4 号改装，自此诞生了全球第一条全集装箱航线，从而揭开了全球贸易集装箱化的新篇章。集装箱作为一种全球通用或者说标准化的现代化物流装备，其产品的标准化及其配套运输体系的建立，无疑为全球范围内多种运输途径相结合的物流运输系统建立提供了全新的可能性。随着世界经济一体化进程的加快、经济的持续发展，集装箱作为现代化的运输工具大幅提升了货物的流转速度，优化资源在全球范围内的配置效率，繁荣了海上航运，活跃了全球贸易，使国际贸易获得了前所未有的增长。据有关资料显示，1955 年世界贸易额仅为 1735 亿美元，而 2012 年为 182170 亿美元，较 1955 年增长了 105 倍。随着国际贸易的增长，我国的进出口贸易额也在大幅提升。1955 年我国进出口贸易总额为 31.4 亿美元，占当年世界贸易总额的 1.8%；而 2012 年我国的贸易总额较 1955 年增长了 1200 多倍。集装箱不仅改变了我们所处的物质世界，使全球化遍及各个角落。在某种程度上，也是促进人类文明融合与发展的一种精神象征。

经过与业内外人士的不懈努力以及有关政府部门的大力支持下，我国集装箱行业在短短二十几年的发展中创造了集装箱生产能力、规格品种、产销量三个世界第一，并且集装箱产销量已连续二十年蝉联世界第一。1993—2012 年我国的集装箱产销量及国际市场占有率见图 7 - 22。

集装箱作为一种全球通用或者说标准化的现代化物流装备，实现了“门到门”的服务，极大地提高了运输效率，降低了成本，减少了货损，最大限度地满足了货主的要求。在现代运输行业中，航运的作用和地位是以往任何一种运输方式不能比拟和替代的。目前在国际贸易中 90% 的货物要通过海上运输，而在海运中相当部分是通过集

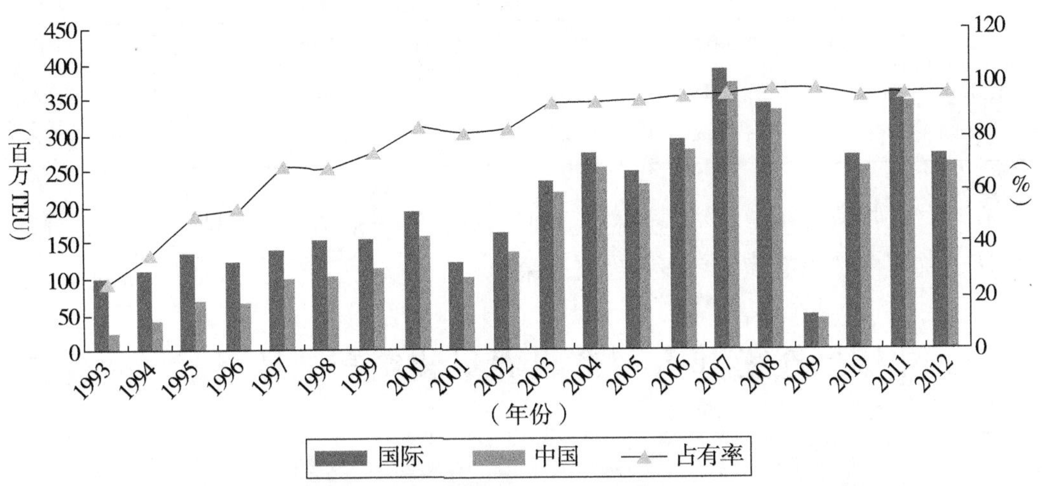

图 7－22 1993—2012 年中国集装箱产量在国际市场占有率统计

装箱船装运的。集装箱成为海运、铁运、陆运最直接的载体之一，在运输领域的应用已然成为一种趋势。

二、集装箱行业与世界经济、国际贸易具有紧密关联性

2006—2012 年全球集装箱贸易量统计见图 7－23 和表 7－10。

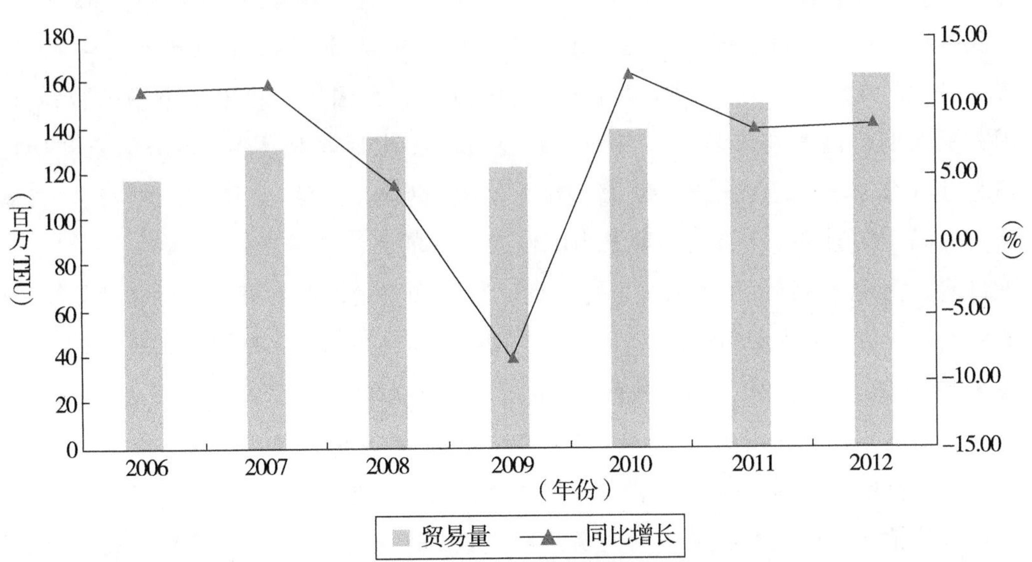

图 7－23 2006—2012 年全球集装箱贸易量统计

表 7－10　　2006—2012 年全球集装箱贸易量统计情况　　单位：百万 TEU

年份	2006	2007	2008	2009	2010	2011	2012
总量	118	131	137	124	140	151	164
年增长率	11.2%	11.4%	4.3%	－9.0%	12.6%	8.1%	8.2%

在现代化物流运输中，从某种意义上讲“没有集装箱就没有贸易”，而在世界的许多地区，甚至是“没有贸易就没有经济繁荣”。

三、中国已连续 20 年蝉联世界集装箱产销量冠军，创造了三个世界第一

我国港口集装箱吞吐量连续十年世界第一。

（1）中国已连续 20 年蝉联世界物流装备集装箱市场产销量第一。

1993—2012 年年底我国累计出口集装箱约 3515 万 TEU，累计销量占世界集装箱销量的 85% 以上。中国集装箱行业的崛起在国际现代化物流国际运输中发挥了不可或缺的作用。

集装箱工业的迅速发展，带动并促进了集装箱用原材料和配件企业的持续扩大，生产品种不断增加。

（2）开发集装箱产品 300 多个规格品种，年均销售量 300 多万 TEU。

（3）集装箱产品出口世界 90 多个国家和地区，为世界物流供应链提供装备。

我国集装箱的出口市场主要集中在北美、欧洲和亚洲，这些国家和地区一般都是世界贸易大国或航运大国。伴随着对外贸易的发展，我国集装箱出口市场扩展到世界各国，呈现多元化发展趋势。近几年，集装箱产品出口至世界 90 多个国家和地区。2013 年上半年，我国集装箱出口数量前十名的国家和地区为：美国、中国香港、日本、欧盟、韩国、新加坡、印度尼西亚、中国台湾、百慕大、泰国。

目前，我国已经具备相当强的自行设计、制造和安装调试并开发新的集装箱生产线的能力，新产品、新技术的设计、开发能力不断提高，并拥有多项自主知识产权。企业管理水平快速提升，有相当一部分企业已通过了 ISO 9000 族质量管理体系认证。有关集装箱标准化工作也得到了国际标准化组织集装箱技术委员会（ISO/TC104）的赞许。

协会会员单位中国国际海运集装箱（集团）股份有限公司（CIMC）已成为世界最大的物流装备——集装箱制造商；胜狮集团、新华昌集团、东方国际等几家集装箱制造企业集团、配套件企业也为国际集装箱市场的繁荣做出了积极的贡献。

（4）中国的集装箱港口吞吐量连续 10 年全球第一。

我国港口集装箱运输起步于 20 世纪 70 年代中期，经历了比较漫长的起步和培育阶

段。2012 年，中国港口集装箱吞吐量为 17651 万 TEU，增长 8.1%，已经连续十年保持全球第一。2012 年世界集装箱吞吐量前 10 位港口中我国占据 8 位，它们分别是宁波 - 舟山港（世界第一）、上海港（世界第二）、天津港（世界第四）、广州港（世界第六）、苏州港（世界第七）、青岛港（世界第八）、大连港（世界第八）、唐山港（世界第八）。2012 年全球港口货物吞吐量前十位的排名中，宁波 - 舟山港以 7.44 亿吨的战绩超越上海港。

2013 年上半年，我国港口集装箱货物吞吐量保持平稳增长，但增幅有所放缓。2013 年 1—7 月，规模以上港口完成集装箱吞吐量 10800.39 万 TEU，同比增长 8.3%，较 2012 年同期加快 0.3 个百分点。其中，沿海港口完成 9620.8 万 TEU，增长 7.9%；内河港口完成 1179.59 万 TEU，增长 11.8%（见表 7 - 11）。

表 7 - 11　　2012 年全国主要港口集箱吞吐量按月统计　　单位：万 TEU

名次	港名	1 月吞吐量	1 月增幅（%）	1—2 月吞吐量	2 月增幅（%）	1—3 月吞吐量	3 月增幅（%）	1—4 月吞吐量	4 月增幅（%）
1	上海港	261	-3.6	479.91	3.4	757.6	4	1023.51	3
2	深圳港	200.47	-4.4	330.84	-2	502.59	-1.2	691.61	1.1
3	宁波 - 舟山港	141.73	11.3	248.03	13.4	378.71	11.9	511.44	10.6
4	青岛港	121.92	8.2	228.65	8.8	351.33	9.6	472.83	9.5
5	广州港	97.17	-4.3	197.37	12.7	324.73	12.1	451.74	10.2
6	天津港	87.6	-5.5	177.15	5.1	277.47	5.1	380.6	5.3
7	大连港	54.05	12.4	110.19	32.2	165.49	25.5	225.69	24.6
8	厦门港	51.82	-5.3	95.19	7.8	149.68	10.1	206.2	11.8
9	连云港港	40	13.3	84.39	24.9	122.8	15.9	163.22	10.8
10	营口港	41.16	3.4	76.95	9.1	121.74	16.2	165.04	17.9

名次	港名	1—5 月吞吐量	5 月增幅（%）	1—6 月吞吐量	6 月增幅（%）	1—7 月吞吐量	7 月增幅（%）	1—8 月吞吐量	8 月增幅（%）
1	上海港	1313.41	3.5	1588.35	3.7	1871.49	2.8	2130.78	1.4
2	深圳港	889.59	1.9	1087.7	2.1	1279.39	0.6	1505.09	1.2
3	宁波 - 舟山港	663.21	12.1	800.1	11.7	947.67	10.5	1079.61	8.7
4	青岛港	595.37	9	725.02	10.4	846.19	11.2	967.1	11.2
5	广州港	584.33	9.8	702.41	8	813.49	4.6	937.57	3.1

续 表

名次	港名	1—5 月吞吐量	5 月增幅（%）	1—6 月吞吐量	6 月增幅（%）	1—7 月吞吐量	7 月增幅（%）	1—8 月吞吐量	8 月增幅（%）
6	天津港	482.22	5.5	585.89	5.4	693.34	5.8	802.31	6.4
7	大连港	292.49	24.2	362.16	24.7	434.17	25.9	507.96	26
8	厦门港	263.78	11.7	320.93	11.8	383.28	4.6	447.79	11.2
9	连云港港	203.61	7.3	243.95	4.7	284.04	2.1	325.5	1.2
10	营口港	204.76	17.9	244.58	17.7	284.52	18.3	322.13	17.2
名次	港名	1—9 月吞吐量	9 月增幅（%）	1—10 月吞吐量	10 月增幅（%）	1—11 月吞吐量	11 月增幅（%）	1—12 月吞吐量	12 月增幅（%）
1	上海港	2422.4	1.9	2692.34	1.8	2972.44	2.2	3252.9	2.49
2	深圳港	1729.7	2.9	1919.18	2	2107	2.1	2294.13	1.64
3	宁波－舟山港	1232.54	9.9	1367.63	10.2	1497.34	10.2	1683	14.34
4	青岛港	1087.79	11	1208.73	11.1	1330.87	11.2	1474.36	2.24
5	广州港	1080.86	4.5	1199.07	3.3	1323.1	2.5	1450	11.36
6	天津港	916.1	7	1024.1	6.8	1129.47	6.5	1230	6.15
7	大连港	583.69	26.2	656.94	26.4	731.51	26.5	806.4	25.9
8	厦门港	512.67	10.6	580.77	11.2	649.97	11.4	720.17	11.4
9	连云港港	367.38	0.9	410.06	1.5	455.36	2.4	502	3.46
10	营口港	361.15	16.5	406.2	18.9	451.21	19.4	485.1	20.28

四、2013 年集装箱市场产销概况

2013 年上半年，世界经济依然延续着缓慢复苏的态势，但对刺激政策的依赖程度降低，复苏基础趋于稳固。国际货币基金组织（IMF）预测，2013 年世界经济增长 3.5%，略高于 2012 年的 3.2%；其中，发达国家增长 1.4%，新兴市场和发展中国家增长 5.5%。

随着 2013 年上半年航运市场运力的持续增加，市场运价下行压力将继续增大，据 Braemar Seascope（百力马）最新报告显示：2013 年，集装箱船新船完工量将超过 170 万 TEU，2013 年年末，集装箱船手持订单量占比将下降至 16%。上海国际航运研究中心预测，2013 年全球集装箱海运量增长 6.65%，总运力 1769 万 TEU。

总体来看，2013 年航运市场的发展依然处在一个相对稳定的阶段，国际经济、贸易发展的稳定使航运市场发展得以稳定，同时，国际经贸增速的放缓也使 2013 年航运市场的整体发展速度难有较大突破，随着运力增长压力的不断加剧，2013 年航运市场难言乐观。（见图 7 – 24 和表 7 – 12）

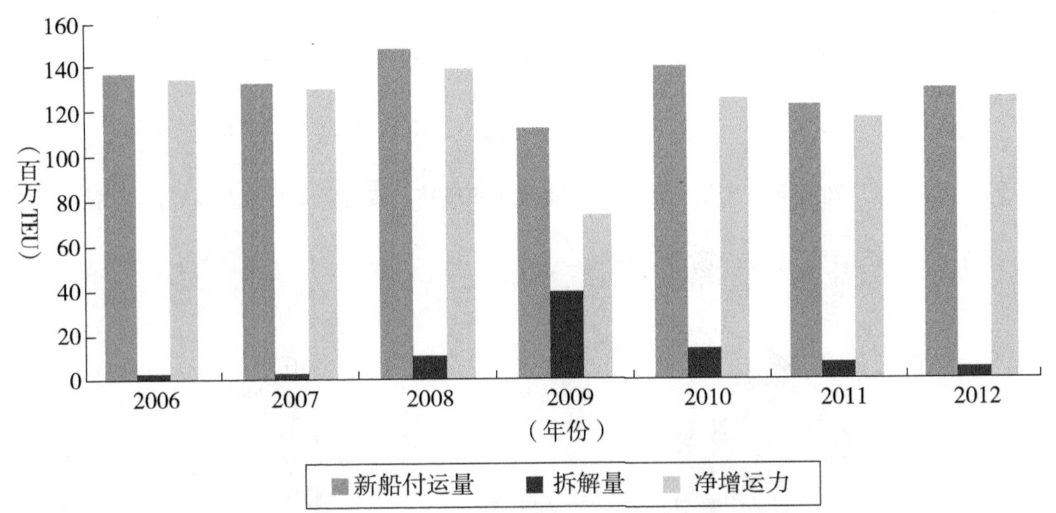

图 7 – 24　2006—2012 年全球集装箱船新增运力统计

表 7 – 12　　2006—2012 年全球集装箱船新增运力统计情况　　单位：百万 TEU

年份	2006	2007	2008	2009	2010	2011	2012
新船付运量	137.03	132.63	148.08	111.28	138.85	121.93	129.05
拆解量	2.38	2.09	10.01	37.71	13.11	6.14	4.09
净增运力	134.65	130.54	138.07	73.57	125.74	115.79	124.96

2013 年上半年我国集装箱产销特点：

（1）集装箱出口概况。据海关统计，2013 年上半年我国集装箱共出口 1383087 只，同比增长约 8.6%，金额 41 亿美元，同比下降约 3.5%。2013 年我国集装箱出口增长幅度基本稳定。

（2）我国集装箱出口情况月度分析。2013 年上半年全年集装箱实际产量与 2012 年上半年基本持平，1 月产量及金额略高于同期，2 月、3 月比 1 月小幅下降，4 月微幅反弹，5 月、6 月的增幅明显下滑。2013 年上半年我国集装箱出口数量按月统计数量及增幅情况见图 7 – 25。

图 7 – 25 非常直观地反映出了 2013 年上半年我国全年集装箱产销量与 2012 年基本持平这一基本情况。

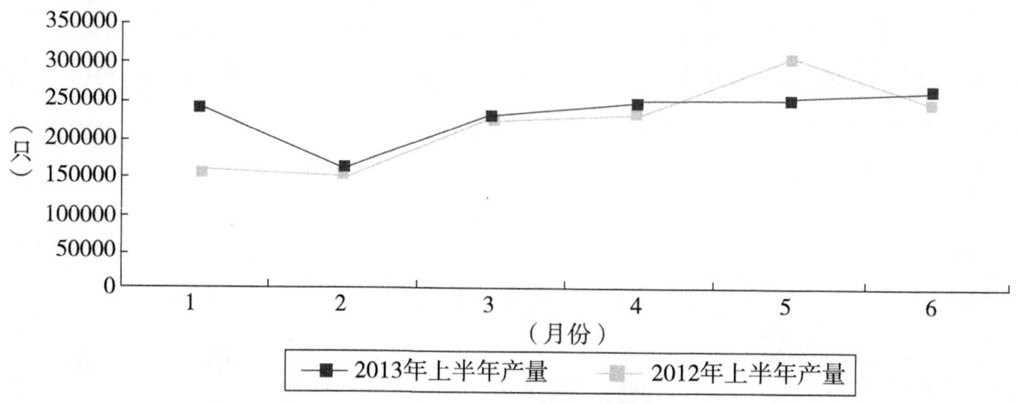

图 7－25 2013 年上半年与 2012 年同期我国集装箱出口（数量）按月统计折线图

（3）集装箱主要出口市场，见图 7－26。

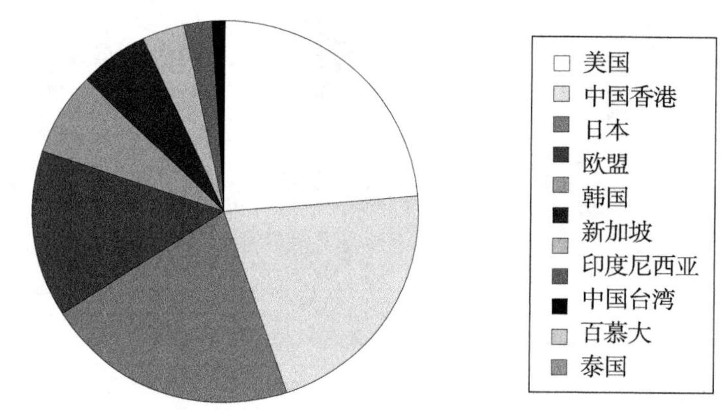

图 7－26 2013 年上半年我国集装箱出口（按数量统计）国别情况示意

五、托盘在集装箱运输中的重要作用

托盘是用于集装、堆放、搬运和运输的放置作为单元负荷的货物和制品的水平平台装置。作为与集装箱类似的一种集装设备，托盘现已广泛应用于生产、运输、仓储和流通等领域，被认为是 20 世纪物流产业中两大关键性创新之一。托盘作为物流运作过程中重要的装卸、储存和运输设备，与叉车配套使用在现代物流中发挥着巨大的作用。托盘给现代物流业带来的效益主要体现在：可以实现物品包装的单元化、规范化和标准化，保护物品，方便物流和商流。

1. 托盘在运输中的三点优势

（1）可以解决件杂货装卸工艺中存在的问题，如费工多、效率低、货损大、隔票乱、码垛及舱底作业难以使用机械等。

（2）能够提高货运质量，减少手工操作环节，加速货物和船舶周转，从而可以降低船、货双方的运输成本。

（3）适应目前第三世界港口的现状，码头、仓库无须新建或改进，即可提高工效，解决目前港口拥挤情况。当然，采用这种运输方式，要增加托盘的费用，船舶也会增加亏舱损失。但权衡得失，利多弊少。更主要的是目前国际上某些港口规定，如不采用成组运输货物将禁止进口，故采用并推广托盘运输、集装箱运输等现代化运输方式已是刻不容缓的事。

2. 我国托盘行业待探讨的问题

（1）使用方式落后，不能完全发挥托盘的优点。托盘本身是为配合高效物流而诞生的一种单元化物流器具，可以说托盘是贯穿现代物流系统各个环节的连接点。但是在实际使用中由于规格不统一，造成托盘不能在物流作业链中更广泛使用。

（2）受托盘周转方式的制约，流通过程成本过高。从调研中可以发现，绝大多数企业的托盘都是在企业内部周转，从而使企业的产品经过多次人工搬运装卸，极大地降低了工作效率，相应增加了产品的流通成本，从而降低了产品在市场中的竞争力。

（3）难以与国际规格接轨。由于目前托盘的规格标准不统一，使中国的托盘使用不能与国际运输器具如国际通用的集装箱等相匹配。企业为了能适应相关的国际运输工具，不得不向托盘生产企业订购与本企业周转使用规格不一致的托盘，从而增加了企业的出口成本，降低了产品的国际竞争力。

六、未来集装箱行业的发展方向

在过去短短的二十几年中，我国集装箱及相关产业从无到有，再到如今所取得的成绩，使得我国现阶段在国际集装箱领域已占有主导地位，但随着未来科技的进步以及交通的拓展，对于集装箱的需求也会出现更多变化，运输市场的不断变化以及集装箱技术的日趋完善，在未来对于集装箱的需求也逐渐变得多样化、复杂化。但总体可归结为智能化、标准化、大型化、多式联运、节能环保等趋势。

1. 智能化

智能化、信息化是影响现代物流的一个关键因素。目前，集装箱的信息化主要通过 RFID 技术、MEMS（微机电系统）等传感技术、控制技术、2G/3G 通信网络技术等相关信息技术，来实现全球环境下全供应链的信息实时与透明和全供应链下的集装箱远程监测、跟踪与管理，为国家现代物流、国际货运安全、国际海运反恐、国际贸易安全与便利提供关键技术、设备和基础信息网络。物联网的发展离不开智能化，智能化是物流供应链信息化的发展趋势，未来的社会也将是智能化社会。

2. 标准化

集装箱产品是国际标准化程度较高的产品，仅就内外部尺寸、各种性能试验及各零部件都有 ISO、GB、CCIA 等标准、规范要求。目前，中国已有国家标准 50 多项，中国集装箱行业标准 20 多项。由于集装箱运输涉及车船、起吊设备等相关设施，各种配套标准在运输中将起到至关重要的作用。

3. 大型化

集装箱船舶的大型化近年来越来越受到青睐，相较于普通集装箱船舶，大型化集装箱船在运载能力上具有实质突破，此外船舶的大型化也在节能环保上各具优势，其自身低碳、能耗低等优点突出。客观上降低了班轮公司成本，扩大了利润空间，实现了环保与利润的双赢，随着技术的不断改进和完善，大型化集装箱运输船将逐渐取代现有船只，成为主流船型。

4. 多式联运

目前，世界集装箱运输以海上运输模式为主。未来集装箱技术的不断进步会为各种运输途径相互衔接提供更为便利的条件。随着国际物流运输业务的不断完善，海洋、河流、铁路、公路等的运输系统将会日益紧密，从而大大缩短运输时间，提高效率。

5. 提倡节能降耗、绿色生产

集装箱未来不仅在生产过程中，要提出更高标准的排放能耗标准，而且在使用过程中要求轻量化，由于更轻型或更少材料的运用使得集装箱自重减轻，也减少了运输过程中的能耗和排放。以中集的梦工厂为例，其自身实现生产力提高，同时它的污水已做到零排放。VOC（挥发性有机化合物）排放量，也只有国家规定标准的 5%。除此之外，水性涂料的研制并应用、新型特种箱、模块化建筑、以旧换新业务等也是中国制造业走上科技环保之路的重要实践之一。

七、集装箱产业仍为朝阳产业

集装箱运输是世界公认的现代化运输方式，在可以预见的未来，新的足以取代集装箱运输的产业进而取代集装箱的产品还没有显露出诞生的迹象。笔者认为，至少十年之内，集装箱产业仍为朝阳产业，集装箱行业依然是前途光明，方兴未艾。

八、积极发挥协会的桥梁纽带作用，承担社会责任，推进现代物流业、集装箱行业绿色、协调发展

中国集装箱行业协会自 1993 年经中华人民共和国民政部批准成立以来，遵循积

极、认真、求实地为会员单位服务的宗旨，按照公开、公平、公正的原则开展各项业务工作，充分发挥政府和企业之间的桥梁和纽带作用。

协会的主要业务范围：行业管理，行业自律，展览展示，专业培训，技术交流，标准制定，咨询服务，组织制定行规行约；组织并协调企业开展产品创新、技术创新和科技创新，为现代化物流和运输提供服务；向政府反映行业意见，为政府制定政策提供依据和建议。

协会现有100余家团体会员。其中，包括国内外知名的中国远洋运输（集团）总公司等大型企业集团，有世界最大的集装箱制造商中国国际海运集装箱（集团）股份有限公司等大型集装箱生产企业，有中国集装箱检验和管理的权威机构中国船级社，有我国主要集装箱生产、配套、科研、检验、维修、管理等企事业单位和国外检验、涂料等配套企业。会员的业务产品范围涵盖：物流装备——集装箱、专用车、能化液态食品装备和海工装备等系列产品，其中集装箱生产和配套企业占全国的95%以上。

在我国经济、政治体制改革中，协会积极推进行业产品的标准化工作，探索制定行业规范，经与会员单位的共同努力，协会已组织制定并实施了《JH/TC01—2000集装箱角件》等20项行业规范，随着科技进步和生产实际的需要，先后修制订了5项行业规范；会同国家有关部门合作起草了《GB/T5338—2002 系列1集装箱　技术要求与试验方法　第1部分：通用集装箱》，国家标准《系列1集装箱角件技术条件 GB/T 1835—2002》，已发布实施；截至2010年，由中国集装箱行业协会组织会员制订的《集装箱涂料》《集装箱密封胶》《集装箱自粘标贴》《集装箱涂料施工规范》《JH/TC01—2000 钢制通用集装箱角件》《JH/TB01—2002 集装箱门框密封条的技术条件》《钢质通用集装箱封闭槽形顶板》和《统计集装箱量用的换算单位》8项行业规范已上升为国家标准；组织会员并协助中国海关总署制定《集装箱（86090010、86090020）加工贸易单耗标准 HDB/002—1999》和《冷藏集装箱加工贸易单耗标准（HDB/TJ—2000）》已发布实施。

集装箱涂料是生产集装箱产品的主要配套产品，根据市场和会员的需要，中国集装箱行业协会积极组织会员编制了集装箱用涂料标准，主要为：《JH/TE01—2002 钢质集装箱用涂料》《JH/TE02—2002 钢质集装箱钢材表面处理及检验》《JH/TE03—2002 钢质集装箱涂装施工规范》《JH/TE04—2002 钢质集装箱涂膜检验方法及验收标准》，首次在行业内实施并填补了空白。2008年，协会对上述四项涂料标准进行了修订，形成了《JH/TE01—2008 集装箱涂料》《JH/TE02—2008 集装箱钢材表面处理及检验》《JH/TE03—2008 集装箱涂装施工规范》和《JH/TE04—2008 集装箱涂膜检验方法及验收标准》，新修订的四项涂料行业标准均在行业内颁布实施，行业和国家标准的建立和实施对规范集装箱产品生产、提升产品质量、降低成本起到了积极的促进作用，得到良好效果。上述四项行业标准均已上升为国家标准。

以上国家和行业标准的制定实施均填补了国内外空白。

中国集装箱行业协会坚持竭诚为企业和政府服务的宗旨，代表行业和企业的利益，积极向政府反映会员单位的意见和要求，得到了国家有关部门的多次采纳并取得实效。

协会创办了自己的专业网站，设有60多个专业栏目，是我国也是世界唯一的集装箱工业行业专业性网站，它集集装箱行业信息与展示会员风采于一体，是集装箱行业专业及业内外的信息交流平台。

协会编纂的集装箱行业内独家资料——《中国集装箱行业协会通讯》，已编辑发送会员和国家有关部门45期，以及编撰的供行业内外参考的《我国集装箱市场分析及预测》，均填补了国内外空白，成为很多企业经营决策的重要参考资料，并得到业内外各界的好评。

中国集装箱行业协会在交通运输部等国家有关部门和各会员单位的大力支持、配合下，以创新的精神和务实的工作赢得了企业的信任，获得了政府的好评，连续被评为“全国先进工业行业协会”“信用创新单位”“中国企业新纪录优秀组织单位”等荣誉。

中国集装箱行业协会将进一步履行社会责任，加强与各级政府部门和会员单位的联系，承担起行业管理和自律、国际合作、信息引导和交流、咨询服务、制定行规行约、维护行业利益等工作。协会理事会和秘书处将与业内外同人齐心协力，不断开拓进取，求实创新，坚持科学发展观，共同为世界集装箱事业的发展和繁荣做出应有的努力和贡献。

（本文作者系中国集装箱行业协会副理事长兼秘书长史艳秋）

中欧班列为“一带一路”建设铺平道路

一、“中欧班列”为“一带一路”建设提供了支撑

“中欧班列”是“一带一路”建设中“互联互通”的重要举措。基础设施互联互通重点需解决三个问题。首先是“一带一路”基础设施建设布局与规划的对接；其次是构建统一、协同的管理协调机制或管理体系；最后是建设便利的贸易通关体系。在欧亚大陆，尽管中国东、中部地区以及欧洲地区交通网密度已经很高，但是大陆内部以及南亚和东南亚地区极度缺乏现代交通基础设施，而且各国间技术标准五花八门，交通连通性差。“交通基础设施的关键通道、关键节点和缺失路段”建设滞后，“一带一路”倡议有助于提升道路的通达水平。“统一的全程运输协调机制、兼容规范的运输规则、国际通关的便利”，是实现国际运输便利化的重要保障。如果只有“联”而没有“通”，则“一带一路”沿线国家的经贸往来、人员交流仍然面临障碍。因此，“互联”是“互通”的前提条件，统一的运输组织、通关便利是“互通”的重要保障，国际运输便利化是最终目标。“中欧班列”初步探索了多国协作的国际班列运行机制，开创了沿途国家的铁路、口岸和海关密切合作的新模式，并有利于推动我国中西部地区的对外贸易和外向型经济的发展，也为树立我国至欧洲铁路国际联运品牌和“一带一路”建设提供了有力支撑。

二、中欧班列线路

截至目前，中欧班列有以下 8 条线路。

1. 重庆—杜伊斯堡

从重庆团结村站始发，由阿拉山口出境，途经哈萨克斯坦、俄罗斯、白俄罗斯、波兰至德国杜伊斯堡站，全程约 11000 千米，运行时间约 15 天。货源主要是本地生产的 IT 产品，2014 年已开始吸引周边地区出口至欧洲的其他货源。

2. 成都—罗兹

从成都城厢站始发，由阿拉山口出境，途经哈萨克斯坦、俄罗斯、白俄罗斯至波兰罗兹站，全程 9965 千米，运行时间约 14 天。货源主要是本地生产的 IT 产品及其他出口货物。

3. 郑州—汉堡

从郑州圃田站始发，由阿拉山口出境，途经哈萨克斯坦、俄罗斯、白俄罗斯、波兰至德国汉堡站，全程 10245 千米，运行时间约 15 天。货源主要来自河南、山东、浙江、福建等中东部省市。货品种类包括轮胎、高档服装、文体用品、工艺品等。

4. 苏州—华沙

从苏州始发，由满洲里出境，途经俄罗斯、白俄罗斯至波兰华沙站，全程 11200 千米，运行时间约 15 天。货源为苏州本地及周边的笔记本电脑、平板电脑、液晶显示屏、硬盘、芯片等 IT 产品。

5. 武汉—捷克、波兰

从武汉吴家山站始发，由阿拉山口出境，途经哈萨克斯坦、俄罗斯、白俄罗斯到达波兰、捷克斯洛伐克等国家的相关城市，全程 10700 千米左右，运行时间约 15 天。货源主要是武汉生产的笔记本电脑等消费电子产品，以及周边地区的其他货物。

6. 长沙—杜伊斯堡

始发站在长沙霞凝货场，具体实行“一主两辅”运行路线。“一主”为长沙—德国杜伊斯堡，通过新疆阿拉山口出境，途经哈萨克斯坦、俄罗斯、白俄罗斯、波兰、德国，全程 11808 千米，运行时间 18 天。“两辅”：一是经新疆霍尔果斯出境，最终抵达乌兹别克斯坦的塔什干，全程 6146 千米，运行时间 11 天；二是经二连浩特（或满洲里）出境后，到达俄罗斯莫斯科，全程 8047 千米（或 10090 千米），运行时间 13 天（或 15 天）。

7. 义乌—马德里

自义乌铁路西站始发，作为铁路中欧班列重要组成部分，中欧班列（义乌—马德里）的首发线路，将贯穿新丝绸之路经济带，从义乌铁路西站到西班牙马德里，通过新疆阿拉山口口岸出境，途经哈萨克斯坦、俄罗斯、白俄罗斯、波兰、德国、法国、西班牙，全程 13052 千米，运行时间约 21 天。

8. 合肥—波兰

自合肥北站启程，经由阿拉山口或霍尔果斯口岸，途经中亚五国（哈萨克斯坦、乌兹别克斯坦、塔吉克斯坦、吉尔吉斯斯坦、土库曼斯坦），抵达俄罗斯、德国、波兰等欧洲国家，运行时间约 18 天，比海运至少缩短 15 天，是一条快捷的跨国货运新通道。

三、中欧班列需要解决的几个问题

1. 缺少顶层系统设计，各条线路相互竞争

截至2016年年底，我国31个城市开设了“××欧”班列，许多城市仍在酝酿新的路线。目前，运行路线始发地涉及重庆、成都、西安、武汉、郑州、苏州、长沙、义乌、哈尔滨、武威、广州、营口等中西部城市甚至东部沿海城市。部分“××欧”形成多条路线，相互间缺少总体布局与运营网络的系统设计，组织与运营取决于地方政府。多数班列运行线路长距离重合或相近，新开行班列趋于路线的完全重合，班次过多，造成大量资金、资源和运力的浪费。部分“××欧”之间已经构成竞争，尤其是相近路线或货源腹地交叉的班列之间恶性竞争频发。运价不统一，各自为政，分别与境外铁路运营方洽谈通行费，很难获得国际段运费和通关的优惠和便利。例如，俄铁对从不同口岸入境的班列实行不同价格，阿拉山口与满洲里口岸的入境运输价格分别为0.7美元/（箱·公里）（指长度为40英尺的集装箱）和0.4美元/（箱·公里）。仅渝新欧纳入“安智贸”试点，其余班列需经多国多次查验。为了竞争货源，各“××欧”班列还纷纷到长江三角洲和珠江三角洲争抢货源。

2. 国内货源分散，国际返程货源不足

受中欧贸易结构、始发城市产业结构和海运成本低的影响，目前我国多数流向欧洲、中亚及俄罗斯的货物仍然主要通过海运完成。全国各城市分别建设铁路站场和保税区，各建各的“对欧贸易桥头堡”，纷纷从周边地区甚至全国范围内揽货，导致“中欧班列”国内货源规模小且分散，许多班列在每周仅开行1班，货源不足难以支撑班列的常态化运营。同时，欧洲经铁路出口至我国的货物仅有少量的精密仪器、机械、高档服装，几乎所有“××欧”班列都未能形成吸纳大量回程货物的能力，仅能单向组织货运，国际返程货源很少。2014年“中欧班列”运营才开始实现零回程突破，2017年返程班列数仍仅为去程的一半，且短期内仍然难以达到双向运输平衡。

3. 物流通道连通不畅，运行成本偏高

我国和西欧的铁路采用标准轨道（1435mm），而俄罗斯、蒙古以及中亚等国家采用宽轨（1520mm），铁路轨距不一致，导致中欧班列至少换装两次，在口岸经常停装、压货，占用大量时间。班列途中仍有甩车现象，境外速度不高，运行时间过长。通关便利性不够，收费标准不统一，境内口岸仍因报关、报检等原因而时常被扣车扣箱。由于班列要在慢车运费基础上加收50%的运费，加之转关换轨，运营成本远高于铁海联运、江海联运。

四、关于“中欧班列”的几点建议

正确认识“中欧班列”在我国国际贸易中的地位与作用十分必要。受各国铁路设施技术、管理等方面的差异以及复杂的地缘政治环境影响，中国—欧洲、中国—中亚、中国—俄罗斯通过铁路的国际货物运输十分受限。尽管“中欧班列”的运价已由最初的每标准箱9000美元降到目前的6000多美元，但与海运相比仍然偏高，因此传统国际海运仍然承担着我国至欧洲、中亚的97%的集装箱货物。根据估算，2012年中国经亚欧大陆桥的外运集装箱量仅占我国外贸集装箱总量的0.5%，占中国至欧洲、中亚及俄罗斯集装箱量的2.4%。其中，经阿拉山口的“中欧班列”国际集装箱运输量仅占中国流向欧洲、中亚及俄罗斯方向集装箱量的0.04%左右，占我国外贸集装箱总量的0.01%。因此，现有向西铁路通道的运量非常小，货物运输的作用不够明显。当然，尽管如此，我们也应充分认识到开行“中欧班列”对于“一带一路”建设具有长远的战略意义。

此外，我们还应科学地理解“中欧班列”合理的运输范围。分析表明，受海运价格的影响，对具有一般价值的货物，中亚地区、蒙古国及俄罗斯的西伯利亚区、乌拉尔区、伏尔加区和中央联邦区是“丝绸之路经济带中欧班列”运输的比较优势区域，经济—时间效益比较明显；乌克兰、白俄罗斯、波兰及俄罗斯的西北联邦区、西南联邦区等是优势扩展区，时间效益高但经济效益略低；而欧洲其他大部分区域的海运（海陆联运）优势远大于铁路联运，不具备开展仅具有一般价值货物运输的条件。在国内，“中欧班列”适用于远离东部沿海港口的中西部地区以及国际大通道沿线地区，拥有海港优势的沿海地区以及有干线铁路连通海港的中部地区没有组织“中欧班列”的优势，建议采取海运以节约成本。当然，如果对低重量且具有高附加值产品的国际运输，“中欧班列”的境外运输适应范围和境内始发城市均可以适当地扩展。

鉴于以上分析，建议：

1. 构建系统化网络，打造货物集散枢纽

在坚持海陆运输合理分工的前提下，按照我国经济布局、口岸分布与国际通道建设，系统化设计、组织中欧班列网络。重点围绕东北地区、华北地区和中西部的货源组织，分别以满洲里/绥芬河、二连浩特、阿拉山口/霍尔果斯为出入境口岸，构建东线、中线、西线三条中欧班列大通道。坚持海运与铁路运输的比较优势，中欧班列开设以远离海洋港口的中西部地区为主，控制东部沿海地区，尤其是航运业发达的长江三角洲与珠江三角洲。

创新国内货物组织模式，以少数几个城市为枢纽，合理构建“中欧班列”运输的轴—辐网络组织模式，各地共享班列号进行组合运输，满载后再运往口岸通关，实现“成组集结，零散中转”，保障运输班列的高频率常态化运营。在国家发展和改革委员会公布的《中欧班列建设发展规划（2016—2020年）》中，设置了12个内陆主要货源节点、17个铁路枢纽节点、10个沿海重要港口节点以及5个沿边陆路口岸节点。为了避免贪多浪费，建议在初期先选择兰州、郑州和哈尔滨等城市作为货物集散枢纽，将各地区的货物统一集并到这些枢纽城市，形成满载班列后再发货。其中，兰州重点集散西北和西南地区的货物，郑州重点集散长江以北的货物，哈尔滨重点集散东北地区的货物。

2. 统一组织，共创品牌

打破“各自为战、相互竞争”的格局，推动“资源整合、竞合共荣”，形成国内一盘棋、全路一张图，共同打造国际物流品牌。在中国铁路总公司的组织下，形成统一品牌标志、统一运输组织、统一全程价格、统一服务标准、统一经营团队、统一协调平台，合理设置各列车路线，形成全程统一运行图和时刻表，实现“公共班列式”服务。统一的对外，统一开展全程优惠价格谈判。

3. 完善多边协调机制，加快境外货源开发

加强沿线国家双边及多边政府间的沟通，强化铁路、海关、国检及物流服务商的协作，在沿线城市互设领事与办事机构，建立定期沟通机制，推动全程运行网络设计；推进通关便利化，尽快推动统一沿途各国的监管查验标准，缩短货物全程运输时间。建议推进国内各省区市、沿线各国海关，检验检疫信息互换、监管互认、执法互助，根据市场需求放开二次转关，在“中欧班列”上扩大“安智贸”应用范围，减少货物查验次数。

推介“中欧班列”品牌，统一打造班列全程服务中心；扩大返程货源，推动班列双向等频率开行。通过各种展销会、商贸洽谈会，推动我国与中亚、欧洲企业及贸易商形成合作；鼓励我国物流企业与沿线国家的主要城市共建物流中心，鼓励在沿线国家布设分公司、成立合资物流企业，挖掘组织返程货物。

4. 构建合理的政府补贴退出机制

界定地方政府在中欧班列中的角色与作用，构建合理的进退机制，不鼓励地方政府针对其始发城市出台各种长期性的补贴政策，限制违背市场规律的个性化政策出台。成立“中欧国际班列基金”，由中国铁路总公司管理，由沿线城市或始发城市共同筹资，将地方政府补贴转变为资金注入；资金注入比例按各地区的发货比例进行配置。完善各省区市协调机制，形成工作协调、利益分享机制，建立海关、检验检疫、铁路等部门参与的高效工作机制。

五、结束语

随着“一带一路”建设不断深入，我国各地政府大力推进中欧班列运输，不惜通过政府行为进行干预，试图改变我国传统的对外贸易运输体系。毫无疑问，“中欧班列”的开通为欧亚之间的货物运输提供了一个新的平台，也成为沿线各国运输合作的典范。其方便、快捷的程度比以往跨境铁路运输提高了很多，但这容易让人误以为欧亚大陆各国之间的贸易将由传统的海运转向铁路运输。然而，由于“中欧班列”的运营受到沿线各国铁路设施标准和技术等级、运营组织、各国政策及复杂的地缘政治格局影响，而且也由于陆路运输成本远高于海洋运输的根本原因，其未来在我国国际贸易运输中的作用有限。故“中欧班列”只有运输适宜的货物（如高附加值产品）或在适宜的地域范围内（如远离海岸线的大陆内部），才能盈利。为此，采取有效的运输组织模式（如轴—辐网络），设立集散枢纽，统一品牌，挖掘组织返程货源，有助于产生规模经济并适当扩大其经济运输范围。但不管如何，“中欧班列”都只能作为海运的一种补充，不可能替代海运，这是各地方政府必须清醒地认识到的客观事实。

（本文系胡郁林根据网络材料整理）

附录一

单元化物流法律、法规及政策

国务院关于印发《物流业调整和振兴规划》的通知

（国发〔2009〕8号）

各省、自治区、直辖市人民政府，国务院各部委、各直属机构：

现将《物流业调整和振兴规划》（以下简称《规划》）印发给你们，请结合本地区、本部门实际，认真贯彻执行。

当前，国际金融危机对我国实体经济造成了较大冲击，物流业作为重要的服务产业，也受到较为严重的影响。制定实施物流业调整和振兴规划，不仅是促进物流业自身平稳较快发展和产业调整升级的需要，也是服务和支撑其他产业的调整与发展、扩大消费和吸收就业的需要，对于促进产业结构调整、转变经济发展方式和增强国民经济竞争力具有重要意义。

各地区、各部门要把思想和行动统一到党中央、国务院的决策部署上来，以邓小平理论和“三个代表”重要思想为指导，深入贯彻落实科学发展观，进一步增强大局意识、责任意识，加强领导，密切配合，切实按照《规划》要求，做好统筹协调、改革体制、完善政策、企业重组、优化布局、工程建设等各项工作，确保《规划》目标的实现，促进物流业健康发展。

各地区要按照《规划》确定的目标、任务和政策措施，结合当地实际抓紧制定具体工作方案，切实抓好组织实施，确保取得实效。国务院各有关部门要根据《规划》明确的任务分工和工作要求，做到责任到位、措施到位，加强调查研究，尽快制定和完善各项配套政策措施，切实加强对《规划》实施的指导和支持。

国务院
二○○九年三月十日

物流业调整和振兴规划

物流业是融合运输业、仓储业、货代业和信息业等的复合型服务产业，是国民经济的重要组成部分，涉及领域广，吸纳就业人数多，促进生产、拉动消费作用大，在促进产业结构调整、转变经济发展方式和增强国民经济竞争力等方面发挥着重要作用。

为应对国际金融危机的影响，落实党中央、国务院保增长、扩内需、调结构的总体要求，促进物流业平稳较快发展，培育新的经济增长点，特制定本规划，作为物流产业综合性应对措施的行动方案。规划期为2009—2011年。

一、发展现状与面临的形势

（一）发展现状。

进入新世纪以来，我国物流业总体规模快速增长，服务水平显著提高，发展的环境和条件不断改善，为进一步加快发展奠定了坚实基础。

1. 物流业规模快速增长。2008年，全国社会物流总额达89.9万亿元，比2000年增长4.2倍，年均增长23%；物流业实现增加值2.0万亿元，比2000年增长1.9倍，年均增长14%。2008年，物流业增加值占全部服务业增加值的比重为16.5%，占GDP的比重为6.6%。

2. 物流业发展水平显著提高。一些制造企业、商贸企业开始采用现代物流管理理念、方法和技术，实施流程再造和服务外包；传统运输、仓储、货代企业实行功能整合和服务延伸，加快向现代物流企业转型；一批新型的物流企业迅速成长，形成了多种所有制、多种服务模式、多层次的物流企业群体。全社会物流总费用与GDP的比率，由2000年的19.4%下降到2008年的18.3%，物流费用成本呈下降趋势，促进了经济运行质量的提高。

3. 物流基础设施条件逐步完善。交通设施规模迅速扩大，为物流业发展提供了良好的设施条件。截至2008年年底，全国铁路营业里程8.0万公里，高速公路通车里程6.03万公里，港口泊位3.64万个，其中沿海万吨级以上泊位1167个，拥有民用机场160个。物流园区建设开始起步，仓储、配送设施现代化水平不断提高，一批区域性物流中心正在形成。物流技术设备加快更新换代，物流信息化建设有了突破性进展。

4. 物流业发展环境明显好转。国家“十一五”规划纲要明确提出“大力发展现代物流业”，中央和地方政府相继建立了推进现代物流业发展的综合协调机制，出台了支持现代物流业发展的规划和政策。物流统计核算和标准化工作，以及人才培养和技术创新等行业基础性工作取得明显成效。

但是，我国物流业的总体水平仍然偏低，还存在一些突出问题。一是全社会物流运行效率偏低，社会物流总费用与GDP的比率高出发达国家1倍左右；二是社会化物流需求不足和专业化物流供给能力不足的问题同时存在，“大而全”“小而全”的企业物流运作模式还相当普遍；三是物流基础设施能力不足，尚未建立布局合理、衔接顺畅、能力充分、高效便捷的综合交通运输体系，物流园区、物流技术装备等能力有待加强；四是地方封锁和行业垄断对资源整合和一体化运作形成障碍，物流市场还不够规范；五是物流技术、人才培养和物流标准还不能完全满足需要，物流服务的组织化和集约化程度不高。

2008年下半年以来，随着国际金融危机对我国实体经济的影响逐步加深，物流业作为重要的服务产业也受到了严重冲击。物流市场需求急剧萎缩，运输和仓储等收费价格及利润大幅度下跌，一大批中小物流企业经营出现困难，提供运输、仓储等单一服务的传统物流企业受到严重冲击。整体来看，国际金融危机不但造成物流产业自身发展的剧烈波动，而且对其他产业的物流服务供给也产生了不利影响。

（二）面临的形势。

应该看到，实施物流业的调整和振兴、实现传统物流业向现代物流业的转变，不仅是物流业自身结构调整和产业升级的需要，也是整个国民经济发展的必然要求。

1. 调整和振兴物流业是应对国际金融危机的迫切需要。一是要解决当前物流企业面临的困难，需要加快企业重组步伐，做强做大，提高产业集中度和抗风险能力，保持产业的平稳发展；二是物流业自身需要转变发展模式，向以信息技术和供应链管理为核心的现代物流业发展，通过提供低成本、高效率、多样化、专业化的物流服务，适应复杂多变的市场环境，提高自身竞争力；三是物流业对其他产业的调整具有服务和支撑作用，发展第三方物流可以促进制造业和商贸业优化内部分工、专注核心业务、降低物流费用，提高这些产业的竞争力，增强其应对国际金融危机的能力。

2. 调整和振兴物流业是适应经济全球化趋势的客观要求。一是随着经济全球化的发展和我国融入世界经济的步伐加快，全球采购、全球生产和全球销售的发展模式要求加快发展现代物流业，优化资源配置，提高市场响应速度和产品供给时效，降低企业物流成本，增强国民经济的竞争力。二是为了适应国际产业分工的变化，要求加快发展现代物流业，完善物流服务体系，改善投资环境，抓住国际产业向我国转移的机遇，吸引国际投资，促进我国制造业和高技术产业的发展。三是随着全球服务贸易的迅猛发展，要求加快发展现代物流业，培育国内现代物流服务企业，提高物流服务能力，应对日益激烈的全球物流企业竞争。

3. 调整和振兴物流业是国民经济持续快速发展的必要保证。根据全面建设小康社会的新要求，我国经济规模将进一步扩大，居民消费水平将进一步提高，货物运输量、社会商品零售额、对外贸易额等将大幅度增长，农产品、工业品、能源、原材料和进出口商品的流通规模将显著增加，对全社会物流服务能力和物流效率提出了更高的要求。同时，中西部地区要求改善物流条件，缩小与东部地区的物流成本差距，承接东部沿海地区产业梯度转移，促进区域间协调和可持续发展。

4. 调整和振兴物流业是贯彻落实科学发展观和构建社会主义和谐社会的重要举措。调整和振兴物流业，有利于加快商品流通和资金周转，降低社会物流成本，优化资源配置，提高国民经济的运行质量；有利于提高服务业比重，优化产业结构，促进经济发展方式的转变；有利于增加城乡就业岗位，扩大社会就业；有利于提高运输效率，降低能源消耗和废气排放，缓解交通拥堵，实现经济和社会的协调发展；有利于促进国内外、城乡和地区间商品流通，满足人民群众对多样化、高质量的物流服务需求，扩大居民消费；有利于国家救灾应急、处理突发性事件，保障经济稳定和社会安全。

二、指导思想、原则和目标

（一）指导思想。

以邓小平理论和“三个代表”重要思想为指导，深入贯彻落实科学发展观，按照保增长、扩内需、调结构的总体部署，以应对国际金融危机对我国经济的影响为切入点，以改革开放为动力，以先进技术为支撑，以物流一体化和信息化为主线，积极营造有利于物流业发展的政策环境，加快发展现代物流业，建立现代物流服务体系，以物流服务促进其他产业发展，为全面建设小康社会提供坚实的物流体系保障。

（二）基本原则。

1. 立足应对危机，着眼长远发展。既要应对国际金融危机，解决当前物流业发展面临的突出问题，保先进生产力，保重点骨干企业，促进企业平稳发展；又要从产业长远发展的角度出发，解决制约物流产业振兴的体制、政策和设施瓶颈，促进产业升级，提高产业竞争力。

2. 市场配置资源，政府营造环境。充分发挥市场配置资源的作用，调动企业的积极性，从满足物流需求的实际出发，注重投资的经济效益。政府要为物流业的发展营造良好的政策环境，扶持重要的物流基础设施项目建设。

3. 加强规划指导，注重协调联动。统筹国内与国际、全国与区域、城市与农村物流协调发展，做好地区之间、行业之间和部门之间物流基础设施建设与发展的协调和衔接，走市场化、专业化、社会化的发展道路，合理布局重大项目。各地区要从本地区经济发展的实际出发，因地制宜，统筹规划，科学引导物流业的发展，防止盲目攀比和重复建设。

4. 打破分割封锁，整合现有资源。改革现行物流业相关行业管理体制，打破部门间和地区间的分割和封锁，创造公平的竞争环境，促进物流服务的社会化和资源利用的市场化，优先整合和利用现有物流资源，提高物流设施的利用率。

5. 建立技术标准，推进一体化运作。按照现代物流理念，加快技术标准体系建设，综合集成仓储、运输、货代、包装、装卸、搬运、流通加工、配送、信息处理等多种功能，推进物流一体化运作，提高物流效率。

6. 创新服务方式，坚持科学发展。以满足生产者和消费者不断增长的物流需求为出发点，不断创新物流服务方式，提升服务水平。积极推进物流服务的信息化、现代化、合理化和企业社会责任建设，坚持最严格的节约用地制度，注重节约能源，保护环境，减少废气污染和交通拥堵，保证交通安全，实现经济和社会可持续协调发展。

（三）规划目标。

力争在 2009 年改善物流企业经营困难的状况，保持产业的稳定发展。到 2011 年，培育一批具有国际竞争力的大型综合物流企业集团，初步建立起布局合理、技术先进、节能环保、便捷高效、安全有序并具有一定国际竞争力的现代物流服务体系，物流服务能力进一步增强；物流的社会化、专业化水平明显提高，第三方物流的比重有所增加，物流业规模进一步扩大，物流业增加值年均递增 10% 以上；物流整体运行效率显著提高，全社会物流总费用与 GDP 的比率比目前的水平有所下降。

三、主要任务

（一）积极扩大物流市场需求。

进一步推广现代物流管理，努力扩大物流市场需求。运用供应链管理与现代物流理念、技术与方法，实施采购、生产、销售和物品回收物流的一体化运作。鼓励生产企业改造物流流程，提高对市场的响应速度，降低库存，加速周转。合理布局城乡商业设施，完善流通网络，积极发展连锁经营、物流配送和电子商务等现代流通方式，促进流通企业的现代化。在农村广泛应用现代物流管理技术，发展农产品从产地到销地的直销和配送，以及农资和农村日用消费品的统一配送。

（二）大力推进物流服务的社会化和专业化。

鼓励生产和商贸企业按照分工协作的原则，剥离或外包物流功能，整合物流资源，促进企业内部物流社会化。推动物流企业与生产、商贸企业互动发展，促进供应链各环节有机结合。鼓励现有运输、仓储、货代、联运、快递企业的功能整合和服务延伸，加快向现代物流企业转型。积极发展多式联运、集装箱、特种货物、厢式货车运输以及重点物资的散装运输等现代运输方式，加强各种运输方式运输企业的相互协调，建立高效、安全、低成本的运输系统。加强运输与物流服务的融合，为物流一体化运作与管理提供条件。鼓励邮政企业深化改革，做大做强快递物流业务。大力发展第三方物流，提高企业的竞争力。

（三）加快物流企业兼并重组。

鼓励中小物流企业加强信息沟通，创新物流服务模式，加强资源整合，满足多样性的物流需要。加大国家对物流企业兼并重组的政策支持力度，缓解当前物流企业面临的困难，鼓励物流企业通过参股、控股、兼并、联合、合资、合作等多种形式进行资产重组，培育一批服务水平高、国际竞争力强的大型现代物流企业。

（四）推动重点领域物流发展。

加强石油、煤炭、重要矿产品及相关产品物流设施建设，建立石油、煤炭、重要矿产品物流体系。加快发展粮食、棉花现代物流，推广散粮运输和棉花大包运输。加强农产品质量标准体系建设，发展农产品冷链物流。完善农资和农村日用消费品连锁经营网络，建立农村物流体系。发展城市统一配送，提高食品、食盐、烟草和出版物等的物流配送效率。实行医药集中采购和统一配送，推动医药物流发展。加强对化学危险品物流的跟踪与监控，规范化学危险品物流的安全管理。推动汽车和零配件物流发展，建立科学合理的汽车综合物流服务体系。鼓励企业加快发展产品与包装物回收物流和废弃物物流，促进资源节约与循环利用。鼓励和支持物流业节能减排，发展绿色物流。发挥邮政现有的网络优势，大力发展邮政物流，加快建立快递物流体系，方便生产生活。加强应急物流体系建设，提高应对战争、灾害、重大疫情等突发性事件的能力。

（五）加快国际物流和保税物流发展。

加强主要港口、国际海运陆运集装箱中转站、多功能国际货运站、国际机场等物流节点的多式联运物流设施建设，加快发展铁海联运，提高国际货物的中转能力，加快发展适应国际中转、国际采购、国际配送、国际转口贸易业务要求的国际物流，逐步建成一批适应国际贸易发展需要的大型国际物流港，并不断增强其配套功能。在有效监管的前提下，各有关部门要简化审批手续，优化口岸通关作业流程，实行申办手续电子化和“一站式”服务，提高通关效率。充分发挥口岸联络协调机制的作用，加快“电子口岸”建设，积极推进大通关信息资源整合。统筹规划、合理布局，积极推进海关特殊监管区域整合发展和保税监管场所建设，建立既适应跨国公司全球化运作又适应加工制造业多元化发展需求的新型保税物流监管体系。积极促进口岸物流向内地物流节点城市顺畅延伸，促进内地现代物流业的发展。

（六）优化物流业发展的区域布局。

根据市场需求、产业布局、商品流向、资源环境、交通条件、区域规划等因素，重点发展九大物流区域，建设十大物流通道和一批物流节点城市，优化物流业的区域布局。

九大物流区域分布为：以北京、天津为中心的华北物流区域，以沈阳、大连为中心的东北物流区域，以青岛为中心的山东半岛物流区域，以上海、南京、宁波为中心的长江三角洲物流区域，以厦门为中心的东南沿海物流区域，以广州、深圳为中心的珠江三角洲物流区域，以武汉、郑州为中心的中部物流区域，以西安、兰州、乌鲁木齐为中心的西北物流区域，以重庆、成都、南宁为中心的西南物流区域。十大物流通道为：东北地区与关内地区物流通道，东部地区南北物流通道，中部地区南北物流通道，东部沿海与西北地区物流通道，东部沿海与西南地区物流通道，西北与西南地区物流通道，西南地区出海物流通道，长江与运河物流通道，煤炭物流通道，进出口物流通道。

要打破行政区划的界限，按照经济区划和物流业发展的客观规律，促进物流区域发展。积极推进和加深不同地区之间物流领域的合作，引导物流资源的跨区域整合，逐步形成区域一体化的物流服务格局。长江三角洲、珠江三角洲物流区域和华北、山东半岛、东北、东南沿海物流区域，要加强技术自主创新，加快发展制造业物流、国际物流和商贸物流，培育一批具有国际竞争力的现代物流企业，在全国率先做强。中部物流区域要充分发挥中部地区承东启西、贯通南北的区位优势，加快培育第三方物流企业，提升物流产业发展水平，形成与东部物流区域的有机衔接。西北、西南物流区域要加快改革步伐，进一步推广现代物流管理理念和技术，按照本区域承接产业转移和发挥资源优势的需要，加快物流基础设施建设，改善区域物流环境，缩小与东中部地区差距。

物流节点城市分为全国性物流节点城市、区域性物流节点城市和地区性物流节点城市。全国性和区域性物流节点城市由国家确定，地区性物流节点城市由地方确定。全国性物流节点城市包括：北京、天津、沈阳、大连、青岛、济南、上海、南京、宁波、杭州、厦门、广州、深圳、郑州、武汉、重庆、成都、南宁、西安、兰州、乌鲁木齐共 21 个城市。区域性物流节点城市包括：哈尔滨、长春、包头、呼和浩特、石家庄、唐山、太原、合肥、福州、南昌、长沙、昆明、贵阳、海口、西宁、银川、拉萨共 17 个城市。物流节点城市要根据本地的产业特点、发展水平、设施状况、市场需求、功能定位等，完善城市物流设施，加强物流园区规划布局，有针对性地建设货运服务型、生产服务型、商业服务型、国际贸易服务型和综合服务型的物流园区，优化城市交通、生态环境，促进产业集聚，努力提高城市的物流服务水平，带动周边所辐射区域物流业的发展，形成全国性、区域性和地区性物流中心和三级物流节点城市网络，促进大中小城市物流业的协调发展。

（七）加强物流基础设施建设的衔接与协调。

按照全国货物的主要流向及物流发展的需要，依据《综合交通网中长期发展规划》《中长期铁路网规划》《国家高速公路网规划》《全国沿海港口布局规划》《全国内河航道与港口布局规划》及《全国民用机场布局规划》，加强交通运输设施建设，完善综合运输网络布局，促进各种运输方式的衔接和配套，提高资源使用效率和物流运行效率。发展多式联运，加强集疏运体系建设，使铁路、港口码头、机场及公路实现“无缝对接”，着力提高物流设施的系统性、兼容性。充分发挥市场机制的作用，整合现有运输、仓储等物流基础设施，加快盘活存量资产，通过资源的整合、功能的拓展和服务的提升，满足物流组织与管理服务的需要。加强新建铁路、港口、公路和机场转运设施的统一规划和建设，合理布局物流园区，完善中转联运设施，防止产生新的分割和不衔接。加强仓储设施建设，在大中城市周边和制造业基地附近合理规划、改造和建设一批现代化的配送中心。

（八）提高物流信息化水平。

积极推进企业物流管理信息化，促进信息技术的广泛应用。尽快制订物流信息技术标准和信息资源标准，建立物流信息采集、处理和服务的交换共享机制。加快行业物流公共信息平台建设，建立全国性公路运输信息网络和航空货运公共信息系统，以及其他运输与服务方式的信息网络。推动区域物流信息平台建设，鼓励城市间物流平台的信息共享。加快构建商务、金融、税务、海关、邮政、检验检疫、交通运输、铁路运输、航空运输和工商管理等政府部门的物流管理与服务公共信息平台，扶持一批物流信息服务企业成长。

（九）完善物流标准化体系。

根据物流标准编制规划，加快制订、修订物流通用基础类、物流技术类、物流信息类、物流管理类、物流服务类等标准，完善物流标准化体系。密切关注国际发展趋势，加强重大基础标准研究。对标准制订实施改革，加强物流标准工作的协调配合，充分发挥企业在制订物流标准中的主体作用。加快物流管理、技术和服务标准的推广，鼓励企业和有关方面采用标准化的物流计量、货物分类、物品标识、物流装备设施、工具器具、信息系统和作业流程等，提高物流的标准化程度。

（十）加强物流新技术的开发和应用。

大力推广集装技术和单元化装载技术，推行托盘化单元装载运输方式，大力发展大吨位厢式货车和甩挂运输组织方式，推广网络化运输。完善并推广物品编码体系，广泛应用条码、智能标签、无线射频识别（RFID）等自动识别、标识技术以及电子数据交换（EDI）技术，发展可视化技术、货物跟踪技术和货物快速分拣技术，加大对RFID 和移动物流信息服务技术、标准的研发和应用的投入。积极开发和利用全球定位系统（GNSS）、地理信息系统（GIS）、道路交通信息通信系统（VICS）、不停车自动交费系统（ETC）、智能交通系统（ITS）等运输领域新技术，加强物流信息系统安全体系研究。加强物流技术装备的研发与生产，鼓励企业采用仓储运输、装卸搬运、分拣包装、条码印刷等专用物流技术装备。

四、重点工程

（一）多式联运、转运设施工程。

依托已有的港口、铁路和公路货站、机场等交通运输设施，选择重点地区和综合交通枢纽，建设一批集装箱多式联运中转设施和连接两种以上运输方式的转运设施，提高铁路集装箱运输能力，重点解决港口与铁路、铁路与公路、民用航空与地面交通等枢纽不衔接以及各种交通枢纽相互分离带来的货物在运输过程中多次搬倒、拆装等问题，促进物流基础设施协调配套运行，实现多种运输方式“无缝衔接”，提高运输效率。

（二）物流园区工程。

在重要物流节点城市、制造业基地和综合交通枢纽，在土地利用总体规划、城市总体规划确定的城镇建设用地范围内，按照符合城市发展规划、城乡规划的要求，充分利用已有运输场站、仓储基地等基础设施，统筹规划建设一批以布局集中、用地节约、产业集聚、功能集成、经营集约为特征的物流园区，完善专业化物流组织服务，实现长途运输与短途运输的合理衔接，优化城市配送，提高物流运作的规模效益，节约土地占用，缓解城市交通压力。物流园区建设要严格按规划进行，充分发挥铁路运输优势，综合利用已有、规划和在建的物流基础设施，完善配套设施，防止盲目投资和重复建设。

（三）城市配送工程。

鼓励企业应用现代物流管理技术，适应电子商务和连锁经营发展的需要，在大中城市发展面向流通企业和消费者的社会化共同配送，促进流通的现代化，扩大居民消费。加快建设城市物流配送项目，鼓励专业运输企业开展城市配送，提高城市配送的专业化水平，解决城市快递、配送车辆进城通行、停靠和装卸作业问题，完善城市物流配送网络。

（四）大宗商品和农村物流工程。

加快煤炭物流通道建设，以山西、内蒙古、陕西煤炭外运为重点，形成若干个煤电路港一体化工程，完善煤炭物流系统。加强油气码头和运输管网建设，提高油气物流能力。加强重要矿产品港口物流设施建设，改善大型装备物流设施条件。加快粮食现代物流设施建设，建设跨省粮食物流通道和重要物流节点。加大投资力度，加快建设“北粮南运”和“西煤东运”工程。加强城乡统筹，推进农村物流工程。进一步加强农副产品批发市场建设，完善鲜活农产品储藏、加工、运输和配送等冷链物流设施，提高鲜活农产品冷藏运输比例，支持发展农资和农村消费品物流配送中心。

（五）制造业与物流业联动发展工程。

加强对制造业物流分离外包的指导和促进，支持制造企业改造现有业务流程，促进物流业务分离外包，提高核心竞争力。培育一批适应现代制造业物流需求的第三方物流企业，提升物流业为制造业服务的能力和水平。制定鼓励制造业与物流业联动发展的相关政策，组织实施一批制造业与物流业联动发展的示范工程和重点项目，促进现代制造业与物流业有机融合、联动发展。

（六）物流标准和技术推广工程。

加快对现有仓储、转运设施和运输工具的标准化改造，鼓励企业采用标准化的物流设施和设备，实现物流设施、设备的标准化。推广实施托盘系列国家标准，鼓励企业采用标准化托盘，支持专业化企业在全国建设托盘共用系统，开展托盘的租赁回收业务，实现托盘标准化、社会化运作。鼓励企业采用集装单元、射频识别、货物跟踪、自动分拣、立体仓库、配送中心信息系统、冷链等物流新技术，提高物流运作管理水平。实施物流标准化服务示范工程，选择大型物流企业、物流园区开展物流标准化试点工作并逐步推广。

（七）物流公共信息平台工程。

加快建设有利于信息资源共享的行业和区域物流公共信息平台项目，重点建设电子口岸、综合运输信息平台、物流资源交易平台和大宗商品交易平台。鼓励企业开展信息发布和信息系统外包等服务业务，建设面向中小企业的物流信息服务平台。

（八）物流科技攻关工程。

加强物流新技术的自主研发，重点支持货物跟踪定位、智能交通、物流管理软件、移动物流信息服务等关键技术攻关，提高物流技术的自主创新能力。适应物流业与互联网融合发展的趋势，启动物联网的前瞻性研究工作。加快先进物流设备的研制，提高物流装备的现代化水平。

（九）应急物流工程。

建立应急生产、流通、运输和物流企业信息系统，以便在突发事件发生时能够紧急调用。建立多层次的政府应急物资储备体系，保证应急调控的需要。加强应急物流设施设备建设，提高应急反应能力。选择和培育一批具有应急能力的物流企业，建立应急物流体系。

五、政策措施

（一）加强组织和协调。

现代物流业是新型服务业，涉及面广。要加强对现代物流业发展的组织和协调，在相关部门各司其职、各负其责的基础上，发挥由国家发展改革委牵头、有关部门参加的全国现代物流工作部际联席会议的作用，研究协调现代物流业发展的有关重大问题和政策。各省、自治区、直辖市政府也要建立相应的协调机制，加强对地方现代物流业发展有关问题的研究和协调。

（二）改革物流管理体制。

继续深化铁路、公路、水运、民航、邮政、货代等领域的体制改革，按照精简、统一、高效的原则和决策、执行、监督相协调的要求，建立政企分开、决策科学、权责对等、分工合理、执行顺畅、监督有力的物流综合管理体系，完善政府的公共服务职能，进一步规范运输、货代等行业的管理，促进物流服务的规范化、市场化和国际化。改革仓储企业经营体制，推进仓储设施和业务的社会化。打破行业垄断，消除地区封锁，依法制止和查处滥用行政权力阻碍或限制跨地区、跨行业物流服务的行为，逐步建立统一开放、竞争有序的全国物流服务市场，促进物流资源的规范、公平、有序和高效流动。加强监管，规范物流市场秩序，强化物流环节质量安全管理。进一步完善对物流企业的交通安全监管机制，督促企业定期对车辆技术状况、驾驶人资质进行检查，从源头上消除安全隐患，落实企业的安全生产主体责任。

（三）完善物流政策法规体系。

在贯彻落实好现有推动现代物流业发展有关政策的基础上，进一步研究制定促进现代物流业发展的有关政策。加大政策支持力度，抓紧解决影响当前物流业发展的土地、税收、收费、融资和交通管理等方面的问题。引导和鼓励物流企业加强管理创新，完善公司治理结构，实施兼并重组，尽快做强做大。针对当前产业发展中出现的新情况和新问题，研究制定系统的物流产业政策。清理有关物流的行政法规，加强对物流领域的立法研究，完善物流的法律法规体系，促进物流业健康发展。

（四）制订落实专项规划。

有关部门要制订专项规划，积极引导和推动重点领域和区域物流业的发展。国家发展改革委会同有关部门制订煤炭、粮食、农产品冷链、物流园区、应急物流等专项规划，商务部会同供销合作总社等有关部门制订商贸物流专项规划，国家标准委会同有关部门制订物流标准专项规划。物流业发展的重点地区，各级地方政府也要制订本地区物流业规划，指导本地区物流业的发展。

（五）多渠道增加对物流业的投入。

物流业的发展，主要依靠企业自身的投入。要大力发展民营物流企业，加快对外开放步伐，多渠道增加对物流业的投入。对列入国家和地方规划的物流基础设施建设项目，鼓励其通过银行贷款、股票上市、发行债券、增资扩股、企业兼并、中外合资等途径筹集建设资金。银行业金融机构要积极给予信贷支持。对涉及全国性、区域性重大物流基础设施项目，中央和地方政府可根据项目情况和财力状况适当安排中央和地方预算内建设投资，以投资补助、资本金注入或贷款贴息等方式给予支持，由企业进行市场化运作。

（六）完善物流统计指标体系。

进一步完善物流业统计调查制度和信息管理制度，建立科学的物流业统计调查方法和指标体系。加强物流统计基础工作，开展物流统计理论和方法研究。认真贯彻实施社会物流统计核算与报表制度。积极推动地方物流统计工作，充分发挥行业组织的作用和力量，促进物流业统计信息交流，建立健全共享机制，提高统计数据的准确性和及时性。

（七）继续推进物流业对外开放和国际合作。

充分利用世界贸易组织、自由贸易区和区域经济合作机制等平台，与有关国家和地区相互进一步开放与物流相关的分销、运输、仓储、货代等领域，特别是加强与日韩、东盟和中亚国家的双边和区域物流合作，开展物流方面的政策协调和技术合作，推动物流业“引进来”和“走出去”。加强国内物流企业同国际先进物流企业的合资、合作与交流，引进和吸收国外促进现代物流发展的先进经验和管理方法，提高物流业的全球化与区域化程度。加强国际物流“软环境”建设，包括鼓励运用国际惯例、推动与国际贸易规则及货代物流规则接轨、统一单证、加强风险控制和风险转移体系建设等。建立产业安全保障机制，完善物流业外资并购安全审查制度。

（八）加快物流人才培养。

要采取多种形式，加快物流人才的培养。加强物流人才需求预测和调查，制订科学的培养目标和规划，发展多层次教育体系和在职人员培训体系。利用社会资源，鼓励企业与大学、科研机构合作，编写精品教材，提高实际操作能力，强化职业技能教育，开展物流领域的职业资质培训与认证工作。加强与国外物流教育与培训机构的联合与合作。

（九）发挥行业社团组织的作用。

物流业社团组织应履行行业服务、自律、协调的职能，发挥在物流规划制订、政策建议、规范市场行为、统计与信息、技术合作、人才培训、咨询服务等方面的中介作用，成为政府与企业联系的桥梁和纽带。

六、规划实施

国务院各有关部门要按照《规划》的工作分工，加强沟通协商，密切配合，尽快制定和完善各项配套政策措施，明确政策措施的实施范围和进度，并加强指导和监督，确保实现物流业调整和振兴目标。有关部门要适时开展《规划》的后评价工作，及时提出评价意见。

各地区要按照《规划》确定的目标、任务和政策措施，结合当地实际抓紧制订具体工作方案，细化落实，确保取得实效。各省、自治区、直辖市要将具体工作方案和实施过程中出现的新情况、新问题及时报送国家发展改革委和交通运输、商务等有关部门。

中华人民共和国循环经济促进法

（2008 年 8 月 29 日第十一届全国人民代表大会常务
委员会第四次会议通过）

第一章 总 则

第一条 为了促进循环经济发展，提高资源利用效率，保护和改善环境，实现可持续发展，制定本法。

第二条 本法所称循环经济，是指在生产、流通和消费等过程中进行的减量化、再利用、资源化活动的总称。

本法所称减量化，是指在生产、流通和消费等过程中减少资源消耗和废物产生。

本法所称再利用，是指将废物直接作为产品或者经修复、翻新、再制造后继续作为产品使用，或者将废物的全部或者部分作为其他产品的部件予以使用。

本法所称资源化，是指将废物直接作为原料进行利用或者对废物进行再生利用。

第三条 发展循环经济是国家经济社会发展的一项重大战略，应当遵循统筹规划、合理布局，因地制宜、注重实效，政府推动、市场引导，企业实施、公众参与的方针。

第四条 发展循环经济应当在技术可行、经济合理和有利于节约资源、保护环境的前提下，按照减量化优先的原则实施。

在废物再利用和资源化过程中，应当保障生产安全，保证产品质量符合国家规定的标准，并防止产生再次污染。

第五条 国务院循环经济发展综合管理部门负责组织协调、监督管理全国循环经济发展工作；国务院环境保护等有关主管部门按照各自的职责负责有关循环经济的监督管理工作。

县级以上地方人民政府循环经济发展综合管理部门负责组织协调、监督管理本行政区域的循环经济发展工作；县级以上地方人民政府环境保护等有关主管部门按照各自的职责负责有关循环经济的监督管理工作。

第六条 国家制定产业政策，应当符合发展循环经济的要求。

县级以上人民政府编制国民经济和社会发展规划及年度计划，县级以上人民政府有关部门编制环境保护、科学技术等规划，应当包括发展循环经济的内容。

第七条 国家鼓励和支持开展循环经济科学技术的研究、开发和推广，鼓励开展循环经济宣传、教育、科学知识普及和国际合作。

第八条 县级以上人民政府应当建立发展循环经济的目标责任制，采取规划、财政、投资、政府采购等措施，促进循环经济发展。

第九条 企业事业单位应当建立健全管理制度，采取措施，降低资源消耗，减少废物的产生量和排放量，提高废物的再利用和资源化水平。

第十条 公民应当增强节约资源和保护环境意识，合理消费，节约资源。

国家鼓励和引导公民使用节能、节水、节材和有利于保护环境的产品及再生产品，减少废物的产生量和排放量。

公民有权举报浪费资源、破坏环境的行为，有权了解政府发展循环经济的信息并提出意见和建议。

第十一条 国家鼓励和支持行业协会在循环经济发展中发挥技术指导和服务作用。县级以上人民政府可以委托有条件的行业协会等社会组织开展促进循环经济发展的公共服务。

国家鼓励和支持中介机构、学会和其他社会组织开展循环经济宣传、技术推广和咨询服务，促进循环经济发展。

第二章　基本管理制度

第十二条 国务院循环经济发展综合管理部门会同国务院环境保护等有关主管部门编制全国循环经济发展规划，报国务院批准后公布施行。设区的市级以上地方人民政府循环经济发展综合管理部门会同本级人民政府环境保护等有关主管部门编制本行政区域循环经济发展规划，报本级人民政府批准后公布施行。

循环经济发展规划应当包括规划目标、适用范围、主要内容、重点任务和保障措施等，并规定资源产出率、废物再利用和资源化率等指标。

第十三条 县级以上地方人民政府应当依据上级人民政府下达的本行政区域主要污染物排放、建设用地和用水总量控制指标，规划和调整本行政区域的产业结构，促进循环经济发展。

新建、改建、扩建建设项目，必须符合本行政区域主要污染物排放、建设用地和用水总量控制指标的要求。

第十四条 国务院循环经济发展综合管理部门会同国务院统计、环境保护等有关主管部门建立和完善循环经济评价指标体系。

上级人民政府根据前款规定的循环经济主要评价指标，对下级人民政府发展循环经济的状况定期进行考核，并将主要评价指标完成情况作为对地方人民政府及其负责人考核评价的内容。

第十五条 生产列入强制回收名录的产品或者包装物的企业，必须对废弃的产品或者包装物负责回收；对其中可以利用的，由各该生产企业负责利用；对因不具备技术经济条件而不适合利用的，由各该生产企业负责无害化处置。

对前款规定的废弃产品或者包装物，生产者委托销售者或者其他组织进行回收的，或者委托废物利用或者处置企业进行利用或者处置的，受托方应当依照有关法律、行政法规的规定和合同的约定负责回收或者利用、处置。

对列入强制回收名录的产品和包装物，消费者应当将废弃的产品或者包装物交给生产者或者其委托回收的销售者或者其他组织。

强制回收的产品和包装物的名录及管理办法，由国务院循环经济发展综合管理部门规定。

第十六条 国家对钢铁、有色金属、煤炭、电力、石油加工、化工、建材、建筑、造纸、印染等行业年综合能源消费量、用水量超过国家规定总量的重点企业，实行能耗、水耗的重点监督管理制度。

重点能源消费单位的节能监督管理，依照《中华人民共和国节约能源法》的规定执行。

重点用水单位的监督管理办法，由国务院循环经济发展综合管理部门会同国务院有关部门规定。

第十七条 国家建立健全循环经济统计制度，加强资源消耗、综合利用和废物产生的统计管理，并将主要统计指标定期向社会公布。

国务院标准化主管部门会同国务院循环经济发展综合管理和环境保护等有关主管部门建立健全循环经济标准体系，制定和完善节能、节水、节材和废物再利用、资源化等标准。

国家建立健全能源效率标识等产品资源消耗标识制度。

第三章 减量化

第十八条 国务院循环经济发展综合管理部门会同国务院环境保护等有关主管部门，定期发布鼓励、限制和淘汰的技术、工艺、设备、材料和产品名录。

禁止生产、进口、销售列入淘汰名录的设备、材料和产品，禁止使用列入淘汰名录的技术、工艺、设备和材料。

第十九条 从事工艺、设备、产品及包装物设计，应当按照减少资源消耗和废物产生的要求，优先选择采用易回收、易拆解、易降解、无毒无害或者低毒低害的材料和设计方案，并应当符合有关国家标准的强制性要求。

对在拆解和处置过程中可能造成环境污染的电器电子等产品，不得设计使用国家禁止使用的有毒有害物质。禁止在电器电子等产品中使用的有毒有害物质名录，由国务院循环经济发展综合管理部门会同国务院环境保护等有关主管部门制定。

设计产品包装物应当执行产品包装标准，防止过度包装造成资源浪费和环境污染。

第二十条 工业企业应当采用先进或者适用的节水技术、工艺和设备，制定并实施节水计划，加强节水管理，对生产用水进行全过程控制。

工业企业应当加强用水计量管理，配备和使用合格的用水计量器具，建立水耗统计和用水状况分析制度。

新建、改建、扩建建设项目，应当配套建设节水设施。节水设施应当与主体工程同时设计、同时施工、同时投产使用。

国家鼓励和支持沿海地区进行海水淡化和海水直接利用，节约淡水资源。

第二十一条 国家鼓励和支持企业使用高效节油产品。

电力、石油加工、化工、钢铁、有色金属和建材等企业，必须在国家规定的范围和期限内，以洁净煤、石油焦、天然气等清洁能源替代燃料油，停止使用不符合国家规定的燃油发电机组和燃油锅炉。

内燃机和机动车制造企业应当按照国家规定的内燃机和机动车燃油经济性标准，采用节油技术，减少石油产品消耗量。

第二十二条 开采矿产资源，应当统筹规划，制定合理的开发利用方案，采用合理的开采顺序、方法和选矿工艺。采矿许可证颁发机关应当对申请人提交的开发利用方案中的开采回采率、采矿贫化率、选矿回收率、矿山水循环利用率和土地复垦率等指标依法进行审查；审查不合格的，不予颁发采矿许可证。采矿许可证颁发机关应当依法加强对开采矿产资源的监督管理。

矿山企业在开采主要矿种的同时，应当对具有工业价值的共生和伴生矿实行综合开采、合理利用；对必须同时采出而暂时不能利用的矿产以及含有有用组分的尾矿，应当采取保护措施，防止资源损失和生态破坏。

第二十三条 建筑设计、建设、施工等单位应当按照国家有关规定和标准，对其设计、建设、施工的建筑物及构筑物采用节能、节水、节地、节材的技术工艺和小型、轻型、再生产品。有条件的地区，应当充分利用太阳能、地热能、风能等可再生能源。

国家鼓励利用无毒无害的固体废物生产建筑材料，鼓励使用散装水泥，推广使用预拌混凝土和预拌砂浆。

禁止损毁耕地烧砖。在国务院或者省、自治区、直辖市人民政府规定的期限和区域内，禁止生产、销售和使用黏土砖。

第二十四条 县级以上人民政府及其农业等主管部门应当推进土地集约利用，鼓励和支持农业生产者采用节水、节肥、节药的先进种植、养殖和灌溉技术，推动农业机械节能，优先发展生态农业。

在缺水地区，应当调整种植结构，优先发展节水型农业，推进雨水集蓄利用，建设和管护节水灌溉设施，提高用水效率，减少水的蒸发和漏失。

第二十五条 国家机关及使用财政性资金的其他组织应当厉行节约、杜绝浪费，带头使用节能、节水、节地、节材和有利于保护环境的产品、设备和设施，节约使用办公用品。国务院和县级以上地方人民政府管理机关事务工作的机构会同本级人民政府有关部门制定本级国家机关等机构的用能、用水定额指标，财政部门根据该定额指标制定支出标准。

城市人民政府和建筑物的所有者或者使用者，应当采取措施，加强建筑物维护管理，延长建筑物使用寿命。对符合城市规划和工程建设标准，在合理使用寿命内的建筑物，除为了公共利益的需要外，城市人民政府不得决定拆除。

第二十六条 餐饮、娱乐、宾馆等服务性企业，应当采用节能、节水、节材和有利于保护环境的产品，减少使用或者不使用浪费资源、污染环境的产品。

本法施行后新建的餐饮、娱乐、宾馆等服务性企业，应当采用节能、节水、节材和有利于保护环境的技术、设备和设施。

第二十七条 国家鼓励和支持使用再生水。在有条件使用再生水的地区，限制或者禁止将自来水作为城市道路清扫、城市绿化和景观用水使用。

第二十八条 国家在保障产品安全和卫生的前提下，限制一次性消费品的生产和销售。具体名录由国务院循环经济发展综合管理部门会同国务院财政、环境保护等有关主管部门制定。

对列入前款规定名录中的一次性消费品的生产和销售，由国务院财政、税务和对外贸易等主管部门制定限制性的税收和出口等措施。

第四章 再利用和资源化

第二十九条 县级以上人民政府应当统筹规划区域经济布局，合理调整产业结构，促进企业在资源综合利用等领域进行合作，实现资源的高效利用和循环使用。

各类产业园区应当组织区内企业进行资源综合利用，促进循环经济发展。

国家鼓励各类产业园区的企业进行废物交换利用、能量梯级利用、土地集约利用、水的分类利用和循环使用，共同使用基础设施和其他有关设施。

新建和改造各类产业园区应当依法进行环境影响评价，并采取生态保护和污染控制措施，确保本区域的环境质量达到规定的标准。

第三十条 企业应当按照国家规定，对生产过程中产生的粉煤灰、煤矸石、尾矿、废石、废料、废气等工业废物进行综合利用。

第三十一条 企业应当发展串联用水系统和循环用水系统，提高水的重复利用率。

企业应当采用先进技术、工艺和设备，对生产过程中产生的废水进行再生利用。

第三十二条 企业应当采用先进或者适用的回收技术、工艺和设备，对生产过程中产生的余热、余压等进行综合利用。

建设利用余热、余压、煤层气以及煤矸石、煤泥、垃圾等低热值燃料的并网发电项目，应当依照法律和国务院的规定取得行政许可或者报送备案。电网企业应当按照国家规定，与综合利用资源发电的企业签订并网协议，提供上网服务，并全额收购并网发电项目的上网电量。

第三十三条 建设单位应当对工程施工中产生的建筑废物进行综合利用；不具备综合利用条件的，应当委托具备条件的生产经营者进行综合利用或者无害化处置。

第三十四条 国家鼓励和支持农业生产者和相关企业采用先进或者适用技术，对农作物秸秆、畜禽粪便、农产品加工业副产品、废农用薄膜等进行综合利用，开发利用沼气等生物质能源。

第三十五条 县级以上人民政府及其林业主管部门应当积极发展生态林业，鼓励和支持林业生产者和相关企业采用木材节约和代用技术，开展林业废弃物和次小薪材、沙生灌木等综合利用，提高木材综合利用率。

第三十六条 国家支持生产经营者建立产业废物交换信息系统，促进企业交流产业废物信息。

企业对生产过程中产生的废物不具备综合利用条件的，应当提供给具备条件的生产经营者进行综合利用。

第三十七条 国家鼓励和推进废物回收体系建设。

地方人民政府应当按照城乡规划，合理布局废物回收网点和交易市场，支持废物回收企业和其他组织开展废物的收集、储存、运输及信息交流。

废物回收交易市场应当符合国家环境保护、安全和消防等规定。

第三十八条 对废电器电子产品、报废机动车船、废轮胎、废铅酸电池等特定产品进行拆解或者再利用，应当符合有关法律、行政法规的规定。

第三十九条 回收的电器电子产品，经过修复后销售的，必须符合再利用产品标准，并在显著位置标识为再利用产品。

回收的电器电子产品，需要拆解和再生利用的，应当交售给具备条件的拆解企业。

第四十条 国家支持企业开展机动车零部件、工程机械、机床等产品的再制造和轮胎翻新。

销售的再制造产品和翻新产品的质量必须符合国家规定的标准，并在显著位置标识为再制造产品或者翻新产品。

第四十一条 县级以上人民政府应当统筹规划建设城乡生活垃圾分类收集和资源化利用设施，建立和完善分类收集和资源化利用体系，提高生活垃圾资源化率。

县级以上人民政府应当支持企业建设污泥资源化利用和处置设施，提高污泥综合利用水平，防止产生再次污染。

商务部办公厅　国家标准委办公室关于印发《商贸物流标准化专项行动计划》的通知

各省、自治区、直辖市、计划单列市及新疆生产建设兵团商务主管部门、质量技术监督局：

为深入贯彻落实国务院《物流业发展中长期规划（2014—2020年）》（国发〔2014〕42号）和《国家标准委 商务部关于加快推进商贸物流标准化工作的意见》（国标委服务联〔2014〕33号），商务部、国家标准委联合制定了《商贸物流标准化专项行动计划》（以下简称《行动计划》），现印发你们，请各地商务、标准化工作主管部门结合实际，认真组织实施。

为加快推动《行动计划》实施，发挥市场主体作用，经地方和行业协会推荐，商务部、国家标准委选择了工作基础较好、参与积极性高的部分企业，作为第一批企业重点推进。请各企业按照《行动计划》任务要求，结合企业实际，研究提出推进实施方案，于2015年2月底前，经由省级商务、标准化工作主管部门报商务部、国家标准委（中央企业直接报送）。

附件：

1. 商贸物流标准化专项行动计划
2. 第一批重点推进企业和平台名单

联系人：商务部流通发展司　任宏伟　张祥

电话：010 - 85093794

传真：010 - 85093749

邮箱：renhongwei@ mofcom. gov. cn

联系人：国家标准委服务业标准部　万福军　孙华

电话：010 - 82261655

传真：010 - 82260665

邮箱：wanfj@ sac. gov. cn

商务部办公厅

国家标准委办公室

2014年11月20日

商贸物流标准化专项行动计划

为深入贯彻落实汪洋副总理在部分城市物流工作座谈会上关于“推进物流标准化建设”的指示精神，根据国务院《物流业发展中长期规划（2014—2020 年）》（国发〔2014〕42 号）和《国家标准委　商务部关于加快推进商贸物流标准化工作的意见》（国标委服务联〔2014〕33 号），商务部、国家标准委拟在全国范围内开展商贸物流标准化专项行动。

一、指导思想

以国务院部分城市物流工作座谈会精神和《物流业发展中长期规划》为指导，以降低物流成本、提高物流效率为目标，坚持市场主导、政府引导原则，强化企业“标准是效益、是竞争力”意识，从托盘标准化入手，统筹协调、有序推进，在快速消费品、农副产品、药品流通领域，率先开展标准托盘应用推广及循环共用，带动上下游关联领域物流标准化水平的提高；从物流综合信息服务平台建设规范和服务规范入手，增强平台服务功能，促进资源共享和信息互联互通。

二、工作原则

（一）确定重点，示范带动

按照“政府引导定规则、企业主导贯标准”的主导思想，经地方和行业协会推荐，选取参与积极性高、影响带动作用大、托盘使用量多的行业龙头企业和市场运营模式成熟、服务能力强、跨区域的物流综合信息服务平台，作为“全国商贸物流标准化重点推进企业”，积极推动物流信息化和托盘标准化工作。

（二）以点带面，分步实施

商贸物流标准化工作分批开展，分步实施。拟以推动“贯标”为核心，以重点推进企业为主体，在总结地方工作经验和重点推进企业做法的基础上，逐步扩大范围，最终在全国范围内铺开，提高商贸物流标准化水平。

（三）积极探索，发挥合力

开展商贸物流标准化专项行动计划，是商务和标准化工作主管部门推动物流业发展的一项新任务，要注重工作体制和机制创新，探索模式方法，明确责任，完善制度，加强部门协调，真正把商贸物流标准化工作抓实。

（四）政策配套，注重实效

对于商贸物流标准化工作先行先试取得突出成效的地区、企业，商务部、国家标准委将积极协调有关部门争取支持政策。各地商务、标准化工作主管部门应结合实际，积极协调有关部门制定鼓励发展的配套支持政策。

三、总体目标

按照“以点带面、由易到难”的总体思路，发挥物流信息服务平台和托盘标准化龙头企业的辐射带动作用，探索成熟路径和商业模式，逐步完善并实施相关标准，促进物流资源整合和行业诚信建设，提高物流信息化和设备设施标准化水平。通过实施专项行动，培育10~20个统一标准的、跨区域的物流综合信息服务平台；在快速消费品、农副产品、药品流通领域培育一批标准托盘应用和循环共用重点企业。

四、主要任务

（一）托盘共用体系

1. 提高标准托盘普及率。以符合国家标准《联运通用平托盘主要尺寸及公差》（GB/T 2934—2007）要求的1.2m×1.0m托盘（含托盘笼等）作为应用推广标准托盘，以重点企业为载体推广标准托盘及循环共用，鼓励对非标准托盘进行标准化更新，增加标准托盘使用量；鼓励托盘生产企业生产符合国家标准的高质量托盘；鼓励探索标准托盘与供应链、共同配送、多式联运、甩挂运输相结合的新路子，形成合力。

2. 推进相关领域标准化进程。以标准托盘应用推广为牵引，通过提高标准托盘普及率，促进提升相关配套物流设备设施的标准化水平。支持与标准托盘关联的叉车、货架、月台、运输车辆等物流设备设施标准化改造，促进上下游设备的衔接，逐步形成相互配套、有机结合、互为支撑的托盘应用标准体系。

3. 提升托盘循环共用水平。通过发挥重点企业在供应链中的优势地位，提高标准托盘租赁比率和一贯化带盘运输作业比率，实现标准托盘在全社会的循环共用。鼓励托盘运营企业开展回购返租、扩大业务，拓展网点、异地退租，统一采购、标识和维修，提供专业化服务；鼓励商品生产企业从源头推动向下游带盘运输，实现绿色发展；鼓励第三方物流企业发挥网点多、车辆多等优势，拓展托盘运营业务，推广适合带盘运输的车辆；鼓励大型商贸连锁企业与供应链上下游企业合作，共同租赁同一家托盘运营企业的托盘，实现托盘在上下游企业间的流转和循环共用。

4. 完善托盘公共运营服务体系。建设完善的托盘公共运营服务体系，从标准托盘租赁、维修、保养、调度、服务网点建设、信息化管理等方面为托盘循环共用提供专业化服务。

5. 制定相关服务规范。有关协会、企业要抓紧建立质量认证、服务规范、循环共用规则等制度，加大对物流标准化的宣传推广力度，提高社会认可度，形成带动效应。通过标准托盘应用推广和循环共用，逐步形成托盘运营服务规范及一贯化运作的操作规范等，促进商贸物流相关服务规范的进一步完善，实现在全国范围内推广普及。

（二）物流综合信息服务平台

1. 统一平台建设标准。贯彻《物流公共信息平台应用开发指南》（GB/T 22263）、

《物流管理信息系统应用开发指南》（GB/T 23830—2009）、《城市地理信息系统设计规范》（GB/T 18578—2008）等国家标准，参照商务部印发的《第三方物流信息服务平台建设案例指引》，统一平台的技术接口标准，完善操作流程及服务规范等，实现可公开信息的共享和互联互通。鼓励物流综合信息服务平台开展联盟合作，按照“资源共享、合作共赢”的原则，建立市场化的长效合作机制，解决“信息孤岛”问题。各级商务、标准化主管部门要积极研究相应的考评和激励政策，做好协调工作，调动平台企业积极性。

2. 增强平台服务功能。各级商务、标准化工作主管部门要把技术创新、模式创新、供应链集成和产业融合，作为重点支持方向，鼓励应用物联网、电子商务等先进技术，完善平台撮合交易、保险、融资、仓储地图、政务资讯、诚信等服务功能，增强平台的辐射能力和大范围资源整合能力，并协调政府部门和协会将相关信息系统与平台对接，以提高全社会物流需求和供给的匹配效率，解决生产、流通和消费组织化程度不高、物流企业“小散弱”问题。要利用平台加强对物流业运行数据的统计分析，加强物流标准化的宣传推广。

3. 建设物流诚信体系。要强化物流信息服务平台的信用评价功能，加快推进物流信息标准化工作和商贸物流信用体系建设，推动建立以公民身份号码和组织机构代码为基础的统一社会信用代码制度，推广实名制、会员制、公证制、实时交易评价制、司法调解制和黑名单制，做到物流诚信信息社会共享，逐步形成物流业诚信生态圈，促进解决物流企业交易信息不对称、诚信成本高等问题。

五、保障措施

（一）加强组织领导

各级商务、标准化工作主管部门要加强商贸物流标准化专项行动计划的组织领导，视情况成立相应工作组、组建专家库，提供组织保障。

（二）健全工作机制

要建立《行动计划》的有效工作机制，充分调动各方面积极性和创造性，发挥行业协会和骨干企业支撑作用，着力推进物流标准化工作。

（三）完善项目管理

加强对商贸物流标准化工作的组织管理，建立工作评价及验收考评体系，评估商贸物流标准化发展水平和成效，实时发现问题并提出改进建议。成立商贸物流标准化咨询委员会，加强技术指导和经验总结。

（四）落实配套政策

要将《行动计划》纳入相关工作规划范围，予以重点安排和部署。要出台相应的配套支持政策，积极争取财政等部门支持。

（五）做好宣传培训

建立商贸物流标准化案例库和优秀成果推广平台，适时召开现场经验交流会，推广先进经验做法。加大媒体宣传和培训力度，提高社会认知度和企业参与积极性，提高从业人员标准业务水平。

六、时间进度安排（参见 http：//news. 21food. cn/34/2081075. html）

第一批重点推进企业和平台名单

一、重点企业（30 家，其中中央企业 7 家）

（一）托盘租赁服务企业（4 家）

招商路凯（LOSCAM）、集保物流设备有限公司（CHEP）、上海现代物流投资发展有限公司（上海百联）、中国包装总公司

（二）大型商贸连锁企业（9 家）

华润集团、国药集团、上海益实多电子商务有限公司（1 号店）、永辉超市股份有限公司、农工商超市集团、物美集团、北京朝批商贸股份有限公司、广州华新集团、山西美特好集团

（三）快速消费品生产企业（6 家）

中粮集团、广州珠江啤酒股份有限公司、北京顺鑫农业股份有限公司、杭州娃哈哈集团、厦门银鹭食品集团、漯河双汇集团

（四）托盘生产企业（3 家）

山东力扬物流有限公司、上海新通联包装股份有限公司、新创（天津）包装工业科技有限公司

（五）第三方物流企业（8 家）

中国储运集团、中外运集团、五矿集团、海航物流集团、青岛日日顺供应链有限公司、顺丰速运集团、河南宇鑫物流有限公司、宝供物流企业集团

二、物流信息服务平台（10 家）

上海陆上货运交易中心 56135 平台、北京“物流中国”公共服务平台、广东林安物流园信息服务平台、郑州智慧城市共同配送云平台、“物流唐山”城市共同配送公共信息服务平台、山东高速“满易网”物流服务电子商务平台、江西吉安万吉全国物流公共信息平台、传化公路港物流信息平台、中国（北京）物流金融信息服务平台、苏宁“物流云”综合信息服务平台

商务部办公厅关于请推荐商贸物流标准化专项行动重点推进企业（协会）和智慧物流配送示范单位的函

各省、自治区、直辖市、计划单列市及新疆生产建设兵团商务主管部门，各有关协会：

根据《国家标准委商务部关于加快推进商贸物流标准化工作的意见》（国标委服务联〔2014〕33 号）、《商务部办公厅国家标准委办公室关于印发〈商贸物流标准化专项行动计划〉的通知》（商办流通函〔2014〕752 号）及《商务部办公厅关于智慧物流配送体系建设实施方案的通知》（商办流通函〔2015〕548 号）等文件要求，为加快智慧物流配送体系建设，深入推进商贸物流标准化专项行动，降低物流成本，提高流通效率，提升物流配送信息化、智能化、标准化水平，现就推荐第二批商贸物流标准化专项行动重点推进企业（协会）和第一批智慧物流配送示范单位通知如下：

一、推荐商贸物流标准化专项行动重点推进企业（协会）

（一）推荐范围

各省级商务主管部门推荐本地商贸物流标准化工作突出的重点推进企业（协会）。

中国商业联合会（商贸物流分会）、中国物流与采购联合会（托盘专业委员会）、中国国际货运代理协会、中国仓储协会、中国物资储运协会、中国连锁经营协会、中国电子商务协会（物流专业委员会）、中国医药商业协会、中国汽车流通协会、全国城市农贸中心联合会、中国建筑材料联合会、中国建筑材料流通协会、中国金属材料流通协会、中国木材与木制品流通协会 14 个全国性协会在会员单位中推荐商贸物流标准化工作突出的重点推进企业。

（二）推荐条件

1. 商贸物流标准化重点推进企业。重视并应用有关商贸物流标准，创新标准推广模式，在物流标准化建设方面取得一定成效。能按《商务部办公厅国家标准委办公室关于印发〈商贸物流标准化专项行动计划〉的通知》（商办流通函〔2014〕752号）要求编制标准化实施方案并承诺每半年及时报送实施进度，支持有关统计数据填报工作。拥有良好的社会信誉和品牌，近3年内无违法违规记录或造成社会不良影响的行为。

2. 商贸物流标准化重点推进协会。积极发挥行业协会作用，组织制订商贸物流标准，并开展标准的推广实施活动。积极参与商贸物流标准化专项行动，能按要求编制标准化实施方案并承诺每半年及时报送实施进度。创新标准化工作方式，在标准宣传、案例推广、总结经验等方面取得一定成效。

（三）有关要求

1. 各省级商务主管部门、相关协会要充分考虑区域特点、行业特色和创新模式，组织初步遴选，对有关单位的标准化工作开展情况与成效进行综合评价，分类出具推荐意见。

2. 各省级商务主管部门推荐重点推进企业不超过10个、重点推进协会不超过2个，并填报附件1、附件2。每个全国性协会推荐重点推进企业不超过10个，并填报附件1。

3. 14个全国性协会按照《商务部办公厅关于发挥行业协会作用推进商贸物流标准化专项行动的通知》（商办流通函〔2015〕149号）要求上报商贸物流标准化专项行动实施方案、进展报告。

4. 各省级商务主管部门、各全国性协会根据评估遴选情况，对推荐企业进行降序排名推荐。

二、推荐智慧物流配送示范单位

（一）推荐范围

各省级商务主管部门推荐智慧物流配送示范城市（直辖市、计划单列市可直接申报）、智慧物流配送示范基地（园区）、智慧物流配送示范企业。

（二）推荐条件

1. 智慧物流配送示范城市。能够系统设计城市智慧物流配送体系建设，合理布局物流园区、仓储配送中心、末端配送网点。具有服务能力强、运营模式成熟、标准化的物流综合信息服务平台，能够有效整合、调配社会资源。具有5家以上创新能力强、运作效益好、社会影响大的大型物流企业。具有发展智慧物流配送的相关配套支持政策。

2. 智慧物流配送示范基地（园区）。基地（园区）定位准确，规划建设符合城市整体发展规划和市场需求，具备较强辐射能力，可提供跨区域服务。配备自动化、机械化现代设备，利用信息化手段，实现园区内部各功能区之间的互联互通，实现数据流转和物流流程监控，园区公共管理和服务智能化水平较高。综合服务能力和信息化创新能力强，拥有良好的社会信誉和品牌，已形成成熟的盈利模式。

3. 智慧物流配送示范企业

智慧物流信息服务平台：能够提供撮合交易、诚信、金融、结算、信息等综合服务，实现与用户信息系统或平台间的互联互通，有效整合供应链资源和跨界资源。能够对物流交易、货源结构、流向分布以及车源结构等大数据进行挖掘分析，为客户提供个性化服务，为政府部门决策提供服务。会员企业达到3000家以上，日撮合交易量平均达到1000条以上，形成成熟的运营模式。

仓储配送企业：具有仓储管理信息系统，能利用二维码、无线射频识别（RFID）等感知技术加强订单运营、货物管理、客户服务。配备快速分拣、传送、识别、监控、导航定位等自动化设备，以及高性能的货物搬运设备和运输装备，物流一体化运作管理能力强、效率高。仓储管理信息系统与上下游企业信息系统能够有效衔接，数据互联互通，提高供应链管理效率。近3年内无违法违规记录或造成社会不良影响的行为。

末端配送企业：能够与社区服务机构、连锁商业网点、大型写字楼、机关事业单位、大学校园等单位开展合作，设立末端配送站、智能自助提货柜，或开展网订店取（送），整合末端配送资源。利用信息化手段，实现与电子商务、快递等上下游企业的数据对接，构建基于互联网和移动互联网的末端物流配送体系，提升人性化体验和消费便捷性。近3年内无违法违规记录或造成社会不良影响的行为。

（三）有关要求

1. 各省级商务主管部门要充分考虑区域特点、行业特色和创新模式，组织初步遴选，对有关单位的智慧物流配送工作开展情况与成效进行综合评价，分类出具推荐意见。

2. 各省级商务主管部门可推荐示范城市1个、示范基地（园区）不超过2个、示范企业不超过5个（所有制不限），并填报附件3、附件4。

3. 各省级商务主管部门根据评估遴选情况，对推荐基地（园区）和企业进行降序排名推荐。

请于2015年10月30日前将推荐第二批商贸物流标准化专项行动重点推进企业

（协会）和第一批智慧物流配送示范单位的相关材料电子版和文字版报送商务部（流通发展司）。

联系方式：流通发展司　任宏伟　仇亚童

电话：010 - 85093794、85093754

邮箱：renhongwei@ mofcom. gov. cn

附件：

1. 商贸物流标准化专项行动重点推进企业推荐表（略）
2. 商贸物流标准化专项行动地方重点推进协会推荐表（略）
3. 全国智慧物流配送示范城市推荐表（略）
4. 全国智慧物流配送示范基地（园区、企业）推荐表（略）

商务部办公厅
2015 年 9 月 18 日

国家标准委、商务部关于加快推进商贸物流标准化工作的意见

各省、自治区、直辖市和计划单列市、副省级市及新疆生产建设兵团质量技术监督局、商务主管部门：

商贸物流是指与批发、零售、住宿、餐饮、居民服务等商贸服务业及进出口贸易相关的物流服务活动，涉及面广，直接关系到商品价值实现和居民生活。近年来，我国商贸物流标准制修订步伐加快，实施力度不断加大，工作基础逐步夯实，但也存在标准体系不尽完善，标准协调配套不强，实施力度不够，评估机制尚不健全等问题。为充分发挥标准化工作对推动商贸物流业健康发展的重要作用，根据《标准化事业发展“十二五”规划》《商贸物流发展专项规划》以及《商务部关于“十二五”时期流通标准化建设的指导意见》要求，现就加快推进商贸物流标准化工作提出如下意见：

一、完善商贸物流标准体系

（一）健全标准体系框架。根据商贸物流领域标准化发展现状与需求，重点加强基础性、通用性和关键领域的标准制修订，逐步形成国家、行业、地方、社会团体和企业标准间层次分明，强制性标准、推荐性标准协调配套，与国际标准接轨，覆盖商贸物流全过程和各环节的标准体系，有效指导标准化工作实践。

（二）加强标准的衔接配套。进一步明确不同层次、不同维度、不同性质标准的范围，强化衔接与配套，及时修订或废止不符合经济建设和科学技术发展需要的标准。支持地方标准上升为行业标准和国家标准，鼓励积极申报国际标准。

（三）提高标准科学性、有效性和适用性。根据市场和行业发展需求，加强前期调研，严格立项审查；广泛听取利益相关方意见，强化标准试验验证；对重要标准关键技术内容开展科学性研究，及时推动创新成果转化。

二、加快重点领域标准制修订

（四）大力强化基础类、服务类标准制定。着力推进商贸物流术语、分类、信息编码等基础类标准和运营规范、配送流程、质量控制等服务类标准制修订，为促进商贸物流业健康发展提供基础支撑。

（五）重点抓好托盘等物流装备标准制定。树立单元化理念，以托盘、周转箱、标准箱等为突破口，抓好商贸物流装备单元化标准制修订，带动上下游及横向各环节装备的衔接。

（六）积极推动新兴领域标准制定。商贸物流标准制定要与云计算、物联网、大数据等先进科学技术发展相适应。要加快制定适应电子商务、网络零售、城市共同配送等流通现代化发展，符合绿色发展、安全发展和节能环保要求的商贸物流标准。

三、加强商贸物流标准实施和推广

（七）充分发挥企业在标准实施中的重要作用。通过组织协调、政策引导，鼓励各类企业贯彻和实施现有商贸物流标准；鼓励企业制定严于国家标准、行业标准或者地方标准要求的企业标准，并积极参与国家标准、行业标准和地方标准的制定工作；支持具有国际竞争力的大型骨干企业参与国际标准的制定。

（八）调动行业协会等组织在标准化工作中的积极性。充分发挥行业协会、标准化技术组织等的组织、服务和协调功能，采取宣讲培训、实操演练、交流学习、展览展示、公益广告等多种形式，面向物流从业人员开展关键标准宣贯，促进标准有效实施。鼓励职业技术院校开展物流标准化相关培训和学习实践。

（九）建立标准实施评估和促进机制。建立标准实施监督检查和评估工作机制，开展标准实施的后评估。各级地方商务、标准化主管部门要依靠当地政府制定商贸物流标准化实施促进办法，提高企业实施标准的积极性和效果。

四、开展标准化试点示范工作

（十）开展商贸物流标准化示范创建工作。选取部分基础较好、潜力较大的地区、社团组织、企业等开展商贸物流标准化试点工作。创新标准实施推广新途径，大力推进基础设施、装备技术、服务流程、内部管理等标准的实施应用，培育商贸物流标准化服务和管理品牌。在上述试点工作基础上，选取标准化工作成效高、示范带动作用强的地区、社团组织、企业等开展示范创建工作，带动商贸物流标准化水平的全面提高。

（十一）重点推动托盘标准化试点工作。在商贸物流标准化示范创建工作的整体框架下，选择部分单位重点开展托盘标准化试点，在生产、运输、仓储、配送、销售、回收、再利用等环节，推广应用符合国家标准《联运通用平托盘主要尺寸及公差》《联运通用平托盘性能要求》要求的托盘，其中优先推广 1.2m × 1.0m 的“日”字底、“川”字底标准托盘。通过托盘标准化试点建设，以点带面促进相关配套设施设备的标准化改造，逐步提高全社会标准托盘普及率。

五、完善保障措施

（十二）加强指导和组织协调。各级标准化主管部门、商务主管部门要加强对商贸物流标准化工作的指导，明确各项工作要求。依托全国流通工作部际协调会议机制，强化对全国商贸物流标准化工作的组织协调，明确责任，促进商贸物流标准化工作有序开展。注重发挥政府部门、社团组织、企业等各方力量，形成合力，提供商贸物流标准化公共服务。

（十三）加大政策和资金支持。积极协调有关部门支持商贸物流标准化工作，对主持或参与国际、国家和行业标准制修订的单位或个人，承担标准化试点示范的单位，按照一定标准给予政策支持或奖励，并鼓励地方政府提供相应的配套资金，建立健全多渠道筹集经费的资金保障机制。

（十四）强化标准化基础科研。鼓励社团组织、科研院所、大专院校、企业等相关组织联合开展商贸物流标准化共性问题研究；支持和鼓励围绕商贸物流领域关键技术、新兴业态、创新服务等开展标准前期研究；加强商贸物流技术、设施等领域国际标准和其他国家先进标准的跟踪研究；推动科技成果转化为技术标准，提升标准总体水平。

（十五）加强人才队伍建设。整合全国标准化专家资源，建立商贸物流标准化专家库。加大标准化人才引进力度，吸引在国际标准领域具有长期工作经验、精通国际标准化规则、熟悉前沿技术的人才，为商贸物流标准化提供咨询和服务。依托社团组织、科研院所、大专院校和职业技术学院，通过专题培训、课题研究、经验交流等多种方式，加快技术型、管理型和操作型标准化人才培养，打造一支结构合理、素质优良的商贸物流标准化人才队伍。

（十六）开展国际交流与合作。建立全国商贸物流标准信息数据库，加强国际、国内商贸物流标准化的信息搜集、整理、研究和交流工作。加强与相关国际组织、国外行业协会的沟通交流，积极参与国际标准制定。加大国际标准采标力度，推进我国商贸物流标准与国际接轨、与国外标准互认，提高我国商贸物流服务国际竞争力。

请各省级标准化主管部门、商务主管部门，按照本意见总结本地开展商贸物流标准化工作的有效做法，提出做好下一步工作的具体措施及意见建议，并请于2014年6月30日前将书面材料及电子版一并报国家标准委服务业标准部、商务部流通发展司。

联系人：国家标准委服务业标准部　万福军　孙华

电话：010－82261655

传真：010－82260665

邮箱：wanfj@sac.gov.cn

联系人：商务部流通发展司　仇亚童　张祥

电话：010－85093754、85093761

传真：010－85093749

邮箱：qiuyatong@mofcom.gov.cn

国家标准委　商务部

2014年5月

国家发展改革委关于印发《“互联网+”高效物流实施意见》的通知

（发改经贸〔2016〕1647号）

国务院有关部委、直属单位，各省、自治区、直辖市及计划单列市人民政府：

为贯彻落实《国务院关于积极推进“互联网+”行动的指导意见》（国发〔2015〕40号），发展改革委会同有关部门研究制定了《“互联网+”高效物流实施意见》，经国务院同意，现印发你们，请认真贯彻执行。

附件：《“互联网+”高效物流实施意见》

国家发展改革委
2016年7月29日

“互联网+”高效物流实施意见

物流业是现代服务业的重要组成部分，也是当前经济和社会发展中的突出短板。发展“互联网+”高效物流，是适度扩大总需求、推进结构性改革尤其是供给侧结构性改革的重要举措，对有效降低企业成本、便利群众生活、促进就业、提高全要素生产率具有重要意义。为深入贯彻落实《国务院关于积极推进“互联网+”行动的指导意见》（国发〔2015〕40号），大力推进“互联网+”高效物流发展，提高全社会物流质量、效率和安全水平，经国务院同意，提出以下实施意见。

一、总体要求

（一）指导思想

全面贯彻党的十八大和十八届三中、四中、五中全会精神，牢固树立和贯彻落实创新、协调、绿色、开放、共享的新发展理念，深入推进供给侧结构性改革，顺应物流领域科技与产业发展的新趋势，加快完善物流业相关政策法规和标准规范，推动大数据、云计算、物联网等先进信息技术与物流活动深度融合，推进“互联网+”高效物流与大众创业万众创新紧密结合，创新物流资源配置方式，大力发展商业新模式、经营新业态，提升物流业信息化、标准化、组织化、智能化水平，实现物流业转型升级，为国民经济提质增效提供有力支撑。

（二）基本原则

——深化改革，激发活力。着力打破制约“互联网+”物流发展的体制机制障碍，加快调整完善政策法规，统一相关行业标准，创新制度供给，最大限度地释放企业创新发展的内生动力，增强市场活力。

——互联互通，开放共享。推动政府物流数据信息向社会公开，完善信息交换开放标准体系，促进企业间物流信息以及企业商业信息与政府公共服务信息的开放对接，实现物流信息互联互通与充分共享。

——市场主导，政府引导。充分发挥市场在物流资源配置中的决定性作用，强化企业主体地位，激发企业活力和创造力。深入推进简政放权、放管结合、优化服务改革，加快转变政府职能、提高效能，为物流新模式、新业态发展营造良好的制度环境。

——技术引领，创新发展。以先进信息技术为依托，优化物流企业业务流程，创新物流活动组织方式，发挥新技术引领的经营管理创新在物流业转型升级中的关键作用。

（三）发展目标

先进信息技术在物流领域广泛应用，仓储、运输、配送等环节智能化水平显著提升，物流组织方式不断优化创新；基于互联网的物流新技术、新模式、新业态成为行业发展新动力，与“互联网+”高效物流发展相适应的行业管理政策体系基本建立；形成以互联网为依托，开放共享、合作共赢、高效便捷、绿色安全的智慧物流生态体系，物流效率效益大幅提高。

二、主要任务

（四）构建物流信息互联共享体系

推动传统物流活动向信息化、数据化方向发展，促进物流相关信息特别是政府部门信息的开放共享，夯实“互联网+”高效物流发展的信息基础，形成互联网融合创新与物流效率提升的良性互动。

——引导物流活动数据化。加快物流企业信息化建设，通过电子化、数据化方式采集物流交易和物流活动信息，推广应用电子面单、电子合同等数据化物流活动信息载体，为“互联网+”高效物流发展创造基础条件，促进物流活动和物流交易传统模式革新。

——加强物流信息标准化。加快物流技术、装备、流程、服务、安全等标准制修订工作，建立健全物流数据采集、管理、开放、应用等相关标准规范，重点完善包装、托盘、周转箱、货品编码等标准。加强基础共性标准、关键技术标准和重点应用标准研究，制修订一批行业急需的企业间物流信息交互标准以及物流公共信息平台应用开发、通用接口、数据传输等标准，并加强推广应用。

——推动物流数据开放化。研究制定政府物流数据开放目录，规范数据开放的具体方式、内容、对象等。促进公安、海关、质检、港口、铁路、路政、工商、税务等部门信息共享，推动公路、铁路、水运、航空等不同交通运输方式之间的信息衔接。引导行业协会、公共服务和科研机构等采集和分析物流运行数据，支持公共服务机构、大型企业针对社会化物流需求提供基于物联网、云计算、大数据的各类应用服务。探索制定物流数据商业化服务规则。

——促进物流信息平台协同化。加快推进国家交通运输物流公共信息平台建设与应用，加强综合运输信息以及物流资源交易、车货匹配、安全监管等信息平台建设，推动平台之间数据对接、信息互联，促进互通省际、下达市县、兼顾乡村的物流信息共享，实现物流活动全程监测预警、实时跟踪查询。鼓励物流龙头企业搭建面向中小物流企业的物流信息服务平台，促进货源、车（船）源和物流服务等信息的高效匹配，有效降低运输载具空驶率，为优化社会物流资源配置提供平台支撑。

专栏1　物流信息互联互通工程

1. 物流大数据信息集成工程。依托国家交通运输物流公共信息平台，按照开放、公益的原则，综合政府、企业与社会各类基础和专用信息，形成物流大数据中心，实现物流信息资源的互联共享，并加强对数据的挖掘应用。

负责单位：发展改革委、交通运输部、网信办、海关总署等。

目标及完成时限：2016 年年底，完成物流大数据中心相关信息集成系统设计调整，2017 年年底试运行，开展数据汇集分析工作。

2. 互联交换标准推广工程。完善综合运输信息互联交换标准体系，依托国家交通运输物流公共信息平台，建设铁路、水路、公路、航空、邮政等物流信息交换节点，拓展与东北亚、东盟、欧盟国家（地区）港口的物流信息共享交换。

负责单位：交通运输部、发展改革委、海关总署、铁路局、民航局、邮政局、中国铁路总公司。

目标及完成时限：到 2018 年年底，初步构建起多种运输方式间信息互联交换标准体系，物流信息互联交换基础网络基本建成，实现充分有效的互联互通。

3. 水路便利运输电子口岸信息平台工程。依托电子口岸平台，构建服务于对外开放港口海关、检验检疫和边检机关，以及相关企业的分布式港航信息交换共享体系，按统一标准对接融入口岸国际贸易“单一窗口”“三互”（监管互认、执法互助、信息互换）体系；建立覆盖所有对外开放港口的港航综合信息服务平台、电子联检服务平台，提高各单位业务协同服务效率。

负责单位：交通运输部、海关总署、质检总局、公安部。

目标及完成时限：到2018年，基本建成服务于对外开放港口的分布式港航信息交换共享体系，有效支撑口岸监管部门联合执法，提高协同服务效率；初步建成港航综合信息服务平台，面向港航企业、航运船舶提供准确权威的进出港相关信息服务。

（五）提升仓储配送智能化水平

利用互联网等先进信息技术手段，重塑企业物流业务流程，创新企业资源组织方式，促进线上线下融合发展，提高仓储、配送等环节运行效率及安全水平。

——完善智能仓储配送设施网络。鼓励物流骨干企业、行业协会、公共服务机构等各类市场主体参与云（云计算）、网（宽带网）、端（各种终端）等智能物流基础设施建设。支持物流企业建设智能化立体仓库，应用智能化物流装备提升仓储、运输、分拣、包装等作业效率和仓储管理水平。鼓励建设低耗节能型冷库。大力推广应用智能快（邮）件箱，新建或改造利用现有资源，组织开展智能快（邮）件箱进社区、进机关、进学校、进商务区专项行动。整合利用现有邮政、供销、交通等物流网点和渠道，推动县级仓储配送中心、农村物流快递公共取送点建设，支持农产品标准化包装和保鲜设施建设，打通农资、消费品下乡和农产品进城高效便捷通道，切实解决好农产品进城“最初一公里”和工业品下乡“最后一公里”的配送难题。

——加强先进仓储配送技术研发与应用。围绕产品可追溯、在线调度管理、智能配货等重点环节，开展货物跟踪定位、无线射频识别、可视化、移动信息服务、导航集成系统等关键技术研发应用。在各级仓储单元推广应用二维码、无线射频识别、集成传感等物联网感知与大数据技术，实现仓储设施与货物的实时跟踪、网络化管理以及库存信息的高度共享。鼓励物流机器人技术开发，促进机器人在物流领域应用，重点突破机器人影像识别拣选、高密度存储机械臂拣选、语音拣选等技术，开展仓内机器人多模式应用。

——提升智慧物流配送水平。鼓励建设物流配送云服务平台，依托大数据、云计算、北斗导航等技术采集交通路况、气象等信息，加强对物流配送车辆、人员、温控等要素的实时监控，统筹利用相关数据资源，优化配送路线和运力，并依据实时路况动态调整，做好供应商、配送车辆、网点、用户等各环节信息的精准对接，大幅提高配送效率。加强智能冷链物流能力建设。鼓励企业使用符合标准的低碳环保配送车型和智能化托盘等集装单元化技术，提升配送的标准化、智能化水平。

专栏2　智能仓储和协同配送工程

1. 国家智能化仓储物流示范基地。结合国家级物流园区示范工作，引导企业在重要物流节点和物流集散地规划建设或改造一批国家智能化仓储物流示范基地（园区），推动仓储设施从传统结构向网格结构升级，建立深度感知智能仓储系统，实现存、取、管全程智能化。

负责单位：发展改革委、商务部。

目标及完成时限：2017 年上半年，在全国重要物流节点首批选取 10 个左右的物流基地（园区）开展示范，统一存储物品编码体系，推广应用二维码、无线射频识别等感知技术，实现仓储设施与货物的实时跟踪和在线管理，提高库存周转率。

2. 城市共同配送工程。结合共同配送试点、物流标准化试点和现代物流创新发展城市试点等，完善城市物流配送服务体系，推广应用智能快（邮）件箱，利用城市配送互联网平台和车联网技术，培育城市配送服务平台，整合城市配送运力资源，提升城市配送管理水平。

负责单位：商务部、交通运输部、发展改革委、公安部、邮政局。

目标及完成时限：到 2016 年年底，培育一批城市配送互联网平台，建设一批智能快（邮）件箱系统。到 2018 年年底，试点城市建立完善的物流配送三级体系和末端配送网络。

（六）发展高效便捷物流新模式

依托互联网等先进信息技术，创新物流企业经营和服务模式，将各种运输、仓储等物流资源在更大的平台上进行整合和优化，扩大资源配置范围，提高资源配置有效性，全面提升社会物流效率。

——“互联网 +”车货匹配。发展公路港等物流信息平台，整合线下物流资源，打造线上线下联动公路港网络，促进车货高效匹配，拓展信用评价、交易结算、融资保险、全程监控等增值服务。组织开展道路货运无车承运人试点，完善相关管理政策，鼓励利用物联网等先进技术优化业务流程，提高物流流程标准化和物流过程可视化水平，促进公路货运的集约化、高效化、规范化发展。

——“互联网 +”运力优化。鼓励企业利用大数据、云计算技术，加强货物流量、流向的预测预警，推进货物智能分仓与库存前置，提高物流链条中不同企业间的协同运作水平，优化货物运输路径，实现对配送场站、运输车辆和人员的精准调度。

——“互联网 +”运输协同。制定出台多式联运发展推进办法，支持多式联运公共信息平台建设，加快不同业务系统之间的对接，推动多式联运信息交换共享。培育多式联运经营主体，在重点领域探索实行“一票到底”的联运服务，研究应用电子运单。探索完善海关多式联运监管模式。

——“互联网 +”仓储交易。鼓励企业依托互联网、物联网等先进信息技术建立全国性或区域性仓储资源网上交易平台，推动仓储资源在线开放和实时交易，整合现有仓储设施资源，提高仓储利用效率，降低企业使用成本。探索建立全国物流金融网上服务平台，完善仓单登记、公示及查询体系，有效防范仓单重复质押等金融风险。

——“互联网+”物流企业联盟。支持以资源整合、利益共享为核心的物流企业联盟，依托互联网信息技术整合社会分散的运输、仓储、配送等物流业务资源，推动实现合同签订、车辆调度、运费结算等统筹管理，规范运营流程，提高货运组织化水平，提升物流服务能力和效率，带动广大中小企业集约发展。鼓励依托企业联盟的跨区域甩挂运输发展。

——“互联网+”供应链管理。鼓励物流企业依托互联网向供应链上下游提供延伸服务，推进物流与制造、商贸、金融等产业互动融合、协同发展。支持供应链管理综合服务商建设智慧供应链管理服务体系，发展适应“互联网+”大规模定制的智能集成式物流模式，面向小批量、多品类、快速生产、快速交货和连续补货等新需求，提供物流服务解决方案。

专栏3　便捷运输工程

1. 无车承运人试点。鼓励依托互联网平台的无车承运人发展，通过开展试点，对符合条件的无车承运企业赋予运输经营资质，整合货物运输资源，提高运输组织化、规模化水平。

负责单位：交通运输部、发展改革委等。

目标及完成时限：到2016年年底，编制试点方案，启动相关准备工作。2017年上半年，确定首批无车承运人试点名单，正式开展试点。

2. 骨干物流信息平台试点。探索打造适应物流信息平台创新发展的政策环境，支持现有车（船）货匹配、仓储资源交易等物流信息平台发展和优化整合。依托国家交通运输物流公共信息平台等，建立国家骨干物流信息网络，打通物流信息链，实现物流信息全程可追踪。

负责单位：发展改革委、交通运输部、网信办等。

目标及完成时限：到2016年年底，制定试点工作方案，启动相关准备工作。2017年上半年，确定试点信息平台名单，并制定平台互联互通方案，正式开展试点。2018年，依托试点平台，初步建立国家骨干物流信息网络。

3. 多式联运示范。研究制定统一的多式联运服务规则和标准，完善信息交换通道和技术标准，依托多式联运示范项目实施，促进物流信息在不同运输方式之间的衔接共享，探索、加快专业化、综合性多式联运信息平台建设，完善多式联运运输组织一体化解决方案，提供全程无缝衔接的一体化运输服务。

负责单位：交通运输部、发展改革委、中国铁路总公司。

目标及完成时限：2016年8月前，确定多式联运示范企业和示范线路，完善实施方案，组织开展示范工作。到2017年年底，总结示范经验，研究制定统一的多式联运服务规则和标准，初步实现信息有效共享。

4. 铁路物流综合提升工程。发挥铁路干线运输和互联网信息集成优势，提高铁路资源利用率，支持铁路货运场站向综合物流基地转型升级，加强铁路与邮政、快递设施的衔接协同，积极发展高铁快运及电商快递班列等铁路快捷货运产品，推动铁路资源开放共享，提高铁路物流服务质量，加快构建绿色环保、安全高效、综合能耗低的铁路物流体系。

负责单位：发展改革委、交通运输部、铁路局、邮政局、中国铁路总公司。

目标及完成时限：到2018年年底，铁路运量在中长距离货物运输中的占比进一步提升，基本建立与公路、水路运输分工协作、优势互补、合作共赢的货物运输新格局。

（七）营造开放共赢的物流发展环境

加快调整不适应“互联网 +”高效物流发展的管理规定，利用先进信息技术提高物流行业的监测、预警和管理水平。

——创新管理体制机制。深化物流相关领域改革，系统梳理、修订、完善相关政策法规，打破地方保护和行业垄断，破除制约互联网与物流业融合创新发展的体制机制障碍，促进物流新业态、新模式发展。在保障安全的前提下，简化物流企业设立和开展业务的行政审批手续，最大程度减少对物流企业业务创新的限制，培育骨干物流企业，增强物流发展新动能。在边境省（区）建设国际道路运输管理与服务信息系统，为从事跨境运输的车辆办理出入境手续和通行提供便利和保障。

——提升行业监管水平。探索建立基于互联网的物流政务信息资源共享和业务协同机制，充分发挥大数据在物流市场监管体系建设运行中的作用，通过数据收集、分析和管理，完善事中、事后监管，提高物流运行监测、预测预警、公共服务能力，推动实现货物来源可追溯、运输可追踪、责任可倒查、违法必追究。加强物流服务质量监测，推进物流服务质量提升。指导各地开展城市配送需求量调查等前瞻性研究，为科学配置城市配送资源，实现城市配送精细、高效管理提供基础依据。充分发挥行业协会和产业联盟在行业自律、产业研究、标准宣贯、统计监测、人员培训、宣传推广等方面的作用，助推行业健康发展。

——维护网络和数据安全。按照国家网络和信息安全等级保护制度要求，加强“互联网 +”高效物流重要信息系统的安全保障。建设完善集网络安全、态势感知、实时监测、通报预警、应急处置、信息安全等级保护于一体的综合防御体系。落实网络数据采集、传输、共享、利用、销毁等环节的安全管理和技术保护措施，完善数据跨境流动管理制度，保障重要数据安全。

——构建公平有序市场环境。完善相关领域市场准入制度，鼓励各类社会资本参与互联网和物流业的深度融合，推动物流业规模化、集约化、网络化发展。探索电商物流企业等级评定和信用分级管理，支持建立以消费者评价为基础，以专业化第三方评估为主体的市场化电商物流信用评级机制。加强部门协作，推动信用信息公开共享，提供一体化、集成化物流信用信息服务。完善物流行业信用信息披露机制，研究将大型物流信息平台的用户信用状况纳入全国信用信息共享平台，通过“信用中国”网站依法公开，为物流业务开展创造良好环境。

专栏4　物流行业管理提升工程

1. 物流信用体系建设工程。依托全国信用信息共享平台，积极发挥国家交通运输物流公共信息平台、各大型经营性物流信息平台和社会征信机构作用，加快推进物流业法人单位和从业人员信用记录建设，整合交通、运管、路政、工商、税务、银行、保险、司法等信用信息，推动物流信用信息的共享和应用，构建守信联合激励和失信联合惩戒机制。

负责单位：发展改革委、公安部、交通运输部、人民银行、工商总局、网信办、标准委。

目标及完成时限：到2016年年底，形成物流行业信用信息系统建设方案；2017年，与相关经营性物流信息平台进行数据汇集整合，实现物流行业信用信息系统的试运行。

2. 国际道路运输管理与服务信息系统建设工程。在边境省（区）开展国际道路运输管理与服务信息系统建设，形成国际道路运输数据中心，实现行车许可证管理、路单运单管理、出入境运输车辆备案管理、口岸现场查验等业务数字化管理，完善汽车出入境证件网上申请、业务咨询等国际道路运输公众信息服务功能。

负责单位：交通运输部、海关总署、公安部、质检总局。

目标及完成时限：到2018年年底，基本建成50个以上公路口岸信息管理与服务系统，升级改造现有各口岸信息管理系统，实现与海关、检验检疫、边检等口岸管理部门数据共享和交换，以及与交通运输部国际道路运输管理系统有效对接。

三、组织实施

（八）加强组织协调

充分发挥“互联网＋”行动部际联席会议和全国现代物流工作部际联席会议等重要工作机制作用，建立健全“互联网＋”高效物流工作协调推进机制，促进互联网与物流业融合发展。国务院各有关部门要按照职责分工，认真落实各项工作任务，强化服务意识，加强协调配合，为“互联网＋”高效物流发展创造良好条件。发展改革委要加强统筹协调，做好督促检查和跟踪分析，定期总结推广试点示范经验和国内外先进做法，重大问题及时向国务院报告。各地区要结合实际制定配套措施，抓好政策落实，形成政策协同效应和工作合力。

（九）加大资金、土地、税收、金融等政策支持力度

进一步落实支持物流业发展的用地政策，对符合土地利用总体规划要求的物流设施建设项目，加快用地审批进度，保障项目依法依规用地。中央和地方财政资金通过现有渠道积极支持符合条件的智能仓储配送设施，物流云、网、端等应用基础设施以及物流标准化信息化等项目建设。结合全面推开营改增试点，创新财税扶持方式，落实好无运输工具承运业务按照交通运输服务缴纳增值税政策，研究完善交通运输业个体纳税人异地代开增值税专用发票管理制度。引导银行业金融机构在风险可控、商业可持续的前提下，加大对物流企业特别是小微企业和个体运输户的信贷支持力度。在双创示范基地和支撑平台建设过程中，对“互联网+”高效物流项目给予重点倾斜，通过众创、众包、众扶、众筹等支持平台，加大对物流企业创业创新活动的引导和支持力度。充分利用高速铁路等轨道交通运输系统，建立开放共享、公平竞争的物流平台，实现货物快速运输以及铁路与物流企业互利共赢。

（十）加强人才队伍建设

鼓励企业与高校、公共服务机构、行业协会等合作设立培训基地与研发机构，联合培养互联网和物流领域复合型专业人才，完善激励机制，培育一批物流新技术、新设备研发应用领军人才和技术带头人。充分利用现有人才引进计划，引进国际物流领域高端人才，为大力推进“互联网+”高效物流发展提供高水平的智力支持。

2016年7月29日

十部门关于加强物流短板建设促进有效投资和居民消费的若干意见

各省、自治区、直辖市、计划单列市发展改革委、商务主管部门、工业和信息化主管部门、交通厅（委、局）、农业厅（委、局）、财政厅（局）人民银行分行（营业管理部、中心运行）、证监会各派出机构、邮政管理局、供销合作社：

党中央、国务院高度重视物流工作，近年来制定实施了一系列规划和政策促进物流业发展，我国物流基础设施条件有了较大改善，物流服务能力大幅提升，对促进经济社会发展发挥了重要的支撑保障作用。但是，我国物流业发展水平总体还不高，发展方式比较粗放，特别是物流基础设施建设仍然比较滞后，现代化仓储、多式联运转运、城乡配送等设施总量不足、布局不合理、衔接配套不够，已成为影响经济运行效率和居民消费升级的突出短板。按照国务院有关部署，结合《物流业发展中长期规划（2014—2020年）》要求，现就加强物流短板建设提出以下意见：

一、总体要求

（一）指导思想。深入贯彻党的十八大和十八届三中、四中、五中全会精神，遵循“创新、协调、绿色、开放、共享”的发展理念，顺应国民经济提质增效和居民消费升级的需要，加大政策引导支持力度，鼓励社会资本投入，大力加强物流短板领域建设，加快健全完善物流基础设施网络，提高物流运行质量和效益，提升物流业整体发展和服务水平。

（二）基本原则。坚持问题导向，发力薄弱环节。针对制约物流整体效率提升的薄弱环节，加大建设投入力度，发挥后发优势，尽快补齐物流短板。

政府资金引导，引领民资投入。加大政府资金投入，有效发挥政府投资的引领示范和杠杆作用，吸引社会资本参与物流基础设施建设。

加强统筹协调，形成政策合力。统筹投资、金融、财税等支持政策，加强政策协调配合，营造有利于物流领域投资发展的良好环境。

硬件软件并重，综合提质增效。加强物流信息化、标准化建设，积极推广应用先进技术，推动物流与电商、交通、制造业、现代农业等衔接融合，逐步形成智能化、一体化的物流基础设施网络。

（三）主要目标。通过加强物流短板建设，健全重要节点物流基础设施，改善城乡末端配送设施条件，完善农产品冷链物流体系，大幅提升农村物流水平，基本形成布局合理、覆盖广泛、便捷高效、保障有力的城乡物流基础设施网络体系。各种运输方式之间衔接更加顺畅，多式联运效率大幅提升，运载工具、装载单元等关键标准有效衔接逐步推广应用，物流信息化水平明显提升，物流业发展环境进一步优化。

二、重点任务

（四）加强村镇末端配送设施建设，健全农村物流网络体系。鼓励地方政府加强农村物流设施网络规划和建设，整合利用现有邮政、供销、交通等物流资源，推动县级仓储配送中心，农村物流快递公共送点建设，加快形成网络规模效应。鼓励电商企业与农产品生产加工企业联运发展，建立特色农产品电商物流标准和追溯标准。加强城乡互动的双向物流体系建设，畅通农产品进城和工业品下乡渠道。

（五）加强农产品物流设施建设，提升农产品现代物流水平。研究公益性农产品市场体系建设的指导意见，加强公益性农产品批发市场建设，鼓励批发市场建立追溯体系，推动市场的专业化提升和精细化改造。支持集预冷、加工、冷藏、配送、追溯等功能于一体的农产品产地集配中心建设，鼓励企业构建覆盖主产区的产地集配体系和重要农产品追溯体系，提升产地预冷处理能力。鼓励建设节能环保冷库或对老旧冷库进行技术改造，提高冷库安全、环保、节能水平。支持农产品流通企业建设具有储存、分拣、加工、包装、配送、追溯等功能的低温加工配送中心，开展农产品冷链流通标准化示范，提升农产品冷链物流水平。

（六）加强城市配送设施建设，完善城市配送体系。优化重要节点物流基础设施布局，完善城市三级配送网络建设。依托重要交通枢纽、物流集散地规划建设集运输、仓储、配送、信息交易为一体的综合物流服务基地，加强干线运输与城市配送的有效衔接。加强公用城市配送节点建设，鼓励物流企业加强协作，整合资源，优化南通市配送设施布局。支持社区、机关、学校、商务区末端配送点建设，大力发展智能快件箱，并纳入公共设施规划。鼓励商贸流通企业和连锁超市等开展共同配送，提高配送效率。

（七）加强多式联运转运设施建设，提升货物中转效率。依托物流大通道，在重要节点规划布局和建设一批具有多式联运服务功能的物流枢纽，完善不同运输方式之间的连接和转运设施，推进公、铁、水、民航等基础设施“最后一公里”的衔接。支持重要港口、枢纽机场加强集疏运体系建设，重点推动建设一批专用铁路、公路进港项目，提升港站集疏运能力和运行效率。支持公路物流园区引入铁路专用线，完善多式联运服务功能；支持铁路物流中心建设，加强与其他运输方式的衔接，提升综合运输服务能力和水平。组织开展多式联运示范工程，推广公、铁、水联运，提高多式联运比重。研究制定有关多式联运服务标准和规则，探索在重点行业领域实行“一票到底”的物流服务。

（八）加强信息技术应用，促进物流新模式发展。研究制定“互联网 +”高效物流三年行动实施方案。加强物联网、云计算、大数据、移动互联等先进信息技术在物流领域的应用，改造传统业务模式和管理系统，优化物流资源配置，提升物流运作水平。结合现代物流创新发展城市试点，推动政府部门、企业和社会组织之间开展数据平台对接，促进物流信息的互联互通和开放共享。加快国家交通运输物流公共信息平台建设，积极推进物流园区之间的互联互通，鼓励依托互联网平台的“无车承运人”发展。推进快递服务制造业的示范工程，积极融入智能制造、个性化定制等制造业新领域。

（九）加强物流标准衔接和制修订，提高物流服务效率。加强运输工具、物流设备等标准衔接，提高设施设备利用效率和物流服务运作效率。大力推广托盘、周转箱、集装箱等标准化装载单元循环共用，支持开展租赁、维修等延伸服务。抓紧修订出台《道路车辆外廓尺寸、轴荷和质量限值》（GB 1589），并做好宣贯和落实。抓紧研究出台快递配送专用电动车辆技术标准。

三、政策保障

（十）加大投资、财税、土地等政策支持力度。各有关部门、各省（区、市）要进一步加大对物流薄弱环节基础设施建设的支持力度。中央和地方资金通过现有渠道积极支持符合条件的城乡配送网络、农产品冷链物流、多式联运转运设施、物流标准化和信息化等项目建设。要进一步落实支持物流业发展的用地和相关税收优惠政策，对符合规划要求的物流设施建设项目，加快用地审查报批，保障项目依法依规用地。

（十一）拓宽物流短板建设的投融资渠道。鼓励物流企业多渠道筹集建设资金，引导社会资本投资建设物流项目。银行业金融机构要加大对物流企业的信贷支持力度，为项目建设提供更便利的融资服务，支持符合条件的企业通过发行公司债券、企业债券和上市等多种方式拓宽融资渠道，支持企业发行非金融企业债务融资工具筹集资金。

（十二）建立重点项目建设的绿色通道和调度机制。各地发展改革部门要会同商务、工信、交通、农业、财政、人民银行、邮政管理、供销合作总社等部门建立重点项目建设的协调机制和绿色审核通道，并纳入现代物流重大工程进行调度，加强横向联动、有机衔接，形成工作合力，协调解决项目推进中遇到的困难和问题，为项目顺利实施创造良好条件。

各地有关部门要进一步提高对加强物流短板建设促进有效投资和居民消费工作重要性的认识，结合本地区实际抓紧制定加强物流短板建设的具体实施方案，明确工作分工，落实工作责任，将其作为“稳增长、调结构、促改革、惠民生”的一项重要工作抓紧抓好。国务院各有关部门将按照职责分工，密切配合，加强督促指导，确保各项政策措施有效贯彻落实。

附件：重点工作任务和部门分工（略）

国家发展改革委　商务部　工业和信息化部
交通运输部　农业部　财政部
人民银行　证监会　邮政局
供销合作总社
2016 年 2 月 29 日

关于做好2017年降成本重点工作的通知

（发改运行〔2017〕1139号）

公安部、民政部、人力资源社会保障部、国土资源部、环境保护部、住房城乡建设部、交通运输部、水利部、农业部、商务部、国资委、海关总署、税务总局、工商总局、质检总局、统计局、林业局、知识产权局、法制办、国务院审改办、银监会、证监会、能源局、民航局、外汇局、铁路总公司办公厅（综合司），各省、自治区、直辖市、新疆生产建设兵团、计划单列市、副省级省会城市发展改革委、经信委（工信委、工信厅）、财政厅（局），人民银行上海总部、各分行、营业管理部、各省会（首府）城市中心支行、各副省级城市中心支行：

在党中央、国务院坚强领导下，2016年降低实体经济企业成本工作取得了积极成效。为贯彻中央经济工作会议和中央财经领导小组第十五次会议精神，落实好《政府工作报告》提出的各项降成本重点任务，按照《降低实体经济企业成本工作方案》（国发〔2016〕48号），降低实体经济企业成本，部际联席会议2017年将组织做好8个方面、25项重点工作。

一、2017年降成本目标任务和总体要求

今年降成本的主要目标是进一步减税降费，继续适当降低“五险一金”等人工成本；进一步深化改革，完善政策，降低制度性交易成本，降低用能、物流成本。

在降成本工作中要统筹兼顾，突出重点，坚持全面系统推进与抓住关键环节相结合，坚持做好顶层设计与分类实施相结合，坚持解决当前问题与着眼长远发展相结合，坚持降低显性成本与降低隐性成本相结合，坚持降低外部成本与企业内部挖潜相结合。充分调动各方面积极性，增强工作针对性，确保各项政策措施得到落实。

二、降低税费负担

（一）落实和完善全面推开营改增试点政策。简化增值税税率结构，由四档税率简

并至三档，营造简洁透明、更加公平的税收环境，进一步减轻企业税收负担。规范优化征管服务措施，深入重点行业开展政策辅导，帮助企业用好用足增值税抵扣机制。

（二）进一步减轻企业税收负担。扩大小型微利企业享受减半征收所得税优惠的范围，年应纳税所得额上限由 30 万元提高到 50 万元。落实好研发费用加计扣除政策，规范优化部门间协同工作机制，科技型中小企业研发费用加计扣除比例由 50% 提高到 75%。改进和优化税收征管、纳税服务，提高办税便利程度。

（三）清理规范政府性基金和行政事业性收费。全面清理规范政府性基金，取消城市公用事业附加等基金，授权地方政府自主减免部分基金。取消或停征中央涉企行政事业性收费 35 项，收费项目再减少一半以上，保留的项目尽可能降低收费标准。各地要结合本地区实际削减涉企行政事业性收费。

（四）大幅减少涉企经营服务性收费。减少政府定价的涉企经营性收费。清理取消行政审批中介服务违规收费，组织专项清理行动，发布行政审批前置中介服务事项目录清单；放宽中介服务机构准入条件，严禁利用限额管理等方式控制中介服务机构数量，严禁通过分解收费项目、扩大收费范围、减少服务内容等变相提高收费标准。推动合理降低金融等领域涉企经营性收费，认真执行《商业银行收费行为执法指南》，深入清理规范进出口、检验检疫检测、人才流动、电子政务平台、铁路货运等领域和环节涉企经营服务性收费。放开具备竞争条件的涉企经营服务政府定价，降低部分保留项目的收费标准。

（五）加强收费监督检查。各类收费清单全部公开，严格按照目录清单执行。加强市场调节类经营服务性收费监管，取消不合理的收费项目，降低收费偏高、盈利较多项目的收费标准。重点对电子政务平台、进出口环节、高速公路车辆救援服务、涉农收费等开展收费检查，严厉打击各类乱收费行为。

三、降低融资成本

（六）加大金融对实体经济的支持力度。促进金融机构突出主业，增强服务实体经济能力，防止脱实向虚。在风险可控、商业可持续的前提下，鼓励有条件的金融机构开展应收账款融资、动产融资、银税合作、资产证券化等合理金融创新，支持实体经济发展。缓解中小微企业融资难、融资贵。鼓励大中型商业银行设立普惠金融事业部，国有大型银行要率先做到，实行差别化考核评价办法和支持政策；督促商业银行落实有关小微企业授信尽职免责的监管政策，制定内部制度办法；鼓励大型银行在有效防控风险的前提下，赋予县支行合理的信贷业务权限；规范发展互联网金融，鼓励银行业金融机构在防范风险、审慎经营的前提下，利用互联网、大数据技术，提升客户信息采集与分析能力，创新小微企业金融产品，探索发放信用贷款。鼓励有条件的地区推动社会资本按市场化方式建立产业投资基金。发挥好政策性开发性金融作用，强化农村信用社服务“三农”功能，积极培育发展村镇银行。完善不良贷款处置的市场主体准入、组包项目等方面的政策。拓宽保险资金支持实体经济渠道。坚持有扶有控的信贷政策，对于基础较好、暂时遇到困难的骨干企业，继续满足其合理融资需求。合理界定破产企业国有股东责任。

（七）深化多层次资本市场改革扩大直接融资比例。完善主板市场基础性制度，积极发展创业板、新三板，规范发展区域性股权市场。完善新三板分层管理，推动融资制度规则创新，完善摘牌制度，修订《股票转让细则》。加快推动优先股和资产证券化业务发展。继续扩大债券发行规模，推动债券市场对外开放，扩大创新创业债试点规模。

（八）发挥政府投资的担保机构作用。指导地方政府完善对其投资、管理的融资担保机构的考核政策，推动政府投资的融资担保机构和再担保机构开展担保业务。对小微企业融资担保业务，鼓励有条件的地区尝试由担保机构、再担保机构、银行等方面按一定比例分担代偿责任，推进新型“政银担”合作机制。推动全国农业信贷担保体系尽快转入实质性运营。建立中小微企业贷款、融资担保风险补偿机制。

四、降低制度性交易成本

（九）深化简政放权改革。全面实行清单管理制度，制定国务院部门权力和责任清单，扩大市场准入负面清单试点，减少政府的自由裁量权，增加市场的自主选择权。增强审批权限下放的部门间协调，凡可同步下放的务必同步下放，鼓励有条件的地区开展相对集中行政许可权改革试点，推广联审联办机制。出台《中央预算内投资审批制度改革方案》，完善《外商投资项目核准和备案管理办法》，简化备案管理审批流程，组织推行工程建设项目多评合一、多审合一、多图联审、联合验收等新模式。清理取消一批生产和服务许可证，适时启动《工业产品生产许可证管理条例》修订工作。进一步梳理各地现行定价项目，最大限度缩减政府定价范围。进一步深化商事制度改革，实行“多证合一”，扩大“证照分离”改革试点，推进企业登记全程电子化和电子营业执照。加快企业注册便利化改革，积极尝试企业简易注销登记。

（十）完善事中事后监管制度。实现“双随机、一公开”监管全覆盖，推行“双告知”“双反馈”，推进多部门综合行政执法检查，实现“一次抽查、全面体检、综合会诊”。建立市场监督监管工作会商机制，整合监管力量，提升监管效率。合理降低检验检测收费，推动产品检验检测结果和产品认证实现互认。积极运用大数据、云计算、物联网等信息化手段，探索实行“互联网＋监管”模式，提高监管效能。推进社会信用体系建设，充分发挥全国信用信息共享平台及企业信用信息公示系统作用，实行守信联合激励和失信联合惩戒，建立中介组织不良行为记录和黑名单。对新产业、新业态、新模式，积极探索科学审慎监管。做好行业协会商会与行政机关脱钩工作，贯彻落实好《行业协会商会综合监管办法（试行）》。

（十一）优化政府服务。加快国务院部门和地方政府信息系统互联互通，形成全国统一政务服务平台。加快实施“互联网+政务服务”，大力推进服务事项网上办理，优化网上服务流程，推行网上并联审批和线上注册登记。有条件的地区应着力实现省级行政审批事项和公共服务事项一厅办公。制定《压缩货物通关时间的措施（试行）》，推进全国通关一体化，继续深化国际海关合作，扩大“一带一路”海关合作机制范围，推进国际海关间“经认证的经营者（AEO）”互认合作。

（十二）加强公平竞争市场环境建设。坚持权利平等、机会平等、规则平等，进一步放宽非公有制经济市场准入。凡法律法规未明确禁入的行业和领域，都要允许各类市场主体平等进入；凡向外资开放的行业和领域，都要向民间资本开放；凡影响市场公平竞争的不合理行为，都要坚决制止。扩大市场准入负面清单制度改革试点范围，修订《市场准入负面清单草案（试点版）》，进一步压缩清单内容和条目。全面实施公平竞争审查制度。推动完善统一开放、竞争有序的市场体系，持续开展全国市场秩序监测评价工作。严格治理违法违规、不达标、不合格的经营行为。健全反垄断法律规则体系，加强反垄断和反不正当竞争执法，积极查处垄断协议和滥用市场支配地位行为，依法开展经营者集中反垄断审查，依法制止滥用行政权力排除、限制竞争行为，推动统一市场长效机制建设。

五、降低人工成本

（十三）继续适当降低“五险一金”有关缴费比例。稳步推动养老保险制度改革。允许失业保险总费率为1.5%的省（区、市）将总费率阶段性降至1%。阶段性适当降低企业住房公积金缴存比例。

（十四）降低劳动力流动成本。完善户口迁移政策，推动各地出台户口迁移政策和配套措施，加快出台居住证制度实施办法，严格控制积分落户政策适用范围。提高劳动力市场灵活性。组织技工院校和企业开展新型学徒制试点，符合税法规定条件的企业培训费用允许税前扣除。

六、降低用能用地成本

（十五）合理降低用电用气成本。继续推进电力直接交易，完善交易机制，有序放开跨省跨区送受电计划。公布除西藏外全部省级电网输配电价，基本实现省级电网输配电价改革全覆盖，推进建立与输配电价改革相适应的成本归集核算制度及办法，指导地方制定地方电网和新增配电网价格。进一步研究完善两部制电价制度，规范容量电费计费方式。以增量配电设施为基本单元组织一批项目，吸引社会资本投入，开展增量配电业务试点。督促各地出台并落实加强地方天然气输配价格监管措施。

（十六）落实产业用地政策。落实好《产业用地政策实施工作指引》。鼓励采取长期租赁、先租后让、租让结合等灵活方式，鼓励盘活存量用地和闲置地、荒废地，更好地满足制造业发展合理用地需要。实行工业用地弹性年期出让制度。

七、降低物流成本

（十七）加强物流薄弱环节和重点领域基础设施建设。完善基础设施网络节点布局，陆续启动实施交通物流融合发展第一批重点项目。加快形成贯通内外的国家物流网络主骨架。统筹枢纽节点建设，支持具备多式联运、干支衔接、口岸服务等功能的枢纽项目。畅通集疏运系统，加强对主要港口、重点物流园区疏港铁路和集散公路建设，破解“最后一公里”瓶颈制约，加强城乡物流配送网络节点建设。

（十八）推进发展物流新业态和集装箱运输。推动物流业和制造业深度融合发展，降低制造企业物流成本。推进多式联运示范工程建设，组织开展多式联运第二批试点；充分发挥铁路运输优势，大力发展铁路集装箱运输，推动发展成组化运输和甩挂运输。鼓励铁水联运、空陆联运、铁路驮背运输等模式发展。

（十九）加强物流标准制定等基础性工作。完善物流业相关基础设施、服务规范、技术装备、信息交换接口等方面标准规范，建立与国际标准接轨的集装箱多式联运标准体系，推进内陆集装箱发展，健全无车承运人相关法规制度和标准规范。推广1200mm×1000mm标准托盘和600mm×400mm包装基础模数，从商贸领域向制造业领域延伸，促进上下游设施设备的标准化，支持标准装载单元器具循环使用。

（二十）发展“互联网+”高效物流。支持基于大数据的运输配载、跟踪监测、库存监控等第三方物流信息平台创新发展，实现跨部门、跨企业的物流管理、作业与服务信息的共享，加快建设国家物流大数据中心。

（二十一）降低物流用地成本。继续执行物流企业大宗商品仓储设施用地城镇土地使用税优惠政策，对物流企业自有大宗商品仓储设施用地减按所属土地等级适用税额标准的50%计征城镇土地使用税。

八、提高资金周转效率

（二十二）清理地方政府对企业的资金拖欠。按照相关要求妥善偿还地方政府拖欠的工程款。改进国企招投标、政府采购方式，合理降低企业经营期限、注册资金等资质要求。

（二十三）清理规范各类保证金。规范工程建设领域保留的投标、履约、工程质量、农民工工资四类保证金的管理。推进加工贸易银行保证金台账制度改革。建立保证金清单制度。

九、引导企业内部挖潜

（二十四）鼓励企业降低采购成本。在能源原材料等的采购和招标中，鼓励企业利用好国际国内两个市场、两种资源，通过集中采购、长期合同等方式，降低采购成本。

（二十五）降低企业运营成本。组织开展企业管理创新、优秀成果示范推广活动，加强经验交流。支持企业加强目标成本管理，开展重点行业成本压控专项工作，大力压降“两金”占用。引导企业通过技术改造和内部挖潜，降低能耗物耗水平和各类费用。

加强降成本政策措施宣传解读，利用好互联网新媒体等宣传渠道，并通过各级政府政务信息网、各部门门户网站等加强推广。在各部门、各地区政务公开基础上，汇总整理降成本相关政策和各类清单进行集中公开。加强对大、中、小型企业和各类所有制企业成本情况调查研究，充分听取企业意见建议，不断完善相关政策。通过国家有关部门督促检查和地方自行督查相结合的方式，推进降成本政策落实。

请各单位认真做好相关重点工作。

特此通知。

国家发展改革委
工业和信息化部
财政部
人民银行
2017 年 6 月 16 日

商务部办公厅关于请推荐商贸物流标准化专项行动第三批重点推进企业（协会）示范单位的函

各省、自治区、直辖市、计划单列市及新疆生产建设兵团商务主管部门，各有关协会：

根据《国家标准委商务部关于加快推进商贸物流标准化工作的意见》（国标委服务联〔2014〕33号）、《商务部办公厅国家标准委办公室关于印发〈商贸物流标准化专项行动计划〉的通知》（商办流通函〔2014〕752号，以下简称752号文）等文件要求，为深入推进商贸物流标准化专项行动，降低物流成本，提高流通效率，现就推荐第三批商贸物流标准化专项行动重点推进企业（协会）示范单位通知如下：

一、推荐范围

各省级商务主管部门推荐本地商贸物流标准化工作突出的重点推进企业（协会）。

中国商业联合会（商贸物流分会）、中国物流与采购联合会（托盘专业委员会）、中国国际货运代理协会、中国仓储协会、中国物资储运协会、中国连锁经营协会、中国电子商务协会（物流专业委员会）、中国医药商业协会、中国汽车流通协会、全国城市农贸中心联合会、中国建筑材料联合会、中国建筑材料流通协会、中国金属材料流通协会、中国木材与木制品流通协会14个全国性协会在会员单位中推荐商贸物流标准化工作突出的重点推进企业。

二、推荐条件

（一）商贸物流标准化重点推进企业。重视并应用有关商贸物流标准，创新标准推广模式，在物流标准化建设方面取得一定成效。能按752号文要求编制标准化实施方案并承诺每半年及时报送实施进度，支持有关统计数据填报工作。拥有良好的社会信誉和品牌，近3年内无违法违规记录或造成社会不良影响的行为。

（二）商贸物流标准化重点推进协会。积极发挥行业协会作用，组织制定商贸物流标准，并开展标准的推广实施活动。积极参与商贸物流标准化专项行动，能按要求编制标准化实施方案并承诺每半年及时报送实施进度。创新标准化工作方式，在标准宣传、案例推广、总结经验等方面取得一定成效。

三、有关要求

（一）各省级商务主管部门、全国性协会要充分考虑区域特点、行业特色和创新模式，组织初步遴选，对有关单位的标准化工作开展情况与成效进行综合评价，分类出具推荐意见。

（二）各省级商务主管部门推荐重点推进企业不超过 10 个、地方重点推进协会不超过 2 个，并填报附件 1、附件 2。每个全国性协会推荐重点推进企业不超过 10 个，并填报附件 1。

（三）14 个全国性协会按照《商务部办公厅关于发挥行业协会作用推进商贸物流标准化专项行动的通知》（商办流通函〔2015〕149 号）要求上报商贸物流标准化专项行动进展报告。

（四）各省级商务主管部门、全国性协会根据评估遴选情况，对推荐企业进行降序排名推荐，于 2016 年 12 月 25 日将相关材料电子版和文字版报送商务部。

联系方式：流通发展司　汪生栋　任宏伟

电话：010－85093777、85093794

邮箱：renhongwei@ mofcom. gov. cn

附件：1. 商贸物流标准化专项行动重点推进企业推荐表（略）

2. 商贸物流标准化专项行动地方重点推进协会推荐表（略）

商务部办公厅

2016 年 11 月 28 日

交通运输部等十八个部门关于进一步鼓励开展多式联运工作的通知

各省、自治区、直辖市人民政府，国务院各部委、各直属机构：

多式联运是依托两种及以上运输方式有效衔接，提供全程一体化组织的货物运输服务，具有产业链条长、资源利用率高、综合效益好等特点，对推动物流业降本增效和交通运输绿色低碳发展，完善现代综合交通运输体系具有积极意义。当前，我国多式联运发展水平仍然较低，协同衔接不顺畅、市场环境不完善、法规标准不适应、先进技术应用滞后等问题较为突出。为进一步加快多式联运发展，构建高效顺畅的多式联运系统，经国务院同意，现通知如下：

一、依法加强监管，营造良好市场环境

（一）优化市场监管方式。已依法获得铁路、道路、水路、航空货物运输以及无车承运、无船承运、邮政快递业务经营资质或者国际货运代理备案的企业，可独立开展与其主营业务相关的多式联运经营活动，或者联合其他具有相关资质的企业组织开展多式联运经营活动，不得对其增设新的行政审批事项。在安全管控、价格自律、责任担保、风险防范等方面加强事中事后监管，逐步建立多式联运经营信用考核评价体系与奖惩联动机制，在市场监管和公共服务过程中，对诚实守信企业给予优先办理、简化程序等“绿色通道”政策。（交通运输部会同国家发展改革委、商务部、工商总局、税务总局、海关总署、铁路局、民航局、邮政局、铁路总公司等负责）

（二）加快公路货运市场治理。依法加强公路货运市场环境治理，强化重型货运车辆装卸源头监管和动态监控。严格实施《汽车、挂车及汽车列车外廓尺寸、轴荷及质量限值》（GB 1589）等技术标准，有序引导不合规车辆逐步退出市场。加强新增公路运输车辆的注册登记、技术检测和准入管理，推动中长距离货物运输由公路有序转移至铁路、水路等运输方式。（交通运输部会同公安部、工业和信息化部、商务部、工商总局、质检总局等负责）

（三）严格规范涉企收费行为。对铁路、公路、水路、航空、邮政快递等运输领域

行政事业性收费、政府性基金和实行政府定价、政府指导价的经营服务性收费，全面纳入目录清单并严格执行。督促和检查相关单位严格执行港口、铁路收费政策，落实收费公示制度，规范经营服务性收费行为。（财政部、国家发展改革委、交通运输部、民航局、邮政局、铁路总公司等负责）

（四）加强市场运行监测。加大对发展多式联运的基础研究投入力度，建立专项统计调查制度和运行监测机制，组织开展多式联运市场调查、运行监测和绩效评估，针对区域间和国际间主要通道辐射范围、流量流向、货品货类、货物价值、运行实效等建立动态监测评估体系。（交通运输部会同国家发展改革委、国家统计局、铁路局、民航局、邮政局、铁路总公司等负责）

二、夯实发展基础，提升支撑保障能力

（五）完善基础设施网络。依托物流大通道，加快形成贯通内外的国家多式联运网络主骨架，优化多式联运分层、分类节点布局。优化内陆无水港节点布局，完善口岸服务功能，引导以货运功能为主的机场合理布局。研究推进具有驮背运输、双层集装箱运输需求且技术经济合理的铁路通道设施技术改造。强化多式联运枢纽与关联产业的联动发展，积极拓展市场交易、仓储配送、流通加工、金融结算等配套服务功能。支持具有公共属性的多式联运枢纽站场和集疏运体系建设、运输装备升级改造、信息互联共享等。（交通运输部、国家发展改革委会同国土资源部、住房城乡建设部、财政部、人民银行、海关总署、铁路局、民航局、邮政局、铁路总公司、质检总局等负责）

（六）畅通转运微循环系统。着力破解多式联运末端微循环瓶颈制约，重点推进全国主要港口集疏港铁路、公路建设，完善铁路集装箱中心站、铁路物流基地等进出站场配套道路设施。加快航空货运枢纽以及邮政快递分拨中心等外联专用公路项目建设，支持大型综合物流园区引入铁路专用线。畅通多式联运枢纽站场与城市主干道的连接，提高干支衔接能力和转运分拨效率。（交通运输部、国家发展改革委会同商务部、铁路局、民航局、邮政局、铁路总公司等负责）

（七）强化服务规则衔接。加快推进不同运输方式在票据单证格式、运价计费规则、货类品名代码、危险货物划分、包装与装载要求、安全管理制度、货物交接服务规范、保价保险理赔标准、责任识别等方面的衔接，制定有利于“门到门”一体化运输组织的多式联运服务规则。（交通运输部会同商务部、海关总署、质检总局、保监会、铁路局、民航局、邮政局、铁路总公司等负责）

（八）健全法规标准体系。积极开展综合交通运输促进法、多式联运法等立法研究

论证，强化不同运输方式间法规制度的相互衔接与协调。健全多式联运基础设施、运载单元、专用载运工具、快速转运设备、信息交换接口、包装与加固等技术、产品和服务标准体系，建立适合我国国情的内陆集装箱技术标准框架，并做好与国际标准的有机衔接。完善信息共享标准，明晰责任边界、共享条件、利益分配、信息目录、风险管控等事项。积极参与多式联运相关国际标准化工作。（交通运输部、国家标准委会同法制办、工业和信息化部、商务部、铁路局、民航局、邮政局、铁路总公司等负责）

三、深化行业改革，创新运输服务模式

（九）推广先进运输组织形式。大力发展集装箱多式联运，加快推进铁路货物集装化、零散货物快运化运输。组织开展厢式半挂车、水陆滚装多式联运试点示范，积极推广江海中转联运、江海直达运输模式，有序发展铁路驮背运输、“卡车航班”空陆联运等组织模式。（交通运输部、国家发展改革委会同铁路局、民航局、邮政局、铁路总公司等负责）

（十）深化铁路和货运价格改革。深入推进铁路货运市场化改革，创新铁路货运管理和经营组织模式，提高全程物流组织的协同性、运输服务的时效性和市场经营的自主性。逐步放开铁路货运竞争性领域价格，扩大企业自主定价范围，建立完善能够灵敏反映市场供求和竞争状况、体现服务质量差异的铁路货运价格形成机制。加快改革多式联运领域价格形成机制，鼓励多式联运经营企业结合市场供求与竞争形势变化、经营成本等因素合理协商定价。（国家发展改革委会同交通运输部、铁路局、民航局、邮政局、铁路总公司等负责）

（十一）培育多式联运经营企业。组织开展多式联运示范工程建设，积极培育具有跨运输方式货运组织能力并承担全程责任的企业开展多式联运经营，引导企业建立全程“一次委托”、运单“一单到底”、结算“一次收取”的服务方式，支持企业应用电子运单、网上结算等互联网服务新模式。探索建立基于碳核算的多式联运绩效评估机制，促进交通运输行业结构性节能减排。（交通运输部、国家发展改革委会同工业和信息化部、商务部、铁路局、民航局、邮政局、铁路总公司等负责）

（十二）丰富联运服务产品。鼓励运输企业按照资源共享、网络共建、风险共担原则，以资本、产品、信息为纽带开展联盟合作，加强冷藏集装箱、罐式集装箱等专业化多式联运，发展集装箱箱管、半挂车车管、标准托盘和运输包装循环共用，以及铁路长距离危险品专业化运输。引导和培育集装箱、半挂车以及托盘等多式联运设备租赁市场发展。（交通运输部会同铁路总公司、商务部等负责）

四、推动信息共享，加快装备技术进步

（十三）实现行业信息共享。依托国家交通运输物流公共信息平台、电子口岸公共平台等现有信息管理系统建立多式联运公共信息资源平台，提供资质资格、认证认可、检验检疫、通关查验、税收征缴、违法违章、信用评价、政策动态等一站式服务。积极引导企业开放枢纽站场、运力调配、班线计划等数据资源。（国家发展改革委、交通运输部会同工业和信息化部、商务部、海关总署、质检总局、税务总局、铁路局、民航局、邮政局、铁路总公司等负责）

（十四）推广标准化运载单元。大力推广应用集装箱、厢式半挂车等标准化运载单元和货运车辆，探索发展模块化汽车列车。研究发展适应我国铁路和公路技术条件的大尺寸、大容量内陆集装箱。组织开展可交换箱体技术研究，探索推进产业化研发应用。优先推广使用1200mm×1000mm标准托盘，推动一贯化带盘运输。（交通运输部、铁路总公司会同工业和信息化部、商务部、国家标准委等负责）

（十五）加强专业化联运设备研发。鼓励企业研发应用跨运输方式的吊装、滚装、平移等快速换装转运专用设备。组织开展重大技术装备关键技术和物联网在集装箱多式联运领域集成应用等专项科技攻关。研发铁路双层集装箱专用平车、铁路驮背运输专用载运工具、半挂车专用滚装船舶等专业化装备和配套机具。支持多式联运经营企业与装备制造企业联动发展。（工业和信息化部、铁路总公司会同交通运输部、国家发展改革委、科技部等负责）

五、深化对外合作，拓展国际联运市场

（十六）统筹国际联运有序发展。完善中欧班列跨省域、跨部门协同联动机制，有效整合中欧班列资源，加快集结中心枢纽节点建设，完善配套喂给服务网络。推动形成直达、中转等多种形式有机结合的国际联运服务模式，提高国际班列的运行时效性，促进常态化稳定开行。统筹跨境、过境陆海联运、陆空联运协调发展。研究完善国际多式联运培育期扶持政策，推进市场化自主运营。（国家发展改革委、铁路总公司会同交通运输部、海关总署、商务部、质检总局等负责）

（十七）优化口岸通关监管模式。深化大通关体制机制创新，加快国际贸易“单一窗口”建设，全面推进通关作业无纸化，实现口岸管理相关部门信息互换、监管互认、执法互助。创新海关多式联运进出口货物监管模式，探索建立对高资信多式联运经营企业实施免海关封志制度，进一步简化通关流程。加快国家多式联运海关监管中心建

设，推动具有国际多式联运服务功能的枢纽与口岸查验、检验检疫区等集中布局。（海关总署、质检总局会同交通运输部、公安部、商务部、铁路局、民航局、邮政局等负责）

（十八）深化国际运输交流合作。加快制修订国际运输双边、多边协定，强化与国际多式联运规则对接。推动与“一带一路”沿线国家在技术标准、单证规则、数据交换、通关报关、资质认证、安全与应急处置等方面开展务实合作。支持多式联运经营企业布局境外服务网络，加快建设境外转运中心、分拨中心和业务网点。引导企业加大与境外服务商的合作力度，加强国际多式联运平台建设和品牌培育。（交通运输部、商务部会同外交部、国家发展改革委、海关总署、质检总局、铁路局、民航局、邮政局、铁路总公司等负责）

各有关部门要按照任务分工，抓紧推进相关工作，加大政策支持力度，加强跟踪监测和督促检查；利用全国现代物流工作部际联席会议机制，协调解决跨行业、跨部门、跨领域的规划、标准、政策等事项；充分发挥行业协会、商会等桥梁纽带作用，促进行业规范自律。各地区要切实加强组织领导，明确责任主体，强化协同配合，开展具体实施行动，及时解决存在的问题，力争实现2020年多式联运货运量比2015年增长1.5倍，努力走出一条结构优、质量高、效益好、带动力强的多式联运发展新路。

交通运输部　外交部　国家发展改革委
科技部　工业和信息化部　公安部
财政部　国土资源部　住房城乡建设部
商务部　人民银行　海关总署
税务总局　工商总局　质检总局
国家统计局　保监会　铁路总公司
2016年12月28日

国务院办公厅关于加快发展冷链物流保障食品安全促进消费升级的意见

（国办发〔2017〕29号）

各省、自治区、直辖市人民政府，国务院各部委、各直属机构：

随着我国经济社会发展和人民群众生活水平不断提高，冷链物流需求日趋旺盛，市场规模不断扩大，冷链物流行业实现了较快发展。但由于起步较晚、基础薄弱，冷链物流行业还存在标准体系不完善、基础设施相对落后、专业化水平不高、有效监管不足等问题。为推动冷链物流行业健康规范发展，保障生鲜农产品和食品消费安全，根据食品安全法、农产品质量安全法和《物流业发展中长期规划（2014—2020年）》等，经国务院同意，提出以下意见。

一、总体要求

（一）指导思想。全面贯彻党的十八大和十八届三中、四中、五中、六中全会精神，深入贯彻习近平总书记系列重要讲话精神，认真落实党中央、国务院决策部署，紧紧围绕统筹推进"五位一体"总体布局和协调推进"四个全面"战略布局，牢固树立和贯彻落实创新、协调、绿色、开放、共享的发展理念，深入推进供给侧结构性改革，充分发挥市场在资源配置中的决定性作用，以体制机制创新为动力，以先进技术和管理手段应用为支撑，以规范有效监管为保障，着力构建符合我国国情的"全链条、网络化、严标准、可追溯、新模式、高效率"的现代化冷链物流体系，满足居民消费升级需要，促进农民增收，保障食品消费安全。

（二）基本原则。市场为主，政府引导。强化企业市场主体地位，激发市场活力和企业创新动力。发挥政府部门在规划、标准、政策等方面的引导、扶持和监管作用，为冷链物流行业发展创造良好环境。

问题导向，补齐短板。聚焦农产品产地"最先一公里"和城市配送"最后一公里”等突出问题，抓两头、带中间，因地制宜、分类指导，形成贯通一、二、三产业的冷链物流产业体系。

创新驱动，提高效率。大力推广现代冷链物流理念，深入推进大众创业、万众创新，鼓励企业利用现代信息手段，创新经营模式，发展供应链等新型产业组织形态，全面提高冷链物流行业运行效率和服务水平。

完善标准，规范发展。加快完善冷链物流标准和服务规范体系，制修订一批冷链物流强制性标准。加强守信联合激励和失信联合惩戒，推动企业优胜劣汰，促进行业健康有序发展。

（三）发展目标。到2020年，初步形成布局合理、覆盖广泛、衔接顺畅的冷链基础设施网络，基本建立“全程温控、标准健全、绿色安全、应用广泛”的冷链物流服务体系，培育一批具有核心竞争力、综合服务能力强的冷链物流企业，冷链物流信息化、标准化水平大幅提升，普遍实现冷链服务全程可视、可追溯，生鲜农产品和易腐食品冷链流通率、冷藏运输率显著提高，腐损率明显降低，食品质量安全得到有效保障。

二、健全冷链物流标准和服务规范体系

按照科学合理、便于操作的原则系统梳理和修订完善现行冷链物流各类标准，加强不同标准间以及与国际标准的衔接，科学确定冷藏温度带标准，形成覆盖全链条的冷链物流技术标准和温度控制要求。依据食品安全法、农产品质量安全法和标准化法，率先研究制定对鲜肉、水产品、乳及乳制品、冷冻食品等易腐食品温度控制的强制性标准并尽快实施。（国家卫生计生委、食品药品监管总局、农业部、国家标准委、国家发展改革委、商务部、国家邮政局负责）积极发挥行业协会和骨干龙头企业作用，大力发展团体标准，并将部分具有推广价值的标准上升为国家或行业标准。鼓励大型商贸流通、农产品加工等企业制定高于国家和行业标准的企业标准。（国家标准委、商务部、国家发展改革委、国家卫生计生委、工业和信息化部、国家邮政局负责）研究发布冷藏运输车辆温度监测装置技术标准和检验方法，在相关国家标准修订中明确冷藏运输车辆温度监测装置要求，为冷藏运输车辆的温度监测性能评测和检验提供依据。（工业和信息化部、交通运输部负责）针对重要管理环节研究建立冷链物流服务管理规范。建立冷链物流全程温度记录制度，相关记录保存时间要超过产品保质期六个月以上。（食品药品监管总局、国家卫生计生委、农业部负责）组织开展冷链物流企业标准化示范工程，加强冷链物流标准宣传和推广实施。（国家标准委、相关行业协会负责）

三、完善冷链物流基础设施网络

加强对冷链物流基础设施建设的统筹规划，逐步构建覆盖全国主要产地和消费地的冷链物流基础设施网络。鼓励农产品产地和部分田头市场建设规模适度的预冷、贮藏保鲜等初加工冷链设施，加强先进冷链设备应用，加快补齐农产品产地“最先一公里”短板。鼓励全国性、区域性农产品批发市场建设冷藏冷冻、流通加工冷链设施。在重要物流节点和大中型城市改造升级或适度新建一批冷链物流园区，推动冷链物流行业集聚发展。加强面向城市消费的低温加工处理中心和冷链配送设施建设，发展城市“最后一公里”低温配送。健全冷链物流标准化设施设备和监控设施体系，鼓励适应市场需求的冷藏库、产地冷库、流通型冷库建设，推广应用多温层冷藏车等设施设备。鼓励大型食品生产经营企业和连锁经营企业建设完善停靠接卸冷链设施，鼓励商场超市等零售终端网点配备冷链设备，推广使用冷藏箱等便利化、标准化冷链运输单元。（国家发展改革委、财政部、商务部、交通运输部、农业部、食品药品监管总局、国家邮政局、国家标准委按职责分工负责）

四、鼓励冷链物流企业经营创新

大力推广先进的冷链物流理念与技术，加快培育一批技术先进、运作规范、核心竞争力强的专业化规模化冷链物流企业。鼓励有条件的冷链物流企业与农产品生产、加工、流通企业加强基础设施、生产能力、设计研发等方面的资源共享，优化冷链流通组织，推动冷链物流服务由基础服务向增值服务延伸。（国家发展改革委、交通运输部、农业部、商务部、国家邮政局负责）鼓励连锁经营企业、大型批发企业和冷链物流企业利用自有设施提供社会化的冷链物流服务，开展冷链共同配送、“生鲜电商＋冷链宅配”“中央厨房＋食材冷链配送”等经营模式创新，完善相关技术、标准和设施，提高城市冷链配送集约化、现代化水平。（国家发展改革委、商务部、食品药品监管总局、国家邮政局、国家标准委负责）鼓励冷链物流平台企业充分发挥资源整合优势，与小微企业、农业合作社等深度合作，为小型市场主体创业创新创造条件。（国家发展改革委、商务部、供销合作总社负责）充分发挥铁路长距离、大规模运输和航空快捷运输的优势，与公路冷链物流形成互补协同的发展格局。积极支持中欧班列开展国际冷链运输业务。（相关省级人民政府，国家铁路局、中国民航局、中国铁路总公司负责）

五、提升冷链物流信息化水平

鼓励企业加强卫星定位、物联网、移动互联等先进信息技术应用，按照规范化标准化要求配备车辆定位跟踪以及全程温度自动监测、记录和控制系统，积极使用仓储管理、运输管理、订单管理等信息化管理系统，按照冷链物流全程温控和高时效性要求，整合各作业环节。鼓励相关企业建立冷链物流数据信息收集、处理和发布系统，逐步实现冷链物流全过程的信息化、数据化、透明化、可视化，加强对冷链物流大数据的分析和利用。大力发展“互联网+”冷链物流，整合产品、冷库、冷藏运输车辆等资源，构建“产品+冷链设施+服务”信息平台，实现市场需求和冷链资源之间的高效匹配对接，提高冷链资源综合利用率。推动构建全国性、区域性冷链物流公共信息服务和质量安全追溯平台，并逐步与国家交通运输物流公共信息平台对接，促进区域间、政企间、企业间的数据交换和信息共享。（国家发展改革委、交通运输部、商务部、农业部、工业和信息化部负责）

六、加快冷链物流技术装备创新和应用

加强生鲜农产品、易腐食品物流品质劣变和腐损的生物学原理及其与物流环境之间耦合效应等基础性研究，夯实冷链物流发展的科技基础。鼓励企业向国际低能耗标准看齐，利用绿色、环境友好的自然工质，使用安全环保节能的制冷剂和制冷工艺，发展新型蓄冷材料，采用先进的节能和蓄能设备。（科技部、工业和信息化部负责）加大科技创新力度，加强对延缓产品品质劣变和减少腐损的核心技术工艺、绿色防腐技术与产品、新型保鲜减震包装材料、移动式等新型分级预冷装置、多温区陈列销售设备、大容量冷却冷冻机械、节能环保多温层冷链运输工具等的自主研发。（科技部负责）冷链物流企业要从正规厂商采购或租赁标准化、专业化的设施设备和运输工具。加速淘汰不规范、高能耗的冷库和冷藏运输车辆，取缔非法改装的冷藏运输车辆。鼓励第三方认证机构从运行状况、能效水平、绿色环保等方面对冷链物流设施设备开展认证。结合冷链物流行业发展趋势，积极推动冷链物流设施和技术装备标准化，提高冷藏运输车辆专业化、轻量化水平，推广标准冷藏集装箱，促进冷链物流各作业环节以及不同交通方式间的有序衔接。（交通运输部、商务部、工业和信息化部、中国民航局、国家铁路局、国家邮政局、中国铁路总公司按职责分工负责）

七、加大行业监管力度

有关部门要依据相关法律法规、强制性标准和操作规范，健全冷链物流监管体系，在生产和贮藏环节重点监督保质期、温度控制等，在销售终端重点监督冷藏、冷冻设施和贮存温度控制等，探索建立对运输环节制冷和温控记录设备合规合法使用的监管机制，将从源头至终端的冷链物流全链条纳入监管范围。加强对冷链各环节温控记录和产品品质的监督和不定期抽查。（食品药品监管总局、质检总局、交通运输部、农业部负责）研究将配备温度监测装置作为冷藏运输车辆出厂的强制性要求，在车辆进入营运市场、年度审验等环节加强监督管理。（工业和信息化部、交通运输部按职责分工负责）充分发挥行业协会、第三方征信机构和各类现有信息平台的作用，完善冷链物流企业服务评价和信用评价体系，并研究将全程温控情况等技术性指标纳入信用评价体系。各有关部门要根据监管职责建立冷链物流企业信用记录，并加强信用信息共享和应用，将企业信用信息归集至全国信用信息共享平台，通过“信用中国”网站和国家企业信用信息公示系统依法向社会及时公开。探索对严重违法失信企业开展联合惩戒。（国家发展改革委、交通运输部、商务部、民政部、食品药品监管总局、质检总局、工商总局、国家邮政局等按职责分工负责）

八、创新管理体制机制

国务院各有关部门要系统梳理冷链物流领域相关管理规定和政策法规，按照简政放权、放管结合、优化服务的要求，在确保行业有序发展、市场规范运行的基础上，进一步简化冷链物流企业设立和开展业务的行政审批事项办理程序，加快推行“五证合一、一照一码”“先照后证”和承诺制，加快实现不同区域、不同领域之间管理规定的协调统一，加快建设开放统一的全国性冷链物流市场。地方各级人民政府要加强组织领导，强化部门间信息互通和协同联动，统筹抓好涉及本区域的相关管理规定清理等工作。结合冷链产品特点，积极推进国际贸易“单一窗口”建设，优化查验流程，提高通关效率。利用信息化手段完善现有监管方式，发挥大数据在冷链物流监管体系建设运行中的作用，通过数据收集、分析和管理完善事中事后监管。（各省级人民政府，国家发展改革委、交通运输部、公安部、商务部、食品药品监管总局、国家卫生计生委、工商总局、海关总署、质检总局、国家邮政局、中国民航局、国家铁路局按职责分工负责）

九、完善政策支持体系

要加强调查研究和政策协调衔接，加大对冷链物流理念和重要性的宣传力度，提高公众对全程冷链生鲜农产品质量的认知度。（国家发展改革委、农业部、商务部、食品药品监管总局、国家卫生计生委负责）拓宽冷链物流企业的投融资渠道，引导金融机构对符合条件的冷链物流企业加大投融资支持，创新配套金融服务。（人民银行、银监会、证监会、保监会、国家开发银行负责）大中型城市要根据冷链物流等设施的用地需求，分级做好物流基础设施的布局规划，并与城市总体规划、土地利用总体规划做好衔接。永久性农产品产地预冷设施用地按建设用地管理，在用地安排上给予积极支持。（国土资源部、住房城乡建设部负责）针对制约冷链物流行业发展的突出短板，探索鼓励社会资本通过设立产业发展基金等多种方式参与投资建设。（国家发展改革委、商务部、农业部负责）冷链物流企业用水、用电、用气价格与工业同价。（国家发展改革委负责）加强城市配送冷藏运输车辆的标识管理。（交通运输部、商务部负责）指导完善和优化城市配送冷藏运输车辆的通行和停靠管理措施。（公安部、交通运输部、商务部负责）继续执行鲜活农产品“绿色通道”政策。（交通运输部、国家发展改革委负责）对技术先进、管理规范、运行高效的冷链物流园区优先考虑列入示范物流园区，发挥示范引领作用。（国家发展改革委、国土资源部、住房城乡建设部负责）加强冷链物流人才培养，支持高等学校设置冷链物流相关专业和课程，发展职业教育和继续教育，形成多层次的教育、培训体系。（教育部负责）

十、加强组织领导

各地区、各有关部门要充分认识冷链物流对保障食品质量安全、促进农民增收、推动相关产业发展、促进居民消费升级的重要作用，加强对冷链物流行业的指导、管理和服务，把推动冷链物流行业发展作为稳增长、促消费、惠民生的一项重要工作抓紧抓好。国家发展改革委要会同有关部门建立工作协调机制，及时研究解决冷链物流发展中的突出矛盾和重大问题，加强业务指导和督促检查，确保各项政策措施的贯彻落实。

国务院办公厅
2017 年 4 月 13 日

附录二

中国物流元老级功勋人物及大事记

中国物流元老级功勋人物

编者按：历史是一面镜子，镜子能够客观、准确地反映曾经发生的事情，历史的记载、前人的光辉形象可以激励后人奋进。还其历史的原貌也是对历史的尊重。

在我们今天看到中国物流的巨变和辉煌时，也应该回顾一下历史，了解一下20世纪七八十年代中国物流者们披荆斩棘、奋力拼搏的可敬精神，本书刊载8位为开创中国物流而做出突出贡献、立下汗马功劳的中国物流界元老的事迹，供读者参阅。（注：所列功勋人物均具有典型代表性，其中柳随年、吴润涛已离开了我们；事迹记载根据调研资料整理，未经本人审阅。按姓氏笔画排序）

丁俊发

1940 年 2 月生于江苏张家港，1964 年毕业于中国人民大学，后留学、工作在法国。历任机械工业部办公厅副主任，合肥工业大学副校长，物资部办公厅主任，国内贸易部党组成员、总经济师，国家内贸局党组成员、副局长，中国物流与采购联合会常务副会长、中国市场学会副会长、中国物流学会首席顾问、国际采购与供应管理联盟理事、中国海事仲裁委副主任、中国贸促会物流行业分会会长、东北亚物流学会第一副会长，北京师范大学珠海分校物流学院名誉院长等。

丁俊发早期从事流通经济学、消费经济学及现代物流学研究，是中国物流业发展的倡导者、推动者。尤其值得一提的是，他能高瞻远瞩、未雨绸缪，在关键时机与陆江同志一起在中国物资流通协会的基础上创建了“中国物流与采购联合会”，这一突出的历史贡献，全国物流界有目共睹，有口皆碑。

20 世纪 80 年代初，丁俊发大力支持吴清一、靳伟组建托盘行业组织——中国物流与采购联合会托盘专业委员会，并为该行业团体开展工作提供多种方便条件。

丁俊发作为享受国务院特殊津贴的专家，长期从事流通经济学、消费经济学、现代物流学研究，是中国著名流通经济专家与资深物流专家。主编过 10 部著作，300 多万字，多次主持国家级和部级研究课题，两次获部级科技进步一等奖，一次获国家图书奖。主要著作有：《路在何方》《流通经济学》《国内贸易经济管理》《商品流通热点探索》《跨世纪中国流通发展战略》《加入 WTO 流通业面临的挑战、机遇与发展》《现代流通与内外贸一体化》《西部大开发——中国二十一世纪大战略》《中国物流》《走向世界》等。

王之泰

1939 年出生，辽宁葫芦岛人。1962 年毕业于天津大学化学工程系，1962 年后，历任国家经济委员会物资管理总局技术员，北京经济学院物资管理系教员、讲师、教研室副主任、副教授、教授，中国民主建国会北京市委员会副主任委员、主任委员，民建中央常务委员，中国物资学会常务理事、副秘书长，北京物资学院物资管理工程系主任。曾获国家科委科技进步三等奖，物资部科技进步二等奖。1987 年被评为正教授。1990 年由国家人事部授予"国家级有突出贡献中青年专家"；1992 年国务院授予"政府特殊津贴"。现任北京物资学院教授，中国物流学会副会长，北京现代贯通物流研究所名誉所长，曾担任中国人民政治协商会议全国委员会常委、委员；北京市政协副主席；北京市人大代表、常委。

作为我国物流发展初期的奠基人之一，1979 年在专业刊物上发表"物流浅谈"，连载多期，此文也是我国第一篇系统地介绍和论述物流的文章。1984 年与靳伟等人共同编译出版的《物流手册》，作为我国第一部物流专业图书，为我国物流理论和实践的发展发挥了重要的基础性指导作用。

主要著作有：《现代物流学》《ABC 分析在资材管理中的应用》《物流学及其应用》《物流手册》《物资管理学》《物资管理经济学》。

王宗喜

中国军事物流专家，江苏丰县人，1973 年 4 月入党。1967 年毕业于北京石油学院石油与天然气储运专业并入伍。现任国防大学联合勤务学院教授，博士研究生导师，少将军衔，国务院学位委员会第四、第五届军事学科评议组成员。兼任中国物流学会副会长，中国物流与采购联合会应急物流专业委员会主任，全国博士后管理委员会专家组成员，中国军事科学学会会员，中国机械学会理事等。是军事仓储、军事物流和应急物流三个学科专业的创始人和学术带头人，创造性地提出“物流场”“军地物流一体化”“物流矢量”“物流接合部”等先进物流理论，创办了全军首个军事物流工程实验室。

王宗喜作为中国军事物流的奠基人之一，1967 年携笔从戎，深入军队基层调研后勤保障，编写出《油料保管员》教材，指导培训仓库保管技术专业人才。1984 年负责组建首个后勤学院仓储教研室，编写了《军队仓储管理学》《仓储领导概论》《战时仓库勤务》《国内外仓库自动化简介》4 部专业教材，填补了军队仓储学科空白。20 世纪 80 年代期间王宗喜还带头编写了《仓库目标管理》《仓库物资管理》《军事仓储学》等多部专业教材。

作为军事仓储学科创始人，他还于 1994 年推出了首部《军事物流概论》，2000 年后主持创建了国内唯一的“应急物流专业委员会”，他大力倡导的“军地物流一体化”写入了中央军委《全面建设现代后勤纲要》。主要著作有：《军事仓储学》《军事物流概论》《仓储论》《军事物流学》等。

王德荣

1934 年 7 月出生，汉族，中共党员，大学文化，研究员。多年来在原国家经委（后为国家计委）综合运输研究所工作，曾任综合运输研究所研究室主任、总工程师、所长。1989 年至今在中国交通运输协会工作，历任副会长兼秘书长、常务副会长。同时兼任中国交通运输协会运输与物流研究会会长、北京中交协物流研究院院长。任国际物流与运输学会院士和中国分会会长、亚洲运输学会副会长和中国分会会长，国家“十一五”“十二五”规划专家委员会委员。

王德荣作为中国交通运输领域物流的奠基人之一，1958 年在国家经济委员会工作期间参加筹备综合运输研究所，在之后的 20 年时间里潜心综合交通运输研究取得了丰硕成果，1978 年向国务院提出恢复综合运输研究所的建议，获得批准，开始了对全国综合运输的调研，并编制出我国第一幅全国综合运输网现状图。1979 年负责筹备中国运输经济研究会，于年底组织召开了“全国运输经济学术研讨会”。1980 年参与我国六项交通运输学术研究计划的制订，并在同年举办的“我国运输业现代化道路问题研讨会”上主题讲演，获得一致好评。

1991 年被评为第一批国务院有突出贡献专家。2002 年被评为首届“中国物流十大风云人物”之一；是国家“十一五”“十二五”规划专家委员会委员。

吴润涛

中国社会科学院技术经济研究所研究员，是我国最早推动物流发展的奠基人之一。

在20世纪80年代初期，吴润涛同志就开始了对物流的研究与宣传。与王之泰、靳伟共同编译出版了《物流手册》，参编了《物流学与应用》，这是我国早期有相当影响的物流理论专著，对20世纪80年代到90年代后期我国物流的启蒙与发展起了重要的作用。吴润涛同志还在北京工商大学（原北京商学院）创建了物流系的前身——储运系。吴润涛同志是我国最早的物流社团组织“中国物流研究会”的创始人之一。他在中国物流研究会的建立、经费的筹措和在安徽召开的第一届全国物流研讨会等活动中，承担了主要的工作。在中国物流研究会并入中国物资流通学会后担任“物流技术经济专业委员会”秘书长，继续积极推动物流研究，组织了1992年在常州召开的第二届全国物流研讨会和1998年在天津召开的第三届全国物流研讨会，并负责论文集的出版。

1998年吴润涛同志根据我国已经开展物流实践的特点，推动了“口岸物流”“商贸物流”的深入研究，并为宁波港务局、中外运集团等进行物流发展规划咨询和人才培训。2002年，已经80高龄的吴润涛同志还积极参与“物流技术经济专业委员会”与“中国物资流通学会”重组为“中国物流学会”的工作。

胡俊明

历任国家物资储备局处长、国家物资总局外事办公室主任、中国物资经济学会秘书长、中国物资流通协会秘书长、中国物流学会顾问等职务（司局级待遇）。

胡俊明从1984年起担任物流行业团体秘书长工作长达15年。身为司局级领导，一贯克己奉公、兢兢业业，怀着高度的责任感和使命感为我国物流的启蒙宣传与开拓奉献了毕生的精力。20世纪80年代在他的主持下，我国物资系统共接待了20余个来自美国、日本、英国等国外物流专业访华团，组织了30多个物流团组赴国外参观考察，出席国际物流会议。国外的物流访华团来华后，在他的主持安排下，赴全国各地讲演，播撒物流种子，有效地协助我们在全国开展物流启蒙和宣传教育工作。尤其值得一提的是，在胡俊明同志的精心策划和组织下，我国于1989年4月在北京成功地主办了“第22届国际物流会议”和我国首届物流装备展览会，有22个国家、300余人参会，3万余人参观展览，会议和展览效果之好、影响之大，无论在当时，还是现在，均有口皆碑、人人称赞。

胡老80年代作为我国物流理论研究工作的组织者、倡导者、开拓者之一和在我国物流启蒙教育、物流学术研究、物流学科建设等方面做出的突出贡献，受到了物资部门各级领导和广大干部的好评。

柳随年

1947年加入中国共产党。1945年后，任陕甘宁边区银行延安货币交换所出纳，西北财政经济委员会文书，西安军管会秘书处文书科科长。1951—1952年在中国人民大学专修国民经济计划专业。1952—1954年任西北财政经济委员会综合处研究科科长，西北计划局综合科科长。1954—1978年任国家计划委员会综合局科长、副处长。1978—1983年任国家计委计划经济研究所室主任、副所长，国家计委综合局副局长，国家计委委员，国家体改委委员兼计划经济研究所所长、研究员。1983—1985年任国家计委副主任、党组成员。1985—1986年任国务院副秘书长、机关党组副书记兼国务院经济调节办公室主任。1986—1988年任国家计委副主任、党组副书记。1988—1993年任物资部部长、党组书记。1993年当选第八届全国人大经济委员会主任委员。1998年3月当选第九届全国人大农业与农村委员会副主任委员。中国计划学会第一届副会长，中国生态经济学会第一届副理事长。著有《中国社会主义经济简史》《中国经济计划学》等。

柳随年同志1984年创办了“中国物流研究会”并担任会长，该研究会作为我国第一个物流专业团体，为我国的物流发展奠定了基础。在物资部担任部长期间提出“大流通”理念，他一贯重视我国的流通理论和物流理论研究，有力地促进和推动了该领域不断创新和发展。

靳 伟

出生于辽宁沈阳。1968 年大学毕业，现任中国交通运输协会托盘与单元化物流分会常务副会长兼秘书长、北京由尼得物流技术研究中心主任，高级经济师、兼职教授、著名物流专家。曾在地质部、物资部、国内贸易部、大型国企、国内外物流研究机构工作，任行业团体任处长、副局长、党委书记、《中国物流与采购》杂志总编、《中国物流年鉴》副总编等职。

主要专著有:《最新物流讲座》《物流的内涵和物流战略管理实践》《制造业现代物流管理》。合著有:《物流手册》《物流管理入门》《中国托盘手册》等。

靳伟作为中国物流发展初期的奠基人之一，自 1979 年起潜心于物流研究，是我国最早参与物流概念引进和物流启蒙教育的元老之一，他 1980 年在专业杂志上发表的“日本物流沿革、现状、特点及发展趋势”连载五期，全面、准确地介绍了国外物流的理论和实践经验，被誉称为“中国物流概念引进第一人”。1982 年编译出版《物流管理入门》，1985 年与我国物流界元老、著名学者吴润涛研究员、中国物流泰斗王之泰教授共同编著的《物流手册》，是中国第一本大型物流工具书，获得全国优秀畅销书奖。1986 年负责筹备“第 22 届国际物流会议”获得圆满成功，受到表彰。作为我国物流界第一代启蒙者，几十年来一直致力于物流研究，多次在国内外开办个人物流讲座、在专业报刊上登载文章、在国际专业会议上发表演讲，参与国家重大项目审核、大型项目规划评审及物流系统集成方案评估，在物流理论和企业物流实践等方面均有独特的观点和建树。2001 年协助吴清一教授创办了中国物流与采购联合会托盘专业委员会，十几年来带领团队不断开拓创新，2012 年率先开创我国单元化物流事业，连续发起组织三届单元化物流高峰论坛，并与同人一起创建了“单元化物流企业国际战略联盟”。在为我国托盘和单元化物流事业大发展奠定基础方面，做出了突出贡献。

中国物流大事记

1978 年 11 月 4 日至 12 月 9 日，国家物资总局组织“中国物资工作者赴日考察团”，由陶力副总局长带队，一行 17 人赴日本考察物资管理，在回国后的考察报告中首次出现了物流用语及介绍物流的内容。

1979 年 3 月，中国物资经济学会筹备组成立并派出由相关部、委、地区物资部门领导组成的考察团赴日本参加“第二届国际物流会议”。

1979 年 10 月，国家物资总局储运局副局长桓玉珊以《国外重视物流研究》为题向近 1700 名物资工作者作了物流学术报告。

1979 年 10 月，日本能率协会会长、日本物的流通协会副会长十时昌为团长、东京大学教授林周二为顾问的日本物资流通协会访华团来华，在国家物资总局和中国物资经济学会筹备组的接待安排下，先后在北京、上海、重庆等地做了 11 场学术演讲，传播现代物流理念。

1980 年 3 月，中国物资经济学会正式成立，同年 6 月派出“中国物资经济学会赴日考察团”考察了日本的物流管理。

1981 年，《物资经济研究通讯》连载王之泰的“物流浅谈”，这是我国第一篇全面、系统介绍物流的文章。

1981 年，靳伟在《物资经济研究通讯》上，以“日本的物流沿革、现状、特点及其发展趋势”为题五期连载介绍日本现代物流的文章，这是我国第一篇全面、系统介绍发达国家物流情况的文章。

1984 年，北京铁道学院（现北京交通大学）创办培养硕士研究生的物流管理工程方向。

1984 年 8 月，国家计委柳随年副主任任会长的“中国物流研究会”成立，成立大会收到李鹏总理的祝词。

1984 年 8 月，中国物流研究会创办《中国物流》杂志。

1986 年 2 月，中国物资出版社出版发行由吴润涛、靳伟、王之泰共同编译的我国首部大型物流工具书《物流手册》。这是我国第一部权威性物流巨作，获“全国优秀畅销书”奖。

1986 年，黑龙江商学院专门研究储运装备的杂志改称《物流科技》。

1986 年 9 月，由靳伟、薛宝田、李振合译的《物流管理入门》一书由中国铁道出版社出版发行。

1987 年，李京文、徐寿波、吴润涛、王之泰共同编著的《物流学及其应用》出版发行。

1987 年，王加林、张蕾丽的专著《物流系统工程》出版发行。

1987 年，北京物资学院设立高等学校本科物流专业。

1987 年 7 月，中国物流研究会召开首届年会暨首届物流研讨会。

1989 年 4 月，中国物资经济学会在北京组织承办第八届国际物流会议，21 个国家代表团与会。这是我国第一次召开大型国际性物流会议。

1990 年，北京科技大学成立以吴清一为主任的“物流研究中心”。

1990 年 7 月，中国物流研究会并入中国物资经济学会并改制成立中国物资流通协会。

1991 年，《物资流通技术》杂志正式更名为《物流技术》。

1991 年下半年，王之泰在中央电视台先后 13 次主讲《现代物流及配送》。

1992 年，李鹏总理在全国人大所作的政府工作报告中提出“建立为企业服务的原材料配送中心”。在我国的政府工作报告中第一次提到“配送”。

1993 年，高等院校物流管理专业正式列入高教部本科专业目录。

1994 年，我国第一个民间资本创建的第三方物流企业——宝供物流公司在广州成立，并成功地承担美国宝洁公司产品在中国内地的分销物流。

1994 年，张文杰、金若楠合著的《现代综合物流管理》和王宗喜编著的《军事物流概念》出版发行。

1995 年 4 月，东风汽车公司推出了我国第一家企业物流杂志《东风物流》。

1995 年 6 月，王之泰著的《现代物流学》由中国物资出版社出版发行。

1996 年 3 月，吴清一主编的《物流学》出版发行。

1996 年，北方交通大学在我国首次招收物流管理工程方向的博士研究生。

1997 年 6 月，中国物资流通学会与中国物资流通协会联合在京举办了“亚太国际物流会议”，11 个国家 200 多名代表与会。

1999 年 11 月，国家经济贸易委员会与世界银行在北京联合召开了“现代物流发展国际研讨会”，国家领导人吴邦国书面致辞，强调要重视发展现代物流。

1999 年年底，中国第一个物流专业网站《中国物流网》开通。

2000 年 5 月，中共深圳市第二次党代会将现代物流确定为深圳市三大重要支柱产业之一。

2001 年，我国“十五”规划中，物流被列为要大力发展的新型服务业之一。

2001 年 3 月，国家六部委（国家经贸委、铁道部、交通部、信息产业部、外经贸部、民航总局）联合印发《关于加快我国现代物流发展的若干意见》。

2001 年 3 月，海尔集团建立国际物流中心。

2001 年，在我国《国民经济和社会发展的十五计划纲要》中，明确了发展“物流配送”“多式联运”，以改造传统流通业。

2001 年年初，上海市发布了《上海市“十五”现代物流产业发展规划》，把上海市定位为“国际物流中心”。

2001 年年初，天津市发布了《天津市现代物流发展纲要》，将现代物流确定为天津市五大支柱产业之一。

2000—2001 年，马士基公司（Maersk）、联合包裹（UPS）、联邦快递（FedEX）、敦豪速递（DHL）、佐川急便等跨国快递公司登陆中国。

2001 年 4 月，国家标准 GB/T 18354—2001《物流术语》发布。

2001 年，教育部批准北京物资学院、西南交通大学设立物流管理本科专业。

2001 年 4 月，中国物流与采购联合会成立。

2001 年 6 月，国家经贸委会同铁道部、交通部、信息产业部、外经贸部、民航总局在上海联合召开“现代物流工作座谈会”。

2001 年 8 月，国家经贸委建立现代物流工作重点联系企业制度。

2001 年 8 月，中国物流与采购联合会召开首届“中国物流专家论坛”。

2001 年 10 月，海尔集团荣获中国第一个物流示范基地称号。

2001 年 11 月，中国物流学会成立。

2001 年 12 月，中国香港政府成立了“物流发展局”，将物流发展纳入政府职能之中。

2001 年，宝供物流基金成立，并向国内有贡献物流人士颁发奖励。

2002 年，中国交通运输协会与国际物流与运输学会、英国皇家物流与运输学会签订协议，在中国开展国际物流与运输专业资格认证。

2002 年 8 月，《中国物流年鉴》出版发行。

2002 年，北大光华管理学院与招商迪辰集团有限公司联合创办的“物流供应链研究中心”在北京宣布成立。

2003 年 1 月，中国邮政系统组建的“中邮物流公司”正式挂牌。

2003 年，劳动和社会保障部发布“物流师国家职业资格”标准。

2003 年，国家标准化管理委员会批准成立“全国物流标准化技术委员会”。

2003 年，国家发展与改革委员会三定方案明确“制定全国物流发展规划，指导物流业发展”。

2004 年，中国交通运输协会公布中国物流百强企业名单。

2004 年 8 月，国家发改委等九部委联合出台《关于促进我国现代物流业发展的意见》。

2005 年 2 月，《全国现代物流工作部际联席会议制度》，由国务院批准设立。该制度成员单位有国家发改委、商务部、铁道部、交通部、信息产业部、民航总局、公安部、财政部、海关总署、税务总局、质检总局、国家标准委、中国物流与采购联合会、中国交通运输协会共 15 个。同年 9 月，该组织在青岛召开了首届“全国现代物流工作会议”。

2005 年 10 月，《中共中央关于制定国民经济和社会发展第十一个五年规划的建议》，首次把“物流”列入要大力发展的现代服务业。

2006 年 3 月，十届全国人大四次会议通过的《国民经济与社会发展第十一个五年规划纲要》中，把“大力发展现代物流业”单列一节。同年，交通部、铁道部、财政部、公安部、商务部等相关政府部门纷纷制订本部门的物流政策和规划。

2007 年 9 月，国家发改委召开“全国制造业与物流业联动发展大会”。

2008 年 3 月，商务部发布《商务部关于加快我国流通领域现代物流发展的指导意见》。

2009 年 3 月，国务院印发《国务院关于印发物流业调整和振兴规划的通知》（国发〔2009〕8 号）。

2010 年 7 月 28 日，国家发展改革委编制印发《农产品冷链物流发展规划》。

2010 年 10 月，首部促进物流业发展的地方性法规《福建省促进现代物流业发展条例》出台。

交通运输部把推进公路甩挂运输列入道路运输业“十二五”发展规划，2010 年交通运输部和国家发改委在福建联合召开甩挂运输试点工作现场会，并在 2011 年开始正式推行甩挂运输试点，国家也在车购税资金中予以专项资金支持，福建、浙江、江苏、上海等 10 个省（区、市）以及中外运长航集团、中国邮政集团等被认定为首批试点省份和单位。

2011 年 6 月 8 日，温家宝总理主持召开国务院常务会议，研究部署促进物流业健康发展工作。会议指出，必须制定完善配套政策措施，促进物流业健康发展，并提出八个“要”。国务院办公厅印发《关于促进物流业健康发展政策措施的意见》，提出九条政策措施。

国务院常务会议决定，从 2012 年 1 月 1 日起，在上海市开展交通运输业和部分现代服务业营业税改征增值税试点。

2011 年 3 月 14 日，商务部、国家发展改革委、供销合作总社联合印发《商贸物流发展专项规划》。

2011 年 5 月 26 日，《交通运输“十二五”发展规划》正式发布，提出到 2015 年初步形成便捷、安全、经济、高效的综合运输体系。

2011 年 12 月 29 日，第一个由中国专家发起和主导的物流领域国际标准《ISO 18186：2011 货物集装箱——RFID 货运标签系统》正式发布。

2012 年 5 月 16 日，铁道部印发《关于鼓励和引导民间资本投资铁路的实施意见》。

2012 年 5 月 31 日，国家发改委、财政部、交通运输部、铁道部、商务部等 12 个部门联合印发《关于鼓励和引导民间投资进入物流领域的实施意见》。

2012 年 6 月 18 日，商务部印发《商务部关于鼓励和引导民间资本进入商贸流通领域的实施意见》。

2013 年 11 月 25 日，习近平总书记考察中联物流有限责任公司第八分公司，并鼓励说：临沂物流搞得很好，要继续努力，与时俱进，不断探索，多元发展，向现代物流迈进，你们的事业大有可为。

2013 年 3 月 14 日，根据国务院机构改革和职能转变方案，实行铁路政企分开。将铁道部拟定铁路发展规划和政策的行政职责划入交通运输部；组建国家铁路局，由交通运输部管理，承担铁道部的其他行政职责；组建中国铁路总公司，承担铁道部的企业职责；不再保留铁道部。

2014 年 9 月 12 日，国务院发布《物流业发展中长期规划（2014—2020 年）》，明确物流业为基础性、战略性产业。

商务部在全面推进共同配送试点工程的基础上，陆续出台了系列文件：2014 年 9 月 22 日，商务部印发《关于促进商贸物流发展的实施意见》。2014 年 6 月国家标准委、商务部联合印发《关于加快推进商贸物流标准化工作的意见》。2014 年 11 月，商务部发布的《关于促进中小商贸流通企业健康发展的意见》，强调以物流为核心，促进中小商贸流通企业发展，推动商贸流通企业转型升级的指导意见。

2015 年 7 月 4 日，国务院印发《关于积极推进“互联网 +”行动的指导意见》。

2015 年 8 月 3 日，国家发展改革委下发《关于加快实施现代物流重大工程的通知》，该通知指出，将进一步加大工作力度，推进现代物流加快发展，引领社会资本重点投向与“一带一路”、京津冀协同发展、长江经济带、自贸区等国家战略相匹配的物流工程，重点提高沿带、沿路、沿江和京津冀区域内的物流基础设施水平，促进互联互通。

2015 年 8 月 3 日，交通运输部发出通知，确定京津冀、沈阳、营口、上海、南京、镇江、杭州、宁波、济南、临沂、湘潭、武汉、广州、深圳、桂林、泸州共 16 个城市（城市群）为第一批综合运输服务示范城市。

2015 年 10 月 23 日，国务院印发《关于促进快递业发展的若干意见》。

2016 年 2 月 29 日，国家发展改革委、商务部、工业和信息化部、交通运输部、农业部、财政部、中国人民银行、证监会、国家邮政局、供销合作总社十部门出台《关于加强物流短板建设促进有效投资和居民消费的若干意见》。

2016 年 7 月 20 日，国务院总理李克强主持召开国务院常务会议，部署推进“互联网 + 物流”，是适度扩大总需求、推进供给侧结构性改革的重要举措，有利于促进就业、提高全要素生产率，促使现代物流更好地服务发展、造福民生。

2016 年 9 月 13 日，国务院办公厅转发国家发展改革委《物流业降本增效专项行动方案（2016—2018 年）》，推进物流业供给侧结构性改革。

2016 年 9 月，交通运输部办公厅印发《关于推进改革试点加快无车承运物流创新发展的意见》，提出将在全国范围内开展道路货运无车承运人试点工作。

2016 年 12 月 28 日，交通运输部会同外交部、国家发展改革委、科技部、工业和信息化部、公安部、财政部、国土资源部、住房城乡建设部、商务部、中国人民银行、海关总署、国家税务总局、国家工商总局、质检总局、国家统计局、保监会、铁路总公司十八个部门出台《关于进一步鼓励开展多式联运工作的通知》。

2017 年 3 月 16 日，中国交通运输协会托盘与单元化物流分会正式成立。

2017 年 4 月 13 日，国务院办公厅印发《关于加快发展冷链物流保障食品安全促进消费升级的意见》。

2017 年 6 月 16 日，国家发展改革委、工业和信息化部、财政部、中国人民银行出台《关于做好 2017 年降成本重点工作的通知》。

附录三

中国知名度较高的物流学者、专家

中国知名度较高的物流学者、专家（按姓氏笔画排序）

姓名	工作单位	职务/职称
丁以中	上海海事大学经济管理学院	教授
丁克义	招商局物流集团有限公司	顾问
丁俊发	中国物流与采购联合会	原常务副会长
马士华	华中科技大学管理学院	副院长、物流与供应链管理研究所所长、教授
王　丰	中国人民解放军后勤工程学院	现代物流研究所所长
王　佐	中国北方工业公司投资部	副总经理、高级工程师
王　微	国务院发展研究中心	研究员
王之泰	北京物资学院	教授
王国文	综合开发研究院物流管理研究中心	主任、主任研究员
王国华	北京科技大学物流研究所	副所长
王法兴	Geopost	高级顾问
王宗喜	中国人民解放军后勤指挥学院军事物流工程实验室	主任、教授
王树礼	中国人民解放军装甲兵工程学院教务处	处长
王晓东	对外经济贸易大学国际经济贸易学院	主任、副教授
王铁宁	中国人民解放军装甲兵工程学院	技术保障工程系教授
王笑京	交通部公路研究所	副所长、研究员
王槐林	华中科技大学管理学院现代物流与供应链管理研究所	副所长、教授
王德荣	中国交通运输协会	常务副会长
王耀球	北京交通大学物流科学研究所	所长、教授
韦先义	武汉军事经济学院	教授
龙军生	北京大学光华管理学院物流与电子商务系	副主任
田学军	中邮物流有限责任公司 赛诚国际物流有限公司	业务总监 副总经理
包起帆	上海国际港务（集团）有限公司	副总裁
冯　浩	综合运输研究所物流研究室	主任、副研究员

续 表

姓名	工作单位	职务/职称
朱道立	上海复旦大学现代物流管理研究中心	主任
任兴洲	国务院发展研究中心市场经济研究所	副所长、研究员
邬　跃	北京物资学院物流研究中心	主任、教授
刘　伟	上海海事大学	教授、博士生导师
刘　武	宝供物流企业集团	董事长
刘　凯	北京交通大学	教授、博士生导师
刘仲英	同济大学经济与管理学院	教授、博士生导师
刘志学	华中科技大学管理学院生产运作与物流管理系	副主任、教授
刘秉镰	天津南开大学现代物流研究中心	主任、教授
刘联辉	湖南工程学院经济管理系	主任
刘景福	中铁现代物流科技股份有限公司	董事长、总经理
汝宜红	北京交通大学经济管理学院	教授
许胜余	华联超市股份有限公司	总工程师
孙宏岭	河南工业大学经济贸易学院	院长
孙家康	中远香港集团	总裁
牟惟仲	中国物流学会	副会长、教授级高级工程师
纪寿文	北京交通大学	物流研究院副教授
苏雄义	台湾东吴大学企业管理学系	教授兼供应链与物流管理研究室召集人
李　川	深圳市中海物流有限公司	总经理
李力谋	中国国际货运代理协会	副会长兼秘书长
李汇泰	北京东方大学	副教授
李伊松	北京交通大学经济管理学院	副教授
李肇仁	北京赛博迪斯软件公司	总经理
杨长春	对外经济贸易大学物流研究中心	常务副主任
杨东援	同济大学	副校长、教授
杨西龙	中国人民解放军 后勤工程学院	教授
吴幼喜	中国外运股份有限公司	项目总经理、经济学博士
吴润涛	中国物流学会	顾问
吴清一	北京科技大学物流研究所	所长、教授

续　表

姓名	工作单位	职务/职称
吴耀华	山东大学现代物流研究中心	主任、教授
何明珂	北京物资学院	副院长、教授
何铁夫	中国物流学会	常务理事、高级经济师
何黎明	中国物流与采购联合会	会长
汪　鸣	国家发展和改革委员会综合运输研究所	副所长
汪海英	广西南宁赛科企业管理顾问有限责任公司	总经理
沈绍基	华运通物流有限公司	总经理
宋　则	中国社会科学院财贸经济研究所流通产业研究室	主任、研究员、教授、博士生导师
宋远方	中国人民大学工商管理学院	副院长、教授
张　铎	北京中物联物流规划院	院长、教授
张　锦	西南交通大学交通运输学院	副院长、教授
张　潜	华侨大学物流系统工程所	所长、副教授
张文杰	北京交通大学经济管理学院	教授
张声书	北京物资学院	教授
张建卫	中国外运股份有限公司	总裁
张海燕	北京工商大学商学院物流管理教研室	主任、副教授
张智文	国家科学技术部高新技术发展及产业化司	处长
陆　江	中国物流与采购联合会	会长
陆大明	北京起重运输机械研究所	所长、教授级高级工程师
陈一雄	大荣集团（台湾大荣货运/中国连运物流）	董事长
陈文玲	国务院研究室综合司	副司长、研究员
陈学淳	UPS 公司策略与发展部	董事总经理
陈春益	长荣大学	航运管理学系教授
陈梅君	中国物流学会	物流人才培训专业委员会副秘书长
范　棣	招商迪辰集团有限公司	董事长
季建华	上海交通大学管理学院	党委书记兼副院长、教授
周　云	中国机械工程学会物流工程分会	秘书长、高级工程师
周乃如	河南工业大学	教授
周建亚	武汉商贸学院	物流系主任、现代物流研究所所长、教授
周溪召	上海海事大学经济管理学院	副院长、教授

续 表

姓名	工作单位	职务/职称
郑　莒	耀欣数位科技（上海）有限公司	总经理
宗蓓华	上海海事大学	教授
钟荣钦	台湾物流协会	秘书长
施　欣	上海海事大学交通运输学院	院长、教授
姜大立	中国人民解放军后勤工程学院	现代物流研究所副所长、副教授
洪水坤	中国诚通集团	董事、总裁
骆温平	上海海事大学经济管理学院物流研究中心	副主任、教授
秦明森	湖北物流技术研究所	总工、教授级高工
真　虹	上海海事大学	教授
桂寿平	华南理工大学交通学院	副院长、教授
索沪生	中海集团物流有限公司	副总经理
徐天亮	华中科技大学管理学院	副院长、教授
徐寿波	北京交通大学	教授、中国工程院院士
翁心刚	北京物资学院	副院长、教授
凌大荣	武汉军事经济学院	物流与采购系主任、教授
高伟杰	中国远洋运输（集团）总公司	副总裁
唐友三	宝供物流企业集团有限公司	信息总监
陶德馨	武汉理工大学	副校长、教授
黄有方	上海海事大学	校长、教授
黄国雄	中国人民大学经济学院	教授、博士生导师
黄福华	湖南物流研究中心	主任
崔介何	北京物资学院	物流系物流管理教研室主任、教授
康　宁	中邮物流有限责任公司	副总经理
阎　洪	香港理工大学工商管理学院物流系	副系主任、教授
梁海山	海尔集团	副总裁
梁智敏	香港物流协会	理事
董千里	长安大学	教授、博士生导师
戢守峰	沈阳工业大学现代物流发展中心	主任、教授
程国全	北京科技大学	物流研究所副所长
傅　强	中央财经大学	仿真实验室主任
靳　伟	中交协托盘与单元化物流分会	常务副会长兼秘书长、高级经济师

续　表

姓名	工作单位	职务/职称
翟学魂	共和快捷供应链管理公司	首席执行官
缪立新	清华大学深圳研究生院	物流研究中心主任、教授
黎基雄	香港理工大学	物流学系助理教授
霍佳震	同济大学研究生院	副院长、教授
戴定一	中国物流与采购联合会	副会长、高级经济师
鞠颂东	北京交通大学经济管理学院	教务处处长、教授
魏　凤	交通部公路科学研究所交通物流工程研究中心	主任
魏际刚	国务院发展研究中心	

附录四

中国物流行业团体、物流名著、图书及媒体一览

一、中国较有影响力的物流图书

中国较有影响力的物流图书

序号	书名	作者、主编	出版社	出版年份
1	物流手册	吴润涛、靳伟、王之泰	中国物资出版社	1986
2	物流管理入门	靳伟、李振、薛宝田	中国铁道出版社	1986
3	物流学及其应用	吴润涛、王之泰、徐寿波、李京文	经济科学出版社	1987
4	现代综合物流管理	金若楠、张文杰	中国铁道出版社	1994
5	军事物流概念	王宗喜	海潮出版社	1994
6	现代物流学	王之泰	中国物资出版社	1995
7	物流学	吴清一	中国建材出版社	1996
8	中国现代物流研究	张声书、佐伯弘治	中国物资出版社	1998
9	供应链管理	马士华	机械工业出版社	2000
10	物流系统论	何明珂	中国审计出版社	2001
11	现代物流手册	刘志学等	中国物资出版社	2001
12	中国物流发展报告	中国物流与采购联合会	中国物资出版社	2001
13	中国物流年鉴	中国物流与采购联合会	中国物资出版社	2002
14	中国物流	丁俊发	中国物资出版社	2002
15	市场营销案例分析	林祖华	高等教育出版社	2003
16	中国现代物流大全	王国华	中国铁道出版社	2004
17	现代流通与内外贸一体化	陈文玲、丁俊发等	中国经济出版社	2005

二、中国物流行业团体

中国交通运输协会
中交协托盘与单元化物流分会
中国物流与采购联合会
中国快递协会
中国物流学会
中国电子商务协会
中国物流技术协会
中国仓储与配送协会
中国国际货运代理协会
香港货运物流业协会
中国物流与快递行业协会
中国工程机械工业协会工业车辆分会
中国道路运输协会

三、中国物流行业媒体

《中国交通报》
《中国物流与采购》
《中国航务周刊》
《国际商报》
《中国储运》
《物流技术》
《现代物流》
《物流》
《铁路采购与物流》
《物流技术与应用》
央视财经频道物流专栏
物流搜索

附录五

物流设施设备标准目录（节选）

物流设施设备标准目录（节选）

分类	标准编号	标准名称	类别	发布日期	实施日期	制定范围
仓库	SBJ 01—1988	商业仓库设计规范	技术	1989－01－01	1989－01－01	该规范适用于新建扩建的普通商业仓库。不包括粮库、冷库和危险品仓库
	JB/T 9018—1999	有轨巷道式高层货架仓库设计规范	技术	1999－06－28	2000－01－01	该标准规定了有轨巷道式高层货架仓库（以下简称高架仓库）设计的基本要求。该标准适用于由钢结构货架和有轨巷道堆垛起重机（以下简称堆垛机）等构成的仓库，以贮存单元货物为主
	JB/T 5323—1991	立体仓库焊接式钢结构货架技术条件	技术	1991－07－03	1992－07－01	该标准规定了有轨巷道式高层货架仓库焊接式钢结构货架制造、安装、验收的基本要求。该标准适用于单元货位载重量不超过2t，货架片为焊接式的风结构货架
	JB/T 10822—2008	自动化立体仓库 设计通则	技术	2008－02－01	2008－07－01	该标准规定了自动化立体仓库的分类、单元化集装器具（托盘）、货物形状、载荷、系统尺寸和安全等的设计规则。该标准适用于由钢结构货架、巷道堆垛垆起重机等设备组成的、货物存储作业以使用托盘集装为主的自动化作业的立体仓库
	HG/T 20568—1994	化工固体物流堆场及仓库设计规定	技术	1994－11－28	1995－03－01	该规定适用于大、中型化工企业固体物料堆场及仓库贮运系统的新建或扩建工程设计。小型化工企业及其他行业建设工程的固体物料堆场及仓库设计也可参照使用
	WB/T 1028—2006	库区、库房防火防爆管理要求	管理	2006－11－03	2007－04－01	该标准规定了仓库库区、库房防火防爆的基本原则、要求与组织管理，以及此区域内的建筑、设施、物品和火源管理要求。该标准适用于各类常规物资仓库、货场。诸如储存火药、炸药、火工品和军工物资的专用仓库也可适当参考使用该标准
货运场站	JT/T 402—1999	汽车货运站（场）级别划分和建设要求	管理	1999－09－03	1999－12－01	该标准规定了汽车货运站（场）的站址选择、站内布局原则、站级划分、各主要组成部分和建设要求、设备配备等。该标准适用于汽车货运站的规划建设和级别核定
	GB/T 12419—2005	集装箱公路中转站级别划分、设备配备及建设要求	管理	2005－10－07	2006－04－01	该标准规定了集装箱公路中转站（以下简称中转站）的站址选择原则、级别划分、设备配备及建设要求等。该标准适用于中转站的规划和建设，并作为核定中转站级别的依据

续 表

分类	标准编号	标准名称	类别	发布日期	实施日期	制定范围
货架	SB/T 10166—1993	金属轻型组合货架	技术	1993-03-23	1993-10-01	该标准规定了金属轻型组合货架产品的分类、技术要求、试验方法、检验规则、标志、包装、运输、贮存。该标准适用于以金属为主要材料的轻型组合货架
托盘	GB/T 2934—2007	联运通用平托盘主要尺寸及公差	技术	1982-03-16	2008-03-01	该标准规定了联运通用平托盘的平面尺寸及其公差、其他主要尺寸及公差。该标准适用于公路、铁路和水路的联运通用平托盘
	GB/T 4995—1996	联运通用平托盘性能要求	技术	1996-12-04	1997-08-01	该标准规定了按 GB/T 4996 进行试验的联运通用平托盘性能要求。该标准适用于公路、铁路、水路和航空联运的通用平托盘
	GB/T 4996—1996	联运通用平托盘试验方法	技术	1996-12-04	1997-08-01	该标准规定了用木、塑、钢等材料构成的联运通用平托盘的试验方法。该标准适用于公路、铁路、水路和航空联运的通用平托盘
	GB/T 10486—1989	铁路货运钢制平托盘	技术	1989-03-22	1989-10-01	该标准规定了钢制平托盘（以下简称钢托盘）的规格、技术要求和试验方法。该标准适用于铁路内部及铁路与货主间使用的钢托盘，也适用于联运钢托盘
	GB/T 15234—1994	塑料平托盘	技术	1994-09-28	1995-05-01	该标准规定了塑料平托盘的产品分类、技术要求、试验方法、检验规则和标志、运输、贮存等基本要求。该标准适用于以高密度聚乙烯、聚丙烯等为主要原料，能两向或四向进叉载荷 P 为 100kg 的单面、双面使用的塑料平托盘（以下简称托盘）
	GB/T 18832—2002	箱式、立柱式托盘	技术	2002-09-11	2003-03-01	该标准规定了箱式、立柱式托盘的形式及代号、主要尺寸及额定载重量、技术要求、试验方法和标志、运输、贮存。该标准适用于可重复使用的箱式、立柱式托盘
	GB/T 19450—2004	纸基平托盘	技术	2003-12-03	2003-12-08	该标准规定了纸基平托盘的定义、型式、要求、检验、标志、运输和储存等。该标准适用于纸基平托盘的生产、检验、流通和使用
	GB/T 20077—2006	一次性托盘	技术	2006-01-18	2006-07-01	该标准规定了一次性托盘（以下简称托盘）的尺寸和额定载荷、材质、要求及试验方法。该标准适用于一次性托盘的生产、使用、管理和检测

续 表

分类	标准编号	标准名称	类别	发布日期	实施日期	制定范围
托盘	GB/T 21943—2008	钢纸砂盘支撑托盘	技术	2008-06-03	2009-01-01	该标准规定了用于钢纸砂盘安装和夹紧的支撑托盘的型式和尺寸
	GB/T 23898—2009	木质平托盘用人造板	技术	2009-05-12	2009-11-01	该标准规定了木质平托盘用人造板的术语和定义、分类、要求、试验方法、检验规则以及标志、包装、运输和贮存。该标准适用于室内或室外条件下使用的木质平托盘
	BB/T 0020—2001	组合型塑木平托盘	技术	2001-10-15	2001-11-01	该标准规定了组合型塑木平托盘的产品分类、技术要求、试验方法、检验规则和标志、运输、贮存等。界定了组合型塑木平托盘组件的术语
	JB/T 4036—2004	滚动轴承运输用托盘和大木箱	技术	2004-02-10	2004-06-01	该标准规定了滚动轴承的包装方法、运输用托盘和大木箱的技术要求及发货、储运标志。该标准适用于外径不大于440mm滚动轴承的包装、运输
	JB/T 9017—1999	气垫托盘	技术	1999-06-28	2000-01-01	该标准规定了气垫托盘的型号、基本参数、技术要求、试验方法、标志、包装和储存。该标准适用于由ND系列囊型气垫盘组成的气垫托盘
	SN/T 0806—1999	出口商品运输包装蜂窝纸板托盘包装检验规程	技术	1999-12-01	2000-05-01	该标准规定了出口商品运输包装蜂窝纸板托盘的定义、要求、抽样、检验及不合格的处置。该标准适用于出口商品运输包装蜂窝纸板托盘的检验
叉车	GB/T 5184—2008	叉车挂钩型货叉和货叉架安装尺寸	技术	2008-07-09	2009-02-01	该标准规定了叉车挂钩型货叉和货叉架的安装尺寸和附加要求，以便货叉或属具与其他属具能够互换。这些尺寸和要求与叉车的额定起重量（不大于10999kg）和货叉的型式有关
	GB/T 17910—1999	工业车辆叉车货叉在使用中的检查和修复	技术	1999-01-01	2000-06-01	该标准规定了在各种型式的叉车上使用的实心截面货叉的检查和修复方法

续 表

分类	标准编号	标准名称	类别	发布日期	实施日期	制定范围
叉车	JB/T 2391—2007	500～10000kg 平衡重式叉车 技术条件	技术	2007－08－01	2008－01－01	该标准规定了额定起重量为 500～10000kg 平衡重式叉车的要求、试验方法、检验规则与标志、包装、运输、贮存及质量保证期等。该标准适用于额定起重量为 500～10000kg 平衡重式叉车和 500～5000 千克蓄电池平衡重式叉车
	JB/T 3244—2005	蓄电池前移式叉车	技术	2005－05－24	2005－11－01	该标准规定了额定起重量为 500～5000kg 蓄电池前移式叉车的基本参数、技术要求、试验方法、检验规则、标志、运输、贮存和质量保证期
	JB/T 3299—1999	手动插腿式液压叉车	技术	1999－06－28	2000－01－01	该标准是对 JB 3299—83《CTY 手动插腿式液压叉车》的修订。修订时仅按有关规定作了编辑性修改，主要技术内容没有改变。该标准适用于额定起重量为 0.1～1t 手动插腿式（或插入式）液压叉车
	JB/T 3340—2005	插腿式叉车	技术	2005－05－24	2005－11－01	该标准规定了额定起重量为 500～3000kg 的蓄电池插腿式叉车的基本参数、技术要求、试验方法、检验规则、标志、运输、贮存和质量保证期
	JB/T 9012—1999	侧面式叉车	技术	1999－06－28	2000－01－01	该标准规定了侧面式叉车的型号、基本参数、技术要求和试验方法。该标准适用于额定起重量为 10t 以下（包括 10t）的侧面式叉车
集装箱袋	GB/T 1413—2008	系列 1 集装箱 分类、尺寸和额定质量	技术	2008－08－04	2008－10－01	该标准根据集装箱外部尺寸确定了系列 1 集装箱的分类，并规定了相应的额定质量，同时确定了部分型号集装箱的最小内部尺寸和门框开口尺寸。该标准所列的集装箱适用于国际联运。该标准扼要地规定了系列 1 集装箱的外部尺寸和部分内部尺寸。每种型号集装箱的具体尺寸已列入 ISO 1496 的相应标准中
	GB/T 3220—1982	集装箱吊具的尺寸和起重量系列	技术	1982－10－11	1983－10－01	该标准适用于 GB 1413—78《货物集装箱外部尺寸和重量的系列》所列各型集装箱的吊具。凡新设计和制造的该等吊具，均应符合本标准

续　表

分类	标准编号	标准名称	类别	发布日期	实施日期	制定范围
集装箱袋	GB/T 15846—2006	集装箱门框密封条	技术	2006－12－14	2007－05－01	该标准规定了以三元乙丙（EPDM）或等效的特种橡胶为基材的集装箱门框密封条的产品分类、技术要求、试验方法、检验规则以及标志、包装、运输和贮存等要求。该标准适用于普通货物通用集装箱和保温集装箱门框风雨密和气密胶条
	GB/T 17274—1998	系列 1 无压干散货集装箱技术要求和试验方法	技术	1998－03－20	1998－10－01	该标准规定了系列 1 无压干散货集装箱的技术要求和试验方法。该标准适用于公路、铁路和水路运输该型集装箱以及这些运输方式之间的联运
	GB/T 17382—2008	系列 1 集装箱　装卸和栓固	技术	2008－08－04	2008－10－01	该标准规定了按 GB/T 5338、GB/T 7392、GB/T 16563、GB/T 17274 和 GB/T 16564 制造和试验的系列 1 集装箱的装卸和栓固方法。该标准适用于在水陆运输中集装箱重箱和空箱的安全操作
	GB/T 17770—1999	集装箱空/陆/水（联运）通用集装箱技术要求和试验方法	技术	1999－06－11	2000－04－01	该标准适用于国际间贸易，公路、铁路、水上运输和有大容量固定翼的运输机运输，以及这些运输方式之间的联运
	GB/T 23679—2009	集装箱　机械箱封	技术	2009－05－11	2009－12－20	该标准规定了集装箱机械式箱封的类型、技术要求、试验方法、箱封的识别和标记。它提供一个在国际贸易中保护集装箱的信息源
	TB/T 3178—2007	集装箱在铁路上的装卸和拴固	技术	2007－08－20	2007－08－20	
	GB/T 10454—2000	集装袋	技术	2000－07－17	2000－12－01	该标准规定了集装袋的分类结构、技术要求及检验要求等
	TB/T 2689. 3—1996	铁路货物集装化运输　一次性集装袋	技术	1996－05－10	1996－11－10	该标准规定了一次性使用集装袋的技术要求、测试方法和检验规则。该标准适用于铁路运输过程中一次性使用的内装粉状、粒状、块状和小包装货的集装袋

续 表

分类	标准编号	标准名称	类别	发布日期	实施日期	制定范围
装卸搬运设备	GB/T 14735—2009	港口装卸用吊钩使用技术条件	技术	2009-09-30	2009-11-01	该标准规定了港口装卸用吊钩等级、额定起重量、技术要求、试验方法、标志及贮存、使用、检查及报废等使用技术条件。该标准适用于港口装卸工索具组合件上各种型式的吊钩
	GB/T 14736—2009	港口装卸用吊环使用技术条件	技术	2009-09-30	2009-11-01	该标准规定了港口装卸用吊环的结构型式、强度等级、载荷等级、技术要求、试验方法、标志及贮存、使用要求、检查及报废等使用技术条件。该标准适用于港口装卸用索具组合部件截面为圆形的焊接吊环，也适用于圆形截面热模锻吊环，不适用于非圆形截面的吊环和铸造吊环
	GB/T 14737—2009	港口装卸用吊索使用技术条件	技术	2009-09-30	2009-11-01	该标准规定了港口装卸用吊索的分类及吊用模式、极限工作载荷、技术要求、检验、贮存及保养、使用、检查和报废的技术条件。该标准适用于港口装卸机械与货物连接的链式吊索、钢丝绳吊索和纤维绳吊索
	GB 13561.1—2009	港口连续装卸设备安全规程　第1部分：散粮筒仓系统	管理	2009-06-04	2010-01-01	GB 13561 的本部分规定了港口散粮筒仓系统的布置与结构、工艺设计及装卸设备、电气及监控系统、静电防护、通风除尘、消防设施、熏蒸和安全管理的防火防爆等基本要求。本部分适用于港口散粮筒仓系统的防火防爆设计、安全设施的配置和安全管理，其他散粮筒仓系统也可参照使用
	GB/T 13561.3—2009	港口连续装卸设备安全规程　第3部分：带式输送机、埋刮板输送机和斗式提升机	管理	2009-03-31	2009-11-01	GB/T 13561 的本部分规定了港口带式输送机、埋刮板输送机和斗式提升机在设计、制造、使用、保养和维修及报废等方面的安全要求
	GB/T 13561.6—2006	港口连续装卸设备安全规程　第6部分：连续装卸机械	管理	2006-01-10	2006-06-01	该标准规定了港口连续装卸设备——连续装卸机械（以下简称连续装卸机）在设计、制造、安装与试验、使用与保养、维修与检验等方面的安全技术要求。本部分适用于港口轮连续卸船机、斗轮堆取料机、链斗式卸船机、散货装船机。其他同类的机械亦可参照使用

续 表

分类	标准编号	标准名称	类别	发布日期	实施日期	制定范围
装卸搬运设备	GB/T 16562—1996	港口高塔柱式轨道起重机技术条件	技术	1996-10-09	1997-06-01	该标准规定了港口高塔柱式轨道起重机（以下简称起重机）的技术要求、试验、检验、标志、包装、运输及贮存的条件和要求等。该标准适用于吊装集装箱和重大件作业的起重机
	GB/T 19912—2005	轮胎式集装箱门式起重机安全规程	技术	2005-09-14	2006-04-01	该标准规定了轮胎式集装箱门式起重机（以下简称起重机）在设计、制造、安装试验、使用保养、维修与检验等方面的安全技术要求。该标准适用于装卸 GB/T 1413 规定的 IAA、IA、ICC、IC 型国际集装箱的起重机
	GB/T 14734—2008	港口浮式起重机安全规程	技术	2008-05-27	2008-12-01	该标准规定了港口浮式起重机（以下简称浮式起重机）在设计、制造、检验、使用与管理、维护、报废等方面最基本的安全技术要求。该标准适用于在港湾水域作业的各种浮式起重机，其他类型的浮式起重机也可以参照使用
	GB 6067.1—2010	起重机械安全规程 第1部分：总则	管理	2010-09-26	2011-06-01	GB 6067 的本部分规定了起重机械的设计、制造、安装、改造、维修、使用、报废、检查等方面的基本安全要求
	GB/T 22416.1—2008	起重机 维护 第1部分：总则	管理	2008-10-07	2009-04-01	本部分规定了起重机业主或用户对起重机需进行的实际维护
	GB/T 23723.1—2009	起重机 安全使用 第1部分：总则	管理	2009-04-24	2010-01-01	GB/T 23723 的本部分提出了起重机安全使用方面的要求，包括起重机的安全工作制度、管理、计划、选型、安装和拆卸，起重机的操作和维护以及司机、吊装工和指挥人员的选派
	JB/T 5320—2000	剪叉式升降台 安全规程	管理	2000-04-24	2000-10-01	该标准规定了剪叉式升降台的设计、制造、检验、使用与保费等方面的安全要求。该标准适用于升降部分的结构为剪式的各种升降台，即固定式升降台、移动式升降台、自行式升降台（直流电动机驱动、交流电动机驱动）、升降车
	HG/T 3056—2006	输送带 贮存和搬运通则	技术	2006-07-26	2007-03-01	该标准提出了关于输送带贮存和搬运的最适宜条件的指导性原则。它不适应于由欧洲标准 EN 873 规定的轻型输送带

续 表

分类	标准编号	标准名称	类别	发布日期	实施日期	制定范围
装卸搬运设备	GB 11341—2008	悬挂输送机安全规程	管理	1989-06-23	2009-10-01	该标准规定了悬挂输送机在设计、制造、安装、使用、维护和管理等方面的安全技术要求
	GB 14784—1993	带式输送机安全规范	管理	1993-01-02	1994-08-01	该标准规定了带式输送机在设计、制造、安装、使用、维护等方面最基本的安全要求。该标准适用于输送各种块状、粒状等松散物料以及成件物品的输送机
包装设备	GB 18191—2008	包装容器 危险品包装用塑料桶	技术	2008-09-18	2009-09-01	该标准规定了盛装危险品用塑料桶的产品分类、要求、试验方法、检验规则、标志、运输和贮存。该标准适用于盛装危险品，以高密度聚乙烯为主要原料且最大容积不大于450L、净含量不大于450kg的塑料桶
	GB 19160—2008	包装容器 危险品包装用塑料罐	技术	2008-09-18	2009-09-01	该标准规定了盛装危险品用塑料罐的产品分类、要求、试验方法、检验规则、标志、运输和贮存。该标准适用于盛装危险品，以聚乙烯或聚丙烯为主要原料且最大容积不大于60L的塑料罐
	GB 9774—2010	水泥包装袋	技术	2010-09-26	2011-07-01	该标准规定了水泥包装袋的分类、制袋材料、要求、试验方法、检验规则、标志、包装、运输和贮存以及使用
	GB/T 325.1—2008	包装容器 钢桶 第1部分：通用技术要求	技术	2008-07-18	2009-01-01	GB/T 325的本部分规定了钢桶的分类、要求、试验方法、检验规则、标志、包装、运输和贮存等。本部分适用于钢桶的制造、流通、使用和监督检验
	GB/T 17343—1998	包装容器 方桶	技术	1998-05-04	1999-01-01	该标准规定了容积小于或等于18L的长方体钢桶的技术要求、试验方法、检验规则以及标志、包装、运输和贮存。该标准适用于方桶的制造、使用、流通和监督检验
	GB/T 13252—2008	包装容器 钢提桶	技术	2008-07-18	2009-01-01	该标准规定了用于运输和贮存液态和固态的危险品及非危险品的容量为17～24L钢提桶的分类、技术要求、试验方法、检验规则、标志、运输和贮存。该标准适用于以薄钢板为主要材料制成的钢提桶

续　表

分类	标准编号	标准名称	类别	发布日期	实施日期	制定范围
包装设备	GB/T 14187—2008	包装容器　纸桶	技术	2008-07-18	2009-01-01	该标准规定了纸桶的分类、要求、试验方法、检验规则及标志、包装、运输和贮存。该标准适用于运输包装用纸桶的设计、生产、检验与试验。该标准不适用于直接接触食品、药品的包装用纸桶
	GB/T 10440—2008	圆柱形复合罐	技术	2008-07-18	2009-01-01	该标准规定了圆柱形复合罐分类、要求、试验方法、检验规则及标志、包装、运输和贮存。该标准适用于主要采用纸板和纸、塑、铝等组成的复合材料制成的罐身，且一端已有端盖密封的圆柱形小型包装容器
	GB/T 16717—1996	包装容器　重型瓦楞纸箱	技术	1996-01-03	1997-05-01	该标准规定了重型瓦楞纸箱的定义、结构、分类及分等、要求、试验方法、检验规则及包装、运输、贮存等。该标准适用于重型瓦楞纸箱的生产、流通、使用和监督检验
	GB/T 6543—2008	运输包装用单瓦楞纸箱和双瓦楞纸箱	技术	2008-04-01	2008-10-01	该标准规定了运输包装用单瓦楞纸箱和双瓦楞纸箱（以下简称瓦楞纸箱）的分类、结构形式、要求、试验与检验方法等。该标准适用于瓦楞纸箱的设计、生产制造与检验，其他类型的瓦楞纸箱可参照本标准的有关规定
	GB/T 18926—2008	包装容器　木构件	技术	2008-07-18	2009-01-01	该标准规定了运输包装容器及托盘用木构件的等级、一般要求、技术要求、检验方法及标志、包装、运输和贮存的要求。该标准适用于运输包装容器及托盘的木构件，不适用于人造板材所制成的构件
	GB/T 13144—2008	包装容器　竹胶合板箱	技术	2008-07-18	2009-01-01	该标准规定了竹胶合板箱的类型与分级、要求、防护方法与试验方法等内容。该标准适用于运输包装用竹胶合板包装箱
	GB/T 7284—1998	框架木箱	技术	1998-01-01	1999-09-01	该标准规定了运输包装用框架木箱的类型、设计要求及防护方法等。该标准适用于内装质量为 500 ~ 20000kg，最大内尺寸为 8000mm × 3500mm × 3500mm 的运输包装用框架木箱

续　表

分类	标准编号	标准名称	类别	发布日期	实施日期	制定范围
包装设备	GB/T 10819—2005	木制底盘	技术	2005-05-25	2005-11-01	该标准规定了内装物质量为500~40000kg的运输包装用木制底盘的结构型式、构件尺寸、试验方法等。该标准适用于木制底盘的设计、生产制造
	GB/T 19784—2005	收缩包装	技术	2005-05-25	2005-11-01	该标准规定了收缩薄膜包装分类与形式、要求、包装方法和标志。该标准适用于采用收缩包装的各类产品的销售包装和运输包装
	GB/T 19785—2005	拉伸缠绕包装	技术	2005-05-25	2005-11-01	该标准规定了拉伸缠绕包装的分类、要求、包装方法和标志。该标准适用于采用拉伸缠绕的方式将单件、散件或组合好的产品缠绕裹包或固定在托盘上形成搬运单整体的货物包装
	GB/T 4768—2008	防霉包装	技术	2008-07-18	2009-01-01	该标准规定了防霉包装的等级、技术要求、试验方法、检验规则。该标准适用于产品在流通过程中防止霉菌侵袭的包装。该标准不适用于食品、医药等产品在流通过程中防止霉菌侵袭的包装
	GB/T 4879—1999	防锈包装	技术	1999-09-07	2000-02-01	该标准规定了包装的防锈等级、要求、包装方法、试验方法和标志。该标准适用于产品的金属表面在流通过程中为防止锈蚀而进行的包装
	GB/T 5048—1999	防潮包装	技术	1999-09-07	2000-02-01	该标准规定了包装的防潮等级、要求、包装方法、试验方法和标志。该标准适用于机械、电子等工业产品，其他产品也可参照使用
	GB/T 7350—1999	防水包装	技术	1999-09-07	2000-02-01	该标准规定了包装的防水等级、要求、包装方法、试验方法和标志。该标准适用于机械、电子等工业产品，其他产品也可参照使用
	GB/T 12339—2008	防护用内包装材料	技术	2008-05-27	2009-01-01	该标准规定了防护包装用内包装材料的分类、技术要求和试验方法等内容。该标准适用于防潮、防锈、防霉等防护用内包装材料

续 表

分类	标准编号	标准名称	类别	发布日期	实施日期	制定范围
包装设备	GB/T 19434.3—2004	危险货物木质中型散装容器检验安全规范 性能检验	技术	2004-01-16	2004-07-01	该标准规定了危险货物木质中型散装容器的定义、要求、试验和检验规则。该标准适用于危险货物木质中型散装容器的性能检验
运输设备	GB 7258—2004	机动车运行安全技术条件	技术	2004-07-12	2004-10-01	该标准规定了机动车的整车及主要总成、安全防护装置等有关运行安全的基本技术要求及检验方法。该标准还规定了机动车的环保要求及消防车、救护车、工程救险车和警车的附加要求。该标准适用于在我国道路上行驶的机动车
	GB 10827—1999	机动工业车辆 安全规范	技术	1999-01-01	2000-06-01	该标准规定了机动工业车辆在制造、使用、操作和维护方面的安全要求
	GB 1589—2004	道路车辆外廓尺寸、轴荷及质量限值	技术	2004-04-01	2004-10-01	该标准规定了汽车、挂车及汽车列车的外廓尺寸、轴荷及质量的限值。该标准适用于在道路上使用的汽车（最大设计总质量超过 26000kg 的汽车起重机除外）、挂车及汽车列车。该标准不适用于军队装备的专用车辆
	GB 22127—2008	散装水泥车罐体安全质量	技术	2008-07-01	2008-12-01	该标准规定了散装水泥车罐体安全质量的相关术语和定义、罐体要求、试验方法及检验规则。该标准适用于公路运输的散装水泥车罐体的安全质量评定
	GB 20300—2006	道路运输爆炸品和剧毒化学品车辆安全技术条件	技术	2006-07-19	2006-11-01	该标准规定了道路运输爆炸品和剧毒化学品车辆的术语和定义、要求、标志和随车文件。该标准适用于在道路上运输爆炸品和剧毒化学品的汽车和挂车（以下简称车辆）
	GB/T 23914.2—2009	道路车辆装载物固定装置安全性 第2部分：合成纤维栓紧带总成	技术	2009-06-04	2010-01-01	GB1/T 23914 的本部分规定了合成纤维栓紧带总成（以下简称为栓紧带）的风险提示、要求、试验方法和检验规则、试验报告、标识、包装、运输和贮存等。本部分规定的最大操作力为 500N 的手动拉紧装置，适用于装载物的栓紧、捆绑及安全固定。本部分不适用于吊装用合成纤维栓紧带
	GB/T 17275—1998	货运全挂车通用技术条件	技术	1998-03-20	1998-10-01	该标准规定了货运全挂车的技术要求、检验规则及试验方法。该标准适用于在公路及城市道路上行驶的货运全挂车

续 表

分类	标准编号	标准名称	类别	发布日期	实施日期	制定范围
包装设备	GB/T 18565—2001	营运车辆综合性能要求和检验方法	技术	2001－01－02	2002－08－01	该标准规定了营运车辆的动力性、燃料经济性、制动性、转向操纵性、照明和信号装置及其他电气设备、排放与噪声控制、密封性、整车准备的基本技术要求和检验方法。该标准适用于营运车辆，非营运车辆可参照执行
	GB/T 18433—2001	航空货运保温集装箱　热性能要求	技术	2001－09－03	2002－04－01	该标准规定了保证标准航空货运保温集装箱内的易腐货物，在一个最长为36小时的地面作业与空中运输周期内保持初始状态的热性能最低使用要求。该标准适用于所有规格与类型的航空货运保温集装箱。它不规定制冷和加热集装箱以及用于获得所要求热效应的方法与设备的具体内容，诸如气态或液态制冷剂，或机械压缩机/加热器

注：本目录节选自《物流标准目录手册》。编制单位：中国物流与采购联合会、全国物流标准化技术委员会。

附录六

托盘相关国家标准情况汇总

附表 6－1　　现有托盘相关国家标准

序号	标准名称	标准编号
1	《托盘术语》	GB/T 3716—2000
2	《托盘单元货载》	GB/T 16470—2008
3	《联运通用平托盘　主要尺寸及公差》	GB/T 2934—2007
4	《联运通用平托盘　性能要求和试验选择》	GB/T 4995—2014
5	《联运通用平托盘 试验方法》	GB/T 4996—2014
6	《一次性托盘》	GB/T 20077—2006
7	《纸基平托盘》	GB/T 19450—2004
8	《塑料平托盘》	GB/T 15234—1994
9	《箱式、立柱式托盘》	GB/T 18832—2002
10	《铁路货运钢制平托盘》	GB 10486—1989
11	《组合式塑料托盘》	GB/T 27915—2011
12	《联运通用平托盘　木质平托盘》	GB/T 31148—2014
13	《模压平托盘　植物纤维类》	GB/T 30672—2014
14	《塑料箱式托盘》	GB/T 31081—2014
15	《托盘编码及条码表示》	GB/T 31005—2014

附表 6－2　　现有烟草行业托盘标准

序号	标准名称	标准编号
1	《烟草行业联运通用平托盘》	YC/T 215—2007
2	《卷烟联运平托盘电子标签应用规范》	YC/T 272—2008

附表 6－3　　现有包装行业托盘标准

序号	标准名称	标准编号
1	《组合式塑木平托盘》	BB/T 0020—2001

附表 6－4　　军用托盘标准

序号	标准名称	标准编号
1	《钢制平托盘技术条件》	GJB 830—90
2	《军用立柱式托盘和箱式托盘基本尺寸和额定载重量》	GJB 184A—1999

附表 6－5　　船舶用托盘标准

序号	标准名称	标准编号
1	《船舶舾装件托盘编码》	CB/T 4101—2008

参考文献

[1] 王之泰．新编现代物流学［M］．2版．北京：首都经济贸易大学出版社，2008.
[2] 丁俊发．中国供应链管理蓝皮书（2011）［M］．北京：中国物资出版社，2011.
[3] 吴清一，靳伟．中国托盘手册［M］．北京：中国物资出版社，2010.
[4] 靳伟．物流的内涵和物流战略管理实践［M］．北京：中国物资出版社，2010.
[5] 张绪昌，丁俊发．流通经济学［M］．北京：人民出版社，1995.
[6] 何明珂．物流系统论［M］．北京：高等教育出版社，2004.

湖北德鑫木业有限公司

我公司成立于2014年，公司工厂位于武汉市化学工业区八吉府街鑫远大工业园,现有员工42人，其中管理人员4人，技术人员16人，是专业生产自动化立体库木托盘的厂家。面向全国市场，全年可生产自动化库精品托盘25万片以上、普通托盘5万片左右,还生产各种木包装箱等。

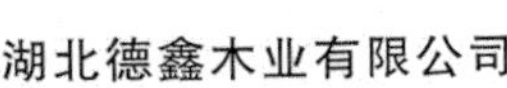

湖北德鑫木业有限公司

地址：武汉市化学工业建设乡鑫远大工业园C区5号

联系人：冯先生

电话：13396069969　18627838305　传真：027-86325600

邮箱：2455607538

网址：www.dexinmy.com

温州市科技(创新)型企业证书

兹认定

温州建静木业有限公司

为温州市科技(创新)型企业

温州市科学技术局

温州建静木业有限公司

国家林业局疫木加工板材定点加工企业，浙江出入境检验检疫局定点处理单位，省级科技型企业,拥有发明专利多项。是一家集设计、生产、销售、安装、售后服务于一体的木制包装企业。公司本着“质量第一、客户至上”的理念，以及开拓进取的精神，以“不求最大、力争最优”为经营方针，以“顾客满意”为质量方针，愿与广大客户携手共创美好的明天！

地址：浙江省永嘉县桥下镇京岸村西岸街54号

电话：0577-67478081　13588913858

中国交通运输协会托盘与单元化物流分会

中国交通运输协会（简称中交协）于1982年由铁道部（现为中国铁路总公司）、民用航空局、交通部（现为交通运输部）、管道局、邮电总局以及解放军总参军事交通部共同发起成立。是国务院现代物流部际联席会议成员单位。

多年来，中交协在国家发展和改革委员会主管、钱永昌（交通运输部部长）会长领导下，承担了国家发展和改革委员会、交通运输部、国家民航总局等相关政府部门下达的许多重大国家项目。常务副会长、中交协创始人之一的王德荣先生是一位身经百战、德高望重的物流元勋，他率领团队不断开拓创新，为我国的物流快速发展做出了巨大贡献。

中交协领导班子高瞻远瞩、未雨绸缪，于2017年年初率先在旗下创建了托盘与单元化物流分会，特聘我国第一代物流功勋人物、有“中国引进物流概念第一人”之称的靳伟先生为常务副会长兼秘书长，靳伟、梁媛媛、李占青、胡艳玲等原中国物流与采购联合会托盘委员会秘书处团队发起、物流精英胡郁林等加盟，并在工商部门注册了北京由尼得物流技术研究中心（“由尼得”是单元化之意），决意为我国的托盘与单元化物流大业拼搏奋斗。分会会长中交协副会长宋朝义先生曾是国家发展和改革委员会投资司、基础司、交通运输司领导，在国家发展和改革委员会等政府机关资历很深、人脉很宽。

中国交通运输协会托盘与单元化物流分会是国家级行业组织、非营利性社会团体。单元化物流是新经济、新常态下的新兴学科、新兴产业，是中国经济转型升级、持续发展、物流增效降本的必经之路、必然选择，具有巨大的发展潜力和光明前景。托盘与单元化物流分会会肩负单元化物流行业建设、协调和发展的重要使命，欢迎所有相关企事业单位及个人踊跃参与，共商、共建、共享胜利成果。

北京由尼得物流技术研究中心

北京由尼得物流技术研究中心是在工商部门正式注册的单元化物流技术研究机构，创建宗旨是团结广大托盘、集装箱、叉车、货架、周转箱等单元化物流技术装备与器具生产企业、物流系统集成商、物流专业服务提供商、工业制造业、农业、电商快递、超市连锁等企事业单位，科研教学、国家机关、民间团体、社会组织、公益机构等共同打造单元化物流平台，共商、共建、共享单元化物流成果，在政府与企业之间发挥桥梁和纽带作用。

中心由我国物流界元老、单元化物流事业开创者之一的靳伟创办，原中国物流与采购联合会托盘委秘书处梁媛媛、李占青、胡艳玲等原有托盘委员会团队为合伙人，物流精英胡郁林等加盟，中心团队努力拼搏，精心打造，为我国单元化物流新兴行业建设和单元化物流新兴产业的构筑，铺路搭桥、奠定基础。

中心作为中国交通运输协会托盘与单元化物流分会指定的唯一业务承办单位，秉承服务、诚信、创新、跨越的理念，致力于为单元化物流企事业单位提供有效服务、诚信服务和超群服务，引领单元化物流企事业单位在新常态、新环境下提高物流运作效率和企业核心竞争力，组织引导单元化物流企事业单位创新智能制造、智慧物流和互联网、物联网、大数据、云计算 + 现代物流新模式，参与“一带一路”建设，结伴走向海外，共赢全球市场。

地址：北京市西城区马连道路 11 号一商大厦 1517 室
电话：010-63342621
传真：010-63340291
http://chinatuopan.net/